KB244960

만문노당 역주
滿文老檔 譯註
2

역자

고려대학교 민족문화연구원 만문노당역주회

고려대학교 민족문화연구원 만문노당역주회는 2012년 10월에 이훈, 김선민, 이선애가 조직했다. 역주회는 조직된 시점부터 2017년 3월까지 4년 5개월간『만문노당』(태종조)을 읽어나가며 역주 작업을 했다. 역주회에 참여한 연구자는 김한밝, 남민구, 박일현, 박찬근, 송인주, 이서현, 이승수(연세대), 이승수(명지대), 임혜균, 장정수, 전희, 정신남, 채홍병, 허성희이다. 앞으로『滿文老檔(tongki fuka sindaha hergen i dangse)』(태조조)과『親征平定朔漠方略(wargi amargi babe necihiyeme toktobuha bodogon i bithe)』등의 주요 만문 문헌에 대한 역주와 연구를 진행할 예정이다.

문화동역학라이브러리 27

만문노당 역주 2

초판인쇄 2017년 9월 20일 **초판발행** 2017년 9월 30일
옮긴이 고려대학교 민족문화연구원 만문노당역주회
펴낸이 박성모 **펴낸곳** 소명출판 **출판등록** 제13-522호
주소 서울시 서초구 서초동 1621-18 란빌딩 1층
전화 02-585-7840 **팩스** 02-585-7848 **전자우편** somyong@daum.net **홈페이지** www.somyong.co.kr

값 47,000원 ⓒ 고려대학교 민족문화연구원 만문노당역주회, 2017

ISBN 979-11-5905-220-0 94910
ISBN 978-89-5626-851-4 (세트)

이 책은 2007년 정부(교육과학기술부)의 재원으로 한국연구재단의 지원을 받아 수행된 연구임(NRF-2007-361-AL0013).

고려대학교 민족문화연구원
문화동역학 라이브러리 27

만문노당 역주
滿文老檔譯註
太宗 2

Tongki fuka sindaha hergen i dangse: An annotated translation

고려대학교 민족문화연구원
만문노당역주회

문화동역학 라이브러리 문화는 복합적이고 역동적인 구성물이다. 한국 문화는 안팎의 다양한 갈래와 요소가 상호작용하는 과정을 통해 끊임없이 변화해왔고, 변화해 갈 것이다. 고려대학교 민족문화연구원이 주관하는 이 총서는 한국과 그 주변 문화의 복합적이고 역동적인 양상을 추적하고, 이를 통해 한국 문화는 물론 인류 문화에 대한 새로운 통찰과 그 다양성의 증진에 기여하고자 한다. 문화동역학(Cultural Dynamics)이란 이러한 도정을 이끌어 가는 우리의 방법론적인 표어이다.

일러두기

1. 본서의 저본은 『內閣藏本滿文老檔』(全20冊, 中國第一歷史檔案館 整理, 瀋陽: 遼寧民族出版社, 2009) 가운데 태종조 기사를 수록한 8책부터 16책까지이다.
2. 본서의 내용은 만주문의 로마자 전사, 한글 번역, 각주, 색인으로 구성된다.
3. 만주문의 로마자 전사는 묄렌도르프의 표기 방식을 따랐다. P.G. von Möllendorff, A Manchu Grammar, with Analyzed Texts, The American Presbyterian Mission Press, 1892.
4. 저본에서 작은 글씨로 표기된 주석은 본 역주서의 전사문에서 괄호()로 묶어서 표시했다.
5. 한글 번역은 직역을 원칙으로 하되, 가독성을 높이기 위해 원문에 없는 정보를 추가했다. 추가한 정보는 주격조사와 필(疋), 척(隻), 개(個), 명(名), 장(張), 일(日), 포(包), 마리 등의 수량단위이다.
6. 본서의 각주는 저본의 簽註와 본서의 역주로 구성된다. 저본의 簽註는 '[簽註]'를 표시했다. 簽註의 내용에 대해 역자가 부연하여 설명하는 경우에 *를 표시했다. 역주는 특정한 표시를 하지 않았다.
7. 역주에는 본문의 내용에 대해 부연하여 설명했다.
8. 저본에서 han, abka 등의 존칭어는 1段이나 2段이 擡頭되어 있지만 본서에서는 이에 대해 별도의 표식을 하지 않았다.
9. 저본에서 기록의 일부가 유실된 경우에 표기한 '原檔殘缺'을 본서의 전사문과 번역문에서도 그대로 사용하여 '原檔殘缺'이라고 표기했다.
10. 번역문에서 만주인과 몽골인의 이름은 한글로 음사했고 한인과 조선인은 한문으로 썼다. 단 한인의 한문 이름이 명확하지 않은 경우에는 로마자 표기로 남겨두었다. 지명에도 같은 원칙을 적용했다.
11. 저본의 쪽수를 각 권을 단위로 하여 전사문의 중간에 아라비아 숫자로 명기했다. 예컨대 1쪽과 2쪽의 사이에 '1/2'라고 명기했다.

6함 —————————————————————————————— *749*

34권 천총 5년 1월 *752*
35권 천총 5년 2월~3월 *772*
36권 천총 5년 3월~4월 *790*
37권 천총 5년 4월 *810*
38권 천총 5년 4월~7월 *832*
39권 천총 5년 7월~8월 *852*

7함 —————————————————————————————— *873*

40권 천총 5년 8월~9월 *876*
41권 천총 5년 9월 *900*
42권 천총 5년 10월 *930*
43권 천총 5년 10월~11월 *954*
44권 천총 5년 12월 *978*

8함 —————————————————————————————— *995*

45권 천총 6년 1월 *998*
46권 천총 6년 1월 *1024*
47권 천총 6년 1월 *1054*
48권 천총 6년 1월 *1076*
49권 천총 6년 2월 *1100*
50권 천총 6년 2월 *1128*

9함 ———————————————————————— *1153*

51권 천총 6년 3월~4월 *1156*
52권 천총 6년 4월 *1186*
53권 천총 6년 5월 *1216*
54권 천총 6년 6월 *1236*
55권 천총 6년 6월 *1260*
56권 천총 6년 6월 *1282*

10함 ——————————————————————— *1307*

57권 천총 6년 7월~8월 *1310*
58권 천총 6년 8월~9월 *1332*
59권 천총 6년 10월 *1362*
60권 천총 6년 11월~12월 *1382*
61권 천총 시기의 사안 6건. 正月은 기록하지 않음 *1410*

총목차

만문노당 역주 1

1함	*1*
2함	*187*
3함	*349*
4함	*457*
5함	*615*

만문노당 역주 2

6함	*749*
7함	*873*
8함	*995*
9함	*1153*
10함	*1307*

만문노당 역주 3

11함	*1415*
12함	*1565*
13함	*1697*
14함	*1835*

만문노당 역주 4

15함	*1985*
16함	*2169*

색인   Ⅰ. 인명 색인   *2389*
　　　Ⅱ. 지명 색인   *2461*
　　　Ⅲ. 한만대조표   *2479*

── 6부 ──

34권 천총 5년 1월
35권 천총 5년 2월~3월
36권 천총 5년 3월~4월
37권 천총 5년 4월
38권 천총 5년 4월~7월
39권 천총 5년 7월~8월

tongki fuka sindaha hergen i dangse
點·圈을 찍은 문자의 檔子

gūsin duici debtelin
34권

sure han sunjaci aniya aniya biya
천총 5년 1월

tongki fuka sindaha hergen i dangse,,
　點· 圈을　찍은　문자의　檔子

○ sure han i sunjaci aniya aniya biyai ice inenggi, tusiyetu han de
　天聰　　　5년　　　정월　　　초 1일에,　투시예투 한에게

ini etuhe etuku ehe seme, suwayan suje de hūha sekei hayaha jibca de
그가 입은 옷이 나쁘다 하여　　황색 비단에　편직한 초피로 테두른 가죽옷에

seke dokomiha jibca buhe,,
초피로　안감을 댄 가죽옷을 주었다.

○ ineku tere inenggi, jarut gurun i neici, šanggiyabu, 1/2 eide,
　같은　그 날,　　자루트 국의　너이치· 샹기야부·　어이더·

gendur, sangtu, sanggūl, habagai, olbok, sonin, ese emte morin gajime
건두르· 상투·　상굴· 하바가이· 올복· 소닌, 이들이 1마리씩의 말을 데리고

han de hengkileme jihe, jihe doroi ceni gajiha arki be angga isibuha,
한에게　고두하러　왔다.　온 예로　그들이 가져온 소주를　입에　대고

gajiha morin be emkeci gaihakū bederebuhe,,
　가져온　말을　　하나도　받지 않고 돌려주었다.

○ ineku tere inenggi, 2/3 han ini boode tusiyetu efu, gege be
　같은　그 날,　　　　한은 그의 집에　투시예투 어푸와 (준저)공주를

dosimbufi orin dere dasafi sarilaha,,
들어오게 하여 20상을 차려 잔치했다.

○ ice juwe de, han de g'arma hūwang taiji i elcin sunja niyalma,
　초 2일에, 　　한에게 　　가르마 후왕 타이지의 　사신 　5명이

morin emke gajime jihe,, 3/4
　말 　1마리를 가져 왔다.

○ ice ilan de, han, juwe amba beile, taiji sabe tusiyetu efu, gege
　초 3일에, 　　한·　두 大 버일러·　타이지들을 　투시예투 어푸와 공주

ini ebuhe boode dosimbufi sarilaha, ilan ihan orin honin waha bihe,
그들이 묵고있는 집에 들어오게 하여 잔치했다. 3마리 소와 20마리 양을 잡았다.

sarilaha doroi han de enggemu tohohoi emu morin, bai emu morin,
　잔치하는 예로 　한에게 　　　　안장을 맨 　1마리의 말· 　　맨등의 1마리 말·

seke i hayaha jibca emke, amba beile de bai emu morin, seke i hayaha
　초피로 테두른 가죽옷 1벌, 　　大 버일러에게 　맨등의 1마리 말· 　초피로 두른

jibca emke, 4/5 manggūltai beile de bai emu morin, seke i hayaha jibca
가죽옷 1벌, 　　　망굴타이 버일러에게 　맨등말 1마리· 초피로 테두른 가죽옷

emke jafaha bihe, han enggemu tohoho morin be gaiha, emu morin
1벌을 바쳤다. 　　　한은 　　　　안장을 맨 말을 　　　받고, 　1마리 말과

jibca be bederebuhe, amba beile, manggūltai beile morin emte gaiha,
　가죽옷을 돌려보냈다. 　　大 버일러와 망굴타이 버일러는 　말을 　1마리씩 받고

jibca be bederebuhe,,
가죽옷을   돌려보냈다.

○ sure han i sunjaci aniya aniya biyai ice duin de, 5/6 uge i
   天聰   5년   정월   초 4일에,   五哥가

takūraha elcin ma yūn siyan, terei emgi musei elcin ci biyan lung
파견한   사신   馬永聚,   그와 함께   우리의 사신으로   遲變龍이라는

gebungge šusai, wei coo cing gebungge niyalma be adabufi unggihe,
       秀才,   wei coo cing 이라는   사람을   딸려   보냈다.

ese de unggihe bithei gisun, aisin gurun i han i bithe, lio fu i ahūn
이들에게 보낸   글의   말. 「金國의   한의 글.   劉府의 형제들에게

deo de unggihe, sini gorokici unggihe jaka be gemu alime gaiha, komso
      보낸다. 너희가 멀리서   보낸 물건을   모두   받아 취했다. 적더라도

bicibe 6/7 mujilen okini seme juwe morin unggihe, alime gaisu, jai
      정성으로 여겨달라고   2마리 말을   보낸다. 받아 취하라.   또

suweni niyalmai meni bade orhoda gurure be si ilibu, meni buthai
너희   사람들이   우리 땅에서 인삼을 캐는 것을 너는 금지시켜라. 우리의 수렵민이

niyalma ucaraci, buya urse musei doro emu oho be ulhire unde,
        만나면   小民들은   우리가   화친했음을   아직 알지 못하여

ishunde durire cuwangnara niyalma wanure oci ehe kai, si iletu
 서로   약탈하고   사람을 서로 죽이니 나쁜 것이다. 네가 공개적으로

hūdašaci ojorakū, solho deri hūdašaki sere gisun inu, sini aika baitangga
무역할 수 없으니　조선을 통해 무역하자고 한　말은 옳다. 네가 만약 쓸모 있는

jaka oci minde jendu 7/8 takūra, meni aika baitangga jaka oci sinde
물건이 있으면 나에게 몰래　보내라.　우리가 만약 유용한　물건이 있으면 너에게

jendu takūrara, wesihun i eme deo jusei jalin hendure inu, eme be
몰래　보낼 것이다.　그대의　모친·동생·자식들을 위해 말한 것은 옳다. 모친을

mini jakade guribuki, deote juse be seme esi gaifi yabuci, ma yūn
내 곁으로　옮겨라. 동생들과 자식들이라 해서 당연히 데리고 간다면,[1]」馬永聚에게

siyan de dobihi dahū emke, juwan yan menggun šangname buhe,,
　　　여우 털가죽외투 1벌·　10량 은을　　　상으로　주었다.

○ ice ninggun de, jarut gurun i neici, bayartu, 8/9 daicing se,
　　초 6일에,　　자루트 국의　너이치·바야르투·　다이칭 등과

barin i manjusiri genehe, genere doroi buhengge, neici, bayartu,
바린의 만주시리가　갔다.　떠나는　예로　보낸 것.　너이치·바야르투·

daicing, manjusiri, ese de tasha i sukū emte buhe, gūwa buya taijisa
다이칭·　만주시리 이들에게　호랑이가죽을　1장씩 주었다. 다른 小 타이지들에게는

de buhekū,,
주지 않았다.

○ ineku tere inenggi, tusiyetu efu i jui badiri genehe, genere
　같은　그 날,　투시예투 어푸의 아들 바디리가 갔다.　떠나는

1　문장이 완결되지 않고 끝난 것은 저본을 제작할 당시에 발생한 편집의 오류로 생각된다.

doroi buhengge, ilan suje, mocin 9/10 samsu juwan, hilteri uksin galaktun
예로　보낸 것.　　3필의 비단·　毛靑布 10필·　　　　겉미늘 갑옷과 갑옷소매와

saca be folofi aisin ijume emke, foloho enggemu hadala foloho jebele
투구를　조각하여 금으로 도금한 것 1개·　조각한　안장과　굴레·　조각한 화살통

emke buhe,,
1개를 주었다.

○ ice nadan de, tumei beile genehe, genere doroi buhengge, seke
　초 7일에,　　투머이 버일러가 갔다.　떠나는　예로　　보낸 것.　초피로

i hayaha jibca emke, ifiha ojin emke, foloho umiyesun emke, foloho
테두른 가죽옷 1벌·　　재봉한 捏摺女朝褂[2] 1벌·　조각한 요대 1개·　　조각한

enggemu 10/11 hadala emke, hilteri uksin galaktun saca de aisin ijume
　안장과　　　굴레 1개·　　겉미늘 갑옷과 갑옷소매와 투구에 금을 도금한 것

emke, seke mahala de aisin i šerin hadahai emke, menggun i cara
1벌·　　　초피 겨울모자에 金佛頭를 박은 것 1개·　　　　은 술잔

emke buhe, sunja ba i dubede juwe ihan duin honin wafi orin gio yali
1개를 주었다.　　5里　끝에서　2마리 소·　4마리 양을 잡고　20마리 사슴 고기를

bujufi sarilaha,,
삶아서　잔치했다.

2　'ojin'은 소매가 없고 천에 주름잡힌 긴 저고리 형태의 여성용 朝服이다. 몽골의 여자복식의 일종인
　'우지'에서 유래한 것으로 생각된다. 날접여조괘(捏摺女朝褂)로 한역된다.

○ ice jakūn de, karacin i šamba tabunang, sirantu, 11/12 han de
　초 8일에,　　　카라친의　　　샴바 타부낭·　시란투가　　　　한에게

hengkileme jihe, han de gajihangge, šamba emu morin, sunja honin
　고두하러　왔다.　한에게　가져온 것.　　샴바는 1마리 말·　　5마리 양의

yali, sirantu emu morin, emu giyahūn, tasha i sukū emke jafaha bihe,
　고기,　시란투는　1마리 말·　1마리 사슴·　호랑이가죽　1장을　　　바쳤다.

honin yali, giyahūn be gaiha, jai gaihakū bederebuhe,,
　양 고기와　사슴을　　　받고 나머지는 받지 않고 돌려보냈다.

○ juwan emu de, karacin i genggel hiya beile, 12/13 sereng, senek,
　　11일에,　　　카라친의　　경걸 히야 버일러·　　서렁·　서너크·

ūljeitu, ere duin niyalma aniya doroi han de hengkileme jihe, han de
　울제이투,　이　4명이　　새해의 예로　한에게　　고두하러 왔다.　한에게

gajihangge, genggel hiya beile emu temen, emu morin, sereng emu
　가져온 것.　　경걸 히야 버일러는　1마리의 낙타·　1마리의 말,　서렁은 1마리

morin, emu giyahūn, senek emu morin, ūljeitu emu morin jafaha bihe,
　말·　　1마리 사슴,　　서너크는 1마리 말,　울제이투는 1마리 말을　바쳤다.

gaihakū gemu bederebuhe,, 13/14
　받지 않고 모두 돌려보냈다.

○ juwan ilan de, aru i duin beile de unggihe bithei gisun, <u>sure</u>
　　13일에,　　아루의　네 버일러[3]에게　보낸　글의　말. 「수러

---

3 '아루의 네 버일러'는 몽고 '두르벤 케우케드 아이막(dorben keuked aimag. 四子部)'의 네 수장인 셍

han⁴ i hese, duin juse de unggihe, dasan šajin emu i acambi seme jifi,
한의   조서.   四子⁵에게   보낸다.   정치와 법도를 하나로 합하겠다고 와서

hūlha holo ofi adun be dalime yabumbi sere, aohan, naiman, barin,
도적이 되어 목축떼를   몰아 간다고   한다. 아오한· 나이만· 바린·

jarut, korcin uhei emu ofi, suweni adun be dalime bošoci, suweni
자루트· 코르친이 모두 하나가 되어 너희의 목축떼를   몰아 쫓아가면 너희의

adun 14/15 aika funcembio, daci bihe facuhūn ehe be waliyarakū yabure
목축떼가   무엇이 남겠는가? 원래부터 있던 혼란과 악을   버리지 않고 행하면

ohode, suwe ehe ombikai,,
     너희가 나쁜 것이다.

○ ineku tere inenggi, karacin i šamba tabunang, sirantu, wang lama
  같은   그   날,   카라친의   샴바 타부낭·   시란투·   王 라마가

게·소놈·옴부·일참을 가리킨다. 16세기 말 카사르의 15대손 노얀다이 우트겐(諾延泰奧特根)이
후룬 부이르 일대에서 유목하며 네 아들인 셍게·소놈·옴부·일참에게 목지를 분배했기 때문에 두
르벤 케우케드 아이막(四子部)으로 부르게 되었다. 셍게의 존호는 머르건 호쇼치, 소놈은 다르한 타
이지, 옴부는 부쿠 타이지, 일참은 머르건 타이지이다. 네 수장의 시기에 인구와 영지가 증가하여 아
이막을 형성했다. 아루 코르친, 옹니우트 부 등과 함께 '아루 몽고'라고 통칭되었다. 두르벤 케우케드
(四子部)는 1630년 후금에 귀부했다. 1636년(숭덕1) 四子部라는 명칭에 따라 四子王旗(호쇼)로 편제
했으며, 이후 청대 내몽고 울란차부맹(촐간) 6旗(호쇼) 가운데 1旗였다. 옴부는 다르한 조릭투 칭호
와 자삭 지위를 사여받고 四子部 전체를 통할했다. 四子王旗의 全稱은 '四子部落扎薩克多羅達爾罕卓
里克圖和碩親王旗(사자부락 자삭 도로 다르한 조릭투 호쇼 친왕기)'이다. 청에 귀부한 후에 거주지를
후룬 부이르 일대로부터 점차 서쪽으로 이동하여 현재 내몽고 중부초원에 위치하게 되었다.

4 [簽註] ere emu meyen fe dangse de arahangge monggo hergen te manjurame ubaliyambuha,,
   이 한 단락을 舊 檔子에 쓴 것은 몽고 문자인데 지금 만주어로 번역했다.
5 '네 아들들'은 앞의 '아루의 네 버일러' 즉 두르벤 케우케드 아이막(四子部)의 셍게·소놈·옴보·일
   참을 가리킨다.

genehe, genere doroi buhengge, šamba tabunang de loho emke,
갔다.　　 떠나는 예로 　준 것.　　　　샴바 타부낭에게　　　 腰刀 1개·

jeku juwan hule, sirantu de jebele emke, jeku juwan hule, 15/16
곡식 10石,　　　　 시란투에게 　화살통 1개·　　곡식　10석,

wang lama de hilteri uksin saca buhe,,
王 라마에게　　 겉미늘갑옷과 투구를 주었다.

○ juwan ninggun de, korcin i darhan baturu genehe, genere doroi
　　　16일에,　　　　코르친의　다르한 바투루가　갔다.　　 떠나는 예로

han i buhengge, seke dahū emke, gecuheri emke, suje ilan, mocin samsu
한이 준 것.　　 초피 털가죽외투 1벌·　蟒緞 1필·　　 비단 3필·　　毛靑布 10필·

juwan, fulgiyan jafu emke, hilteri uksin foloho saca galaktun de aisin
　　　　 붉은 모직물 1장·　　 겉미늘 갑옷에 조각한 투구와 갑옷소매에　금을

ijume emke, 16/17 foloho jebele de aisin ijume niru sisihai emke, foloho
입힌 것 1벌·　　　　 조각한 화살통에 금을 입히고 화살을 꽂은 것 1개·　　조각한

enggemu hadala de aisin ijume emke, cai juwan boose, dambagu juwan
　안장과 굴레에 금을 입힌 것 1개·　　　　茶 10包·　　　 담배 10帖을

kiyan buhe,,
　　주었다.

○ ineku tere inenggi, han de aniya araha doroi hengkileme aru i
　같은　　그 날,　　　한에게　신년 맞이하는 예로　　고두하러　아루의

ombu taiji, ara nomci jihe bihe, jihe doroi 17/18 han de ilan ihan
옴부 타이지· 아라 놈치가   왔었다.   온 예로   한에게 3마리 소·

ninggun honin wafi sarilaha, tere sarilara de han ini dukai yamun de
  6마리 양을 잡아서 잔치했다.   그   잔치할 때, 한이 그의 문의 아문에

tucifi, taijisa be tusiyetu efu be gajifi sarilaha, sarin de jafaha ulha i
나와서 타이지들과 투시예투 어푸를 데려 와서 잔치 베풀었다. 잔치에서 바친 가축의

ton, ombu taiji juwan ilan morin, emu temen, ara nomci juwe morin,
수는, 옴부 타이지가   13마리 말·   1마리 낙타,   아라 놈치가 2마리 말·

juwe temen jafaha bihe, ara nomci i juwe morin juwe temen be yooni
2마리 낙타를 바쳤었다.   아라 놈치의   2마리 말·   2마리 낙타를   모두

gaiha, ombu taiji i sunja morin gaiha, jakūn morin 18/19 temen be
취했다. 옴부 타이지의   5마리 말을 취했다.   8마리 말·   (1마리)낙타를

gaihakū bederebuhe,,
취하지 않고 돌려보냈다.

○ ineku tere inenggi, han de aniya araha doroi korcin i hatan
   같은   그 날,   한에게 신년 맞이하는 예로 코르친의 하탄

baturu jiki seci juwe ahūn genehebi, gurun de ejen akū seme jihekū,
바투루가 오려고 했지만 두 형이 가 있었고, 나라에 주인이 없다 하여 오지 않았다.

ini jui baisgal be han de hengkileme unggihe, juwe morin gajiha bihe,
그의 아들 바이스갈을 한에게   고두하러   보냈다.   2마리 말을 가지고 왔다.

gemu gaiha,, 19/20
　모두　취했다.

○ juwan nadan de, han de aniya araha doroi jalait gurun i sebun
　　　17일에,　　　　한에게　신년 맞이하는 예로　잘라이트 국의　　　서분

mergen taiji hengkileme jihe, han de duin morin, emu temen gajiha
머르건 타이지가　고두하러　왔다.　한에게　4마리 말·　1마리 낙타를 가지고

bihe, juwe morin gaiha, juwe morin emu temen be gaihakū
왔다.　2마리 말을　취했다.　2마리 말·　1마리 낙타는　취하지 않고

bederebuhe,, 20/21
돌려보냈다.

○ orin ilan de, karacin i donoi gunji, boji baksi, asot i ajinai
　　　23일에,　　　카라친의　도노이 군지·　보지 박시, 아소트의 아지나이의

elcin uheri nadan niyalma jihe, tesei alarangge, nikan i elcin niyalma
사신　총　　7명이　　　왔다. 그들의 알리는 말.　"明의　　사신이

tuwanjime jihe bihe, ajinai jafafi gajime jiki seci, donoi gunji
　정탐하러　왔었습니다. 아지나이가 잡아서 데리고 오겠노라 했지만, 도노이 군지가

ojorakū, ilan tanggū niyalma be adabufi amasi hūda unggihe bihe,
하지 않고,　　　300명을　　　　따르게 하여 되돌려 교역하러 보냈었습니다.

nikan gemu wafi, ninggun niyalma tucifi amasi jihe, tuttu ofi 21/22
한인들이 모두 죽이자,　　6명이　빠져 나와서 되돌아 왔습니다. 그렇게 되어서

teci ojorakū seme han be baime jime narit bira de isinjiha,,
　　거할 수 없다하여　　　한을 찾으러 와서,　나리트 河에 이르렀습니다."

○ orin duin de, karacin i ombu taiji aniya araha doroi han de
　　24일에,　　　카라친의　옴부 타이지가 신년 맞이하는　예로　한에게

hengkileme jihe, han de emu morin gajiha bihe,, 22/23
　고두하러　　왔다. 한에게　1마리 말을　가지고 왔었다.

○ orin sunja de, tusiyetu efu, gege de jihe doroi aika bume, han,
　　25일에,　　　투시예투 어푸와　公主에게 온　예로 무언가 주려고, 한·

manggūltai beile, taijisa ambasa bithei boode isafi tuwame buhe, buhe
　망굴타이 버일러·　타이지들·　대신들이　　　書房에　모여서 살펴보고 주었다.　준

jaka i ton, gecuheri cekemu juwan, amba suje juwan, buya suje
　물건의 수.　　　　蟒緞·　倭緞 10필·　　　큰 비단 10필·　　　작은 비단

jakūnju, mocin samsu boso sunja tanggū fulgiyan jafu juwan, emu
　80필·　　　　毛靑布 500필·　　　　　　붉은 모직물 10장·　100량의

tanggū yan i oton emken, emu tanggū 23/24 yan i solha emken, ninju
　　　盆　1개·　　　　100량의　　　　　　　밥그릇[6] 1개·　60량의

yan i cara emken, ninju yan i dongmo emken, aisin i hūntahan emu
　술잔 1개·　　　　60량의 茶桶 1개·　　　　　금 술잔 1쌍·

juru, menggun i hūntahan juwe, menggun i tampin emken, menggun i
　은 술잔 2개·　　　　　　　은 술병 1개·　　　　　　　銀製의

6　'solha'는 뚜껑 있는 금속 밥그릇을 가리킨다. 한어로는 湯飯罐 혹은 湯罐이라고 한다.

niyalma noho hūntahan emken, gu i hūntahan juwe, aisin juwan yan,
사람 조각이 있는 술잔 1개·　　　　옥 술잔 2개·　　　　금 10량·

nicuhe juwan yan, tasha yarha i sukū juwan, lekerhi hailun i sukū
　진주 10량·　　　　호랑이와 표범의 가죽 10장·　　　　해달과 수달의 가죽

orin, juwe pijan de buyarame jaka tebufi, 24/25 juwe pijan sese subeliyen
20장·　2개의 가죽상자에 자질구레한 물건을 담은 것·　　2개의 가죽상자에 金絲와 練絲를

tebufi, dambagu emu tanggū kiyan, cai emu tanggū boose, hūba erihe
담은 것·　　　담배 100帖·　　　　차 100包·　　　　　琥珀 염주

emken, jantan i erihe emken, kaikamsi[7] erihe emken, hūba i hiyase
1개·　　　栴檀 염주 1개·　　　硨磲 염주 1개·　　　琥珀 상자[8]

emken, bai hūba emken, šan hu emken, durbejengge šui jing ilan,
　1개·　　　보통 琥珀 1개·　　　산호 1개·　　　사각의 수정 3개·

muheliyen šui jing emken, aisin i šan feteku emken, menggun faksi
　둥근 수정 1개·　　　　금 귀이개 1개·　　　　은 세공품

juwe juru buhe, gege de dahabuha ninggun sargan 25/26 juse de
　2쌍을　　주었다. 공주에게　딸린　　6명의　　여자아이들에게

7　[籤註] ginguleme baicaci, fe manju gisun i bithe, manju gisun i buleku bithede, gemu kaikamsi sere
　　gisun akū, baicame bahakū ofi, da songkoi sarkiyaha,,
　　삼가 찾아보니 『舊淸語』, 『淸文鑑』에 모두 'kaikamsi'라는 말이 없다. 찾을 수 없어서 원래대로 베껴
　　썼다.
　　＊kaikamsi는 바닷조개인 '거거(硨磲)'를 가리킨다. kaikamari, kaikari라고도 한다. 硨磲의 껍데기는
　　부채를 펼쳐놓은 모양이고 겉은 회백색이고 속은 광택 있는 젖빛이다. 껍데기는 그릇이나 어항으로
　　쓰이거나 각종 장식품으로 쓰였다.
8　'호박 상자(hūba i hiyase)'는 '琥珀으로 장식한 상자'일 것이다.

buhengge, nadan suje, susai mocin, gege be tuwame bu seme buhe,,
준 것은   7필의 비단· 50필의 毛靑布를 공주가   살펴보고 주라며   주었다.

○ orin ninggun de, tusiyetu efu, gege de han i booi buhengge,
    26일에,   투시예투 어푸와 공주에게   한의 집이   내린 것.

efu de buhengge cekemu de ifiha sekei doko seke i hayaha jibca emke,
어푸에게   준 것은,   倭緞에 꿰맨 貂皮로 안감 입히고 貂皮로 테두른 가죽옷 1벌·

aisin 26/27 šerin hadaha seke mahala emke, silun dahū emke, yarha
金佛頭를 박은 貂皮 겨울모자 1개·   스라소니 털가죽외투 1벌· 표범

dahū emke, camci emke, tuwa aisin dosimbuha umiyesun emke, tuwa
가죽옷 1벌·   短衣 1벌·   火金이 상감된 요대 1개·   火金이

aisin dosimbuha jebele de beri niru sisihai emke, gūlha wase emu juru,
     상감된 화살집에 활과 화살을 꽂은 것 1개·   신발과 양말 1쌍

foloho enggemu juwe, saca galaktun foloho hilteri uksin ilan, puse ifiha
     조각한 안장 2개·   투구와 갑옷소매에 조각한 겉미늘 갑옷 3벌·   흉배를 꿰맨

uksin nadan, uheri uksin juwan, aisin ijuha 27/28 cara emke, aisin ijuha
갑옷 7벌   모두 갑옷이 10벌·   금 입힌   술잔 1개·   금 입힌

malu emke, aisin ijuha tampin emke, gecuheri cekemu amba suje
 병 1개·   금 입힌 술병 1개·   망단과 왜단의 큰 비단

tofohon, buya suje tofohon, uheri suje gūsin, mocin emu tanggū, cai
  15필과   작은 비단 15필,   모두 비단 30필·   毛靑布 100필·   茶

susai boose, dambagu susai kiyan, fulgiyan jafu juwe, guise duin, gege
　50包·　　　　　담배 50帖·　　　　붉은 모직물 2장·　　櫃子 4개이다. 공주

de buhengge, aisin i ilha nicuhe tugi hadaha ojin teleri emu juru,
에게 준 것.　　　금꽃과 진주 구름 박은 捏褶女朝褂와 捏褶女朝衣[9] 1쌍·

ifiha ojin 28/29 teleri emu juru, sain aisin i kūthūri šerin amala
기운 捏褶女朝褂와 捏褶女朝衣 1쌍·　　좋은 금의 구름문양장식과 金佛頭와 뒤에

hadarangge yooni hadaha seke mahala emke, sahalca seke dahū emke,
　박을 것 모두 박은 貂皮 겨울모자 1개·　　　흑초피 털가죽외투 1벌·

camci emke, gūlha juwe juru, aisin i amba fadu emke, tana fiyahan
　短衣 1벌·　　　신발 2쌍·　　　금의 큰 전대 1개·　　　東珠와 마노

sindaha monggolikū emke, aisin i ancun juwe juru, hūba sindaha nomin
　놓은 목걸이 1개·　　　　　금 귀걸이 2쌍·　　　琥珀 놓은 청금석

erihe emke, nicuhe hadaha siberhen[10] emu juru buhe, gege efu i 29/30
염주 1개·　　　진주 박은 심지 1쌍을　　　　주었다. 공주와 어푸가

9　'teleri'는 소매가 길고 천에 주름잡힌 긴 저고리 형태의 여성용 朝服이다. 날접여조의(捏摺女朝衣)로 한역되었다.

10　[簽註] ginggguleme baicaci, tongki fuka akū hergen i juwan juwe bithe, fe manju gisun i bithede, gemu siberhen sere gisun akū, manju gisun i buleku bithede, siberhen sere gisun bicibe, ici acarakū, baicame bahakū ofi, da songkoi sarkiyaha,,
삼가 찾아보니 『tongki fuka akū hergen i juwan juwe bithe』(無圈點十二字頭)와 『舊淸語』에 모두 'siberhen'이라는 말이 없다. 『淸文鑑』에 'siberhen'이라는 말이 있어도 그와 맞지 않는다. 찾을 수 없어서 원래대로 베껴 썼다.
＊『tongki fuka akū hergen i juwan juwe bithe』(無圈點字十二字頭)는 1741년(건륭6) 만주 문자의 무권점자 독해를 위해 무권점자와 유권점자를 대조하여 4책으로 만든 공구서이다.

jihe fonde gajiha ulha be dulga bederebufi, han fujin i gaihangge, han
왔을 때 가지고 온 가축을 절반은 돌려보내고, 한과 푸진이 취한 것은, 한

de morin nadan, jibca emke, mahala emke, seke dahū emke, juwe fujin
에게 말 7마리· 가죽옷 1벌· 겨울모자 1개· 貂皮 털가죽외투 1벌, 2명의 푸진

de gajihangge, honin susaita, ihan sunjata, seke ehe dahū emte,,
에게 가져온 것은, 양 50마리씩· 소 5마리씩· 초피의 저품질 털가죽외투 1개씩이다.

○ orin uyun de, pi doo de takūraha šusai 30/31 ci biyan lung
29일에, 皮島에 보냈던 秀才 遲變龍이

isinjiha, uge i elcin siyoo ding ts'e gebungge nikan umai gajihakū
도착했다. 五哥의 사신 siyoo ding ts'e 라는 한인이 아무것도 가져오지 않고

untuhun jihe, han i uge de unggihe juwe morin be gaihakū amasi
빈손으로 왔다. 한이 五哥에게 보낸 2마리 말을 취하지 않고 되돌려

gajiha, elcin genehe ci biyan lung de buhengge, cuse duin, šempi
가져왔다. 사신으로 갔던 遲變龍에게 준 것. 紬子4필· 綠斜皮[11]

ilan, toholon muke juwe gin, susai sefere dambagu, šatan juwan gin,
3개· 수은 2근· 50묶음의 담배· 설탕 10근·

giyang emu gin, kutule genehe wei coo cing de buhengge, menggun 31/32
생강 1근이다. 쿠툴러로 간 wei coo cing에게 준 것. 은

juwan yan, mocin juwan, ulme juwe boose, dambagu susai sefere, šatan
10량· 毛靑布 10필· 바늘 2包· 담배 50묶음· 설탕

---

11 'šempi'(綠斜皮)는 녹색으로 염색한 가죽이다.

sunja gin,,
　　5근이다.

○　gūsin de, tusiyetu efu, gege be fudere doroi han i boode
　　30일에,　투시예투 어푸와 공주를　보내는　예로　한의　집에

gajifi, emu ihan juwe honin wafi orin dere dasafi sarilaha, fudere
데려와서, 1마리 소· 2마리 양을　잡아서 20개의 상을 차려서 잔치를 베풀었다. 보내는

doroi han i buhengge, gege de sekei hayaha jibca emke, ifiha 32/33
예로　한이　준 것.　　공주에게　貂皮로 테두른 가죽옷 1벌·　꿰맨

ojin emke, hūba sindaha šuru erihe emke, amba hūba emke, hacin
捏褶女朝褂 1벌·　　琥珀을 놓은 산호 염주 1개·　　　큰 琥珀 1개·　　　각종

hacin i juwangduwan giltasikū farsi farsi emu pijan, ilarsu¹² foloho
　　　　粧緞·　　　片金¹³ 조각 조각의 1개 가죽상자· 삼중으로 조각한

enggemu tohohoi emu morin buhe, efu de buhengge, suwayan suje de
　　　안장을 맨 1마리 말을　주었다.　어푸에게 준 것.　　황색 비단으로

kubume ifiha jibca emke, aisin dosimbuha hadala kūdarhan sindafi bai
　테두리를 꿰맨 가죽옷 1벌·　　금 상감된 굴레와 밀치끈을 채우고 보통

enggemu tohohoi emu morin buhe, bume wajiha manggi, 33/34 han goro
　　안장을 맨 1마리 말을　주었다.　주기를 마친　뒤,　　　한은 멀리

12　[簽註] gingguleme baicaci, fe manju gisun i bithede, ilarsu sere gisun, uthai ilan ursu sere gisun de
　　adali sehebi,,
　　삼가 찾아보니 『舊淸語』에서 'ilarsu'(세 겹)라는 말은 곧 'ilan ursu'(세 겹)라는 말과 같다고 했다.
13　'giltasikū'(片金)는 금실로 꽃무늬를 수놓은 비단이다.

fudeki seci, mama i mejige ambula bifi goro fudehekū, fajisa be
전송하려고 했지만, 천연두의 소식이 크게 있어서 멀리 전송하지 않았다. 푸진들을

gaifi hūwa i dukai ebsihe fudefi, fakcara de gege songgoro jakade, han
데리고 뜰의 문에 까지 전송했고, 헤어질 때 공주가 울었기 때문에, 한이

kūrcan baksi be takūrame hendume, ume songgoro, dancalame jifi
쿠르찬 박시를 보내어 말하기를, "울지 말거라. 친정에 다니러 와서

songgoci acarakū, songgoci acara giyan oci, ama bi songgorakū biheo
울면 적절치 않다. 울어야 마땅한 도리라면 아버지인[14] 내가 울지 않았겠느냐?"

seme tafulaha manggi, gege songgoro be nakafi juraka, juwan ba i
라며 타이른 뒤, 공주는 우는 것을 그치고 출발했다. 10里의

dubede fudere doroi 34/35 juwe ihan nadan honin wafi, urehe taijisa
앞에서 전송하는 예로 2마리 소· 7마리 양을 잡아서, 면역있는 타이지들

ambasa genefi sarilaha, jai abatai beile, ajige age, darhan efu, hošotu
대신들이 가서 잔치를 베풀었다. 또 아바타이 버일러· 아지거 아거· 다르한 어푸· 호쇼투

efu, sele age, kakduri jase tucime fudefi, juwe ihan sunja honin wafi
어푸· 설러 아거· 칵두리가 경계를 나와 전송해서, 2마리 소· 5마리 양을 잡아서

sarilaha, gurun i dubeci casi jefu seme emu ihan duin honin bufi
잔치를 베풀었다. 나라의 끝의 저쪽에서 먹으라고 1마리 소· 4마리 양을 주어서

---

14 홍 타이지는 준저 공주의 사촌 오빠인데도 아버지라고 자칭한 이유는 ama han(아버지 한)이라는 호
칭에서 연유한 것으로 추정된다.

unggihe, ere dangse de jakūn gūsai beise i buhengge be efu 35/36
보냈다.　　이　　檔子에　　　팔기　　버일러들이　준 것을 (脫文?)[15] 어푸·

gege be beneme hife baksi genehe,,
　공주를　　　보내러　히퍼 박시가　갔다.

---

tongki fuka sindaha hergen i dangse
點·圈을 찍은 문자의 檔子

gūsin sunjaci debtelin
35권

sure han i sunjaci aniya juwe biyaci ilan biyade isinahabi
천총 5년 2월부터 3월까지

tongki fuka sindaha hergen i dangse,,
　　點· 　圈을 찍은 　　　문자의 　檔子

○ juwe biyai ice de, julergi lio uge i sunja niyalma yafahan
　　2월의 　　1일에, 남쪽의 　劉五哥의 　　5명이 　　　도보로

hūda gajime jihe, gajiha hūdai ton, mocin lamun emu tanggū juwan
상품을 가지고 　왔다. 　가지고 온 상품의 수는, 　　毛靑 藍布 118필에 　은 71량·

jakūn de, menggun nadanju emu yan, toholon muke juwan duin gin
　　　　　　　　　　　　　　　수은 14근 반에 　43량 5전·

emu hontoho de, dehi ilan yan sunja jiha, hangnara okto 1/2 juwe gin
　　　　　　　　　　　　　　용접제[1] 2근 반에 　7량 5전·

emu hontoho de, nadan yan sunja jiha, fiyan, ijifun merhe de, ilan yan,
　　　　　　　　　　　　　　胭脂와 얼레빗과 참빗에 3량,

ulme duin tumen jakūn minggan de, juwan yan, pengduwan emke,
　바늘 　48,000개에 10량· 　　　　　　　　　　　　彭緞 1필과

ša emke de, sunja yan, cinuhūn emu gin de, juwe yan, dambagu
紗 1필에 5량· 　　　　　　朱砂 1근에 2량· 　　　　　　담배

emu tanggū jakūnju sefere de, duin yan, ede uheri emu tanggū dehi
　　180묶음에 4량, 　　　　　　　　　이에 총 　　　146 량을

1　'hangnara okto'는 금속을 용접할 때 쓰는 용접제를 가리킨다. 주로 硼砂가 용접제로 쓰였다.

ninggun 2/3 yan buhe,,
　　　주었다.

○ ice juwe de, julergi uge i takūraha lio ting ts'e be, han i boo de
　초 2일에,　　남쪽의 五哥가 보낸　　lio ting ts'e를,　　한의　집에

dosimbufi acabuha, acame wajiha manggi, han fonjime, sini tubai
들어가게 해서 만나게 했다. 만나기를 마친 뒤,　　한이　묻기를 "너의 그곳의

niyalma gemu saiyūn seme fonjiha manggi, lio ting ts'e jabume, gemu
　사람들은　모두 안녕한가?" 라고　　물으니　　　lio ting ts'e가 답하기를 "모두

sain seme 3/4 jabuha, tereci amasi bithei boo de gajifi, emu honin
좋습니다"라고　　답했다.　그 후　돌아가 書房에　　데려 가서, 1마리 양을

wafi, juwe dere dasafi sarilaha,,
잡고,　2개의 상을 차려서 잔치를 베풀었다.

○ ice juwe de, karacin i donoi gunji, boji baksi, asut i ajinai
　　초 2일에,　　카라친의　도노이 군지 · 보지 박시, 아수트의 아지나이의

elcin nadan niyalma genehe,,
사신　　7명이　　　갔다.

○ ice ilan de, uge i hūda jihe sunja 4/5 niyalma be, gulu lamun i
　　초 3일에,　　五哥의 교역하러 온　5명을,　　　　　正藍旗의

langge duin niyalma be gaifi jase tucime benehe,,
랑거가　4명을　　　　　이끌고 경계로 나가며 보냈다.

○ ice sunja de, aisin gurun i han i bithe, lio fu i ahūn deo de
　　초 5일에,　　　「金國의　　　　　　한의　　글. 劉府의　　　　형제에게

unggihe, sini bithe de, mimbe tun de cooha genembi seme akdarakū
보낸다.　그대의 글에　　　내가　　섬에　　　출정할　　　것이라며 믿지 못하겠다

gisurehebi, bi simbe holtoci ombidere, 5/6 abka be holtoci ombio, mini
　말했었다.　　내가 그대를 속일 수는 있겠지만　　　　하늘을　　속일 수 있겠는가? 나

beye, geren beise, abka na de akdulame gashūhangge, mini dele yaka
　자신과 여러 버일러들이　天地에　　　굳게　　　맹세한 것이,　나의　위에 어떤

ejen bifi hafirame gashūbuhao, jai sini tun i cooha de geleme gashūhao,
　주인이 있어 강제로　　맹세시켰는가? 또한 그대의 섬의 군대를　두려워해서 맹세했는가?

si nikan han i hafasa be wafi, mini baru emu hebe oki seme takūraci,
　그대가 명의 황제의 관원들을 죽이고, 나에게　　　　한 편이 되겠다고 사람을 파견하여

bi umesi akdafi, meni juwe be ainci abka acabuha, bi emu ba be necici,
　내가 심히 믿고　'우리 둘을 아마도 하늘이 만나게 한 것이리라. 내가 한 곳을 침범하면

suwembe emu ba be 6/7 necimbi, bi emu ba be bahaci, suwembe emu ba
　그대들도　한 곳을　　　　침범할 것이고 내가 한 곳을　얻으면　그대들도 한　곳을

be bahambi dere seme urgunjeme abka na de gashūfi, te gashūha
　얻으리라'　　　라고　기뻐하며　　　　天地에　　맹세하여, 지금도 맹세한

gisun be uthai bi seme gūnime banjimbi, suweni minde akdarakū
　말이　그대로 있다고　　　생각하며 살고 있다.　그대들은 나를　믿지 못하겠다

gūnire ba akū kai, bi mene suwembe minde sain sembime, nikan de
생각할 것이 없다.　　나야말로 그대들이 나와 잘 지낸다고 말하면서　　명과

lakcarakū be dahame, akdarakū gūnici acambi dere, suwe minde
단절하지 않으므로　　믿지 못하겠다 생각해야 마땅하다.　　그대들이 나에게

akdarakū sere gisun be bi ulhirakū, 7/8 bi unenggi tun be gaici, mao
믿지 못하겠다 하는 말을　나는 이해하지 못하겠다. 내가 실로 섬을　취한다면

wen lung mini baru abka na de gashūfi urgede manggi, mini takūraha
毛文龍이 나를 향해　天地에　맹세하고는 저버린 후,　내가 파견한

niyalma be jafafi dele benehe fonde, tun be gaijarakū biheo, tun de
사람을　잡아서 위에 보냈을 때에　섬을 취하지 않고 있었겠는가? '섬에

hoton hecen bio, bi inu amba ba be bahaci, tun aibide genembi seme
성곽이 있는가, 내가 또한 큰 땅을　얻으면 섬이 어디로 가겠는가'라고 여겨

sindafi bihe kai, tere fonde dailahakū ofi, te suweni 8/9 abka na de
방치하고 있었던 것이다. 그 때에 토벌하지 않고　지금 그대들의　天地에

gashūfi sain banjire niyalma be bi geodebufi dailaci, abka na de
맹세하고 사이좋게 사는　사람을　내가 속여　토벌한다면　天地에

gelerakūn, gūnici, sini ere gisun minde akdarakūngge waka, sinde aika
두렵지 않겠는가? 생각하건대 그대의 이 말은 나를 못믿겠다는 것이 아니다. 그대에게 혹

facuhūn mujilen bifi ehereki seme jortai gisurembi dere, bi sinde
어지러운 마음이 있어 나쁘게 하겠다고 고의로 말한 것이리라.　나는 그대에게

asuru baili akū niyalma waka, si mimbe ume eiteršere, julgeci ebsi,
심히   은혜 없는 사람이 아니다. 그대는 나를   속이지 말라.   古來로

baili be urgedehe niyalma jabšahangge akū, aikabade 9/10 si gūwa i
은혜를   저버린   사람은   얻은 것이   없다.   혹시   그대는 다른 자의

šusihiyehe gisun de dosikabi ayoo, muse juwe booi sain banjire be
꼬드기는   말에   빠진 것은 아닌가? 우리 두 집이 좋게 지내는 것을

we buyembi, šusihiyere niyalmai gisun de ume dosire, suweni ubade
누가 바라겠는가? 꼬드기는   사람의   말에   빠지지 말라. 그대들이 이곳에

bisire fonde, suwembe nikan i baru hebe seme niyalma jing gercilehe,
있을   때에   그대들이   명을 향해 모의한다고   사람이   마침 고발했다.

bi gūnici, suwe banime ambula jobome genere mujangga, damu emgeri
내가 생각하기를, '그대들이 살기가 매우 고생스러워 가는 것이 분명하다.   다만   한번

gosiha be dahame, wame jenderakū, gosime akūmbuki, gosire be
    자애했으므로   차마 죽일 수 없다. 자애를 다하고자 한다. 자애하는 것을

gūnime bici bikini, geneci, emte 10/11 beye genembi dere, mini gurun
생각하여 있겠다면 있어라. 간다면 하나씩   자신만 가겠지,   나의 國人을

be gamambio seme same ujire de, suwe bahafi genehe dere, suweni
    데려가겠는가' 라고 알면서도 살려주어서 그대들이 갈 수 있었던 것이다. 그대들의

dolo mimbe sarkū dulbadafi tucike sembio, suweni eme sargan juse be,
심중에 내가 모르고 무지해서 (그대들이) 탈출했다고 생각하는가? 그대들의 모친·처자를

te ainci suwembe tun be ejelehe seme dere banime ujimbi kai, suweni
지금 어쩌면 그대들이 섬을 장악했다고 체면을 세워주고자 살리는 것이다. 그대들이

genehe fonde, we be dere banimbi, waci uthai wajiha kai, inu gosiha
갔을 때에 누구를 체면을 세우겠는가? 죽이면 그대로 끝나는 것이다. 그래도 자애했으므로

be dahame wame jenderakū, jeku orho lashalarakū 11/12 bume ujihe
죽이기를 차마 할수 없어 곡식과 풀을 끊이지 않게 주어 살린

kai, suwe mimbe urgedefi nikan i baru oci, inu mini baru bailingga
것이다. 그대들이 나를 저버리고 명으로 향하게 되면, 또한 나를 향해 은혜롭고

sain gisun hendufi urgedeci, hono jurgan de acarakū, uthai dere efuleme
좋은 말을 하고 저버린다면 조금도 의리에 맞지 않는다. 그대로 체면을 망치고

ehe gisun hendume urgedeci, abka inu wakalambi, niyalmai mujilen de
나쁜 말을 하며 저버린다면 하늘도 질책할 것이다. 사람의 마음에도

inu acarakū, mini gūniha babe gidarakū hafu henduhe, suweni aika
맞지 않는다. 나의 생각한 바를 숨기지 않고 기탄없이 말했다. 그대들이 만약

gūniha gisun bici, inu hafu gisure, si cohome ehereci, 12/13 sini ciha
생각한 말이 있으면 또한 기탄없이 말하라. 그대가 특히 나쁘게 한다면 그대 마음이리라.

dere, bi ainara, aikabade minde unenggi akdarakū oci, mimbe dasame
내가 어찌하겠는가? 만약에 나를 진실로 믿지 못하겠다면 나에게 다시

gashū seci, bi gashūre,,
맹세하라고 하면 내가 맹세하겠다.」

○ ineku tere inenggi, lio uge i takūraha lio ting ts'e be han de
같은   그 날,   劉五哥가   파견한   lio ting ts'e를   한에게

acabufi, jihe doroi emu losa juwan yan menggun buhe, fudere doroi
만나게 하고 온 예로 1마리 나귀·   10량 은을   주었다. 전송하는 예로

emu honin wafi, juwe 13/14 dere dasafi sarilaha, erei emgi musei ceng
1마리 양을   잡아   두   상을   차려   잔치했다. 이와 함께 우리의

de i šusai wei coo cing, gesecen be unggihe, ere be beneme
成大業 秀才의 wei coo cing· 거서천을   보냈다.   이를   보내러

gulu suwayan i yalai, juwe niyalma be gaifi jase tucime benehe,,
  正黃旗의   얄라이가 두   사람을   이끌고 경계를 나가 전송했다.

○ juwan uyun de, korcin i konggor beile be jimbi seme medege
    19일에,   코르친의   콩고르 버일러가   온다고   소식을

alanjiha manggi, ajige taiji, 14/15 mergen daicing, yangguri efu,
  알려오자   아지거 타이지·   머르건 다이칭·   양구리 어푸·

darhan efu, sele age, ilden, yecen be okdobuha,,
다르한 어푸· 설러 아거· 일던· 여천으로 하여금 마중하게 했다.

○ orin de, karacin i angkūn taiji isinjiha,,
  20일에, 카라친의   앙쿤   타이지가 도착했다.

○ orin juwe de, korcin i konggor beile isinjire inenggi, tofohon ba i
    22일에,   코르친의   콩고르 버일러가 도착하는 날,   15리

dubede 15/16 han, juwe amba beile geren taijisa, ambasa be gaifi
끝에　　　　　　한·　두　　大 버일러가　여러 타이지들과 대신들을　이끌고

okdofi, ebuhe bade han, beise cacari de tehe, konggor beile, ini gucuse
맞이하고　말 내린 곳에서 한· 버일러들이 천막에 앉았다. 콩고르 버일러는 그의 구추들을

be gaifi aldangga emu jergi niyakūrafi hengkileme acara de, han, beise
데리고　멀리서　　　한번　　무릎 꿇고　　고두하며　　만날 때에 한· 버일러들이

ishun niyakūrafi alime gaiha, tereci hanci ibefi emu jergi niyakūrafi
마주　　무릎 꿇고　　받았다.　　그 후 가까이 나아가　한 번　　무릎 꿇고

hengkilefi tebeliyeme acara de, han, tehe baci aššafi buhi arafi
고두하고　　껴안으며　　　만날 때에　한은 앉은 곳에서 일어나 한쪽 무릎을 굽히고

tebeliyeme acaha, terei 16/17 sirame amba beile de acaha, terei sirame
껴안으며　만났다. 그에　　　　이어　　大 버일러와　　만났다. 그에　이어

manggūltai beile de acaha, jai geren taijisa, ahūn i bodome niyakūrafi
망굴타이　　버일러와　　만났다. 다시 여러 타이지들이 형을　　따져　　무릎 꿇고

hengkilefi tebeliyeme acaha, acame wajiha manggi, gajiha arki be han,
고두하고　　껴안으며　　　만났다. 만나기를 마친　후　　가져온 소주를　　한과

beise de angga isibuha, hengkileme jihe doroi han de gajihangge,
버일러들에게 입에 대게 했다. 고두하러　　온　예로　한에게　가져온 것은

jakūn morin, emu temen, emu sekei dahū, juwe morin de foloho
8마리 말·　　　　1마리 낙타·　1벌의 초피 털가죽외투·　2마리 말에 조각한

enggemu hadala 17/18 tohohoi gajiha bihe, enggemu hadala tohoho juwe
안장과 굴레를 맨 것을　　　　　　가져왔다.　　　　안장과 굴레를 채운　2마리

morin, emu temen amasi bederebuhe, ninggun morin, sekei dahū be
말·　　　1마리 낙타는 되돌려　보냈다.　　　　6마리 말·　　초피 털가죽외투는

gaiha, okdoko bade, ilan ihan juwan honin wafi sarilaha, konggor beile
취했다.　마중한 곳에서 3마리 소·　10마리 양을　잡아 잔치했다.　콩고르 버일러에게

de emu inenggi burengge, emu honin, ilan gio, emu ulhūma, juwe
하루에　　　준 것.　　1마리 양·　3마리 사슴·　1마리 꿩·　　2마리

nimaha, cai emu boose, sun juwe moro, sun i nimenggi emu can, 18/19
생선·　　차 1包·　　우유 2升·　　우유의 기름 1잔·

handu bele juwe moro hiyase, dabsun emu moro, emu sejen moo, gūsin
멥쌀 2升·　　　　　소금 1升·　1대의 수레의 나무·　30근의

gin yaha, dahaha gucu emu tanggū duin niyalma de, bele ilan hiyase
숯,　　　시종한 구추 104 명에게　　　　　쌀 3斗 5升·

sunja moro, deijire orho ninju ninggun fulmiyen, yaha ilan gin,
땔감 풀 66束·　　　　　　숯 3근·

duin malu arki,, 19/20
4병의 소주다.

○ orin duin de, han, beise yamun de tucifi, konggor beile jihe
24일에,　　　한과 버일러들이 아문에　나가　콩고르 버일러가 온

doroi, juwan ninggun gurgu i yali, duin ihan, jakūn honin wafi sarin
禮로　　　　　16마리 짐승의 고기·　4마리 소·　8마리 양을　잡아 잔치를

sarilara de, hacin hacin i efin efihe, jai han i etuhe sekei hayaha
베풀　때에　각종　　기예를 공연했다. 또한 한이 입은 초피로　테두른

hūha jibca, konggor beile de buhe,, 20/21
감친 가죽옷을 콩고르 버일러에게 주었다.

○ ineku tere inenggi, karacin i ombu cūhur isinjiha, han de
　같은　그 날,　　카라친의　옴부 추후르가 도착했다.　한에게

aldangga niyakūrafi hengkileme acaha, acame wajiha manggi, ting ni
멀리서　무릎 꿇고　고두하며　만났다. 만나기를 마친　후　　廳의

dolo besergen i fejile tebuhe,,
안에　평상　아래에 앉게 했다.

○ orin duin de, julergi lio uge de takūraha ceng de i šusai wei
　24일에,　남쪽　劉五哥에게　파견한　成大業　秀才의 wei

coo cing, gesecen isinjiha,, 21/22
coo cing· 거서천이 도착했다.

○ orin ninggun de, han i boo de konggor mafa be dosimbufi, juwe
　26일에,　　한의　집에　콩고르 마파를　들어오게 하여 2마리

ihan, duin honin wafi, dehi dere dasafi sarilaha,,
소·　4마리 양을　잡고　40 床을 차려서 잔치했다.

○ ineku tere inenggi, asidarhan, dayaci be korcin i weijeng beile de
　같은　그 날,　　　아시다르한·　다야치를　코르친의 워이정 버일러에게

takūrame unggihengge isinjiha, 22/23 kalka, jarut beise gashūha gisun
　파견해　　보냈는데　도착했다.　「칼카·자루트의 버일러들이 맹세한 말을

be ubašafi gūwaliyandara jakade, mini cooha genefi sucufi gajiha, mini
　배반하고　변심했으므로　　　나의 군대가 가서 습격해 데려왔다. 내가

gaiha eden bagadarhan i juse baihūndai taiji, labtai taiji, weijeng beile,
취하고 남은　바가다르한의 아들들 바이훈다이 타이지·랍타이 타이지가 워이정 버일러

sinde niyaman hūncihin seme dayanaci, si singgebuci acarakū, kalka i
그대에게　친척이라고　의지하러 가면, 그대는 받아들여서는 안 된다. 칼카의

beise gurun, gemu minde bi, mini eden gaji seme takūrara jakade,
버일러들·국인이 모두 나에게 있다. 나의 나머지를 데려오라」고 파견했으므로

weijeng beile, han i hendure gisun inu seme, baihūndai, labtai, jušen
워이정 버일러가 한이　말하는　말이 옳다고　바이훈다이·랍타이·속민

irgen tanggū 23/24 boo isime boigon be gemu bufi unggihe,,
백성 100家에　　이르는 戶를　모두 주어 보냈다.

○ orin uyun de, karacin i angkūn taiji genehe, angkūn taiji de
　　29일에,　카라친의　앙쿤 타이지가 갔다.　앙쿤 타이지에게

jakūn mocin emu suje buhe,,
8필의 毛靑布· 1필의 비단을 주었다.

○ ilan biyai ice inenggi, karacin i ombu cūhur de, hengkileme jihe
　　3월 초 1일,　　　카라친의　　옴부 추후르에게,　　고두하러　　온

doroi emu morin de foloho 24/25 enggemu hadala tohofi, hilteri uksin
예로　1마리 말에　　　조각한　　　안장·　굴레를　매고　겉미늘 갑옷과

saca acifi, jai emu morin, emu losa buhe,,
투구를 싣고, 또　1마리 말·　1마리 나귀를 주었다.

○ ice juwe de, karacin i ombu cūhur genehe,,
　　초 2일에,　　　카라친의 옴부 추후르가 갔다.

○ ice ilan de, aru i sani nomci isinjiha, han de duin morin, emu
　　초 3일에,　　아루의 사니 놈치가 도착했다.　한에게　4마리 말·　1마리

temen gajiha bihe, gemu 25/26 gaihakū bederebuhe, ede emu inenggi
낙타를　가져왔다.　　모두　　　취하지 않고 돌려주었다.　이에　하루에

emu gio i hontoho yali, bele juwe moro hiyase, dabsun emu moro,
1마리 사슴의 절반의 고기·　　쌀 2升·　　　　　소금 1升·

yaluha morin de emu inenggi juwan fulmiyen orho, emu sin jeku buhe,,
　　탄 말에게　　　하루에　　　10묶음의 풀·　　1金斗의 곡식을 주었다.

○ ice sunja de, karacin i utaci tabunang, ini gucuse be gaifi,
　　초 5일에,　　카라친의　우타치 타부낭이　그의 구추들을　　데리고

guwangning ni amargi sira tala i 26/27 baru abalame genefi, aba saraha
　　廣寧의　　　　북쪽　시라 탈라를　　　향해　사냥하러　가서 포위망을 펼친

bade nikan i cooha ilan tanggū isime afanjifi, gabtašahai nikan
곳에서 명의 군사 300명 가까이가 공격해 와서 활을 쏘는 중에 명군이

burulafi, morin gūsin isime bahafi, han de emu morin, emu saca deji
패주해 말을 30마리 가까이 얻어 한에게 1마리 말·1개의 투구를 헌상품으로

benjihe,,
보내왔다.

○ tere inenggi, han, konggor mafa be boode dosimbufi heturi
　　　그 날, 　　　한이 　콩고르 마파를 　　집으로 　들어오게 해서 단촐하게

sarilafi, 27/28 han i etuhe suwayan de ifiha hailun hayaha jibca, sekei
잔치하고 　　　한이 　입은 　　황색에 꿰맨 수달가죽으로 테두른 가죽옷·초피

mahala buhe,,
모자를 주었다.

○ ice nadan de, tusiyetu han de ibai, konggor mafa, ukšan de aisunggū,
　　초 7일에, 　　투시예투 한에게 이바이, 　콩고르 마파·욱샨에게 　아이숭구,

sun dureng de alai, dalai cūhur de angga, tūrban kekuket[2] de
　순 두렁에게 　알라이, 달라이 추후르에게 앙가, 　　투르반 커쿠커트에

elbihe genehe,, 28/29
얼비허가 갔다.

2　[簽註] gingguleme baicaci, monggo gisun de duin juse be tūrban kekuket sembi,,
　　삼가 찾아보니 몽고어로 '네 아들들'을 'tūrban kekuket'라고 한다.
　　* 'tūrban kekuket'는 두르벤 케우케드(dörben kegüke, 四子部)를 가리킨다. 두르벤 케우케드 아이막
　　(四子部)에 대해서는 앞의 34권 '아루의 네 버일러'에 대한 각주 참조.

○ ice jakūn de, karacin i lasihib, birasi, dai darhan, ere ilan
　　초 8일에, 　　　　카라친의 라시힙· 　비라시· 다이 다르한, 　　이 3명의

beile de juwete cekemu, juwete gecuheri, buya suje juwanta, mocin
버일러에게 2필씩의 倭緞· 　　2필씩의 망단· 　　　작은 비단 10필씩· 　　毛靑布

boso juwete tanggū, emte uksin, emte foloho enggemu, jebele beri niru
　　　200필씩· 　　　1벌씩의 갑옷· 1개씩의 조각한 안장· 　　箭筒에 활과 화살을

sisihai emte, sekei hayaha jibca emte, sekei dahū emte, silun i dahū
꽂은 것 1개씩· 초피로 테두른 가죽옷 1벌씩· 초피 털가죽외투 1벌씩· 스라소니 털가죽외투

emte, elbihe i dahū emte, 29/30 gūlha, wase, umiyesun, mahala emte,
1벌씩· 너구리 털가죽외투 1벌씩· 　　　신발과 양말과 腰帶와 겨울모자 1개씩·

jakūta guise, duite horho buhe,, (ese de buhengge, minggan beile i
8개씩의 궤짝· 　4개씩의 장롱을 주었다. (이들에게 준 것에는 　밍간 버일러에게

songkoi juwete tanggū yan menggun be, gege sede miyamigan be
　준대로 　　　200량씩의 　　　　銀을, 　　공주들에게 　머리장식을

dabuhabi,,)
포함시켰다.

○ sonom taiji de emu uksin, foloho enggemu emke, jebele beri
　소놈 타이지에게 1벌의 갑옷· 　조각한 안장 1개· 　　箭筒에 활과

niru sisihai emke, sekei hayaha jibca, mahala, umiyesun, silun i dahū,
화살을 꽂은 것 1개· 초피로 테두른 가죽옷· 겨울모자· 요대· 스라소니 털가죽외투·

sekei dahu, emu tanggū susai yan menggun, suje 30/31 juwan emu,
　초피 가죽외투·　　　150兩의 銀·　　　　　　비단 11필·

mocin boso emu tanggū susai, juwe horho, ninggun guise buhe,,
　毛青布　150필·　　　　　2개의 장롱·　6개의 궤짝을 주었다.

○ ineku tere inenggi, karacin i utaci tabunang ni elcin genehe,
　같은　그 날,　　카라친의　우타치 타부낭의　　사신이 갔다.

ede han i buhengge, juwe niyalma de nadan yan menggun, juwe sin
이에 한이　준 것은,　두 사람에게　　7兩의 銀·　　2升의

bele buhe,, 31/32
곡식을 주었다.

○ ineku tere inenggi, sani nomci genehe,,
　같은　그 날,　　사니 놈치가　갔다.

○ ineku tere inenggi de, karacin i abahai, han de acanjime
　같은　그 날에,　　카라친의　아바하이가 한에게 만나러 와서

hengkileme jihe,,
　고두하러　왔다.

○ juwan de, 32/33 han, beise be, karacin i birasi taiji, yoto taiji i
　10일에,　　　한과 버일러들에게 카라친의　비라시 타이지가 요토 타이지의

sargan jui be gaime gisun toktoho doroi juwe ihan, emu morin, ninggun
　딸을　　娶하는　말을 약정하는 禮로 2마리 소·　1마리 말·　　6마리

honin wafi sarilaha, sargan gaijara doroi jakūn morin, emu morin de
양을   잡아서 잔치했다. 妻를   娶하는   禮로   8마리의 말·   1마리의 말에

uksin saca acihai, emu temen jafaha bihe, gaihakū gemu
갑옷과 투구를 실은 것· 1마리의 낙타를 바쳤다.   받지 않고 모두

bederebuhe,, 33/34
돌려주었다.

○ juwan emu de, han i boo, konggor mafa be dosimbufi, juwe
    11일에,   한의 집에 콩고르 마파를   오게 하여 2마리

honin wafi, juwan dere dasafi sarilaha,,
양을   잡고   10개의 床을 차려서 잔치했다.

○ ineku tere inenggi, tumet i genggel hiya, oyat, han de acanjime
    같은   그 날,   투메트의   겡겔 히야· 오야트가 한에게 만나러 와서

hengkileme jihe, han de ilan yan aisin, gu i buleku emke gajiha,, 34/35
고두하러   왔다. 한에게   3 兩 金·   옥 거울 1개를   가져왔다.

○ ineku tere inenggi, karacin i majin tabunang, han de acanjime
    같은   그 날,   카라친의   마진 타부낭이   한에게 만나러 와서

hengkileme jihe, han de emu morin, emu yendahūn gajiha bihe,
고두하러   왔다. 한에게 1마리 말·   1마리 개를   가져왔다.

gaihakū bederebuhe,,
취하지 않고 돌려보냈다.

tongki fuka sindaha hergen i dangse
點·圈을 찍은 문자의 檔子

gūsin ningguci debtelin
36권

sure han i sunjaci aniya ilan biyaci duin biyade isinahabi
천총 5년 3월부터 4월까지

tongki fuka sindaha hergen i dangse,,
點· 圈을 　찍은　문자의　　檔子

○ juwan ilan de, konggor mafa be fudere doroi han i boode
　　13일에,　　　콩고르 마파를　　　송별하는 예로 한의　집에

gajifi, emu ihan, duin honin wafi, ninggun gio i yali, gūsin dere
데려와　1마리 소·　4마리 양을 잡고　6마리 사슴의 고기로　30개의 床을

dasafi sarilaha,,
차려서 잔치했다.

○ tofohon de, korcin i konggor mafa be fudeme, han, beise juwan
　　15일에,　　　코르친의　콩고르 마파를　　전송하러 한· 버일러들은 10里

ba i dubede, puho ala de juwe ihan, 1/2 nadan honin wafi sarilaha,
　　앞에　　蒲河 언덕에서　2마리 소·　　　7마리 양을　잡아서 잔치했다.

mafa de buhe jaka i ton, acinggiyame foloho enggemu de tohoma
마파에게　준　물건의 수.　　　　움직이는 듯 조각한 안장에 말다래가

kamcihai emke, bai foloho enggemu emke, aisin dosimbuha saca
　합쳐진 것 1개·　　보통의 조각한 안장 1개·　　　금이 상감된 투구와

galaktun suwayan de ifiha tuktuma uksin emke, foloho saca galaktun
　갑옷소매를 황색으로 꿰맨 속미늘 갑옷 1벌·　조각한 투구와 갑옷소매가

suwayan hilteri uksin emke, puse ifiha uksin ilan, aisin dosimbuha
　　황색인 겉미늘 갑옷　1개·　　흉배가 꿰매진　갑옷 3벌·　　　금이 상감된

jebele de beri niru sisihai emke, 2/3 aisin dosimbuha umiyesun emke,
　화살통에　활과 화살을 꽂은 것 1개·　　　　　　금이 상감된 요대 1개·

aisin ijuha solha emke, dongmo emke, cara emke, aisin i hūntahan
　금 도금한　　밥그릇 1개·　　　茶桶　1개·　　술잔 1개·　　　금 술잔

emke, sahalca seke i hayaha ifiha buriha jibca emke, sain seke i dahū
　1개·　　　黑貂 가죽으로 테두르고 꿰매어 붙인 가죽옷 1벌·　　좋은 초피 털가죽외투

emke, seke i mahala emke, kamkū de cekemu kubuhe ergume emke,
　1벌·　　초피 겨울모자 1개·　　　帽緞에 倭緞으로 띠두른 朝衣 1벌·

funiyehe den cekemu mahala emke, suwayan gūlha, ifiha wase emu
　　剪絨[1] 겨울모자 1개·　　　　　　황색 신발과 바느질한 양말　1쌍·

juru, gecuheri, cekemu, amban 3/4 suje juwan, buya suje juwan, mocin
　　　蟒緞과 倭緞의 큰 비단 10필과 작은 비단 10필·　　　　　毛靑布

samsu emu tanggū, fulgiyan jafu sunja, yarha sukū juwe, tashari dethe
　　100필·　　　　붉은 모직물 5장·　　　표범 가죽 2장·　　독수리 깃

emke buhe,,
1개를 주었다.

○ orin juwe de, gulu suwayan i coshi, tarni, gulu šanggiyan i
　　12일에,　　　　正黃旗의　　　초스히·　타르니,　　正白旗의

1　'funiyehe den cekemu'(剪絨)는 일반 絨보다 絨毛의 털이 긴 융단을 가리킨다.

gurushib, ere ilan taiji de jakūta suje, dehite mocin buhe,, 4/5
구루스힙,　이 3명의 타이지에게　8필씩의 비단·40필씩의 毛靑布를 주었다.

○ kubuhe suwayan i boro taiji, kitat taiji, gendushib taiji,
　　　鑲黃旗의　　　보로 타이지·키타트 타이지·건두스힙 타이지·

sanggurjai tabunang, gulu suwayan i ombu, gulu fulgiyan i kesikten i
　상구르자이 타부낭,　　正黃旗의　　　옴부,　　正紅旗의　　　케식텐의

toro baihū i jui torjin tabunang, karacin i nomuntoi ong ni jui
토로 바이후의　아들 토르진 타부낭·카라친의　　노문토이 옹의　아들

seosenggei ong, gulu lamun i asut taiji i deo labashi taiji, ajige
　서오성거이 옹,　　正藍旗의　아수트 타이지의 동생 라바스히 타이지·小

karacin i norbu taiji i ahūn i jui torjin taiji, 5/6 karacin i efu i deo
카라친의　노르부 타이지의　형의　아들 토르진 타이지·　카라친의 어푸의 동생

gunji taiji, ajige karacin i donoi taiji i jui norbu taiji, ajige karacin i
군지 타이지·小 카라친의　도노이 타이지의 아들 노르부 타이지·小 카라친의

sonom torjin taiji, batma tabunang, kubuhe lamun i hojiger tabunang
　소놈 토르진 타이지·바트마 타부낭,　　鑲藍旗의　　호지거르 타부낭의

ni ahūn i jui titi ong, hojiger tabunang, tumet dureng han i jui
　형의　아들 티티 옹·　호지거르 타부낭·투메트의 두렁　한의 아들

jaisang taiji, karacin i ebugen taiji i jui oijet taiji, tumet jaisang taiji i
자이상 타이지·카라친의 어부건 타이지의 아들 오이저트 타이지·투메트의 자이상 타이지의

jui norbu taiji, kubuhe šanggiyan i 6/7 baihūndai gung tabunang ni
아들 노르부 타이지, 鑲白旗의   바이훈다이 궁 타부낭의

jui kesiktu tabunang, tarai minggan i manggūldai hošooci i jui ombu
아들 커식투 타부낭·   타라이 밍간의   망굴다이 호쇼오치의 아들 옴부

taiji, laisa daicing ni jui torjimo taiji, asut batma hūwang taiji i jui
타이지· 라이사 다이칭의 아들 토르지모 타이지· 아수트 바트마 후왕 타이지의 아들

gumushib taiji, kubuhe fulgiyan i karacin i batma taiji i ahūn i jui
 구무스힙 타이지,   鑲紅旗의   카라친의   바트마 타이지의 형의 아들

birasi taiji, darhan beile i jui sereng taiji, sereng ni jui jaming taiji,
비라시 타이지, 다르한 버일러의 아들 서렁 타이지,   서렁의 아들 자밍 타이지,

karacin i darhan beile i jui burgatu hūng 7/8 baturu, hūng baturu i jui
카라친의   다르한 버일러의 아들 부르가투 훙   바투루·   훙 바투루의 아들

ombu taiji, ere orin ninggun niyalma de ninggute suje, gūsita mocin
옴부 타이지,   이   26 명에게   6필씩의 비단·   30필씩의 毛靑布를

buhe,,
주었다.

○ gulu suwayan i sonom taiji i jui ombu, ombu i deo sengge,
      正黃旗의   소놈 타이지의 아들 옴부·   옴부의 동생 셍게,

kubuhe suwayan i batma ocir tabunang, coktu taiji, kubuhe fulgiyan i
  鑲黃旗의   바트마 오치르 타부낭·   촉투 타이지,   鑲紅旗의

tumet abadang taiji i 8/9 jui lamashi taiji, tumet oktor i jui ombu
투메트 아바당 타이지의　　아들 라마스히 타이지·　투메트 옥토르의 아들 옴부

taiji, tarai minggan i burgadu i jui como taiji, karacin i jaisai tabunang ni
타이지·　타라이 밍간의　　부르가두의 아들 초모 타이지·　카라친의 자이사이 타부낭의

jui ombu tabunang, ujitai tabunang ni jui ebugen tabunang, asut
아들 옴부　타부낭·　　　우지타이 타부낭의　아들 어부건 타부낭·　　　아수트

talabur tabunang, jongkortoi i jui budasiri ong, gulu fulgiyan i tarai
탈라부르 타부낭·　　종코르토이의　아들 부다시리 옹,　　正紅旗의　　　타라이

minggan i baitula cūhur i jui amin taiji, birasi ahūn garma taiji i
밍간의 바이툴라 추후르의 아들　　아민 타이지·　비라시의 형 가르마 타이지의

jui arabjin taiji, asut 9/10 sereng jaisang ni jui lamasihi taiji, karacin i
아들 아랍진 타이지·아수트　　　서렁 자이상의 아들 라마시히 타이지·　카라친의

laisa tabunang ni jui sanggarjai tabunang, gulu lamun i karacin i efu
라이사 타부낭의 아들 상가르자이 타부낭,　　　正藍旗의　　카라친의 어푸의

i ahūn i jui dasi taiji, ajige karacin i norbu taiji i ahūn i jui kitat
　형의 아들 다시 타이지·　　小 카라친의 노르부 타이지의　형의 아들　키타트

taiji, karacin i efu i ahūn i jui masi taiji, kubuhe lamun i karacin i
타이지·　카라친의 어푸의 형의　아들 마시 타이지,　　鑲藍旗의　　　카라친의

baihal taiji i jui namug'arja taiji, manggir beile i jui othon taiji, gulu
　바이할 타이지의 아들 나무가르자 타이지·　망기르 버일러의 아들 오트혼 타이지, 正白旗의

šanggiyan i 10/11 tarai minggan i manggūldai hošooci i jui ombu, ombu
타라이 밍간의 망굴다이 호쇼오치의 아들 옴부·　　　　옴부의

i deo batmasi taiji, nantai i ahūn tabai i jui yebšu tabunang, somor
동생 바트마시 타이지·　난타이의 형 타바이의 아들 엽슈 타부낭·　　소모르

tabunang ni ahūn i jui lasatai ong, nantai i ahūn tabai, tabai i jui
타부낭의 형의 아들 라사타이 옹·　　　난타이의 형 타바이·　타바이의 아들

yebšu, yebšu i jui coshi, nantai i deo nomun dari i jui kanjiski
엽슈·　　엽슈의 아들 초스히·　난타이의 동생 노문 다리의 아들 칸지스키

tabunang, nantai i ahūn dartai, dartai i jui g'anjur ong, nantai i ahūn
타부낭·　　난타이의 형 다르타이·　다르타이의 아들 간주르 옹·　난타이의 형

dartai i jui 11/12 buksiki ong, kubuhe šanggiyan i asut batma hūwang
다르타이의 아들 북시키 옹,　　　　　鑲白旗의　　　　아수트 바트마 후왕

taiji i jui balung taiji, bumbarasi uijeng ni jui dari taiji, batma
타이지의 아들 발룽 타이지·　붐바라시　우이정의　아들 다리 타이지· 바트마

hūwang taiji i jui soobang taiji, emegelji, ere gūsin emu niyalma de
후왕 타이지의 아들　소오방 타이지·어머걸지,　이　　31명에게

duite suje, orita mocin buhe,,
4필씩의 비단· 20필씩의 毛靑布를 주었다.

○ kubuhe suwayan i batma tabunang ni jui batmasi, 12/13 tumet
　　鑲黃旗의　　　　　바트마 타부낭의 아들 바트마시·　　　투메트

ombu tabunang, gulu suwayan i ombu i jui tuba, ombu i deo coitoma,
옴부 타부낭,　　　　正黃旗의　　　옴부의 아들 투바·　옴부의 동생 초이토마·

sonom taiji i jui batma jung, gulu fulgiyan i karacin i bayar tabunang
소놈 타이지의 아들 바트마 중,　　　正紅旗의　　카라친의 바야르 타부낭의

ni jui kara kitat, tarai minggan i ontori beile i jui engken taiji,
아들 카라 키타트·　타라이 밍간의　온토리 버일러의 아들 엉컨 타이지·

engken taiji i jui sitai taiji, tarai minggan i cecen beile i jui siramtai
엉컨 타이지의 아들 시타이 타이지·　타라이 밍간의 처천 버일러의 아들 시람타이

taiji, tarai minggan i ildeng beile i jui gunji 13/14 taiji, kubuhe lamun
타이지·　타라이 밍간의　일덩 버일러의 아들 군지 타이지,　　　鑲藍旗의

i hojiger tabunang ni deo subudi ong, hojiger tabunang ni ahūn i jui
호지거르 타부낭의 동생 수부디 옹·　　　호지거르 타부낭의 형의 아들

jotba ong, hojiger tabunang ni ahūn i jui dorji ong, karacin i sereng
조트바 옹·　호지거르 타부낭의 형의 아들 도르지 옹·　　　카라친의　서렁

taiji i jui gumushi taiji, tumet jaisang taiji i jui guru taiji, gulu lamun i
타이지의 아들 구무스히 타이지·　투메트 자이상 타이지의 아들 구루 타이지, 正藍旗의

batma tabunang ni jui banjitar tabunang, batma tabunang ni ahūn i
바트마 타부낭의 아들 반지타르 타부낭·　　　바트마 타부낭의 형의

jui tamtai tabunang, karacin i efu i ahūn i 14/15 jui sanggarjai taiji,
아들　탐타이 타부낭·　카라친의 어푸의 형의　　　아들　상가르자이 타이지·

karacin i deo majing taiji, ajige karacin i norbu taiji i ahūn i jui
카라친의　동생　마징 타이지·小 카라친의　노르부 타이지의 형의　아들

gumbu taiji, kubuhe šanggiyan i nomisiri ong, gulu šanggiyan i nantai
　굼부 타이지,　鑲白旗의　노미시리 옹,　正白旗의　난타이의

i deo noyon dari i jui sanggajar ong, nantai i ahūn tabai, tabai i jui
　동생 노욘 다리의 아들 상가자르 옹·　난타이의 형 타바이·　타바이의 아들

buyandari, buyandari i jui saosa ong, somor tabunang ni ama boloi,
부얀다리·　부얀다리의 아들 사오사 옹·　소모르 타부낭의 아버지 볼로이·

boloi i deo baisunggo, baisunggo i jui tata ong, tarai 15/16 minggan i
볼로이의 동생 바이숭고·　바이숭고의 아들 타타 옹·　타라이　밍간의

manggūldai hošooci i jui ombu, ombu i deo suheci taiji, gurushib taiji i
　망굴다이 호쇼오치의 아들 옴부·　옴부의 동생 수허치 타이지·　구루시힙 타이지의

jui irencen, tarai minggan i manggūldai hošooci i jui ombu, ombu i
아들 이런천·　타라이 밍간의 망굴다이 호쇼오치의 아들 옴부·　옴부의

ecike baidal, baidal i jui bambura taiji, ere orin ninggun niyalma de
숙부 바이달·　바이달의 아들 밤부라 타이지,　이　26명에게

juwete suje, juwanta mocin buhe,,
2필씩의 비단·　10필씩의 毛靑布를 주었다.

○ orin ninggun de, subudi dureng be nimembi 16/17 seme, dayaci
　26일에,　수부디 두렁이　병이 났다고　하여,　다야치

tabunang, nomtu be takūrafi tuwanabuha, nimere ujen seme alanjiha,,
타부낭· 놈투를　보내어서　보러가게 했다. 병나서　위중하다고 고해왔다.

○ tere inenggi, korcin i tusiyetu han de elcin genehe ibai
　그 날,　코르친의　투시예투 한에게　사신으로 갔던　이바이가

isinjiha, ibai i emgi tusiyetu han i juwe elcin jihe,, 17/18
도착했다. 이바이와 함께 투시예투 한의　2명의 사신이 왔다.

○ orin nadan de, tusiyetu han i juwe elcin be amasi takūrafi
　27일에,　투시예투 한의 2명의 사신을　되돌려 파견해

unggihe, tere inenggi, subudi dureng sunja honin yali, juwe kukuri
보냈다.　그 날　수부디 두렁이　5마리의 양 고기·　2개의 편병의

arki, subudi dureng ni ahūn buyansiri, ilan weihun honin be, subudi
소주를, 수부디 두렁의　형 부얀시리가 3마리 살아있는 양·　수부디

dureng ni jui, buyansiri i gucuse be gaifi, han de acanjime jifi, ceni
　두렁의　아들· 부얀시리의 구추들을　데리고 한에게 알현하러　와서, 그들이

gajiha yali arki be han de angga isibuha, buyansiri i emu honin be
가지고 온 고기와 소주를 한에게　입에 대게 했다. 부얀시리의　1마리 양을

gaiha, 18/19 juwe honin be bederebuhe,,
취했다.　2마리 양을　돌려주었다.

○ ineku tere inenggi, aru i irjama taiji, han de acanjime jihe,
　같은　그 날,　아루의 이르자마 타이지가 한에게　알현하러　왔다.

jifi acara de, niyakūrafi hengkilefi, han i buhi be tebeliyeme acaha,
와서 알현할 때, 무릎 꿇고   고두하고,   한의 무릎을   껴안으며   만났다.

ini gajiha arki be han de angga isibuha,, 19/20
그가 가져온 소주를 한에게   입에 대게 했다.

○ orin jakūn de, karacin i nojonggo tabunang isinjiha, acanjime
    28일에,   카라친의   노종고 타부낭이 도착했다.   알현하러

jidere doroi emu temen, juwe morin, juwe suje, ilan ihan i yali,
  오는 禮로, 1마리 낙타·   2마리 말·   2필의 비단· 3마리 소의 고기·

juwe kukuri arki gajiha bihe, arki yali be han de angga isibuha, temen
  2개의 편병의 소주를 가지고 왔다. 소주와 고기를 한에게   입에 대게 했다. 낙타와

morin suje be gaihakū gemu bederebuhe,, 20/21
  말·   비단은   取하지 않고 모두 돌려주었다.

○ tere inenggi, aohan i bandi, jarut i barin i seter, jarut i neici
   그 날,   아오한의   반디, 자루트의 바린의 서터르, 자루트의 너이치

beile, gendur, sangtu, darhan baturu, edeng isinjiha, han de acara de,
버일러· 건두르·   상투· 다르한 바투루·   어덩이 도착했다. 한을   알현할 때,

neici, bandi, seter, darhan baturu niyakūrafi hengkilefi, han i buhi be
너이치· 반디· 서터르· 다르한 바투르가 무릎을 꿇고 고두하고,   한의 무릎을

tebeliyeme acaha, acanjime jidere doroi bandi juwe honin yali, juwe
  껴안으며   만났다. 알현하러 오는 禮로, 반디가 2마리 양 고기·   2개의

kukuri arki, neici 21/22 emu honin yali, emu kukuri arki, gendur emu
편병의 소주, 너이치가   1마리 양 고기·   1개의 편병의 소주, 건두르가 1개의

kukuri arki, sangtu emu kukuri arki, seter juwe kukuri arki, darhan
편병의 소주, 상투가 1개의 편병의 소주,   서터르가 2개의 편병의 소주, 다르한

baturu juwe honin yali, juwe kukuri arki, edeng emu honin yali, emu
바투루가 2마리 양 고기·   2개의 편병의 소주,   어덩이 1마리의 양 고기·   1개의

kukuri arki gajifi, han de angga isibuha, han de acara doroi emu
편병의 소주를 가져와서 한에게 입에 대게 했다. 한에게   알현하는 禮로,   각

beise emte juwete morin 22/23 gajiha bihe, han emken hono gaihakū
버일러들이 1-2마리씩 말을   가지고 왔다. 한은   하나도   받지 않고

gemu bederebuhe,,
모두   돌려주었다.

○ tere inenggi, aru i sengge hošooci, sonom, ombu isinjiha, acara
     그 날,   아루의   셍게 호쇼오치·   소놈·   옴부가 도착했다. 알현할

de han suwayan cacari cafi tehe, sengge hošooci, sonom, ombu geren
때에 한은 황색   천막을 치고 앉았다.   셍게 호쇼오치·   소놈· 옴부가 무리를

be gaifi, aldangga emu jergi niyakūrafi 23/24 hengkilefi, sengge, sonom,
 이끌고, 멀리서   한 번   무릎 꿇고   고두하고,   셍게·   소놈·

ombu, hanci ibefi, emu jergi niyakūrafi hengkilefi, han i buhi be
옴부가 가까이 나아가서, 한 번   무릎 꿇고   고두하고,   한의 무릎을

tebeliyeme acaha, juwe amba beile de, han de acaha songkoi acaha,
껴안으며 만났다. 두 大 버일러에게, 한을 알현했던 대로 만났다.

taijisa de ahūn i bodome, siran siran i ishunde niyakūrafi tebeliyeme
타이지들에게 나이 순서에 따라서 차례대로 서로 무릎 꿇고 안으며

acaha, acame wajifi amasi bederefi, ceni gajiha arki be han de angga
만났다. 알현이 끝나고 되 돌아가서, 그들이 가져 온 소주를 한에게 입에

isibuha, isibume wajiha manggi, ici ergi de 24/25 tebuhe, bandi, neici,
대게 했다. 드시기를 마친 후에, 오른쪽에 앉게 했다. 반디· 너이치·

gendur, sangtu, seter, darhan baturu, edeng, ese be juwe ergi de gala
건두르· 상투· 서터르· 다르한· 바투루· 어덩, 이들을 양쪽에 翼을

arame tebufi, duin ihan juwan ninggun honin wafi sarilaha, han de
지어 앉게 하고, 4마리 소와 16마리 양을 잡아서 잔치했다. 한에게

sengge hošooci emu temen, nadan morin, emu sekei dahū, sonom emu
 셍게 호쇼오치가 1마리 낙타· 7마리 말· 1벌의 貂皮 털가죽외투, 소놈이 1마리

temen, jakūn morin, ombu emu morin gajiha bihe, sengge i emu 25/26
 낙타· 8마리 말, 옴부가 1마리 말을 가지고 왔다. 셍게의 1마리

morin, sonom i emu morin be gaiha, jai gemu bederebuhe,,
 말과 소놈의 1마리 말을 취했다. 나머지는 모두 돌려주었다.

○ gūsin de, bodoi sanjin de emu uksin saca buhe,,
 30일에, 보도이 산진에게 1벌의 갑옷과 투구를 주었다.

○ ice de, aru i sonom taiji de, emu gecuheri goksi, foloho
초 1일에, 아루의 소놈 타이지에게 1벌의 蟒緞 無扇肩朝衣[2] · 조각한

umiyesun de loho hūwaitahai, 26/27 foloho jebele de beri niru sisihai,
요대에 腰刀를 묶은 것·   조각한 화살통에 활과 화살을 꽂은 것,

irjama taiji de, emu haksan suje i sijigiyan buhe,,
이르자마 타이지에게 1벌의 금색 비단의 袍를   주었다.

○ ineku tere inenggi, tusiyetu efu, ajige sanggarjai, ongnoi,
같은   그 날,   투시예투 어푸· 아지거 상가르자이·   옹노이

conohoi, bagūl isinjiha,,
초노호이· 바굴이 도착했다.

○ ineku tere inenggi, 27/28 han de gajihangge, ilduci taiji juwe
같은   그 날,   한에게 가지고 온 것은 일두치 타이지가 2마리

morin, hatan baturu emu morin, ukšan nakcu duin morin, manjusiri
말,   하탄 바투루가 1마리 말,   욱샨 낙추가   4마리 말,   만주시리

efu duin morin, corjil taiji juwe morin, jarut i jirgalang taiji juwe
어푸가 4마리 말,   초르질 타이지가 2마리 말, 자루트의 지르갈랑 타이지가 2마리

morin, janggin juwe morin, jarut i esentei taiji juwe morin gajime,
말,   장긴이   2마리 말, 자루트의 어선터이 타이지가 2마리 말을 가지고 와서

---

2 'goksi'는 披領(ulhun)이 없는 朝服(관원복)을 가리킨다. 披領은 披肩, 領子, 被當頭, 衣領, 扇肩 등으
   로 다양하게 불리우며 관복의 어깨 위에 덮는 보호구이자 장식이다.

han de acara de, aldangga emu jergi niyakūrafi hengkilehe, jai emu
한에게 알현할 때,　멀리서　한 번　무릎 꿇고　고두했다.　또 한

jergi hanci ibefi niyakūrafi hengkilehe, 28/29 ilaci jergi monggo booi
번 가까이 나아가　무릎 꿇고　고두했다.　세 번째　몽고 천막의

dolo niyakūrafi hengkilefi, han i buhi be tebeliyeme acaha, jihe doroi
안에서 무릎 꿇고　고두했다.　한의　무릎을　껴안으며　만났다. 온 禮로

ilan honin wafi sarilaha, ukšan nakcu i juwe morin, manjusiri efu i
3마리 양을 잡아서 잔치했다.　욱샨 낙추의　2마리 말과　만주시리 어푸의

juwe morin, corjil taiji i emu morin be gaiha, gūwa morin be gemu
　2마리 말과　초르질 타이지의 1마리 말을　취했다.　다른　말을　모두

bederebuhe,,
돌려주었다.

○　ineku tere inenggi, karacin i gunji i jui daramdi 29/30 emu
　같은　그 날,　카라친의　군지의 아들 다람디가　1필의

cekemu duin da, emu suwayan suje, emu lamun suje, emu temen, emu
　倭緞 4尋·　1필의 황색 비단·　1필의 남색 비단·　1마리의 낙타· 1마리의

morin, engkesereng taiji juwan juwe hūba, emu morin, donoi gunji
　말을,　엉커서렁 타이지가　12개의 琥珀·　1마리의 말을,　도노이 군지와

sereng tabunang, emu yacin gecuheri, emu lamun suje, aisin i šerin
　서렁 타부낭은　1필의 푸른 蟒緞·　1필의 남색 비단·　金佛頭를

hadaha emu cekemu mahala,　emu temen,　foloho enggemu hadala
박은 1개의 倭緞 겨울모자·　　　1마리 낙타·　　조각한 안장과 굴레를

tohoho emu morin,　sula emu morin,　sonom 30/31 tabunang,　emu tanggū
채운 1마리 말·　　　맨등의 1마리 말을,　소놈 타부낭은　　　　112개의 琥珀·

juwan juwe hūba,　emu genggiyen i sijigiyan,　emu temen,　wehe nimaha
　　1벌의 石靑素緞 袍·　　　1마리 낙타·　　　　石魚

enggemu hadala tohoho emu morin,　sula emu morin,　donoi gunji emu
안장[3]과 굴레를 채운 1마리 말·　　　맨등의 1마리 말을,　도노이 군지는 1필의

kamkū i ergume,　aisin i šerin hadaha emu cekemu mahala,　emu
帽緞의 朝服·　　　金佛頭를 박은 1개의 倭緞 겨울모자·　　　　1벌의

suwayan suje i sabsime gūlha,　emu temen,　emu morin,　senggele
황색 비단으로 누빈 신발·　　　1마리 낙타·　1마리 말을,　성걸러

tabunang,　emu morin,　coktu tabunang,　emu morin,　bandi 31/32 taiji emu
타부낭은　1마리 말을,　촉투 타부낭은　1마리 말을,　반디　　타이지는 1마리

morin,　tarai minggan i sereng taiji emu morin,　yebšu tabunang emu
말을,　타라이 밍간의　서렁 타이지는 1마리 말을,　엽슈 타부낭은　1마리

losa,　galtu tabunang emu morin,　arasi taiji emu morin gajime jihe
노새를,　갈투 타부낭은　1마리 말을,　아라시 타이지는 1마리 말을 가지고 왔다.

3　'wehe nimaha enggemu'(石魚안장)이란『만문노당』태조조 天命6년 5월 14일조 기록을 참조하면
　'wehe nimaha i sukū buriha enggemu'(石魚의 껍질을 입힌 안장)이다. '石魚'는 'wehe nimaha'를 축
　자적으로 번역한 것일 뿐 어떤 물고기를 가리키는지는 명확하지 않다.

bihe, hūba, gecuheri, suje, ergume, sijigiyan, mahala, gūlha be gaiha,
琥珀· 蟒緞· 비단· 朝衣· 袍· 겨울모자· 신발을 취했다.

temen, morin, losa be gaihakū, amasi bederebuhe, jihe doroi emu honin
낙타· 말· 노새를 취하지 않고 되 돌려주었다. 온 禮로 1마리 양을

wafi, emu gio i yali sarilaha,, 32/33
잡고 1마리 사슴 고기로 잔치했다.

○ ice juwe de, dorji tabunang, ninggun da i emu cekemu, emu
초 2일에, 도르지 타부낭이 6尋의 1필 倭緞· 1필의

lamun suje, emu morin, ajinai bodisu erihe de hūba to yooni bi, emu
남색 비단· 1마리 말을, 아지나이가 菩提珠 염주에 琥珀 記念子[4]가 모두 있는 것· 1필의

gecuheri, juwe lamun suje, emu morin gajiha bihe, erihe, gecuheri, suje
蟒緞· 2필의 남색 비단· 1마리 말을 가지고 왔다. 염주· 蟒緞· 비단을

be gaiha, morin be amasi bederebuhe,, 33/34
취했다. 말을 되 돌려주었다.

○ ineku tere inenggi, han de tusiyetu efu gajihangge, emu morin de
같은 그 날, 한에게 투시예투 어푸가 가지고 온 것은 1마리 말에

enggemu hadala tohohoi sula duin morin, ajige sanggarjai taiji juwe
안장과 굴레를 맨 것· 맨등의 4마리 말, 아지거 상가르자이 타이지는 2마리

morin, ongnoi taiji juwe morin, conohoi taiji juwe morin, bagūl taiji
말, 옹노이 타이지는 2마리 말, 초노호이 타이지는 2마리 말, 바굴 타이지는

---

4 'to'(記念子)는 염주나 구슬걸이의 기준이 되는 구슬이다.

juwe morin be gajifi, efu ini tanggū isire 34/35 gucuse be gaifi,
2마리 말을 가지고 왔고, 어푸는 그의 100명에 이르는   구추들을   이끌고

aldangga niyakūrafi hengkilehe, ibefi niyakūrafi hengkilere de, han,
멀리서   무릎 꿇고   고두했다.   나아가 무릎 꿇고   고두할   때에, 한과

beise gemu ilifi alime gaiha, ilaci jergi niyakūrafi hengkilere de, han
버일러들은 모두 서서 받았다.   세 번째   무릎 꿇고   고두할   때,   한

inu ishun niyakūrafi hengkilefi tebeliyeme acaha, juwe amba beile inu
역시 마주   무릎 꿇고   고두하고   껴안으며   만났다.   두   大 버일러도

han i songkoi acaha, ajige sanggarjai, ongnoi, conohoi, bagūl, ere
 한이 한 대로   만났다. 아지거 상가르자이·   옹노이· 초노호이· 바굴   이

35/36 duin taiji, ahūn i bodome acara de, han, beise tehei alime gaifi
        네   타이지가 나이 순서에 따라서 만날 때, 한과 버일러들은 앉은 채로 인사 받고,

tebeliyeme acaha, acame wajiha manggi, efu amasi bederefi, ini gajiha
 껴안으며   만났다.   만나기를 마친   후,   어푸가 되 돌아가서   그가 가져온

arki be han, beise de angga isibume wajiha manggi, efu be amba beile
소주를   한과 버일러들에게 입에 대게 하기를 마친   후,   어푸를   大 버일러

i ici ergi de tebuhe, jihe doroi jakūn ihan, orin honin wafi sarilaha,
의 오른쪽에 앉게 했다. 온 禮로   8마리 소·   20마리 양을 잡아서 잔치했다.

efu i emu morin de enggemu hadala tohohoi gaiha, 36/37 jai juwan
어푸의 1마리 말에   안장과   굴레를   채운 채로 취했다.   다른 12마리

juwe morin be bederebuhe, ineku tere inenggi, dalai cūhur isinjiha,,
말을   돌려주었다.   같은   그 날,   달라이 추후르가 도착했다.

tongki fuka sindaha hergen i dangse
點·圈을 찍은 문자의 檔子

gūsin nadaci debtelin
37권

sure han i sunjaci aniya aniya duin biya
천총 5년 4월

tongki fuka sindaha hergen i dangse,,
點· 圈을 찍은 문자의 檔子

○ ice ninggun de, sun dureng, dalahai, derekei, namasiki, tusiyetu
　초 6일에, 　순 두렁· 　달라하이[1]· 더러커이· 나마시키· 투시예투

efu i ahūn i jui labasihi, konggor mafa i jui mujai, dalai cūhur, dalai
어푸의 형의 아들 라바시히· 콩고르 마파의 아들 무자이· 달라이 추후르· 달라이

cūhur i ahūn i jui dasi, haisa taiji, gumu, bumbu cūhur, guru, hatan
추후르의 형의 아들 다시· 하이사 타이지· 구무· 붐부 추후르· 구루· 하탄

baturu, ere geren monggo i beise, musei 1/2 han, beise, abka de ilan
바투루, 이 여러 몽고의 버일러들, 우리의 한과 버일러들은 하늘에 세

jergi niyakūrafi uyun jergi hengkilehe, tereci han, beise, suwayan
번 무릎 꿇고 아홉 번 고두했다. 그 후 한과 버일러들은 흰

cacari de tehe, sun dureng, dalahai, namasiki, derekei, han de aldangga
천막에 앉았다. 순 두렁· 달라하이· 나마시키· 더러커이는 한에게 멀리서

emu jergi niyakūrafi hengkilehe, sun dureng hanci ibefi niyakūrara de,
한 번 무릎 꿇고 고두했다. 순 두렁이 가까이 나아가서 무릎 꿇을 때

han ilifi alime gaiha, ilaci jergi niyakūrara de, 2/3 han inu ishun
한은 일어서서 받았다. 세 번째 무릎 꿇을 때 한도 마주

1　달라하이(dalahai)는 옹니우트 좌익의 수장이다.

niyakūrafi hengkilefi tebeliyeme acaha, juwe amba beile de han i
무릎 꿇고   고두하고   껴안으며   만났다. 두   大 버일러에게 한에게

songkoi acaha, dalahai, namasiki, derekei acara de, han, beise tehei
한 대로 만났다. 달라하이· 나마시키· 더러커이가 만날 때 한과 버일러들은 앉은채

alime gaifi tebeliyehe, terei sirame dalai cūhur, dasi, haisa taiji, gumu,
 받고   껴안았다.   그에 이어 달라이 추후르· 다시· 하이사 타이지· 구무·

bumbu cūhur, guru, han de acara de, aldangga emu jergi niyakūrafi
 붐부 추후르·   구루가 한을 만날 때   멀리서   한 번   무릎 꿇고

hengkilehe, dalai cūhur hanci ibefi emu jergi niyakūrara de, 3/4 sun
 고두했다.   달라이 추후르가 가까이 나아가서 한 번 무릎 꿇을   때,   순

dureng ni songkoi acaha, jai terei sirame hatan baturu, labasihi,
 두렁이   한 대로 만났다. 또 그에 이어   하탄 바투루· 라바시히·

konggor mafa i jui mujai, ere ilan acara de, han, beise tehei alime
 콩고르 마파의   아들 무자이, 이 3명이 만날 때   한과 버일러들은 앉은채 받고

gaifi tebeliyeme acaha, acame wajiha manggi, sun dureng ni emu ihan,
  껴안으며   만났다. 만나기를 마친   후,   순 두렁의   1마리 소·

sunja honin yali, dalahai ilan honin yali arki be han, beise de angga
 5마리 양 고기,   달라하이의 3마리 양 고기· 소주를 한과 버일러들에게 입에

isibume wajiha manggi, sun dureng be 4/5 han i hashū ergi de adame
대게 하기를 마친   후,   순 두렁을   한의   왼쪽에   나란히

tebuhe, dalai cūhur be amba beile i ici ergi de adame tebuhe, hatan
앉게 했다. 달라이 추후르를 大 버일러의 오른쪽에 나란히 앉게 했다. 하탄

baturu be manggūltai beile i adame tebuhe, jakūn ihan gūsin honin
바투루를 망굴타이 버일러와 나란히 앉게 했다. 8마리 소· 30마리 양을

wafi sarilaha, han de sun dureng ni jafahangge, emu morin de enggemu
잡아서 잔치했다. 한에게 순 두렁이 바친 것. 1마리 말에 안장과

hadala tohohoi, uksin saca acihai, sula juwan nadan morin, dalahai
굴레를 채우고 갑옷과 투구를 실은 것· 맨등의 17마리 말, 달라하이는

emu temen, jakūn morin, 5/6 namasiki juwe morin, derekei nadan
1마리 낙타· 8마리 말, 나마시키는 2마리 말, 더러커이는 7마리

morin, dalai cūhur ilan temen, orin morin, dasi emu sekei dahū, emu
말, 달라이 추후르는 3마리 낙타· 20마리 말, 다시는 1장의 貂皮 털가죽외투· 1마리

temen, nadan morin, haisa taiji juwe morin, bumbu cūhur emu morin,
낙타· 7마리 말, 하이사 타이지는 2마리 말, 붐부 추후르는 1마리 말,

gumu emu morin, guru emu morin, hatan baturu emu morin de
구무는 1마리 말, 구루는 1마리 말, 하탄 바투루는 1마리 말에

enggemu hadala tohohoi, sula duin morin, labasihi ilan morin, mujai 6/7
안장과 굴레를 채운 것· 맨등의 4마리 말, 라바시히는 3마리 말, 무자이는

ilan morin jafaha bihe, han i gaihangge sun dureng ni ninggun morin,
3마리 말을 바쳤다. 한이 취한 것은 순 두렁의 6마리 말,

dalai cūhur i nadan morin, haisa taiji i juwe morin, derekei i duin
달라이 추후르의　　7마리 말,　　하이사 타이지의 2마리 말,　　더러커이의 4마리

morin, dalahai i juwe morin be gaiha, jai gemu bederebuhe,,
말,　　달라하이의　2마리 말을　　취했다. 나머지는 모두 돌려주었다.

○ ineku tere inenggi, 7/8 han i buhengge, sun dureng de
　같은　　그　날,　　한이　준 것.　　순 두렁에게

acinggiyame foloho enggemu hadala tohohoi emu morin de uksin saca
움직이는 듯　조각한　안장과　굴레를　채운　1마리 말에　갑옷과 투구를

acihai buhe, dalai cūhur, sengge beile de emte morin de acinggiyame
실어서 주었다. 달라이 추후르·　셍게 버일러에게 1마리씩의 말에　움직이는 듯

foloho enggemu hadala tohohoi buhe,,
조각한　안장과　굴레를　채워서　주었다.

○ ice nadan de, saiyang mergen taiji, bambu ildeng, dung daicing,
　초 7일에,　　사이양 머르건 타이지·　밤부 일덩·　　둥 다이칭·

kara cerik gurun i g'arma 8/9 hūwang taiji, nomudai daicing, nomci
카라 처릭[2] 國의　　가르마　　후왕 타이지·　노무다이 다이칭·　놈치

2　카라 처릭(kara cerik)은 칭기스칸의 동생 카치운의 후손이 옹니우트部와 함께 통치한 부족이다. 옹니
우트의 시조는 카치운의 후손인 툴룬칸이고, 카라 처릭의 시조는 툴룬칸의 작은 할아버지이다. 청에
귀부한 후 옹니우트에 흡수되어서 명칭이 사라졌다. 아래 논문 참조. 張永江, 「從一份順治五年蒙古文
檔案看明末淸初翁牛特・喀喇車里克部的若干問題」, QUAESTIONES MONGOLORUM DISPUTATAE,
No.I, Executive Editors : Hiroshi Futaki(二木博史)・Borjigidai Oyunbilig, The Association for
International Studies of Mongolian Culture, April 30. Tokyo, 2005, (日本蒙古文化硏究協會會刊).

daicing, ere monggo beise aldangga emu jergi niyakūrafi hengkilehe,
다이칭, 이 몽고 버일러들이 멀리서 한 번 무릎 꿇고 고두했다.

ibefi emu jergi niyakūrafi hengkilehe, ilaci jergi hanci ibefi niyakūrafi
나아가서 한 번 무릎 꿇고 고두했다. 세 번 가까이 나아가서 무릎 꿇고

hengkilefi han i buhi be tebeliyeme acaha, juwe amba beile de inu han
고두하고 한의 무릎을 껴안으며 만났다. 두 大 버일러에게도 한에게

i songkoi acaha, acame wajiha manggi amasi bederefi, ini gajiha arki be
한 대로 만났다. 만나기를 마친 후, 되 돌아가서 그가 가져온 소주를

9/10 han, beise de angga isibuha, angga isibume wajiha manggi, ici ergi
한과 버일러들에게 입에 대게 했다. 입에 대기를 마친 후, 우측

dalbai cacari de tebuhe, juwe ihan jakūn honin wafi sarin sarilara de,
옆의 천막에 앉게 했다. 2마리 소· 8마리 양을 잡아서 잔치를 베풀 때

tusiyetu efu, sun dureng, dalai cūhur, sengge beile, jai geren
투시예투 어푸· 순 두렁· 달라이 추후르· 셍게 버일러 그리고 여러

monggo taijisa be isabufi, abka na de gashūha bithei gisun, monggo
몽고 타이지들을 모이게 하여 天地에 맹세한 글의 말이 몽고

bithe de bi, gashūre onggolo emu amila ulhūma julergi ci deyeme 10/11
글에 있다. 맹세하기 전에 1마리 수꿩이 남쪽에서 날아

jifi, dere sindara julergi cacari jakade tuhefi šurdeme sujume yabure
와서 床을 놓은 남쪽 천막 옆에 내려서 주위로 달리며 다니는

be, han meifen lasha gabtame waha, han de acara doroi saiyang taiji
것을 한이 목이 끊어지도록 활쏘아 죽였다. 한에게 만나는 禮로 사이양 타이지는

emu temen, duin morin, bambu cūhur emu temen, duin morin, dung
1마리 낙타· 4마리 말, 밤부 추후르는 1마리 낙타· 4마리 말, 둥

daicing emu temen, nadan morin, emu sekei dahū, g'arma hūwang taiji
다이칭은 1마리 낙타· 7마리 말· 1벌의 초피 털가죽외투, 가르마 후왕 타이지는

emu temen, emu morin de 11/12 enggemu hadala tohohoi, sula ilan
1마리 낙타· 1마리 말에 안장과 굴레를 채운 것· 맨등의 3마리

morin, nomudai daicing emu temen, juwe morin, nomci daicing sunja
말, 노무다이 다이칭은 1마리 낙타· 2마리 말, 놈치 다이칭은 5마리

morin jafaha bihe, saiyang taiji, bambu ildeng, dung daicing ni emte
말을 바쳤다. 사이양 타이지· 밤부 일덩· 둥 다이칭의 1마리씩의

morin gaiha, g'arma hūwang taiji i duin morin be gaiha, gūwa morin be
말을 취했다. 가르마 후왕 타이지의 4마리 말을 취했다. 다른 말은

gemu bederebuhe,, 12/13
모두 돌려주었다.

○ <u>ineku</u>[3] tere inenggi, monggo i non i korcin abaga korcin i beise,
같은 그 날, 몽고의 논 코르친· 아바가 코르친의 버일러들이

---

3 [簽註] ere emu meyen fe dangse de arahangge monggo hergen, te manjurame ubaliyambuha,,
이 한 단락을 舊 檔子에 쓴 것은 몽고 문자인데 지금 만주어로 번역했다.

abka na de akdulame gashūha gisun, sure han dalafi, juwe amba taiji,
天地에   굳게   맹세한   말. 「수러 한이 영수가 되어, 두 大 타이지·

tusiyetu han, sun dureng, dalai cūhur, sengge hošooci, šahūn honin
투시예투 한·   순 두렁·   달라이 추후르· 셍게 호쇼오치가   辛未年(1631)

aniya duin biyai ice nadan de, fafun gisurefi gashūme angga aljaha,
         4월   초 7일에   法度를 논의하여 맹세하고   승인했다.

aru ci tulgiyen encu dahame 13/14 jihe taijisa be, tusiyetu han i fafun
아루 이외에   별도로 항복해   온 타이지들을 투시예투 한의   법도와

de emu adali yabuburakū oci, suweni niyalma ulha be hūsun de ertufi
     똑같이   행하게 하지 않으면,   너희의 사람과   가축을   힘에   의지하여

gaici, abka na ubiyame wakašame mende ehe sui isikini, aru i taijisa
취하면, 天地가 미워하고 질책하고 우리에게 나쁜 죄가 이르게 하소서. 아루의 타이지들이

gisurehe gisun be efuleme, menci fakcame idu i nukte ci encu goro
 의논한   말을   깨뜨리고 우리로부터 떨어져서 할당받은 유목지로부터 따로 멀리

tucici, abka na ubiyame wakašame aru i taijisa de ehe sui isikini, 14/15
나가면,   天地가 미워하고 질책하고 아루의 타이지들에게 나쁜 죄가 이르게 하소서.

ere gisurehe fafun be efuleme jurceci, be aru i taijisa be bata obumbi,
 이 의논한   법도를   깨뜨리고 배반하면 우리는 아루의 타이지들을 적으로 삼을 것이다.

gisurehe gisun de acabume we songkolome yabuci, tere be abka na
 의논한   말에   맞도록   누구든 준수하여 행하면,   그들을   天地는

gosime se jalgan golmin saniyabume, juse enen minggan jalan de isitala
사랑하고 수명을 길게 늘려주고, 자식들 자손 千世에 이르기까지

taifin elhe okini, nukte i idu, wargi jecen gahai sar moncok altan,
평안하게 하소서. 유목지의 할당은, 서쪽 경계는 가하이 사르 몬촉 알탄·

donghor, ūgilcin ujiyer, dergi jecen jin bira i mohon,, 15/16
동호르· 우길친 우지여르, 동쪽 경계는 진 江의 끝이다.」

○ ice jakūn de, tusiyetu efu sunja ihan, gūsin honin, hatan baturu
초 8일에, 투시예투 어푸가 5마리 소· 30마리 양, 하탄 바투루가

ilan ihan, orin honin wafi, han, juwe amba beile, geren taijisa be ini
3마리 소· 20마리 양을 잡아 한과 두 大 버일러와 여러 타이지들을 그가

tataha bade gamafi sarilaha, tusiyetu efu emu morin de bai enggemu
머무는 곳에 데려와서 잔치했다. 투시예투 어푸는 1마리 말에 보통 안장과

hadala tohohoi, sula duin morin, hatan baturu emu morin de
굴레를 채운 것· 맨등의 4마리 말, 하탄 바투루는 1마리 말에

acinggiyame foloho 16/17 enggemu, menggun i dushuhe aisin ijuha
움직이는 듯 조각한 말안장· 은으로 새기고 금을 입힌

hadala kūdarhan tohohoi, sula duin morin jafaha bihe, efu i emu sula
굴레와 밀치끈을 채운 것· 맨등의 4마리 말을 바쳤다. 어푸의 1마리 맨등

morin, hatan baturu i juwe sula morin be gaiha, gūwa morin be
말, 하탄 바투루의 2마리 맨등말을 취했다. 다른 말은

bederebuhe,,
돌려주었다.

○ ice uyun de, korcin i beise, aru i duin juse, gūwa monggo i
　　초 9일에,　　코르친의 버일러들·　아루의 四子·　다른　몽고의

geren taijisa be isabufi 17/18 culgan culgara de, jakūn honin juwe ihan
여러 타이지들을　　모아　　　　　　會盟할　　　때,　8마리 양과　2마리 소를

wafi sarilara de, kalka i galtu taiji, bancin taiji, han de acara de
잡아서 잔치할 때,　칼카의 갈투 타이지· 반친 타이지가 한을　만날 때

aldangga niyakūrafi hengkilehe, jai hanci emu jergi niyakūrafi
멀리서　　무릎 꿇고　　고두했다.　또 가까이에서 한 번　무릎 꿇고

hengkilefi, han i buhi be tebeliyeme acaha, juwe amba beile de inu
고두하고,　한의　무릎을　　껴안으며　　만났다.　두　　大 버일러에게도

han i songkoi acaha, acame wajiha manggi, hashū ergi aldangga araha
한에게 한 대로 만났다. 만나기를 마친　후,　　왼쪽　　멀리　　설치한

cacari de tebuhe, 18/19 han de galtu taiji, bancin taiji juwete morin
천막에　　앉게 했다.　　　한에게　갈투 타이지· 반친 타이지가 2마리씩 말을

jafaha bihe, gemu bederebuhe,,
바쳤다.　　모두　돌려주었다.

○ juwan de, han i booi juwe ihan juwe ihan honin wafi, aru i monggo i
　　10일에, 한의　집의 2마리 소· 10마리 양을 잡아 아루　몽고의

beise be gajifi sarilaha,, 19/20
버일러들을 데려와서 잔치했다.

○ juwan emu de, monggo beise de bithe buhe,,
　11일에,　　　　　　몽고의　버일러들에게 글을 주었다.

○ juwan juwe de, sun dureng jakūn honin wafi, juwe kukuri arki
　12일에,　　　　　순 두렁은　8마리 양을 잡아　2개의 편병의 소주·

emu morin gajime, dalai cūhur emu morin gajime, han be fudeme jihe
1마리 말을 가져오고, 달라이 추후르는 1마리 말을 가져와서 한을　전송하러 왔다.

bihe, morin be gemu gaiha, sun 20/21 dureng de han i buhengge,
　　말을　모두 취했다.　순　　두렁에게　한이　준 것.

suwayan suje be ušeme ifiha sijigiyan, aisin monggolikū emke, aisin
　황색 비단을 刺繡하여 꿰맨 袍·　　　　금 목걸이 1개·　　　　금

ancun emu juru, juwe suje, genggiyen gecuheri kubuhe emu sijigiyan,
귀걸이 1쌍·　　　2필의 비단·　石靑素緞에 蟒緞으로 테두른 1벌의 袍·

emu mocin, emu samsu, sunja šanggiyan boso, suje i sabsiha gūlha,
1필의 毛靑布· 1필의 翠藍布·　5필의 白布·　　비단의 자수놓은 신발·

suwayan suje de ilha ifiha wase, aisin ijuha menggun galangga tampin,
　황색 비단에 꽃무늬를 꿰맨 양말·　　금을 입힌 銀 손잡이 있는 술병·

aisin ijuha menggun i emu hūntahan, 21/22 menggun moro emke buhe,
금을 입힌 銀으로 만든 1개의 술잔·　　　　은 사발 1개를　주었다.

sonom taiji juwe elcin de sunja šanggiyan boso buhe, dalai cūhur de
소놈 타이지의 2명의 사신에게　　　5필의 白布를　　　주었다. 달라이 추후르에게

emu šušu sijigiyan, enggemu hadala kūdarhan tohoma yooni, aisin
1벌의 紫色 袍·　　　말안장과 굴레와 밀치끈과 말다래 전부·　　　금

monggolikū emke, aisin ancun emu juru, juwe suje, sunja mocin, sunja
목걸이 1개·　　　금 귀걸이 1쌍·　　　2필의 비단· 5필의 毛靑布· 5필의

šanggiyan boso, aisin ijuha menggun i emu galangga tampin, emu
白布·　　　금을 입힌 銀의 1개 손잡이 있는 술병·　　　1개의

menggun moro de juhe šatan tebuhei, emu 22/23 šanggiyan suje i
은 사발에 氷沙糖을 담은 것·　　　1벌의 흰 비단의

sijigiyan, hatan baturu de emu gecuheri goksi, juwe suje, mocin samsu
袍,　　하탄 바투루에게 1벌의 蟒緞 無扇肩朝衣· 2필의 비단·　毛靑布

juwan, šanggiyan boso juwan, dambagu orin kiyan, emu menggun solha,
10필·　　　白布 10필·　　　담배 20帖·　　　1개의 銀 밥그릇,

cuyeng jaisang de emu menggun moro, ubasi de emu menggun moro,
추영 자이상에게 1개의 은 사발,　　　우바시에게 1개의 은 사발·

aisin ijuha menggun galangga emu tampin, dural hiya de acinggiyame
금 입힌 은 손잡이 있는 1개의 술병,　　　두랄 히야에게 움직이는 듯

foloho enggemu hadala tohoma yooni, dambagu juwan kiyan, ongnoi de
조각한 안장과 굴레와 말다래 전부·　　　담배 10첩,　　　옹노이에게

emu 23/24 suje i goksi, juwe suje, juwan mocin, juwan šanggiyan boso,
1벌의 비단 無扇肩朝衣·　　　2필의 비단·　　10필의 毛靑布·　　10필의 白布·

emu menggun cara buhe, tusiyetu efu de emu morin, emu gecuheri
1개의 은 술잔을　　　　주었다. 투시예투 어푸에게　　1마리 말·　　1벌의 蟒緞

sijigiyan, emu beri, juwan da niru, aisin dosimbuha hūwara, aisin
袍·　　　　1개의 활·　　10대의 화살·　　금을 상감한 줄(鐵磋)·　　　　금을

dosimbuha garma emke buhe, dung daicing de suwayan gecuheri goksi
상감한 叉箭[4] 1개를　　주었다.　　둥 다이칭에게　　　　황색 蟒緞 無扇肩朝衣

emke, emu cekemu mahala, emu hūba erihe, acinggiyame foloho
1벌·　　　1개의 倭緞 겨울모자·　　1개의 琥珀 염주·　　움직이는 듯 조각한

enggemu hadala, acinggiyame foloho garin guye sindahai emu 24/25
안장과 굴레·　　　움직이는 듯 조각한 양마쇠[5]와 윗막이[6]를 설치한 1개의

loho, aisin ijuha saca galaktun de suwayan burgiyen de hadaha
腰刀·　　금 입힌 투구와 갑옷소매의 황색 표면에 박은

hilteri uksin buhe, ajige sanggarjai de emu šanggiyan ergume buhe,,
겉미늘 갑옷을 주었다.　아지거 상가르자이에게　　1벌의 흰 朝服을　　주었다.

4　'garma'(兎兒叉箭)는 토끼나 꿩을 쏠 때 사용하는 화살이다. 화살촉으로 사각 모가 져있는 고도리
　　(jorho, 馬箭尖骲頭)를 사용한다.

5　'garin'은 칼날과 칼자루 사이에 끼워서 칼자루를 쥐는 한계를 삼으며 손을 보호하는 테를 가리킨다.
　　양마쇠, 날밑, 刀護手라고 한다.

6　'guye'는 칼자루의 윗막이이다. 한자로는 刀把頂束이라고 한다.

○ <u>ineku</u>[7] tere inenggi, sure han dalafi, tusiyetu han, sun dureng,
　바로　　　그 날　　　「수러 한이 영수가 되어 투시예투 한・ 순 두렁・

dalai cūhur, sengge hošooci, amba ajige taijisa uhei gisureme toktobuha
달라이 추후르・　셍게 <u>호쇼오치</u>・　　大小 타이지들이 모두　의논하여　　정해진

fafun, cahar de 25/26 fideci, juwan ilan ci wesihun nadanju ilan ci
법도.　차하르에 (군사를) 동원할 경우　13세　　이상　　　73세

fusihūn gemu fidembi, jasak i taijisa fideme generakū oci, tanggū morin
이하는　모두　동원한다. 자삭[8]인 타이지들이 동원하여 가지 않으면　　100마리 말과

juwan temen, beyei ubu ci tulgiyen taijisa fideme generakū oci, susai
10마리 낙타를, 자신(자삭 타이지)의 몫　외의 타이지들이 동원하여 가지 않으면　50마리

morin sunja temen, nikan de fideci, amba gūsa ci dalaha taiji emte,
　말과　5마리 낙타를 (취한다). 明에 동원할 경우 큰 구사부터　領首인 타이지 1명씩・

taiji juwete, tanggū sain cooha tucibufi fidembi, fideme generakū oci
타이지 2명씩・　100명의 좋은　병사를　내어 동원한다.　　동원하여 가지 않으면

amba gūsa ci tanggū morin juwan temen keruleme gaimbi, boljohon i
　큰　구사부터　100마리 말과　10마리 낙타를　벌로　　취한다.　약속한

bade ilan inenggi otolo isinarakū oci, juwan morin gaimbi, boljohon i
곳에　　3일이　　되도록 도착하지 않으면 10마리 말을　취한다. 약속한 (곳에 이르기)

7　[簽註] ere emu meyen fe dangse de arahangge monggo hergen, te manjurame ubaliyambuha,,
　　　이 한 단락을 舊 檔子에 쓴 것은 몽고 문자인데 지금 만주어로 번역했다.

8　'자삭'(jasak, 扎薩克)은 執政官을 의미하며 청대 몽고의 행정 단위인 호순(旗)의 수장을 가리킨다. 일
　　　반적으로 세습직이지만 청 황제의 재가를 받아야 세습했다. 자삭은 후금에 복속한 漠南 즉 현재의 내
　　　몽고 지역에 처음 설치되었고 강희 연간에 49旗가 되었다. 이후 漠北몽고와 漠西몽고로 확대되었다.

onggolo 26/27 tabcilaci, tanggū morin juwan temen gaimbi, dosire tucire
전에   약탈하면   100마리 말과   10마리 낙타를 취한다. 들어가고 나올

de isinjirakū oci, cahar, nikan, yaya bade ocibe, ineku fideme generakū
때 합류해오지 않으면 차하르와 명   어느 경우라도   앞의   동원하여 가지 않은

fafun i songkoi gaimbi, juwan inenggi on i bade tofohon inenggi
 법도와 같이   취한다.   10일   일정의 장소에   15일이

otolo isinara, tofohon inenggi on i bade orin inenggi otolo isinara
 되어서 도착하고   15일   일정의 장소에   20일이   되어서 도착하는

jergi yaya weile be, jasak i taiji ci elcin gaifi isinacibe, jasak i taiji
  등   각종 죄는,   자삭 타이지로부터 사신이 (보고를) 가져온다 해도, 자삭 타이지가

juwe inenggi duleme elcin burakū oci, jasak i taiji ci ulha be ton i
 이틀이   지나도록 사신을 보내지 않으면 자삭 타이지로부터 가축을 수대로

songkoi jafa, yaya weile be tuwame 27/28 burakū oci, udu jasak i
        바쳐라. 각종   죄를   살피러 (사신을) 보내지 않으면 몇몇 자삭

taijisa genere bedereme jidere de, weilengge gūsa ci ula yalufi šuwe
타이지들이 가고   돌아올 때   죄지은 구사부터 역마를 타고 곧바로

jikini, inenggi de šusu lakcaci, taijisa dedun de honin jetere, eici
 오라. 매일의   지급품이 끊겨서 타이지들이 역참의 양을   먹거나   혹은

ihan ulebure oci, taijisa i gucuse de emu songkoi gaisu, geren i elcin
소를 먹일 경우,   타이지들의 구추들에게   똑같이   취하라. 여러 사신을

be ilinjabuci, hadala saca morin gaimbi, geren i elcin toron gidaha
지체시키면   굴레· 투구· 말을   취한다.   여러 사신이 낙인찍힌

morin be tašarame yaluci, gūwa morin bume gaisu, gaji sere de
말을   실수로   타면   다른   말을   주고 가져와라. 가져오라고 하는데

burakū oci, elcin i loho beri juwe hacin ci emke gaisu, 28/29 geren i
주지 않으면 사신의 腰刀와 활   두   가지에서 하나를 취하라.   여러

elcin be sabutala morin be jailabume gamaci, dahan gaimbi, geren i
사신에게 발각될 때까지 말을   숨기고 데려가면 망아지를 취한다. 여러

elcin be taijisa tantaci, uyun uyun keruleme gaimbi, hartu niyalma
 사신을 타이지들이 때리면   九九[9]를   벌로   취한다. 휘하의 사람을

tantaci, ilan uyun gaimbi, ilinjabuha geren i elcin enggemu be gaifi
때리면   三九[10]를 취한다.   지체된   여러 사신이 안장을   가지고

adaki de isinaci, tere adaki niyalma ula de isibume bene, aika isibume
 隣近에   이르면 그   인근의 사람이 驛에   이르도록 보내라. 만약 이르도록

benerakū oci, udu niyalma oci hadala saca morin gaimbi, taiji niyalma
보내지 않으면   몇 명일지라도   굴레· 투구· 말을   취한다. 타이지인 자가

aika ukanju be waci, juwan boo gaimbi, taiji waha bime kemuni gūsai
만약 도망자를 죽이면 10家를   취한다. 타이지가 죽였고 이전대로 구사의

---

9 '九九'는 가축 81마리를 취하는 罰이다. 말 2마리·거세한 소 2마리·乳牛 2마리·두 살 소 2마리·
세 살 소 1마리를 한 세트로 하여 그 9배를 벌로 취한다.

10 '三九'는 가축 27마리를 취하는 罰이다. 말 2마리·거세한 소 2마리·乳牛 2마리·두 살 소 2마리·
세 살 소 1마리를 한 세트로 하여 그 3배를 벌로 취한다.

niyalma morin i 29/30 ton ci gaifi gercileme jici, gercilehe niyalma be
사람이 말의 수에서 취했는데 고발해 오면 고발한 사람을

ineku juwan boode baktambumbi, wara taijisa meljeci, mukūn i urse de
앞의 10家에 수용시킨다.[11] 죽인 타이지들이 따지면 일족의 무리에게

fonji, aika maraci inu fafun i songkoi gaimbi, harangga albatu niyalma
물어라. 만약 거부하면 곧 법도대로 취한다. 휘하의 평민이

waci, ilan tanggū anju gaimbi, jidere ukanju be yaya niyalma ucaraci,
죽이면 300 안주를 취한다. (투항해) 오는 도망자를 어떤 사람이 마주치더라도

joriha ejen de beneme bu, benehe manggi, tere ukanju ci juwe ci
지정된 주인에게 보내어 주어라. 보낸 후에 그 도망자들 중에 2명

wesihun juwan ci fusihūn emke gaisu, emke oci uthai gaisu, juwan
이상 10명 이하면 1명을 취하라. 1명이면 그대로 취하라. 10에서

jaka ci emke, orin jaka ci 30/31 juwe, ton i songkoi tolome gaisu, manju,
1, 20에서 2, 수대로 계산하여 취하라. 만주가

aika korcin abaga de genefi weile necici, korcin abaga i fafun i songkoi
만약 코르친·아바가에 가서 죄를 범하면 코르친·아바가의 법도대로

icihiyakini, korcin abaga aika manju de genefi weile necici, manju i
처리하라. 코르친·아바가가 만약 만주에 가서 죄를 범하면 만주의

---

11 타이지에 예속된 자가 주인의 살인을 고발한 후에 주인에게 보복당하지 않도록, 벌로 몰수되는 10家
에 포함시켜서 주인인 타이지로부터 벗어나게 한다는 의미이다. 離主條例의 한 방법이다.

fafun i songkoi icihiyakini, juwe gurun i siden dulimbade weile necici,
법도대로   처리하라.   두   나라   사이   중간에서   죄를 범하면

meni meni fafun i songkoi icihiyakini, agūn i korcin, abaga, aohan,
각각의   법도대로   처리하라.   아군의 코르친· 아바가· 아오한·

naiman, kalka, karacin, tumet taijisa hūlhame yabuci, tanggū morin
나이만· 칼카·   카라친· 투메트의 타이지들이 도둑질을 하면   100마리 말·

juwan temen keruleme gaimbi, hartu urse hūlhame yabuci, udu hūlha
10마리 낙타를   벌로   취한다. 휘하의 무리가 도둑질을   하면   몇몇 도둑을

be wafi 31/32 juse sargan be jooliburakū jafafi bumbi, hūlhaha udu ulha
죽이고   처자식을   贖하지 못하게 하고 붙잡아서 준다.   훔친 얼마간의 가축이

oci, oron holbome elcin tucifi gaimbi, tereci funcehe ulha be taijisa
있으면 缺額의 두 배를 사신을 파견하여 취한다. 그 후   남은   가축을   타이지들이

gaimbi, habšaha, habšabuha juwe ergi ejete i beye, ahūn deo i jergi
취한다.   소송하고   소송당한   양 측의 주인들이 직접   형제   등

urse de duileme fonjimbi, duileme fonjiha ci aifuci, oron holbome
사람들에게 심문하여 묻는다.   심문한   것과 말이 바뀌면, 缺額의 두 배를

gaimbi, taijisa hūlhaha oci, amji eshen de duileme fonji, amji eshen
취한다. 타이지들이 훔친 경우 백부·숙부에게   심문하라.   백부·숙부가

akū oci, jalahi ahūn deo de duileme fonji, iletu tucinjihe hūlha be
없으면   從兄弟에게   심문하라.   명백히 드러난   도둑을

gaji sere de burakū turibuci, tere turibuhe 32/33 ejen ci ton i
데려오라고 해도 주지 않고 놓아주면 그   놓아준   주인으로부터 수대로

songkoi tanggū morin juwan temen keruleme gaimbi, yaya weilengge
      100마리 말·   10마리 낙타를   벌로   취한다. 모든 죄지은

taijisa, jasak i taijisa i gisun be gaijarakū oci, sure han de wesimbumbi,
타이지들이 자삭 타이지들의 말을   듣지 않으면   수러 한에게   고한다.

jasak i taijisa akdun be efuleci, orin morin juwe temen keruleme gaimbi,
자삭 타이지들이 맹약을   어기면   20마리 말· 2마리 낙타를   벌로   취한다.

beye ci tulgiyen gūwa taijisa akdun be efuleci, juwan morin emu temen
 자신 외에   다른 타이지들이 맹약을   어기면,   10마리 말·   1마리 낙타를

keruleme gaimbi,, sure han i sunjaci aniya duin biyai juwan juwe,, 33/34
 벌로   취한다.   天聰   5년   4월   12일.」

○ juwan juwe de, tusiyetu efu i bajutai de dural darhan hiya
    12일에,   투시예투 어푸의 바주타이에게 두랄 다르한 히야라는

gebu buhe turgun, han, beise i juleri yobodome efire sain, gisun inu
 이름을 준   이유.   한과 버일러들의 앞에서 농담하고 논 것이 좋다.   말도

bahanambi seme tuttu dural darhan hiya gebu buhe, yaya beise i
잘 알아듣는다 하여, 그래서 두랄 다르한 히야라는 이름을 주었다. 여러 버일러들의

boode genefi duka uce yaksiha ucuri seme halburakū oci, ambasai jergi
 집에   갔는데 문· 방문을 닫은   때   라고 들이지 않으면   대신들의 등급의

weile gaimbi, ineku tere inenggi tusiyetu efu, han be fudere doroi
贖을 취한다.   같은 그 날   투시예투 어푸는 한을   전송하는 예로

aldangga juwe jergi niyakūrafi hengkilefi, tereci 34/35 fakcafi genehe,,
멀리서   두 번   무릎 꿇고   고두하고   그로부터   떨어져 갔다.

○ <u>ineku</u>[12] tere inenggi, šahūn honin aniya duin biyai juwan emu de,
바로   그 날,   「辛未年   4월   11일에

sure han i juleri, tusiyetu han, hatan baturu, ukšan, ilduci, dagūr
수러 한의   앞에 투시예투 한·   하탄 바투루·   욱산· 일두치· 다구르

hatan baturu, mujai, galtu baturu, bandi ilduci, amba ajige taijisa fafun
하탄 바투르· 무자이· 갈투 바투루· 반디 일두치·   大小 타이지들은 법도를

be majige eberembuhe, dergi jase i 35/36 dagūr geljerku ci colman de
조금   완화시켰다.   동쪽 경계의   다구르 걸저르쿠에서   촐만에

isibume tembi, ula i jurcit horkon ci wasihūn tembi, ula i jurcit jacin
이르도록 거주한다. 울라의 주르치트 호르콘에서 서쪽으로 거주한다. 울라의 주르치트 자친에서

ci wesihun tembi, amba gūsa emu amba hoton arambi, ere fafun be
서쪽으로 거주한다. 큰 구사는 1개의   큰 성을   쌓는다. 이   법도를

we efuleci, tanggū morin juwan temen keruleme gaimbi, ede tuwame
누군가 어기면 100마리 말· 10마리 낙타를   벌로   취한다. 이것을 보고도

---

12 [簽註] ere emu meyen fe dangse de arahangge monggo hergen, te manjurame ubaliyambuha,,
이 한 단락을 舊 檔子에 쓴 것은 몽고 문자인데 지금 만주어로 번역했다.

daharakū niyalma be, juwan jasak i juwan taijisa safi han ci elcin
따르지 않는 사람은   10개 자삭인 10명의 타이지들이 보고 한의   사신을

gaifi guribumbi, šahūn honin aniya juwan 36/37 biya ci ebsi gurimbihe,,
데리고 옮긴다.」   신미년   10월   부터   옮겼다.

○ ineku[13] tere inenggi, wargi jase i karun aohan i dureng ni
   바로   그 날,   「서쪽 경계의   초소인 아오한의   두렁의

juktehen i ulan hada de, terei dergi ergi juwe kaljan de, cinon bira i
廟의   울란 하다,   그   동쪽의   두   칼잔,   치논 강의

horhū de, corji i juktehen i abjinan de, miratu goolin gool, toorin gool
호르후,   초르지 廟의   압지난,   미라투 고올린 고올· 토오린 고올에

de emu biyai kunesun, gūsai 37/38 susai niyalma karun tucimbi, susai
   1개월치   行糧(을 가지고) 구사의   50명의 사람이   초소로 나간다. 50명에서

niyalma ci edeleci, tere niyalma be emu morin keruleme gaimbi,
     결손이 있으면 그   사람들은   1마리 말을   벌로   취한다.

boljohon i bade jiderakū oci, sunja inenggi ci ebsi oci, ihan keruleme
약속한   곳에 오지 않으면,   5일   이내이면   소를   벌로

gaimbi, sunja inenggi ci tulici, morin keruleme gaimbi,,
취하고,   5일이   넘으면 말을 벌로   취한다.」

---

13 [簽註] ere emu meyen fe dangse de arahangge monggo hergen, te manjurame ubaliyambuha,,
이 한 단락을 舊 檔子에서 쓴 것은 몽고 문자인데 지금 만주어로 번역했다.

○ juwan nadan de, liyoha i dalin de han i booi juwan honin emu
  17일에,   遼河의 언덕에서   한의 집의 10마리 양·   1마리

ihan wafi, manjusiri efu, ukšan 38/39 nakcu be sarilaha, juwan jakūn de
소를 잡아   만주시리 어푸· 육샨   낙추를 위해 잔치했다.   18일에

han dosika,,
한이 入城했다.

tongki fuka sindaha hergen i dangse
點·圈을 찍은 문자의 檔子

gūsin jakūci debtelin
38권

sure han i sunjaci aniya duin biyaci nadan biyade isinahabi
천총 5년 4월부터 7월까지

tongki fuka sindaha hergen i dangse,,
　　點·　圈을　　찍은　　문자의　　檔子

○ <u>orin</u>[1] de, karacin i subudi dureng de takūraha bithei gisun, han
　　20일에,　　카라친의　　수부디 두렁에게　　　보낸　　글의 말. 「한의

i hese, subudi dureng de unggihe, gumudei i jafaha ilan boigon i
　명령을　수부디 두렁에게　　　보낸다.　구무더이가　　잡은　　3戶의

niyalma, teisu teisu dureng bade yabure de, gumudei de takūršabuhakū,
　사람들은　　각각　　　두렁 지방에서　일할 때　　구무더이에게　　노역되지 않았다.

tere ilan boigon be gumudei i gala de gajihangge waka, darmadi jidere
　이　　3戶를　　　구무더이의　　손으로　데려온 것이　아니라 다르마디가 올 때

de gajihangge 1/2 inu, darmadi de bederebume amasi <u>bu</u>,,
　데려온 것이다.　　　다르마디에게　　돌아가게　　되돌려 주어라.」

○ orin emu de, aru i tai baturu beile isinjiha,,
　　21일에,　　　아루의 타이　바투루 버일러가 왔다.

○ orin duin de, tai baturu de emu <u>tongsan</u>,[2] gecuheri emke,
　　24일에,　　타이 바투루에게　1필의 통산·　　　망단 1필·

1　[簽註] ere emu meyen fe dangse de arahangge monggo hergen, te manjurame ubaliyambuha,,
　　이 한 단락을 舊 檔子에 쓴 것은 몽고 문자인데 지금 만주어로 번역했다.

2　[簽註] gingguleme baicaci, manju gisun i buleku bithede, umai tongsan sere gisun akū, fe dangse i
　　songkoi sarkiyaha,,
　　삼가 찾아보니 『淸文鑑』에 'tongsan'이라는 말이 없다. 舊 檔子 그대로 베껴 썼다.
　　* 'tongsan'은 문맥으로 보아 織物의 일종으로 추정된다.

jakūn mocin, jaisang jargūci de emu gecuheri, jakūn mocin, jai duin
8필의 毛靑布를, 자이상 자르구치에게 1필의 망단·   8필의 毛靑布를, 다른 4명의

monggo de emte 2/3 pengduwan, ninggute mocin buhe, tere inenggi
몽고에게   1필씩의   彭緞·   6필씩의 毛靑布를 주었다.   그 날

genehe,,
갔다.

○ orin sunja de, ukšan nakcu, manjusiri efu de han i buhengge,
     25일에,   욱샨 낙추·   만주시리 어푸에게   한이   준 것은

emte gecuheri, sunjata suje, suwayan suje i ergume emte, foloho jebele
1필씩의 망단·   5필씩의 비단·   황색 비단 朝服 1벌씩·   조각한 화살집에

de beri niru sisihai emte, ninjute yan i menggun i mucen emte, juwan
    활과 화살을 꽂은 것 1개씩·   60량의 은으로 만든 솥 1개씩·   14필씩의

duite mocin, ninggute šanggiyan boso, cai gūsita, dambagu dehite
    毛靑布·   6필씩의 白布·   차 30包씩·   담배 40첩씩·

kiyan, hilteri 3/4 uksin saca galaktun yooni emte, sabsiha gūlha emte
     겉미늘 갑옷과 투구와 갑옷소매 모두 1개씩·   꿰맨 신발 1쌍씩·

juru, foloho umiyesun emte, corci de lamun gecuheri ergume, juwe
     조각한 요대 1개씩,   초르치에게   남색 망단 朝服·   2필의

suje, jakūn mocin, hilteri uksin saca galaktun yooni, foloho jebele de
비단·   8필의 毛靑布·   겉미늘 갑옷과 투구와 갑옷소매 1벌·   조각한 화살집에

beri niru sisihai, foloho umiyesun de seleme hūwaitahai, acinggiyame
활과 화살을 꽂은 것· 조각한 요대에 단도를 꿰맨 것· 움직이는 듯

foloho enggemu hadala, cai juwan, juwan kiyan dambagu, sabsiha gūlha,
조각한 안장과 굴레· 차 10包· 10첩의 담배· 꿰맨 신발을,

janggin, esentei, jirgalang, ere ilan niyalma de emte 4/5 ergume, jakūta
장긴· 어선터이· 지르갈랑 이 3명의 사람에게 1벌씩의 朝服· 8필씩의

mocin, foloho umiyesun emte, dambagu juwanta kiyan, cai juwanta
毛靑布· 조각한 요대 1개씩· 담배 10첩씩· 차 10包씩을

kiyan buhe,,
주었다.

○ ineku tere inenggi, aru i toktohū beile de menggun i cara
같은 그 날, 아루의 톡토후 버일러에게 은 술잔

emke, foloho enggemu hadala, foloho umiyesun, juwe suje buhe,, 5/6
1개· 조각한 안장과 굴레· 조각한 요대· 2필의 비단을 주었다.

○ ineku tere inenggi, jarut gurun i gar not olbo taiji, bukut olbo
같은 그 날, 자루트 국의 가르 노트 올보 타이지· 부쿠트 올보

taiji, han i cooha amasi bedereme jidere de, han de acahakū genehe
타이지가 한의 군대가 되 돌아올 때 한에게 알현하지 않고 갔다고

seme weile arafi, emu temen emu morin gaiha,,
하여 죄 주고, 1마리 낙타· 1마리 말을 취했다.

○ orin ninggun de, ukšan nakcu, manjusiri efu, corci, 6/7 janggin,
　　　26일에,　　　　　　욱산 낙추·　만주시리 어푸·초르치·　　　장긴·

esentei, jirgalang genehe, tere inenggi, jarut gurun i gar not olbo
어선터이·　지르갈랑이　갔다.　　　그 날,　　　자루트 국의　　가르 노트 올보

taiji, bukut olbo taiji, han i cooha amasi bedereme jidere de, han de
타이지·부쿠트 올보 타이지가 한의 군대가　　되 돌아 올 때　　　　　　한에게

acahakū genehe seme weile arafi, emu temen, emu morin be gaifi, he
알현하지 않고 갔다고 하여　죄　주고　1마리 낙타·　1마리 말을　　취하여 he

dzung bing guwan de temen buhe, šen se hoi de morin, sonin, mucengge
　총병관에게　　　　낙타를 주었다.　šen se hoi에게　말을　소닌·무청거가

gaifi buhe,, 7/8
데려다 주었다.

○ orin nadan de, han otorilame genehe bade, ukšan nakcu,
　　　27일에,　　　한이 봄 수렵　간　곳에서　욱샨 낙추·

manjusiri efu be fudere doroi ihan honin wafi sarilaha,,
　만주시리 어푸를　환송하는 예로　소와　양을　잡아서 잔치했다.

○ orin jakūn de, ukšan nakcu, manjusiri efu be juranara doroi
　　　28일에,　　　욱샨 낙추·　만주시리 어푸를,　　출발하는　예로

honin wafi, monggo boode dosimbufi sarilaha, han i <u>fudengge</u>,[3] ukšan
양을 잡아　　몽고 천막로 들어오게 해서 잔치했다.　한이　환송하며 준 것은, 욱산

nakcu, manjusiri efu de emte foloho 8/9 enggemu de tohoma yooni,
낙추·　만주시리 어푸에게　　1개씩의 조각한 안장에　말다래 전부·

emte beri, emte foloho loho, emte karanidun buhe,,
1개씩의 활·　1개씩의 조각한 腰刀·　1개씩의 垜兒[4]를 주었다.

○ ineku tere inenggi, ibai, hūsibu be, aohan naiman, kalka i beise de
　　같은　그 날,　　이바이와 후시부를　아오한·　나이만·　칼카의 버일러들에게,

karun sindara jalin de takūraha, kalka i susai niyalma ulan hada de
초소를 설치하기 위해　　보냈다.　칼카의　　50명은　　　울란　하다에

tembi, aohan naiman i susai niyalma ordoi boro tologai de tembi,, 9/10
주둔하고, 아오한·　나이만의　　　50명은　　오르도이 보로 톨로가이에 주둔한다.

○ sunja biyai ice de, han i otorilame genehe bade, karacin i
　　5월　1일에,　　한이　봄 수렵　간　곳에서 카라친의

subudi dureng ni jui kurusi taiji, juwe gecuheri, juwe suje, amba hūba
　수부디　두렁의　　아들 쿠루시 타이지가 2필의 망단·　2필의 비단·　큰 琥珀

emke, juwe kukuri arki, ilan honin yali gajime hengkileme jihe,,
1개·　2개의 편병의 소주·　3마리 양 고기를　가지고　고두하러　왔다.

3　[簽註] gingguleme kimcici, ere fudengge sere gisun, ainci fudere doroi buhengge sere gūnin dere,,
　삼가 고찰하건대 이 'fudengge'라는 말은 아마 'fudere doroi buhengge'(전송하는 예로 준 것)이라는
　뜻일 것이다.
4　'karanidun'은 새매의 일종이며 垜兒로 번역된다. 몽고어 카라니둔(qara nidün)에서 유래했다. 모습
　은 난추니(nacin·鴉鶻)와 비슷하지만 더 작다.

○ ice juwe de, barin i manjusiri, emu ihan, jakūn honin 10/11 han de
　　초 2일에,　　　　바린의　　만주시리가　1마리의 소·　8마리의 양을　　　　　　　　　한에게

benjihe, manjusiri de seleme emke, juwan kiyan dambagu buhe,
　보내왔다.　만주시리에게　　　　단도 1개·　　　　10帖의 담배를　　　　　주었다.

ihan, honin benjihe niyalma de ilan lamun, juwe šanggiyan boso,
　소와　양을　보내온　사람에게　　　3필의 藍布·　　　2필의 白布를,

sine buku de emu mocin i ergume buhe,,
　시너 부쿠에게　1벌의 毛靑布 朝服을　　주었다.

○ ice ilan de, karacin i subudi i jui kurusi genehe, genere doroi
　　초 3일에,　　카라친의　수부디의 아들인 쿠루시가　갔다.　가는　예로

seleme emke, jebele dashūwan emke, subudi de emu morin buhe,, 11/12
　단도 1자루·　　　화살통과 활집 1개,　　수부디에게는　1마리 말을　주었다.

○ ice duin de, han de, cahar i hūng baturu, juwe ihan, orin honin
　　초 4일에,　　　한에게　차하르의　훙 바투루가　2마리 소·　20마리 양을

benjihe, benjime jihe duin niyalma de ilan mocin, ilan lamun, juwe
　보내왔다.　보내러　온　네 사람에게　　　3필의 毛靑布·　3필의 藍布·　2필의

šanggiyan boso buhe,,
　　白布를　　주었다.

○ ineku tere inenggi, aohan naiman, barin, jarut gurun i 12/13
　같은　　그 날,　　　아오한·　나이만·　바린·　자루트 국이

šajin toktobuha bithei gisun, yaya ergici jidere ukanju be beise waci,
법으로 정한 글의 말. 「어디에서 오는 도망자이든 버일러들이 죽이면

juwan booi jušen gaimbi, bai niyalma waci, beyebe wafi juse sargan
10家의 속민을 취한다. 평민이 죽이면 당사자는 죽이고 처·자식·

ulha be gaifi olji arambi, ukanju be waha seme yaya niyalma gercileci,
가축은 취해 노획물로 삼는다. 도망자를 죽였다고 누구든 고발하면,

gerci be singgebume gaimbi, karun de beise tuciburakūci, sunja ihan
고발자를 (內地로)들이고 취한다. 초탐으로 버일러들이 내보내지 않으면 5마리 소를

gaimbi, bai niyalma tucirakūci, emte ihan gaimbi,, 13/14
취한다. 평민이 나가지 않으면, 1마리씩 소를 취한다.」

○ ineku inenggi, kara cerik gurun i dusg'ar mergen taiji, han de
바로 그 날, 카라 처릭 국의 두스가르 머르건 타이지가 한에게

hengkileme jihe doroi juwe morin jafaha bihe, gemu gaiha,,
고두하러 온 예로 2마리 말을 바쳤었다. (한이) 모두 취했다.

○ ice nadan de, asidarhan nakcu, hife baksi, korcin de doroi gisun
초 7일에, 아시다르한 낙추· 히퍼 박시가 코르친에 화친의 말을

gisureme, culgan culgame dain de genehekū, culgan de jihekū beise de,
의논하러, (또한) 회맹을 하고 전투에 가지 않았거나, 회맹에 오지 않은 버일러들에게

gaijara weile gisureme genehe,, 14/15
취할 죄를 논하고자 갔다.

○ juwan juwe de, karacin i yondon ubasi, emu gecuheri, emu
　　12일에,　　　　카라친의　　　　윤돈 우바시가　1필의 蟒緞·　1필의

cekemu gajime han de hengkileme jihe, gajiha gecuheri cekemu gaiha,,
　倭緞을　가지고　한에게　　고두하러　　왔다. 가져온　　蟒緞과 倭緞을　　취했다.

○ ineku tere inenggi, aohan naiman i sangkan taiji, emu morin
　　같은　　그　날,　　　　아오한·나이만의　　　상칸 타이지가　1마리 말을

gajime 15/16 han de hengkileme jihe, morin be gaihakū bederebuhe,,
　가지고　　　　　한에게　　고두하러　　왔다. (한이) 말을　취하지 않고 돌려보냈다.

○ orin ilan de, tumet gurun i guyeng hošooci, ilan morin, juwe
　　23일에,　　　　투메트 국의　　　　구영 호쇼오치가　3마리 말·　　2개의

kukuri arki gajime han de hengkileme jihe, gajiha arki be han de
　편병의 소주를 가지고 한에게　　고두하러　　왔다. 가져온 소주를　　한에게

angga isibuha, morin be gaihakū bederebuhe, han, juwe honin wafi,
　입 대게 했다.　　말을　　취하지 않고 돌려보냈다.　한이　2마리 양을　잡고

juwan dere dasafi sarilaha,, 16/17
　10개의 床을　차려　잔치했다.

○ orin ninggun de, sun dureng monggo lama, han de acame jifi
　　26일에,　　　　순 두렁과　　몽고 라마가　한을　　만나러　와서

buhengge, emu suje, juwan mocin, menggun i dongmo emke, emu loho,
　준 것이,　　1필의 비단· 10필의 毛靑布·　　　은 茶桶 1개·　　　1개의 腰刀·

orin kiyan dambagu buhe,,
　　20帖의 담배를　　　주었다.

○ orin nadan de, aru i jaisang guyeng hošooci, g'arma ildeng baturu
　　27일에,　　　아루의　　자이상 구영 호쇼오치·　가르마 일덩 바투루가

genehe, genere doroi siden i ku i pengduwan 17/18 emte,
　　갔다.　　가는　禮로　　公庫의　　　彭緞　　　1필씩·

juwanta mocin buhe,,
　　10필씩의　毛靑布를 주었다.

○ orin uyun de, aru i nomci darhan daicing, g'arma hūwang taiji,
　　29일에,　　아루의　　놈치 다르한 다이칭·　　가르마 후왕 타이지·

daicing, han de hengkileme jihe doroi, nomci darhan daicing emu
다이칭이　한에게 고두하러　　온　예로,　　　놈치 다르한 다이칭이　1마리

temen, duin morin, g'arma hūwang taiji emu temen, duin morin,
낙타·　　4마리 말을,　　　가르마 후왕 타이지가 1마리 낙타·　4마리 양을,

daicing emu morin jafaha bihe, g'arma hūwang 18/19 taiji i juwe morin,
다이칭이 1마리 말을　바쳤었다.　　　가르마 후왕 타이지의　　　2마리 말,

nomci darhan daicing ni emu morin gaiha, ninggun morin, juwe temen
　　놈치 다르한 다이칭의　　1마리 말을 취했다.　　6마리 말·　2마리 낙타는

gaihakū bederebuhe, hengkileme jihe doroi sunja honin wafi, orin dere
취하지 않고 돌려보냈다.　　고두하러　　온　예로　5마리 양을 잡아　20개의 床을

dasafi, leose i dele dosimbufi sarilaha,,
　차려　　누각　　위로 들어오게 하여 잔치했다.

○ ice duin de, sibe i coto, sungtari, han de acanjime jidere doroi,
　　초 4일에,　　시버의 초토· 숭타리가　　한을　　　　만나러　　오는 예로,

coto emu morin, orin seke, 19/20 sungtari emu morin, juwan seke gajiha
초토는 1마리 말·　　20장 초피를,　　　　숭타리는 1마리 말·　　10장 초피를 가지고
왔다.

bihe, coto i orin seke be gaiha, jai gaihakū amasi bederebuhe,,
　　초토의　20장의 초피를　취했다. 나머지는 취하지 않고　돌려보냈다.

○ juwan emu de, g'arma hūwang taiji de juwe uksin, foloho
　　　11일에,　　　　가르마 후왕 타이지에게　　2벌의 갑옷· 조각한

enggemu emke, foloho jebele emke, menggun i dongmo emke, cara
　　안장 1개·　　　조각한 화살집 1개·　　　은 茶桶　1개·　　　　　술잔

emke, suje ilan, orin mocin, orin kiyan dambagu, 20/21 han i etuhe suje
1개·　　비단 3필· 20필의 毛靑布·　　20帖의 담배·　　　　　　한이 입었던 비단

i ergume emke, toohan umiyesun emke, seleme emke, nomci darhan
　　朝衣 1벌·　　　　띠돈있는 요대 1개·　　　단도 1개,　　놈치 다르한

daicing de ilan uksin, foloho enggemu juwe, foloho jebele emke,
　다이칭에게 3벌의 갑옷·　　조각한 안장 2개·　　조각한 화살집 1개·

menggun i dongmo emke, cara emke, ninggun suje, dehi mocin,
　은 茶桶 1개·　　　　술잔 1개·　　6필의 비단· 40필의 毛靑布·

orin kiyan dambagu, han i etuhe suje i ergume emke, seleme emke,
20帖의 담배·　　　　　한이 입었던 비단 朝衣 1벌·　　　　　단도 1개·

toohan umiyesun emke buhe, bufi, han i boode dosimbufi, juwan dere,
띠돈있는 요대 1개를　　　주었다. 주고,　한의 천막으로 들어오게 하여　10개 床과

juwe honin wafi sarilaha,, 21/22
2마리 양을　잡아서 잔치했다.

○ juwan ilan de, g'arma hūwang taiji, nomci darhan daicing
　　　　　13일에,　　　　　가르마 후왕 타이지·　　놈치 다르한 다이칭이

genehe,,
갔다.

○ tere inenggi, korcin i beise de weile gisureme genehe asidarhan,
　　그 날,　　　코르친의 버일러들에게 죄를 논하러　　갔던　아시다르한·

hife baksi isinjiha,, 22/23
히퍼 박시가 도착했다.

○ orin de, cahar kalka i beise de weile gisureme genehe baindari,
　　20일에,　차하르·칼카의 버일러들에게 죄를 논하러　　갔던　바인다리·

ibai jihe, weile de gaiha duin morin, emu losa, emu ihan, emu iten,
이바이가 왔다. 죄로　취한　4마리 말·　1마리 노새·　1마리 소·　1마리 두살 소·

ilan honin gajiha bihe, duin morin be ice hafasa de sonin baksi gaifi
3마리 양을　취했었다.　　4마리 말은　　새로운 관원들에게　소닌 박시가 취해서

buhe, emu ihan, emu losa be baindari, ibai de buhe, ilan honin, jai emu
주었다.　1마리 소·　1마리 노새는　바인다리와 이바이에게 주었다. 3마리 양과　또 1마리

iten be, juwe honin salibufi weile i ejen de buhe,, 23/24
두살 소를 2마리 양으로 쳐서　　　事主(피해자)에게　주었다.

○ orin sunja de, aru i sun dureng ni duin elcin jihe, han de ilan
　　　25일에,　　　아루의　순 두렁의　　　4명의 사신이 왔다.　한에게　3마리

morin gajiha, gajiha ilan morin be gemu gaiha,,
말을　가져왔다. 가져온　3마리 말을　　　모두　취했다.

○ orin ninggun de, hife baksi, elbihe, tusiyetu han de weile i
　　　26일에,　　　히퍼 박시와　얼비허가 투시예투 한에게　　　죄

jalin de gisureme genehe,, 24/25
때문에　　　논하러　　　갔다.

○ ice[5] sunja de, korcin i tusiyetu han de elbihe be takūraha, aru i
　　초 5일에,　　　코르친의 투시예투 한에게　얼비허를　　　보냈다.　아루의

sun dureng, dalai cūhur duin taiji de baindari be takūraha, tusiyetu
　순 두렁·　　달라이 추후르·　네 타이지[6]에게 바인다리를　보냈다.　　투시예투

han de unggihe bithei gisun, han i hese, tusiyetu han de unggihe,
　한에게　보낸　　글의　　말.「한의　旨.　투시예투 한에게　보낸다.

5　[籤註] ereci fusihūn nadan meyen fe dangse de arahangge gemu monggo hergen, te manjurame
　　ubaliyambuha,,
　　이하 일곱 단락은 舊 檔子에 쓴 것이 모두 몽고 문자이다. 지금 만주어로 번역했다.
6　'네 타이지'는 四子部의 네 타이지인 머르건 호쇼치 셍게·다르한 타이지 소놈·부쿠 타이지 옴부·
　　머르건 타이지 일참을 가리킨다.

nikan de cooha fideme tucire de, gūsai tanggūta cooha tucimbi sehe
明으로   군대를 동원하여 나올 때,   구사마다 100명씩의 병사가 나온다고 했었다.

bihe, tanggūta tucire be joo, 25/26 susaita cooha fideme jio, gūwa geren
100명씩 나오는 것은 됐다.   50명씩 병사를 동원하여 오라. 그 외에 여러

akta i hūsun be ume efulere, amala niyengniyeri niyanciha tucire
거세마의 힘을   훼손시키지 마라. 이후,   봄   푸른 풀이 나오기

onggolo, cahar de cooha fideme tucimbi, ere gisun be amba gurun de
전에   차하르로 군사를 동원하여 나갈 것이다. 이 말을   많은 國人에게

ume alara, coohai boljohon yangsimu i durbi de jorihabi, ere biyai
알리지 마라. 군대의 약속장소는 양시무의   두르비로 지시했었다. 이   달

orin nadan de jio,,
    27일에   와라.」

han i hese,⁷ gūsa i emte taiji, tanggūta cooha tucifi jio, gūwa 26/27
「한의 旨.   구사의 1명씩의 타이지와 100명씩의 병사가 나와서 오라. 그 외의

geren akta i hūsun be ume efulere, ishun aniya niyanciha tucire
 여러 거세마의 힘을   훼손시키지 마라.   내년   푸른 풀이 나오기

onggolo, cahar de cooha fideme tucimbi, ere gisun be amba gurun de
 전에,   차하르로 병사를 동원하여 나갈 것이다. 이 말을   많은   國人에게

ume alara, coohai boljohon yangsimu i durbi de boljofi, ere biyai orin
 알리지 마라. 군대의 약속장소는 양시무의   두르비로 약정하고, 이 달 27일에

7　이 단락은 앞의 簽註에서 언급한 것처럼 원문이 몽문인 일곱 단락 가운데 둘째이다.

nadan de isinju, sun dureng ni juwe gūsa ci juwe taiji, dalai i gūsa ci
도착하라. 순 두렁의   2개 구사에서 2명의 타이지, 달라이의 구사에서

emu taiji, duin juse ci emu taiji jikini, susaita cooha be nakabuha,
1명의 타이지, 四子에서 1명의 타이지가 와라. (1구사에) 50명씩의 군사로 그치도록 했다.

akta i 27/28 hūsun efulere jalin nakaha,,
거세마의   힘을   훼손하는 연유로 그쳤다.」

○ sun dureng de unggihe bithei gisun,[8] han i hese, sun dureng ni
  순 두렁에게   보낸   글의   말.   「한의   旨.   순 두렁의

juwe gūsa ci juwe taiji, dalai i gūsa ci emu taiji, duin juse ci emu
2개 구사에서 2명의 타이지, 달라이의 구사에서 1명의 타이지,   四子에서 1명의

taiji, tanggūta cooha gaifi fidekini, coohai boljohon yangsimu i durbi de
타이지가 (1구사에) 100명씩의 군사를 취해 동원하라. 군사의 약속장소는 양시무의 두르비로

toktobuhabi, ere biyai orin nadan de isinju, 28/29 gūwa geren akta i
  정했다.   이 달   27일에   도착하라.   그 외   여러 거세마의

hūsun be ume efulere, ishun aniya niyanciha tucire onggolo, cahar de
  힘을   훼손하지 마라.   내년   푸른 풀이 나기   전에   차하르로

cooha tucimbi, ere gisun be amba gurun de ume alara, sure han i
군대가 나갈것이다. 이 말을   많은 國人에게 알리지 마라. 수러 한의

sunjaci aniya nadan biyai ice sunja,,
      5년   7월   초 5일」

---

8 이 단락은 앞의 簽註에서 언급한 것처럼 원문이 몽문인 일곱 단락 가운데 셋째이다.

○ dalai cūhur duin taiji de unggihe bithei gisun,[9] han i hese,
달라이 추후르와 4명의 타이지에게 보낸 글의 말.   「한의 旨.

dalai cūhur, sengge mergen hošooci de unggihe, suwe 29/30 uhei
달라이 추후르와 셍게 머르건 호쇼오치에게   보낸다. 너희는   함께

hebdeme gisurefi, urat de elcin unggi, ebsi jidere jiderakū babe
의논하여 우라트에게 사신을 보내라. 이쪽으로 오는지 오지 않는지를

yargiyalame gisun gaifi jikini, urat kingka fonjifi jihe be, eljige
확실히 말을 취해 오라. 우라트의 킹카가 물어 온 것을 얼지거

keoket jalait ehe gisun hendufi amasi bederehe sere, hūdun unggi,,
커오커트 잘라이트가 나쁜 말로 말하여 (킹카가) 되돌아갔다 하니, 빨리 보내라.」

○ ice uyun de, aohan, naiman, barin, jarut beise de unggihe bithei
초 9일에, 아오한· 나이만· 바린· 자루트의 버일러들에게 보낸 글의

gisun,[10] han i hese, barin i beise, aohan naiman i beise, jarut i beise,[11] de
말. 「한의 旨. 바린의 버일러들, 아오한· 나이만의 버일러들, 자루트의 버일러들에게

unggihe, ulha be tuwakiyara niyalma ci 30/31 tulgiyen, gūwa be gemu
보낸다. 가축을 돌보는 사람   외에 그 밖 (사람들)을 모두

gaifi, morin de akta fulu niyalma, akta morin be tesubu, muse de
데리고, 말 가운데 거세마가 넉넉한 자는 거세마를   채우라. 우리를

---

9 이 단락은 앞의 箋註에서 언급한 것처럼 원문이 몽문인 일곱 단락 가운데 넷째이다.

10 이 단락은 앞의 箋註에서 언급한 것처럼 원문이 몽문인 일곱 단락 가운데 다섯째이다.

11 저본에서 'barin i beise, aohan naiman i beise, jarut i beise'의 세 문구는 일렬로 세로쓰기되어 있지
않고, 작은 글씨로 좌에서 우로 세 줄 병렬하여 적혀있다.

ucaraha bata be, muse yala uhei hūsutuleme kiceme afaci, abka muse
만난 　　적들을 　　우리가 진실로 함께 　　　　힘껏 　　공격하면, 하늘이 우리를

be gosime, bakcin bata be gidame eberembure ohode, oihori sain kai,
자애하여 상대하는 적을 　　무찔러 쇠약하게 　할 것이니, 아주 　좋다.

bata niyalmai tariha usin de, musei yaluha morin be bordome, jeku
敵人의 　　씨뿌리는 밭에서 우리가 　탄 　말을 　　살찌우고 곡물을

gaifi baitalaki, coohai boljohon ere biyai orin nadan de yangsimu i
취해 쓰자. 　군사의 　약정으로, 　이 달 　27일에 　　　양시무의

durbi de isinju,, 31/32
두르비로 　도착하라.」

○ han i hese,[12] ombu cūhur, agūn taiji, dureng ni gumushi, sirantu
「한의 　旨. 　　옴부 추후르 · 아군 타이지 · 두렁의 구무스히 · 시란투

hiya taiji, genggel hiya beile, donoi gunji de unggihe, moringga
히야 타이지 · 경걸 히야 버일러 · 도노이 군지에게 보낸다. 기병 ·

yafahan i gubci be gaifi, morin de fulu niyalma akta be tesubu, muse
보병의 전부를 이끌고, (거세)말에 여분 있는 사람은 거세마를 채우라.[13] 우리

de teisulebuhe bata be, muse uhei hūsutuleme kiceme afaci, abka
에게 마주치는 　적을 　우리가 함께 　　　힘써 　　싸우면, 하늘이

---

12 이 단락은 앞의 簽註에서 언급한 것처럼 원문이 몽문인 일곱 단락 가운데 여섯째이다.
13 'morin de fulu niyalma akta be tesubu'(말에 여분 있는 사람은 거세마를 채우라)는 '말 가운데 거세
　마가 넉넉한 자는 거세마를 채우라'는 의미일 것이다. 앞의 천총 5년 7월 9일조에서 아오한 · 나이
　만 · 바린 · 자루트의 버일러들에게 보낸 글에서는 'morin de akta fulu niyalma, akta morin be
　tesubu'(말 가운데 거세마가 넉넉한 자는 거세마를 채우라)고 기록되어 있다.

gosime, bata niyalma be gidame eberembure ohode, muse oihori sain
자애하여,　　敵人을　　격파하고　　쇠하게 할 것이니,　우리가 매우　좋은

kai, bata i tariha usin de, musei yaluha morin be 32/33 bordome, jeku
것이다. 적이 경작한　田地에서 우리가　탄　　말을　　　　살찌우고,　곡식을

be muse gaiki, coohai boljohon ere biyai orin nadan de yangsimu i
　우리가 취하자. 군대의　약속은　이　달　27일에　　　양시무의

durbi de isinju,,
두르비로 도착하라.」

han i hese,[14] coktu taihū de unggihe, nikan gurun ci aohan i dara eke
「한의　旨.　　촉투 타이후에게　보낸다.　명나라로부터　아오한의 다라 어커

de jihe ukanju i ninggun morin, juwe olbo, juwe beri be suwaliyame
에게 온　도망자의　6마리 말·　2벌의 綿甲·　2개의 활을　합쳐

gaihabi sere, fafun emu i acaha gurun bime, aiseme gaiha ni, tere
취했다고 한다.　법을　하나로 합친　나라인데　어찌하여 취했는가? 그

gaiha ele jaka be 33/34 amasi bederebume buci acambi kai,,
취한　모든　물건을　　　되 돌려　　주어야 마땅한 것이다.」

○ juwan ninggun de, aru i dalai cūhur de elcin genehe sibatai
　　16일에,　　　아루의 달라이 추후르에게 사신으로 갔던 시바타이가

isinjiha,,
도착했다.

---

14 이 단락은 앞의 簽註에서 언급한 것처럼 원문이 몽문인 일곱 단락 가운데 일곱째이다.

○ juwan nadan de, tumet de elcin genehe boboi isinjiha,, 34/35
　　　17일에,　　　　투메트에　사신으로 갔던　보보이가 도착했다.

○ juwan jakūn de, cahar ci boborong, ubatang, jai emu haha,
　　　18일에,　　　차하르로부터　보보롱·　　우바탕·　또 한 명의 남자·

juwe hehe, duin morin gajime ukame jihe,,
두 명의 여자가　4마리 말을 끌고　도망쳐 왔다.

○ juwan uyun de,[15] cahar ci ukame jihe niyalmai medege be
　　　　　19일에,　　　차하르로부터 도망쳐 온　사람들의　　소식을

alaname, tusiyetu efu de boboi be takūraha, sun dureng de sibatai be
고하러,　　투시예투 어푸에게　보보이를　　보냈다.　　　순 두렁에게　　시바타이를

takūraha, tusiyetu 35/36 efu, sun dureng de takūraha bithei gisun,
　보냈다.　투시예투　　　어푸·　순 두렁에게　　보낸　　글의　말,

cahar ci boro korcin i emu taiji, kundulen cūhur i emu niyalma, ilan
「차하르로부터 보로 코르친의 1명의 타이지·　쿤둘런 추후르의　1명·　　　　3명의

haha, juwe hehe suwaliyame ukafi jihe, cahar, nikan i cahin be gaifi,
남자·　2명의 여자가　함께　　도망쳐 왔다. 차하르가　明의　창고를　　취해서

cai be ambarame gaifi, hūrhan i ergici dergi amargi de gurihe sere,
茶를　엄청나게　얻었고, 후르한의 쪽으로부터　동북으로　　　이동했다고 한다.

---

15 [簽註] ere emu meyen, fe dangse de arahangge monggo hergen, te manjurame ubaliyambuha,,
　　이 한 단락을 舊 檔子에서 쓴 것은 몽고 문자인데 지금 만주어로 번역했다.

geren i gisun, aru i jinong, kalka ci fakcafi ebsi oho seme tosome
여럿의 말이, 아루의 지농이 칼카로부터 이탈하여 이쪽으로 되었다하니 차단하도록

belheki sembi sere, ememungge i gisun, aru de emu 36/37 feniyen i
준비하려고 한다고 한다. 어떤 사람의 말은, 아루에게 한 무리의

urse bi sembi, tere be tabcilaki sembi sere, yoro gisun sembi,
사람들이 있다고 한다. 그것을 약탈하자 한다고 한다. 뜬소문이라고 한다.

yargiyalame cincilaha gisun, sun dureng, duin juse, sira muren ci
확실히 조사한 말은, 순 두렁·四子가 시라 무렌으로부터

amasi alin i bethe ci gaihabi sere, tubade fideci acambi, gegen han i
북쪽 산의 기슭으로부터 취했다고 한다. 그곳에서 동원하면 적절하다. 게겐 한의

hoton i dergi ergi de sindafi, ihan honin usin i niyalma be sonjofi,
성의 동쪽에 배치해서, 소와 양·田地의 사람들을 선택해서,

cooha gaifi adun be dalime ekšeme jurafi gurihe sembi, ere niyengniyeri
군대를 이끌고 목축떼를 몰아서, 서둘러 출발하여 이동했다고 한다. 올 봄

dendehe idu i bade, kemuni susaita 37/38 karun tucibufi hahilame unggi,,
나눈 할당된 땅에서 그대로 50명씩 초병을 내보내 급히 보내라.」

○ orin juwe de, tusiyetu efu i juwe niyalma elcin jihe,,
22일에, 투시예투 어푸의 2명의 사신이 왔다.

○ orin ilan de, sun dureng ni duin niyalma elcin jihe,,
23일에, 순 두렁의 4명의 사신이 왔다.

tongki fuka sindaha hergen i dangse
點·圈을 찍은 문자의 檔子

gūsin uyuci debtelin
39권

sure han i sunjaci aniya nadan biyaci jakūn biyade isinahabi
천총 5년 7월부터 8월까지

tongki fuka sindaha hergen i dangse,,
點・ 圏을　　찍은　　문자의　　檔子

○ nadan biyai orin nadan de, nikan be dailame muduri erin de cooha
　　7월의　　　　27일에,　　　明을　정벌하러　　　辰時에　　　군대가

juraka, hecen tuwakiyame dudu taiji, sahaliyen taiji, hooge taiji be
출발했다. 성을　　　지키러　　두두 타이지・ 사할리연 타이지・ 호오거 타이지를

tebuhe,,
주둔시켰다.

○ orin jakūn de, geren coohai ambasa be isabufi, han hendume,
　　28일에,　　여러　군대의　대신들을　　집합시켜서 한이 말하기를,

musei tehe simiyan, liyoodung ni ba, musei bao, 1/2 abka buci muse
"우리가 거하는 瀋陽・　　　遼東의　　땅은 우리의 땅인가?　하늘이 주어 우리가

baha kai, dailarakū ekisaka bici, nikan ba na be ibeme hoton hecen
얻은 것이다. 토벌하지 않고 조용히 있으면　한인이 영역을　넓혀　성들을

arame, coohai agūra be dasame bekileme jabduci, muse be baibi
세우고　　　兵器를　　　정비하고 공고하게 할 틈이 있으면, 우리를　그냥

tebumbio, tuba be gūnifi, nikan be coohalafi baha ulin, solho de
두겠는가?　그 땅을 생각하여, 한인을　　토벌하여　얻은 재물과　조선과

hūdašaha ulin de, monggo de morin udame isabufi dailame jurakangge,
거래한　　재물로　　몽고에게　　말을　구매하고 집합시켜 토벌하러　출발한 것이

ere inu, abka gosime, yabure de baha olji i ama jui eigen 2/3 sargan
이것이다. 하늘이 자애하여　갈　　때에　얻은 포로의　　父子·　夫婦를

be faksalara, etuhe etuku be sume gaijarangge, yaya ci ehe, ere gese
떨어뜨리고,　　입은　　옷을　　벗겨　　취하는 것은 무엇보다도 나쁘다. 이 같은

ehe facuhūn hūlha holo be, ambasa suwe coohai niyalma de dahūn
나쁘고 문란한　　　도적질을　　대신들　너희는　병사들에게　　　거듭

daūun i ulhitele tacibucina, henduhe nergin de inu seme alime gaifi,
거듭　깨우칠 때까지 주의시키라.　말한　　때에는　　　옳다고　　받아들이고

tatan de genehe de, henduhe gisun be onggofi ekisaka bici, coohai
숙영지에　갔을 때에는　말한　　말을　　　잊고　　조용히 있으면,　병사들이

niyalma facuhūn yabure weile ararangge tuttu kai, muse šolo
　　　　문란하게 행하여　죄　　짓는 것이 그러한 것이다. 우리가 쉴 틈을

tuciburakū jing dailaci, i 3/4 hafirabufi dahacibe, abka gosifi muse
내지 않고　계속 토벌하면 (저들이) 핍박받아 투항하든지, 하늘이 자애하여 우리가

etecibe, uksin sufi jirgara inenggi bikai, muse nikan be dailaha ci,
승리하든지 갑옷을 벗고 안락할　날이 있을 것이다. 우리는 한인을　정벌한 이래

hoton afacibe, tala i cooha de afacibe, afaha dari etembi kai, tuttu
성을　공격하든지, 들판의 군대를　공격하든지 공격한 때마다 승리한다.　　그런데도

bime muse ainu šuburšembi, nikan jing afaha dari wabucibe, nikan
우리는 왜 위축되는가? 한인은 항상 싸울 때마다 죽임당해도 한인은

ainu kemuni gelerakū, tere udu gabtara niyamniyara mangga akū
왜 항상 두려워하지 않는가? 그들이 비록 步射하고 騎射하는 것에 능숙하지 않다

bicibe, terei afarangge bithe coohai 4/5 šajin kooli be hafupi tuttu kai,
하더라도, 그들이 공격하는 것은 文·武의   法例를 통달하여 그런 것이다.

julge aisin han, nikan be dailara de, nikan i dzung je gebungge
예전 금 황제가 한인(宋)을 토벌할 때, 한인의 宗澤이라는

amban, aisin be juwan ilan jergi gidahabi, nikan i emu amban, cooha
대신이 금을 13번 격파했었다. 한인의 한 대신이 군대를

dame jifi afaki sere jakade, hecen tuwakiyaha amban hendume, ere
구원하러 와서 싸우자 했기 때문에, 성을 지키던 대신이 말하기를, '이

ninggun biyai halhūn de, fusheku jafafi sebderi de teci, geli halhūn
6월의 더위에 부채를 가지고 그늘에 있어도 더운

kai, uksin saca etufi geli adarame afambi 5/6 seme hendure jakade,
것이다. 갑옷과 투구를 입고 또한 어찌 싸우겠는가?' 라고 말했기 때문에,

tere gisun de coohai niyalma afara mujilen akū ofi gemu samsihabi,
그 말에 병사들이 싸울 마음이 없어져서 ˙ 모두 흩어졌다.

emu gisun ehe i turgunde, tere hecen be aisin bahabi, amin beile yung
한 마디 말이 나빴기 때문에 그 城을 금이 취했다. 아민 버일러는 永平에

ping de tefi, musei coohai niyalma be ehe, ere cooha geli bata be
주둔하여, 우리의　병사들이　약하여, '이 군대가 또한 적들을

wame mutembio seme henduhebi, beile tuttu henduci, coohai niyalmai
죽일 수 있겠는가?' 라고　말했다.　버일러가 그렇게 말하니,　병사들의

mujilen we buceme afaki sembi, gusantai efu be dain de 6/7 oliha,
마음이 누가 죽기로 싸우려고 하겠는가? 구산타이 어푸를 싸움에서　겁이 많고,

gūsa be kadalame muterakū seme nakabuhangge waka, cang lii hiyan
구사를　관리할 수 없다고　하여　파직시킨 것이 아니다.　昌黎縣을

be afara de, ini gūsai emu niyalma bucefi, giran be bethe hūwaitafi
공격할 때, 그의 구사의 한　사람이　죽자,　시체를 다리를　묶어서

ušame gajihabi, afara de afabure, buceci gosirakūci, sini juleri we
끌고 데리고 왔다. 싸울 때 싸우게 하고, 죽었는데 불쌍히 여기지 않으면, 너의 앞에 누가

buceme afaki sembi, buceci gasara, feye bahaci tuwanara dasara oci,
죽기로　싸우려고 하겠는가? 죽으면 슬퍼하고, 상처 입으면 살피러 가서 치료해야,

coohai ejen, gūsai ejen serengge tere kai, tuttu oci, coohai niyalma
군대의 어전·구사의 어전이라고 하는 것이다.　그렇게 되면 병사들은

ergen be hairandarakū ejen i 7/8 juleri buceki sembikai, cooha be
목숨을　아까워하지 않고 어전의　앞에서 죽겠다고 할 것이다. 병사를

uhereme tuwaci geren kai, gūsai ejen, meiren i ejen, jalan i ejen, nirui
합쳐서　보면 많은 것이지만, 구사의 어전· 머이런의 어전· 잘란의 어전· 니루의

ejen suwe meni meni coohai niyalma de ulhibume tacibure faksalame
어전 너희가　　각자　　　　병사들에게　　　　깨우치도록　가르치고　나누어서

hendure oci komso kai, šajin fafun be geren de selgiyefi, coohai
　말하면　　　적은 것이다.　　법도를　　여러 사람들에게 전해서,　병사들을

niyalma be gosire hairandara oci, ambasa suweni juleri we buceme
　　　　자애하고　　아끼게 된다면,　대신들 너희의　앞에 누가 죽기로

afaki serakū,, 8/9
싸우려고 하지 않겠는가?”

○ jakūn biyai ice de, fe liyoo yang ni bira de isinjifi, emu
　　8월　　1일에,　옛　遼陽의　　강에 이르러서　하루

indeme, golo goloi monggo i cooha be boljofi acaha, korcin, aru, jarut,
　묵고,　각 지역의　몽고의　　군대를 기한을 정해서 만났다. 코르친· 아루· 자루트·

barin, aohan, naiman, karacin, tumet, ere jakūn goloi monggo i yafahan
바린· 아오한· 나이만· 카라친· 투메트　이　8개 지역의　몽고의　　步兵·

moringga cooha juwe tumen funceme bi, monggo i beise, han de acara
騎兵이　　　　2만명　　　남짓 이었다.　몽고의 버일러들은 한과　　만날

de, ujulaha beise aldangga juwe jergi niyakūrafi 9/10 hengkilefi, hanci
때, 우두머리인 버일러들은 멀리서 두　번　무릎 꿇고　　　고두하고, 가까이에서

emu jergi niyakūrafi hengkilefi, han i oho i fejergi be tebeliyeme
한 번　무릎 꿇고　고두하며,　한의 겨드랑이의 아래를　　끌어안고

acaha, buya taijisa, tabunang se ilan jergi niyakūrafi ilan jergi
만났다.　小 타이지들·　타부낭들은　　세 번　　무릎 꿇고　　세 번

hengkilehe, monggo i beise, taijisa dehi funceme bihe, ceni gajiha
　고두했다.　　몽고의 버일러들·타이지들은 40명　남짓　있었다. 그들이 가져온

arki anju be han de angga isibuha, ihan honin wafi, arki nure dagilafi,
소주와 안주를　한에게　입에　대게 했다. 소와　양을　잡고, 소주와 황주를 준비해서

monggo i beise be sarilaha,, 10/11
　몽고의　버일러들에게 잔치를 베풀었다.

○　ice juwe de, monggo de wasimbuha bithei gisun, han hendume,
　　초 2일에,　　몽고에　　내린　　글의　　말.「한이 말하기를,

muse be abka gosifi acabuha be dahame, emu gurun emu šajin kai,
우리를　하늘이 자애하여 만나게 했기 때문에,　하나의 나라,　하나의 법도인 것이다.

musei cooha nikan i bade dosifi, abka gosime yabumbihede, afara cooha
우리의　군대가 한인의　땅에 들어가서, 하늘이 자애하여 갔다면,　　싸운 병사를

be wara dabala, sula 11/12 irgen be ume wara, olji bahaci, ama jui
　죽일 뿐,　일반　　백성을　죽이지 말라.　포로를 얻으면,　父子·

eigen sargan be ume faksalara, etuhe etuku be ume sume gaijara, sula
　夫婦를　　헤어지게 하지 말라. 입은　옷을　　벗겨서 취하지 말라. 일반

irgen be waci, etuhe etuku sume gaici, olji faitafi gerci de bumbi, orin
　백성을 죽이거나,　입은 옷을　벗겨 취하면 포로를 삭감하여 고발자에게 준다. 27대

nadan šusiha tantambi, mukūn mukūn i ejete, meni meni cooha de
　　채찍으로　때린다.　　　　각 씨족의　　　수장들은　각각의　　　군대에

saikan ulhitele geterembume hendu, jai cooha fakcafi komso balai
　잘　깨우칠 때까지 분명히　　　말하라.　또 군대를 나누어서 소수가 제멋대로

hešureme ume yabure, balai 12/13 yabufi wabuci, musei gebu ehe kai,
　약탈하러　가지 말라. 제멋대로　　　가서　죽임당하면 우리의 평판이 나쁠 것이다.

muse ere niyengniyeri culgara de yaya bade yabuci, emu šajin i
　우리가 이번　　봄에　　회맹할　때, 어떤　곳에서 행하더라도 하나의 법으로

yabuki sehe bihe, šajin be ume jurcere, tereci cooha faksalafi juwe
　행하자고　했었다.　법을　　어기지 말라.」 그 후 군대를　나누어서　두

jugūn i dosire de, juwe tumen cooha be degelei taiji, yoto taiji, ajige
　길로　나아갈 때,　　“2만　　군대를 더걸러이 타이지·요토 타이지·아지거

taiji, suwe gaifi, i jeo i golo be dosifi, ginjeo i dalingho i siden be
　타이지 너희가 이끌고 義州의 지역으로 들어가 錦州와 大凌河의　　사이를

kame ili, be, be tu cang ni 13/14 golo be dosifi, guwangning ni amba
　포위하고 주둔하라. 우리는 白土廠[1]　지역으로 들어가서　　廣寧의　큰

jugūn be genembi, ice ninggun de dalingho de acaki seme boljofi
　길을　가겠다.　초 6일에　大凌河에서　만나자”라고　약속하여

1　‘白土廠’은 明代 廣寧衛에 속했다. 지금의 遼寧 黑山縣 서북쪽 白廠門滿族鎭이다. 청대에 이곳에 유조
　변의 白土廠門이 설치되었다.

unggihe, ice sunja i dobori dulifi, ice ninggun de muduri erinde, juwe
보냈다. 초 5일의 밤을 새우고, 초 6일에 辰時에 두

jugūn i cooha sasa isinjiha,,
길의 군대가 함께 도착했다.

○ tere inenggi, dalingho i hoton i julergi de, emu nikan be jafafi
그 날, 大凌河城의 남쪽에서 1명의 한인을 잡아서

fonjici, dalingho be sahame 14/15 deribufi hontoho biya oho, hecen i
심문하니, "大凌河를 축성하기 시작하여 반 개월이 되었습니다. 성의

beye wajihabi, keremu sahame dulin ohobi, dzu dzung bing guwan
본체는 완료했습니다. 성가퀴를 쌓아 절반은 되었습니다. 祖 總兵官과

ini amba haha jui, jai nadan fujiyang, iogi, ts'anjiyang orin isime bi,
그의 큰 아들· 또 7명의 부장· 유격과 참장이 20명 정도입니다.

moringga cooha nadan minggan, yafahan cooha nadan minggan, hoton
기병 7천· 보병 7천· 성

weilere niyalma, hūdai niyalma nadan jakūn minggan bi seme alaha,
쌓는 사람과 상인이 7천-8천 있습니다" 라고 고했다.

tere dobori hoton be šurdeme kafi deduhe,, 15/16
그날 밤 성을 포위하여 숙박했다.

○ ice nadan de, han, beise, ambasai baru hendume, muse hoton
초 7일에, 한이 버일러들과 대신들을 향해 말하기를, "우리가 城을

be afaci, coohai niyalma koro bahambi, hoton i šurdeme ulan fetefi fu
공격하면　　병사들이　　상처를 입는다.　　城의　　주위에　　壕를 파고 벽을

sahafi, ini mohoro be tuwame tuwakiyaki, i tucici muse afaki, tulergi
쌓고, 그들의 궁한 것을　　보며　　지키자. 그들이 나오면 우리가 공격하자. 밖의

cooha dame jici, okdofi afaki seme gisureme toktofi, hoton i duin
병사가 도우러 오면 맞이하여 싸우자” 라며　　말하여　　정하고,　　城의　　네

dere be 16/17 akūmbume ulan fetehengge, šurdeme gūsin ba, hoton ulan
면에　　　　　모두　　壕를　판 것이,　　　둘레 30里,　　　城과 壕의

i siden ilan ba bi, ulan šumin juwe da, onco juwe da fetefi, ulan i
사이가　3里이다.　　壕의 깊이는 2尋,　　폭은 2尋으로 파고,　　壕

tulergi gencehen be, den juwe da, keremu arame fu sahafi, terei
밖의　　테두리는　　높이 2尋으로 성가퀴를 만들어 벽을 쌓고, 그것의

dorgi juwan da i dubede, onco emu da, šumin emu da emu gala ulan
안으로　　10尋 앞에　　폭 1尋,　　　깊이　　1.5尋의　　　壕를

fetefi, oilori šušu orho birefi 17/18 boihon sisafi, šurdeme akūmbume ing
파고, 표면은 수수와 풀을 펴서　　　흙을 뿌리고,　　주위로　　모두　　營을

iliha, ing ni tulergi de šumin emu da, onco emu da ulan fetehe, tuttu
세웠다.　營의 밖에　　깊이 1尋,　　폭 1尋으로　壕를 팠다. 그렇게

bekilefi dorgi niyalma tucici ojorakū, tulergi niyalma dosici ojarakū
지켜서 안의　　사람이　나올 수 없고,　　밖의　사람이 들어갈 수 없게

obume kaha, ulan fetere de, korcin, aru be dabuhakū, han ulan fetere
만들어 포위했다. 壕를 팔 때에　　코르친·아루는 참여시키지 않았다. 한이 壕를　팔

ba be jorime yabufi, hoton i julergi ala i ninggude tefi bisire de, hoton
땅을　지시하러 가서　　城의　　남쪽 언덕의　　위에 머물며 있을 때에, 城으로부터

ci tanggū 18/19 isire moringga cooha tucifi, orho gaijara niyalma be
　100명에　　　　이르는　　기병이　나와서 풀을　취하는　　사람을

bašame jidere be, han, bayara cooha be unggifi, dusy wang yan dzu be
　쫓아　　오는 것을,　한이　바야라 병사를　　　보내서　都司 王延祚를

weihun jafafi gajiha, tere inenggi emu nirui emte bayara be
　사로　잡아 데려왔다.　그　날　　　1개 니루에서 1명씩의 바야라를

tucibufi, dashūwan ergi duin gūsade, dzung bing guwan hergen i asan,
내보내서,　　左翼 쪽의　　4개 구사에　　　　總兵官 직의 아산,

jebele ergi duin gūsade, ts'anjiyang hergen i loosa, beiguwan hergen i
　右翼 쪽의　4개 구사에　　　參將 직의 로오사·　　　備禦官 직의

19/20 turusi be ejen arafi, ginjeo, sung šan i ergide karun tebume
　투루시를 어전으로 삼아,　錦州·　　松山　　쪽에　哨兵을 두도록

unggihe,,
보냈다.

○ ice jakūn de, asan yafahan juwan niyalma, moringga emu
　초 8일에,　　아산이　　보병 10명과　　　　기병 1명을

niyalma be weihun jafafi benjihe, hing šan i hafasa, dzu de bithe
생포하여   보내왔다.   杏山의 관원들이 祖(大壽)에게 글을

benjime takūraha emu monggo be, unege baksi bahafi benjihe 20/21
보내려고 파견한   1명의 몽고인을   우너거 박시가 잡아서 보내온

bithede, dzu be hoton waliyafi jio, jiderakūci jeku akū ai jembi, cooha
서신에, 「祖(大壽)는 城을 버리고 오라. 오지 않으면 곡식 없이 무엇을 먹겠는가? 병사를

be gajime mutere gese oci, cooha be gajime jio, gajime muterakūci,
데려올 수 있을   것 같으면, 병사를   데려오라.   데려올 수 없으면,

sini beye emhun ukame jio seme takūrahabi,,
너 자신   홀로   도망쳐 오라.」 라고   보냈다.

○ ice uyun de, hoton i cooha tanggū funceme 21/22 tucike bihe,
초 9일에,   城의   병사   100명   남짓이   나왔다.

kubuhe šanggiyan i buyantu, tambai, dorgi bayara be gaifi bošofi,
鑲白旗의   부안투·   탐바이가 內 바야라(親隨護軍)를 데리고 쫓아

niyalma gūsin funceme waha, morin orin duin baha,,
사람   30명 남짓을 죽였고, 말   24마리를 얻었다.

○ juwan de, hoton ci yafahan moringga cooha sunja tanggū
10일에,   城에서   보병·   기병   500명

isime tucike be, kubuhe suwayan i gūsai ejen darhan efu, jakūnju
정도가 나간 것을,   鑲黃旗의   구사의 어전 다르한 어푸가 80명을

niyalma be gaifi, 22/23 uthai gidafi, da de sunja niyalma be waha,
데리고　　　즉시 공격하여, (城)아래에서　5명을　　　죽였고,

ulan de isitala niyamniyame waha, tere inenggi dalingho i hoton i šun
壕에 이르기까지 말 위에서 활을 쏘아 죽였다. 그　날　　　大凌河城의　　　서쪽

tuhere ergi alin i ninggu i tai be yoto beile, fan iogi be takūrafi dahabuha,
　　　산　　정상의　臺에　요토 버일러와 范(文程) 遊擊을 보내서　항복시켰다.

emu šusai, nadanju juwe haha, juwan nadan hehe, juwe morin, orin duin
1명의 秀才・　　72명의　남자・　　17명의 여자・　2마리의　말・　　24마리의

ihan, orin emu eihen bihe, fan iogi de uji 23/24 seme buhe, hoton i
　소・　21마리의 당나귀가 있었다. 范(文程)　遊擊에게 기르라고　주었다.　　城의

julergi ala i ninggu i tai be, manggūltai beile, giyan cang ni ma dzung
　남쪽 언덕　　위의　臺에는　망굴타이　버일러・建昌의　馬(光遠) 總兵官・

bing guwan dargū be takūrafi dahabuha, tede jang badzung, dehi uyun
　다르구를　보내서　항복시켰다.　　그 때 jang 把總과　　49명의

haha, duin hehe bihe, ma dzung bing guwan de uji seme buhe,,
남자・　4명의 여자가 있었다.　馬(光遠) 總兵官에게　돌보라고 주었다.

○ tere inenggi, hoton ci jeku hadume tucike 24/25 nikan be,
　그　날,　　城에서 곡식을 베러　나간　　　한인을

buyantu dehi bayara be gaifi bošofi, gūsin niyalma be waha, gulu
부얀투가 40명의 바야라를 데리고 쫓아서　30명을　　　죽였다. 正藍旗의

lamun i bayara juwan jakūn niyalma be waha, kubuhe lamun i bayara
　　바야라가　　　　18명을　　　　　　　　죽였고,　　　　鑲藍旗의　　　　　바야라가

tofohon niyalma be waha, karun genehe asan dzung bing guwan jugūn
　　15명을　　　　　죽였다. 哨兵으로 간　　　아산 總兵官이　　　　　　　길을

tuwakiyafi, nadan niyalma, juwe ihan, emu losa, emu eihen bahafi
　　지켜서,　　　　7명의 사람·　　2마리 소·　1마리 노새· 1마리 당나귀를 잡아서

benjihe,, 25/26
보내왔다.

○ juwan emu de, sirdan de bithe arafi gabtaha gisun, sure han
　　11일에,　　　화살촉에　　글을 써서　　쏜　　말.[2]「수러 한이

hendume, jušen, monggo, muse emu adali gurun, nikan serengge, encu
　　말하기를,　　주션과 몽고　　우리는 하나 같은 나라이고,　明이라는 것은　　다른

hacin i gurun kai, suweni uttu encu hacin i nikan i jalin de, beye
　　종류의　　나라이다.　　너희가 이렇게 다른　　종류의　　明을　　　위해　　스스로

bucere be bi hairambi, suweni dolo te dahaha de, mimbe 26/27 warahū
　　죽는 것이 나는 애석하다.　너희는 마음속으로 '지금 항복하면　나를　　　죽일까 걱정된다'

seme akdarakū ayoo, suweni monggoso be wara anggala, batangga
　　하고 믿지 않는 것이리라.　너희　　몽고인들을　　죽이기는 커녕,　　원수인

nikan seme ini afara de wabure dabala, dahaha niyalma be bi gemu
　　明이라도 그가 공격하면　죽임당할 뿐이고,　　항복한　　사람은　　내가 모두

2　大凌河城 내의 몽고인에게 말한 것이다.

ujimbi kai, abkai fejergi niyalma be wame wajire doro bio, ujire sain
살린다.　　　　　天下의　　　　사람을　　죽여야 끝날 리가 있겠는가? 살리기를 잘하는

de dahame, mene wajimbi dere, mini ujire ujirakū be suweni donjihakū
것에 항복해야　진실로 끝나는 것이리라. 내가 살리거나 살리지 않는 것을 너희는 듣지
못했는가?

aibi, suwe mimbe holtombi serakū,[3] niyalma be holtombi dere,
　　너희가 나에 대해 속인다고 생각할까 우려된다. 사람을　속일 수는 있으리라.

abka be holtombio,, 27/28
하늘을 속일 수 있겠는가?」

han hendume, ma dzung bing guwan, he dzung bing guwan,
　한이　말하기를,　　"麻(登雲)　總兵官·　　　　黑(雲龍)　總兵官,

suwembe dain de bahafi ujihe be dahame, ainambahafi irgen salibufi
　너희를　전쟁에서　얻어　　살렸기 때문에　　　　어떻게 하면 백성을　맡기고

gucu dahabufi, ujihe baili tusa be bahara seme gūnimbi kai, ma dzung
구추를 항복시켜　살려준 은혜의 이익을　얻을 것인가 하고　생각한다." 麻(登雲)　總兵官이

bing guwan jabume, han, abkai mujilen i meni wara beye be ujihe,
　　　　답하기를, "한께서 하늘의 마음으로 우리의 죽일　몸을　　살리셨습니다.

28/29 han i gosime ujire de, be boode tefi, aibide bahafi baili isibure
　　　한이　사랑하여　살리니　우리는 집에서 머물며, 어디에서 은혜를 보답할 수 있을까

3　'serakū'는 문맥상 serahū의 誤記로 보인다.

seme gūniha bihe, han te booci tucifi yabuci, hing seme emu mujilen i
하고   생각했었습니다. 한이 지금 집에서 나와서 행하니, 전심전력으로   한 마음으로

julesi weile mutere be gūnici, abka gosime gūniha de acabuci, han,
앞으로의 일을 이루는 것을 생각하시고, 하늘이 보살펴 생각한 것에 부합하시고, 한이

mende gucu adabuci, meni muterei teile facihiyašaki, han baili tusa
우리에게 구추를 맡기시면 우리가   힘껏   노력하겠습니다. 한이 은혜의 이익을

bahara baharakū be tere fonde sambi dere, 29/30 han hendume, nikan i
얻으실지 얻지 못하실지는 그 때에   알 것입니다."   한이   말하기를, "한인의

abkai fejergi i beri niru jafame bahanara yebken sehe cooha, ere
     天下에서   활과 화살을 잡을 줄   아는 뛰어나다는 병사들은 이

hecen de bisire dabala, gūwa bade akū bidere, šanaha i dorgi coohai
     城에 있을   뿐, 다른 곳에는 없을 것이다. 山海關 안의 병사의

mangga budun be meni sahangge, bi gūnici, ere hecen be abka buci,
     강약을   우리가 알고 있다. 내가 생각건대 이   城을   하늘이 주면

šanaha be bahambi, abka burakūci, šanaha be baharakū kai, ma dzung
     山海關을 얻는다.   하늘이 주지 않으면 山海關을 얻을 수 없다." 麻(登雲) 總兵官이

bing guwan jabume, ere hecen i cooha, gida i dube kai, 30/31 gida i
          대답하길, "이 성의 병사는   창의 끝입니다.   창의

dube bijaci, fesin bihe seme ai tusa,,
끝을 꺾는다면 자루가 있다하여 무슨 이익이겠습니까?"

○ juwan juwe de, han, ini gūsai bayarai tui ejen yangšan
　　　　12일에,　　　한이　그의 구사의 바야라의 纛의 어전[4]인 양산·

gūnggadai, sudala be ulan i jakade ili, bata jase be nukcime jici afa,
궁가다이·　수달라에게 "壕 옆에　陣을 쳐라. 적이 경계를　침범해 오면 공격하라",

tulai, nancu, haksaha be juwe suwayan i acan de ili, musei orho
툴라이·　난추·　학사하에게　"두 黃旗가 합하는 데에 진을 치라. 우리의 풀을

gaijara niyalma be nikan afanjici, suwe 31/32 dosi seme henduhe
취하는　사람을　明이 공격하면 너희는　진격하라" 라고 말했었다.

bihe, gisun be jurceme nikan i yarkiyara de, tulai dosire jakade,
말을　어기고　明이 유인할 때에　툴라이가 진격했기 때문에

darhan efu dosikabi, juwe suwayan i dosika be safi, jakūn gūsa gemu
다르한 어푸가 진격했다.　두　黃旗가　진격한 것을 알고,　팔기가　모두

dosikabi, juwe lamun i gūsa hoton i hanci isinafi, morin ci ebufi,
진격했다.　두　藍旗는　城의　가까이 이르러　말에서　내려

yafahalafi ulan de fihebufi afara de, ulan de iliha cooha, hoton i
걸어서　壕를　메우도록 공격할 때,　壕에　있던 (明의) 병사들과 城의

cooha poo sindara gabtara de 32/33 bederehe, tede fujiyang mungtan,
병사들이 炮를　쏘고　활을 쏘자 (후금군이) 철수했다. 그때에　副將 뭉탄,

---

4 'bayarai tui ejen'은 줄여서 tui ejen이라고 부른다. bayara(護軍)의 장관이다. 1634년(천총8)에 bayarai
tui janggin(巴牙喇纛章京)으로 개칭했다. 1660년(순치17)에 한어명칭인 護軍統領을 제정했다.

efujehe fujiyang tumburu, beiguwan doboi, gori hiya gaibuha, mungtan
혁직된 副將 툼부루,　　　　　備禦官 도보이·고리 히야가 전사했다.　뭉탄의

i giran, gori hiya i giran, hoton i hanci tuhefi bahakū, coohai buya
시신과　고리 히야의 시신은　　城 가까이 떨어져서 얻지 못했다.　하급 병사들은

niyalma juwan isime bucehe, nikan i cooha be ulan de fihebufi tanggū
10명　정도가 죽었다.　　　　明軍을　　　壕에　메우도록　100명

funceme waha, morin gūsin isime baha, tere cooha de, mergen daicing
남짓　죽였고,　말　30마리 정도를 얻었다.　그　전투에서　머르건 다이칭

beile gaifi dosikabi,, 33/34 han hendume, tulai si nikan i yarkiyara de
버일러가 (병사를) 이끌고 진격했다. 한이 말하기를, "툴라이, 너는 明軍이 유인할 때에

cocarame dosifi, simbe dosika seme geren dosikabi, mergen daicing aika
남보다 앞질러 진격해서, 네가 진격했다고　여럿이　진격했다.　머르건 다이칭이 어떻게

oho bici, simbe weihun de faitarame yali be jembihe, beise i
되었다면　너를　산채로　잘라서　고기를 먹었을 것이다. 버일러들이

beye gaifi afarakū biheo, mini cooha be bi afabume bahanarakūn,
직접 이끌어 싸우지 않고 있었겠는가? 나의 병사를 내가 공격시킬 줄 모르겠는가?

abkai kesi de bardanggilarangge waka, ere yeru de bisire dorgon i
하늘의 은혜를　　과장하는 것이　아니다. 이들은 동굴에 있는　오소리

gese kai, tere aibide genembi, 34/35 abkai buhe, ama i werihe cooha be
같은 것이다. 그 어디에 가겠는가?　　하늘이 준, 아버지가　남겨둔 병사를

joboburakū faksikan i afabuki sembikai, mungtan, ai erin i banjiha
고생시키지 않고 교묘하게 공격시키자고 하는 것이다.　뭉탄은 어느 때나 살아남은

amban, mujakū bade ufaraci jilakan wakao seme hendufi, tulai be feye
대신인데,　그　곳에서 죽으니 애석하지 않은가" 라고 말하고, "툴라이가 부상을

baha seme yaya ume tuwanara sehe, tulai be feye baha seme yangguri
입었다고 해도 모두 보러 가지 말라"고 했다. 툴라이가 부상을 입었다고　양구리

efu, gūnggadai tuwanahabi, han donjifi, gūnggadai i dere de cifelefi,
어푸와 궁가다이가　보러갔다.　한이 듣고,　궁가다이의　얼굴에 침을 뱉고

yangguri efu i baru hendume, mini gisun be jurceme dosika tulai be
　양구리 어푸를　향해　말하기를,　"나의　말을　어기고　진격한 툴라이를

ainu tuwanambi, 35/36 bucehe seme tere be tuwanaci acara giyan
어찌　보러 가는가?　죽었다 해도　그를　보러가면 적절한 이치에

mujanggao, si ujulaha amban wakao, tuwanara anggala, genefi tooci
　맞는가? 너는 우두머리된 대신이 아닌가?　보러 가기는 커녕　가서 꾸짖어야

acambikai, jurgan akū bade bucere, feye bahara be ainu tuwanambi,
마땅한 것이다. 義가　없는 곳에서 죽거나 부상　입은 것을 어찌　보러 가는가?

han, beise i afabuha bade buceci songgoro, feye bahaci tuwanara oci,
한과 버일러들이 공격시킨 곳에서 죽어서　통곡하고 부상을 입어서　보러가게 되면

dergi niyalma, fejergi be gosire hairandara jurgan kai seme becehe,
　윗　사람이　아래를　사랑하고　아끼는　뜻인 것이다" 라며 나무랐다.

asidarhan nakcu, sihan age be, mergen daicing ni amban ubai, 36/37
아시다르한 낙추· 　　시한 아거를 　머르건 다이칭의 　　대신 　우바이와

jonta be toona seme takūraha, daci bata de afaci, beise be ili, ambasa
존타를 　꾸짖으라고 　　보냈다. "원래 적을 공격하면, 버일러들을 멈추게 하고 대신들이

cooha be gaifi dosi sehe bihe kai, beile dosici, suwe ainu iliburakū,
병사를 　이끌고 진격하라고 했었다. 버일러가 진격하는데 너희는 왜 멈추게 하지 않고

emgi gaifi dosika, beile aika oho bici, suweni yali be weihun de
함께 이끌고 진격했는가? 버일러가 어떻게 되었으면 너희의 살을 　　산채로

faitame jembihe, dain i ba waka bici huthufi gisurembihe, ere
조각내어 먹었을 것이다. 전쟁터가 아니라면 결박하고 논죄했을 것이다. 　이

weile be elheken gisereki seme hendufi unggihe, hoton i julergi šun
죄를 　천천히 말하겠다" 라고 　말하고 보냈다. 　　城의 　　　남서쪽

tuhere 37/38 hošoi tai be, hūng i poo sindara jakade, emu keremu fondo
　　　방향의 臺를 　紅夷炮로 　　쏘니, 　　　한 성가퀴를 관통해

emu niyalma goifi bucehe, tai i nikan golofi dahaha, coohai niyalma
한 　사람이 　맞아 죽었다. 臺의 明軍이 놀라서 투항했다. 　　병사가

orin jakūn bihe, wang dzung bing guwan de uji seme buhe, tere tai i
　28명 　이었다. 王 　　總兵官에게 　　보살피라고 주었다. 그 臺의

da de sejen kalka faidafi, hūng i poo, amba jiyanggiyūn be hoton i
아래에 수레· 방패차를 정렬하고, 紅夷炮와 　　大將軍(炮)를 　　　城의

julergi dere be sindaha, duin keremu 38/39 juwe matun efujehe, dahaha
남쪽   면에   쏘았다.   네   성가퀴와   두   懸樓가 무너졌다.   항복한

duin tai i niyalma de alban akū ujimbi seme jafu bithe buhe,,
 네   臺의   사람들에게   公課 없이 보살피겠다 하고 箚付의 글을 주었다.

—7函—

40권 천총 5년 8월~9월
41권 천총 5년 9월
42권 천총 5년 10월
43권 천총 5년 10월~11월
44권 천총 5년 12월

tongki fuka sindaha hergen i dangse
點·圈을 찍은 문자의 檔子

dehici debtelin
40권

sure han i sunjaci aniya uyun biya
천총 5년 9월

tongki fuka sindaha hergen i dangse,,
點 · 圈을　　　찍은　　문자의　　　檔子

○ juwan ilan de, dalingho hecen i šun dekdere hošoi ergi bira i
　　13일에,　　　　　　大凌河 성의　　　　동쪽　　　　　　　　　　강의

dalin i tai be, ajige taiji, mergen daicing, uici be takūrafi dahabuha,
기슭의　臺를　아지거 타이지 · 머르건 다이칭 ·　우이치를　파견해　항복시켰다.

gūsin sunja haha, hehe juse gūsin ilan, ihan juwan jakūn, eihen juwan
　　35명의 장정 ·　　　부녀와 아이들 33명 ·　　　소 18마리 ·　　　나귀 17마리

nadan bihe, ding fujiyang de, uji seme buhe,, 1/2
　　있었다.　　丁(啓明) 副將에게　보살피라고 주었다.

○ hecen i šun dekdere derei tai be musei nikan cooha poo sindafi,
　　성의　　동쪽　　방면의 臺를　우리의　漢軍이　포를 쏘아

tai gemu efujehe, tai i ninggude ninggun niyalma bucehe, jai funcehe
臺가 모두 무너졌다.　臺의　위에　　　　6명이　　　죽었다.　또 나머지

nikan tereci tai be waliyafi dobori burulame genere be bošofi gemu
명군이 그로부터 臺를　버리고　밤에　도망쳐　가는 것을 추격해 모두

waha, emu niyalma be weihun jafaha, tere tai de ju ts'anjiyang 2/3
죽였다. 한　사람을　　　　생포했다.　　그 臺에서　朱(三)[1] 참장이

1　'ju ts'anjiyang'은 『淸太宗實錄』 천총 5년 8월 갑인조 기록에 의하면 '參將 朱三'이다.

poo de goifi akū oho,,
포에   맞아   사망했다.

○ tere inenggi, han ing ci tucifi dalingho hoton i šun tuhere ala i
   그 날,   한이 영에서 나와   大凌河   성의   서쪽   언덕의

ninggude tefi, hecen be tuwame bisire de, yoto beile, han be ini ing de
정상에 올라   성을   바라보며 있을 때에   요토 버일러가 한이   그의 영에

jihe seme arki nure dagilafi sarilara de, manggūltai beile, 3/4 han i
왔다고   소주와 황주를 준비해 잔치할   때에   망굴타이 버일러가   한을

baru hendume, sikse inenggi afara de, meni gūsai ambasa gemu feye
  향해 말하기를,   "어제   공격할 때에 우리 구사의 대신들이 모두 상처를

bahabi, asan i emgi karun genehe meni gūsai bayara, darhan efu i
입었습니다. 아산과 함께 정찰을 간   우리   구사의 바야라·   다르한 어푸의

gūsai fiyentehe de bisirengge be gaici ojoroo, han hendume, bi donjici
구사의 分隊에   있는 자를   취해도 될까요?" 한이 말하기를,   "내가 듣기로

suweni fiyentehe be yaya takūrara unggire bade jing sitabumbi seme
그대들의 분대는   어디로 파견해 보내도   늘   뒤처진다고

alambi kai, beile hendume, meningge yaya bade unggici fulu yabumbi
하더군요."   버일러가 말하기를, "우리 분대는 어떤 곳에 보내도 뛰어나게 행동합니다.

kai, ainu 4/5 sitabumbini, han hendume, tuttu oci minde alaha niyalma
   어찌   뒤처지겠습니까?" 한이 말하기를, "그렇다면 나에게 고한   사람이

holtohobi kai, muse mektefi fonjiki, alaha niyalma holtoci holtoho
속인 것입니다.　　우리 내기를 해서 물어봅시다. 고한　사람이　속였으면　속인

niyalma be waki, alaha niyalma inu oci, yabuhakū niyalma be waki
사람을　　죽입시다. 고한　사람이　　옳다면 행동하지 않은 사람을　죽입시다"

seme dere fularafi jili banjime hendufi morilaha, tere gisun de
라고 얼굴을 붉히며 화를　내며　　말하고 말(馬)을 탔다. 그　말(言)에

manggūltai beile hendume, han serengge siden be hendumbi dere,
　망굴타이 버일러가 말하기를,　"한이라는 자는　公을　　　논해야 하리라.

mimbe canggi ainu bakcin 5/6 arafi gisurembi, han seme eitereme
　나를　　유독　왜　적으로　　만들어 말하는가?　한이라 하여　모든 것에

haldabašame banjici ojorakū oci, mimbe ainci waki sembidere seme
비위를 맞추며　　살 수 없다면　　　　　나를　아마도 죽이려고 하리라"라고

hendume, loho be julesi obufi fesin be jafame seferdere de, ini emu
말하고　　　腰刀를　　앞으로 하고　칼자루를　잡고 계속 쥐고 있자　그의 같은

eme de banjiha deo degelei taiji, sini arbušara mudan waka kai seme
어머니에게서 태어난 아우 더걸러이 타이지가 "당신의 행동은 도리에 어긋난다" 라며

šukilara jakade, <u>eteretele genehe</u>,[2] tede beile jili banjifi amai 6/7 coco
주먹으로 때리자 위압적인 자세로 갔다.　그에 (망굴타이)버일러가 화 나서 "애비 좆,

2　[簽註] gingguleme baicaci, jakan toktobuha fe manju gisun i bithede, eteretele genehe serengge,
　　uthai etenggileme arbušahai genehe sere gisun de adali sehebi,,
　　삼가 찾아보니 최근 정해진 『舊淸語』에서 'eteretele genehe'라는 것은 곧 'etenggileme arbušahai
　　genehe'(위압적으로 행동하며 갔다)는 말과 같다고 했다.

si mimbe ainu šukilambi seme loho be homhon ci emu to isime
네가 나를 어찌 주먹으로 때리는가"라고 腰刀를 칼집에서   한 뼘   정도

tucibuhe, tere be amba beile safi gasame, ini deo degelei ahūn be
빼었다.   그것을   大 버일러가 알고 비통해하며 "그의 아우 더걸러이가 형을

anatame unggihe, uttu facuhūn banjire anggala, buceci inu umesi kai
 떠밀어   보냈다.   이런   분란이   생기느니   죽어야 옳음이 분명하다"[3]

seme gasara de, tereci han umai sehekū morin yalurengge nakafi, amasi
라고 슬퍼할 때에   그로부터 한은 전혀 말을 하지 않고 말을 타는 것을 그만두고 다시

tefi baita icihiyame 7/8 wajifi ing de jihe, han ing de jifi manggūltai
앉아 일을 처리하기를   마치고 영에 왔다. 한이 營에   와서 망굴타이

beile be toome, han ama simbe ajigan i fonde mini jergi de ujiheo,
버일러를 책망하기를, "汗 아버지께서 당신이 어렸을 때에 나와 동등하게 기르셨소?

sinde umai jaka salibuhakū bihe kai, si mini funcehe be etume jeme,
당신에게 결코 물건을 맡기지 않았었소.   당신은 내가   남긴 것을 입고 먹고

mini gala be šame banjiha kai, amala si sini eniye be waha turgunde,
나의   손을   바라보며 살았소.   나중에 당신이 당신의 어머니를 죽인 이유로

ama de gung gaifi degelei fiyanggū i boigon de 8/9 han ama simbe
아버지에게 공을 얻어 더걸러이 막내의   戶에   汗 아버지께서 당신을

dosimbufi ujihe kai, geren suwe sahakū, si mimbe adarame sacici
편입시켜 보살피셨소.   여러 당신들은 모릅니까? 당신이 나를 어찌   벨 수

---

3 '이런 분란이 생기느니 죽어야 옳음이 분명하다'는 '이런 분란이 생기느니 죽는 게 낫다'는 의미이다.

ombi, <u>ura seme šuburefi budere isipi</u>,[4] han niyalma buku baturu seme
있소?　엉덩이도 말라서 죽기에 이를 것이오.　　汗이라는 사람은　　영웅이라 해도

beyebe tukiyecere kooli akū seme, gurun be ujire doro dasara be gūnime,
스스로를 추켜세우는 법이 없다 하여　　　국인을 기르고 국정을 다스리는 것을 생각하고

lata morin yalufi beyebe nomhon arame yabure jakade, mimbe dule
둔한 말을　타고[5]　　몸을 성실히　하여 ● 행하므로　　　나를 원래

inci budun sembi aise seme hendume, ini hiyasai baru loho tucibufi
그보다 겁이 많다고 하는 것이리라"라고 말하고　그의 시위들을 향해 腰刀를 꺼내

tehe ise ci ilire <u>derelame beceme</u>[6] 9/10 hendume, suwembe mini
앉은 의자에서 일어났다 앉으며 질책해　　　　말하기를,　　"너희를　내가

gosime ujirengge ai baita, tere mimbe sacimbi seme loho tucibuci,
자애하여 보살핀 것이 무슨 소용인가? 그가 나를　베겠다고　　腰刀를 빼어들었는데

suwe geli loho tucibufi mini jakade ainu ilinjirakū, giyang tai gung ni
너희도　　腰刀를 빼어들고 나의 쪽에　　왜 와서 서지 않는가?　姜太公이

4　[簽註] gingguleme baicaci, jakan toktobuha fe manju gisun i bithede, ura seme šuburefi budere isipi
serengge, uthai doko yali wajifi bucere isika sere gisun inu sehebi,,
삼가 찾아보니 최근 정해진 『舊淸語』에, 'ura seme šuburefi budere isipi'(엉덩이도 말라 죽기에 이르
러)라는 말은 곧 'doko yali wajifi bucere isika'(속살이 다해서 죽기에 이르렀다)는 말이라고 했다.

5　'둔한 말을 탔다'는 것은 재주가 없어도 노력으로 일을 이룬다는 의미이다. 『荀子・修身』의 아래 구
절 참조. "夫驥一日而千里, 駑馬十駕則亦及之矣"(준마는 하루에 천리를 달리지만, 둔한 말이 열흘 동
안 달리면 이를 따를 수 있다)

6　[簽註] gingguleme baicaci, jakan toktobuha fe manju gisun i bithede, derelame becere serengge,
uthai dere tokome becere sere gisun inu sehebi,,
삼가 찾아보니 최근 정해진 『舊淸語』에 'derelame becere'라는 것은 즉 'dere tokome becere'(얼굴을
찌르며 책망하는)라는 말이라고 했다.
＊ 아마도 'derelame'는 'terelame'의 誤記로, 全文의 의미는 '앉은 의자에서 일어났다 앉았다 하면서 질
책해 말하길'인 듯하다. 『淸太宗實錄』 9권, 天總5년 8월 甲寅條에 '拔刀離座者再'로 되어있다.

henduhengge, huwesi jafaci faitambi, suhe jafaci sacimbi sehebi kai,
말하기를,   '칼을 잡으면   자르고   도끼를 잡으면 베어야한다'[7]고 했다.

tere loho jafaci mimbe saciki seme tucibuhe kai seme gasafi, monggo
그가 腰刀를 잡은 것은 나를   베겠다고   꺼낸 것이다"   라고 비통해하면서 몽고

boo de dosika, dosifi tehekū uthai tucifi 10/11 mini gūniha be wacihiyame
천막에 들어갔다. 들어가 앉지 않고 바로   나와   "나의   생각을   모두

hendure, han ama akū oho de yasa de sabure hutu gamaci, karu
말하겠다.   汗 아버지가 돌아가셨을 때에 '눈에   보이는 귀신이 데려가면   원수를

gaijara bihe kai seme geren suwe gūnihakūn, yasa de sabure niyalma
갚을 것이다'   라고   여러 너희는 생각하지 않았는가? 눈에 보이는   사람이

mimbe waki serede, suwe ainu ekisaka tuwame iliha, mini suwembe
나를 죽이겠다 하는데   너희는 왜   가만히 보고 있었는가?   내가   너희를

gosihangge tusa akū nikai seme jili wajirakū boode dosire tucire gasara
자애한 것이 소용이 없다"라고 화를 멈추지 않고 천막으로 들어갔다 나왔다 하며 비통해 하는

dulimbade, manggūltai beile yamji duin 11/12 gucu gajime ing ni tule
 와중에   망굴타이 버일러가 밤에   4명의   구추를 데리고   營의 바깥

emu ba i dubede ilifi, niyalma takūrame bi omihon de duin hūntahan
 1里   끝에   서서   사람을   보내어 "내가 빈 속에   4잔의

---

7 '칼을 잡으면 자르고 도끼를 잡으면 베어야한다'의 출전은 『六韜三略』「守土」의 아래 구절이다. "操刀
   必割, 執斧必伐."

nure omifi, han deo i baru balai gisurehebi, mini angga ci tucike
황주를 마시고 汗 동생을 향해 함부로 지껄였습니다. 나의 입에서   나온

gisun be bi umai sarkū, han de mini waka be alime hengkileki seme
 말을   내가 전혀 모르겠습니다. 한에게 나의 잘못을 인정하고 고두하겠습니다"라고

takūraha manggi, han, yangguri efu, darhan efu be takūrame mimbe
(사람을) 파견하자   한이   양구리 어푸와 다르한 어푸를   보내   "나를

inenggi waki 12/13 seme loho tucibufi yamji geli ainu jimbi, emgi jihe
 낮에 죽이겠다고   腰刀를 꺼내고는 밤에 다시 어찌 오는가?   함께 온

sele, anggara, suwe sini beile be gajime jihengge meni ahūn deo be
설러· 앙가라   너희가 너의 버일러를   데려   온 것은   우리   형제를

bucekini sembio, suwe marame jihe de, be gala bethe aššambi seme
죽으라고 하는 것이냐? 너희가 억지로   왔다면   우리는 손과 발을 움직일 것이다"라며

halbuhakū bederebuhe,,
들여보내지 않고 돌려보냈다.

○ si uli efu gūsai emu niyalma tai 13/14 afara de poo de bethe
  시 울리 어푸(佟養性) 구사의 한 사람이 臺를   공격할 때에 포에   다리가

bijahabi, tere be han donjifi daifu be unggifi dasabuci, inenggi goidafi
부러졌었다. 그 사실을 한이 듣고 의사를   보내 치료시켰는데 날이   오래되어

dasaci ojorakū, feye niyafi yeye banjihabi seme alanjiha manggi,
치료할 수 없었다. 상처가 썩어서 구더기가 생겼다고   보고해 오자

han gasame, si uli efu geren hafasai baru hendume, ere be suweni
한이 애처로워하며 시 울리 어푸(佟養性)의 여러 관원들을 향해 말하기를, "이자를 너희

beye tuwame daifurabucina, suwe bahanarakūci, minde aifini ainu
자신처럼 여기고 치료시키라.　　　너희가 할 수 없는데 나에게 일찍 왜

alanjihakū, bi daifurabure dere, goidafi feye daifuraci ojorakū kai,
알리지 않았느냐. 내가 치료시켰으리라. 오래되어 상처가 치료할 수 없게 되었다.

suwe julgei ai kooli be sarkū, 14/15 julge emu sain jiyanggiyūn
너희는 옛날의 어떠한 例도 모른다.　　　옛날에 한 훌륭한 장군은

cooha genehe bade hunio de nure benere jakade, ere nure be omici
전쟁을 간 곳에 물통에 황주를 보내자　　　이 황주를 마시면

wede isimbi seme hunio i nure be bira de maktafi, eyen be coohai
누구에게 이르겠는가 하며 물통의 황주를 강에 던져 河流를 병사가

niyalmai emgi acan omihabi, jai coohai emu buya niyalma de yoo
　　　함께 모여 마셨었다.[8] 또한 군대의 한 小民에게 종기가

banjiha be u ki jiyanggiyūn safi simihabi, tere niyalmai eme songgoro
난 것을 吳起 장군이 알고 빨았다.　그 사람의 어머니가 흐느끼자

de, gūwa hendume, sini jui buya cooha kai, jiyanggiyūn i 15/16 beye
다른 사람이 말하기를, '당신의 아들은 小卒입니다.　장군이 친히

8　『三略』에 나오는 단료투천(簞醪投川)의 고사이다.

simici ainu songgombi, eme hendume, erei ama i yoo be u jiyanggiyūn
종기를 빠는데 왜 웁니까?' 어머니가 말하기를, '이 애의 아비의 종기를 뭇 장군이

simifi baili isibume dain de bucehe, bi erebe geli aibide maka bucembi
빨았는데 은혜를 갚고자 전장에서 죽었습니다. 나는 이 아이가 또 어디에서 혹시 죽을까

seme songgombi kai sehe sere, hafasa suwe gemu julgei kooli be sara
하여   우는 것입니다' 라고 했다고 한다. 관원들 너희는 모두   옛   例를   아는

urse kai, coohai niyalma be feye bahaci daifurabu, nimeci tuwana,
무리들이다.   병사가   부상을 입으면 치료시키라.   아프면 돌보라.

tuttu oci coohai niyalmai mujilen bucere be gelerakū sini juleri
  그리하면   병사의   마음이   죽는 것을 두려워하지 않고 너의 앞에서

buceki sembikai,, 16/17
죽겠다고 할 것이다."

○ tere inenggi, dalingho de takūraha gisun, aisin gurun i han i
    그 날,   大凌河에   보낸   말. 「金國의   한의 글.

bithe, amba jiyanggiyūn de jafaha, neneme lii lama, fanggina se amasi
      대장군에게   바친다.   예전에 李 라마·팡기나 등이   뒤로

julesi yabuha fonde, bi unenggi mujilen i doro acaki sehe, suwe
앞으로 다녔을 때에   내가 성심으로   화친하자고 했었다.   너희는

emdubei elcin yabure aldasi ginjeo be dasara jakade, suweni takūraha
  누차   사신이 다니는 도중에도   錦州를 수리했으므로   너희가 파견한

du ming 17/18 jung de mini bithe unggime henduhengge, suwe ginjeo
杜明忠에게　　　　　　　　나의 서신을 보내어　　말하기를,　　'너희가 錦州를

be dasara be nakarakūci bi cooha genembi seme unggifi, amala cooha
수리하는 것을 그만두지 않으면 내가 정벌하러 가겠다'라고 보내고　후에　정벌을

jihe, tereci musei yaya elcin lakcaha, terei amala suweni karun i yen
왔다. 그로부터 우리의 모든 사신이 끊겼다.　　그 후　　너희의 초소의 銀住를

ju be bahafi doro acaki seme geli amasi unggihe, karu jabuhakū,
　　얻고 화친하자고　　다시 되돌려 보냈는데 회답하지 않았다.

terei amala beging de cooha genehe fonde jing acaki seme bithe
　그 후　　북경에　전쟁을 갔을 때에　늘 화친하자고　서신을

beneci, nikan i han amban jing 18/19 julgei sung han be buleku obufi
보내도　명의 황제와 대신이 늘　　옛　송 황제를　거울 삼아

minde karu emu gisun jabuhakū, daiming han, sung han i hūncihin
나에게 답으로 한마디 말도 하지 않았다.　대명 황제는　송 황제의 친척이

waka, be geli nendehe aisin han i hūncihin waka, tere emu erin, ere
아니다. 우리 또한 예전　金 황제의　친척이　아니다. 그도 한 때,　이도

emu erin kai, abkai erin niyalmai mujilen gemu encu kai, amba gurun
한 때인 것이다. 하늘의 때와 사람의 마음은　모두 다르다.　　대국에

de ai mergese akū, erin be niyalma be tuwame forgošome gūnirakū,
　어떤 현자들이 없는가? 때와 사람을　　보고　순환하여 생각하지 않고

jing yatuhan i berhe amdulaha gese gūnici 19/20 ombio, dain serengge
늘 아쟁의 기러기발을 아교로 붙인 것처럼 융통성 없이 생각하면 되겠는가? 전쟁을

buyeme dailambio, hafirabufi dailambi kai, bi dain be eimeme taifin be
원하여   공격하는가? 어쩔 수 없이 공격하는 것이다. 내가 전쟁을 싫어하고 태평을

buyeme geli ere bithe unggihe, jiyanggiyūn seolefi doro acara be
바라여 또 이 서신을 보낸다.   장군이   심사숙고하여 화친하는 것을

gisureci oci, mini takūraha yen ju be unggi, mini gūniha gisun be
의논한다면   내가 파견한   은주를   보내라. 내가 생각한 말을

gisureki, aikabade jafarahū warahū seme ume gūnire, tere emu
말하겠다.   혹여라도 잡을까 죽일까 절대로 생각하지 말라.   그   한

niyalma be jafaha waha seme suweningge udu ekiyendere, minde
사람을   잡아 죽인다고   너희의 것이 얼마나 손해이고   나에게

udu tusa ojoro, 20/21 bi daci holtorakū, suweni wang yan dzu šeobei
얼마나 이득이 되겠는가? 나는 원래 속이지 않는다. 너희의 王延祚 守備가

hecen tucike be bahafi ujihebi,,
성을   나온 것을   잡아 보살폈었다.」

○ tofohon de, dalingho hecen i amargi ala i tai dahaha hūwang
   15일에,   大凌河   성의   북쪽   언덕의 臺가 항복했다. hūwang

badzung ni susai sunja haha, emu hehe, emu ihan bihe, g'ao fujiyang
把總의   55명의 장정· 1명의 여자· 1마리 소가 있었다. 高(鴻中) 副將

de uji seme buhe,, 21/22
에게 기르라고 주었다.

○　tere inenggi, gulu fulgiyan i gūsai morin tuwakiyame orho
　　그 날,　　　　　　　正紅旗의　　　　　말을　　　지키고　　　풀을

ganaha bade, dalingho hecen i amargi orin ba i dubei tai nikan tucifi,
취하러 간 곳에서　　大凌河 성의　　북쪽　　　20里 끝의　臺의 명군이 나와서

juwan niyalma be wahabi, gūsin sunja morin juwan temen gaihabi,,
（그들 중）10명을　　　　　죽였다.　　　35마리의 말·　　10마리의 낙타를 취했다.

○　juwan ninggun de, sung šan ci jidere 22/23 juwe minggan
　　16일에,　　　　　　　松山에서　　　오는　　　　　　2천

cooha be karun tehe asan dzung bing guwan, loosa ts'anjiyang, turusi
병사를　　초탐으로 있던 아산 총병관·　　　　　　로오사 참장·　　투루시

beiguwan ilan tanggū cooha be gaifi gidafi, niyalma tanggū funceme
비어관이　　300명의 군사를　　　　　이끌고 격퇴하고　사람을　100명 남짓

waha, juwan ilan morin ilan tu bahafi benjihe,,
죽였다.　　13마리의 말·　　3개의 纛을 얻어 보내왔다.

○　tere inenggi, amba beile, jirgalang taiji, erke 23/24 cūhur duin
　　그 날,　　　　　大 버일러·　지르갈랑 타이지·어르커　　추후르는　4개

gūsai bayara yooni, ing ni emu nirui juwete uksin, gūsade emte amban,
구사의 바야라　전부,　　營의　　1개 니루의 2명씩의 갑병,　구사에 1명씩의 大臣,

hūng i poo emke, amban jiyanggiyūn ilhi jiyanggiyūn orin gamame,
　　紅夷炮 1문씩,　　　　　　大將軍炮와 副將軍炮　20문을 가지고

morin temen gaiha tai be afame genefi, tai be kafi poo sindaha, tai
말과 낙타를　　취한 臺를　　공격하러 가서　　臺를 포위하고 포를 쏘았다.　　臺

šurdeme bihe tanggū funcere poo be gemu tuwa sindaha, tai i da de
　주위에　　있던　100여개의　　　　포를　　모두　불을 놓았다.　　臺의 밑에

bihe 24/25 nadan temen orin nadan morin baha, beise cooha be werifi
　있던　　　　7마리의 낙타·　27마리의 말을　　얻었다.　버일러들이 군사를 남겨두고

ing de jihe, juwan nadan i dobori tai nikan ninju isime nukcime
영으로 왔다.　　17일　　　　밤　　臺의 명군　60명　정도가 돌진해

genere be, beiguwan lioha gidafi uyun niyalma be waha, emu niyalma
가는 것을　　비어관　리오하가 격퇴하고　9명을　　　죽였다.　　1명을

be weihun jafaha, fonjici sindaha poo de gūsin isime niyalma goifi
　생포했다. (그에게) 물으니　쏜　포에　30명 가까운 사람이　　맞아서

bucehe seme alaha, emu temen juwan nadan 25/26 morin, juwan ilan
죽었다고　　　고했다.　1마리 낙타·　17마리의 말·　　　　　13마리의

ihan, tofohon eihen baha,,
소·　15마리의 나귀를 얻었다.

○ juwan jakūn de, mucengge, yenu emu gūsai emte niyalma be
　　18일에,　　　　무청거·　여누와　1개 구사의　1명씩의　사람을

simiyan de takūraha, ese de unggihe bithei gisun, han hendume,
瀋陽으로　파견했다.　　이들에게　보낸　　글의　말.　　「한이 말하기를,

dalingho hecen de dzu dzung bing guwan i beye ini amba jui, nadan
　大凌河城에서　　　　祖 총병관　　　　　자신과　그의 큰　아들·　7명의

fujiyang, ts'anjiyang iogi ninggun 26/27 nadan šanaha ci ebsi moringga
副將·　　　參將과 遊擊　　6-7명·　　　山海　　이쪽의　騎兵이

cooha gemu jifi kabuhabi, fonjici moringga cooha nadan minggan,
　　모두　와서 가로막았다. 물으니　　　　　기병이　7천,

yafahan cooha inu nadan minggan bi sembi, weilere niyalma
　　　　보병도　7천이라고　　　　　　한다.　　일하는 자는

minggan, hūdai niyalma juwe minggan bi sere, musei jing baiha be
　8천·　　　장사하는 자는 2천이라고　　　　　한다. 우리가 항상 구하던 것을

abka gosifi ucarabuha be dahame, be hecen i šurdeme ulan fetefi fu
하늘이 아껴서　만나게 했기　때문에, 우리는 城　주위에　壕를 파고 벽을

cirgefi kahabi, dube be ainambahafi sara, 27/28 abka de fulingga baime
쌓아올려 막았다. 결과를　어찌 알 수 있겠는가?　　하늘에　　命을　　구하여

tehebi, beise fujisa ci aname yaya niyalma geli cara aniya han i
주둔하고 있다. 버일러들와 부인들부터 차례로 모든 사람들이 또 재작년　明황제의

hecen de genehe gese balai urkilame gisurerahū, saikan hendu, jai
도성에　　갔었던 것 같이 함부로 소문내어 말할까 우려된다. 잘　말하라.　또

ginjeo, sung šan, hing šan, ta šan, ning yuwan de moringga cooha
錦州· 松山· 杏山· 塔山· 寧遠에 기병이

juwete ilata tanggū, yafahan cooha emte juwete minggan bi sere, jai
200-300씩, 보병이 1천 - 2천씩이 있다고 한다. 또

suwe booi medege be bithe inu saikan getuken ara, takūrara niyalma
너희는 집의 소식을 글로도 잘 명확하게 작성하라. 파견하는 사람은

be 28/29 inu ulhire niyalma be takūra, julesi helen jafame ganahangge,
또한 아는 사람을 보내라. 남쪽으로 정보제공포로를 잡으러 간 것,

solho i medege, amargi aika medege, dergi hūrha i ergi medege, yaya
조선의 소식, 북쪽의 어떤 소식, 동쪽의 후르하 쪽의 소식, 여러

medege be gemu unggi, tere unggihe niyalma be geli amasi takūrambi,
소식을 모두 보내라. 그 보낸 사람을 또 되돌려 파견할 것이다.

poo i okto emu tumen gin unggi, acire losa ninju, ere be gajime
炮의 화약 1만근을 보내라. (화약을) 실은 노새 60마리가 이것을 가지고

jiderengge tubade werihe ton de dosikakū, ini beye i baita de tutaha,
오는 것은 그곳에 남기는 수에 넣지 말라. 그 자신의 일로 남았거나

nimeme tutaha hafasa 29/30 bayara be unggi, julergi amargi de aika
병들어 남은 관원들과 바야라를 보내라. 남북쪽에서 어떤

medege bici, hafasa be ume unggire, nimeme tutaha bayara bici,
소식이 있으면 관원들을 보내지 말라. 병들어 남은 바야라가 있으면

beise i booi niyalmai emgi unggi,,
버일러들의　　家人과　　　　함께　보내라.」

○ orin ilan de, ajige taiji, šoto age emu gūsai emte tu i ejen,
　　23일에,　　　아지거 타이지·　쇼토 아거에게 1개 구사의 1명씩의 纛의 어전·

susaita bayara, monggo i aohan, naiman, korcin, aru, 30/31 barin,　jarut,
　50명씩의 바야라를, 몽고의　　아오한· 나이만·　코르친· 아루·　　　바린·　자루트

esei cooha be dulin hontoholofi nikan i cooha dame jiderengge be
이들의 병사를　　반으로 나누어서　　　明의 군대를 도우러　　오는 자들을

alime gaifi afa seme ginjeo i jugūn be kame unggifi, han i beye
　맞아서 공격하라고　錦州의　　길을　　포위하도록 보내고,　한은 몸소

genefi coohai ing ilire ba, karun sindara babe gemu jorifi jihe,,
　가서　　　軍營이　설 곳과 초소를 설치할 곳을　모두 지시하고 왔다.

○ tabcilafi baha ihan eihen be wafi jefu 31/32 seme coohai niyalma
　약탈하여 얻은 소와 나귀를　잡아서 먹으라고　　　　　병사에게

de salame buhe,,
　나누어 주었다.

○ orin ninggun de, gūlmahūn erinde ginjeo ci juwe fujiyang,
　　26일에,　　　　　　　　卯時에　　錦州에서 2명의　副將이

ts'anjiyang iogi juwan isime, ninggun minggan cooha gaifi ajige taiji
　　參將과 遊擊 10명 정도·　　　　6천의 병사를　　이끌고 아지거 타이지를

de afame jidere de, talman talmafi adame iliha niyalma be saburakū
공격하러 왔을 때에, 안개가 끼어서 옆에 선 사람을 볼 수 없었다.

bihe, bata hanci latunjime 32/33 abka ci niowanggiyan lamun siren
적이 가까이 접근해오자 하늘에서 푸른 남색의 빛줄기가

nikan i cooha de hadame talman heteme duka araha, tereci ajige taiji,
명군에 비춰지고 안개가 개이면서 문을 만들었다. 그 후 아지거 타이지·

šoto age nikan i cooha be gidafi gamara de, talman gaitai andande
쇼토 아거가 명군을 격파하여 끌고갈 때에, 안개가 갑자기

gehun hetehe, cooha be gidafi ginjeo hecen de isitala bošome waha,
환하게 개었다. 군대를 격파하여 錦州城에 이르기까지 추격하여 죽였고,

emu iogi be weihun jafaha, uksin juwe tanggū juwan uyun, morin
1명의 유격을 생포했다. 갑옷 219벌· 말

juwe tanggū ninggun, 33/34 tofohon tu, juwe kiru baha,,
206마리· 15개의 纛과 2개의 小旗를 얻었다.

○ orin jakūn de, han i ing de šun dekdere ergici ayan buhū
28일에, 한의 營으로 동쪽에서 큰 사슴이

feksime jihei jase ulan be fekume ing ni dolo dosinjiha be sacirame
달려 와서 경계의 壕를 뛰어넘어 營의 안으로 들어온 것을 베어서

waha,, 34/35
죽였다.

○ gūsin de, han ing ci tucifi ajige taiji i tehe bade genere de,
　30일에,　한이 營에서　나와서 아지거 타이지가 머무는 곳에 갈 때에,

juwe taiji emu ba i dubede okdoko, ajige taiji, šoto age emte honin
두　타이지가 1里의　앞에서　맞이했다. 아지거 타이지·　쇼토 아거에게 1마리씩 양을

wafi sarilaha, han ini gamaha arki be aisin i hūntahan de tebufi
잡아 잔치했다.　한이 그가　가져간　소주를　금　　술잔에　　　따라서

juwe taiji de han i galai omibuha, terei sirame monggo beise de
두　타이지에게 한이　손수　마시게 했다. 그에　이어　　몽고　버일러들에게

omibuha, 35/36 neneme karun genehe asan, loosa, turusi be hūlafi aisin
마시게 했다.　　　　앞서　　초소에　갔던 아산·　로오사·　투루시를　불러　금

i hūntahan de arki tebufi han i galai buhe, han i genehe amala
　술잔에　　　소주를 따라서 한이 손수 주었다. 한이　떠난　　후

dalingho hoton i cooha tucifi musei baha tai be šurdeme kafi, wan
　大凌河城의　　　군대가　나와서 우리가　취한　臺를　주위에서 둘러싸고, 사다리를

sindafi afara de, juwe fulgiyan, juwe lamun, monggo i juwe gūsa,
　놓고　공격할 때,　2개 紅旗·　　2개 藍旗·　　　몽고의　2개 구사·

bayara, ing ni cooha sasa dosifi gidafi 36/37 minggan funceme niyalma
바야라·　營의 군대가　일제히 진격하고 공격해서　　　　　천 여명을

waha,,
죽였다.

○ tere inenggi, simiyan ci jakūn gūsai jakūn niyalma mucengge
그 날,　　　　瀋陽에서　　　　　팔기의　　　　8명과　　　　무청거가

solho i bithe be gajime isinjiha, solho i elcin jakūn biyai juwan emu
조선의　글을　　가지고　도착했다. 「조선의 사신이　8월　　　11일에

de isinjiha, solho i hafan i gebu benjihe ulin i ton gemu ini gajiha
도착했습니다.　조선의 관원의 이름과　보내온 재물의 수량이 모두 그가 가져온

bithede bi, hafan i beyebe dabume 37/38 emu tanggū uyun niyalma,
글에 있습니다.　관원　자신을　포함하여　　　　109명의　　　　사람과

nadanju juwe morin jihebi, han i unggihe bithe de, membe balai ume
72마리의　말이 왔습니다. 한이　보낸　글에서, '우리에 대해 함부로

urkilara, be abka de fulingga baime tehebi seme henduhebi, be
소문내지 말라. 우리는 하늘에 命을 구하며 머물고 있다' 라고 말씀했었습니다. '우리라

bicibe abkai gamara dube be donjime tere dabala, balai aiseme
하더라도 하늘이 가져올 결과를　들으며　있을 뿐이다.　함부로 뭐라고

urkilara, geren be urkilarahū seme bithe be han i booi fujisa ci
소문내거나,　여럿이 소문낼까 우려된다' 라는 글을　한의　집의 부인들부터

aname jakūn booi fujisa de gemu neigen hūlaha, geren be yamun de
차례로　八家의　夫人들에게 모두 고르게 낭독했습니다. 여러 사람을 아문에

isabufi hūlaha, 38/39 meni nantuhūn sai sara ai bi, damu heolederakū
모아서 외쳤습니다.　우리 불초한 것들이 아는 것이 무엇이겠습니까? 다만 게을리하지 않고

abkai ucarabuha de acabume saikan kiceme yabukini seme gūnimbi,
하늘이 만나게 하신 것에 부합하도록　　잘　　힘써　　행하리라　하고　생각합니다.

jai meni buyere medege be meni hendure anggala, han i sarkū
또 우리가　바라는　소식을　　　우리가　말하지 않아도　　한께서 모르는 것이

ai bi, be aiseme hendure,,
무엇이 있겠습니까? 우리가 무어라고 말하겠습니까?」

○　uyun biyai ice ilan de, simiyan de juwan 39/40 juwe niyalma
　　　　9월　　　초 3일에,　　　瀋陽에　　12명의　　　　　　사람을

takūraha, unggihe bithei gisun, mucengge genehe amala jakūn biyai
보냈다.　　　보낸　글의　말.　「무청거가　　간　　후에　　　　8월

orin de ajige taiji, šoto age gūsai susaita bayara, juwete tu i ejen,
20일에　아지거 타이지・쇼토 아거가 구사의 50명씩의 바야라, 2명씩 纛의 어전,

orin karun, aru korcin yooni, aohan naiman i emu tanggū, barin jarut i
20명의 초병,　아루 코르친　전원,　아오한・나이만　　100명,　　　바린・자루트의

emu tanggū, ginjeo, sung šan i jugūn be kame tenehe,, 40/41
　100명과　　　錦州・　　松山의　　길을　　　포위하고 주둔하러 갔다.[9]

○　orin ninggun de, šanaha ci ebsi hecen hecen i cooha wacihiyame
　　(8월) 26일에,[10]　　　山海에서부터　　　여러 城의　　　병사가　모두

9　원문에서는 이 3일조 단락 뒤의 'orin ninggun de'(26일에)로 시작하는 단락과 'gūsin de'(30일에)로
　시작하는 단락을 별개의 단락으로 구분했다. 그러나 세 단락이 모두 하나의 서신 내용이다.
10　이 단락은 앞 단락과 이어지는 하나의 서신 내용이다. 원문의 단락 구분 표시인 ○표기를 남겨두지만
　내용상 없애야 한다.

jifi ninggun minggan cooha ginjeo ci tucifi juwe minggan ehe morin be
왔고, 6천명의 병사가 錦州로부터 나와서 2천마리의 저급한 말을

simnefi, ginjeo hecen i hanci ilihabi, duin minggan cooha be sonjofi
골라, 錦州城 가까이에 주둔시켰다. 4천명의 병사를 선별하여

juwe fujiyang, ts'anjiyang iogi ninggun nadan gaifi cimari erde afanjiha
2명의 副將과 參將· 遊擊 6-7 명이 이끌고 아침 일찍 공격해왔다.

bihe, tere be musei ajige taiji, šoto age gidafi 41/42 cooha be waha,
그것을 우리의 아지거 타이지· 쇼토 아거가 격파하여 병사들을 죽였고,

emu iogi be weihun jafaha, uksin juwe tanggū juwan uyun, morin juwe
1명의 遊擊을 생포했다. 갑옷 219벌· 말 206마리

tanggū ninggun, tu tofohon, kiru juwe baha, hoton hanci ofi morin
纛 15개· 小旗 2개를 얻었다. 성이 가까워서 말을

ambula bahakū, amala jafaha niyalma de fonjici, bucehe feye bahangge
많이 얻지 못했으나, 후에 잡은 사람들에게 물으니, 죽거나 부상을 입은 자가

sunja tanggū funcembi sembi,, 42/43
500 여명 이라고 한다.

○ gūsin de, dalingho hecen i cooha tucifi dukai julergi tai be
(8월) 30일에,[11] 大凌河城의 병사가 나와서 門의 남쪽 臺를

---

[11] 이 단락은 앞 단락과 이어지는 하나의 서신 내용이다. 원문의 단락 구분 표시인 ○표기를 남겨두지만 내용상 없애야 한다.

afambi seme jihe be, julergi dere de tataha kubuhe šanggiyan, unege
공격하려고   온 것을,   南面에서   숙영하는   鑲白·   우너거

baksi, gulu lamun, kubuhe lamun, obondoi, kubuhe fulgiyan, aohan
박시·   正藍·   鑲藍·   오본도이·   鑲紅·   아오한과

naiman, minggan beile, gulu fulgiyan, ere uyun gūsa gidafi duka
나이만·   밍간   버일러·   正紅,   이 9개의 구사가 공격하여 문에

fihebufi waha, uksin etuku poo miyoocan gemu gaiha, morin akū 43/44
몰아넣어 죽이고, 갑옷·   의복· 포·   조총을   모두 취했다. (명군은) 말이 없어서

ofi gemu yafahan tucike bihe, abkai kesi de musei ambasa nirui ejete
    모두   걸어서   나왔다.   하늘의 은혜로   우리 대신들과 니루의 어전들은

umainahakū, buya niyalma ajige ajige feye baha, amala tataha gulu
아무렇지도 않았고, 小卒들은   미미한   부상을 입었다. 북쪽에서 숙영하는 正白·

šanggiyan, si uli efu, barin jarut, enggeder efu, kubuhe suwayan, gulu
    시 울리 어푸(佟養性)· 바린과 자루트· 엉거더르 어푸·   鑲黃·   正黃·

suwayan, tumet karacin, ere nadan gūsa aššahakū, hoton i dorgi mejige
        투메트와 카라친,   이 7개 구사는 움직이지 않았다. 성 안의 소식을

be fonjici, alban weilere niyalma jeku wajifi bucembi, coohai niyalma
  물으니,   賦役人은   곡식이 떨어져서 죽어가고,   군사

inu jeku 44/45 wajihabi sembi, nadan minggan morin omihon de ubu
또한 곡식이   떨어졌다고 한다.   7천마리 말이   굶주려서 일부가

bucehe, tubi bi, bisire morin yaluci ojorakū sembi, hafasai morin
죽고   1/4이 남았고, 남은 말도   탈 수 없다고 한다.   관원들의 말중에서

yaluci ojorongge ninju funceme bi sere, abkai gamara dube be
탈 수 있는 것은   60여마리가 있다고 한다.   하늘이 가져올 결과를 우리가

ainambahafi sara, jai jihe solho hafan orin niyalma be tebu, gūwa
어찌 알 수 있겠는가, 또 온   조선의 관원   20명을   머물게 하라. 다른

solho be unggi, fe an i bure jaka be bufi, musei hafan karun i niyalma
조선인은   보내라. 옛 定例대로 줄 물건을   주고, 우리의 관원과   초병을

giyang ni dalin de bene, tubaci 45/46 aika baita takūraci, meni
   강   언덕으로   보내라. 그곳(瀋陽)에서 어떤 일로   사람을 보내면, 우리가

ubade bisire de ši san šan be dobori dulibu, be okdoburakū,
이곳에 있을 때   十三山을   밤새워 넘게 하라. 우리는 마중나가게 하지 않겠다.

be ubaci aššaci urunakū takūrambi,,
우리가 이곳에서 움직이면 반드시 (사람을) 보내겠다.」

tongki fuka sindaha hergen i dangse
點·圈을 찍은 문자의 檔子

dehi emuci debtelin
41권

sure han sunjaci aniya uyun biya
천총 5년 9월

tongki fuka sindaha hergen i dangse
點·圈을　　찍은　　문자의　　檔子

○ ice duin de, kubuhe šanggiyan, gulu šanggiyan, gulu suwayan,
초 4일에,　　　鑲白旗·　　　　正白旗·　　　　正黃旗,

ere ilan gūsai susaita bayara be tambu gaifi orho gaime tucike nikan be
이 3개 구사의 50명씩의 바야라를　탐부가 이끌고, 풀을 취하러 나온　　明人을

bošofi ilan nikan be waha, juwe monggo be weihun jafaha, tede
쫓아서 3명의 明人을　죽였다. 2명의 몽고인을　　　　생포했다.　그 곳에서

darhan hiya i jui hūsibu feye bahafi akūha,, 1/2
다르한 히야의　아들 후시부가 부상을 입고 죽었다.

○ ice ninggun de, dzu dzung bing guwan i ginjeo de takūrara
초 6일에,　　　祖 總兵官이　　　　錦州로　　　보낸

emu yafahan i nikan dobori ukame barin seter monggo i ba be tucike
한　明人이 걸어서　밤에　도망쳐서 바린의 서터르의 몽고　지역을 나간 것을

be, songko faitafi tai de dosikabi seme, jakūnju bayara be lioha gaifi
발자국을 쫓으니, 臺로　들어갔다고 하여,　80명의 바야라를 리오하가 이끌고

dobori tuwakiyafi bahafi waha,, (tere dobori amba nimanggi nimarara
밤에 감시하여　잡아　죽였다. (그날 밤,　크게　눈이　내릴 때,

de, kederere niyalma, tucike be sahakūbi,,) 2/3
巡邏하는 사람이　　나온 것을　알지 못했다.)

○ ice jakūn de, ajige taiji, šoto age de takūraha bithei gisun,
초 8일에,　　　아지거 타이지와 쇼토 아거에게 보낸　글의　말.

suwe bata komso seme balai cocarame ume dosire, geren hecen i hanci
「너희는 적이 적다고　하여　함부로 먼저 달려서 진입하지 말라. 군사들이 성의　근처에

ilifi yarkiyara arga de tuhenerahū, bata geren jici urunakū mende
머물면서 유인하는 꾀에　빠질까 두렵다.　적의　무리가 오면　반드시　우리에게

takūra, be genefi tuwaki, bata geren jifi ing hadafi ilici, musei
(사람을)보내라. 우리가 가서 볼 것이다. 적의 무리가 와서 군영을 설치하여 陣치면, 우리의

kutule ci aname gemu aciha acifi juran de ilifi tuwa, i amasi
쿠툴러에서부터 시작하여 모두 짐을 짊어지고 출발하는 것처럼 서서 보아라. 그들이 되

bedereci bederekini, aikabade dobori suwembe bireme julesi 3/4 jici,
돌아가면　돌아가게 하라.　만약　　밤에　　너희를　공격하여 앞으면　　오면

kutule be beki bade jailabufi silifi latu, i umesi ing
쿠툴러를 견고한 곳에 피신시키고 (精兵을)선발해서 (적에)붙여라. 그들이 확실히 군영을

hadafi ilici, musei ubai poo gamafi poo i acinggiyaki, dobori deduci,
설치하고 진치면, 우리의 이곳의 炮를 가져가서 炮로　동요시키겠다.　밤에　묵으면

muse dobori geli tuwaki,,
우리는 밤에　또한 보겠다.」

○ ice uyun de, juwe fulgiyan, juwe lamun i emu gūsai juwete
　　초 9일에,　　　　　두 紅旗·　　　　두 藍旗의　1개 구사의　2명씩의

amban, emu nirui emte uksin be gamame hoton i šun tuhere ergi 4/5
大臣·　　1개 니루의　1명씩의 甲兵을　이끌고 가서 성의　　　　서쪽

sunja ba i dube i amba jugūn i tai be afafi, niyalma be gemu waha,
　5里　　앞의　　큰 길의　　　臺를　공격하여 사람을　　모두　죽였다.

emu morin sunja ihan nadan eihen baha,,
　1마리 말·　5마리 소·　7마리 나귀를 얻었다.

○ tere inenggi, asan, turusi de takūraha bithei gisun, han
　그 날,　　　아산·　투루시에게　보낸　　글의　말. 「한께서

hendume, asan, turusi, loosa suweni helen jafafi benjirengge 5/6 gemu
말씀하시기를, "아산· 투루시· 로오사, 너희가 정보제공포로를 잡아서 보내온 것은　모두

orho hadure aha kai, emgeri ainu yebken niyalma be baharakū, suwembe
풀을　베는　노예였다. 한 번도 어찌하여 쓸모 있는 사람을　얻지 못하는가?　너희에게

umesi ilire karun de nakakini sehe dere, emgeri emgeri helen
오직　서서　초소근무하는 것을 그만두라고 했지,　　　매번　정보제공포로를

jafara be geli naka sehebio, olhocuka yebken cooha gemu ere hecen
잡는　것도　그만두라고 했는가? 두려워할만한 쓸모 있는 병사는 모두　이 성에

de horibuhabi kai, jai asuru olhoro ba akū kai, sain niyalma sain morin
갇혀 있을 것이다. 또한 매우 걱정할 것이 없을 것이다. 좋은 사람과　좋은　말이

geneci mene sain niyalma be bahambi dere, <u>ainame urse</u>[1] genefi 6/7 orho
가면 진실로 좋은 사람을 얻을 것이다. 무능한 무리가 가서 풀을

hadure aha be jafafi gajiha seme tede ai medege bi, jai nikan i orho
베는 노복을 잡아서 데려왔다고 해서 그에게서 어떤 소식이 있겠는가? 또 明人이 풀과

jeku ganame goro genehe be safi alahakūngge we, tere be baica,,
곡식을 가지러 멀리 간 것을 알고도 고하지 않은 것은 누구인가? 그것을 조사하라.」

○ juwan de, ajige taiji, šoto age gidaha cooha de baha wang
10일에, 아지거 타이지·쇼토 아거가 격파한 군대에서 얻은 王

iogi, tofohon tu, juwe kiru be gamafi hoton i šurdeme mimbe 7/8
遊擊에게, 15개의 纛·2개의 小旗를 가지고 가서 城의 주위에서 "우리는

šanaha ci jung dzung bing guwan takūrafi, bisire cooha be wacihiyame
山海關에서 鍾(緯) 總兵官이 보내서 주둔한 병사를 모두

gajime, dzu dzung bing guwan sinde dame jidere be, jušen i ginjeo be
이끌고 와서 祖 總兵官 당신을 도우러 온 것을, 주선의 錦州를

kame genehe cooha gidafi gemu waha, mimbe weihun jafafi gajiha
포위하러 간 군사가 격파하고 모두 죽였다. 나를 생포해 데려왔다"

seme hūlabuha,,
라고 외치게 했다.

---

1   [簽註] gingguleme baicaci, fe manju gisun i bithede, ainame urse sere gisun uthai bengsen akū eberi
     urse sere gisun inu sehebi,,
     삼가 찾아보니 『舊淸語』에서 'ainame urse'(용렬한 무리)라는 말은 'bengsen akū eberi urse'(능력없
     는 용렬한 무리)라는 말이라고 했다.

○ juwan juwe de, ginjeo hecen de dorgici 8/9 yafahan moringga
　　12일에,　　　　　錦州城의　　　　안에서　　　　보병과　기병을

cooha nonggime jihe seme donjifi, ajige taiji i jakade cooha komso seme,
　　더해　　　왔다고　　듣고,　아지거 타이지의 휘하 군대가 적다고 해서,

jakūn gūsai bayara be hontoholofi, neneme genehe emu gūsai susaita
　　팔기의　　　바야라를　　반으로 나누어, 먼저　　　간　　1개 구사의 50명씩

bayara be dabume, terei dele jalukiyame nonggime dzung bing guwan
　바야라를　포함시켜　그　위에　채워서　　더하고　　　總兵官

yangguri efu be ejen arafi unggihe,, 9/10
　양구리 어푸를　　어전으로 삼아 보냈다.

○ juwan ninggun de, han ini gocika bayara, erke cūhur i gocika
　　16일에,　　　　　한이 그의　친위 바야라·　어르커 추후르의 친위

bayara, emu gūsai ilata amban, emu nirui sunjata uksin gamame
　바야라·　1개 구사의 3명씩의 대신·　1개 니루의 5명씩의 甲兵을 이끌고

gūlmahūn erinde ing ci tucifi ginjeo i baru genefi, ajige taiji i jakade
　　卯時에　　군영에서 출발하여 錦州 방향으로　갔고, 아지거 타이지　휘하에

bihe turusi, loosa de tanggū niyalma be adabufi ginjeo i cooha be
　있던 투루시·　로오사에게　100명을　　　　붙여서　錦州의　군사를

yarkiyabure jakade, nadan minggan cooha tucifi musei 10/11 cooha be
　유인하게 하자,　　　　7천명의　　　적군이 나와 우리의　　　　군사를

bošome jihei šolingho i birai dalin de han i buksime iliha bade
쫓아오는 대로 小凌河의 江岸에 한이 매복해 있는 곳에

isinjiha manggi, han uksileme jabduhabi, saca hūwaitame jabdurakū,
도착한 후, 한은 갑옷을 입을 여유는 있었지만, 투구를 맬 겨를이 없어

arkan hūwaitafi, juwe tanggū isire bayara coohai teile uthai gidafi
겨우 매고, 200명에 이르는 바야라 군사만으로 곧장 격파해서

wame gamahai ginjeo hecen i ulan de fekumbuhe, tere gidaha de
죽여가면서, 錦州성의 해자로 뛰어들게 했다. 그 격파할 때에,

erke cūhur bata i dere acaha bade morin ci tuhefi, morin bata i 11/12
어르커 추후르가 적의 얼굴을 마주친 곳에서 말에서 떨어졌고, 말은 적의

feniyen de dosika, ini bayara jafuta gebungge niyalma, beile i tuheke be
무리로 들어갔다. 그의 바야라 중 자푸타 라는 사람이 버일러가 떨어진 것을

safi, ini morin be yalubuha, hecen i tulergi de yafahan cooha tumen
알고, 그의 말을 타게 했다. 성의 바깥에서 보병 1만 여명이

funceme sejen kalka poo miyoocan faidafi ilihabi, tereci amasi
수레·방패차·포·조총을 배열하고 서 있었다. 그로부터 되

bedereme jidere de, nikan geli tucifi dahalame jidere be, ajige taiji i
돌아올 때에, 明人이 다시 나와서 따라오는 것을 아지거 타이지의

cooha ing ni cooha amala dahanduhai isinjiha, 12/13 han cooha be faidafi
군사와 군영의 군사들이 뒤에 서로 이으며 도착했다. 한은 군대를 나란히 하여

nikan be gidafi wame gamahai yafahan de isibuha, emu fujiyang be
明人을   격파해서   죽여가면서,   보병에게   이르렀다.   1명의 副將을

waha, emu badzung be weihun jafaha, morin tanggū isime baha, tereci
죽이고, 1명의 把總을   생포했다.   말   100마리 정도를 얻었다. 그 후

cooha be bargiyafi tu sisifi, juwe jergi cooha gidaha doroi han ambasa be
병사를   거두고   纛을 꽂고,   두 번   병사를 격파한   禮로 한은 대신들을

gaifi abka de hengkilehe, 13/14 han i gamame genehe ing ni cooha,
이끌고 하늘에   叩頭했다.   한이   이끌고 갔던   군영의 병사·

si uli efu gūsai nikan cooha, ilan jalan i emu hūng i poo be ajige taiji i
시 울리 어푸(佟養性) 구사의 漢軍· 3개 잘란의   1개의   紅夷炮를   아지거 타이지의

jakade werihe, han amasi dalingho i baru jidere de, jugūn de ilifi
휘하에 머무르게 했다. 한이 돌아서 大凌河의 쪽으로 올 때에   길에   서서

feye baha niyalma de gemu arki omibuha, tereci jidere de amba beile
부상 당한 사람들에게   모두   소주를 마시게 했다. 그 후 올 때에   大 버일러와

geren taijisa han be okdofi, amba beile hendume, 14/15 han emhun
여러   타이지들이 한을 맞았고,   大 버일러가 말하기를,   "한께서 홀로

genefi cooha gidaha joboho kai seme morin i dele han de hengkilehe,
가서   병사를 격파하여 고생하셨습니다" 하며   말 위에서 한에게 고두했다.

terei sirame geren taijisa hengkilehe, han dalingho hecen i wargi den
그에 이어서 여러 타이지들이 叩頭했다. 한이   大凌河城의   서쪽의 높은

munggan de tafafi tehe manggi, amba beile aisin i hūntahan de arki
구릉에   올라서 앉은 후,   大 버일러는 금   술잔에   소주를

tebufi han de niyakūrame jafaha, han ishun doro arafi arki alime gaifi
가득 채우고 한에게 무릎을 꿇고 바쳤다. 한은 그를 향해 禮를 행하고 소주를 받아 취하여

angga isika,, 15/16
입에   댔다.

○ juwan jakūn de, dzu dzung bing guwan de takūraha bithei
      18일에,   祖 總兵官에게   보낸   글의

gisun, aisin gurun i han i bithe, dzu amba jiyanggiyūn de jafaha,
 말. 「金國의   한의 말을   祖 大將軍에게   바친다.

cooha serengge ehe jaka, afambi serengge <u>durgešere weile</u>,[2] taifin be
兵이라는 것은   나쁜 것이고, 戰이라고 하는 것은 두려운 일이다.   太平을

buyerakū dain be buyere niyalma geli bio, udu etehe baha seme juse
바라지 않고 싸움을 바라는   사람도   있는가? 비록 이길 수 있다 해도, 자식들과

sargan i emgi sebjeleme boo nahan de tehe gese jirgara aika bio,
아내와 함께 즐기며   집의 구들에 앉은 것 같이 안락한 것이 무엇이 있겠는가?

jing 16/17 acaki seme takūraci, nikan i han amban ceni beye be abkai
항상   화친하자고 보내도   明의 황제와 대신은 그들 자신을 하늘의

---

2 [籤註] gingguleme baicaci, jakan toktobuha fe manju gisun i bithede, durgešere weile sere gisun,
   uthai tuksicuke baita sere gisun de adali sehebi,,
   삼가 찾아보니 최근 정해진 『舊淸語』에서 'durgešere weile'(두려운 일)라는 말은 즉 'tuksicuke
   baita'(위험한 일)이라는 말과 같다고 했다.

niyalma arafi, mimbe gasha gurgu i gese obufi, karu emu gisun
사람으로 꾸미고, 우리를 날짐승과 들짐승처럼   대하면서, 답하는 한 마디 말도

jaburakū de korsofi dailambi dere, julgeci ebsi yaya juwe gurun dain
답하지 않는 것에 분하여 征討하는 것이다.   예로부터   어떤   두 나라가 싸우는

i weile, acara afara ere juwe dube kai, acara be usafi, bi gurun boo
일은   화친하거나 전쟁하거나 이 두 극단이었다. 화친을 간절히 바라며 나는 국가를

be bekilefi werifi ere cooha umesi dosinjiha, dosinjici boljoho gese
지키면서 머물고, 이번 군대는 확실히 들어왔다.   들어와서   약속한 것처럼

jiyanggiyūn be ere dalingho de 17/18 acara jakade, mini dolo daci
장군을   이 大凌河에서   만났으므로,   나의 마음 안에서부터

jiyanggiyūn be buyeme gūnihangge ofi, abka ainci meni juwe be emgi
장군을   원하며   생각한 것으로, 하늘이 아마 우리 둘을   함께

acafi julesi yabukini sembi dere seme urgunjeme takūraha bihe, mini
만나고 앞으로 나아가게 하려는 것이리라고 하며 기꺼이   사람을 보냈다.   내가

jiyanggiyūn be buyembi serengge, bi šun dekdere ergi ujan de banjiha
장군을   원한다는   것은,   내가 동쪽의   끝에서   태어난

niyalma, damu dain coohai jurgan be sara gojime, irgen be ujire cooha
사람으로 다만   전투의   도리를   알 뿐   백성을 기르고 군사를

be bilure doro 18/19 jurgan be sarkū, alin bira ba na i mangga ja be
돌보는   도리를   모르고 산과 강 곳곳의   어렵고 쉬움을

ulhirakū ofi, coohalara afara weile be bi aliki, jorire tacibure weile be
깨닫지 못해서이니 출전하거나 공격하는 일을　　내가 맡겠다. 지시하거나 가르치는 일을

jiyanggiyūn be alikini, jobocun jirgacun be acalaki, bayan wesihun be
　장군이　　　　맡으라.　　　苦樂을　　　　함께 하고,　　　富貴를

uheleki seme mini jing gūnihangge dere, bi doigonde yen ju i baru
함께 하자는 것이 내가 늘　　생각하는 것이다.　　내가 미리　　　銀住에게

ya šolo de sini ejen be jombu, muse emu hebe oki seme henduhe
"어느 틈이건 너의 주인을 상기시켜라. 우리는　한　편이 되고 싶다"고　말했었다.

bihe, jiyanggiyūn 19/20 akdarakūci yen ju de fonji, jiyanggiyūn mini
　　　　장군이　　　　　믿지 못하면,　銀住에게 물으라.　　장군이　　　내

ere gisun be urušeci hūdun medege unggi, hairakan cooha morin gemu
이　　말을 옳다고 여기면, 속히 소식을 보내라.　아까운　　　병사와　말이　모두

buceme wajiha kai, jiyanggiyūn emhun kengse gūni, geren i gisun de
　죽어버렸다.　　　　　장군은　　홀로　　과감하게　생각하라. 뭇사람의 말에

ume dosire,,
　빠지지 말라.」

○ juwan uyun de, ginjeo ci cooha jihe seme dalingho hoton i
　19일에,　　　　　錦州에서　군사가 왔다고 하여　　大凌河城의

nikan be geodebume emu jalan i 20/21 juwete tu, kutule niyalma geren
明人을　　유인하려고　1개 잘란의　　　　2명씩의 纛·　쿠툴러·　　　여러

bayara be han gamame ginjeo i baru toron tucime feksifi alin i cala
바야라를　한이　이끌고 가서　錦州　쪽으로 먼지가 나도록　질주하여,　산의 저쪽에

buksibuha, tere be hoton i nikan sabufi, ere šolo de tucifi tai be gaiki
매복시켰다.　그것을　성의　明人이 보고,　이 틈에　나가서 臺를　취하겠다고

seme hoton i julergi tai be wan sindafi afara de, kubuhe fulgiyan,
하여　城의　남쪽　臺에 사다리를 설치하고 공격할 때,　　鑲紅旗·

kubuhe lamun, monggo i obondoi gūsa gidafi juwan nadan niyalma
　　鑲藍旗·　　몽고의　오본도이　구사가 격파해서　17명을

waha, emu monggo be 21/22 weihun jafaha,,
죽였다.　1명의 몽고인을　　　　生포했다.

○ orin ilan de, boode coohai niyalmai etuku ganame emu nirui
　　23일에,　집으로　병사들의　옷을 가지러 가도록 1개 니루에

juwete kutule, emu beile i juwete niyalma, gūsade emte amban kamtu be
2명씩의 쿠툴러·　1명의 버일러에 2명씩의 사람·　구사에 1명씩의 대신· 캄투를

takūraha bithei gisun, han hendume, takūraha amala medege donjici,
보낸　글의　말.「한이 말하기를,　보낸　후에 소식을　듣자니

šanaha i jung dzung bing guwan, 22/23 dzun hūwa i u dzung bing guwan,
山海關의　鐘(緯) 總兵官·　　　　　　遵化의　吳(襄) 總兵官·

ning yuwan i cio du tang, fujiyang ilan duin, šanaha ci ebsi morin yafahan
寧遠의　邱(禾嘉) 都堂·　　副將 3-4명이 山海關으로부터 이쪽으로 말과 보병이

wacihiyame jifi, moringga nadan minggan, yafahan emu tumen,
모두　　　와서　　　　기병 7천·　　　　　　　보병　1만이

ginjeo de dosinjiha seme donjifi, juwan ninggun de bi ginjeo be tuwaname
錦州에　　　들어왔다고　　　듣고,　　　16일에　　　내가　錦州를　　　살펴보러

turusi, loosa de juwe tanggū niyalma adabufi, neneme ginjeo ci
투루시·로오사에게　　　200명을　　　　　맡겨서,　먼저　錦州에서

hing šan i baru toron genere be tuwana seme unggihe bihe, 23/24
촘山을　　향해 먼지가　이는 것을　살펴보라고　　　보냈었다.

bi erke cūhur i gocika bayarai teile tesei songko de amala tuwaki
내가 어르커 추후르의 친위 바야라(親軍)만으로 그들의　흔적의　뒤를　살피겠다고

seme generengge, ginjeo i moringga cooha nadan minggan, turusi sabe
가는데,　　　錦州의　　　　　기병 7천이　　　　　투루시 등을

bošome gajihai minde isinjifi, meni terei teile uthai gidafi hecen i
추격하여 오다가　내게 이르러서, 우리가 그들만으로 바로 격퇴해서　성의

ulan de isibuha, dade ajige taijisa isinjihakū, jai emu nirui sunjata
壕에　이르게 했다. 처음에 아지거 타이지 등이 도착하지 않고, 또 1개 니루의 5명씩의

uksin meni andala ilibuhangge, gidame wajiha manggi isinjiha, tereci
갑병을 우리가 중간에 주둔하게 했는데, 공격하기를 끝낸　후　　　도착했다. 그 후

museingge gemu isinjiha manggi, dasame faidafi geli 24/25 emu jergi
우리의 사람들이 모두　도착한　　후,　　　다시　정렬하고 또　　　　　한 차례

gidaha, amala ukanju jifi fonjici, emu fujiyang, emu ciyandzung,
공격했다. 뒤에 도망자가 와서 물으니, "1명의 副將· 1명의 千總·

moringga cooha emu tanggū susai wabuha, nenehe amangga[3] de yafahan
기병 150명이 피살되었고 전후로 보병

cooha susai wabuha sembi, ede sanggarjai monggo susai wabuha sere,
50명이 피살되었다고 한다." 이에 상가르자이의 몽고인 50명이 피살되었다고 하고,

feye bahangge ilan tanggū baha sere, be gūnici, ere ukanju i gisun
상처 입은 자가 300명이라고 한다. 우리가 생각하건대, 이 도망자의 말

ci ambula bucehe dere sembi, ukanju i gisun de yargiyan i akdarakū,
보다 많이 죽었을 것이라고 생각한다. 도망자의 말은 진실로 믿지 못하겠다.

dasame yargiyan donjire unde, 25/26 juwan uyun de, hecen i dorgi cooha
다시 진실을 듣지 못했다. 19일에, 성의 안의 군대를

be yarkiyame šolingho i ergide afara arame musei poo sindame, be
유인하여 小凌河의 쪽에 공격하는 척하고 우리의 포를 발사하고, 우리는

bayara uksilefi ing ni kutule tu jafafi, dame genere durun i faksidame
바야라가 갑옷을 입고 營의 쿠툴러가 纛을 잡고, 구원하러 가는 모양으로 교묘하게

genere jakade, hecen i dorgi cooha dzu dzung bing guwan gaifi tucifi
간 까닭에, 성의 안의 군대를 祖 總兵官이 이끌고 나가서

3　[籤註] gingguleme baicaci, jakan toktobuha fe manju gisun i bithede, amangga sere gisun, uthai
amala sere gisun de adali sehebi,,
삼가 찾아보니 최근 정해진 『舊清語』에서 'amangga'(後)라는 말은 즉 'amala'(後)라는 말과 같다고
했다.

julergi tai de afanjiha bihe, kubuhe fulgiyan, obondoi, minggan beile,
남쪽　臺에　공격해왔다.　　　　　　鑲紅·　　　오본도이·　밍간 버일러·

kubuhe lamun i ing ni coohai teile julesi dosime uthai 26/27 burulaha,
鑲藍의　　　營의　군대만으로　앞으로 진격하니 (明軍이) 바로　패주했다.

burulara de tai ulan de tuheke be juwan nadan niyalma be bahafi
패주할 때에　臺의　壕에 쓰러진 자를　　　　17명을　　　　잡아서

waha, amala niyalma jafafi fonjici, dehi isime bucehe sere, be tuwaci,
죽였다.　뒤에　사람을 생포해서 물어보니, 40명　정도 죽었다고 한다. 우리가 보건대,

bata i aššarangge weihuken ohobi, orho gaijara niyalma musei bošoro
적이　가볍게 동요한 것이　되었다. 풀을　취하는　사람은　우리가　쫓을

de sujume baharakū gemu tuhenembi, jai orin de dalingho hoton i
때에 달리지　못해서　모두　뒤떨어졌다.　또　20일에　　　大凌河城의

niyalma be jafafi fonjici, jeku emu hontoho bulun, ainci nikan hule i
사람을　생포해서 물어보니, 곡식이　반 더미,　아마도 한인의 石으로

emu tanggū hule 27/28 bi sembi, nadan minggan morin buceme wajifi,
100石이　　　있다고 한다.　7천마리의 말은　죽어버리고,

ergen bisirengge juwe tanggū, yaluci ojorongge nadanju isime bi sere,
목숨이　있는 것은　200마리,　탈 수 있는 것은　70마리　정도 있다고 한다.

alban weilere niyalma dulin bucehe sere, erei majige tafi bisirengge,
賦役人은　　반이　죽었다고 한다. 이　조금　연명하여 남은 자는

ainci morin i jalin de tahabi, deijirengge wajifi enggemu gemu
아마도 말 덕분에 연명했다. 땔감이 떨어져서 안장을 모두

deijime wajiha sere, musei coohai etuku gonggihangge, nikan i kooli
태워버렸다고 한다. 우리 군대의 옷을 가지러 보낸 것은, 한인이 舊例에

de beri sube be inu jeme tuwakiyahabi, aikabade terei adali dolo
활 힘줄도 먹으면서 (성을) 지켰었는데, 혹시 그 같은 마음으로

buceki 28/29 seme tucirakū inenggi anaci, gaitai nimanggi beikuwen
죽겠다고 하며 나오지 않고 날을 미루면, 갑자기 눈 오고 추워질

ohode, musei cooha suilarahū seme gonggiha, etuku acirengge losa
질 때 우리의 군대가 고생할까 하여 가지러 보냈다. 옷을 싣는 것은 노새와

eihen isibure tuwame tucibu, jai jihe coohai niyalmai fulu werihe
당나귀가 충분하도록 살펴서 내보내라. 또 온 병사의 여분으로 남겨둔

morin bici jikini, balai ajigan juse ice nikasa be unggirakū, ere
말이 있다면 오라. 함부로 어린 자식과 새로 (歸附한) 한인들을 보내지 말고, 이번에

jidere de ton ci fulu nimeme tutaha ambasa bayara bici unggi, poo i
올 때에 定數 외에 병들어 잔류한 대신들과 바야라가 있으니 보내라. 포의

okto emu tumen gin unggi, kubuhe lamun i sunja 29/30 sejen eden,
화약 1만근도 보내라. 鑲藍의 5대의 수레가 모자라니,

terei dele jakūn booi tokso i losa alašan morin, monggo sejen baifi
그 외에 八家의 마을의 노새와 노둔한 말· 몽고 수레를 구하여

unggi, losa morin akūci ihan unggi, neneme tebuhengge enteheme
보내라. 노새와 말이 없으면 소를 보내라.   먼저   실어보낸 것은 매우

weihuken ohobi, te acan i tebu, jai boode aika medege bici ulhire
  가벼웠다.   지금 합하여 실어보내라. 또 집에 뭔가 소식이 있으면 아는

niyalma be takūra, cahar i ukanju yaya bade jici da beye be unggi,
  사람을   보내라. 차하르의 도망자가 어느 곳에 오든지 본인을   보내라.

booci aika medege takūrarangge meni ubaci be dosi juraka seme
집에서 무언가 소식을   보내는 것은 우리가 이쪽에서 우리가 안으로 출발했다고

takūrara 30/31 onggolo suwe kemuni takūra,,
파견하기   전까지는 너희는 이전대로 보내라.」

○ nikan i yafahan morin i cooha duin tumen funceme ginjeo
   명나라의 보병과   기병   4만명   남짓이   錦州

hecen ci orin duin de tucifi, orin sunja de šolingho bira be doofi, ulan
성으로부터   24일에   나와서   25일에   小凌河를   건너서,   壕를

fetefi sejen kalka poo miyoocan akdulame ing iliha bade 31/32 han cooha
파고 수레·방패차·포·조총으로   굳게   營을 세운 곳에   한이 군대

be hontoholofi gamame, juwe inenggi afaki seme genefi, sejen kalka
를 반으로 나누어 이끌고,   이틀간   싸우겠다 하고 가서   수레·방패차를

faidafi afambi seme deribufi, han, nikan i bekilehe akdun be safi, ere
정렬하고 싸운다 하고 시작하여, 한이 명의   굳은   견고함을 알고, "이는

urunakū muse de afame jihe cooha, ini akdulaha bade musei cooha be
필시   우리에게 공격하러 온 군대이다. 그의 견고한 곳에 우리의 군대가

kokirabume ainu afambi, i julesi aššafi jici, juran de afaki seme
손상되면   어찌 공격하겠는가? 그가 앞으로 이동해 오면, 출발할 때 공격하겠다" 하고

cooha bederefi amasi jihe, orin nadan de nikan i cooha dobori duici ging
군대를   돌려   되돌아 왔다.   27일에   明軍이   밤   4更

ni 32/33 dubede aššafi dalingho i baru jime, tofohon ba i dubede
의   끝에 이동하여   大凌河를 향해 와서,   15里   앞에

isinjiha be karun i niyalma safi alanjiha manggi, han, amba beile,
도착한 것을   초병이   알고 고해온   뒤,   한·   大 버일러·

manggūltai beile, degelei taiji, ajige taiji, erke cūhur, šoto age, jušen
망굴타이 버일러· 더걸러이 타이지· 아지거 타이지· 어르커 추후르· 쇼토 아거와 주션·

monggo i cooha, si uli efu i cooha, uheri juwe tumen isirakū cooha be
몽고의 군대·   시 울리 어푸(佟養性)의 군대, 모두 2만이   못 되는 군대를

gamame genefi tuwaci, nikan i cooha, yafahan morin suwaliyame ing
이끌고 가서 살펴보니,   明軍은   보병과 말을   뒤섞어   營을

ilifi, duin 33/34 dere de amba ajige poo miyoocan be akūmbume faidafi
세우고, 네   방면에 크고 작은 포와 조총을   모두   정렬하고

alime gaihabi, han afara sejen i cooha be aliyaci goidambi seme, juwe
맞섰다.   한이 공격할   戰車兵을   기다리면 늦어진다고 하여, 兩翼의

galai moringga cooha be faidafi, morin i uthai bireme kaicame dosire
기병을 　　정렬하고, 　말로　곧　돌격하고 고함지르며 들어갈

de, nikan umai aššarakū alime gaifi afarangge, poo miyoocan jilgan de
때에, 明軍도 결코 동요하지 않고 맞서　공격했는데, 　포와 조총의 　소리에

abka na inu aššambi, muhaliyan tuherengge bono i 34/35 gese,
천지도　진동했다. 총알이 쏟아지는 것은 우박　같고,

gabtara sirdan aga labsan i gese, hashū ergi galai cooha bata i poo
쏘는　화살은 비와 눈 같았다.　左翼의　군대는 적의 포와

sirdan de dosorakū, teisulehe bata de dosikakū, ici ergi galai coohai
화살에 견디지 못하여 마주친　적에게 진격하지 못했고, 右翼의　군대가

dosika songko de dosire jakade, bata funcehe, tereci bata i ing be
진격한　대로　진격했기 때문에, 적이 살아남았다. 그 후 적의　營을

efuleme amba dulin be meilefi wame gamaha, tere funcehe komso dulin
무너뜨리고　태반을　베어 죽이고 갔다.　그 잔존한　약간의

bata geli dasame bargiyafi 35/36 faidafi iliha manggi, burulaha cooha be
적 또한 다시　모여서　정렬하여 선 뒤, 패주하는　明軍을

bošome genehe cooha be isinjire sidende, han, si uli efu i gūsa be
추격하러 갔던　군대가 도착하는 사이에, 한은 시 울리 어푸(佟養性)의 구사를

nikan i ing ni dergi de ilibufi, amba poo cu niru sindame bisire de,
明軍의　營의　동쪽에 세우고　대포와 불화살을 쏘려고　할 때,

abka, sahaliyan tugi banjifi musei coohai baru edun dara de, nikan tuwa
하늘에 검은 구름이 일어나서 우리의 군대 쪽으로 바람이 불 때에,   明軍이 불을

yaruha, tuwa hūng seme duleme coohai faidan de isinjirengge, 36/37
당겼다. 불이 확 하고 타올라 군대의 진열에   이르는데,

abka gaitai andande aga agame, edun wasihūn dara jakade tuwa
하늘이 갑자기   비를 내리고 바람이 서쪽으로 불었기 때문에 불이

mukiyehe, tuwa de elemangga i fucihiyalabuha, tereci cooha bošome
꺼졌다.   불에   오히려 明軍이 그슬렸다.   그 후 明軍을 추격하러

genehe cooha isinjirengge abka galaka, han cooha bargiyaci ojorakū
갔던 군대가   도달하니 하늘이 개었다. 한이 군대를   모을 수 없게

ofi, ini beye niru i gabtara loho i sacire arkan seme bargiyafi, afara
되어, 그가 직접 화살로 쏘고   腰刀로 베어   간신히   모으고, 공격할

ing ni cooha sejen kalka be juleri faidabuha, bayara 37/38 monggo i
營의 군사의   방패차를   앞에 정렬시켰다. 바야라와   몽고의

cooha kutule suwaliyame amala faidabuha, tereci ing ni cooha sejen
군사· 쿠툴러를   섞어서   뒤에 정렬시켰다. 그 후 營의 군사가 수레를

aname bata i hanci isiname, moringga cooha be sasa sindafi gabtame
밀어   적의 가까이 이르러,   기병을   모두 풀어서 서서 쏘고

niyamniyame dosire de, nikan geli umai aššarakū poo miyoocin sindame
말 타며 쏘고 진격할 때, 明軍 또한 결코 동요하지 않고 포· 조총을   쏘고

aga labsan i gese gabtame afahai, musei gabtara de nikan dosorakū
비와 눈처럼 화살을 쏘아 공격하다가 우리가 화살을 쏠 때에 明軍이 버티지 못하고

arkan seme aššafi burulaha, yafahan cooha be borhoho 38/39 umiyaha
간신히   움직여 패주했다.   보병을   쌓여있는   벌레

be nijarame wara i gese emke tucibuhekū waha, moringga cooha tucifi
를   빨아서   죽이는 것 같이 한 명도 탈출하지 못하게 하고 죽였다. 기병은   나가서

duin ici burulara be, han doigonde coohai tucire babe bodofi, sain cooha
사방으로 패주하는 것을   한이   앞서   군대가   나올   곳을   파악하여,   정예병을

be tosome unggifi gemu waha, wame wajifi cooha bargiyaha, tere cooha
차단하러 보내서 모두 죽였다. 죽이기를 끝내고 군사를   모았다.   그 군사를

be gaifi jihe coohai ejen giyan giyūn taipusy king hergen i jang cūn,
이끌고 왔던   군대의 어전 監軍   太僕寺卿 관직의   張春·

hashū ergi fujiyang dudu jang hūng mo, ilan 39/40 fujiyang, duin
左翼의   副將 都督   張洪謨·   3명의   副將· 4명의

ts'anjiyang, uyun iogi, juwe dusy, nadan beiguwan, ninggun ciyandzung,
參將·   9명의 遊擊·   2명의 都司·   7명의 備禦官·   6명의 千總

uheri gūsin ilan hafan be weihun jafaha, morin temen losa ihan eihen,
모두   33명의   관원을   사로잡았다.   말· 낙타· 노새· 소· 당나귀·

uksin saca coohai agūra be bargiyaci wajirakū ambula baha, jafaha
갑옷과 투구·   兵器를   거두기를 다 못할만큼 많이 얻었다. 잡은

hafasa be han de acabure de, geren hafasa gemu niyakūrafi hengkileme
관원들을　汗에게 알현시킬 때,　여러　관원이　모두　무릎 꿇고 고두하면서

acaha, damu giyan giyūn doo niyakūrarakū ojoro jakade, 40/41 han jili
만났다.　다만　監軍道는　무릎 꿇지　않았기　때문에　한이 화가

banjifi beri niru tucibufi gabtaki sere de, amba beile tafulame hendume,
나서　궁시를　내어　쏘겠다고 할 때,　大 버일러가　말리면서　말하기를,

muse neneme afaha niyalma be inu ujihe, gasabuha niyalma be inu
"우리가 앞서　싸운　사람을　또한 보살폈습니다. 원망케하는　사람도

ujihe, ere nikan bucere be dele arahabi, ini mujilen de acabume ainu
보살피는데,　이 漢人은 죽음을 귀하게 여깁니다.　그의 마음에　부합하도록 어찌

wambi seme tafulaha, amba cooha gidaha doroi tu sisifi buren burdeme
죽이겠습니까?" 라며 설득했다. 大軍을　격파한　예로 纛을 꽂고 나팔을　불며

han, beise, coohai ambasa, 41/42 abka de ilan jergi niyakūrafi uyun jergi
한·버일러들·군대의 대신들이　하늘에　세 번　무릎 꿇고,　아홉 번

hengkilehe, abka geli šahūrun edun dame amba aga agame coko erin
고두했다.　하늘에서 다시 찬　바람이　불고 큰　비가 내렸는데,　酉時

ci agahangge indahūn erinde galaka, tere afaha de tob seme henduci,
부터 비내리고　戌時에　개었다.　그 전쟁에서　정확히　말한다면

nikan i cooha duin tumen, jušen i cooha emu tumen sunja minggan
한인의　군대　4만·　주선의 군대　15,000이

bihe, ere gisun dabaha ekiyehe ambula akū, nikan be dailame deribuhei
있었다. 이 말은 지나침도 부족함도 크지 않다. 명을 공격하기 시작한 이래로,

yaya 42/43 mudan ci tere mudan de ambula waha,,
어느 때보다도 그 때에 많이 죽였다.

○ han i jetere sain jeku be menggun i tetun de tebufi, dahai baksi,
한이 먹기에 좋은 곡식을 銀 그릇에 담아 다하이 박시·

kūrcan baksi be takūrame jang cūn de benjifi tukiyefi, dahai baksi
쿠르찬 박시를 파견하여 張春에게 보내어 권하면서, 다하이 박시가

hendume, han erdemungge mujilen onco gūnin i ini kesi be jang looye
말하기를, "한이 덕이 있는 마음과 관대한 뜻으로 그의 은혜를 張(春) 老爺

be jekini seme bonggiha, jang cūn hendume, 43/44 han sain gūnin i
에게 먹이는 것이 좋겠다고 하여 보냈습니다"하니, 張春이 말하기를, "한이 좋은 뜻으로

mimbe banjikini kesi jekini seme benjihe be bi saha, bi bucere mujilen
나로 하여금 살아라, 은혜를 받아먹으라고 보내온 것을 내가 알았습니다. 내가 죽을 마음을

jafafi han i benjihe kesi be jeterakū, mini yali giranggi gūwaingge,
가졌으니 한이 보내온 은혜를 먹을 수 없습니다. 나의 살과 뼈는 다른 이의 것이므로

bi karmaci ojorakū, mini mujilen be bi gūwa de burakū, tondo amban
내가 보존할 수 없다 해도, 나의 마음은 내가 다른 이에게 줄 수 없습니다. 忠臣은

juwe ejen be uilerakū, sain hehe juwe eigen gaijarakū, ere mini fukjin
두 주인을 섬기지 않고, 절개 있는 여자는 두 지아비를 취하지 않으니, 이는 내가 처음

deribuhe weile waka, julgeci ebsi 44/45 jihe weile, han banjiki sere
시작한   일이 아니라,   예로부터   내려온 일입니다. 한이 살고 싶은

niyalma be ujire, buceki sere niyalma be wara oci jurgan kai, han i
사람을   기르고,   죽고   싶은 사람을   죽인다면 바로 義일 것입니다.   한이

benjihe jaka be udu jekekū bicibe inu jeke ton seme amasi bederebuhe,
보내온 물건을 비록 먹지 않는다 해도 또한 먹는 셈으로 치고 돌려보냅니다"라고 했다.

dahai baksi hendume, amba niyalmai gūnin be be ulhirakū, sini gūniha
다하이 박시가   말하기를,   "大人의   뜻을 우리가 깨닫지 못하겠으니, 당신의 뜻을

be gisure, jang cūn hendume, cung jeng han 45/46 doro jafaha ambasa
  말하십시오" 하니, 張春이 말하기를,   "崇禎 황제·   집정 대신들이

mimbe yendahūn morin i gese gūnime bucekini seme unggihe, han i
나를   개·말과   같이 생각하여 죽어도 좋다 하여 보냈습니다.   황제가

buhe hafan be alime gaifi suwende afanjiha, suweni hūsun be alime
 준   관직을   받아서   그대들과 싸우러 왔습니다. 그대들의 힘을   맞서서

etehekū cooha gidabuha beye jafabuha, bi buceci mini sunja jui ilan
감당하지 못하고 군대가 격파되어 몸이 사로잡혔습니다. 내가 죽으면 나의 다섯 아들·세

omolo tese banjikini, suwe wame wara i ten de isinaha, bahame
손자,   그들이 살 것입니다. 그대들이 죽인 것이 극에   달했고,   얻은

bayaka, eture jeterengge gemu jaluka, dailame 46/47 juwan tofohon
富가 많으며, 입을 것·먹을 것이 모두 족합니다. 공격한 것이   10-15년이

aniya oho, abkai erin be tuwarakū, irgen be ujirakū, jing wame gaime
　　되었는데, 天時를　　　　보지 못하고, 백성을 보살피지 않으면서, 늘 죽이고 노략하며

dailame yabuha seme weile muterakū kai, mini gūnirengge, abkai
공격하기를 행한다 하니, 일을 이루지 못할 것입니다. 내가 생각하는 것은 天下四海는

fejergi duin mederi emu mederi, duin mederi dorgi irgen emu boo,
　　　　　하나의 바다이고,　　四海　　안의 백성은 한 집안입니다.

julge sain han i yabuhangge irgen be ujime gurun be ergembume
옛날의 좋은 황제가 행한 것은　　　백성을 보살피고　　나라를　　안락하도록

yabuhabi, suwe wara bahara be oyonggo arafi, 47/48 cooha be
행한 것입니다. 그대들이 죽이고 빼앗기를　중시하고,　　　　　군대를

ergemburakū, gurun irgen be ujirakū, jing dailaci, niyalma budere de
쉬게 하지 않으며, 나라의 백성을 보살피지 않고 늘상 전쟁하니, 사람들이 죽기를

geleme suwende dahaci inu wambi, daharakūci inu wambi seme, usin
두려워하며 그대들이 항복해도 또한 죽이고, 항복하지 않아도 또한 죽인다고 하면서 밭을

weilere niyalma inu homin sacikū jafafi afambi kai, dahai baksi
경작하는 사람도　호미와 쟁기를 잡고 싸우는 것입니다" 했다. 다하이 박시가

hendume, be bahaki waki seme dailarangge waka, nikan membe
말하기를, "우리가 노획하고 죽이겠다고 토벌하는 것이 아닙니다. 명이 우리에게

nadan amba koro korsobuha turgunde dailame deribuhe, cara aniya 48/49
　일곱　　큰 恨을 품게 했기 때문에 전쟁을 시작했습니다. 작년에

beging de genefi doro acaki seme ninggun nadan jergi bithe beneci,
북경에 가서 화친하자고 하여 6-7 차례 서신을 보냈으나,

karu emu gisun jabuhakū, meni han te bicibe doro acaki sembi, sun
답신은 한 마디도 보내지 않았습니다. 우리의 한은 지금이라도 화친하고자 합니다. 孫(承宗)

g'oloo, cio du tang jecen de bi, jang looye ubade bi, suwe gemu han i
閣老·邱(禾嘉) 都堂이 변경에 있고, 張(春) 老爺는 우리에게 있습니다. 당신들은 모두 황제의

hanciki ambasa urse, suwe bithe unggime doro acara be gisureci
가까운 대신들 무리이니, 당신들이 문서를 보내어 화친을 말할 수

ombidere, 49/50 jang cūn kejine seolefi hendume, tese inu muterakū,
있을 것입니다." 張春이 한동안 생각하고 말하기를, "저들도 할 수 없고,

bi jafabufi gisureci acarakū, han, mimbe wafi jai gisureci ombi, jing
나는 잡혔으니 말하기에 마땅치 않습니다. 한이 나를 죽여야 또한 논의할 수 있습니다"라며 계속

bucembi serede, dahai baksi weihun jafaha gūsin ilan hafan i gebu be
죽겠다고 할 때에, 다하이 박시가 사로잡은 33명 관원의 이름을

alara jakade, jang cūn hendume, bi gemu waha seme gūniha, suwe
고하니, 張春이 말하기를, "나는 모두 죽였다고 생각했습니다. 그대들이

inu ujihe nikai, tuttu oci bi seoleme gūniki 50/51 sehe, tuttu marame
또한 살려주었군요. 그렇다면 내가 심사숙고해보겠습니다" 라고했다. 그렇게 거절하면서

ilan inenggi buda jekekū, orin uyun de han buda dagilabufi jang cūn
3일을 밥 먹지 않았다. 29일에 한이 밥을 준비하여 張春

de benere jakade, fonjifi alime gaifi jeke, tereci emu inenggi ilan erin i
에게 보냈으므로   묻고는   받아   먹었다. 그 뒤,   하루에   세 번의

buda de han i beye tuwame benebuhe,, 51/52
밥을   한이   친히   살펴보고 보내게 했다.

○ tere inenggi, dalingho hoton i amargi ala de han genefi, cooha de
   그 날,   大凌河城의   북쪽   언덕에 한이 가서   전투에서

jafaha hafasa be isabufi, ihan honin wafi [原檔殘缺] cooha gidaha
잡은 관원들을   모아서   소와 양을 잡아 〔原檔殘缺〕 군대가 격파한

doroi sarilaha, hafasa de [原檔殘缺] emte morin buhe,,
예로써 잔치를 열고, 관원들에게 〔原檔殘缺〕 1필씩의 말을 주었다.

○ tere inenggi, jakūn gūsai jakūn niyalma sonin baksi be simiyan
   그 날,   八旗의   8명과   소닌 박시를   瀋陽에

de takūraha bithei gisun, 52/53 han hendume, jung dzung bing guwan,
보낸   글의   말.   「한이 말하기를,   鍾(緯) 총병관·

u dzung bing guwan, fujiyang juwan funceme, iogi ts'anjiyang ambula,
吳(襄) 총병관·   副將 10여명·   遊擊과 參將 여럿·

yafahan morin cooha duin tumen, ere cooha be uhereme tuwa seme
  보병과 기병 4만,   이 군대를   모두   살피라고 해서

taipusy king hafan jang cūn gaifi dalingho de teme, orin duin de
 太僕寺卿 관원 張春이   이끌고 大凌河에 주둔해서   24일에

ginjeo ci tucifi šolingho i anggai ergi be doofi iliha bade genefi tuwaci,
錦州에서 나와서 小凌河의 河口의 방향으로 건너서 營을 세운 그곳에 가서 우리가 보니,

ing ilime jabduhabi, afaci šun yamjifi bederehe, orin ninggun de 53/54
營을 세웠지만   공격하기에는 해가 저물어서 철수했다.   26일에

geli genefi tuwaci, ing ilime ulan feteme bekilehebi, aššaha be afaki
다시 가서   보니, 영을 세우고 壕를 파서 견고하게 했다. 이동하는 것을 공격하려고

seme poo sindafi bederehe, orin nadan de ini aššafi julesi jidere be
       포를   쏘고   돌아왔다.   27일에   저들이 이동하여 남쪽으로 오는 것을

okdome genefi juwe jergi gidafi gemu waha, ere cooha de monggo
응전하러   가서   두 차례   격파하고, 모두 죽였다. 이 戰役에서   몽고는

bisire teile morin yafahan de wacihiyame jihe bihebi, taipusy king, jai
있는 만큼의 기병과 보병이   모두   와 있었다.   太僕寺卿과   또

gūsin emu hafan jafaha, bucehe hafan i ton be sarkū, taipusy king
31명의 관원을 사로잡았다. 죽은   관원의   수는 알지 못했다.   太僕寺卿은

luwan jeo be 54/55 afaha jang dooli inu, luwan jeo, yung ping be gaiha
   灤州를   공격했던 張(春) 道吏였다.   灤州·   永平을   취한

hafan cooha ere waka, dalingho de horibuhangge wacihiyame inu, abkai
관원과 군사는 이들이 아니라, 大凌河城에   갇혔던 사람들   모두이다.   하늘의

kesi de ini erehe cooha be wacihiyafi, damu dalingho i teile be
은혜로   그들이 기다리던 군대는   다 죽고,   오직   大凌河城 만을

tuwakiyambi, dalingho i jeku orho wajime hamikabi, niyalma wasifi
지키고 있다.   大凌河城의 곡식과 풀이 거의 없어져간다.   사람이 야위어

yabume muterakū, abkai gosirengge ainci hanci ohobi, tubai nikan
움직이지   못한다.   하늘의   아끼심이 아마도 가까워졌다.   그곳의 漢軍이

cooha simiyan de 55/56 tehengge be dzu ts'anjiyang gaifi jikini, jai
    瀋陽에   주둔한 자들을 祝(世昌) 參將이 이끌고 오라. 또

jakūn booi fusi nikan, baitangga nikan, yaya be ilgarakū acara be
   八家의   천한 한인· 쓸모 있는 한인 모두를 구분하지 않고 적당한 것을

tuwame emu boo emte tanggū cooha, emte tu dagilafi unggi, emte ejen
살피어   1家에   100명씩의   군사· 1개씩의 纛을 준비하여 보내라. 1명씩의 어전은

ki gu bici ki gu gaifi jikini, baha poo be jafabuki, baha poo hūng i
旗鼓가 있으면 旗鼓를 가져 와라. 노획한 炮를 가져가려고한다. 노획한 炮는 紅夷(炮)

ilan, amba jiyanggiyūn nadan, ilaci jiyanggiyūn ninggun tanggū, bai
3문·   大將軍(炮) 7문·   第3 將軍(炮) 600문·   일반

poo tumen bi, 56/57 suweni tubade aika olhoro medege bici ere unggi
炮   1萬문이 있다.   너희가 그곳에서 무언가 경계할 만한 소식이 있다면 그 보내

sehe cooha be ume unggire, futa bahaci futa, futa baharakūci hūnta
라고 한 군대를   보내지 마라. 새끼줄을 얻으면 새끼줄을, 새끼줄을 얻지 못하면 麻絲

juwe minggan gin unggi, geren de jafa, solho ninggun dungnami de
  2천 斤을   보내라. 여러 사람이 지니게 하라. 조선인 6명과 둥나미에게

juwe kutule adabufi medege alanggime unggi, jai juwe solho be sonin
2명의 쿠툴러를 붙여   소식을   고하도록   보내라. 또 2명의 조선인을 소닌과

i emgi ubade unggi, ere solho be asarame gajirengge, jakūn booi uheri
함께 이곳으로 보내라. 이 조선인을   거두어   데려오는 것은   八家에서   모두

duin niyalma unggi,,
4명을   보내라」.

tongki fuka sindaha hergen i dangse

點·圈을 찍은 문자의 檔子

dehi juweci debtelin

42권

sure han i sunjaci aniya juwan biya

천총 5년 10월

tongki fuka sindaha hergen i dangse,,
點· 圈을　　찍은　　문자의　　檔子

○ juwan biyai ice juwe de, coohai niyalma de wasimbuha bithei
　　10월　　초 2일에,　　　　병사에게　　　　내린　　　글의

gisun, han hendume, jamarara jalin de daci toktobuha šajin kai, te
말.　「한이 말하기를, 소란스러움 때문에　　일찍이　정한　규율이다. 지금

jamararangge yendehebi, ainu cihai sindafi jamarabumbi, jai yaya bade
소란스러움이　일어나고 있다. 왜 마음대로 방임해서 소란스럽게 하는가? 또한 어느 곳이든지

orin uksin geneci, orin uksin i kutule, tofohon uksin geneci, tofohon
20명의 갑병이 가면　20명 갑병의　쿠툴러,　　15명의 갑병이 가면　　15명

uksin i 1/2 kutule genembihe kai, te tuwaci, beye tatan de tefi, kutule
갑병의　　　쿠툴러가　갔었다.　　　지금 보니,　자신은 宿營에　있고 쿠툴러를

be dahame unggifi balai facuhūn yabumbi, jai cooha gidaha manggi,
　따라가도록 보내서 함부로 문란하게　행한다.　또　적병을 격파한　후

musei jušen i etuku be gemu sume gaimbi, tere be monggo de anambi
우리의 주션의　　옷을　　모두 풀어　취한다. 그것을　　몽고인에게 탓하겠지만

dere, monggo emhun waka, jušen de inu bi, bucehe koro seci, etuku
　　몽고인　혼자만이 아니다. 주션 중에도 있다. 죽은 것도 한스러운데 옷을

be ainu sume gaimbi, tere be warakūci, ai be wambi, 2/3 nirui ejen,
　왜　　풀어 가지는가? 그들을 죽이지 않으면 무엇을 죽이겠는가? 니루의 어전은

meni meni nirui niyalma de jušen i etuku be saikan kimcime baica,
　각자　　니루의 사람에 대해 주션의　옷을　　잘　상세히　조사하라.

jai morin hūlhafi, jai gaiki seme ulame gūwa de buhe de, juwe jergi
또　말을　훔치고는 다시 가지려고　전달해서 타인에게　주면　　두 차례

hūlhai weile, dain de feye baha morin be, balai faitara kooli akū bihe
도둑질한 죄이다. 전투에서　상처 입은　말을　　함부로 도축하는 例는 없었다.

kai, bucere morin bi, banjire morin bi, ainu balai faitame deribuhe,
　죽을　말이 있고　살　말이 있다.　왜 함부로 도축하기를 시작했는가?

ereci amasi, ejen enggemu hadala gaifi, 3/4 umesi waliyaci faita,
　이후로　　어전은 말안장과 굴레를 취하고　확실히　폐기되면　도축하라.

balai faitaci weile,,
함부로 도축하면 죄이다.」

○ tere inenggi, sudala, ubai i jergi emu gūsai emte amban, emu
　그 날,　　수달라 · 우바이 등은　1개 구사의　1명씩의 大臣 ·　1개

nirui emte bayara be, ginjeo, sung šan i ergide helen jafame unggifi
니루의 1명씩의 바야라를　錦州 ·　　松山　쪽으로 정보제공포로를 잡도록 보내어

jakūn niyalma waha, uyun niyalma be weihun jafafi gajiha, fonjici, u
　8명을　　죽였다.　　9명을　　　　　생포하여 데려왔다. 물으니 "吳(襄)

dzung bing guwan, gin 4/5 fujiyang, sanggarjai tanggū isire niyalma
　　총병관·　　　　　　金(國臣)　　副將·　　상가르자이·　　100명에 이르는 사람이

tucikebi, jai geren hafasa coohai niyalma suwende gemu wabuha, sun
탈출했다. 또한　여러　관원들과　　병사들은　　그대들에게 모두 죽임당했다. 孫(承宗)

g'oloo, taigiyan el wang gung, ginjeo ci dosi burulame genehe seme
　閣老·　　　太監 二王公[1]은　　　　錦州로부터 안으로 도주하여　　갔다"고

alaha,,
告했다.

○ juwan de, turgei, namtai de minggan cooha adabufi, ginjeo,
　　　10일에, 투르거이· 남타이에게　1천　　병사를　맡겨서　　錦州·

sung šan i ergi de tabcin 5/6 unggifi, juwe temen, juwan ninggun
　　松山　　쪽으로　약탈을　　보내서　2마리 낙타·　　　16마리

morin, ilan losa, uyunju juwe ihan, juwan ilan eihen, emu šeobei, juwan
말·　3마리 노새·　　92마리 소·　　13마리 나귀·　　1명의 守備·　16명의

ninggun niyalma bahafi gajiha,,
　　　　사람을　획득하여 데려왔다.

○ juwan juwe de, ioi dz jang tai i ejen ts'anjiyang wang ging
　　　12일에,　　于子章臺의　　　지휘관　參將　王景이

dahaha, haha juwe tanggū gūsin uyun, hehe juse ilan tanggū 6/7 gūsin
투항했다.　남자 239명·　　　　　　　여자과 아이들 339명·

1　'taigiyan el wang gung'은 『淸太宗實錄』 천총 5년 10월 임인조에 '王太監'이라고 기록되어 있다.

uyun, morin gūsin duin, losa uyun, eihen juwan duin, ihan juwan duin
　　　　　　말 34마리·　　　　　노새 9마리·　　나귀 14마리·　　　　소 14마리가

bihe, ts'anjiyang wang ging be han de acabuha, han, sekei dahū, sekei
있었다.　　參將　王景을　　　　　　　한에게　만나게 했다. 한은　貂皮 털가죽외투·　초피

mahala etubuhe, tere tai be ilan inenggi afame, hūng i poo amba
겨울모자를 입혀주었다. 그　臺를　　　3일　　　　공격하고　　紅夷炮·　　大將軍(炮)를

jiyanggiyūn sindara de, keremu beye suwaliyame gemu efujehe, 7/8 poo
　　　　　　쏠　　때에 성가퀴와 城體가　모두　　　함께　무너졌다.　　　炮로

de keremu fondo genefi, susai nadan niyalma goifi bucehe, tai i niyalma
　성가퀴를 관통해 가서　　　57명이　　　　　　　맞아서 죽었다.　臺의　사람들은

ilime toktorakū, alici eterakū ofi, duici inenggi dahaha, tere tai be
陣을 친것이 안정되지 못하고 맞설 수 없어서　4일째에　　　항복했다. 그　臺를

bahara jakade, šurdeme tai i nikan donjifi, hanciki tai dahaha, goroki
획득했기 때문에,　주위의　　臺의 한인이 듣고　　가까운 臺는 항복했고,　먼

tai gemu tai be waliyafi burulaha, tere waliyaha tai i jeku be, coohai
臺는 모두　臺를　버리고　도주했다. 그　　버린　　臺의 곡식을　　兵馬에게

morin de, emu biya 8/9 isime ulebuhe,,
　　　　한 달　　　가까이 먹였다.

○ juwan ilan de, je giya pu dahaha, tai i ejen badzung, emu
　　13일에,　　　翟家堡가　항복했다. 臺의 수장 把總·　1명의

šusai be han de acabuha, badzung be wesibufi ciyandzung obuha, dobihi
秀才를   한에게 만나게 했다.   把總을   승진시켜   千總으로 삼았다.   여우

dahū, sekei mahala šangnaha, šusai de dobihi dahū šangnaha, tere tai
털가죽외투·貂皮 겨울모자를 상 내렸다. 秀才에게 여우 털가죽외투를 상 내렸다. 그 臺에

de haha ninju, hehe 9/10 juse dehi, ihan gūsin nadan, eihen tofohon
   남자 60명· 여자와   아이들 40명·   소 37마리·   나귀 15마리가

bihe,,
있었다.

○ tere inenggi, boode mejige alame genehe sonin, nikan cooha
   그 날,   집에 소식을 告하러 갔던   소닌이   漢軍

emu minggan ninggun tanggū be dzu ts'anjiyang gaifi, solho i elcin
  1,600명을   祝(世昌) 參將과 이끌고, 조선의 사신으로

jihe juwe hafan be gajime isinjiha,, 10/11
온 2명의 관원을   데리고   도착했다.

○ juwan duin de, cen hing pu i tai i badzung dzu bang giyei
      14일에,   陳興堡臺의   把總 祖邦傑이

dahambi seme jihe manggi, han, emu suje i sijigiyan šangnafi unggihe,
투항한다 하고 온 후,   汗은   1벌의 비단 袍를   상 내려 주었다.

badzung tai de genefi ebu seci, si dahaci daha, be daharakū seme,
 把總이 臺에 가서 "내려오라"고 하니 "너는 투항하려면 투항해라. 우리는 투항하지 않겠다"하며

wehe fahame halburakū oho manggi, poo 11/12 gamafi sindara, okto
돌을　던지면서 들어오지 못하게 하자,　　　포를　　　가져와서 쓰고　　화약을

maktara jakade, gemu okto de fucihiyalame bucehe, dahaha haha i ton
던졌기　때문에　모두 화약에　불타서　　죽었다. 투항한　남자의　수는

gūsin duin, hehe juse juwan emu, duin ihan, juwan ilan eihen bihe,
　34명·　　여자와 아이들은 11명·　4마리 소·　13마리 나귀가 있었다.

ma dzung bing guwan de uji seme buhe,,
馬(光遠) 총병관에게　　기르라고　주었다.

○ juwan ninggun de, booci etuku benjime jihe 12/13 niyalma, ihan
　　16일에,　　집으로부터 옷을 보내러 온　　사람 편에 소

sejen de baha poo tebufi, coohai turga morin be simnefi, dahaha tai
수레에　획득한 포를 싣고, 군대의 마른 말을　뽑아서, 투항한 臺의

boigon be unggime, gūsa tome ejen arafi unggihe,,
戶를　　보내러　구사마다 어전을 세워서 보냈다.

○ tere inenggi, aru i monggo cooha be ini bade unggihe,, 13/14
　그 날,　아루의 몽고병을　그의 땅으로 보냈다.

○ orin de, han, ši san šan i ergi be abalaha, tere inenggi, han,
　20일에, 한은　十三山　쪽에서 몰이사냥했다. 그 날,　한은

coohai niyalma be ulan feteme joboho, wafi jefu seme honin šangnaha,,
병사에게　壕를 파느라고 고생했다, 잡아서 먹으라 하고 양을 상 내렸다.

○ orin ilan de, amba beile, geren taijisa, 14/15 manggūltai beile i
　23일에,　　　　大 버일러·　여러 타이지들이　　　　망굴타이 버일러의

weile be gisureme jifi, amba beile, han tataha wargi ala de tehe,
죄를　　　의논하러 와서,　大 버일러는 한이 숙영한　서쪽 구릉에서 묵었다.

geren taijisa be han gajifi, emu ihan sunja honin wafi sarilaha,
　여러 타이지들을 한이 데려와서 1마리 소· 5마리 양을　잡아 잔치했다.

sarilame wajifi, amba beile, geren taijisa, manggūltai beile be han i
잔치하기를 마치고 大 버일러·　여러 타이지들은　망굴타이 버일러가　한을

baru loho jafaha seme weile arafi, ahūn beile sere be nakabufi, hošoi
향해 腰刀를 잡았다고　　죄로 삼아서 兄 버일러 라는 것(칭호)을 중지시키고, 호쇼이

beile obuha, sunja 15/16 nirui jušen gaifi, deo degelei taiji de buhe,
버일러로 삼았다.　5개　　　니루의 속민을 취하여 동생 더걸러이 타이지에게 주었다.

niru be dahame bahara ubu be inu nakabuha, han de, juwan morin de
니루에　　따라　　얻는　　몫도　　중지시켰다.　한에게　10마리 말에

foloho enggemu hadala tohofi uksin saca acihai, amba beile de, emu
　　　조각한 안장과 굴레를 얹고 갑옷과 투구를 실은 것,　　大 버일러에게　1마리

morin de foloho enggemu hadala tohofi uksin saca acihai, geren
　말에 조각한 안장과 굴레를 얹고 갑옷과 투구를 실은 것,　　　　여러

taijisa de, emte morin de 16/17 bai enggemu tohohoi, terei dele tumen
타이지들에게 1마리씩의 말에　　　보통의 안장을 채운 것,　　　그 위에　1萬

yan i weile araha, tere weile beidere de, han mini weile de bi darakū
兩의 죄로 삼았다. 그 죄를 審理할 때, 한은 "나와 관련한 죄에 나는 간여하지 않겠다"

seme dahakū, amba beile, geren taijisa beidehe,,
하고   간여하지 않았다. 大 버일러와 여러 타이지들이 審理했다.

○ tere inenggi, sirdan de bithe arafi hoton i dolo gabtaha bithei
   그 날,   화살에   글을 지어서 城의 안으로 쏜   글의

gisun, aisin 17/18 gurun i han hendume, ambasa hafasa ceni gung gebu
 말.   「金國의   한이 말하기를,   대신들· 관원들은 그들의 功名을

be gūnime, juse sargan be warahū seme, suweni geren ergen be
  생각하고, 자식들과 妻들을   죽일까   하여   너희의 여러 목숨을

gaifi bucembi kai, suweni buya niyalma bucehe seme ai gebu, te
취하여 죽이는 것이다. 너희의   小民이   죽었다 해도 무슨 功名인가? 지금

suweni dorgi niyalma gemu hutu ofi niyalma wame jembi kai,
 너희   城內의 사람은   모두 귀신이 되어 사람을 죽여 먹는다.

neneme suwe tere be wafi jembi dere, amala gūwa suwembe wafi
 먼저는 너희가 그들을 죽여 먹을 테지만,   나중에는 다른 자가 너희를 죽여

jeterakū 18/19 sindambio, suwe aikabade membe suweni hafasai holtoho
먹지 않고   놓아두겠는가? 너희는 혹시   우리가, 너희의 관원들의 거짓

gisun de dahaha de wambi sembi ayoo, dahaha niyalma be waci,
 말을   라서   죽일 것이라고 여기는가? 투항한 사람을   죽이면

bi abka de gelerakūn, hafasa dahaci, juse omosi jalan halame hafan
내가 하늘에 두렵지 않겠는가? 관원들이 투항하면 아들 손자 대대로   관직을

lashalarakū, buya niyalma hafasa be wafi jici, gung teisu be tuwame
끊지 않겠다.   小民이   관원들을   죽이고 오면, 功에 맞는 것을 보아

hafan bumbi, emu beyei teile jici, bai gosime ujimbi, geren be gaifi
관직을 주겠다.   一身만   오면 보통으로 아끼고 기르겠다. 무리를   이끌고

19/20 jici, gajiha niyalmai teisuleme gung bufi, hafan obufi ujimbi,
        오면 데려온 사람에   맞추어   功을 주고, 관원으로 삼아 기르겠다.

bi holtorakū, suwe ume kenehunjere,,
나는 속이지 않는다. 너희는   의심하지 말라.」

○ orin duin de, dalingho hoton ci jang i fu gebungge niyalma
     24일에,   大凌河 성으로부터   張翼輔   라는   자가

ukame jihe, tede fonjici, orin sunja, orin ninggun de nukcimbi sembi,
도망해 왔다. 그에게 물으니, "25일과   26일에   탈출할 것이라고 합니다.

neneme alban weilere niyalmai yali jembihe, 20/21 te meni meni ing ni
이전에는   부역인들의   고기를 먹었습니다.   지금은   각자 쓸의

niyalmai yali jembi, coohai niyalma de bele akū, ambasa hafasa de
사람의   고기를 먹습니다.   병사에게는   쌀이 없고, 대신들· 관원들에게는

emte moro juwete moro bele bi seme alaha,,
 1升씩·   2升씩   쌀이 있습니다"라고 告했다.

○ orin sunja de, turusi, loosa de emu gūsai emte amban, minggan
　　25일에,　　　　　　　투루시·로오사에게　1개 구사에 1명씩의　대신과　　1천명의

cooha adabufi, ginjeo, 21/22 sung šan i ergide helen jafame unggifi, emu
병사를　맡겨서　錦州·　　　　松山　쪽으로 정보제공포로를 잡으러 보냈는데, 1명의

guwan dui, juwan niyalma emu tu gamame, ning yuwan i baru genere
　　管隊가　　　10명과　　　1개의 纛을 이끌고　　寧遠　　　쪽으로　가는

be, gemu bahafi ilan niyalma be wahabi, niyalma jakūn, morin juwan
것을 모두　잡아서　3명을　　　　죽였다.　　　사람 8명·　　　말 10필을

gajiha, uksin saca enggemu hadala be, baha niyalma de buhe,, 22/23
가져왔다. 갑옷과 투구·　안장과 굴레를　　　획득한　사람에게　주었다.

○ tere inenggi, hecen i dzung bing guwan dzu da šeo i jui dzu je žun,
　　그 날,　　　성의　　　총병관　　　　祖大壽의　아들 祖澤潤[2]이

hoton i dorgi ci sirdan de bithe arafi gabtahangge, ši fujiyang be
　　성의　안에서　화살에　글을 지어서　쏘기를,　　「石(廷柱) 副將이

jio, beye acafi gisun gisureki sehe manggi, orin ninggun de, fujiyang
오라. 직접 만나서 말을 하고 싶다」라고 한 후,　　26일에　　　　副將

2　祖澤潤(?~1659)은 祖大壽의 조카이다. 祖大壽가 처음에 아들이 없어서 조택윤을 아들로 키웠다. 조
　　택윤은 장성하여 錦州副將을 역임했고 1631년(천총5) 大凌河城을 방어하다가 祖大壽를 따라 후금에
　　투항했다. 漢軍正黃旗에 예속되었다. 1636년(숭덕1) 三等昂邦章京(ilaci jergi amba janggin)에 봉해
　　졌고 이후 兵部右參政에 임명되었다. 1642년(숭덕7) 八旗漢軍이 창설될 때 正黃旗 漢軍 固山額眞에
　　임명되었다. 1655년(순치12)부터 經略 洪承疇를 수행하여 湖南을 초무하기 위해 長沙에서 주둔했다.
　　1659년 군중에서 사망했다.

ši ting ju, dahai baksi, kūrcan baksi, lungsi, [原檔殘缺]　ts'anjiyang
石廷柱・　다하이 박시・　쿠르찬　박시・　룽시・　〔原檔殘缺〕　　參將

ning wan o, hoton i julergi tai de genefi, 23/24 dain de jafaha ciyandzung
寧完我가　　城의　　남쪽의　臺로　　가서　　　　전투에서　잡은　　千總

jang wei be hoton de takūraha, terei emgi hecen i emu iogi han dung,
姜桂를　　　성에　　파견했다.　그와　함께　城의　　한　遊擊　韓棟과

emu gucu be gaifi jihe, iogi hendume, ši fujiyang simbe meni
1명의 구추를　이끌고 왔다. 유격이 말하기를, "石(廷柱) 副將, 그대를 우리의

dzu dzung bing guwan jio sehe, i hoton ci tucifi ulan i jakade ilire,
祖 총병관이　　　　오라 했습니다. 그가 城에서 나와서 壕의　옆에 서서,

simbe genehe de ini gūniha gisun be wacihiyame gisureki sembi, tede 24/25
그대가　가면　　그가 생각한　말을　　모두　　말하겠다고 합니다." 그에

dahai baksi hendume, han i gisun akū, ši fujiyang be unggici ojorakū,
다하이 박시가　말하기를 "한의　말이　없어서 石(廷柱) 副將을　보낼 수 없다."

iogi hendume, suwe mende akdarakū oci, sini emu gucu be unggi, bi
유격이 말하기를, "그대들이 우리를 믿지 못한다면　그대의 한　구추를　보내시오. 내가

genefi dzu i jui dzu k'o fa be benjire, suweni jakade bikini, han iogi
가서　祖(大壽)의 아들 祖可法[3]을 보낼테니 그대들의 옆에 있게 하시오."[4] 韓(棟) 遊擊은

3　祖可法(?~1656)은 祖大壽의 양자이다. 1631년(천총5) 大凌河城에서 祖大壽와 함께 후금에 투항했
　　다. 후금의 副將에 제수되고 正黃旗에 예속되었다. 1644년에 入關하여 李自成 군과 전투했다. 1645
　　년(순치2) 鎭守湖廣總兵이 되어 武昌에서 주둔하다가 병으로 사임한 후 사망했다.
4　'옆에 있게 하라'는 것은 '인질로 삼으라'는 의미이다. 이 문단에 해당하는 『淸太宗實錄』 10권, 天聰5
　　년 10월 丙寅조 기사에서 '祖可法為質'이라고 기록했다.

genefi dzu fujiyang be gajime jihe, tere jidere de, jirgalang taiji, yoto
가서　祖(可法) 副將을　데리고 왔다. 그가　올 때에 지르갈랑 타이지·요토

25/26 taiji, tehe baci iliha, fujiyang niyakūrame hengkileme acaki
　　　타이지는 앉은 곳에서 일어섰다. 副將이 무릎 꿇고　고두하며　　만나려고

serede, yoto taiji hendume, muse afaci bata kimun bihe, te doro
할 때에,　요토 타이지가 말하기를, "우리는 싸워서　원수였소.　　　지금 화친하니

acaci, ahūn deo oho, ume niyakūrara seme tebeliyeme acaha, jai
　　　형제가 되었소.　　무릎 꿇지 마시오"라며　껴안으며　만났다. 그리고

geren taijisa, amala jifi siran siran i tebeliyeme acaha, beise dulimbade
　여러　타이지들이 후에 와서 계속 이어서　　껴안으며　　만났다. 버일러들이 가운데에

tehe, fujiyang dzu k'o fa, han iogi be ici ergi dalbade hanci tebuhe,
앉았다. 副將　祖可法과　韓(棟) 遊擊을　우측　옆에　가까이 앉게 했다.

26/27 tere be jihe manggi, ši fujiyang, kūrcan baksi, lungsi, ning
　　　그(祖可法)가 온 후,　石(廷柱) 副將·　쿠르찬 박시·　룽시·　寧(完我)

ts'anjiyang be unggihe, ši fujiyang dzu de acafi gisurehe, kūrcan
　參將을　　　보냈다.　石(廷柱) 副將이 祖(大壽)와 만나서 말했다.[5]　쿠르찬

5　이 때 趙大壽가 石廷柱에게 말한 내용은 『淸太宗實錄』에 아래와 같이 기록되어 있다. "人生天地間, 豈
　有不死之理. 但爲國爲家爲身, 三者並重. 我等旣不能盡忠朝廷, 報效國家, 惟惜此身命, 決意歸順於上.
　然身雖獲生, 妻子不能相見, 生亦何益, 爾等果不回軍, 進圖大事. 當先設良策, 攻取錦州, 儻得錦州, 則吾
　妻子亦得相見, 惟爾等圖之."(사람이 천지간에 태어나 어찌 죽지 않을 리 있겠소? 다만 나라를 위하고
　집안을 위하고 스스로를 위하는 3가지는 모두 중요한데, 우리들은 이미 조정에 충성을 다하지도, 나
　라에 보답하지도 못하고 오직 이 한 목숨만 아껴 上에게 귀순하기로 결의하였소. 그러나 나 자신은
　비록 사로잡혀 살아남았더라도 처자식을 만나볼 수 없으니, 살아도 또한 무슨 이익이 있겠소? 그대
　들이 과연 군사를 돌리지 않고 나아가 큰일을 도모한다면 마땅히 먼저 좋은 계책을 세워 錦州를 함락
　해야 할 것이오. 만약 錦州를 얻는다면 우리의 처자 또한 만나볼 수 있으니, 그대들은 이를 도모하시

baksi, lungsi, ning ts'anjiyang, emu udu gucu be gaifi, ulan i gencehen
박시· 룽시· 寧(完我) 參將은   몇 명의 구추를   데리고 壕의   가장자리에

de iliha, yoto taiji dzu fujiyang de fonjime, suwe untuhu hoton be
    섰다. 요토 타이지가 祖(可法) 副將에게 묻기를 "그대들이 빈   城을

buceme tuwakiyarangge, ai babe gūnimbi, dzu fujiyang 27/28 jabume,
죽도록   지키는 것은   어떤 것을 생각하는것인가?" 祖(可法) 副將이 대답하기를

suwende abkai buhe liyoodung, yung ping ni cooha irgen be warakū
"그대들에게 하늘이 주신   遼東·   永平의   병사와 백성을 죽이지 않았으면

bici, abkai fejergi irgen suweni cooha isinahale ba, ini cihai
      천하의   백성이 그대들의 군대가 이르는 모든 곳에서 그 스스로

dahambihe kai, abkai buhe dahaha irgen be waha turgunde
투항했을 것입니다. 하늘이 준   항복한   백성을   죽였기 때문에

kenehunjembi, tede yoto taiji hendume, liyoodung ni irgen be wahangge,
의심합니다."   그에 요토 타이지가 말하기를 "遼東(요양)의 백성을   죽인 것은

28/29 nendehe han i weile, tuttu sehe seme, doro jurgan be ulhihekū
        선대   한의 일이다. 그렇다 해도   道義를   몰랐던

i fon, tere be meni dolo juwe beye bici, emu beye be wara, juwe uju
때이다. 그 일을,   우리 마음에 두 몸이 있다면 한 몸을   죽이고, 두 머리가

bici, emu uju be hūwalara bihe kai seme gūnimbi, yung ping ni cooha
있다면 한 머리를   깨뜨렸어야 할 일이었다고   생각한다. 永平의   병사와

---

irgen be wahangge, jacin beile waha, terei turgunde jacin beile be
백성을 　죽인 것은 　둘째 버일러가 죽인 것이다. 그 때문에 　둘째 버일러를

weile arafi loo de horiha, 29/30 jušen irgen be gemu gaiha, tere weile
죄에 처하여 　옥에 　가두고 　속민과 백성을 　모두 취했다. 그의 죄

inu han de daljakū, te bicibe, meni han, han teheci, ehe jurgan be
또한 한과 　무관하다. 　지금도 　우리 한은 　한에 즉위한 이래 잘못된 뜻을

halafi, doro jurgan be icemleme dasafi, gurun be ujire cooha be gosire
바꾸고 　도의를 　새롭게 다스리고 　國人을 기르고 병사를 　아끼는

mujilen be yabumbi, meni alara anggala, 30/31 suwe inu donjiha dere,
마음을 　행하고 있다. 우리가 말하기 전에 　너희도 　들었을 것이다."

dzu k'o fa jabume, han i yadara joboro niyalma de jeku etuku bume
　　祖可法이 답하기를 "한이 　빈곤한 　사람에게 　음식과 의복을 주어

ujire, bayan elgiyen niyalmai ai jaka be necirakū, irgen be gosire
기르고 　부유한 　사람의 　어떤 물건도 범하지 않고, 백성을 　아끼는

erdemungge onco mujilen be inu donjiha, tuttu sehe seme, meni gurun
덕있고 　관대한 마음을 　또한 들었다. 　그렇다 해도 　우리 나라의

i niyalma suweni waha de silhi fahūn wempi,[6] udu ujimbi sehe seme,
사람은 　너희가 죽였을 때 　肝膽이 　녹아서 　비록 살려준다고 해도

akdarakūngge tuttu kai, 31/32 ši fujiyang jihe manggi, dzu fujiyang
믿지 않는 것은 그 때문이다." 　　石(廷柱) 副將이 온 후 　　祖(可法) 副將이

---

6 [簽註] gingguleme kimcici, ere wempi sere gisun ainci uthai meijefi sere gūnin dere,,
　삼가 고찰하건대 이 'wempi'(녹아서)라는 말은 아마도 즉 'meijefi'(부수어져서)라는 뜻일 것이다.

gisun wajifi fakcara de, yoto taiji hendume, suwe hoton tuwakiyame
말을 끝내고 떠날 때   요토 타이지가 말하기를 "너희가 성을   지키려고

juse sargan ci fakcafi goidaha, be inu meni juse sargan ci fakcafi
자식과 처로부터   떨어져 오래되었다. 우리도 우리 자식과 처로부터 떨어져

suwembe tuwakiyame goidaha, acaha doroi canjurafi fakcaki seme
너희를   감시한 지 오래되었다.   화친의 도리로 읍하고   떠나겠다"고 하여

canjurafi, imbe neneme morin yalubufi unggihe, ši fujiyang de dzu i
읍하고,   그를 먼저   말에   태워   보냈다. 石(廷柱) 부장에게 祖(可法)이

henduhe gisun, niyalma 32/33 abka na i siden de banjifi, bucerakū
말한   말.   "사람이   하늘과 땅 사이에   살면서 죽지 않고

enteheme banjiha kooli bio, damu gurun, boo, ergen, ere ilan haji,
영원히   산   例가 있는가? 오직   나라· 집· 목숨, 이 셋이 아끼는 것이다.

han i afabuha weile be akūmbure, gurun boode tusa ojoro be waliyaha,
(명의) 황제가 맡긴 일을   다하거나,   국가에   이익이 되기를 그만두었다.

be ergen be hairame han de dahame wajiha, udu ergen banjiha seme,
우리는 목숨을 아깝게 여겨서 한에게 투항해버렸다.   비록 목숨이 살았다 해도

juse sargan be acarakūci, banjiha seme ai tusa, suwe amasi bedererakū,
자식과 처를 만날 수 없다면 살아도 무슨 소용이겠는가? 너희는 되돌아가지 않고

julesi weile mutere be 33/34 gūnime yabuci, ginjeo be afame gaimbio,
앞으로 일을 이룰 것을   생각하여 나아가   錦州를 공격하여 취할 것인가?

ai arga i gaimbi, suwe gaisu, ginjeo be bahaci, meni juse sargan be
어떤 계책으로 취할 것인가? 너희는 취하라. 錦州를 얻으면 우리 자식과 처를

bahafi acambi kai seme henduhebi, jai dzu i jui, han de emu bithe,
만날 수 있을 것이다" 라고 말했었다. 다시 祖(大壽)의 아들이 汗에게 한 통의 글,

ši fujiyang de emu bithe unggihebi, han de unggihe bithei gisun,
石(廷柱) 부장에게 한 통의 글을 보냈었다. 한에게   보낸   글의 말.

jao liyan ing ni fujiyang dzu je žun, hengkileme 34/35 han i tu i fejile
「招練營의   副將   祖澤潤은   고두하여   한의 纛의 아래

habšambi, neneme niyalma takūrafi gisureme jihe de, emu gisun i
고합니다.   앞서   사람을   보내 의논하러 왔을 때 한 마디 말로

wajici mangga, geren hafasa gisun daharakūngge ambula, ememu
끝내기가 어려웠습니다. 여러 관인들이 말에 따르지 않은 자가 많습니다.   어떤

niyalma, han be, amba weile be yabure niyalma waka, muse be holtofi
 사람은 "한은   큰 일을   행할 사람이 아니다, 우리를   속이고

geli amasi genembi seme hendumbi, ememu niyalma, holtofi wambi
다시 되돌아 갈 것이다"라고   말합니다.   어떤   사람은 "속이고 죽일 것이다"라고

sembi, tuttu buceci, buceki seme daharakū, bi geren i baru jabume,
합니다. 그렇게 죽으면 죽겠다고 하며 따르지 않습니다. 내가 여럿을 향하여 답하기를

neneme 35/36 han i jihe bithe de getuken hendume, neneme niyalma
 "앞서   한이 보내온 글에   분명하게 말하기를, '과거에 사람을

waha, te gosin jurgan be yabure be, niyalma gemu sambi kai seme
죽였다. 지금은 인의를   행하는 것을   사람들이 모두   알고 있다' 라고

arahabi kai sehe, tede akdarakū, niyalma be hūlimbume daharakūngge,
썼다"라고 말했습니다. 이에 믿지 않고   사람들을   현혹하며   따르지 않는 자는

ho fujiyang, lio tiyang lu, dzu je hūng, ere ilan niyalma, ho fujiyang
何(可剛) 副將·   劉天祿·   祖澤洪,[7]   이   3명입니다.   何(可剛) 부장은

hendume, han amba weile be yabure niyalma waka, yung ping be 36/37
말하기를 "한은 큰   일을   행할   사람이 아니다.   永平을

bahafi neneme amasi boode genehe, yung ping ni niyalma be waha, te
얻고   먼저 되돌아 집으로 갔고,   永平의   사람을   죽였다. 지금

muse dahaha de warakūci, amasi boode genembi, tumen de dahaci
우리가 투항하면 죽이지 않아도 되돌아 집으로 갈 것이다. 萬에 하나도 투항할 수 없다"

ojorakū sembi, ping i ing ni dzu je hūng, monggoso be šusihiyefi han
라고 합니다.   平夷營의   祖澤洪은   몽고인들을   사주하여   한에게

de daharakū, jai suweni tubaci ukame jihe urse bisirengge inu hendume,
투항하지 않습니다. 또 당신들의 그쪽에서 달아나 온 무리가 있는데,   또 말하기를,

37/38 han gurun i yadahūn be waha, bayan be waha, dahaha de bucere
"한은 나라의 가난한 자들을 죽이고 부유한 자를 죽였다. 투항하면 죽일 뿐이니

---

7 祖澤洪(?~1665)은 『祖氏家譜』에 의하면 祖大壽의 堂弟인 祖大定의 아들이다. 祖大壽의 아들이라는
   설은 오류이다. 1631년(천총5) 祖大壽를 따라 후금에 투항했다.

gojime, daharakū sembi, tuttu gisun hese dergi fejergi emu akū ofi,
투항하지 말라"고 합니다. 그래서　　　의견이　위아래가　하나가 되지 못하니

ere weile emu gisun de wajire mangga, dzung bing guwan geli beging
이 일은　한 마디 말로　끝내기가 어렵습니다. (祖大壽) 총병관은　또한 북경의

ni jacin jui be gūnimbi, han, ši fujiyang be takūrafi unggi, dzung bing
둘째 아들을 생각합니다. 한께서 石(廷柱) 부장을　파견하십시오.　총병관이

guwan i gūniha weile be, terei baru gisureki sembi, neneme 38/39
생각한　바를　　그를 향해 말하겠다고 합니다.　앞서

ši fujiyang jihe de, dzung bing guwan acaki sehe bihe, geren hafasa
石(廷柱) 부장이 왔을 때　총병관이　　만나겠다고 했었는데　여러 관원들이

ohakū, te dzu je žun bi dolo facihiyašafi, amba weile sunja ninggun
응하지 않았습니다. 지금 祖澤潤 제가 안에서 노력하여 큰　일이　5-6할은

fun ojoro jakade, sikse teni sirdan gabtafi unggihe, han, gisurere
되었으므로,　어제 비로소 화살을　활 쏘아 보냈습니다. 한께서　의논할

niyalma unggi, ere narhūšara weile, hecen i dorgi niyalma minde
사람을 보내십시오. 이는 비밀입니다.　성　안의　사람들이　저를

ambula kenehunjembi, mini ele bithe isinaha de, 39/40 han damu
많이　의심합니다.　나의　모든 글이 도착하면　한께서 다만

gisurere niyalmai teile unggi, ume firgembure, mini bithe be saikan
의논할　사람만을　보내십시오. 누설하지 마십시오. 나의 글을　잘

narhūšame asara, jafabuha hafasa de, jai takūrafi gisureme jidere
비밀로 보관하십시오.　맡긴 관원들에게,　또　파견하여　의논하러　올

nikan hafasa de ume tuwabure, mini emgi emu mujilen i fujiyang
한인 관리들에게　보게 하지 마십시오.　나와　같은 마음의　　副將이

duin bi, gebu be araci ojorakū ofi arahakū,, ši fujiyang de unggihe
4명 있습니다. 이름을　쓸 수 없어서　쓰지 않습니다.」石(廷柱) 부장에게　보낸

bithe, gashūha deo dzu je žun hengkileme bithe unggihe, 40/41 gosire
글.　「맹세한　동생　祖澤潤이　　고두하며　글을 보냅니다.　　　사랑하는

ahūn ci deo fakcafi juwanci aniya, juwe gurun i bisire be dahame,
형으로부터 동생은 떨어져 10년째입니다.　두 나라로　　있음에　　따라

ishunde fonjinuhakū bihe,ališame dolo gūnime, damu dabuha dengjan
서로 (안부를) 묻지 못했습니다.　답답하여 속으로 생각하며　다만　불붙인　등잔과

genggiyen beyebe[8] tuwame kidumbihe, abka gosifi te ahūn deo acara
밝은　　달을　　보며 그리워했습니다. 하늘이 아끼시어 지금 형과 동생이 만날

inenggi biheni, gosire ahūn te fujiyang ohobi, bi inu fujiyang
날이　　있군요.　사랑하는 형은 지금 부장이 되었습니다. 나 또한 부장이

ohobi, te 41/42 han i amba cooha ubade jifi, ahūn cananggi dzung
되었습니다. 지금　한의　　대군이　이쪽으로 오는데, 형이　前日에　총병관을

8　'beyebe'(몸을)는 'biyabe'(달을)의 誤記일 것이다. 康熙本『太宗實錄』10권, 天聰5년 10월 丙寅조에
　　"惟對燈光明月而長思耳"라고 기록되어 있다.

bing guwan de acanjiha de, dzung bing guwan inu acaki sere arbun
　　　　　　만나러 왔을 때　　　총병관　　또한 만나려고 하는 모습이었습니다.

bihe, geren hafasai gisun hese adali akū ofi, tuttu acahakū, ojorakū
(그러나) 여러 관원들의　의견이　같지 않아서　그래서 만나지 못했습니다. 안된다는

hafasai hendurengge, han be amba weile be yabure niyalma waka,
관원들이　말하는 것은　"한은　　큰　일을　　행할　사람이　아니다.

yung ping be bahafi neneme bedereme boode genehe, yung ping ni
　永平을　　　　취하고　먼저　되돌아서　瀋陽에　갔다.　　永平의

niyalma be waha, muse be baha de, urunakū 42/43 boode bedereme
　사람을　　죽였다. 우리를　얻으면　반드시　　　　瀋陽에　돌아갈 것이다.

genembi, muse hecen de buceki, juse sargan be ainu jobolon de
　　　　우리는 성에서　　죽겠다. 자식들과 처를　어찌　고통을

tušabumbi seme hendunume, tuttu emu gisun i wajici ojorakū, bi
당하게 하겠는가"라고　말하여　　그래서 한마디 말로 끝낼 수가 없습니다. 내가

emhun geren i baru gisureci mangga, bi gūnici, muse ahūn deo emu
　혼자　여럿을 향해　말하기가 어렵습니다. 내가 생각컨대　우리　형제는

eme de banjiha ci eberi akū, mini gūniha be ahūn de alambi, te 43/44
한 어머니에게서 태어난 것보다 못하지 않습니다. 나의 생각한 바를 형에게 고합니다. 지금

han unenggi amba weile be gūnici, yabure yargiyan, amba cooha julesi
　한이 진실로　큰 일을　생각한다면　進軍이 실로 마땅합니다. 대군이　　前進하고

yabuci, geren dahaci inu elden bi, han julesi generakū, membe holtofi
무리가 투항하면 또한 희망이 있습니다. 한이 앞으로 나아가지 않고 우리를 속이고

boode amasi genembihede, geren cembe mimbe sartabuha serakūn,
瀋陽으로 돌아 간다면   사람들은 그들을 내가 지체시켰다고 하지 않겠습니까?

ahūn mini baru yargiyan be gisure, tuttu akūci joo, han, unenggi
형은   나에게   진실을   말하시오. 그렇지 않으면 됐습니다. 한께서 진실로

amba weile be muteki seci, be aisilaki, damu arga deribufi beging ni
큰   일을   이루겠다고 하면 우리는 돕겠습니다. 다만 계책을 써서 북경의

jacin deo be 44/45 tucibufi gajiha de, ere ahūn i meni dzu i mukūn be
둘째 동생을   나오게 하여 데려온다면 이는 형께서   우리   祖씨 일족을

yooni obure amba baili, ere bithe be tuwame wajiha manggi, tuwa de
온전하게 하는   큰 은덕입니다. 이 글을   보고   난 후   불에

sinda, karu bithe ume unggire, dere acaha manggi gisurere, amba weile
태우십시오. 답신은   보내지 마십시오. 대면한   후에   말하겠습니다.   큰 일은

ninggun nadan fun i mutembi, ahūn i beye jifi, dzung bing guwan de
6-7할이   이루어졌습니다. 형이   직접 와서   총병관을

acafi gisure, ši fujiyang, dzu i emgi acafi gisurefi, 45/46 han de
만나서 말하십시오.」石(廷柱) 부장은 祖(大壽)와 만나서 말하고   한에게

alanjiha manggi, han, ši fujiyang, baksi sabe geli takūrame, suwe
고한 후,   한은 石(廷柱) 부장과 (다하이) 박시 등을 또 파견하여 "너희가

ginjeo be gaijara arga be gisureki seci, ambasa hafasa be unggi,
錦州를   취할   계책을   말하겠다고 하면 대신들과 관원들을   보내라.

hebdeme gisureki seme takūraha, tere yamji fujiyang dzu k'o fa, jang
의논하여 말하겠다"라고   파견했다. 그날   밤   부장 祖可法·

dzun žin, iogi han dung jihe, han tehe baci iliha, 46/47 han de
張存仁·   유격 韓棟이   왔다. 한은 앉은 곳에서 일어났다.   한에게

niyakūrafi hengkileme acaha, beise de tebeliyeme acaha, jeterengge
무릎 꿇고   고두하며   만났다. 버일러들과 껴안으며 만났다. 먹을 것을

dagilafi ulebuhe, gisureci, inu ši fujiyang de henduhe songko, han
준비하여 먹게 했다. (그들이) 말하니 곧 石(廷柱) 부장에게 말한 것과 같았다. 한이

hendume, bi suwembe dahabufi ginjeo be afaci, mini cooha koro baha
말하기를, "내가 너희를 항복시키고 錦州를 공격해도 나의 군사가 해를 입으면

de julesi yabuci ojorakū, suwe dahaci, suweni hecen be suwe afame
    전진할 수 없다.   너희가 투항하면 너희의   성을   너희가 공격하여

gaimbio, arga i gaimbio, suweni ciha dere, suwe tuttu akū seci,
취하겠는가? 계책으로 취하겠는가? 너희의 뜻일 것이다. 너희가 그렇게 하지 않겠다고 하면

suwe 47/48 hoton be tuwakiyame te, be inu suwembe tuwakiyame tembi
너희는   성을   지키고 있어라.   우리도 너희를   감시하며 있을 것이다"

seme hendufi unggihe, orin nadan de, dzu, ini ši jung giyūn be unggifi
라고 말하여 보냈다.   27일에   祖(大壽)가 그의 施 中軍을   보내어

henduhe gisun, bi dahame wajiha, han i wara ujire, bi han de dahafi
말한 말. 「나는 항복하기로 결정했습니다. 한이 죽일지 살릴지, 내가 한에게 항복하고

ukandara ubšara be, abka na de akdulame gashūki, jai ginjeo de bi
달아날지 배반할지를   天地에   굳게 맹세하겠습니다. 또 錦州에 내가

giyansi 48/49 unggici, mini deo de akdaci ojorakū, giyansi be
간첩을   보내도 나의 동생을 믿을 수 없습니다.   간첩을

giyabalame angga baiha de, geli ainara, mini beye cooha gaifi burulame
고문하여   자백을 받으면   또 어찌하겠습니까? 내가 직접 병사를 데리고 달아나

tucike arame geneci, geli antaka, han i genggiyen de seoleme sa,,
빠져나가는 모습으로 꾸며 간다면 또 어떻겠습니까? 한께서 밝게 헤아려 살피십시오.」

tongki fuka sindaha hergen i dangse
點·圈을 찍은 문자의 檔子

dehi ilaci debtelin
43권

sure han i sunjaci aniya juwan biyaci anagan omšon biyade isinahabi
천총 5년 10월부터 潤 11월까지

tongki fuka sindaha hergen i dangse
　點·　圈을　　찍은　　문자의　　檔子

○ orin jakūn de, dzu dzung bing guwan, geren fujiyang,
　　28일에,　　　　　祖(大壽) 총병관·　　　　여러　　부장들·

ts'anjiyang, iogi, šeobei, dusy gemu dzu i ici ofi dahaki serede,
　참장·　　유격·　守備·　都司 모두 祖(大壽)의 편이 되어 항복하겠다고 할 때에

fujiyang ho k'o g'ang daharakū marara be, dzu jafafi hoton ci tucibufi
부장　　何可剛은 항복하지 않겠다고 고집하는 것을 祖(大壽)가 잡아서 성에서　내보내

juwe niyalma anatame gajifi, hoton i wargi derei ulan i tule sacime
두 사람이　　　　밀면서　데려와　성의　　서측　　　壕의　밖에서　베어

waha, wara de ho k'o g'ang, 1/2 injere dabala umai serakū, ho k'o
죽였다. 죽일 때에 何可剛은　　　　　　웃을　뿐　　전혀 말하지 않았다. 何可剛을

g'ang be muse de tuwabume wafi, dzu dzung bing guwan ini duin
　　　　우리에게　보이도록　죽이고　祖 총병관이　　　　그의 네

fujiyang, juwe iogi be unggifi gashūha gisun, aisin gurun i han
　부장·　　두 유격을 보내 맹세한 말.　　　　「金國의　　　한

<　　　>,[1] doro jafaha beise daišan, manggūltai, abatai, degelei,
　　　　執政　버일러들 다이샨·　망굴타이·　아바타이·　더걸러이·

1　이 부분은 저본에 黃箋이 붙어있다. 태종의 이름인 hong taiji가 쓰여 있었을 것으로 추정된다. 東洋文
庫 『滿文老檔』, 1516쪽, 관련 주석 참조.

jirgalang, ajige age, dorgon, dodo, yoto, abka na de akdulame
지르갈랑·   아지거 아거· 도르곤· 도도· 요토가 천지에   굳게

gashūre de, daiming gurun i dzung bing guwan 2/3 dzu da šeo,
맹세할 때에   대명국의   총병관   祖大壽,

fujiyang lio tiyan lu, jang ts'un žin, dzu je žun, dzu je hūng, dzu
부장   劉天祿·   張存仁·   祖澤潤·   祖澤洪·   祖可法·

k'o fa, ts'oo gung ceng, han dai hiyūn, sun ding liyoo, pei guwe
        曹恭誠·   韓大勳·   孫定遼·   裵國珍·

jeng, cen bang siowan, lii yūn, deng cang cūn, lio ioi ing, deo ceng u,
      陳邦選·   李雲·   鄧長春·   劉毓英·   竇承武,

ts'anjiyang iogi u liyang fu, g'ao guwang hūi, lio ši ing, 3/4 šeng
      참장과 유격   吳良輔·   高光輝·   劉士英·   盛忠·

jung, dzu je yuwan, hū hūng siyan, dzu ke yung, dzu bang u, ši dai
      祖澤遠·   胡弘先·   祖克勇·   祖邦武·   施大勇·

yung, hiya de šeng, lii i jung, lio liyang cen, jang k'o fan, siyoo
      夏得勝·   李一忠·   劉良臣·   張可範·   蕭永祚·

yung dzu, han dung se dalingho hecen i geren hafan, cooha irgen be
          韓棟   등이   大凌河 성의   여러 관원·   軍· 民을

gaifi mende dahaha, ere dahaha hafan cooha be geodebufi waci, jai
거느리고 우리에게 항복했다. 이 항복한   관원과 병사를   속여서 죽이면, 또

esei boigon be baha manggi, 4/5 juse sargan be faksalara, ulin ulha
이들의 戶를   얻은 후   자식들과 처를   갈라놓고   재화와 가축을

be samsibuci, abka na membe wakalafi se jalgan de isiburakū aldasi
흩어지게 하면   천지가 우리를   질책하여 수명을   다하지 못하고 중도에

bucebu, ere dahaha hafan cooha ce membe geodebufi ubašara ukandara
죽게 할지어다. 이 항복한 관원과 병사 그들이 우리를   속이고   배반하거나 도망친다면

oci, abka na ese be wakalafi se jalgan de isiburakū aldasi bucebu,
      천지가 이들을 질책하여 수명을 다하지 못하고   중도에 죽게 할지어다.

gashūha gisun de isibume banjici, abka na gosifi, jalan goro aniya
   맹세한   말에   이르도록   살면   천지가 자애하여 세대가 멀고 해가

goidame taifin jirgame 5/6 banjibu, gashūme wajiha manggi, dzu
오래되도록 태평하고 안락하게   살게 할지어다.」 맹세하길 마친   후   祖

dzung bing guwan i gashūha gisun, [原檔殘缺]
   총병관이   맹세한   말.   〔原檔殘缺〕

han, lungsi age be dzu de takūrame, ahūn deo arame abka na de
   한이 룽시 아거를   祖(大壽)에게 파견하여 "형제로   삼아   천지에

gashūme wajiha, ginjeo be gaijara arga be hūdun gisureci sain, ai
맹세하길 끝냈다.   錦州를   취할   계책을   속히   말하면 좋겠다. 어떤

arga i gaimbi seme takūraha manggi, dzu dzung bing guwan hendume,
계책으로 취할 것인가?"라고 파견하자   祖(大壽) 총병관이   말하기를,

ere 6/7 gisun be mini beye han i jakade genefi hebdeki seme uthai
"이   말은   제가 직접   한의 곁에 가서   상의하고 싶습니다"라면서 즉시

jidere de, kūrcan baksi, lungsi age, han de alanjiha, han amasi
  오려하자   쿠르찬 박시·   룽시 아거가 한에게 고해왔다.   한이 다시

takūrame, udu gashūme wajiha seme, irgen i mujilen toktoro unde,
파견하여   "비록   맹세가   끝났다고는 하나 백성의   마음은 아직 정해지지 않았으니

ere yamji jidere joo, cimari genggiyen šun de acaki 7/8 sehe manggi,
이 밤에 오는 것은 됐다. 내일 아침 밝은 해가 있을 때 만나자"   라고 말하자

dzu marame emgeri wajici tetendere, kenehunjere ba akū, bi genefi
祖(大壽)는 고집하며 "이미 (맹세가) 끝났으면 그만이지 의심할 것 없습니다. 제가 가서

han de acafi ginjeo be gaijara arga be gisureki sehe manggi, kūrcan
한과 만나   錦州를   취할   계책을   말하겠습니다"라고 하자   쿠르찬

baksi, lungsi age, han de alanjiha manggi, jikini seme hendufi, han
박시·   룽시 아거가   한에게   고해 온 후   "와도 좋다"고   말하고   한은

ing de bederehe, beise ulan i dolo emu ba i 8/9 dubede okdofi tebeliyeme
營으로 돌아갔다.   버일러들이 壕의 안쪽   1里   끝에서   마중해 껴안으며

acaha, acara de dzu hendume, beise i beye okdonjiha doro be adarame
만났다. 만날 때에 祖(大壽)가 말하기를, "버일러들이 친히 맞이하러 온 예를   어찌

alime gaijara, tereci ging ni dubede han i ing de isinjiha manggi,
감당하겠습니까?" 그 후   更의   끝에   한의 營에   도착한 후

dengjan tukiyefi han monggo booci tucime okdoko, dzu, han de
등불을 들고 한이 몽고 천막에서 나와 맞이했다. 祖(大壽)가 한에게

niyakūrame acaki serede, han niyakūrabuhakū tebeliyeme acaha, dzu
무릎 꿇고 알현하겠다고 했지만 한은 무릎 꿇게 하지 않고 껴안으며 만났다. 祖(大壽)를

be boode juleri dosinu 9/10 seci, marara de, han gala jafafi sasa
천막에 먼저 들어가라고 했으나 사양하니 한이 손을 잡고 함께

dosika, han i hashū ergide adame tebuhe, jeterengge dagilafi tukiyehe
들어갔다. 한의 왼편에 나란히 앉혔다. 음식을 준비해서 올리자

manggi, han aisin i hūntahan de arki tebufi dzu de jafaha, dzu
한이 금 술잔에 소주를 담아 祖(大壽)에게 권했다. 祖(大壽)가

marame han be neneme omi serede, han, amba beile de neneme angga
사양하며 한에게 먼저 마시라고 하니 한이 大 버일러에게 먼저 입에

isibufi 10/11 han omiha, jai dzu de omibuha, dzu hendume, mini
대게 하고나서 한이 마셨다. 다음에 祖(大壽)에게 마시게 했다. 祖(大壽)가 말하기를, "제가

gajiha jaka inenggi goidafi wajiha, han i arki be baifi han de
가져온 물건은 날이 오래되어 끝나버렸습니다. 한의 소주를 얻어서 한께

omibuci ojoroo seme hendume, arki gaifi han de niyakūrame
마시게 해도 될까요?"라고 말하고 소주를 가져와 한에게 무릎 꿇고,

omibuha, dzu be jihe doroi seme, han i etuhe sahaliyan dobihi mahala,
(한에게) 마시게 했다. 祖(大壽)에게, 온 禮라고 하여 한이 입은 검은 여우가죽 겨울모자·

sekei sijigiyan, aisin i foloho umiyesun, gūlha, fomoci, foloho enggemu
貂皮 袍·　　　　금제의 조각한 요대·　　신발·　버선·　조각한 안장에

hadala tohohoi 11/12 <u>šanggiyan suru morin</u>[2] bufi hendume, inenggi šun
굴레를 매단　　　　　　　　　　　　흰 백마를　　주고 말하기를, 　 "낮이었다면

bici, abka na de hengkileme dorolome acara bihe, farhūn dobori
　　천지에　　　고두하고　　예를 갖춰 만났을 것이다.　 어두운 밤이라

ofi doro akū acaha, bigan i bade kemneme gajiha jaka, sain be bahafi
　예의 없이 만났다.　　황야의 땅에서　 절약하여 가져온 물건이다.　 좋은 것을

burakū sehe manggi, dzu jabume, han i uttu gosime kundulere be
주지 못한다"라고 말하자, 祖(大壽)가 답하기를, "한이 이토록 자애하고 존중해주신 것을

bi aiseme 12/13 [原檔殘缺]
제가 무어라고…　　　〔原檔殘缺〕[3]

○ ice ninggun de,[4] tusiyetu efu i emu elcin, konggor mafa i emu
　　초 6일에,　　　　투시예투 어푸의　1명의 사신,　 콩고르 마파의　 1명의

2　[籤註] gingguleme kimcici, ere šanggiyan suru morin sere gisun, ainci fe dangsede šanggiyan sere
　　hergen be fulu araha dere,,
　　삼가 고찰하건대 이 'šanggiyan suru morin'(흰 백마)라는 말은 아마도 舊 檔子에서 'šanggiyan'(흰)이
　　라는 문자를 덧붙여 쓴 것일 것이다.
3　원문의 누락된 부분이『淸太宗實錄』천총 5년 10월 무진조에 실려 있다. "大壽奏曰:「蒙皇上優待若此,
　　夫復何言, 我雖至愚, 豈木石等耶, 遂定取錦州之策」, 大壽辭入城, 上送出俟. 大壽行方入幄."(祖大壽가
　　상주하여 말했다. 「황상의 우대를 받음이 이와 같은데 다시 무슨 말을 하겠습니까? 제가 비록 지극히
　　우둔하나 어찌 목석과 같겠습니까?」 마침내 錦州를 취할 계책을 정하고 祖大壽가 성으로 들어가겠
　　다고 작별을 고하니, 上이 나와서 전송하고 祖大壽가 가기를 기다린 후에야 천막으로 들어갔다.).
4　여기에서부터는 閏11월의 기사이다. 앞 절 끝의 소실된 부분에는 천총 5년 10월 말부터 11월 전체와
　　윤11월 초가 포함된다. 동양문고『만문노당』, 1516쪽 관련 주석 참조.

elcin, ilduci taiji i emu elcin, dagūr hatan baturu i emu elcin, butaci
사신, 일두치 타이지의 1명의 사신, 다구르 하탄 바투루의 1명의 사신, 부타치

hatan baturu i elcin, emu morin be han de gajime hife baksi emgi
하탄 바투루의 사신이 1마리 말을 한에게 가져오고자 히퍼 박시와 함께

jihe, ere morin be han gaiha,, 13/14
왔다. 이 말을 한이 취했다.

○ ice nadan de, naiman i coktu taiji i elcin jidere doroi han de
    초 7일에, 나이만의 촉투 타이지의 사신이 오는 예로 한에게

emu honin yali, juwe šanggiyan jafu, duin sin kūru, nimenggi juwe
1마리 양 고기· 2장의 흰 모직물· 4숤斗의 치즈· 기름 2개의

guwejihe gajime jihe, gaiha,,
胃를 가져 왔다. (한이) 취했다.

○ juwan de, amba mama i elcin, ilan morin, ajige mama i elcin
    10일에, 암바 마마[5]의 사신이 3마리 말을, 아지거 마마[6]의 사신이

juwan honin, gūsin ninggun 14/15 seke, ukšan nakcu i elcin emu
10마리 양과 36장의 초피를, 욱산 낙추의 사신이 1마리

giyahūn han de gajime jihe, erebe gemu gaiha,,
송골매를 한에게 가져 왔다. 이를 모두 취했다.

---

5 '암바 마마'(amba mama)는 코르친 좌익의 수장 망구스의 아내이다. 청태종의 황후인 孝端文皇后의
   모친이다. 한문 사료에서 大妃라고 기록했다.
6 '아지거 마마'(ajige mama)는 코르친 좌익의 수장 망구스의 아들 자이상의 아내이다. 청태종의 황후
   인 莊妃(孝莊文皇后)의 모친이다. 한문 사료에서 次妃라고 기록했다.

○ juwan duin de, konggor mafa i deo dorji taiji, juwe niyalma
　　14일에,　　　　　콩고르 마파의　　동생 도르지 타이지와　2명의

elcin jihe, emu morin, han de gajiha bihe, gaiha,, 15/16
사신이 왔다. 1마리의 말을　한에게　가져왔다.　　받았다.

○ tere inenggi, hara cerik i g'arma taiji emu morin, arna taiji
　　그 날,　　　　　하라 처릭의　가르마 타이지가 1마리의 말,　아르나 타이지가

juwe morin gajime han i cooha genefi jihe doroi hengkileme jihe, ere
2마리의 말을 가져와서 한의　　출정하고　온　예로　고두하러　왔다.　이

ilan morin be gemu gaiha,,
3마리의 말을　　모두 취했다.

○ tofohon de, aru i dalai cūhur de han i unggihengge. emu
　　15일에,　　　아루의 달라이 추후르에게　한이　보낸 것.　　　1개의

monggo boo, dobihi sishe emke, gūlha 16/17 emu juru, ini elcin de
몽고 천막·　여우가죽 이불 1개·　신발　　　1쌍을　　그의 사신에게

gamafi bu seme unggihe,,
가져가서 주라고　　보냈다.

○ juwan ninggun de, aru i sun dureng ni elcin jakūn niyalma
　　16일에,　　　　아루의　순 두렁의　　사신　8명이

jidere doroi juwe morin, dung daicing ni elcin sunja niyalma emu
오는 예로　2마리의 말을,　둥 다이칭의　사신　5명이　　1마리의

morin han de gajiha,, 17/18
말을 　한에게 가져왔다.

○ juwan nadan de, karacin i yebšu tabunang, subang tabunang,
　　17일에, 　　　　카라친의 　엽슈 타부낭·　　　수방 타부낭이

orin ilan gucu be gajime han de hengkileme jihe, jidere doroi
23명의 　　구추를 　데리고 　한에게 　고두하러 　왔다. 　오는 예로

gajihangge, yebšu tabunang sunja honin yali, juwe kukuri arki, subang
가져온 것. 　　엽슈 타부낭은 　5마리 양 고기와 　2개의 편병의 소주를, 　수방

tabunang emu honin yali, juwe kukuri arki gajiha,, 18/19
타부낭은 　1마리 양 고기· 　2개의 편병의 소주를 가져왔다.

○ juwan[7] uyun de, sure han i hese, tusiyetu han de bithe
　　19일에, 　　　　　수러 한의 늡를 　투시예투 한에게 서신으로

unggihe, te suwe cahar de ume gelere, agūn i ahūn deo de hendufi
보냈다. 「지금 너희는 차하르에게 두려워하지 말라. 아군의 형제에게 　　말하여

nukte be wargi baru nukteme guri, nukte hanci oci, aika jaka
유목지를 　서쪽으로 　유목하러 옮기라. 유목지가 가까우면 어떤 것도

bargiyatara de sain kai, tuttu ojoro turgun be si sarkū dere, ai
수습하기에 　좋을 것이다. 그렇게 되는 　연유를 　너는 모를 것이다. 어쨌거나

7　　[簽註] ere emu meyen, fe dangse de arahangge monggo hergen, te manjurame ubaliyambuha,,
　　이 한 단락을 舊 檔子에 쓴 것은 몽고 문자인데 지금 만주어로 번역했다.

ocibe gūnin be sanggarjai de alarangge secina, tarhūn akta be
　(이) 뜻을　상가르자이에게　전했으면 한다.　　　　살찐　거세마를

ume efulere, turga 19/20 akta be bordome ulebu, gorlos, jalait nadan
절대로 훼손하지 말라. 마른 거세마를　　살찌도록 먹이라.　　고를로스·잘라이트의 일곱

taijisa, darhan taiji i juse de sain niyalma tucibufi elcin takūrafi,
타이지들은 다르한 타이지의 아들들에게 좋은 사람을 내보내　사신으로 파견하고

nukte be suweni baru gocifi bisirele ahūn deo uhei emgi acafi, aru i abaga
유목지를　너희　쪽으로 가까이 해서 있는 모든 형제가 모두 함께 만나　아루의 아바가에

de sirandume nuktebu, cargi sunja gūsai nukte be ebsi gocirakū oci,
　뒤따라　유목시켜라.　그쪽　5개 구사의　유목지를 이쪽으로 가깝게 하지 않으면

yaya bade nukte goro seme jiderakū oho manggi, fuhali bata ombi,
　각지에　유목지가 멀다고　　오지 않게 된 후　　마침내 적이 된다.

tese be dagūr i daci gisurehe bade niyengniyeri gurikini, suweni
그들을　다구르의　원래　의논한 곳으로　봄에　　옮기라.　너희의

hashan dalikū be ula de gurimbi seme 20/21 gisurehebi sere, ume gurire,
　울타리 장벽을　　울라로　옮긴다고　　　　말했었다고 하는데　옮기지 말라.

gorlos ci gaiha adun be ton i songkoi gaisu, funcehe morin be
고를로스로부터 취한 목축을　數대로　　취하라.　남은　　말은

bederebume amasi <u>bu</u>,,
　되돌려　　도로 주어라.」

○ tere inenggi, han, tusiyetu efu i ujui elcin de šangnahangge,
　그 날,　　　　한이　투시예투 어푸의 수석 사신에게　　상 내린 것.

emu suje, uyun mocin, <u>kutusi</u>[8] de sunja mocin, kunesun emu honin,
1필의 비단과　9필의 毛靑布, 쿠툴러들에게　5필의 毛靑布와 행량으로　1마리 양을,

konggor mafa i elcin de uyun 21/22 mocin, kunesun emu honin, butaci
콩고르 마파의　사신에게　9필의　　　毛靑布·　행량으로　1마리 양,　부타치

hatan baturu i elcin de uyun mocin, kunesun emu honin, ilduci i elcin,
하탄 바투루의　사신에게　9필의 毛靑布·　행량으로　1마리 양,　일두치의 사신과

dagūr hatan baturu i elcin de nadata mocin, acan kunesun emu honin
다구르 하탄 바투루의　사신에게　7필씩의 毛靑布·　합쳐서　행량으로 1마리 양을

genere doroi buhe, han, tusiyetu efu gege de unggihengge, foloho
가는　　예로 주었다. 한이　투시예투 어푸와 공주에게　보낸 것.　　　조각한

enggemu hadala, sekei mahala emke, gūlha emu juru, dambagu 22/23
안장과 굴레·　　　초피 겨울모자 1개·　　신발 1쌍·　　　담배

juwan kiyan, jakūn cuse, jancuhūn usiha emu joksi, mase usiha
10첩·　　8필의 紬子·　　　밤(栗) 1바가지·　　　호두

emu joksi, soro emu joksi, kūru emu joksi, cai emu joksi, turga šatan
1바가지·　대추 1바가지·　　치즈 1바가지·　　차 1바가지·　　말린 사탕

8　[籤註] gingguleme kimcici, ere kutusi sere gisun, ainci uthai kutule sere gisun de adali dere,,
　　삼가 고찰하건대 이 'kutusi'라는 말은 아마도 곧 'kutule'(쿠툴러)라는 말과 같을 것이다.
　　* 'kutusi'는 몽고어 'kötöči'가 만주어화되며 변음된 것으로 추정된다.

juwe, <u>ufa šatan</u>[9] emu moro, hoošan emu tanggū, šulhe juwe šoro,
둘·   가루 사탕 1升·   종이 100장·   배(梨) 2소쿠리·

mucu emu šoro, hibsu juwe malu, nure juwe malu, handu bele emu
포도 1소쿠리·   꿀 2병·   황주 2병·   찹쌀 1升·

sin, ufa emu 23/24 sin, dabsun emu šoro, ini elcin i emgi kūwadai
밀가루 1金斗·   소금 1소쿠리를   그의 사신과   함께 쿠와다이가

beneme genehe,,
보내러 갔다.

○ tere inenggi, hara cerik i tai batur, toktohoi jargūci, gūsin
그 날,   하라 처릭의   타이 바투르· 톡토호이 자르구치가   35명을

sunja niyalma be gaifi han de acanjime jihe,, 24/25
데리고 한에게   알현하러   왔다.

○ orin de, isut gurun i guyeng hošooci, dehi ilan niyalma be
20일에,   이수트[10] 국의   구영 호쇼오치가   43명을

gaifi han de hengkileme jihe,,
데리고 한에게   고두하러   왔다.

---

9 [簽註] gingguleme baicaci, fe manju gisun i bithe, manju gisun i buleku bithede, gemu turga šatan, ufa šatan sere juwe gisun akū ofi, da songkoi sarkiyaha,,
삼가 찾아보니 『舊淸語』와 『淸文鑑』에 모두 'turga šatan', 'ufa šatan'이라는 두 어휘가 없으므로 원래대로 베껴 썼다.
　* 今西春秋는 'turga šatan'을 粗糖으로, 'ufa šatan'을 白砂糖으로 추정했다. 今西春秋, 「滿文老檔乾隆付注譯解」, 『東方學紀要』 1, 1959, 197쪽.
10 '이수트'(isut, 伊蘇特)는 아수트(asut, 阿蘇特)를 가리킨다.

○ orin emu de, guyeng hošooci, tai batur toktohoi jargūci, ere
　　21일에,　　　　　구영 호쇼오치·　타이 바투르·　톡토호이 자르구치　이

juwe mukūn i beise be jihe doroi ilan honin wafi, duin malu 25/26 arki
　2개　일족의　　버일러들이　온 예로　3마리 양을 잡고　　4병의　　　　　소주로

yamun i boode sarilaha,,
아문의 전각에서　잔치했다.

○ tere inenggi, guyeng hošooci jeku akū seme han de baire
　　그 날,　　　　　구영 호쇼오치가 곡식이 없다고　　한에게　　청하니

jakade, nikan hule i sunja hule jeku buhe,,
　　한인의 石으로　5石의　　　곡식을 주었다.

○ orin juwe de, guyeng hošooci genehe, ede kunesun emu honin
　　22일에,　　　　　구영 호쇼오치가 갔다.　　이에　　행량으로　1마리 양을

buhe,, 26/27
주었다.

○ tere inenggi, jarut i jirgalang taiji, juwan duin gucu be gaifi,
　　그 날,　　　　　자루트의 지르갈랑 타이지는　14명의　　구추를　　데리고

emu temen sunja morin, dorji taiji, juwe morin gajime han de
1마리 낙타·　5마리의 말을,　도르지 타이지는 2마리의 말을 가지고　한에게

hengkileme jidere doroi gajiha,,
고두하러　　　　오는　禮로 가져왔다.

○ tere inenggi, 27/28 han, yebšu tabunang de jakūn seke, foloho
그 날,   한이   엽슈 타부낭에게   8장의 초피와 조각한

jebele, subang tabunang de duin seke buhe, tere inenggi genehe,,
화살집을,   수방 타부낭에게   4장의 초피를 주었다.   그 날   갔다.

○ tere inenggi, han, g'arma taiji de buhengge, acinggiyame
그 날,   한이   가르마 타이지에게 준 것.   움직이는 듯

foloho enggemu hadala, emu lekerhi, juwe hailun, orin mocin, juwe
조각한 말안장과 굴레·   1장의 해달가죽· 2장의 수달가죽· 20필의 毛靑布· 2필의

28/29 suje, juwan kiyan dambagu buhe, ede kunesun emu honin buhe,
비단·   10帖의 담배를   주었다. 여기에 행량으로 1마리 양을 주었다.

tere inenggi genehe,,
그 날   갔다.

○ orin ilan de, aru i bandi, dalahai, sayang, bambu, ere duin
23일에,   아루의 반디· 달라하이· 사양·   밤부,   이 4명의

beise, tanggū gucu be gajime han i cooha genefi jihe doroi hengkileme
버일러들이 100명의 구추를 데리고 한의 군대가 출정하고 온   예로   고두하러

jihe, bandi emu temen, emu morin de uksin saca acifi, sula ilan 29/30
왔다. 반디는 1마리 낙타·   1마리 말에   갑옷과 투구를 싣고, 맨등의 3마리

morin jafaha bihe, uksin aciha emu morin, sula juwe morin gaiha, emu
말을   바쳤다.   갑옷을 실은 1마리 말·   맨등의 2마리 말을 취했다. 1마리

temen, emu morin be amasi bederebuhe, bandi i jui emu morin jafaha
낙타와 1마리 말은   되 돌려보냈다.   반디의 아들이 1마리 말을 바쳤다.

bihe, amasi bederebuhe, dalahai emu temen, uksin saca acifi emu
되 돌려보냈다.   달라하이는 1마리 낙타·   갑옷과 투구를 실은 1마리

morin, sula ilan morin jafaha bihe, uksin aciha emu morin, sula ilan
말· 맨등의 3마리 말을   바쳤다.   갑옷을 실은 1마리 말과   맨등의 3마리

morin gaiha, emu temen 30/31 amasi bederebuhe, dalahai i jui emu
말을 취했다. 1마리 낙타는   되 돌려보냈다.   달라하이의 아들은 1마리

morin jafaha bihe, amasi bederebuhe, sayang juwe morin jafaha bihe,
말을   바쳤다.   되 돌려보냈다.   사양은 2마리 말을   바쳤다.

gemu gaiha, bambu juwe morin jafaha bihe, gemu gaiha,,
모두 취했다. 밤부는 2마리 말을   바쳤다.   모두 취했다.

○ orin duin de, amba beile, juwe ihan, jakūn honin, juwan
    24일에,   大 버일러가 2마리 소·   8마리 양·   10마리

niongniyaha wafi, arki nure 31/32 orin malu, gūsin dere dasafi, bandi,
  거위를 잡고,   소주와 황주   20병으로   30개의 상을 차려서 반디·

dalahai, sayang, bambu, ere duin beise be sarilaha,,
달라하이· 사양·   밤부,   이 4명의 버일러들에게 잔치를 베풀었다.

○ šahūn honin aniya anagan i omšon biyai orin duin de, aisin
    辛未年(1631)   閏   11월   24일에,   金國의

gurun i han i bithe, dzu amba jiyanggiyūn de unggihe, jang io ts'ai
　　한의　글.　　「祖 대장군에게　　　　　　보낸다.　　　張有功[11]

de mini henduhengge, ere biyai juwan de jiyanggiyūn i sain be 32/33
에게 내가　말한 것은,　　　이번 달　10일에　　　장군의　　　안부를

fonjime niyalma takūrara sehe bihe, takūraki seci, jiyanggiyūn i
　물으러　　사람을　보내려고　　했지만,　　보내려고 해도　　　장군의

medege be sarkū ofi, neneme medege gaiki seme karun be jafafi
　소식을　모르기 때문에, 먼저　　소식을 취하고자 하여　초병을 잡아서

fonjici, šanaha i tule kemuni jiyanggiyūn ejen sere jakade, teni mini
물으니,　산해관의　밖이 여전히　　장군이　　수장이라 하므로,　그제서야 내가

dolo sulakan ofi, jiyanggiyūn i sain be fonjime niyalma takūraha, muse
마음이　놓여서　　　장군의　　안부를 물으러　사람을　보낸다.　우리가

abka na de gashūfi emu biya oho be dahame, mini dolo damu
　天地에　　맹세한지　한 달이　됨에 따라,　나의 마음은 오직

jiyanggiyūn i beyei jalin de ambula jobombi, beyebe saikan 33/34 karma,
　장군의　　몸에 대해　크게　걱정한다. 몸을　잘　　　돌보아라.

niyalma urunakū inenggi goidame mujilen dubimbi, dubifi arga de
　사람은　반드시　날이　오래되어 마음이 해이해진다. 해이해져서 꾀에

---

11 『清太宗實錄』의 기록에 의거해 원문의 'jang io ts'ai'를 '張有功'으로 옮긴다. "祖大壽遣張有功, 自錦州
齎書至奏言…." 『清太宗實錄』10권, 천총 5년 11月 戊寅.

tuhefi endeburahū, jai tubai arbun be, be goroki ci ainambahafi
빠져 과실을 범할까 염려된다. 또 그곳의 상황을, 우리가 멀리서부터 어찌 알 수 있겠는가?

sara, sain ehe hūdun mende medege be jiyanggiyūn getuken i bithe
(상황의)좋고 나쁨은 속히 우리에게　소식을　　　장군이　　　분명한　　글로

arafi, sain niyalma be unggi, bi morin ulebume cooha dasame,
써서,　좋은　　사람을　　보내라. 나는 말을　먹이고　　군대를　다스리며,

jiyanggiyūn i gisun be aliyambi, ubai deote juse, geren hafan cooha i
　장군의　　　서신을　기다린다. 이곳의 동생들과 자식들·여러 관원들과　군대

jalin ume joboro, mini yadara gurun i muterei teile ujimbi, 34/35 muse
때문에 걱정하지 말라. 나의　가난한　　나라가 할 수 있는 만큼 보살핀다.　　우리는

emgeri emu weihu de tehe, ufaraci acan jobolon, jabšaci uhe hūturi,
　이미　　　한 배에　　탔다.　잃으면 공동의 근심이요, 이익을 얻으면 모두의 복이다.

abka gosifi weile muteci, jiyanggiyūn be wang obure, gurun saliburengge
하늘이 자애하시어 일이 이루어지면,　장군을　왕으로　삼고,　나라를 뜻대로 맡기는 것이

ini cihai bi, aikabade jiyanggiyūn i beyede hūdun jobolon ojoro,
저절로 그렇게 될 것이다. 만약　장군의　　몸에　　급한　우환이　생겨

dursun hūsun isirakū, beyebe tuwakiyame muterakū ohode, jiyanggiyūn
건강과 완력이 충분하지 않고 몸을　　　돌볼 수 없게　　　된다면,　장군은

uthai inenggi boljome niyalma takūra, okdome ganaki, jiyanggiyūn
　즉시　날짜를　정하러　사람을　보내라.　맞이하러 데리러 가겠다. 장군은

ginjeo i bayan wesihun be nararakū, beye 35/36 bici, bayan wesihun
錦州의   富貴를   아까워하지 말라. 몸이   있으면,   부귀는

beyebe dahame bikai, dalingho i tutala hafan cooha be yooni gaifi
몸에 따라서 있는 것이다.   大凌河의   많은   관리와   군사를   모두 이끌고

dahahangge, tere gung meni gurun de akū, bi jiyanggiyūn be beise i
투항한 것,   그런   공은 우리   나라에 없었다. 나는   장군을   버일러들의

jergi de obure dabala, hafasa i jergi de oburakū, tere anggala, [原檔殘缺]
등급으로 삼으려 할 따름이지, 관리들의 등급으로 삼지 않는다.   하물며,   〔原檔殘缺〕」

○ orin sunja de, sanggarjai nakcu orin gucu gajime 36/37 han i
    25일에,   상가르자이 낙추가 20명의 구추를 데리고   한의

cooha genefi jihe doroi hengkileme jihe, sunja morin jafaha bihe, emu
군대가 출정하여 온   예로   고두하러 왔다.   5마리 말을   바쳤다.   1마리

morin gaiha, duin be bederebuhe,,
말을 취했고 4마리는 돌려보냈다.

○ orin ninggun de, degelei taiji i boode, bandi, dalahai, sayang,
    26일에,   더걸러이 타이지의 집에서 반디· 달라하이· 사양·

bambu, ere duin beise, hara cerik i tai batur, toktohoi jargūci, ere
밤부,   이 4명의 버일러들과 하라 처릭의 타이 바투르· 톡토호이 자르구치, 이

ninggun be amba beile i sarilaha songkoi sarilaha,, 37/38
6명을   大 버일러가   잔치했던   대로   잔치했다.

○ tere inenggi, jalait gurun i minggandari beile, sonom taiji,
　그 날,　　잘라이트 국의　　　밍간다리 버일러·　소놈 타이지·

sereng taiji, uheri susai duin gucu be gajime han i cooha genefi jihe
　서렁 타이지가 총　　54명의　　구추를　데리고 한의　군대가 출정하여 온

doroi hengkileme jihe, minggandari beile, emu temen, ilan morin jafaha
　예로　　고두하러 왔다.　　밍간다리 버일러가 1마리 낙타·　3마리 말을 바쳤다.

bihe, juwe morin gaiha, emu temen, emu morin be 38/39 amasi
　　2마리 말은 취했고　　1마리 낙타와　1마리 말은　　　　　　되

bederebuhe, sonom taiji, juwe morin jafaha bihe, emu morin gaiha,
　돌려보냈다. 소놈 타이지는　2마리 말을　　바쳤다.　　1마리 말을 취하고,

emu morin be amasi bederebuhe, sereng taiji, juwe morin jafaha bihe,
　1마리 말은　　　　되 돌려보냈다.　　서렁 타이지는 2마리 말을　바쳤다.

emu morin gaiha, emu morin be amasi bederebuhe,,
　1마리 말을　취하고　1마리 말은　　　　되 돌려보냈다.

○ orin nadan de, hara cerik gurun i tai 39/40 batur, toktohoi
　　　27일에,　　　하라 처릭 국의　　타이　　바투르· 톡토호이

jargūci de, menggun i cara emte, silun i dahū emte, susaita mocin,
　자르구치에게　　　은 술잔 1개씩· 스라소니 털가죽외투 1벌씩·　50필씩의 毛靑布·

juwete suje, dusg'ar de emu dobihi dahū, juwe suje, dehi mocin,
　2필씩의 비단을, 두스가르에게 1벌의 여우 털가죽외투· 2필의 비단· 40필의 毛靑布를,

darama, tai batur ahūn i sargan, santu, dung, ere duin niyalma de
다라마·　타이 바투르의　형의　처·　산투·　둥,　이　4명에게

emte suje, gūsita mocin, kitat, norbu, ere juwe niyalma de orita mocin,
1필씩의 비단·30필씩의 毛靑布를, 키타트·노르부　이 2명에게　20필씩의 毛靑布를,

sereng, gumu, gumushi, 40/41 ere ilan niyalma de juwanta mocin
서렁·　구무·　구무스히,　이　3명에게　10필씩의 毛靑布를

hengkileme jihe doroi šangname buhe,,
고두하러　온　예로　상 내려　주었다.

○ orin jakūn de, amba mama, ajige mama de han i unggihengge,
28일에,　암바 마마·　아지거 마마에게　한이　보낸 것.

seke mahala emte, orita kiyan dambagu, emte boose kijimi, ukšan
초피 겨울모자 1개씩·　20帖씩의 담배·　1包씩의 살담배,[12] 욱산

nakcu de orin kiyan dambagu,　kijimi emu boose, juwe mama i elcin
낙추에게는　20帖의 담배·　살담배 1包,　두 마마의　사신

de, 41/42 emte suje, jakūta mocin, kutusi de sunjata mocin buhe,
에게는　1필씩의 비단·8필씩의 毛靑布, 쿠툴러에게는 5필씩의 毛靑布를 주었다.

---

12 'kijimi'의 사전적 의미는 '海蔘'이지만 여기에서는 썰어 놓은 담배를 의미하는 '살담배'로 번역한다.
　『만문노당』의 'kijimi'는 『구만주당』에 'jisami'로 기록되어 있다. 성백인은 'jisami'가 重鈔 과정에서
　'kijimi'로 잘못 적혔을 것으로 추정했다. 그에 의하면 'jisami'는 뜻이 확실치 않지만 선물로 사용되며
　주로 'dambagu(담배)'나 'cai(차)'와 함께 열거되기 때문에 그 둘과 유사한 기호품일 가능성이 높다.
　또한 한국어에 일본어 '키자미'의 차용어인 '지사미'(살담배)라는 단어가 있고 이것이 만주어의
　'jisami'가 되었을 가능성이 높다. 아래 논문 참조. 성백인, 「『舊滿洲檔』의 jisami와 『滿文老檔』의 kiji-
　mi」, 『알타이학보』 6, 1996, 37~46쪽.

nakcu i elcin de emu elbihe dahū, emu beri, emu suje, jakūn mocin,
낙추의 사신에게는 1벌의 너구리 털가죽외투· 1개의 활· 1필의 비단· 8필의 毛靑布를,

kutusi de sunja mocin, mocin i kurume emke buhe, ere ilan elcin de
쿠툴러에게는 5필의 毛靑布·   毛靑布 쿠리메 1벌씩을   주었다. 이 3명의 사신에게

kunesun ilan honin buhe,, 42/43
행량으로   3마리 양을 주었다.

○ manjusiri nakcu i babai gebungge emu monggo, ini ejen i aika
    만주시리 낙추의 바바이라는 이름의   1명의 몽고인이 그의 주인의   어떤

jaka be gamame cahar de ukame genefi, cahar ci geli amasi han be
  물건을   가지고   차하르에   도망쳐 갔다가, 차하르로부터 다시 도로 한에게

baime jihe be, han hendume, ere niyalma genefi goidahakū geli amasi
  찾아   온 것을, 한이 말하기를, “이   사람이   간지 오래지 않아   또   되

ukame jihengge ibiyada seme ini ejen de wa seme, elcin jihe ebulei
도망쳐   온 것이 마음에 들지 않는다”하여 그의 주인에게 죽이라고 사신으로 온 어불러이

gebungge monggo de afabufi 43/44 unggihe,,
라는   몽고인에게   맡겨져   보냈다.

○ tere inenggi,¹³ korcin de unggihe bithei gisun, sure han i hese,
    그 날,   코르친에   보낸   글의   말. 「수러 한의 旨,

---

13 [簽註] ere emu meyen, fe dangse de arahangge monggo hergen te manjurame ubaliyambuha,,
　　이 한 단락을 舊 檔子에 쓴 것은 몽고 문자인데 지금 만주어로 번역했다.

tusiyetu han de bithe unggihe, agūn i weilengge taijisa ocibe, weile
투시예투 한에게 글을 보낸다. 아군의 죄지은 타이지들이든지, 죄

akū taijisa ocibe, elhe be baime jidere be ilibu, akta i hūsun efujembi,
없는 타이지들이든지, 안부를 물으러 오는 것을 그만두게 하라, 거세마의 힘을 훼손시킨다.

yaya weile necihe taijisa akta i hūsun be efulerakū, gisurefi toktobuha
어떠한 죄를 지은 타이지들이라도 거세마의 힘을 훼손하지 말고, 의논해서 정한

44/45 fafun gisun i songkoi yabuci acambi dere, gisurefi toktobuha
법도의 말대로 행해야 마땅하리라. 의논해서 정한

gisun ci jurceme, akta i hūsun be cukubume, yaya yabure baita de
말로부터 어긋나고, 거세마의 힘을 피로하게 하고, 어떠한 행해야할 일에도

jiderakū yaburakū bime, elhe be baime jiderengge ai baita,,
오지 않고 가지 않았는데, 안부를 물으러 오는 것이 무슨 소용인가?」

○ tere inenggi, hošoi jirgalang beile i boode aru i bandi, dalahai,
그 날, 호쇼이 지르갈랑 버일러의 집에서 아루의 반디· 달라하이·

sayang, bambu, ere duin beise, 45/46 hara cerik i tai batur, toktohoi
사양· 밤부 이 네 버일러들과 하라 처릭의 타이 바투르· 톡토호이

jargūci, ere ninggun be amba beile i sarilaha songkoi sarilaha,,
자르구치 이 6명을 大 버일러가 잔치했던 대로 잔치했다.

○ tere inenggi, hošoi mergen daicing beile i boode emu ihan,
그 날, 호쇼이 머르건 다이칭 버일러의 집에서 1마리 소·

ninggun honin wafi, orin dere dasafi, arki juwan ilan malu, sanggarjai
6마리 양을 잡아 20개의 상을 차려서,   소주 13병으로   상가르자이

nakcu, jalait minggandari beile, sonom taiji, sereng taiji be 46/47
낙추·   잘라이트 밍간다리 버일러·   소놈 타이지· 서렁 타이지에게

sarilaha,,
잔치를 베풀었다.

○ tere inenggi, karacin i engkesereng ni adulai, emu sakda i yali,
   그 날,   카라친의   엉커서렁의   아둘라이는 1마리 암멧돼지의 고기·

emu honin yali gajime han de hengkileme jihe, jihe doroi juwe šoro
1마리 양 고기를   가지고 한에게   고두하러 왔다.   온   예로 2소쿠리의

dabsun, juwe hule jeku, emu gio i yali buhe, tere inenggi
 소금·   2石의 곡식·   1마리 큰사슴 고기를 주었다. 그 날

genehe,, 47/48
  갔다.

○ orin uyun de, tai batur, toktohoi jargūci genehe, kunesun
   29일에,   타이 바투르와 톡토호이 자르구치가 갔다.   행량으로

juwe honin buhe,,
2마리 양을   주었다.

tongki fuka sindaha hergen i dangse
點·圈을 찍은 문자의 檔子

dehi duici debtelin
44권

sure han i sunjaci aniya jorgon biya
천총 5년 12월

tongki fuka sindaha hergen i dangse,,
　點·圈을　　찍은　　문자의　　檔子

○ ice ilan de, dalai cūhur elcin genehe, dalai cūhur bade
　초 3일에,　　달라이 추후르의 사신이 갔다.　달라이 추후르　땅에

unggihengge, menggun i dongmo emke, dobihi dahū emke, dambagu
　보낸 것.　　　　　은 茶桶 1개·　　여우 털가죽외투 1벌·　담배

orin kiyan, handu bele juwe sin, dabsun emu sin, fun　fiyan, ulme,
　20帖·　　　멥쌀 2金斗·　　　소금 1金斗·　　粉·　연지·　바늘과

tonggo, cai omire moro ilan, elcin de buhengge, suje emke, mocin
　실·　　茶 마시는 그릇 3개를,　사신에게 준 것은　　비단 1필·　　毛靑布

jakūn, 1/2 menggun i moro emke, dushuhe enggemu hadala, bele
　8필·　　　　　은 사발 1개·　문양 새긴 안장과 굴레·　　　쌀

juwe sin buhe,,
　2金斗를 주었다.

○ ice duin de, jarut gurun i sebun taiji i elcin, juwan honin,
　초 4일에,　　자루트 國의　　서분　타이지의 사신이　10마리 양·

emu kukuri arki han de benjime jihe,, 2/3
1개의 편병의 소주를 한에게　보내러　왔다.

○ ice sunja de, aru i arna nomci i elcin genehe, arna nomci de
　　초 5일에,　　　아루의 아르나 놈치의　사신이 갔다.　　아르나 놈치에게

unggihengge, uksin saca de aisin ijume emke, foloho enggemu hadala
　보낸 것.　　　　갑옷과 투구에 금을　입힌 것 1벌·　　조각한 안장과 굴레

emke, jebele dashūwan emke, mocin samsu juwan, dambagu orin kiyan,
　1개·　　　화살통과 활집 1개·　　毛靑布 10필·　　　담배 20첩·

suje emke, elcin juwe niyalma de nadan mocin buhe,, 3/4
비단 1필을,　　사신　2명에게는　　　7필의 毛靑布를 주었다.

○ ice nadan de, aru i monggo lama genehe, gajiha morin be
　　초 7일에,　　　아루의　　몽고 라마가 갔다.　　가져온　말을

gaihakū, lama de monggo boo emke, suje juwe, mocin samsu juwan,
취하지 않고, 라마에게　　몽고 천막 1채·　비단 2필·　　　毛靑布 10필·

dambagu juwan kiyan, giowan i mucen emke, handu bele juwe sin,
　담배 10첩·　　　　구리 솥　1개·　　　　멥쌀 2金斗·

dabsun emu sin buhe,,
　소금 1金斗를　주었다.

○ tere inenggi, jarut gurun i sebun darhan baturu 4/5 elcin
　　그 날,　　　자루트 國의　　　서분 다르한 바투루의　　사신이

genehe, sebun darhan baturu de aisin ijume foloho loho emke unggihe,
갔다.　　　서분 다르한 바투루에게　　금을 입힌 안장과 腰刀 1개를　　보냈다.

toroni elcin de sunja mocin, kutule de juwe mocin buhe,,
토론의 사신에게 5필의 毛靑布를, 쿠툴러에게 2필의 毛靑布를 주었다.

○ ice jakūn de, korcin i konggor mafa i deo dorji ildeng taiji
   초 8일에,   코르친의   콩고르 마파의 동생 도르지 일덩 타이지의

elcin genehe, dorji ildeng taiji de unggihengge, hilteri uksin saca de
사신이 갔다.   도르지 일덩   타이지에게 보낸 것은   겉미늘 갑옷과 투구에

aisin ijume 5/6 emke, aisin ijume foloho enggemu hadala emke, foloho
금을 입힌 것   1벌·   금을 입혀 조각한 안장과 굴레 1개·   조각한

jebele dashūwan de aisin ijume emke, aisin ijuha umiyesun emke,
  화살통과 활집에 금을 입힌 것 1개·   금을 입힌 요대 1개·

dambagu orin kiyan, elcin de mocin samsu uyun buhe,,
   담배 20첩을,   사신에게는   毛靑布 9필을   주었다.

○ juwan de, aru i irjam mergen taiji i elcin genehe, irjam
   10일에,   아루의 이르잠 머르건 타이지의 사신이 갔다.   이르잠

mergen de unggihengge, foloho enggemu 6/7 hadala de aisin ijume
머르건에게   보낸 것은   조각한 안장과   굴레에 금을 입힌 것

emke, foloho jebele dashūwan de aisin ijume emke, beri emke, elcin de
 1개·   조각한 화살통과 활집에 금을 입힌 것 1개·   활 1개를,   사신에게는

suje emke, mocin samsu jakūn buhe,,
비단 1필·   毛靑布 8필을   주었다.

○ tere inenggi, cahar ci emu monggo emu morin yalufi ukame
　　　그 날,　　　차하르에서　1명의 몽고인이　1마리 말을　타고　도망해

jihe, mergen daicing be uji seme buhe,, 7/8
왔다.　머르건 다이칭에게　보살피라고　주었다.

○ juwan[1] emu de, tangšai de gebu buhe gisun, sure han i hese,
　　　11일에,　　　탕샤이에게　號를　준　말.　「수러 한의　旨.

dalingho i dain de tangšai be sain i yabuha ofi, uksin bufi darhan
　大凌河　전투에서　탕샤이가　　잘　행동했기 때문에 갑옷을 주고　다르한

hošooci i colo buhe, ereci julesi, yaya elcin, yaya taijisa ula yalurakū,
호쇼오치의 칭호를 내린다. 앞으로 모든 사신과 모든 타이지들이 (호쇼오치의) 驛馬를 타지
않고,

šusu jeterakū oso, ere darhan colo, juse enen de isitala lakcarakū
지급식량을 먹지 않게 하라.　이 다르한 칭호는 자식들과 자손에 이르기까지 끊기지 않게

obu,, 8/9
하라.」

○ juwan juwe de, han de, bak beile i deo bayartu daicing ni
　　　12일에,　　　　한에게　박 버일러의　동생　바야르투 다이칭의

elcin ilan honin i yali, emu ihan i yali, emu guwejihe nimenggi, emu
사신이　3마리 양의 고기·　1마리 소의 고기·　1개의 胃의 기름·　　　1개

1　[簽註] ere emu meyen fe dangse de arahangge monggo hergen, te manjurame ubaliyambuha,,
　　이 한 단락을 舊 檔子에 쓴 것은 몽고 문자인데 지금 만주 문자로 번역했다.

fulhū kūru benjime jihe,,
자루의 치즈를 보내   왔다.

○ juwan ilan de, banji efu nimere be tuwaname, konggotui emu
      13일에,   반지 어푸의 아픈 것을   살펴보러   콩고투이가 1명의

nikan daifu be gamame genehe,, 9/10
한인   의사를   데리고 갔다.

○ tere inenggi, karacin i boisiri ui jaisang elcin jihe,,
      그 날,   카라친의 보이시리 우이 자이상의 사신의 왔다.

○ juwan duin de, aru i jaisang hūwang taiji, bandi weijeng,
      14일에,   아루의   자이상 후왕 타이지·   반디 워이정·

bambu, sayang, dung daicing, jaisang ubasi, sun dureng ni elcin genehe,
밤부· 사양·   둥 다이칭·   자이상 우바시· 순 두렁의   사신이 갔다.

ese de buhengge, jaisang hūwang taiji de foloho enggemu 10/11 hadala
이들에게 준 것은,   자이상 후왕 타이지에게   조각한 안장과   굴레에

de aisin ijume juwe, hilteri uksin galaktun saca be folome aisin ijuha
금을 입힌 것 2개·   겉미늘 갑옷과 소매와 투구에 조각하여 금을 입힌 것

emke, tuktuma uksin galaktun saca de gincihiyan aisin ijume juwe,
1개·   속미늘 갑옷의 소매와 투구에 광택나는 금을 입힌 것 2개·

menggun i dongmo emke, menggun i cara emke, menggun i tampin
      銀 茶桶 1개·   은 술잔 1개·   은 술병

emke, folome aisin ijuha jebele dashūwan de beri niru sisihai emke,
1개·　　조각하여 금을 입힌　화살통과 활집에 활과 화살을 꽂은 것 1개·

foloho umiyesun de aisin ijume emke, suje 11/12 sunja, mocin samsu
　조각한 요대에 금을 입힌 것 1개·　　　　비단　　　5필·　　毛靑布

orin buhe, bandi weijeng de foloho enggemu hadala de aisin ijume
20필을 주었다. 반디 워이정에게　　조각한 안장과　　굴레에 금을 입힌 것

emke, foloho loho de aisin ijume emke buhe, bambu de foloho enggemu
1개·　　조각한 腰刀에　금을 입힌 것 1개를 주었다.　밤부에게　조각한 안장과

hadala de aisin ijume emke, sayang de foloho enggemu hadala de aisin
　굴레에 금을 입힌 것　1개,　　사양에게　조각한　안장과　　굴레에 금을

ijume emke, hilteri uksin galaktun saca be folome aisin ijuha emke,
입힌 것 1개·　　겉미늘 갑옷과 소매와　　투구에 조각하여 금을 입힌 것 1개·

tuktuma uksin saca 12/13 emke, folome aisin ijuha jebele dashūwan
　속미늘 갑옷과 투구　　　　1개·　조각하여 금을　입힌 화살통과　활집

emke, folome aisin ijuha loho emke, folome aisin ijuha umiyesun emke,
1개·　조각하여 금을　입힌　腰刀 1개·　조각하여 금을　입힌　　요대　　1개·

suje duin, mocin samsu orin buhe, dung daicing de unggihengge,
　비단 4필·　毛靑布　20필을　　　주었다.　둥 다이칭에게　　　준　것은,

tuktuma uksin saca emke, menggun i solha emke, elcin de mocin samsu
　속미늘 갑옷과 투구 1개·　　　　　銀 밥그릇 1개를,　　사신에게　毛靑布

orin, suje emke, dambagu juwan kiyan buhe, sun dureng de
20필· 비단 1필·   담배 10첩을   주었다.   순 두렁에게

unggihengge, tuktuma 13/14 uksin galaktun saca de aisin ijume juwe,
    준 것은,   속미늘   갑옷의   소매와   투구에   금을 입힌 것 2개·

suje juwe, mocin juwan, dambagu dehi kiyan, gecuheri buriha sekei
    비단 2필· 毛靑布 10필·   담배 40첩·   蟒緞 붙인 貂皮

sijigiyan emke, gūlha emu juru, jaisang ubasi de menggun i moro
    袍 1벌·   신발 1쌍을,   자이상 우바시에게는   은 사발

emke, foloho umiyesun emke, lekerhi emke, hailun emke buhe, erei
1개·   조각한 요대 1개·   해달가죽 1장· 수달가죽 1장을 주었다. 이

ilan elcin de suje ilan, mocin samsu dehi sunja, dambagu tofohon kiyan
3명의 사신에게 비단 3필·   毛靑布 45필·   담배   15첩을

14/15 buhe, duin kutule de mocin orin buhe,,
    주었다. 4명의 쿠툴러에게 毛靑布 20필을 주었다.

○ tere inenggi, jarut gurun i jirgalang taiji, dorji taiji genehe,
    그 날,   자루트 國의   지르갈랑 타이지· 도르지 타이지가 갔다.

jirgalang taiji de buhengge, hilteri uksin, galaktun saca de aisin ijume
    지르갈랑 타이지에게 준 것은   겉미늘 갑옷과 소매와 투구에 금을 입힌 것

emke, folome aisin ijuha enggemu hadala emke, menggun i solha emke,
1개·   조각하여 금을 입힌   안장과 굴레 1개·   銀 밥그릇 1개·

gecuheri emke, suje juwe, mocin 15/16 juwan, silun dahū emke, folome
　　망단 1필·　　　비단 2필·　　毛靑布　　10필·스라소니 털가죽외투 1벌· 조각하여

aisin ijuha jebele dashūwan emke, folome aisin ijuha umiyesun emke,
　　　금을 입힌 화살통과 활집　1개·　　　조각하여 금을 입힌 요대　1개를,

dorji de buhengge, hilteri uksin saca be aisin ijume emke, folome aisin
　　도르지에게　준 것은　　　　겉미늘 갑옷과 투구에 금을 입힌 것 1벌·　　　조각하여 금을

ijuha enggemu hadala emke, suje juwe, mocin juwan buhe,,
　　　입힌 안장과　굴레　1개·　　　　비단 2필·　毛靑布 10필을 주었다.

○ juwan ninggun de, sanggarjai hiya i elcin genehe, 16/17
　　　　16일에,　　　　　상가르자이 히야의　사신이　갔다.

sanggarjai hiya de unggihengge, acinggiyame foloho enggemu hadala
　　상가르자이 히야에게　　보낸 것은　　　　　움직이는 듯 조각한 안장과 굴레에

de aisin ijume emke, hilteri uksin saca galaktun de aisin ijume emke,
　　금을 입힌 것 1개·　　　　겉미늘 갑옷과 투구와 갑옷소매에 금을 입힌 것 1개·

folome aisin ijuha jebele dashūwan emke, folome aisin ijuha umiyesun
　　조각하여 금을 입힌 화살통과 활집　1개·　　　　조각하여 금을 입힌 요대

emke, menggun i solha emke buhe,,
　　1개·　　　　銀 밥그릇 1개를 주었다.

○ tere inenggi, amba mama de unggihengge, ojin 17/18 teleri
　　그 날,　　　　암바 마마에게　　보낸 것은　捏摺女朝褂와 捏摺女朝衣

emke, sekei dahū emke, foloho enggemu hadala de aisin ijume emke,
1벌· 貂皮 털가죽외투 1벌· 조각한 안장과 굴레에 금을 입힌 것 1개·

menggun i kukuri emke, suje duin, nikan mocin juwan, solho mocin
은 편병 1개· 비단 4필· 明 毛靑布 10필· 조선 毛靑布

juwan, cai emu boose, hasi šatan orin, handu bele emu sin, ufa emu
10필· 茶 1包· 곶감 20개· 멥쌀 1金斗· 밀가루 1金斗

sin, dabsun emu sin, ere be ilibu beneme genehe,, 18/19
소금 1金斗, 이것을 일리부가 보내러 갔다.

○ tere inenggi, ajige mama i elcin genehe, mama de unggihengge,
그 날, 아지거 마마의 사신이 갔다. 마마에게 보낸 것은

cuba emke, suje duin, mocin orin, menggun i kukuri emke, handu
女齊肩朝掛[2] 1벌· 비단 4필· 毛靑布 20필· 은 편병 1개· 멥쌀

bele emu sin, ufa emu sin, dabsun emu sin, elcin de juwan emu mocin
1金斗· 밀가루 1金斗· 소금 1金斗를, 사신에게는 11필의 毛靑布를

buhe,,
주었다.

○ tere inenggi, manjusiri efu i gege be ujihe 19/20 sahaliyan
그 날, 만주시리 어푸의 공주를 기른 사할리얀

eigen sargan genehe, efu gege de unggihengge, bai enggemu hadala
부부가 갔다. 어푸와 공주에게 보낸 것은 보통 안장과 굴레

---

2 女齊肩朝掛(cuba)은 소매가 없고 용무늬가 장식되어 있는 여성용 朝服이다.

emke, ojin teleri emke, gūlha emu juru, suje sunja, cai juwan
1개· 捏摺女朝褂와 捏摺女朝衣 1벌·신발 1쌍· 비단 5필·　茶 10包·

boose, hacin hacin i tubihe, musi tebure fadu juwe, icehe hailun juwe,
　　　　각종 과일·　미숫가루를 넣은 자루 2개·　염색한 수달가죽 2장을,

sahaliyan eigen sargan de mocin samsu orin buhe,, 20/21
사할리얀　　부부에게는　　　　　毛靑布 20필을　주었다.

○ tere inenggi, karacin i yondun ubasi, han de emu temen emu
　그 날,　　　카라친의　　온둔 우바시가　한에게 1마리 낙타와 1마리

morin emu gecuheri gajime jihe,,
　말과　1필의 망단을　가지고 왔다.

○ juwan nadan de, karacin i boisiri ui jaisang ni elcin genehe,
　　17일에,　　　　카라친의　보이시리 우이 자이상의　사신이　갔다.

ui jaisang de emu morin unggihe,,
우이 자이상에게 1마리 말을　보냈다.

○ tere inenggi, bayartu daicing ni elcin genehe, 21/22 bayartu
　그 날,　　　바야르투 다이칭의　사신이　갔다.　　　바야르투

daicing de unggihengge, lekerhi emke, hailun duin, elcin de nadan
다이칭에게　　보낸 것은　해달가죽 1장·　수달가죽 4장,　사신에게는 7필의

mocin buhe,,
毛靑布를 주었다.

○ tere inenggi, korcin i sanggarjai nakcu, minggandari, sereng,
　그 날,　　　코르친의　　상가르자이 낙추·　　　밍간다리·　서렁·

sonom genehe, sanggarjai nakcu de buhengge, menggun i solha emke,
소놈이　갔다.　　상가르자이 낙추에게　　준 것은　　　　銀 밥그릇 1개·

folome aisin ijuha jebele dashūwan emke, folome aisin ijuha umiyesun
　조각하여 금을 입힌 화살통과 활집 1개·　　　　조각하여 금을 입힌 요대

emke, folome 22/23 aisin ijuha loho emke, suje juwe, cekemu emke,
　1개·　조각하여　　금을 입힌 腰刀 1개·　　비단 2필·　　倭緞 1필·

mocin juwan, menggun i tampin emke, orin kiyan dambagu, minggandari
毛靑布 10필·　　　　은 술병 1개·　　　20첩의 담배를,　　밍간다리에게

de buhengge, acinggiyame foloho enggemu hadala de aisin ijume emke,
　준 것은　　　움직이는 듯 조각한　　안장과 굴레에　금을 입힌 것 1개·

folome aisin ijuha umiyesun emke, ilan bethengge menggun i cara
　조각하여 금을 입힌 요대 1개·　　　　세 다리가 있는　　　은 술잔

emke, hilteri uksin galaktun saca de aisin ijume juwe, folome aisin
　1개·　겉미늘 갑옷과 소매와 투구에 금을 입힌 것 2개·　　　조각하여 금을

ijuha jebele 23/24 dashūwan emke, folome aisin ijuha loho emke, suje
입힌 화살통과　　　활집 1벌·　　조각하여 금을 입힌 腰刀 1개·　　비단

ilan gecuheri emke, mocin orin, sereng de buhengge, tuktuma uksin
3필·　망단 1필·　毛靑布 20필을, 서렁에게　준 것은　　속미늘 갑옷과

saca emke, folome aisin ijuha jebele dashūwan emke, folome aisin ijuha
투구 1벌·　　조각하여 금을 입힌　　　화살통과 활집 1벌·　　조각하여 금을 입힌

umiyesun emke, menggun i moro emke, suje juwe, mocin juwan, darhan
요대 1개·　　　　은 사발 1개·　　　비단 2필·　毛靑布 10필을,　다르한

taiji i jui sonom de buhengge, tuktuma uksin saca emke, folome aisin
타이지의 아들 소놈에게　준 것은　　　속미늘 갑옷과 투구　1벌·　조각하여 금을

24/25 ijuha jebele dashūwan emke, folome aisin ijuha umiyesun emke,
　　　입힌 화살통과 활집　1벌·　　　조각하여 금을 입힌 요대 1개·

menggun i moro emke, suje juwe, mocin juwan buhe,,
　　은 사발 1개·　　　비단 2필·　毛靑布 10필을　주었다.

○ tere inenggi, tusiyetu efu i elcin nadan niyalma isinjiha,,
　　그 날,　　투시예투 어푸의　사신　　7명이　　　도착했다.

○ juwan jakūn de, angga tabunang genehe, angga 25/26 tabunang
　　18일에,　　　앙가 타부낭이　　갔다.　앙가　　　　타부낭에게

de buhengge, acinggiyame foloho enggemu hadala aisin ijume emke,
　　준 것은　　움직이는 듯 조각한　안장과　굴레에 금을 입힌 것　1개·

tuktuma uksin saca emke, foloho jebele aisin ijume emke, foloho
　　속미늘 갑옷과 투구 1개·　조각한 화살통에 금을 입힌 것 1개·　조각한

umiyesun aisin ijume emke, ilan suje, mocin samsu gūsin, juwe hailun,
　　요대에 금을 입힌 것 1개·　3필의 비단·　毛靑布 30필·　　2장의 수달가죽·

emu solha, dambagu orin kiyan, bele emu sin, dabsun emu sin
1개의 밥그릇·　　담배 20첩·　　　　쌀　1金斗·　　　소금 1金斗를

buhe,, 26/27
주었다.

○ orin de, tusiyetu efu i elcin genehe, elcin de nadan boso buhe,,
　20일에,　투시예투 어푸의　사신이 갔다.　　사신에게　　7필의 布를　주었다.

○ darhan taiji i elcin genehe, elcin de nadan boso buhe,,
　다르한 타이지의 사신이 갔다.　　사신에게　　7필의 布를　주었다.

○ tere inenggi, abtu silung ni sargan jui be 27/28 han gajifi,
　　그 날,　　　압투 실룽의　　　　　딸을　　　　　　한이　데려 와서,

karacin i yondun ubasi i haha jui de buhe, ede buhe doroi suje juwe,
카라친의　　　욘둔 우바시의 아들에게　주었다. 이에 주는　禮로　비단 2필·

mocin jakūn, menggun i monggolikū, ancun, fulgiyan jafu emke,
毛靑布 8필·　　　　　은 목걸이·　　　귀걸이·　붉은 모직물 1장·

šanggiyan jafu emke buhe,,
　　흰 모직물 1장을 주었다.

○ orin emu de, ukšan nakcu i elcin genehe, toroni elcin de emu
　21일에,　　　　욱산 낙추의　　사신이 갔다.　토론의　사신에게　1필의

suje, ninggun mocin 28/29 buhe, emu kutule de duin mocin buhe,,
비단·　6필의 毛靑布를　　　주었다. 1명의 쿠툴러에게　4필의 毛靑布를 주었다.

○　tere[3] inenggi, monggo de elcin unggihe, sun dureng, bandi
　그 날,　　　몽고에　　사신을 보냈다.　　　순 두렁·　반디

weijeng, dalahai jaisang, sayang mergen, bambu cūhur, dung daicing,
워이정·　달라하이 자이상·　사양 머르건·　　밤부 추후루·　둥 다이칭,

ese de bairi, dalai cūhur, dara eke, haise baturu, duin juse, ese de
이들에게는 바이리를, 달라이 추후르·다라 어커·하이서 바투루·四子　이들에게는

guwandui, barin, yesut, hara cerik, karacin, tumet i taijisa, 29/30
구완두이를,　바린· 여수트·　하라 처릭·　카라친· 투메트의 타이지들과

tabunang sa, ese de sundari, aohan, naiman, jarut i jebele gala,
　타부낭들 이들에게는 순다리를, 아오한·　나이만·　자루트의　　우익·

dashūwan gala, ese de ocitu, ere duin niyalma be takūraha bithei
　좌익　　　이들에게는 오치투를, 이　　4명을　　　사신으로 보낸 글의

gisun, han i hese, gūsa be kadalara geren taijisa, yaya bure gaijara
　말. 「한의　旨. 구사를　　관할하는 여러　타이지들은 모든　주고　받을

weilengge be gaifi, aniya biyai ice ninggun de duin jusei bade isa, ere
죄인들을　　　이끌고,　1월　　　초 6일에　　　四子의 지역에 모여라. 이

isan de jiderakū oci, culgan i data tere be ebubume, ula yalure,
集會에　오지 않으면,　　會盟의 수장들은 그들에게 비용을 내게하여 驛馬를 타고

3　[簽註] ere emu meyen fe dangse de arahangge monggo hergen, te manjurame ubaliyambuha.
　이 한 단락을 舊 檔子에 쓴 것은 몽고 문자인데 지금 만주어로 번역했다.

šusu jetere de, taijisa beye dahan 30/31 yalu, gūwa an i weilengge urse
廩給을 먹을 때에 타이지들 자신은 망아지를　　　타라. 다른 보통의 죄인들　무리는

ihan temen yalu, akta i hūsun be ume efulere, iletu tucike hūlha udu
소와　낙타를 타라. 거세마의 힘을　　손상치 말라.　분명히 드러난 도적들은 몇명

bici, gemu jafafi gaji, hūlha be daldame gidafi, aikabade turibufi
이든지 모두 잡아서 데려오라. 도적을　　숨기고,　　만약에　놓쳐서

ukaci, terei ejen be weile arambi,,
도망가면, 그　어전을　죄에 처하겠다.」

○ orin juwe de, jalait gurun i sanjai, bandi i jui lamashi jihe,, 31/32
　　22일에,　　잘라이트 國의　산자이·반디의 아들 라마스히가　왔다.

○ tere inenggi, jalait gurun i erebu, han de dehi seke gajime jihe,,
　　그　날,　　잘라이트 國의　어러부가 한에게　40장 貂皮를　가져 왔다.

○ orin ilan de, yondun ubasi ini jui urun be gamame genehe,
　　23일에,　　윤둔 우바시가 그 아들과 며느리를　이끌고　갔다.

urun de enggemu hadala tohohoi emu morin yalubufi unggihe,, 32/33
며느리에게 안장과　굴레를　얹은　1마리 말을　태워서　보냈다.

○ orin ninggun de, jalait gurun i sanjai, lamashi, aru i dalai
　　26일에,　　　잘라이트 國의　산자이·라마스히, 아루의 달라이·

cūhur i omolo haise be han i boode dosimbufi, orin dere dasafi sunja
추후르의 손자　하이서를　한의　집에　들게 하고, 20개의 상을 차리고 5마리

gio emu buhū yali bujufi sarilaha,,
큰 사슴· 1마리 사슴 고기를 삶아서 잔치를 베풀었다.

○ orin jakūn de, amba mama, ajige mama, 33/34 ukšan nakcu,
　　28일에,　　　　암바 마마·　　아지거 마마·　　　　　욱샨 낙추·

hatan baturu, aniya arara doroi han de ajin nimaha benjihe,,
　하탄 바투루가　새해를 축하하는 예로 汗에게　　철갑상어를　　보내왔다.

○ orin uyun de, aru i dalai cūhur susai gucu gajime jihe, han
　　29일에,　　　아루의 달라이 추후르가 50명의 구추를 이끌고 왔다. 한에게

de emu temen duin morin gajiha,,
　1마리 낙타·　4마리 말을 가지고 왔다.

— 8函 —

45권　천충 6년 1월
46권　천충 6년 1월
47권　천충 6년 1월
48권　천충 6년 1월
49권　천충 6년 2월
50권　천충 6년 2월

tongki fuka sindaha hergen i dangse
點·圈을 찍은 문자의 檔子

dehi sunjaci debtelin
45권

sure han i ningguci aniya aniya biya
천총 6년 1월

tongki fuka sindaha hergen i dangse,,
點· 圈을　　찍은　　문자의　　檔子

○ sure han i sahaliyan bonio ningguci aniya aniya biyai ice
수러 한의　　　　壬申　　　　6년 (1632)　　정월　　　초

inenggi, han, geren beise be gaifi, abka, weceku de hengkilefi yamun
1일,　　한이　　여러 버일러들을 이끌고, 하늘과 집안의 신들에게 고두하고,　아문에

de tehe, han i ici ergi de amba beile, hashū ergi de manggūltai beile,
앉았다. 한의　오른쪽에　　　大 버일러,　　　왼쪽에는　　　　망굴타이 버일러,

juwe beile i tere besergen be hetu sindafi hetu forome tehe, teme
두　버일러가 앉은 평상을　　　가로로 두고　가로로　향하여　앉았다. 앉기를

wajiha manggi, ujude 1/2 geren beise, taijisa hengkilehe, hengkileme
마친　후,　　　가장 먼저　여러 버일러들· 타이지들이 고두했다.　고두하기를

wajiha manggi, ton de dosika taijisa be yamun i dolo juwe ashan de
마친　　후,　　　數에 들어간[1] 타이지들을 아문의　　안에　　　양측으로

tebuhe, beise i ilhi encu gurun ci baime jihe cahar, kalka i beise
앉게 했다, 버일러들 다음으로 다른 나라에서　귀순해 온 차하르· 칼카의　버일러들이

hengkilehe, ilaci de, nikan gurun ci baime jihe si uli efu, geren nikan
고두했다.　　세 번째로,　명나라에서　　　귀순해 온 시 울리 어푸가 여러　漢人

1　'ton de dosika'(入八分)는 '팔기의 버일러들을 중심으로 이루어지는 議政會議에 참여했다' 혹은 그러
한 자격을 보유했다는 의미이다.

hafasa be gaifi hengkilehe, terei sirame gulu suwayan i dzung bing
관원들을　　이끌고　고두했다.　　그에　이어서　　正黃旗의　　　　　總兵官

guwan 2/3 yangguri efu, ini gūsai ambasa be gaifi hengkilehe, terei
　　　양구리 어푸가　그의 구사의 대신들을　　이끌고 고두했다.　　그에

sirame kubuhe suwayan i dzung bing guwan darhan efu, ini gūsai
　이어서　　鑲黃旗의　　　　　總兵官　　　　　다르한 어푸가 그의 구사의

ambasa be gaifi hengkilehe, terei sirame gulu fulgiyan i dzung bing
대신들을　　이끌고　고두했다.　　그에　이어서　正紅旗의　　　　總兵官

guwan hošotu efu, ini gūsai ambasa be gaifi hengkilehe, terei sirame
　　　호쇼투 어푸가 그의 구사의 대신들을　　이끌고 고두했다.　　그에 이어서

gulu šanggiyan i dzung bing guwan kakduri, ini gūsai ambasa be gaifi
　正白旗의　　　　　　總兵官　　　　　　칵두리가　그의 구사의 대신들을　이끌고

hengkilehe, terei 3/4 sirame kubuhe fulgiyan i dzung bing guwan
　고두했다.　　그에　　　　이어서　　鑲紅旗의　　　　　　總兵官

yecen, ini gūsai ambasa be gaifi hengkilehe, terei sirame kubuhe
　여천이　그의 구사의 대신들을　　이끌고　고두했다.　　그에 이어서　鑲白旗의

šanggiyan i fujiyang ilden, ini gūsai ambasa be gaifi hengkilehe, terei
　　　　　　副將　　　일던이 그의 구사의 대신들을　　이끌고 고두했다.　　그에

sirame kubuhe lamun i gūsai fiyanggū age, ini gūsai ambasa be gaifi
　이어서　　鑲藍旗의　　　　　피양구　아거가 그의 구사의 대신들을　　이끌고

hengkilehe, terei sirame gulu lamun i gūsai ejen nimeme ofi, gūsai
고두했다.　　　그에 이어서　正藍旗의　　　　구사의 어전은 병이 나서(못 오고), 구사의

geren ambasa hengkilehe, terei 4/5 sirame dzung bing guwan unege,
여러　　대신들이 고두했다.　　　그에　　이어서　　　總兵官　　　　우너거가

monggo i geren ambasa be gaifi hengkilehe, terei sirame dalingho ci
몽고의　　여러　　대신들을　　이끌고 고두했다.　　　　그에 이어서　大凌河에서

dahabufi gajiha ice hafasa hengkilehe, terei sirame aru i gurun i ejen
항복시켜　데리고 온 새로운 관원들이 고두했다. 그에 이어서　　아루 國의　　　어전

dalai cūhur ini gucuse be gaifi hengkilehe, terei sirame šusai, doose,
달라이 추후르가 그의 구추들을 이끌고　고두했다.　　　그에 이어서　　　秀才·　道士·

hūwašan, ilan tacibukū jurgan i hafasa hengkilehe, terei sirame solho
　和尙,　　　　三敎[2]의　　직무의　　관원들이　고두했다.　　　그에 이어서 조선국의

gurun i niyengniyeri doroi <u>sung lii</u>[3] benjihe elcin 5/6 dzung bing guwan
　　　　　　春禮의　　　　送禮로　　　보내온　使臣　　　　　總兵官

hergen i jeng i gajiha jaka be dere de tukiyefi bithe jafafi, han de
　職의　　　鄭檢이 가져온 물건을　　탁자에　　두고　글을 바치고, 한에게

hengkilehe, eiten gurun hengkileme wajiha manggi, han, ahūn i doroi
　고두했다.　　모든　　國人들이 고두하는 것이 끝난 후,　　　　한은　형에 대한 禮로

2　'三敎'는 儒·佛·道를 가리킨다.

3　[簽註] gingguleme kimcici, ere sung lii sere gisun, ainci nikan gisun, uthai doroi jaka benjimbi sere
　　gisun dere,,
　　삼가 고찰하건대 이 'sung lii'(送禮)라는 말은 아마도 漢語로 즉 'doroi jaka benjimbi'(예물을 보내오
　　다)라는 말일 것이다.

amba beile i boode genefi hengkilehe, han, soorin de tehe ci ebsi sunja
大 버일러의 집에 가서 고두했다.   한이 御座에 앉은 때부터 이래로 5년이

aniya otolo, gurun i hengkilere be, han, ilan beile, gemu emu adali
될 때까지, 國人이 고두하는 것을,   한과 세 버일러가 모두   똑같이

julesi forome adame tefi 6/7 alime gaimbihe, bonio aniya ci
南面하여   나란히 앉아서   받았었다.   壬申年(1632)부터

dasafi, han be temgetuleme emhun julesi forome tebuhe, jakūn gūsai
개정하여 한을   구분시켜서   홀로   南面하여   앉게 했다.   팔기의

beise, meni meni gūsai ambasa be gaifi hengkilembihe, tere
버일러들은 각각   구사의 대신들을 이끌고   고두했었다.   그

hengkilere de, fere gala be bodorakū, se i ahūn i bodome neneme
고두할   때에, 구사의 순서를 따지지 않고 나이가 많은 것으로 따져서 먼저

hengkilembihe, tere aniya ci dasafi fere ci bodome hengkilehe,
고두했었다.   그   해부터 개정하여 구사의 서열로 따져서 고두했다.

tere sarin de emu gūsai juwanta dere, sunjata niongniyaha, geren 7/8
그 잔치 때에는 1개 구사에   10床씩·   5마리씩의 거위,   여러

dzung bing guwan i hergengge niyalma de orin dere, orin niongniyaha,
총병관의   직에 있는 사람에게   20床·   20마리 거위,

uheri tanggū dere, tanggū malu arki, gurgu i yali bujufi sarilaha,,
모두   100床·   100병의 소주· 짐승의 고기를 삶아서 잔치를 베풀었다.

○ ice juwe de, han i boode amba beile, manggūltai beile, geren
　초 2일에, 　　한의　　집에　大 버일러·　망굴타이 버일러·　　여러

taijisa be solifi sarilaha, amba beile be solire de, 8/9 han tucifi fejergi
타이지들을 불러서 잔치했다. 　大 버일러를　　부를 때, 　　　　한은 나가서　　아래

dukai yamun de tefi, abatai taiji, hooge taiji, yangguri dzung bing
　문의　　아문에　　앉아서, 아바타이 타이지· 호오거 타이지· 양구리　總兵官에게

guwan be <u>solinggiha</u>,⁴ manggūltai beile be babutai age, baintu age,
　　부르러 가게 했다. 　　망굴타이 버일러를　　바부타이 아거·　　바인투 아거·

babuhai age be solinggiha, jidere de hūwa i dukai tucime okdofi,
바부하이 아거에게 부르러 가게 했다. 올 때, 　뜰의　문으로 나와　맞이하고

juwe ahūn be juleri sindafi dele tafambuha, soorin de tere de, han,
　두　　형을　　　앞에　　두고　殿上에 오르게 했다. 御座에　　오를 때　한이

amba beile be dulimba de teki seci, beile marame 9/10 doro be
　大 버일러를　　　중앙에　　앉으라 하니, 버일러가 거절하면서　　　"예를

jurceci ombio, han dulimba de teki, han hendume, tucifi tere de gurun
어기면 됩니까? 한이 중앙에 앉으십시오"라고 하니, 한이 말하기를 "나가서 앉을 때는 나라의

i doro, ere booi doro, age dulimba de teci acambi seme maraci ojorakū
　禮이지만 이 집의 禮로는　　형이 중앙에　　앉아야 합니다"하고 거절했는데, 안 된다고

4　[簽註] gingguleme baicaci, jaka toktobuha fe manju gisun i bithede, solinggiha sere gisun uthai
solinabuha sere gisun inu sehebi,,
삼가 찾아보니 최근 정해진 『舊淸語』에서 'solinggiha'(부르러 보냈다)라는 말은 곧 'solinabuha'(부르러 가게 했다)라는 말이라고 했다.

ofi, han eterakū dulimba de tecibe, besergen i dergi ujan de tehe, emu
하여 한은 이기지 못하여 중앙에 앉았지만 평상의 동쪽 모퉁이에 앉았다. 한

besergen de ici ergi de amba beile, 10/11 encu besergen de hashū ergi
평상에 오른쪽에는 大 버일러, 다른 평상에 왼쪽에는

de manggūltai beile be tebuhe, tereci cai omiha manggi, han i sargan
망굴타이 버일러를 앉혔다. 그리하여 차를 마신 후, 한의 아내

fujisa, amba beile de aniya doroi hengkilere de, han tehe soorin ci
푸진들이 大 버일러에게 새해의 예로 고두할 때에 한이 앉았던 御座에서

ebufi dalbade iliha, beile hendume, han ainu ebumbi, han hendume, age
내려와 뒤에 섰다. 버일러가 말하기를, "한은 어찌 내려옵니까?" 하니 한이 말하기를 "형

de hengkilere de, bi booi ejen, emgi tefi bici acarakū, fujin, amba
에게 고두할 때, 나는 집의 주인으로서 함께 앉아있으면 안 됩니다"라고 했다 푸진은 大

beile i teile de 11/12 hengkilehe, tereci dere tukiyehe doroi arki jafara
버일러에게만 고두했다. 그리고 床을 차리는 예로 소주를 바칠

de, han soorin ci ebufi jafaki seci, beile ojorakū, han besergen i dele
때, 한이 御座에서 내려와서 술을 올리니 (大)버일러는 사양했다. 한이 평상 위에

niyakūrafi, gu i hūntahan de arki jafaha, beile amtalafi manggūltai
무릎을 꿇고 玉杯에 소주를 올렸다. (大)버일러는 맛을 보고 망굴타이

beile de bufi omiha, han encu aisin i hūntahan de omiha, sarin wajitala
버일러에게 주어서 마시게 했다. 한은 따로 금 술잔에 마셨다. 잔치가 끝날 때까지

han, amba beile de ilan jergi, manggūltai beile de emu jergi arki
한은 大 버일러에게 세 번,   망굴타이 버일러에게 한 번 소주를

jafaha, manggūltai beile de 12/13 han i jafahakū mudan de, abatai
올렸다. 망굴타이   버일러에게   한이 올리지 않은 차례에는   아바타이

taiji, gūwa taijisa be halanjame jafabuha, han, amba beile daci
타이지와 다른 타이지들에게 대신하여 올리게 했다. 한과 大 버일러는 원래

omirakū bihe, ere sarin de dere fularame omicaha, taijisa, ambasa
마시지 않았었지만, 이 잔치에서 얼굴이 빨개질 때까지 함께 마셨다. 타이지들과 대신들,

isaha geren de gemu soktome omibuha, arki faidaha urse [原檔殘缺]
모인 여럿에게 모두 취하도록 마시게 했다. 소주를 정렬해있는 사람들에게 〔原檔殘缺〕

marara de, han hendume, enenggi ere isaha de gemu omi, jai ume
사양할 때에 한이 말하기를, “오늘 이 모임에서 모두 마셔라. 또 지나치지는

13/14 dufedere seme gemu omibuha, sarin wajiha manggi, amba beile
     말라”라고 하고 모두 마시게 했다. 잔치를 마친   후,   大 버일러

de, han i etuhe sahaliyan dobihi mahala, genggiyen i burgiyen sekei
에게 한이 입은   검은 여우가죽 겨울모자· 石靑素緞으로 겉감을 댄 貂皮

jibca, sekei foholon dahū, aisin umiyesun, gūlha buhe, manggūltai
가죽옷· 貂皮의 짧은 털가죽외투· 金 요대·   신발을 주었다. 망굴타이

beile de, inu han i etuhe genggiyen i burgiyen sekei jibca buhe, juwe
 버일러에게도 한이 입은 石靑素緞으로 겉감을 댄 貂皮 가죽옷을 주었다. 두

beile buhe etuku etume julergi leose de genehe manggi, 14/15 han,
버일러가 (한이) 준 옷을 입고 남쪽　누각에　간　후,　　한은

degelei taiji, jirgalang taiji, lungsi, kūrcan, dahai be hūlafi agesa
더걸러이 타이지·　지르갈랑 타이지·　룽시·　쿠르찬·　다하이를　불러서 "형들이

aikabade hengkileki serahū, mini han tehe ci, agesa mini boo be
혹시 고두하겠다고 할까 우려된다. 내가 한으로 즉위한 이래, 형들이 나의 집을

emgeri sara unde ofi, boo tuwakini seme gajiha be dahame, untuhun
한 번도 보지 못했기 때문에 집을 봐도 좋다고　데려온 것이니,　빈손으로

adarame unggire, mujilen okini seme buhengge, ede hengkileci
어찌　보내겠는가? 정성으로 여기라고　준 것이다.　이에　고두하면

acarakū, suwe eteme tafula seme tafulaha manggi, juwe beile, han i
맞지 않으니, 너희는 힘껏 말리라" 라고　타이른　뒤,　두 버일러는 한이

tafulara de eterakū dahafi, amasi dosifi soorin de 15/16 tefi dasame
말리는 것에 이기지 못하고 따라서, 다시 들어가 (한이) 옥좌에　앉은 후 다시

omicafi tucike, han duka tucime fudefi, morin yalubufi jurame bederehe,
함께 마시고 나왔다. 한은 문을 나와 전송했고,　말에 태워　출발하니 (한이) 돌아왔다.

ere sarin de, gūsin dere dasafi, morin emke, ihan ilan, honin sunja
이　잔치에서 30개의 床을　차리고,　말　1마리· 소 3마리· 양 5마리를

wafi sarilaha, manggūltai beile be weile i turgunde beidefi, taijisai
잡아서 잔치했다.　망굴타이 버일러를　죄지은 까닭으로　처결하여 타이지들과

jergi de obuha bihe, han, boode soliha be dahame, ahūn i doro be
동등하게   삼았었다.   한은 "집에 초대했으므로,   형의   법도를

waliyaci ojorakū 16/17 seme tuttu amba beile i sirame doroloho,,
버릴 수는 없다"   라고 하여 그래서 大 버일러에 이어서 예를 행했다.

○ ice ilan de, han i boode, gute, gegese be solifi, emu ihan, ilan
  초 3일에,   한의 집에   姑들과 공주들을 초대하고, 1마리 소와 3마리

honin wafi, orin dere dasafi sarilaha, sarilame wajiha manggi, gute,
양을   잡고, 20개의 床을 차리고 잔치했다. 잔치하기를 마친 뒤,   姑들과

gegese de emte ajin buhe,, 17/18
공주들에게 1마리씩의 철갑상어를 주었다.

○ tere inenggi, solho de jakūn booi jakūn amban sin i jekui
  그 날,   조선으로   八家의   8대신이 신저쿠[5]의

yafahan niyalma be gaifi mocin ganaha,,
  보병을   이끌고 毛靑布를 취하러 갔다.

○ tere inenggi, ninggun jurgan i beise de han hendume, ai ai
  그 날,   六部의   버일러들에게 한이 말하기를, "여러 가지

weile be juwan ci casi gisureki, juwan ci ebsi meni meni boode tefi
  일을   10일 이후부터 말하겠다. 10일 이전까지는 각자의   집에 있으면서

---

omikini, 18/19 jekini, niyaman hūncihin de aniya arakini seme henduhe,,
　마시고　　　　　먹어라.　　　친척에게　　　새해 인사를 해라" 라고　말했다.

○ ice duin de, ajige taiji, mergen daicing, erke cūhur, ere ilan
　초 4일에,　　아지거 타이지 ·　머르건 다이칭 ·　어르커 추후르,　이　세

beile emu morin, juwe ihan, tofohon honin wafi, dehi sunja dere dasafi
버일러를 1마리 말 · 2마리 소 · 15마리 양을　잡고,　　　45개의　　　床을 차리고

aniya doroi seme han i boode gajifi sarilaha,, 19/20
　신년 禮라고 하여　　한의 집에　데려와서 잔치했다.

○ tere inenggi, tang ho pu de tehe cingšan, karkama, ningguta,
　그　날,　　湯河堡에　　주둔한　칭샨 ·　카르카마,　닝구타 ·

si mu ceng de tehe langgida, otonggo, sirtai, ere ninggun niyalma
析木城[6]에　주둔한　랑기다 ·　오통고 ·　시르타이, 이　　　6명이

mederi baru songko faitame genefi, emu niyalma be waha, orin uyun
바다 쪽으로　흔적을　좇아　가서　　1명을　　　　죽였고,　29명을

niyalma be weihun jafafi benjihe, ere be dendefi orin sain niyalma be,
　　　생포해서　　보내왔다. 이를　나누어서 20명의 건장한 사람을

šang yang pu de 20/21 tebume unggihe, jai uyun niyalma be baha
　尙陽堡에　　　　주둔하도록 보냈다.　또　　9명을　　획득한

niyalma de buhe,,
　사람에게　주었다.

○ ice sunja de, nikan age i eniye, ula i mama, hoifa i ambu,
　초 5일에,　　　　니칸 아거의 어머니·　울라의 祖母·　호이파의 큰 이모·

cambu i eniye, nancu i mama, hūlhūri i eniye deheme, ese be han i
　참부의 어머니·　　난추의 祖母·　　　훌후리의 어머니인 작은 이모, 이들을　한의

boode solifi, emu ihan juwe honin wafi, tofohon 21/22 dere dasafi sarilaha,
　집에 초대하고, 1마리 소와 2마리 양을 잡고,　　　15개의　　　　　床을 차리고 잔치했다.

sarilame wajiha manggi, ere ninggun mama de sahalca sekei dahū
　잔치하기를 마친　　뒤,　　이　여섯　　祖母에게　　　黑貂皮 털가죽외투

emte, šanggiyan jafu emte buhe, han neneme tucifi fejergi duka de
　1벌·　　흰 모직물 1장을　주었다. 한이　먼저　나가서　아래의　문에

iliha, ninggun mama tucime jifi, hūlhūri i eniye deheme, han i baru
　섰다.　여섯　祖母가　나와서 오고,　훌후리의 어머니인 작은 이모가 한을 향해

hendume, dahū bure anggala, mahala arara seke hono bure niyalma
　말하기를, "털가죽외투를 주는 것뿐만 아니라, 겨울모자를 지을 貂皮도 주는 사람이

bio, 22/23 han tanggū se bahame banjikini seme hengkilere de, han
　있겠습니까? 한은　100세를　　살 수 있을 것입니다"라고　고두했을　때,　한도

ishun ilan jergi niyakūrafi hengkilehe,,
　마주하여 세 번　무릎 꿇고　고두했다.

○ ice ninggun de, aniya doroi seme, han be, amba beile i boode
　초 6일에,　　　　신년의 禮라고 하여,　　한을　　　大 버일러의　집에

gamafi, emu morin, juwe ihan, juwan honin wafi, dehi dere dasafi
모셔 와서 1마리 말· 2마리 소· 10마리 양을 잡고, 40개의 床을 차리고

sarilaha, han jihe doroi seme, amba beile enggemu hadala tohohoi 23/24
잔치했다. 한이 온 禮라고 하여, 大 버일러가 안장과 굴레를 채운

juwe morin, sula emu morin, yoto taiji enggemu hadala tohohoi emu
 2마리 말· 맨등의 1마리 말을, 요토 타이지가 안장과 굴레를 채운 1마리

morin, sula emu morin, dodo taiji enggemu hadala tohohoi emu morin,
 말· 맨등의 1마리 말을, 도도 타이지가 안장과 굴레를 채운 1마리 말·

sula emu morin, sahaliyen taiji sula emu morin, šoto age sula emu
 맨등의 1마리 말을, 사할리연 타이지가 맨등의 1마리 말을, 쇼토 아거가 맨등의 1마리

morin, nikan age sula emu morin, uheri juwan morin jafaha bihe,
 말을, 니칸 아거가 맨등의 1마리 말을, 모두 10마리의 말을 바쳤다.

amba beile i enggemu hadala 24/25 tohohoi juwe morin gaiha, jai
 大 버일러의 안장과 굴레를 채운 2마리 말을 취했다. 다른

jakūn morin be bederebuhe,,
8마리의 말을 되돌려 보냈다.

○ ice nadan de, je giya pu i dahaha urse de suje mocin šangnaha,
 초 7일에, 翟家堡의 투항한 사람들에게 비단과 毛靑布를 상 내렸다.

han hendume, musei dalingho be kaha fonde, gūwa tai niyalma gemu
한이 말하기를, “우리가 大凌河를 포위했을 때에, 다른 臺의 사람이 모두

dalingho be baha manggi, dahaki secibe, kemuni 25/26 musei ulha gaiha,
大凌河를   얻으면   항복하겠다고 했는데도, 여전히   우리의 가축을 빼앗았다.

damu je giya pu i niyalma, gisun inu daci sain, musei ulha be inu
다만   翟家堡의   사람은,   말도 처음부터 좋았고, 우리의 가축을 또한

necihekū bihei dahaha gung bi seme, gašan i da badzung lii dz deng be
범하지 않고 있던 그대로 항복한 공이 있다"라고 村長인   把摠 lii dz deng을

wesibufi beiguwan obuha, šusai lo wan c'y, gašan i hebei uju seme
승진시켜서 備禦官으로 삼았다. 秀才 lo wan c'y를 마을의 의논의 우두머리라고

juwe suje, ninggun mocin šangnaha, lii dz gung, lii io gung, jang šang u
 2필의 비단· 6필의 毛靑布를 상 내렸다. lii dz gung· lii io gung· jang šang u

ilan nofi, 26/27 daci gisurere de tucifi gisurehe, dahara de nendehe
 3명은   처음부터 말할 때에도 나와서 의논했고, 항복할 때에도 앞서의

juwe i emgi han de acanjiha seme emte cuse, ninggute mocin šangnaha,
 2명과 함께 한에게 만나러 왔다고 하여 1필씩의 紬子· 6필씩의 毛靑布를 상 내렸다.

jai juwan niyalma gašan i ambakasi, tesei hebdehe gisurehengge seme
 또   10명의   마을의   小大人은,   그들이 의논하고   말한 것이라 하여

ninggute mocin šangnaha, gebu yang lu be, jeo šang wen, cio dz min,
 6필씩의 毛靑布를 상 내렸다. 이름은 yang lu be· jeo šang wen·   cio dz min·

u dz i, cen šang de, lo siyan 27/28 yung, ioi io, lii dz g'ao, lo coo
 u dz i·cen šang de· lo siyan yung·   ioi io· lii dz g'ao· lo coo

siyang, lo tiyan ceng,,
siyang·lo tiyan ceng이다.

○ tere inenggi, turusi, omoktu, udahai, sulhio, sirin, buyan,
   그 날,   투루시· 오목투· 우다하이· 술히오· 시린· 부얀·

ilemu, bayan baturu, ere jakūn amban, karacin i banjici ojorakū
일러무· 바얀 바투루,   이   8대신이   카라친의   살 수   없는

yadahūn be tuwame, cilin i ergi de duin, yoo jeo i ergi de duin
가난한 자들을 살펴보러 鐵嶺   쪽으로   4명,   耀州   쪽으로   4명이

genehe,,
갔다.

○ ice jakūn de, je giya pu i dahaha badzung lii dz deng, šusai
   초 8일에,   翟家堡의   투항한   把摠   lii dz deng· 秀才

lo wan c'y, jai juwan ilan niyalma be, han, guwan tuwame genere de
lo wan c'y· 그리고   13명이   한이 (馬)館을 살피러   갈 때에

niyakūrame acaha, han hendume, ese de aika ulebu seme, bithei boode
무릎 꿇고 만났다. 한이 말하기를, "이들에게 무엇을 먹게 하라"고 하여 書房에

dosimbufi emu honin wafi, nadan dere dasafi sarilaha,, 29/30
들여서   1마리 양을 잡고, 7개의 床을 차리고 잔치했다.

○ tere inenggi, ningguta, lafa, hoifa, ere ilan gašan i buthai
   그 날,   닝구타· 라파· 호이파, 이   세 마을의   수렵하는

niyalma seke benjime jihe, benjihe seke i ton, seke sunja minggan ilan
사람이 초피를   보내러 왔다. 보내온   초피의 수는 초피 5,396장·

tanggū uyunju ninggun, ulhu emu tumen juwe minggan uyunju
灰鼠皮 1,296장·

ninggun, silun emu tanggū susai sunja, hailun ilan tanggū ninju
스라소니가죽 155장·   수달가죽 368장·

jakūn, dobihi juwan 30/31 jakūn, damin i dethe dehi jakūn, tasha juwan
여우가죽 18장·   수리의 깃 48개·   호랑이가죽 18장·

jakūn, niohe duin,,
늑대가죽 4장이다.

○ ice uyun de, solho de hūda genehe mafuta, yekei, kūrcan
초 9일에,   조선에   교역하러 갔던   마푸타·여커이·쿠르찬이

isinjiha,,
도착했다.

○ juwan de, seter efu i batai hiya, sira 31/32 tala de, ginjeo ci
10일에, 서터르 어푸의 바타이 히야는 시라 탈라에서   錦州로부터

karun jihe emu monggo be bahafi benjihe, erebe gisun fonjifi waha,,
정탐하러 온 1명의 몽고인을   잡아서 보내왔다. 이를   심문하고   죽였다.

○ juwan emu de, gulu suwayan i yangguri efu gūsai ejen,
11일에,   正黃旗의   양구리 어푸 구사의 어전·

lenggeri dzung bing guwan, aniya doroi seme emu morin, emu ihan,
렁거리 總兵官이   신년   禮라고   1마리 말·   1마리 소·

nadan honin wafi, gūsin dere dasafi, 32/33 han be sarilaha,,
7마리 양을   잡아서 30개의 床을 차리고,   한을 위해 잔치했다.

○ tere inenggi, solho i jang dooli isinjiha turgun, julergi mederi
  그 날,   조선의 jang 道吏가   온   이유.   남쪽 바다

jakarame aba genere de, udahai nirui jongtoi booi solho haha jung boo
 연안에 사냥하러 갈 때에,   우다하이 니루의 종토이가 집의 조선인 남자 jung boo

ki be kutule gamafi, casi solho de ukame genehe be, solho i han
ki를 쿠툴러로 데려갔는데, 거기에서 조선으로 도망하여 간 것을   조선의 왕이

baicame bahafi benjihe, ere be 33/34 han de alara jakade, šajin be
 찾아서   잡아 보내왔다. 이를   한에게   고하니,   "법을

ulhihekū ofi unggihebi, yadara niyalma borbo faitafi amasi ejen de
몰랐기 때문에 보냈었다.   빈곤한 사람이니 踵骨腱을 자르고 다시 주인에게

bu seme, ini nirui toboi janggin de afabuha,,
주라"고 하여, 그 니루의 토보이 장긴에게 맡겼다.

○ juwan juwe de, karacin i subudi dureng ni sargan be, eigen
        12일에,   카라친의   수부디 두렁의   부인에게   남편

akū anggasi seme, han i gosime unggihengge, dehi seke, duin hailun,
없는 과부라고 하여   한이 가엾게 여겨 보낸 것.   40장의 초피· 4장의 수달가죽·

emu lekerhi, 34/35 emu ajin nimaha, hibsu emu malu, gidaha šulhe
1장의 해달가죽·   1마리의 철갑상어·   꿀 1병·   절인 배(梨)

emu malu, gidaha umpu emu malu, umpu šugi emu malu, hasi šatan
   1병·   절인 山査 1병·   山査 절임 1병·   곶감

emu šoro, jancuhūn usiha emu moro, handu bele emu sin, ufa emu sin,
   1소쿠리·   밤(栗) 1사발·   멥쌀 1金斗·   밀가루 1金斗·

dabsun emu sin, nure emu malu, arki emu malu, ere be alai, honggotu
   소금 1金斗·   황주 1병·   소주 1병·   이를   알라이· 홍고투가

beneme genehe,, 35/36
  보내러   갔다.

○ juwan ilan de, kubuhe suwayan i abatai taiji emu morin, juwe
        13일에,   鑲黃旗의   아바타이 타이지가 1마리 말·   2마리

ihan, ninggun honin, dehi dere, gūsai ejen darhan efu emu ihan, ilan
   소·   6마리 양·   40개의 床을, 구사의 어전 다르한 어푸가 1마리 소· 3마리

honin wafi, juwan dere dasafi aniya doroi seme han be sarilaha,, 36/37
  양을   잡아서 10개의 床을   차리고   신년 禮라고 하여 한을 위해 잔치했다.

○ tofohon de, gulu suwayan i oboi, gulu fulgiyan i lioha, kubuhe
      15일에,   正黃旗의 오보이,   正紅旗의 리오하,   鑲藍旗의

lamun i tahabu, kubuhe šanggiyan i siteku, ere duin amban, emu gūsai
    타하부,   鑲白旗의 시터쿠,   이 4명의 대신들이 1개 구사의

sunjata bayara, dzung bing guwan i emte uksin, fujiyang ni emte
5명씩의 바야라를,   總兵官의 1명씩의   甲兵을,   副將의 1명씩의

kutule be gaifi, ginjeo i baru helen jafame genehe,, 37/38
쿠툴러를 이끌고, 錦州 방향으로 정보제공포로를 잡으러 갔다.

○ tere inenggi, cahar ci namsoto, ilan haha, duin hehe, ilan juse,
  그 날,   차하르로부터 남소토가 3명의 남자·4명의 여자·3명의 아이들·

dehi jakūn morin gajime ukame jihe,,
  48마리의 말을   가지고 도망쳐 왔다.

○ juwan nadan de, karacin de yadara akū de tuwame genehe
    17일에,   카라친에 빈궁한지 아닌지를 살피러   갔던

turusi, omoktu, udahai, sulhio, sirin, buyan, ilemu, bayan baturu
투루시· 오목투· 우다하이·술히오· 시린·부안·   일러무 바안 바투루가

isinjiha,, 38/39
도착했다.

○ tere inenggi, kubuhe fulgiyan i wang siyang gung, han de
  그 날,   鑲紅旗의   wang 相公이   한에게

bithe wesimbume, wang siyang gung mimbe fan iogi ujimbihe, te
글을   올리며,   "wang 相公   저를 范(文程) 遊擊이 보살폈습니다. 지금

fan iogi de dalingho i niyalma be uji seme bufi, mimbe ujime muterakū,
范(文程) 遊擊에게 大凌河의 사람을 보살피라고   주어,   저를   보살필 수 없습니다.

han gosici, minde encu usin bufi haha kamcibufi ujire biheo seme
한이 아끼시면, 제게　다른　田地를 주고 장정을 함께 살게 하여 보살피게 해주소서"라고

wesimbure jakade, 39/40 han, juwan cimari usin buhe, uju jergi šusai i
　　올리자,　　　　　　　한은　　　10晌의　　　田地를 주고,　　　1등 秀才와

jergi de juwe haha kamcibuha,,
같은 등급으로 (대우하여) 2명의 장정을 함께 살게 했다.

○　tere inenggi, coohai jurgan i yoto beile, han de wesimbuhe
　　그　날,　　　　兵部의　　　　요토 버일러가 한에게　올린

bithei gisun, neneme liyoodung, guwangning ni nikan be waha, amala
글의　말.　　「먼저　　　遼東(遼陽)·　廣寧의　　　漢人을 죽였습니다. 나중에

yung ping, luwan jeo i nikan be waha, neneme wahangge be <u>ainame</u>[7]
永平·　　　灤州의　　　한인을 죽였습니다.　먼저　　죽인 것을　　　어떻게

faksidame gisurehe 40/41 seme akdarakū ofi, te ere be abka muse de
교묘하게　　　말한다　　　　해도 믿지 않을 것이므로, 지금 이를 하늘이 우리들에게

bufi ujire be sakini sehengge kai, mini mentuhun i gūnirengge,
주어 기르게 한 것을 알라고 한 것입니다. 저의　어리석은　　　생각으로는,

ere be ginggulehe sehede, dulin afaci, inu dulin dahambi dere seme
이들을 존중한다고　　하면,　　절반은 싸우되, 또한 절반은 투항할　　것이라고

7　[籤註] ginggguleme kimcici, ere ainame sere gisun, ainci uthai ai hacin i sere gūnin dere,,
　　삼가 고찰하건대 이 'ainame'(어떻게)라는 말은, 아마 즉 'ai hacin i'(어떤 종류로) 라는 뜻일 것이다.

gūnimbi, jai musei weile be sume gisureci inu akdambi, adarame
생각합니다. 또 우리의   죄를   해명하여 말하면 또한 믿을 것입니다. 어떻게

ginggulembi seci, uju jergi hafasa de beise i sargan juse be buki,
존중하는가   하면, 1등의 관원들에게는 버일러들의   딸들을   주십시오.

jai 41/42 jergi hafasa de gurun i beise, ambasai sargan juse be buki,
2등의   관원들에게는 나라의 버일러들·대신들의   딸들을   주십시오.

beise i juse de beise i ulin bukini, ambasai juse de siden i ulin
버일러들의 딸들에게 버일러들의 재물을 주게 하고, 대신들의 딸들에게는 公庫의 財貨를

buki, beise ambasai sargan juse nikan hafasa be jobobuci, inu ama
주십시오. 버일러들과 대신들의 딸들이 한인 관원들을 괴롭히면 또한 아버지와

eme i haran kai, jobobuci tenteke weile seme henduhe manggi, ai
어머니 때문입니다. "괴롭히면   그러한 罪이다" 라고   말하면   어찌

gelhun akū jobobumbi, 42/43 abkai kesi de aikabade sini babe bahaci,
    감히   괴롭히겠습니까?   "하늘의 은혜로   혹시   너의 땅을   얻으면

sini boigon be kemuni sinde bufi banjibumbi sehede, tere inu
너의   戶를   원래대로 너에게 주어 살게 하겠다" 하면,   그들도

urgunjembi, sargan i dele beise ambasai juse be buci, mene dere,
기뻐할 것입니다. 妻의   위에 버일러들·대신들의 딸들을 주면 진실로 체면이고,

boigon nahan ci fakcaha emhun beye de beise ambasai juse be buci,
  戶口로부터   떨어진 獨身에게   버일러들·대신들의 딸들을 주면

tere inu gebu kai, uttu oci sargan jusei amata jeci sasa, etuci
그 또한 명예일 것입니다. 이러면 딸들의 아버지들이 먹어도 함께하고, 입어도

sasa 43/44 ohode, tere inu ini babe onggombi dere, ehe mujilen
함께 할   것이니   그도   그의 땅을   잊을   것입니다.   악한 마음이

bisirengge emke juwe genehe seme, inu ainahai muse be ehe
있는 자가   하나 둘   도망간다 해도   또한   어찌   우리를   나쁘게

gisurembini, ujire be heoledeci, abkai fejergi be adarame bahambi, jai
말하겠습니까? 기르기를 태만히 하면   천하를   어찌   얻겠습니까? 또

hafasa de, beise i gulhun tokso emte buki, terei dele niru niru de,
관원들에게   버일러들의 온전한 莊園을 하나씩 줍시다. 그 위에   니루마다

nikan hehe haha emte juru gaiki, ihan emte gaiki, 44/45 tere be
한인   여자와 남자 1쌍을   취하고,   소 1마리씩을 취합시다.   그것을

uthai tokso arafi juwete tokso obuki, niyalmai ejen ihan i ejen de
곧   莊園으로 만들어 2개씩의 莊園으로 삼으십시오. 사람의 주인· 소의 주인에게

nirui siden i toodakini, jai niru nirui anggasi hehe be baicafi,
니루의 公庫에서 배상하게 하고, 또 니루마다   과부를   조사하여,

hafasai gucuse de sargan buki, nikan gurun i coohai niyalma serengge,
관원들의 구추들에게   처로   주십시오. 명나라의   군사라는   자들은

ba na juse sargan ci fakcafi, hoton hoton de aniya biya anafulame
땅과   자식과 아내로부터 떨어져,   각 城에서   年과 月을   防戍하며

bisirengge emu jobolon, musei cooha de 45/46 wabure be gelerengge
있는 것이 　하나의 고생이고, 우리의 군대에게 　　　죽임당할 것을 두려워하는 것이

emu jobolon, damu banjime baharakū guwanggusa, caliyan de akdafi
하나의 고생입니다. 다만, 살아갈 수 　　없는 건달(光棍)들은 　錢糧에 의지하고자

gūnici gūnimbi dere, boigon bisire niyalma, inu ini caliyan be
생각하면 　생각하겠지만, 戶가 있는 　　　사람은, 　또한 그의 　錢糧을

buyerengge akū kai, te muse de dahaha coohai nikasa de, sain
바라지는 않을 것입니다. 　지금 우리에게 투항한 군대의 　한인들에게 　현명

genggiyen mutere jušen hafan, nikan hafan be tucibufi, irgen i nikan
하고 　　　유능한 주션 관원·한인 　관원을 　　보내어, 　백성의 한인의

i sargan juse anggasi hehe be baicafi, teisu teisu 46/47 acara be tuwame
　　딸들과 　　　과부를 　조사하고, 　각각 　　　　　합당함을 살펴

sargan buki, tereci funcehengge be, jakūn beise i tokso i bayan
처로 　주십시오. 그 외에 남은 사람들은 　여덟 버일러들의 莊園의 부유한

jangturi sade sargan juse bici, uthai sargan buki, sargan juse akū
　莊頭들에게 　딸들이 있다면, 　곧 처로 주십시오. 　딸들이 없으면

oci, jui seme ujibufi, sargan isibukini, usin weilere de tere be daburakū
　아들(養子)로 기르게 하여, 처를 얻게 하십시오. 밭을 경작할 때 　그를 포함시키지 않게

oki, dain cooha yabuci, kemuni cooha ilibuki, tereci funcehengge
하십시오. 　전쟁을 하면, 　　항상 　군병으로 세우십시오. 그 외에 남은 자는

be, bayan puseli sai duka tolome 47/48 sargan isibu seme afabuki,
부유한 상점들의 문 마다 '처를 얻어 주어라'하고 맡기십시오.

uttu icihiyafi emte jergi etuku šangnaki,,
이렇게 처리하고 한 벌씩 의복을 상 주십시오."」

○ juwan juwe uju, dade tongki fuka akū, dergi fejergi hergen ilgan
  12字頭는 원래 點과 圈이 없다. 위 아래의 문자에 구별이

akū, ta da, te de, ja je, ya ye fakcan akū, gemu emu adali ofi,
없다. ta와 da, te와 de, ja와 je, ya와 ye가 나누어져 있지 않다. 모두 하나같아서,

bai gisun hese 48/49 bithe ohode, mudan ici be tuwame uthai
보통의 말을 문서로 작성하면, 音의 방향을 보고 곧

ulhimbi, ja, niyalmai gebu, ba na i gebu ohode, tašarame ojorahū
이해한다. 쉬운데 인명· 지명인 때는 틀릴까 우려

ofi, aisin gurun i sure han i ningguci aniya niyengniyeri ujui biya de,
되어서, 金國의 수러 한의 6년 봄의 1월에

han i hesei, dahai baksi tongki fuka sindame temgetulehe, da uju be
한의 命으로 다하이 박시가 점과 권을 찍어서 표기했다. 원래 字頭도

inu uthai fe kemuni uju de arahabi, amaga mergese tuwafi, ilgahangge
그대로 예전대로 字頭에 썼다. 나중에 賢者들이 보고, 구분한 것이

tumen de emu 49/50 niyececun bici wajiha, murishūn waka oci, fe
만에 하나 도움이 되면 그것으로 됐다. 오류가 있으면 옛

uju getuken bi,,
字頭가 명확하게 있다.

○ tere inenggi juwan juwe uju arafi wasimbuha,,
　　그 날,　　　　　　12字頭를　　써서　　내렸다.

tongki fuka sindaha hergen i dangse
點·圈을 찍은 문자의 檔子

dehi ningguci debtelin
46권

sure han i ningguci aniya aniya biya
천총 6년 1월

tongki fuka sindaha hergen i dangse,,
　點· 圈을　　찍은　　문자의　　檔子

dalingho de cooha genefi afame bucehe gungge ambasa, jai
　大凌河에　　　출정하여　　공격해서 죽인　功이 있는 대신들, 또

ujulame afafi gung baha hafasa, bai niyalma bicibe hūsun tucime
　앞장서　싸워 功을 세운 관원들,　　평민이라　해도　힘을　　　내어

juleri afaha niyalma be hafan wesibuhengge,,
　앞에서　싸운　　사람을　　관원으로 승진시켰다.

　○　mungtan fujiyang be dalingho hoton de afafi akūha seme,
　　　뭉탄　副將을　　　　大凌河 성에서　　　싸우다　죽었다고

ilaci jergi fujiyang be wesibufi jui 1/2 aintamu be uju jergi fujiyang
　3等　副將을　　　　승진시키고, 아들　아인타무를　　　　　1등　副將을

siraha, wesibuhe turgun, dade han de hanggiya i yambulu dahame jihe,
잇게 했다. 승진시킨　　이유. 처음에 한에게　항기야의　암불루가　투항하여 왔다.

jihe amala boihon šancin i niyalma hebe akū ainu dahaha seme sucuha,
온　　뒤에　보이혼　山寨의　　사람이　"의논하지 않고 왜 항복했느냐" 하고 습격했다.

tede mungtan mini ilan ahūn wabuha, mungku i ama jahai hada i baru
그때　　뭉탄　나의　세 형이　죽임당했다. 뭉쿠의　아버지 자하이가 하다를 향해

ubašaha bihe, ede mungtan mini ama sucume genefi wabuha,
배반하여 갔는데, 이에　뭉탄　　나의 아버지가 습격하러 가서　죽임당했다.

mungtan mini ahūn gangguri i jui erne 2/3 hada de ubašaha bihe,
뭉탄　　나의　형　강구리의　아들 어르너가　하다에　배반하여 갔는데,

mungtan bi ahūn deo be waliyafi ainu genehe seme hūlhame genefi
뭉탄　　내가 “兄弟를　　버리고 왜　갔는가?”　하고　몰래　　가서

jafafi han de benjifi waha, narin, nacibu i aja be mungtan bi benjihe,
잡아　한에게　보내와 죽였다. 나린· 나치부의　모친을　뭉탄　내가 보내왔다.

ere hafan baha ci ebsi yabuha be kicehei hoton i duka durire de,
이　관직을　얻은 이래로　行兵에　힘쓰며　성의　문을　빼앗을 때,

mungtan bi gidafi juwe feye baha seme, emu morin emu 3/4 ihan
뭉탄　내가 격파하고 2곳의 상처를 입었다고　1마리의 말· 1마리의　소를

buhe, mungtan bi fusi de fulgiyan bayara be gaifi yabuha, ilan feye
주었다.　뭉탄　내가 撫順에　　紅 바야라를　이끌고 갔다. 3곳의 상처가

sacibuhe seme emu morin buhe, šanggiyan hada de emu feye sacibuha,
베였다고　1마리의 말을 주었다.　샹기얀 언덕에서　1곳의 상처는 베였고,

emu feye gabtabuha seme juwe morin buhe, yehe de gūsa be gaifi
1곳의 상처는 활을 맞았다고　2마리 말을　주었다. 여허에 구사를 이끌고 가서

afafi emu feye gabtabuha seme ilan yan menggun buhe, liyoodung de
싸우다가 1곳의 상처가 활을 맞았다고　3兩의　은을　주었다. 遼東(遼陽)에

gūsa be gaifi 4/5 afaha, emu feye baha seme emu morin emu ihan
구사를 이끌고 가서 싸웠다. 1곳의 상처를 입었다고   1마리 말·   1마리 소를

buhe, mungtan i ahūta deote dain de akūhangge uheri jakūn, daci
주었다.   뭉탄의   형제들이 전장에서 죽은 것이   총 8명인데, 원래

gung de baha fujiyang seme jui be uju jergi fujiyang obuha,,
功으로   얻은 副將이라 하여 아들을   1등   副將으로 삼았다.

○ cohono iogi be jang dooli i cooha de afafi akūha seme, iogi be
   초호노 유격을   張(春) 道吏와의 전쟁에서 싸우다 죽었다고 하여,   유격을

wesibufi ahūn unggeni be uju jergi ts'anjiyang siraha, wesibuhe
승진시켜   형   웅거니를   1등   參將을 잇게 했다.   승진시킨

turgun, dade 5/6 han be baime jidere de, gūwa songgome jici, bi beye
이유.   처음에   한을   찾아   올 때, 다른 사람들은 울면서 왔지만, 나는 몸은

ajige mujilen amba ofi urgunjeme jihe, tuttu jihe be han saišafi amba
작아도 마음은   커서   기쁘게   왔다. 그렇게 온 것을 한이 칭찬하여 큰

gung obufi, enculeme orhoda hūwaitabuha, jihe ci nirui ejen obufi, orin
功으로 삼아, 별도로   인삼을 주관하게 했다.   온 후로 니루의 어전으로 삼고, 24년간

duin aniya umai weile bahakū, jakūta de genefi afafi meiren emu
        전혀 죄를 얻지 않았다. 자쿠타에   가서   싸우다가 어깨에 1곳의

feye, suksaha emu feye baha seme 6/7 emu niyalma buhe, mimbe
상처, 대퇴부에 1곳의 상처를 입었다고,   1명을   주었다. 내가

afaha sain seme geren ambasa han de alaha, šanggiyan hada i cooha
싸움을 잘했다고   여러   대신들이 한에게 고했다.   샹기얀 언덕의   전투에서

de afafi bethe emu feye, warkasi cooha de afafi meifen emu feye, ere
싸워 다리에 1곳의 상처, 와르카시 전투에서   싸워   목에 1곳의 상처, 이

juwe bade feye baha seme emu morin buhe, simiyan, liyoodung, ša ling,
 2곳에   상처를 입었다고 하여 1마리 말을 주었다.   瀋陽·   遼東(遼陽)·   沙嶺·

i jeo, ere duin hoton de olbo etufi afaha, liyoodung de gala emu feye
義州,   이   4개 城에서   綿甲을 입고 싸웠다. 遼東에서   손에 1곳의 상처를

baha 7/8 seme emu ihan buhe, ša ling ni hoton de sunja niru be gaifi
얻었다   하여 1마리 소를 주었다.   沙嶺城에서   다섯 니루를 이끌고

afaha, hoton efuleme baha seme beise de alanaha, beise sain sehe,
싸웠다. 성을   무너뜨려 얻었다고   버일러들에게 고했다. 버일러들이 좋다 했다.

anafu cooha gaifi komso de tehe bihe, dainju nirui tai de tehe jušen
防戍軍을   이끌고 적은 수로   주둔했었다. 다인주 니루의 臺에   있는 주션이

ilan haha be wafi uju faitafi gamambihe, tere be bi amcafi
3명의 壯丁을 죽이고 머리를 잘라서 가지고 갔었다. 그를 내가 쫓아가서

mederi tun be ninggun ba 8/9 funceme dooha, ukanju be gemu waha,
海島를   6里   남짓   渡河했다. 도망자를   모두 죽였다.

gamaha uju be baha seme han de alara jakade, han sain sefi baha
참획한   머리를   얻었다고 한에게   고하자,   한이 잘했다고   잡은

olji be gemu buhe, dalingho de poo gaiha emu mudan, geren i afaha
포로를 모두 주었다. 大凌河에서 炮를 취한 한 번, 무리와 싸운

emu mudan, ere juwe mudan de niru be gaifi afaha, jang dooli i cooha
한 번, 이 두 번에서 니루를 이끌고 싸웠다. 張(春) 道吏와의 전투

de afafi beye 9/10 akūha, daci gung de baha iogi seme ahūn be uju
에서 싸우다 죽었다. 원래 功으로 얻은 유격이라고 형을 1등

jergi ts'anjiyang siraha,,
參將을 잇게 했다.

○ ardai beiguwan be dain de akūha seme jui durdei be iogi
아르다이 備禦官이 싸움에서 죽었다고 아들 두르더이에게 유격을

bufi siraha, iogi obuha turgun, yoo jeo de jihe cooha be gidaha seme
주어 잇게 했다. 유격으로 삼은 이유. 耀州에 온 적군을 격파했다고

juwe morin, jakūn yan i pai, ifiha kurume buhe, gungtu de afafi emu
2마리 말· 8兩의 牌· 꿰맨 쿠리매를 주었다. 궁투에서 싸워서 1곳의

feye 10/11 baha seme emu ihan buhe, musei emu niyalma huwesi jafafi
상처를 입었다고 1마리 소를 주었다. 우리의 1명이 작은 칼을 가지고

juwe morin emu niyalma be huwesilehe, tere be waha seme emu ihan
2마리 말· 1명에게 달려들었었다. 그를 죽였다고 1마리 소를

buhe, dalingho de afafi neneme dosika be beile safi, jai jergi tucike
주었다. 大凌河에서 싸워서 먼저 들어간 것을 버일러가 알고, 두 번 나온

cooha de dosifi beye akūha, ardai be dade bai sain seme beiguwan
적군에　　진격하다가 죽었다.　　아르다이를 처음에 그냥 좋다고　　備禦官을

buhe bihe, dain de afafi akūha, 11/12 sunja amban i hūncihin seme
주었었는데,　　전투에서 싸우다가 죽었고　　　5 대신의　　친척이라 하여

iogi bufi siraha,,
遊擊을 주어 잇게 했다.

○ coirjal efu ts'anjiyang nimeme akū ofi, encu gurun ci ubašame
　초이르잘 어푸 參將이　　　병으로 죽었는데,　　다른 나라에서　　배반하여

jihe gung seme jui barang be da hergen i ts'anjiyang siraha,,
온　功이라고　　아들 바랑을　　원래의 관직인　참장을 잇게 했다.

○ daida beiguwan dain de akū ofi, jui botanggo be beiguwan
　다이다 備禦官이 전장에서 죽어서,　　아들 보탕고를　　　　備禦官을

siraha, beiguwan siraha turgun, ning yuwan de afafi emu feye baha
잇게 했다. 備禦官을 잇게 한　　이유. 寧遠에서　　　싸워서 1곳의 상처를 입었다고

12/13 seme jai jergi de buhe, ula i muke de dosinjiha cuwan gaiha de,
　　하여 2등으로　　주었다.　강물에　　들어온　　배를 취했을 때,

juwe jebele i sirdan wajitala bata be tuciburakū gabtahai cuwan baha,
2개의 화살통의 화살이 다하도록 적을　내보내지 않고 쏘아　배를　　얻었다.

nio juwang de šoto beile i tehe de, kitat monggo ukaka de beile i
　牛莊에　　　쇼토 버일러가 주둔했을 때, 키타트의 몽고인이 도망치자 버일러와

emgi sasa isinaha, afaha sain seme emu morin emu hehe buhe, dabsun
함께   이르렀다. 싸운 것이 좋다고 하여 1마리의 말·1명의 여자를 주었다. 소금을

fuifure bade tenehe de, abatai beile i 13/14 ciyandzung ukaka de
굽는   곳에   주둔하러 갔을 때, 아바타이 버일러의   千總이   도망가자

gulu lamun i otonggo amcafi cuwan de tere de isinafi, ilan gucu be
　　正藍旗의   오통고가 쫓아가서 배에 오르려고 할 때 도착하여, 3명의 구추를

gaifi mederi de oho deri olofi, emu ciyandzung, juwe monggo, juwan
이끌고 바닷물에 겨드랑이까지 잠기도록 건너, 1명의 千總·2명의 몽고인·   13명의

ilan niyalma, menggun sunja tanggū yan baha, ere be otonggo sambi,
　　사람·   은 500량을   얻었다. 이를 오통고가 안다.

nio juwang de sunja aniya tehe, ukanju be ambula baha sain seme
　牛莊에서   5년간   있었다.   도망자를   많이   얻어 좋다고 하여

gūwa de hergen nonggiha, 14/15 minde gecuheri goksi šangnaha, han
다른 사람에게 관직을 더했다.   나에게 蟒緞 無扇肩朝衣를 상주었다.   한이

dalingho hoton be kaha fonde, han ginjeo de genefi cooha gidaha de
大凌河 성을   포위했을 때,   한이 錦州에   가서 군대를 격파하자

burulafi weile baha bihe, jang dooli i cooha de juwe jergi jalan be
도주하여 죄를   얻었었다. 張(春) 道吏의 군대에게   두 번   잘란을

gaifi afafi beye akūha seme weile sufi, da hergen i jui be
이끌고 공격하다가 죽었다고   죄를 사면했고, 원래의 관직으로 아들을

siraha,,
잇게 했다.

○ dumei beiguwan dain de akū ofi, jui 15/16 tuyantu be beiguwan
　두머이　備禦官이　전투에서 죽어서　아들　　투안투를　　　備禦官을

siraha, siraha turgun, hergen buhe ci ebsi ša ling de tefi jušen monggo
잇게 했다. 잇게 한 이유.　관직을　준　이래로　沙嶺에　있으면서, 주선·　몽고·

nikan uheri dehi ukanju baha, han i hoton de cooha genehe fonde, aita be
　한인　모두　40명의 도망자를 취했다. 황제의 성에　　군대가　갔을　　때,　아이타를

wara de, aisai, udari, bušuku, karkaji, boboltai, ere sunja niyalma be
죽이자　아이사이·　우다리·　부슈쿠·　카르카지·　보볼타이,　이　　5명을

gaifi dumei bi yafahalafi beile i juleri dosika, emu feye baha seme
이끌고 두머이 내가　걸어서　버일러의 앞에서 진입했다.　1곳의 상처를 입었다고

ilaci 16/17 jergi de buhe, dalingho hoton kaha de, sucungga tucike
3등으로　　　　　　　　　주었다.　大凌河城을　포위했을 때,　처음　　나온

cooha de jalan be gaifi dosika, erebe gūsai ejen beile sambi, jang dooli i
적군에게　잘란을　이끌고 진격했다.　이를　구사의 어전 버일러가 안다.　張(春) 道吏의

cooha de, beile de niyakūrame baifi genefi gūsa be gaifi, han i joriha
군대와 (싸울 때), 버일러에게 무릎 꿇고 청하여 가서　구사를　이끌고,　한이　지시한

jurgan be jurcehekū dosifi beye akūha, dade nirui ubu i beiguwan bihe,
　뜻을　　위반하지 않고 진격하다가 죽었다.　　본래　니루의 몫의　備禦官이었는데

dain de akūha 17/18 seme da hergen i siraha,,
전투에서 죽었다고   원래의 관직을   잇게 했다.

○ toboi nirui ubu i beiguwan bihe, dalingho hoton i tucike
    토보이는 니루의 몫의 備禦官이었다.   大凌河城을   나온

cooha de afafi akūha seme deo othon be beiguwan siraha,,
적군과   싸우다가 죽었다고   동생 오트혼을   備禦官을   잇게 했다.

○ gori hiya hontoho beiguwan, dalingho i tucike cooha de afafi
    고리 히야   半 備禦官은   大凌河를   나온 적군과   싸우다

akūha seme jui giohoto be ineku hontoho beiguwan siraha,, 18/19
죽었다고   아들 기오호토를   원래의   半   備禦官을   잇게 했다.

○ obohoi, burkai, aisai, karkama, ere duin niyalma de hafan akū
    오보호이· 부르카이· 아이사이· 카르카마, 이   4명에게는   관직이 없었었다.

bihe, dain de afafi akūha seme gemu beiguwan bufi siraha, obohoi
        전투에서 싸우다가 죽었다고   모두   備禦官을 주어 잇게 했다. 오보호이는

dade hafan bihe, weile bahafi efulehe bihe, beiguwan siraha turgun,
원래 관원이었는데 죄를   지어서   파직했었다.   備禦官을   잇게 한 이유.

gutei tabunang de genehe de, tabunang ni jui be amcafi morin ci
구터이 타부낭에게   갔을   때, 타부낭의   아들을   추격하여 말에서

tuhebuhe, emu feye baha seme emu ihan buhe, han i hoton de 19/20
떨어뜨렸다. 1곳의 상처를 입었다고   1마리 소를 주었다. 황제의 성에

cooha genehe de, jase dosika inenggi, duin kuren i cooha ucarafi gūsa
출병한   때, 경계에 들어간   날,   4隊의   군대와 마주쳐서 구사

be gaifi dosika, yaluha morin bucehe, hošotu efu sambi, lu geo kiyoo
를 이끌고 진격했고 탄   말이   죽었다.   호쇼투 어푸가 안다.   盧溝橋에서

de jalan be gaifi afaha, duin dzung bing guwan i cooha de jalan be
     잘란을 이끌고 공격했다. 4명의   총병관의   군대에게   잘란을

gaifi afaha, emu feye baha, gūsin yan menggun buhe, ša ho i alin i
이끌고 공격했고 1곳의 상처를 입었다. 30兩의   銀을   주었다.   沙河의 山의

ninggu i monggo de gūsa be gaifi 20/21 afafi feye bahafi tereci ilihakū
위의   몽고인에게   구사를   이끌고 공격하다 상처를 입고 그 후 일어나지 못하고

akūha, dade hafan bihe, jai han i uksun i niyalma, dain de akūha
죽었다. 원래 관원이었고   또 한의   宗室이며,   전투에서 죽었다고

seme jui ontohoi be beiguwan siraha,,
하여 아들 온토호이를   備禦官을   잇게 했다.

○ burkai be beiguwan siraha turgun, fung ji pu de juwe feye
   부르카이를   備禦官을 잇게 한   이유.   奉集堡에서   2곳의 상처를

baha seme juwe niyalma juwe ihan ilan eihen buhe, simiyan i tabcin
입었다고   2명의 사람·   2마리 소· 3마리 당나귀를 주었다. 瀋陽을   약탈할

de 21/22 emu feye baha, giyamcan de lambai i emgi helen jafame
때   1곳의 상처를 입었다.   鹻場에서   람바이와 함께 정보제공포로를 잡으러

genefi, emu uksilehe niyalma be jafaha, han i hoton de cooha genehe
가서,   1명의 갑옷 입은 자를   잡았다. 황제의 성에   출병했을

fonde, yung ping ci orho ganame genefi k'ai ping i cooha ucarafi
때,   永平에서부터 풀을   가지러   가서   開平의   적군과 마주쳐서

afafi emu feye baha seme dehi yan menggun buhe, han i hoton i
싸워서 1곳의 상처를 입었다고   40량의 은을   주었다. 황제의 성의

amargi cooha de afafi 22/23 emu feye baha seme orin yan menggun
 북쪽   군대와   싸워서   1곳의 상처를 입었다고   20량의 은을

buhe, yaluha morin bucehe, solho de juleri karun genehe de hafan
주었다. 탄   말이   죽었다. 조선으로 앞장서 정탐하러 갔을 때   관원을

emke jafaha, dalingho i amargi tai de juwan niyalma be gaifi genefi
1명 잡았다. 大凌河의   북쪽   臺에   10명을   이끌고 가서

emu niyalma waha, dalingho i tucike cooha afara de, eiteri i giran
  1명을   죽였다. 大凌河城에서 나온 적병이 공격할 때, 어이터리의 시체를

gaime dosifi akūha, han i uksun i niyalma, dain de akūha seme jui
가지러 들어갔다가 죽었다. 한의 일족   사람이고, 전투에서 죽었다고 아들에게

de 23/24 beiguwan siraha,,
        備禦官을   잇게 했다.

○ aisai de beiguwan siraha turgun, jarut i daicing de afara de
  아이사이에게 備禦官을 잇게 한   이유.   자루트의 다이칭과   싸울 때,

dosika sain seme emu ihan emu honin buhe, aita be waha seme emu
진격한 것이 좋았다고 1마리 소· 1마리 양을   주었다. 아이타를 죽였다고   1마리

morin, emu feye baha seme susai yan menggun buhe, dalingho i tucike
말을,   1곳의 상처를 입었다고   50량의   은을   주었다. 大凌河城에서 나온

cooha de juwe mudan jalan be gaifi afaha, gūsa ci juleri dosika, 24/25
적군에게   두 번   잘란을   이끌고 공격했다. 구사보다 앞장서 진입했다.

ginjeo de bayara i tu be gaifi juwe mudan afaha, jang dooli i cooha
錦州에서   바야라의 纛(護軍)을 이끌고 두 번   공격했다. 張(春) 道吏의 군대를

de nenehe kuren de jalan be gaifi afaha, amaga kuren de tu be gaifi afafi
향해 앞 부대에게   잘란을   이끌고 공격했다. 뒤 부대에게 纛(護軍)을 이끌고 공격하다

akūha, aita be waha gung be uju arafi jui tusitu de beiguwan
죽었다. 아이타를 죽인 공을   첫째로 삼아 아들 투시투에게 備禦官을

siraha,,
잇게 했다.

○ karkama i deo de beiguwan siraha turgun, kioi šancin de emu
  카르카마의   동생에게   備禦官을 잇게 한   이유. 키오이 山寨에서 1곳의

feye baha seme emu niyalma buhe, 25/26 niowanggiyaha de ilan feye
상처를 입었다고   1명을   주었다.   니오왕기야하(淸河)에서 3곳의 상처를

baha seme uju jergi de juwe niyalma buhe, keyen de afafi juwe feye
입었다고   1등으로   2명을   주었다. 開原에서 싸워서 2곳의 상처를

baha seme ilan yan menggun buhe, cilin de afafi juwe feye baha seme
입었다고   3兩의   은을   주었다. 鐵嶺에서 싸워서 2곳의 상처를 입었다고

emu niyalma buhe, jinong efu i deo cecen i orin monggo keyen ci ini
  1명을   주었다.   지농 어푸의 동생 처천의   20명의 몽고인이 開原에서 그들의

ba i baru ukame genere be, nadaci inenggi amcanafi orin 26/27 monggo
땅을 향해 도주하여 간   것을   7일째   추격해서 20명의   몽고인을

be waha, amcanaha ba goro waha sain seme emu ihan emu suje juwe
  죽였다.   추격한   곳이 멀고 죽이기를 잘했다고 1마리의 소· 1필의 비단· 2장의

jafu juwe jibca buhe, liyoodung ni hoton de cingšan i emgi adafi kiyoo
모직물· 2벌의 가죽옷을 주었다. 遼東城(遼陽)에서   칭샨과   함께 따라서 다리를

durihe, mini beye juwe feye baha seme emu ihan buhe, guwangning
빼앗았다. 나의 몸이 2곳의 상처를 입었다고   1마리의 소를 주었다.   廣寧의

ni amargi monggo i ergi pu de afara de, wan i dele ilifi gabtara de
   북쪽의   몽고   쪽 堡에서 싸울 때에, 사다리 위에 서서 활 쏘자

hoton i ninggu i 27/28 cooha burulaha, hoton baha afaha sain seme
  성   위의   군대가 패주했다. 성을 얻고 싸우기를 잘했다고

feye akū bime emu niyalma buhe, šeo šan i baru amba beile de
상처가 없지만   1명을   주었다. 首山   쪽의   大 버일러에게

takūrafi juwe feye baha, duin niyalma waha, ning yuwan i hoton de
파견하여 2곳의 상처를 입었고,   4명을   죽였다.   寧遠城에서

jalan be gaifi afaha, ilan feye baha seme gūsin yan menggun buhe,
잘란을　이끌고 싸웠고,　3곳의 상처를 입었다고　　30량의　은을　　주었다.

inggūldai i afafi bahakū šancin de dobori hūlhame dosifi ninju ulha
잉굴다이가　싸워서 얻지 못한 山寨에　　밤에　　몰래　　들어가 60마리 가축을

28/29 baha, emu feye baha seme emu niyalma buhe, ginjeo de han i
　　얻었고,　1곳의 상처를 입었다고　　1명을　　주었다. 錦州에　　한이

genefi gidaha cooha de beye akūha, daci karun de beiguwan i jergi de
가서　격파한　전투에서　　죽었다.　　원래 정탐갔을 때 備禦官의　등급으로

yabuha, beye dain de akūha seme deo manggūtai de beiguwan
갔다.　　본인이 전투에서 죽었다고　　동생 망구타이에게　　備禦官을

siraha,,
잇게 했다.

○　giošan iogi be jai jergi ts'anjiyang obuha, wesibuhe turgun,
　기오샨 遊擊을　　2등 參將으로　　삼았다.　승진시킨　이유.

ginjeo i cooha be 29/30 han i genefi gidaha de, bi isinahai dosifi　yungšun
錦州의　군대를　　　한이 가서　격파할 때,　내가 도착하자마자 들어가 융순의

i nirui niyalma be nikan wara be tucibuhe, jai dasame faidafi gidaha de,
　니루의 사람을　　明軍이 죽이려는 것을 구출했다. 또　다시 정렬하여 격파할 때,

mini teisu cooha be ulan de isitala gidafi tuwaci, šoto beile be
　내가 맞은편 군대를　　壕에 이르기까지 격퇴하고 살펴보니 쇼토 버일러를

nikan kafi gabtašara be bi safi geli gidaha, morin feye bahafi bucehe,
명군이 에워싸고 활 쏘는 것을 내가 알고 또 격파했다. 말이　상처를 입어서 죽었다.

jang dooli i cooha be neneme gidaha de, juleri gaifi dosire de 30/31 poo
張(春) 道吏의　군대를　　먼저　격파할 때,　앞에서 이끌고 들어갈 때　　　　炮에

de comboli emu feye goiha, suksaha emu feye gabtabuha, emu feye
옆구리에 1곳의 상처를 입었다. 대퇴부에 1곳의 상처를 화살에 입었다. 1곳의 상처를

bahacibe julesi cunggūšame fondoloho, yaluha morin bucehe seme
입었는데도 앞으로　들이받아　　돌입했다.　　탄　말이　죽었다고

ts'anjiyang obuha,,
參將으로 삼았다.

○ tantai, gūnggadai, yangšan, asan, ilemu, šarhūda, siteku, ere
　탄타이·　궁가다이·　　양산·　아산·　일러무·　샤르후다·　시터쿠, 이

nadan beiguwan be wesibufi iogi obuha, tantai be wesibuhe turgun,
　7명의　備禦官을　　　승진시켜 遊擊으로 삼았다. 탄타이를　승진시킨　이유.

31/32 han i ginjeo de genefi gidaha cooha de han hendume, turusi,
　　한이　錦州에　　가서　격파한　군대에게　한이 말하기를 "투루시·

loosa i yarkiyame gaire cooha be tantai, sihan, manjusiri, suwe okdome
로오사가 유인하여 데려오는 적군을　탄타이·　시한·　만주시리, 너희가 맞이하여

gabta sehe, tede be uthai dosifi gidame gamafi yafahan cooha de
쏘라"고 했다. 그곳에서 우리는 곧 들어가서 격파해 가면서　　　보병에

isibufi suwaliyame gidaha, amasi bedereme jidere de, bata uncehen de
이르러서 한데 모아 격파했다.　　　되 돌아 올 때,　　　적이 후미에서

latufi gabtame jidere be juwe jergi amasi gidaha, jang dooli i cooha
달라붙어서 활 쏘며 오는 것을 두 번　　뒤로 격파했다. 張(春) 道吏의　군대

de 32/33 neneme gidaha de, juwe tu be gaifi joriha jurgan be jurcehekū
에게　　　먼저　진격할 때,　두 纛(護軍)을 이끌고 지시한 사항을　어기지 않고

dosifi da bade meifen feye baha, feye bahacibe ilihakū bata be gidaha,
들어가서 (적의)본거지에서 목에 상처를 입었다. 상처를 입었어도 멈추지 않고 적을 격파했다.

dashūwan galai cooha biyaluci, tu be gaifi dosika seme iogi obuha,,
　　左翼의　군사가 도주했지만, 纛(護軍)을 이끌고 들어갔다고 유격으로 삼았다.

○ gūnggadai be wesibuhe turgun, ginjeo de han i genefi gidaha
궁가다이를　승진시킨 이유.　錦州에　한이　가서　격파한

cooha de, bi dosifi gidafi gamahai 33/34 yafahan cooha de isinafi
적군에　내(궁가다이)가 진입하여 격파해 가면서　　보병에　　도착해서

suwaliyame gidaha, bedereme jidere de, nikan i cooha musei uncehen
한데 모아 격파했다.　돌아　올　때,　明軍이　우리의 후미에

de latufi jidere be amasi juwe jergi gidaha, jang dooli i cooha be
　달라붙어서 오는 것을 뒤로 두 번　격파했다. 張(春) 道吏의　군대를

gidaha de, bi mini jalan be gaifi joriha jurgan be jurcehekū dosika,
격파할 때, 나는 나의 잘란을　이끌고 지시한 사항을　어기지 않고 들어갔다.

tere dosire de gala emu feye baha, feye bahacibe dube tucitele wame
그   들어갈 때 손에 1곳의 상처를 입었다. 상처를 입었어도 끝이 날때까지 죽이며

yabuha, 34/35 dashūwan gala biyalucibe jalan be gaifi dosika seme iogi
갔다.   左翼이   피했어도   잘란을   이끌고 진격했다고 遊擊으로

obuha,,
삼았다.

○ yangšan be wesibuhe turgun, han i hoton i amargi man dzung
   양샨을   승진시킨   이유.   황제의 성의   북쪽 滿(桂) 總兵官의

bing guwan i cooha be gidaha de, joriha jurgan be jurchekū jalan be
                군대를   격파할   때, 지시한   사항을   위반하지 않고 잘란을

gaifi dosika, gi jeo i yafahan cooha de yangguri efu i jebele ergi ci
이끌고 진격했다. 薊州의   步兵에 대해   양구리 어푸의   오른쪽으로부터

fakcahakū efu i jakade tu 35/36 akū ofi, yangšan tu be bargiyame
떨어지지 않고, 어푸 옆에 纛(護軍)이   없어서,   양샨이   纛(護軍)을 모아

gaifi dosika sain seme juwe morin buhe, jang dooli i cooha de, bi
이끌고 진격하기를 잘했다고 2마리 말을 주었다. 張(春) 道吏의 군대에 대해, 나(양샨)는

dashūwan ergi dube bihe, dashūwan ergi sunja gūsa biyaluci, bi jalan
       왼쪽   끝에 있었다.   왼쪽   다섯 구사가 피했는데, 나는 잘란을

be gaifi biyaluhakū dosika, gala emu feye, halba emu feye baha, morin
   이끌고 피하지 않고 진격했다. 손에   1곳의 상처, 견갑골에 1곳의 상처를 입었다. 말이

sunja feye bahafi bucehe, dashūwan ergi biyaluci, dubei 36/37 jalan be
5곳의 상처를 입고 죽었다. 좌익이 도주했지만, 끝의 잘란을

gaifi dosika seme iogi obuha,,
이끌고 들어갔다 하여 유격으로 삼았다.

○ asan be wesibuhe turgun, ginjeo i cooha be neneme gidaha de,
　　아산을 승진시킨 이유. 錦州의 군대를 이전에 격파한 때

duin feye bahacibe, jai dasame gidara de mini cooha be dosifi tuwaci,
4곳의 상처를 입었어도 또 다시 격파할 때 나(아산)의 군대가 진입해 보니

šoto age be bata ukuhebi, bi safi uthai dosifi ukuhe bata be bederebuhe,
쇼토 아거를 적이 포위하고 있었다. 내가 알고 즉시 진입하여 포위한 적을 물리쳤다.

jang dooli i cooha be neneme gidaha de, jalan be 37/38 gaifi
張(春) 道吏의 군대를 이전에 격파한 때, 잘란을 이끌고

bata be gidame teni dere acara de, meiren fondo gabtabucibe ilihakū
적을 격파하려고 막 조우하는데, 어깨를 관통하여 화살을 맞았어도 멈추지 않고

jalan be gaifi juleri dosika, bata be mederi de isitala waha, emu
잘란을 이끌고 앞장서 진입했다. 적을 바다에 이르기까지 죽였다. 1명의

monggo be jafafi ajige age de acabuha, juwan morin baha, ere mudan
몽고인을 잡아서 아지거 아거에게 만나게 했다. 10마리 말을 획득했다. 이 번에

de bi ninggun feye baha, yaluha ninggun morin feye baha, emu morin
　나는 6곳의 상처를 입었다. 탄 6마리 말이 상처를 입었다. 1마리 말이

bucehe, asan be yung 38/39 ping be waliyafi jihe manggi, yabuha sain
죽었다.　　아산이　　永平을　　　　　　　　버리고　온　후,　　　行한 것이 좋다고

seme ni gidaha bihe, ere be acabufi iogi obuha,,
　　　　紀錄했었다.　　　　이를　　합쳐서　遊擊으로 삼았다.

○ ilemu be wesibuhe turgun, ginjeo i cooha be neneme gidaha de
　　일러무를　　승진시킨　　이유.　　錦州의　군대를　　이전에　격파했을 때

beile ci lakcafi juleri dosika, ginjeo de han i genefi gidaha cooha de,
버일러로부터 떨어져서 앞장서 진입했다. 錦州에　한이　가서　　격파한　적병에 대해,

beile i dashūwan ergi de adafi 39/40 bi susai bayara be gaifi juleri
버일러의　　　　　좌측에　　　배열하여, 나(일러무)는 50명의 바야라를 이끌고 앞장서

dosika, jang dooli i sucungga cooha de, han i joriha jurgan be jurcehekū
진입했다. 張(春) 道吏의　　최초　　군대에,　한이　지시한　　뜻을　　어기지 않고

dosika, ilan feye baha, beyei yaluha duin sain morin bucehe, amba tu
진입했다. 3곳의 상처를 입었다. 내가 탄　　4마리 좋은　말이　죽었다.　　　大纛을

gaifi ilan amba dain de afaha seme iogi obuha,,
가지고 세　　大 전투에서 싸웠다고　　　遊擊으로 삼았다.

○ šarhūda be wesibuhe turgun, ginjeo i neneme gidaha 40/41 cooha de
　　샤르후다를　　승진시킨　　이유.　錦州의　이전에　격파한　　　　적병에게

meni gūsa de juleri dosika, han i genefi gidaha ginjeo i cooha de,
우리　구사의 선두에서 진입했다. 한이　가서　　격파한　錦州의 적병에게

kubuhe fulgiyan korcin i monggo biyaluha de bi dosika, emu feye
鑲紅의　　코르친　몽고인이　피해 달아날 때 나는 진입했다. 1곳의 상처를

baha, morin duin feye baha, jang dooli i sucungga cooha de yafahalafi
입었다. 말은　4곳의 상처를 입었다. 張(春) 道吏의　최초　군대에　도보로

juleri dosika, beye sunja feye baha, morin ninggun feye baha, ilan
앞장서 진입했다. 몸에 5곳의 상처를 입었다.　말은　6곳의 상처를 입었다. 세

dain de ujulafi afaha, jai karun 41/42 yabume joboho seme iogi obuha,,
전투에서 필두가 되어 싸웠다. 또한 정탐하러　가서　고생했다고　遊擊으로 삼았다.

○ siteku be wesibuhe turgun, liyoodung wei de helen jafame
　시터쿠를　승진시킨　이유.　遼東衛에서　정보제공포로를 잡으러

genefi orin uyun niyalma waha, gūsin uyun niyalma orin ihan juwe
가서　29명을　　　죽였다.　39명·　　　20마리 소· 2마리

morin ilan eihen bahafi gajiha, han i falan de cooha genehe de, juwe
말· 3마리 나귀를 획득하여 가져왔다. 皇帝의 朝廷(北京)에　출병한　때,　200명에

tanggū isire cooha de afafi gidaha, dehi ninggun morin baha, 42/43
　이르는 적병과　싸워서 격파했다.　46마리 말을　획득했다.

han i genefi ginjeo i cooha be gidaha de, bi juleri dosifi emu feye
한이　가서　錦州의 적병을 격파했을 때 나(시터쿠)는 앞장서 진입하여 1곳의 상처를

baha, sung šan i hecen ci tucike juwe minggan moringga cooha de
입었다.　松山城에서　　나온　2천　　　　기병에게

juleri dosika, jai karun yabume joboho seme iogi obuha,,
앞장서 진입했다. 또한 정탐으로 가서   고생했다고   遊擊으로 삼았다.

○ kanggina, malhūna, hojiger, haksaha, oboi, suna efu, buyantu,
  캉기나·   말후나·   호지거르· 학사하· 오보이· 수나 어푸· 부안투·

moo mergen, ere jakūn niyalma hafan 43/44 akū bai niyalma bihe,
 모오 머르건,   이   8명은   관직이   없는 평민이었는데

wesibufi beiguwan obuha, kanggina, malhūna be wesibuhe turgun, jang
승진시켜   備禦官으로 삼았다. 캉기나·   말후나를   승진시킨 이유.   張(春)

dooli i sucungga cooha de han i bayara juwe amba tu be emte jafafi
 道吏의   최초   군대에   한의 바야라의 2개의 大纛을   1개씩 잡고

tantai i sasa dosika, amaga kuren de juwe amba tu be emte jafafi
탄타이와 함께 진입했다. 뒤의   부대에,   2개의 大纛을   1개씩 잡고

jakūn gūsai geren cooha teng seme ilifi dosirakū bisire de, juwe tu
  팔기의   여러 병사가   굳게   서서 진입하지 않고 있을 때에, 두 纛이

44/45 lakcafi juleri dosika turgunde wesibufi juwe nofi be gemu
(본대에서) 떨어져서 앞장서 진입했기 때문에 승진시켜   2명을   모두

beiguwan obuha,,
備禦官으로 삼았다.

○ hojiger be wesibuhe turgun, dalingho hoton be kaha de, ginjeo de
  호지거르를   승진시킨   이유.   大凌河城을   포위했을 때   錦州에

han i genefi gidaha cooha de juleri niyalma wame yabuha, ioi dz
한이 　 가서 격파한 적병에게 　 앞장서 사람을 　 죽이러 갔다. 　 于子章臺를

jang tai afara de miyoocan sindara juwan niyalma be gamafi ilan
　 공격할 때 　 鳥銃을 　 쏘는 　 10명을 　 　 데려가서 3명을

niyalma be goibuha, 45/46 dalingho hoton de geodebuhe inenggi, tai de
　 명중시켰다. 　 　 大凌河城에서 　 적을 속인 　 날, 　 臺로

afanjiha cooha de dosifi emu niyalma be weihun jafaha, miyoocan
공격해 온 적병에 　 진입하여 　 1명을 　 　 사로 잡았다. 　 鳥銃을

sindara juwan niyalma be gaifi dalingho hoton i orho gaijara niyalma be
쏘는 　 10명을 　 　 이끌고 　 大凌河城의 　 풀을 취하는 　 사람을

miyoocan sindame emke waha, hūlha gaifi gajiha, dalingho hoton de
　 鳥銃을 　 　 쏘아 　 1명을 죽였다. 도적을 잡아서 데려왔다. 大凌河城에서

afaha inenggi, mergen daicing beile i ajige girdan tu jafaha
　 싸운 　 날, 　 머르건 다이칭 버일러의 작은 　 蜈蚣纛[1]을 잡은

niyalma ulan i jakade tuheke bihe, 46/47 erebe tucibuhe, jang dooli i
　 사람이 　 壕의 쪽으로 　 떨어져 있었다. 　 　 이를 　 구출했다. 張(春) 道吏의

cooha be neneme gidaha de, tai tuwakiyame genefi tai de dosifi juwe
　 군대를 　 이전에 　 격파했을 때 臺를 감시하러 　 가서 　 臺에 진입하여 2명을

niyalma be waha, jang dooli i cooha be gidaha inenggi, emu hafan be
　 　 죽였다. 張(春) 道吏의 군대를 　 격파한 　 날, 　 1명의 관원을

1 　 'girdan tu'는 깃발 둘레를 톱니모양으로 장식한 旗이다. 한어로 蜈蚣纛라고 번역된다.

waha, uksin jebele beri buhe, han i hoton de cooha genehe de, yabuha
죽였다. 갑옷· 화살통· 활을 주었다.　　皇帝의 城에　　출병했을　　때에 행한 것이

sain seme emu morin emu ihan ilan suje bufi, te emu bade 47/48
좋다고　　1마리의 말· 1마리의 소· 3필의 비단을 주고, 이제 한 곳에서

tuwafi sain oho manggi beiguwan bure seme ni gidaha bihe, tuttu ofi
살펴보아서　좋으면　　備禦官을 주겠다고　紀錄했었다.　　그러므로

wesibufi beiguwan obuha,,
승진시켜　備禦官으로 삼았다.

○ haksaha be wesibuhe turgun, simiyan be gaiha fonde, cuwan bing ni
　학사하를　　승진시킨 이유.　瀋陽을　　취했을 때에 (적의) 船兵의

coohai karun kiyoo de jifi ilihabi, ilan niyalma kiyoo be doome
군대의 정탐병이 다리에　와서 섰다.　　3명이　　다리를　　건너

jihe bihe, haksaha dogon ci geren be ilibuha, meni juwe nofi alime
왔었다.　　학사하는 나루터에서 무리를　세웠다. 우리의　2명이 응전하여,

gaifi, haksaha kiyoo i dergi be 48/49 dogon ci kiyoo i fejergi be bašame
　학사하는 다리의　위를, (우리의 두명은) 나루터부터 다리의 아래를　쫓아

genere de, bata kiyoo i dulimbade alime gaifi mimbe gabtara nikan be
　갈　때에, 적이 다리의 가운데에서　응전하기에, 나(학사하)를　쏘는 漢人을

bi fuhali gabtame waka, han i hecen i amargi man dzung bing guwan i
내가 결국　쏘아서 죽였다. 한의　城의　북쪽의　滿(桂) 총병관의

cooha de tu i juleri gabtame dosifi jebele i sirdan wajitala loho
병사에게 纛의 앞에서 활 쏘고 진입하여, 화살통의 화살이 다하도록, 腰刀가

mokcotolo waha, gi jeo hoton i yafahan cooha de, yangguri efu i emgi
부러지도록 죽였다. 薊州城의 보병에게 양구리 어푸와 함께

juleri dosika 49/50 seme juwe morin buhe, dalingho hoton i cooha de,
앞장서 진입했다고 2마리 말을 주었다. 大凌河城의 병사에게

tulai tofohon niyalma be gaifi neneme dosika, bi tu be gaifi dosika,
툴라이가 15명을 이끌고 먼저 진입했다. 나는 纛을 가지고 진입했다.

morin ilan feye baha, jang dooli i nenehe kuren de, bi jurgan aljahakū
말이 3곳의 상처를 입었다. 張(春) 道吏의 앞 부대에게 나는 명령을 벗어나지 않고

jalan be gaifi dosika, morin duin feye bahafi bucehe, afaha sain seme
잘란을 이끌어 진입했다. 말이 4곳의 상처를 입어서 죽었다. 전투한 것이 좋다고

wesibufi beiguwan obuha,, 50/51
승진시켜 備禦官으로 삼았다.

○ oboi be wesibuhe turgun, ginjeo de gidaha cooha de gūsa de
오보이를 승진시킨 이유. 錦州에서 격파한 적병에게 구사에서

juleri dosika, jang dooli i nenehe kuren de yafahalafi afaha, amaga
앞장서 진입했다. 張(春) 道吏의 앞 부대에게 도보로 가서 싸웠다. 뒤

kuren de yafahalafi turusi i juwe tu i emgi dosika, emu feye baha,
부대에게 도보로 가서 투루시의 2개 纛과 함께 진입했다. 1곳의 상처를 입었다.

han i falan de cooha genehe fonde, 51/52 han i jihe amala luwan jeo
皇帝의 朝廷(北京)에   출병했을   때,   한이 온 후에   灤州에

de tutafi yabuha sain seme ni gidaha bihe, tuttu ofi wesibufi beiguwan
    남아서 행한 것이 좋다고   紀錄했었다.   그러므로 승진시켜 備禦官으로

obuha,,
삼았다.

○ suna efu be beiguwan obuha turgun, dalingho hoton i tucike
    수나 어푸를 備禦官으로   삼은   이유.   大凌河城을   나온

cooha be sunja niru be gaifi hoton i dade isitala gidaha, juwe feye
적군을   다섯 니루를   이끌고 城의 기슭에 이르기까지 격파했다. 2곳의 상처를

baha, nomun nirui emu niyalma, imtui nirui 52/53 emu niyalma feye
입었다.   노문 니루의   1명·   임투이 니루의   1명이   상처를

bahafi tuheke be tukiyefi gajiha, han i genefi ginjeo i cooha be gidaha
입어   넘어진 것을 메어서 데려왔다. 한이 가서   錦州의   적군을   격파했을

de, bi monggo i duin jalan be gaifi moringga cooha be yafahan de
때에, 나는 몽고의   4개   잘란을 이끌고   (적의) 騎兵을   步兵에

isitala gidaha, yafahan i amargi be dosifi afara de, mini beye gaifi
이르기까지 격파했다. (적의)보병이 뒤로 진입하여 공격할 때에 내(수나)가 직접 이끌고

yafahalafi yafahan cooha be amasi gidaha, emu niyalma juwe tu be
도보로 가서 (적의) 보병을   되   격파했다.   1명과   2개의 纛을

53/54 gajifi han de buhe, karun i karkama i giran be gajiha, baijuhū
가져 와서   한에게 주었다. 초탐의 카르카마의 시신을   가져왔다. 바이주후의

i deo tu jafahai tuheke bihe, nahantai i jui i yafahan emhun geren
동생은 纛을 잡은채 쓰러져 있었다. 나한타이의 아들이 도보로 가서 혼자였는데, 여러

bata bošome gajire be tucibuhe, juwe niyalma emu tu be tucibufi
적병이 추격해서 끌고가려는 것을 구출했다. 2명과   1개의 纛을   구출해서

gajiha, duin feye baha, ginjeo de neneme dosika de onoi nirui
데려왔다. 4곳의 상처를 입었다. 錦州에   이전에 진입했을 때에 오노이 니루의

bayara yafahalafi bata 54/55 bošome gajire be bi tucibufi gajiha,
바야라가 도보로 갔는데, 적이   추격하여 끌고가려는 것을 내가 구출하여 데려왔다.

suna efu dade fujiyang bihe, weile bahafi efulehe, amala faššame
수나 어푸는 원래   副將이었다.   죄를 지어   혁직되었다. 후에   노력하여

yabuha seme beiguwan obuha,,
행했다고   備禦官으로 삼았다.

○ buyantu be beiguwan obuha turgun, han i hoton de cooha genehe
부얀투를   備禦官으로   삼은   이유.   황제의 성에   출병한

fonde, yuwan du tang ni cooha de juleri dosifi gala langtulabuha,
때에   袁(崇煥) 都堂의   군대에게 앞장서 진입하다가 팔을 쇠몽둥이로 맞았다.

dalingho hoton ci yafahan moringga cooha tucifi tai juleri iliha de,
大凌河城으로부터 (적의) 보병과   기병이   나와서 臺의 앞에 섰을 때에,

55/56 buyantu dehi niyalma be gaifi bi geren ci juleri dosika, bata
부얀투는 40명을　　　이끌고, 나(부얀투)는 무리보다 앞서 진입했다. 적이

aššafi tai de <u>horhodoho</u>[2] manggi, bi yafahalafi hoton i ergi be gaifi
이동하여 臺에　　갇힌　　　후에,　　나는 도보로　　성의 쪽으로 군사를 이끌고

dosifi bata be waha, duin morin baha, dalingho ci tucike cooha be
진입하여 적을 죽였다.　　4마리 말을 획득했다. 大凌河로부터 나온　적군을

neneme gidaha de, oboi i emgi hoton i ulan de isitala fihebume dosika,
먼저　　　격파한 때에, 오보이와 함께 城의　　壕에　　이르기까지 메우도록 진입했다.

ajige beile i ginjeo de gidaha cooha de 56/57 tu be gaifi dosika, bata
아지거 버일러가 錦州에서 격파한 적군에게　　　　　　纛을 이끌고 진입했다. 적과

dere acara de juwe ba gabtabuha, ferhe simhun lasha sacibuha, buyantu
조우할 때에 두 곳에 화살을 맞았다.　　　엄지가　　　잘려 베어졌다.　부얀투는

be dade moo mergen be ajigen seme nirui ejen beiguwan bihe, moo
원래　모오 머르건이　　어리다고 하여 니루의 어전　備禦官이었다.　　모오

mergen mutufi niru be amasi bufi moo mergen be beiguwan obuha,
머르건이 성장하여 니루를　　돌려 주고 모오 머르건을　　비어관으로 삼았다.

2　[簽註] gingguleme baicaci, jakan toktobuha fe manju gisun i bithede, norombi sere gisun be
monggoso horhodana sembi, ere horhodoho serengge, uthai norome tuwakiyaha sere gisun inu
sehebi,,
삼가 찾아보니 최근 정해진 『舊淸語』에서 'norombi'(머물다)라는 말은 몽고어로 'horhodana'라고 한
다. 이 'horhodoho'(갇혔다) 라는 말은 즉 'norome tuwakiyaha'(머물며 방어했다)라는 말이라고 했
다.

buyantu be dain de yabuha sain seme encu beiguwan obuha,, 57/58
부안투는　　전투에서　행한 것이 좋다고　　별도의　備禦官으로 삼았다.

○ monggo badak be hontoho beiguwan be gulhun beiguwan
　몽고인　　바닥을　　　　　　半 備禦官에서　　　　　全 備禦官으로

obuha turgun, neneme jarut daicing be weile arafi jušen gaifi ajige
　삼은　　이유.　앞서　자루트의 다이칭이 죄를　지어서 속민을 취하여 아지거

beile de buhe fonde, uksin eheke³ seme hontoho niru seme hontoho
버일러에게 주었을 때에,　甲兵이 열악하다고　　　　　半 니루라고 하여　　半

beiguwan obuha bihe, daicing ni jušen be amasi buhe seme gulhun
備禦官으로　삼았었다.　다이칭의　　속민을　되돌려　주었다고　　　全

beiguwan obuha,,
備禦官으로 삼았다.

---

3 [簽註] gingguleme baicaci, jakan toktobuha fe manju gisun i bitehede, ere eheke sere gisun, uthai
ehe oho sere gisun inu sehebi,,
삼가 찾아보니 최근 정해진 『舊淸語』에서, 이 'eheke'(열악한)라는 말은 즉 'ehe oho'(열악하게 된)라
는 말이라고 했다.

tongki fuka sindaha hergen i dangse
點·圈을 찍은 문자의 檔子

dehi nadaci debtelin
47권

sure han i ningguci aniya aniya biya
천총 6년 1월

tongki fuka sindaha hergen i dangse,,
　　點· 圈을　　찍은　　문자의　　檔子

○ gulu suwayan i mucengge, nomci, kabu ere ilan niyalma de
　　正黃의　　　무청거·　　놈치· 카부, 이 3명에게

dehite yan menggun šangnafi ni gidaha, ese be, te emu bade tuwafi
　40 兩씩　　　銀을　　상 내리고　紀錄했다. 이들을 이제 한 곳에서 살펴보고

wesibure sehe,,
승진시키겠다고 했다.

○ mucengge be ni gidaha turgun, ginjeo be bahakū mudan de,
　　무청거를　　　紀錄한　　이유. 錦州를　　얻지 못한　　때에

šolingho i cooha de, niyalma wame ginjeo hecen i hanci isinaha be,
小凌河의　　적병을 향해 사람을 죽이면서　錦州城의　　　가까이　이른 것을

han de darhan hošooci alaha, dzun hūwa i hada de tafafi 1/2 bing bu
한에게　　다르한 호쇼오치가 보고했다.　遵化의　　산봉우리에 올라서　　　兵部

cangšu be waha, han i hoton i amargi daitung ni gidaha cooha de,
尙書를　　죽였다.　皇帝의 城(北京)의 북쪽　　大同에서　격파한　적군에게

tantai i emgi dosifi niyalma wame yabuha, emu feye baha, morin emu
탄타이와　함께 진입하여 敵人을　　죽였다.　　1곳의 상처를 입었다. 말의 한

ba sacibuha, gūsin yan menggun šangnaha, ginjeo hoton efuleme cooha
곳이 베어졌다.　　　30兩　　　은을　　　상 내렸다.　　　錦州城을　무너뜨리러 출병한

genehe mudan de, nikan i karun i emu moringga niyalma, ilan yafahan
　　때에,　　明의　　정탐병의　　1명의 騎兵과　　　　3명의 步兵을

i niyalma be, yaya ci juleri isinafi waha, cahar cooha de cooha bi
　　　　　누구보다 앞장서 이르러서 죽였다. 차하르 군대에　적군이 있다고

seme tantai 2/3 amasi genehe de, bata alin de šancilafi bi, musei poo
　　탄타이가　　되돌아 갔을 때에, 적이 산에 山寨를 세우고 있었다. 우리가 炮를

sindaci umai isinarakū, iliha bata de yafahalafi juleri dosika, ginjeo i
쏘아도　전혀　닿지 않았다. 서 있는 적에게 도보로　　앞장서 진입했다. 錦州의

yafahan i cooha de yangguri efu i emgi juleri dosika seme emu morin
(적의) 보병에게　　　양구리 어푸와 함께 앞장서 진입했다고　　1마리 말을

buhe, yaluha morin ilan feye bahafi bucehe, ajige age, šoto age, ginjeo i
주었다. 탄　　말이　3곳의 상처를 입고 죽었다.　아지거 아거·쇼토 아거가 錦州의

cooha be gidaha de, juleri 3/4 dosifi niyalma wame genehei, hoton i
적병을　　격파한 때에, 앞장서　　진입하여 敵人을 죽이러 가면서　城의

ulan de emu niyalma waha, emu sain niyalma be jafafi amasi jidere de,
壕에서　1명을　　　죽였다. 1명의 (신분이) 좋은 자를 잡아서 돌아 올 때에

bata de meitebufi waha, bata be fondolome jihe, han i genefi ginjeo i
적에게 가로막혀서 죽였다. 적을　　　뚫고　　왔다. 한이 가서　錦州의

gidaha cooha de dosi sere de, juleri dosifi niyalma wame yabuha,
격파한 적군에게 　 진입하라고 할 때, 앞장서 진입하여 적인을 　 죽였다.

morin feye baha, jang dooli i cooha de, neneme gidaha de, 4/5 dashūwan
말이 　 상처를 입었다. 張(春) 道吏의 군대에게 　 이전에 　 공격한 때에 　 　 좌익의

ergi sunja gūsa biyaluha, gulu suwayan biyaluhakū alime gaifi dosire
　 5개 구사가 피해 달아났다. 正黃旗는 　 　 피하지 않고 　 응전하여 　 진입할

de, mucengge gūsa ci lakcafi juleri dosika seme ni gidaha,,
때, 　 무청거는 　 구사로부터 떨어져서 앞장서 진입했다고 　 紀錄했다.

○ nomci be, ni gidaha turgun, i jeo hoton afara de, wan de
　 　 놈치를 　 　 紀錄한 　 이유. 　 義州 성을 　 공격할 때 사다리에

tafafi ilan niyalma be gabtame wafi dabame dosire de, jai jergi de
올라서 　 3명을 　 　 　 활 쏘아 죽이고 (성을) 넘어 　 들어갈 때 　 두번째로

dosika, hoton baha seme gūsin yan šangnaha, 5/6 guwangning ni hada
들어갔다. 성을 　 얻었다고 　 　 30량을 　 상 내렸다. 　 　 廣寧의 　 　 봉우리에

de šancilaha cooha de gidafi ilan niyalma waha, nuktere monggo i
　 山寨세운 적병을 　 격퇴하여 　 3명을 　 　 죽였다. 유목하는 몽고인

ukanju de turusi i emgi amcanafi juleri yafahan dosifi juwe niyalma be
　 도망자를 　 투루시와 함께 　 추격하여 앞장서서 도보로 　 들어가 2명을

waha, duin niyalma be jafafi gajiha, turusi sain seme alafi ilan
죽였다. 　 4명을 　 　 잡아서 데려왔다. 투루시가 좋다고 하여 고하니, 3명에게

niyalma de acan emu ihan buhe, han julesi jugūn toso seme nomci
합하여 1마리 소를 주었다. 한이 앞에서 길을   막으라고   놈치,

mimbe 6/7 unggihe de, emu tanggū ninju nikan ninggun jušen baha,
나를   보냈을 때   160명의   한인과   6명의   주션을 얻었다.

cargi ci emu badzung, juwan juwe niyalma be gajime jugūn tosome
그곳에서 1명의 把摠이   12명을   데리고   길을 막으려고

jihe be gidafi jakūn niyalma be waha, duin niyalma be gajifi waha,
온 것을 격파하고 8명을   죽였다.   4명을   데려와서 죽였다.

baha sain seme jakūn niyalma buhe, jang dooli i amaga gidaha cooha
얻은 것이 좋다고   8명을   주었다. 張(春) 道吏의 나중에 격파한 적병에게

de turusi i sirame dosika, bethe feye baha seme ni 7/8 gidaha,,
투루시에 뒤이어 진격했다. 다리에 상처를 입었다고   紀錄했다.

○ kabu be ni gidaha turgun, jang dooli i cooha be amaga gidaha
카부를   紀錄한   이유.   張(春) 道吏의 군사를   나중에 격파할 때

de turusi i sirame dosika seme ni gidaha,,
투루시에 뒤이어 진격했다고   紀錄했다.

○ baisai de dehi yan menggun šangnafi ni gidaha, te emu bade
바이사이에게 40량의   은을   상 내리고 紀錄했다.   이제 한 곳에서

tuwafi wesibure sehe, ni gidaha turgun, dalingho i cooha neneme tucike
살펴보고 승진시키겠다고 했다. 紀錄한 이유. 大凌河의 적병이 예전에 나왔을 때

de, juleri 8/9 dosifi emu fulan moringga sain niyalma be waha, emungge
앞으로　　진격하여　1명의 靑馬를 탄 (신분이) 좋은　사람을　　죽였다.　어뭉거가

feye bahafi tuheke be bi tucibuhe, dalingho i cooha tai be afanjiha de,
상처를 입고 쓰러진 것을 내(바이사이)가 구출했다. 大凌河의 적병이 臺를 공격하러 왔을 때

jalan be gaifi gidaha, jang dooli i nenehe cooha de yafahalafi dosika,
잘란을 거느리고 격파했다. 張(春) 道吏와의　예전　전투에서　　도보로　　진격했다.

emu feye baha, juwe morin bucehe seme ni gidaha,,
1곳의 상처를 입었다.　2마리 말이　죽었다고　　紀錄했다.

○ basaha, esei, bayartu, anangga, gasha, mucengge ere 9/10
바사하· 어서이· 바야르투·아낭가·　가스하· 무청거,　　이

ninggun niyalma de bai ni gidaha, labdukan hūsun tucike de wesibumbi,,
　6명은　　　　　그냥 紀錄했다.　조금 더 많이　노력하면　　　승진시킨다.

○ basaha be ni gidaha turgun, han genefi gidaha ginjeo i cooha de,
　바사하를　　紀錄한　　이유.　한이 가서　격파한　錦州의 병사에게

ulan de isitala gidaha, morin juwe feye baha, minggandari nirui
壕에　이르도록 격파했다. 말이　2곳의 상처를 입었다. 밍간다리　니루의

emu niyalma ulan i dolo tuheke be, mini morin de yalubufi gajiha,
　1명이　　　壕　안에 빠진 것을　내(바사하) 말에　　태워서　데려왔다.

dalingho hoton i cooha tai be 10/11 kafi afara de, juwe ulan de isitala
　大凌河　성의　　적병이　臺를　　포위하고 공격할 때　두 곳의 壕에 이르도록

gidame gamaha, ilan niyalma be gidalame waha, jang dooli i sucungga
　격퇴했다.　　　　　　3명을　　　　　　창으로 찔러 죽였다. 張(春) 道吏와의　최초

cooha de, tu be gaifi dosika, morin juwe feye baha seme ni gidaha,,
전투에서　纛을　거느리고 진격했다.　말이　2곳의　상처를　입었다고　紀錄했다.

○ esei be ni gidaha turgun, dalingho hoton ci neneme tucike
　어서이를　　　紀錄한　이유.　　大凌河　성에서　　　앞서　　나온

cooha de, yafahalafi dosika, jai 11/12 tai de afanjiha cooha de, hoton i
적병에게　　도보로　　진격했다.　또　　　　臺를　공격하러 온 적병을　　성의

dade isitala gidaha, emu feye baha, jang dooli i sucungga gidaha cooha
아래에 이르도록 격퇴했다. 1곳의 상처를 입었다. 張(春) 道吏를 최초로 격파한 전투에서

de, juwe jalan be gaifi juleri dosika, beye ilan feye, morin juwe feye
　2개　잘란을　거느리고 앞으로 진격했다.　몸에　3곳의 상처,　말에 2곳의 상처를

baha seme ni gidaha,,
　입었다고　　　紀錄했다.

○ bayartu be ni gidaha turgun, fusi cooha gidaha de, yangguri
　바야르투를　　　紀錄한　　이유.　撫順의 적병을 격파할 때　양구리

efu i emgi juleri dosika, juwe feye 12/13 baha seme emu morin emu
어푸와 함께　앞에서 진격했다. 2곳의 상처를　　　입었다고　1마리 말과 1마리

ihan buhe, yabuha sain seme han de alaha, yangguri efu i emgi
　소를　주었다. 행한 것이　좋다고　한에게 고했다.　양구리 어푸와 함께

šanggiyan hada de juleri dosika, juwe feye baha seme emu morin buhe,
샹기얀 하다에서 앞에서 진격했다. 2곳의 상처를 입었다고 1마리 말을 주었다.

fung ji pu ci bederehe jai inenggi, lenggeri emgi karun bošome jifi
奉集堡에서 돌아온 다음날, 렁거리와 함께 정탐을 추격하러 와서

juwe niyalma waha, 13/14 han i booi sibukū ukaka de, fargafi dobori
2명을 죽였다. 한의 처소의 시부쿠가 달아났을 때 추격하여 밤에

ucarafi gidame jafaha, beri sirdan yooni bihe, lenggeri i emgi bi
만나 격퇴하여 붙잡았다. 활과 화살이 모두 있었다. 렁거리와 함께 내가

monggo de cooha genehe de, uju de isinafi emu tabunang be waha,
몽고에 싸우러 갔을 때 가장 먼저 도착하여 1명의 타부낭을 죽였다.

yaya ci hūsun tucime afaha sain seme emu ihan sunja honin buhe,
누구보다 힘써 공격한 것이 좋다고 1마리 소· 5마리 양을 주었다.

ginjeo hoton efuleme genehe de, lenggeri i emgi ilan moringga karun
錦州 성을 함락하러 갔을 때 렁거리와 함께 3명의 말 탄 정탐을

be bošofi 14/15 emu niyalma be waha, ginjeo de kasan i emgi genefi
추격하여 1명을 죽였다. 錦州에 카산과 함께 가서

karun ucarafi juwe niyalma be waha, musei cooha bata i cooha gese
정탐을 만나서 2명을 죽였다. 우리 병사와 적병이 똑같이

dehite niyalma bihe, jase dosika jai inenggi, dzun hūwa hoton i juleri
40명씩 있었다. 경계에 들어간 다음날, 遵化城의 남쪽에서

cooha be hoton i hishame bošoro de, bayartu mini uksin i daldakū
적병을 　성에 　밀착하여 　추격할 때 　바야르투 나의 갑옷의 　가리개가

tuhefi amasi baime jidere de, jin fujiyang ni juwe 15/16 niyalma, sunja
떨어져 되돌아 찾으러 올 때, 　jin 부장의 　2명의 사람과 　　5마리

morin, dzun hūwa hoton be baha seme tašarame jidere be, nikan i
말이 　　遵化城을 　　함락했다고 　잘못알고 오는 것을 　명군의

bata alime gaifi juwe morin be gaibuhabi, jai juwe niyalma ilan
적병이 맞아 취하여 2마리 말을 　빼앗겼다. 　또 2명의 사람과 3마리

morin be bošome gajire be, bi acafi niyalma morin be gemu tucibuhe,
말을 　추격하여 뺏으려는 것을, 내가 만나 사람과 말을 　모두 구출했다.

da bade gaibuha juwe morin be, bi geli dasame amcafi guwali duka
처음 장소에서 빼앗긴 2마리 말을 　내가 또 다시 추격하여 郊外의 문에서

i gidame bata be 16/17 waha, juwe morin baha, sain seme emu morin
격퇴하여 적을 　　죽였다. 2마리 말을 얻었다. 잘했다고 　1마리 말·

emu dahū buhe, ginjeo be bahakū mudan de, darhan hošooci, sudala i
1벌의 털가죽외투를 주었다. 錦州를 얻지 못했던 때에 다르한 호쇼오치와 수달라가

gidaha cooha de, amala mini jergi de tucike sunja niyalma ci, bi
격퇴한 적병에게, 나중에 나의 등급에서 출병한 5명보다 　내가

neneme isinafi juwe niyalma be waha, šoto age, ajige age i emgi
먼저 도착하여 2명을 　　죽였다. 쇼토 아거와 아지거 아거와 함께

bayartu mimbe bayarai tu i ejen seme genehe bihe, ginjeo i 17/18 cooha
바야르투 나를　바야라의 纛의 어전으로 하여　갔었다.　錦州의　적병에게

de, šoto age i tu i sasa bayartu mini tu be meiren adahai dosika, tu ci
쇼토 아거의 纛과 함께　바야르투 나의 纛이 어깨를 나란히 하여 진격했다. 纛에서

lakcafi emhun dosika be beile saha, erei turgunde ni gidaha,,
떨어져　홀로　진격한 것을 버일러가 알았다. 이　이유로　紀錄했다.

○ anangga be ni gidaha turgun, dzun hūwa de afanjiha cooha de,
　아낭가를　紀錄한　이유.　遵化에　공격하러 온 적병에게

anangga bi juleri dosika, dalingho hoton ci tucike cooha be jai
　아낭가 내가　앞장서 진격했다.　大凌河　성에서　출병한 적병에게

mudan 18/19 dosika de, jalan ci juleri dosika, jang dooli i cooha be
두 번째　진격할 때 잘란으로부터 (나와) 앞장서 들어갔다. 張(春) 道吏의　적병을

neneme gidaha de, jalan be gaifi juleri dosifi juwe feye baha, morin
　앞서　격파할 때　잘란을 거느리고 앞으로 진격하여　2곳의 상처를 입었다. 말이

juwe feye bahafi bucehe, erei turgunde ni gidaha,,
2곳의 상처를　입고　죽었다.　이　이유로　紀錄했다.

○ gasha be ni gidaha turgun, toolkoto de genehe de, guru taiji
　가스하를　紀錄한　이유.　토올코토로　갔을 때　구루 타이지에게

de yafahalafi dosika, jai dasame 19/20 dosire de geli juleri dosika,
　도보로　진격했다. 또　다시　진격할 때　또　앞장서 들어갔다.

juwe niyalma waha, yung ping de turusi i emgi karun genefi juleri
　2명을　　죽였다.　永平에　　　투루시와 함께　정탐을　가서　앞장서

dosika, jai dosire de juleri dosika, amasi jidere de bata musei niyalma
들어갔다. 또 진격할 때　앞장서 들어갔다. 되돌아　올 때　적이　우리들의 사람을

be bošome gajire de geli dosifi tucibuhe, jai moobari be bata i
　추격하여　잡으려 할 때 또 들어가서 구출했다.　또　모오바리를　　적인이

niyalma bošome gajire be ishun dosifi geli tucibuhe, emu feye baha
　추격하여 잡으려는 것을 마주하여 들어가 또 구출했다.　1곳의 상처를 입었다고

20/21 seme orin yan menggun buhe, aita de duin bade yafahalafi afaha,
　　　　20량　　은을 주었다. 아이타(劉興祚)에게 네 곳에서 도보로 가서 싸웠다.

duin niyalma be waha, dalingho hoton i duka fihebuhe inenggi, girdan
　4명을　　죽였다.　大凌河　성의　　문을　메운　날,　　蜈蚣纛을

tu be aidari age gaifi dosika de, juleri dosifi juwe niyalma waha, erei
아이다리 아거가 가지고 진격할 때　앞장서 들어가　2명을　　죽였다.　이

turgunde ni gidaha,,
이유로　　紀錄했다.

○ mucengge be ni gidaha turgun, simiyan i yafahan i cooha de,
무청거를　　紀錄한　이유.　瀋陽의　보병과의　전투에서

21/22 musei šadaha morin be nikan bošome jafara be beise safi, emu
우리의　지친　말을　　명군이 추격하여 잡으려는 것을 버일러들이 알고 1명의

beile i juwete niyalma be tucibufi unggihe de, saimuha i morin be bata
버일러가   2명씩   내보냈을 때,   사이무하의   말을   적이

gidalame tuhebuhe be sundalafi gajiha, gi jeo de isinjire inenggi, yemji
창으로 찔러 떨어뜨린 것을 추격하여 데려왔다. 薊州에   도착한   날,   염지와

i emgi karun genefi juwe niyalma waha, dalingho i tai de afanjiha
함께   정탐을   가서   2명을   죽였다.   大凌河의   臺에   공격하러 온

inenggi, bayarai tu be gaifi dosifi ulan de 22/23 isitala waha, amasi
날,   바야라의 纛(護軍)을 이끌고 들어가 壕에   이르도록 죽였다.   되

bederere de kiru i ejen tuheke be sabufi, mucengge, burhai, bušuku,
돌아갈 때   키루의 어전이 넘어진 것을   보고,   무청거·   부르하이· 부슈쿠·

tairangga meni duin nofi dosifi, bi duin feye baha, mini deo akūha,
타이랑가, 우리 4명이 들어가 내(무청거)가 4곳의 상처를 입었다. 나의 동생이 죽었다.

morin duin feye bahafi bucehe, erei turgunde ni gidaha,,
말이 4곳의 상처를 입고   죽었다.   이   이유로   紀錄했다.

○ kūbaktai, faijima, burantai, danai ere duin niyalma de,
쿠박타이· 파이지마· 부란타이· 다나이, 이 4명에 대해

ni gidahakū bai dehite yan menggun šangnaha,, 23/24
紀錄하지 않고 그냥   40량씩   은을   상 내렸다.

○ kūbaktai be šangnaha turgun, juwan niyalma be gaifi nikan
쿠박타이에게   상 내린   이유.   10명을   데리고 명에

de hūlhame genefi, nikan i susai niyalma be ucarafi gidaha, uju emu
　　몰래　　가서　　명의　　　50명을　　　　만나　격파했다. 머리 1곳에

feye sacibuha, jang dooli i sucungga kuren de, mucengge i sirame
상처를 베였다.　　張(春) 道吏의　　최초　　부대에게　　무청거에　　뒤이어

dosifi, emu ciyandzung be jafafi, han de gajifi buhe, morin duin feye
진격해서　 1명의 千摠을　　　붙잡아 한에게 데려와서 바쳤다. 말이　4곳의 상처를

baha, erei turgunde šangnaha,,　24/25
입었다. 이　　이유로　　상 내렸다.

○ faijima be šangnaha turgun, jang dooli i sucungga kuren de,
　파이지마에게 상 내린　　이유.　張(春) 道吏의　　최초　　부대에게

mucengge i sirame ilaci jergi de dosifi, beye juwe feye baha, morin
　무청거에　　뒤이어　세 번째로　　진격해서 몸에 2곳의 상처를 입었다. 말이

juwe ba sacibuha seme šangnaha,,
　2곳을　　베였다고　　상 내렸다.

○ burantai be šangnaha turgun, jang dooli i sucungga kuren de
　부란타이에게 상 내린　　이유.　張(春) 道吏의　　최초　　부대를

afaha, gala emu feye baha, jai yamji kuren de turusi i emgi juleri
공격했다. 손에 1곳의 상처를 입었다.　　또　밤에 (적의) 부대에 투루시와 함께 앞장서

25/26 dosika seme šangnaha,,
　들어갔다고　　상 내렸다.

○ danai be šangnaha turgun, yung ping ci tucifi sunja moringga
다나이에게 상 내린 이유. 永平에서 나와 5명의 말탄

nikan genere be amcafi emu niyalma be waha, yung ping ci han šanaha
明軍이 가는 것을 추격하여 1명을 죽였다. 永平으로부터 한이 山海關

i baru genere de, turusi emgi karun genefi nikan i karun be acafi emu
쪽으로 갈 때 투루시와 함께 정탐을 가서 명군의 정탐을 만나서 1명을

niyalma waha, jang dooli i amaga kuren de ilaci jergi de 26/27 dosifi
죽였다. 張(春) 道吏의 나중의 부대에 세 번째로 진격하여

gala emu feye baha, morin feye bahafi bucehe seme šangnaha,,
손에 1곳의 상처를 입었다. 말이 상처를 입어 죽었다고 상 내렸다.

○ neneme dain de akū oho hafasa de burengge, fujiyang ilaci
앞서 전투에서 죽은 관원들에게 준 것. 副將은 3등까지

jergi bime emu adali, ts'anjiyang iogi de emu adali bihe, te ereci
있는데 동일하다. 參將은 유격과 같았다. 지금부터

amasi, uju jergi fujiyang de jakūn 27/28 tanggū orin yan, jai jergi de
이후로 1등 부장에게 820량을 (주고) 다음 등급에게

juwanta yan ekiyeniye, uju jergi ts'anjiyang de ninggun tanggū orin yan,
10량씩을 감하라. 1등 참장에게 600량을 (주고)

jai juwe jergi de juwanta yan ekiyeniye,,
다음 두 등급에게 10량씩 감하라.

○ mungtan fujiyang uju jergi, jakūn tanggū orin yan buhe,,
　뭉탄　　　부장은　　　1등이니　　　820량을　　　　　　주었다.

○ cohono ts'anjiyang uju jergi, ninggun tanggū orin 28/29 yan
　초호노　　참장은　　　1등이니　　　620량을

buhe,,
주었다.

○ ardai iogi de ninggun tanggū yan buhe,,
　아르다이 유격에게　　600량을　　　　주었다.

○ tumen, burhai, doboi, aisai, daida, obohoi, karkama, ere nadan
　투먼·부르하이·도보이·아이사이·다이다·오보호이·카르카마, 이　7명의

beiguwan de duite tanggū yan buhe,,
　비어관에게　　　400량씩　　　주었다.

○ gori hiya hontoho beiguwan de juwe tanggū susai yan buhe,
　고리 히야　　　半 備禦官에게　　　250량을　　　　　주었다.

jai ambasai juse seme 29/30 beiguwan i jergi de buhengge, hūrhan hiya
또 대신들의 아들들이라 하여　　비어관의　등급으로　준 자는　후르한 히야의

i jui hūsibu, suwan i baban i jui bušai, jai neneme yaya dain de bata
아들 후시부와 수완의　바반의　아들 부샤이이다. 또 이전에 여러 전투에서 적에게

de nikenefi bucecibe, aldangga poo i dubede bucecibe, gemu emu adali
접근하다가 죽었든,　멀리서　炮의 끝에　죽었든,　모두　똑같이

ilgarakū bumbihe, kutule niyalma oci, inu bai uksin i niyalmai
구분하지 않고 주었었다. 쿠툴러라 해도 　　　또한 보통 　甲兵의

jergi de bumbihe, te ice toktobufi aldangga hanci be bodome
등급으로 주었다. 지금 새로이 정하여, 　　　멀고 가까움을 헤아리고

kutule de 30/31 gemu ilgame buhe, bata de nikenefi bucehe kirui
쿠툴러와 　　　모두 구분하여 주었다. 적에게 접근하다가 죽은 小旗의

ejen, janggin, tu jafaha niyalma de juwete tanggū yan buhe, bai
어전· 장긴· 纛을 잡은 사람에게 　　　200량씩 　　　주었다. 보통

niyalma de emte tanggū susaita yan buhe, niyereme niyalma de emte
사람에게 　　150량씩 　　　주었다. 갑옷을 입지 않은 자에게 100량씩

tanggū yan buhe, jai aldangga poo i dubede bucehengge de, an i bure
주었다. 또 멀리서 포의 앞에 죽은 자에게는 定例로 주는

ci ekiyeniyehengge, orho gairahū seme ibehe kalka de, musei 31/32
것보다 감했는데, (적이) 풀을 가져갈까 우려하여 전진한 방패차에서 (죽었거나) 우리가

fetehe ulan de bucehe tu jafaha niyalma de, susai yan ekiyeniyehe,
파놓은 壕에서 죽은 경우, 纛을 잡은 사람에게는 　　50량을 　감하고

bai niyalma de orin yan ekiyeniyehe, musei fetehe ulan i tule bucehe
보통 사람에게는 20량을 　감했다. 우리가 파놓은 호의 밖에서 죽은

janggin de, jakūnju yan ekiyeniyehe, jai afara de biyaluhangge be
장긴에게는 80량을 　감했다. 　또 싸울 때 달아난 자를

ilgahangge, dalingho de gulu lamun i bayara biyaluha, ginjeo de ineku
구별했는데,　　大凌河에서　　　正藍旗의　　바야라가　달아났다. 錦州에서　그

gulu lamun i bayara, ing suwaliyame, kubuhe fulgiyan ing ni 32/33
　正藍旗의　　　　바야라가 營兵과 뒤섞여 (달아났고), 鑲紅旗는　　　營兵만

teile biyaluha, jang dooli i cooha be neneme gidaha de, dashūwan ergi
　도주했다.　　張(春) 道吏의　군사를　　이전에　격파했을 때,　　　　좌익

bayara, ing, kubuhe suwayan, gulu šanggiyan, kubuhe šanggiyan, gulu
바야라·　營兵·　　鑲黃·　　　　　　正白·　　　　　鑲白·　　　　　正藍·

lamun, unege gūsai fe monggo, kalka, jarut, jai ginjeo dalingho de
　　　　우너거 구사의　　舊몽고[1] ·　칼카·　자루트, 또 錦州와 大凌河에서

biyaluha gūsa, biyaluha bade bucehe niyalma de, an i bure i hontoho
　도망친　구사는, 도망친　　곳에서 죽은　　사람에게　　常例로 주는 것의 반을

buhe, neneme biyalufi, yamji jai dasame gidaha de 33/34 bucehe niyalma
주었다.　먼저　도망쳤다가 밤에 또　다시　격퇴했을 때　　　　죽은　사람에게는

de, an i burengge be, ilan ubu jafafi juwe ubu be buhe, emu ubu be
　　常例로　주는　　것을　3分으로 잡아　2分을　　　주었다.　　1分은

buhekū, ede kubuhe fulgiyan akū, biyaluha bade bucehe morin de,
주지 않았다. 여기에 鑲紅은　　　　없다.[2] 도망친　　곳에서 죽은　말에 대해서는,

1　'fe monggo'(舊몽고)는 팔기만주에 편입된 몽고인들로 천총 이전 시기에 후금에 투항한 카라친人들
　　이외에 막남 몽고 각 부에서 온 자들로 구성되었다. 여기에 여허 지방의 몽고인·錦州에서 내귀한 몽
　　고인·바린 지방의 몽고인 등도 포함되었다. 이들은 팔기만주 하의 우너거가 관할하는 몽고니루에
　　편입되어 fe monggo라고 칭해졌다.
2　'여기에 鑲紅은 없다'는 '鑲紅旗는 전쟁보상비 지급 대상에 해당하지 않는다'는 의미이다.

cimari erde gidaha de biyalu manggi, yamji gidaha de bucehe morin de
아침 일찍 격퇴했을 때 도주한 후 저녁에 격퇴했을 때 죽은 말에는

buhekū, jai biyaluha niyalmai feye be neneme juwe ilan bade
주지 않았다. 또 도주한 사람의 상처는, 먼저 2-3곳에

feye 34/35 bahafi amala biyaluci, tere mudan i feye gemu waliyaha,
상처를 입고 나중에 도주하면 그 때의 상처는 모두 제외시켰다.

biyaluhangge nendeme feye bahangge amala oci, biyaluha ba i feye
도주한 것이 먼저이고 상처 입은 것이 나중이면 도주한 곳에서 입은 상처

i teile be waliyambi, amala biyaluhakū bade baha feye de bumbi,
만을 제외시키고 나중에 도주하지 않은 곳에서 입은 상처에 대해 상을 주었다.

biyalu manggi, feye baha morin bucehe niyalma be udu biyalucibe,
도주한 후 상처 입거나 말이 죽은 사람에 대해서는 비록 달아났어도

feye de morin de šangnahakū waliyaha seme denderakū nakaha, ere
상처와 말에 대해 상 주지 않고 버렸다고 나누지 않고 그만두었다. 이

biyaluha gūsai 35/36 dolo afaha sain seme, feye de, morin de waliyahakū
도주한 구사 중에 공격한 것이 좋은 자가 있다고 상처와 말에 대해 (공적을)버리지 않고

buhengge, asan, langkio, handai, arjin, ošo, coohar, omoktu, arbai,
상 준 것. 아산·랑키오· 한다이· 아르진·오쇼·초오하르·오목투·아르바이·

ontaiju, esei beye emgi bihe gucuse de buhe, bucehe morin be jakūn
온타이주, 이들 자신과 함께 있었던 구추들에게 주었다. 죽은 말에 대해 8등급으로

jergi banjibufi morin toodafi isikakūngge de buhengge, uju jergi de
만들어서　말을　보상하고 충분하지 않은 경우에 준 것.　　　　1등에게

uyunju mocin, juwe suje, jai jergi de jakūnju mocin, emu 36/37 suje,
90필의 毛靑布와　2필의 비단을,　2등에게　80필의 毛靑布와 1필의　　비단을,

ilaci jergi de nadanju mocin, emu suje, duici jergi de ninju mocin, ehe
3등에게 70필의 毛靑布와　1필의 비단을,　4등에게 60필의 毛靑布와 조악한

suje emke, sunjaci jergi de susai mocin, ningguci jergi de dehi mocin,
비단 1필씩을,　5등에게 50필의 毛靑布를,　6등에게 40필의 毛靑布를,

nadaci jergi de gūsin sunja mocin, jakūci jergi de gūsin mocin buhe,
7등에게 35필의 毛靑布를,　8등에게 30필의 毛靑布를 주었다.

jai poo i dubede aldangga bucehe morin de, an i sindara jergi ci emu
또한 炮의 끝에　멀리서　죽은 말에 대해서는 常例로 주는 등급보다 1등급을

37/38 jergi ekiyeniyehengge, warka de genefi bucehe niyalma de feye
감했고　와르카에 가서 죽은 사람과 부상자에게는

de gemu hontoho buhe, jai biyaluhakū feye de, uju jergi de susai yan,
모두 절반을 주었다.　또 도주하지 않고 상처를 입은 경우에 1등에게 50량을,

jai jergi de dehi yan, ilaci jergi de gūsin yan, duici jergi de dade
2등에게는 40량,　3등에게 30량,　4등에게 처음에

juwan yan bihe, te orin yan obuha, aldangga goiha uksin niyalmai
10량을 주었었는데 지금 20량으로 했다.　멀리서　(炮) 맞은　甲士의

feye de, nikan cooha 38/39 niyalma poo sindambi sehei, musei okto
상처와 漢軍이 포를 쏘겠다고 하다가 우리의 화약에

de fucihiyalabuha feye de ilinara jergi be tuwame juwanta yan
화상을 입은 상처에 대해서는 정할 등급을 봐서 10량씩

ekiyeniyehe, niyalmai feye de uju jergi de gūsin yan, jai jergi de orin
감했다. 사람에게서 입은 상처에 대해서는 1등에게 30량, 2등에게 20량,

yan, ilaci jergi de juwan yan, duici jergi de sunja yan, jai aldangga
3등에게 10량, 4등에게 5량을 주었다. 여기에 멀리서

feye oci, sunja yan ekiyeniyehe, aldangga bime 39/40 dubei feye oci,
입은 상처면 5량을 감했다. 멀리이면서 최하등의 상처라도

inu sunja yan de ilimbi,,
또한 5량에서 (더 감하지 않고) 그친다.

○ juwan jakūn de, hada i gege, han, fujin be solifi, emu morin
 18일에, 하다 공주(망구지)가 한과 푸진을 초대하여 1마리의 말·

juwe ihan nadan honin wafi, gūsin dere dasafi sarilaha, jihe doroi seme
2마리의 소· 7마리의 양을 잡아서 30상을 차리고 잔치했다. 온 禮로 하여

jafahangge, enggemu hadala tohohoi emu morin, 40/41 sula duin morin
바친 것. 안장과 굴레를 맨 1마리의 말· 맨등말 4마리를

jafaha bihe, sula emu morin gaiha,,
 바쳤다. 맨등의 1마리 말을 취했다.

○ tere inenggi, šen ho i šusai i jui, jušen de bisire be meng
　그 날,　　　　šen ho i 秀才의 아들이 속민으로　있을 것을　孟(喬芳)

fujiyang takafi, g'ao fujiyang de benjifi, g'ao fujiyang han de bithe
부장이 알아보고,　高(鴻中) 부장에게　보내오자 高(鴻中) 부장은　한에게　서신을

arafi, erei ama be dzu dzung bing guwan de 41/42 takūraha bihe, ere
써서 「이 사람의 아버지를　祖(大壽) 총병관에게　　　　　　　파견했었습니다.　이를

be gosime ujici acambi seme wesimbure jakade, han hendume, etuku
　불쌍히 여겨 길러야 마땅합니다」라고 상주하니,　　　　　한이　말하기를,　「의복

emu jergi, emu juru aha bufi, ini eshen be acabufi, g'ao fujiyang
　1襲과　　　　　1쌍의 노예를 주고　　그의 숙부를 만나게 하여　高(鴻中) 부장이

be uji seme buhe,,
보살피라」하며 주었다.

tongki fuka sindaha hergen i dangse
點·圈을 찍은 문자의 檔子

dehi jakūci debtelin
48권

sure han i ningguci aniya aniya biya
천총 6년 1월

tongki fuka sindaha hergen i dangse
點·圈을   찍은   문자의   檔子

○ juwan uyun de, han, beise yamun de tucifi, ninggun jurgan de
        19일에,   한과 버일러들이 아문에   나와   六部에

afabuha ambasai baru hendume, musei gurun ehe kiyangdu mujilen be
(일을) 위임한 대신들을 향해 말하기를, "우리의 國人은   포악한   마음을

ainu nakarakū, sain seme sonjofi jurgan de afabuha niyalma inu ehe
왜 멈추지 않는가? 좋다고   뽑아   아문에   위임한   사람도   나쁘고

facuhūn mujilen i yabumbi, han, beise, be geli gurun i sain morin sain
어지러운   마음으로   행한다.   한과 버일러들, 우리가 또한 나라의 좋은 말과 좋은

hehe be baibi 1/2 gaihao, ulin de doosio, tuttu oci fejergi ambasa
여자를   이유 없이   취했는가? 재화에 탐닉하는가? 그렇다면 아래의   대신들은

mujilen bahabume henducina, henduhe gisun be gaijarakū oci, ehe
마음을 깨우치게 하도록 말하라. (그대들이) 말한 말을   취하지 않는다면, 잘못은

waka mende bikai, julesi yabufi amba weile be mutehe manggi, ere
        우리에게 있는 것이다. 앞으로 행하여 大事를   이룬   후   이렇게

kemuni facuhūn ohode gurun be adarame dasambi, mini tacibuha
여전히   혼란하다면   나라를   어떻게   다스리겠는가? 나의   훈계한

gisun be ejefi ereci julesi saikan kiceme yabuci, abka inu saišambi,
말을　　기억하고 이후로　　　　잘　근면하게 행한다면　　하늘도 가상히 여길 것이고

bi inu gosimbi kai seme henduhe, aru i 2/3 temdehei buku be tūrban
나 또한 자애할 것이다"라고　　말했다.　아루의　　　텀더허이 부쿠[1]는 투르반

kekuket i durma i emgi neneme culgan culgame acaha bade jafunufi,
커우커트(四子部)의 두르마와 함께 예전에　회맹을 열어　　　　만난 곳에서 씨름하여

durma, temdehei be fahaha bihe, mendu, durma i emgi jafunufi, mendu,
두르마가 텀더허이를　　내던졌었다.　　먼두가　두르마와　함께　씨름해서　먼두가

durma be fahaha manggi, mendu, durma, temdehei, ere ilan buku be
두르마를　　내던진　후　　먼두·　두르마·　텀더허이　이　3명의 씨름꾼을

han i juleri niyakūrabufi gebu halame, mendu de yarga i dahū bufi,
한의　앞에서 무릎 꿇게 하고 이름을 바꾸었는데 먼두에게　표범　털가죽외투를 주고

arsalan tusiyetu buku seme gebu buhe, durma de 3/4 tasha i dahū
아르살란 투시예투 부쿠　라고　이름을 주었다. 두르마에게　　호랑이 털가죽외투를

bufi, jan buku seme gebu buhe, temdehei de tasha i dahū, emu
주고　잔 부쿠라고　이름을 주었다.　텀더허이에게　호랑이 털가죽외투· 1개의

jangkū, emu suje, jakūn mocin bufi, buku bar baturu seme gebu buhe,
大刀·　1필의 비단· 8필의 毛靑布를 주고　부쿠 바르 바투루　라고 이름을 주었다.

ere gebu be hūlarakū da gebu be hūlaha de weile,,
이　이름을 부르지 않고　원래 이름을 부르면 죄로 삼았다.

1　'부쿠'는 씨름꾼을 의미하는 몽고어이다.

○ tere inenggi, dalingho hoton i dahaha ice hafasa be 4/5 gajiha
　그 날,　　　大凌河　성의　　항복한 새 관원들을　　　데리고 왔을

fonde, emu gūsa de duite hafan be dendefi taka ujimbihe, han, beise
때에　　1개 구사에　　4명씩 관원을　　　나누어　잠시 보살폈었다.　한과 버일러들이

hebdeme gisurefi, siden de ujici hafasa jobombi seme, fujiyang
의논하여,　　　　　　　公庫로 기르면 관원들이 고생스럽다고　　부장·

ts'anjiyang iogi be jakūn gūsa de ehe sain be neigeleme umesi dendefi,
참장·　　　유격을　　팔기에 (관원의)나쁘고 좋음을　평균 내어　정확하게 분배하고,

dalingho hoton i nikan be fe hafasa de irgen arame buhengge be
大凌河　　　성의　　한인을　이전의 관원들에게 백성으로 삼도록　준 것을

hontoholome　gaifi, gulu suwayan de 5/6 goiha uju jergi fujiyang dzu
　半分해　　　취하여,　　正黃에　　　　　　배당된　　1등 부장 祖可法에게

k'o fa de susai haha, dzu je žūn de susai haha, dzu je hūng de susai
　　50명의 장정,　　　祖澤潤에게 50명의 장정,　　　祖澤洪에게 50명의

haha, ts'anjiyang giyang sin de juwan haha, iogi fang i yuwan de
장정,　　　　참장 姜新에게　10명의 장정,　　　　유격 方一元에게

juwan haha, jiyang kui de juwe haha, kubuhe suwayan de goiha
10명의 장정,　　jiyang kui에게 2명의 장정,　　　鑲黃에　　　　　　배당된

fujiyang han dai hiyūn de susai 6/7 haha, ts'anjiyang šeng jung de
　　부장 韓大勳에게　50명의 장정,　　　　　　참장 盛忠에게

tofohon haha, iogi yang ming ši de juwan haha, cen biyan u de juwan
15명의 장정,　　　유격　楊名世에게　　　10명의 장정,　　　陳變武에게 10명의

haha, jang hūwai liyang de juwan haha, gulu fulgiyan de goiha
장정,　　　蔣懷良에게　10명의 장정,　　　正紅에　　　배당된

fujiyang lio tiyan lu de susai haha, yang hūwa jeng de orin haha,
　　부장 劉天祿에게 50명의 장정,　　　楊華徵에게 20명의 장정,

ts'anjiyang jang liyan de tofohon haha, iogi 7/8 u fung ceng de juwan
　　참장 張廉에게 15명의 장정,　　　유격　吳奉成에게 10명의

haha, kubuhe fulgiyan de goiha fujiyang sun ding liyoo de susai haha,
장정,　　　鑲紅에　　　배당된　　부장 孫定遼에게 50명의 장정,

ts'anjiyang duwan hiyo lii² de tofohon haha, iogi tu yeng kiyan de
　　참장 段學孔에게 15명의 장정,　　　유격 塗應乾에게

juwan haha, lio u yuwan de juwan haha, gulu lamun de goiha fujiyang
10명의 장정,　　　劉武元에게 10명의 장정,　　　正藍에　　　배당된　　부장

deng cang cūn de dehi haha, siowei dai 8/9 hū de orin haha, ts'anjiyang
　　鄧長春에게 40명의 장정,　　　薛大湖에게 20명의 장정,　　　　참장

u liyang fu de tofohon haha, iogi lii i hūng de juwan haha, kubuhe
吳良輔에게 15명의 장정,　　　유격 李一忠에게　10명의 장정,　　　鑲藍에

2　'duwan hiyo lii'는 『淸太宗實錄』10권, 天聰5年 10月 戊辰條와 11권, 天聰6年 3月 戊戌朔 條에 모두 '段
　學孔'으로 되어있다. lii는 '孔'을 '礼'로 오독한 것으로 추정된다.

lamun de goiha fujiyang jang ts'un žin de susai haha, cen bang siowan
　　배당된　　　부장 張存仁에게 50명의 장정,　　　　陳邦選에게

de dehi haha, ts'anjiyang g'ao guwang hūi de tofohon haha, iogi wang[3]
　40명의 장정,　　　　참장 高光輝에게 15명의 장정,　　　　　유격　方獻可에게

hiyan k'o de juwan haha, 9/10 kubuhe šanggiyan de goiha fujiyang jang
　　　10명의 장정,　　　　鑲白旗에　　　　배당된　부장 張洪謨에게

hūng mo de susai haha, lii yūn de dehi haha, ts'anjiyang han dung
　　　50명의 장정,　　李雲에게 40명의 장정,　　　참장 韓棟에게

de tofohon haha, iogi lio liyang cen de juwan haha, gulu šanggiyan
　15명의 장정,　　　유격 劉良臣에게 10명의 장정,　　　正白旗에

de goiha fujiyang ts'oo gung ceng de susai haha, pei guwe jeng de
　배당된　　부장 曹恭誠에게 50명의 장정,　　　　裵國珍에게

susai haha, ts'anjiyang lio ši 10/11 ing de tofohon haha, iogi hū hūng
50명의 장정,　　참장 劉士英에게　　　　　15명의 장정,　　유격 胡弘先에게

siyan de juwan haha,,
　　　10명의 장정을 주었다.

○ orin de, han be enggeder efu aniya doroi seme emu morin
　　20일에,　　한에게　엉거더르 어푸가　신년하례　라고　1마리의 말·

3　'wang hiyan k'o'는 『淸太宗實錄』 10권, 天聰5年 10月 戊辰條와 11권, 天聰6年 3月 戊戌朔 條에서 모두
　　'方獻可'로 되어있다. wang은 fang의 誤記이다.

duin honin wafi juwan dere dasafi sarilaha,, 11/12
4마리의 양을 잡아서 10개의 상을 차려 잔치했다.

○ tere inenggi, baturu gufu i jui ebilun be dzung bing guwan
그 날, 바투루 姑夫(어이두)의 아들 어빌룬을 총병관으로

obuha, wesibuhe turgun, baturu gufu turun i hoton be gaijara de, han
삼았다. 승진시킨 이유. 바투루 姑夫가 투룬 성을 취할 때에 한(누르하치)이

genehe bihe, bi juleri hoton efulefi gaiha, mimbe juleri dosifi gaiha
갔었다. 내(어이두)가 앞장서 성을 무너뜨려 취했다. 내가 앞장서 진격해 취한 것이

sain seme bandasi eme be minde buhe, baturu gufu šulhe bujan i
좋다고 반다시 어머를 나에게 주었다. 바투루 姑夫(어이두)는 슐허 부잔

hoton be enculeme gaiha, tere hoton de baha ai 12/13 ai jaka be gemu
성을 별도로 취했다. 그 성에서 얻은 온갖 물건을 모두

minde buhe, mini emgi genehe gucuse de hūsun tucike be tuwame bi
나(어이두)에게 주었는데, 나와 함께 간 구추들에게 힘 쓴 것을 보고 내가

buhe, emu feye baha bihe, baturu gufu barda i hoton be emhun
주었다. 1곳의 상처를 입었었다. 바투루 姑夫(어이두)는 바르다 성을 혼자

enculeme gaiha, tere hoton be gaijara de, hoton de aktalame yalufi
별도로 취했다. 그 성을 취할 때에 성에 올라타서

sorime afara de, bata i gabtaha sirdan mini beyebe suwaliyame hoton de
亂射하며 공격할 때에 적이 쏜 화살이 나의 몸을 함께 성에

hadafi 13/14 ebuci ojorakū ofi, loho i lasihime moksolofi dosika,
박아　　　　　　내려올 수 없게 되자　腰刀를 휘둘러 (화살을) 끊고 들어갔다.

tere hoton de baha ejehe boigon jušen gemu minde buhe, hoton ci
그　성에서　　얻은　勅書·　戶·　속민을 모두 나에게 주었다.　성에서

nukcifi burulame hada de genehe boigon amasi han be baime jihengge
　패주해　　　　하다로　갔던　　戶가　되돌아 한을　찾아　온 것을

be, mini eden seme gemu minde buhe, tere hoton be gaiha seme han
　나의 나머지 라고　모두　내게　주었다. 그　성을　　취했다고　　한이

okdome jifi, juwe ihan wame sarilafi, barda i kuren 14/15 gebungge
맞이하러 와서 2마리 소를 죽여 잔치하고　바르다의 쿠런이라는

morin de enggemu hadala tohohoi geli buhe, tere hoton de yali
말에　　안장과 굴레를　씌워서 또한 주었다.　그　성에서　살점이

tahangge susai feye, olhon feye ambula baha bihe, baturu gufu sakjai i
뜯겨나간　50곳의 상처와 가벼운 상처를 많이 입었었다. 바투루 姑夫(어이두)는 삭자이의

niyalma jaka de cooha jihe be, bi mini gucuse be gaifi emhun gidaha,
　사람이 자카로 공격해 온 것을　내(어이두)가 나의 구추들을　이끌고 혼자　격퇴했다.

tere cooha be gidaha seme han okdome jifi, ihan wame sarilafi, gecuheri
그　군대를　격퇴했다고　한이　맞이하러 와서 소를 죽여 잔치하고　蟒緞·

goksi mahala 15/16 umiyesun gūlha beri jebele, takūnai keire gebungge
無扇肩朝衣· 煖帽·　　요대·　　신발·　활과 화살·　타쿠나이 커이러 라는

morin buhe, tere cooha de emu feye baha, nimalan i hoton be gaijara
말을 주었다.　　그　전투에서　1곳의 상처를 입었다.　　니말란 성을　　취할 때에

de, han genehe bihe, baturu gufu bi juleri gaifi afame gaiha, niyalma
　한이 갔었다.　　　바투루 姑夫 내가 앞장서　공격해　취했다.　사람·

morin ihan ambula buhe, tere hoton de olhon feye ambula baha,
　말· 소를　많이　주었다.　그　성에서　　가벼운 상처를 많이　입었다.

janggiya i hoton be gaijara de, 16/17 han genehe bihe, baturu gufu
　장기야 성을　　　취할 때에　　　한이 갔었다.　　　바투루 姑夫

mimbe hoton duka duri seme minde yangšu gufu, tengkuwa be adabuha
　내게　성문을　탈취하라고　내게　양슈 姑夫와　텅쿠와를　　맡겼다.

bihe, tere juwe nofi durihekū, bi emhun dosifi duka durime gaiha, tere
　그　2명은　빼앗지 않았고 나 홀로 들어가 문을 빼앗아 취했다.　그

hoton be gaiha seme jusei eme gu be buhe, jai nadan niyalma ilan
성을　취했다고　아이들의 어머니인 姑[4]를 주었다. 또 7명의 사람과 3개의

ejehe buhe, tere hoton de juwe feye baha, gahašan hashū 17/18 ahūn
칙서를 주었다.　그 성에서　2곳의 상처를 입었다. 가하샨 하스후　　형을

be waha seme, solho gašan i šancin be gaijara de, han genehe bihe,
　죽였다고　솔호 村의　山寨를　취할 때에　한이 갔었다.

4　'gu'(姑)는 누르하치의 넷째 딸인 무쿠시(mukusi, 穆庫什, 1595~1659)를 가리킨다. 무쿠시는 1608년
　14살 때 해서여진 울라부의 버일러 부잔타이와 결혼했다. 이후 후금의 개국공신 어이두(eidu, 額亦
　都)와 재혼했다. 어이두가 사망한 후 그의 여덟째 아들 투르거이(turgei, 圖爾格)와 재혼했다.

tere šancin hoton de baturu gufu ujulame afaha, tere hoton i hehe
그   산채 성에서   바투루 姑夫 (내)가 우두머리가 되어 공격했다. 그 성의 여자와

haha be gemu minde afabufi waha, tede juwe feye baha, hashū ahūn i
장정을   모두   나에게   맡겨 죽였다. 그곳에서 2곳의 상처를 입었다. 하스후 형의

boigon aha jušen ejehe gemu minde buhe, tede afaha be 18/19 han
 戶와   노예·속민·勅書를 모두   나에게 주었다. 거기에서 공격한 것을 한이

mimbe ambula saišafi ahūn i ai jaka be gemu buhe, baturu gufu juwan
나를   크게   칭찬하고 형의   모든 물건을   모두 주었다. 바투루 姑夫 (나)는 17명의

nadan gucu be gaifi sakjai hoton de jaka i hūse be waki seme, dobori
        구추를 데리고 삭자이 성에   자카의 후서를   죽이겠다고   밤에

hoton fetefi dosifi jaka i hūse be baici, ukafi bahakū, ihan morin
성을   파서   들어가 자카의 후서를   찾았는데 도망쳐서 잡지 못했다.   소와 말을

gūsin funceme gajifi han de buhe, 19/20 han ambula saišaha, adu
30마리 남짓   취해서   한에게 주었다.   한이   크게 칭찬했다.   아두

ecike i uyun morin be amba gašan ci jaifiyan i kosi gebungge mangga
叔父의   9마리의 말을   암바 가샨으로부터 자이피얀의 코시 라는   힘 센

niyalma hūlhafi gamara be, baturu gufu emhun fargafi gure i bigan
자가   훔쳐   가져가는 것을 바투루 姑夫 (내)가 혼자   추격해   구러 들판

de amcanafi, kosi be wafi uyun morin be gajifi han de buhe, han,
에서 따라잡아   코시를   죽이고 9마리의 말을   취해 한에게 주었다.   한은

minde buhe, bi gaifi adu ecike de buhe, 20/21 tere hūlha de emu feye
나에게 주었다. 내가 취해서 아두 叔父에게 주었다.　　　그　도적에게서　1곳의 상처를

baha, hūlha be waha seme han, mimbe ambula saišaha, giyamuhū i
입었다.　도적을　죽였다고　　한이　나를　많이 칭찬했다.　　　기야무후의

boigon bayan, šaji i wangginu mafa, ere juwe mukūn i niyalma acafi
보이곤 바얀·　샤지의　왕기누 마파,　　이　2개　일족의　사람이 만나

han be jalidafi wafi hada de ubašambi seme hebdefi, hada ci emu morin
한을　속여　죽이고 하다로　이반해 가려고　모의하여, 하다로부터 1마리 말과

ejehe gajiha be, hūsiba gebungge niyalma hūlhame alanjifi, baturu
勅書를 가져온 것을,　후시바 라는　사람이　몰래　알리러 와서 바투루

gufu 21/22 mimbe sini ahūn boigon bayan be si wa seme unggifi, emu
姑夫　　나에게, "너의　형　보이곤 바얀을　네가 죽여라"라며 보내고 1명의

ama duin jui be gemu waha, terei boigon aha jušen ejehe gemu minde
아버지와 4명의 아들을 모두 죽였다. 그곳의　戶· 노복· 속민· 칙서를 모두 나에게

buhe, emken be tucibuhekū waha seme han ambula saišaha, uyun halai
주었다. 한 사람도 빠져나가지 못하게 죽였다고　한이　크게　칭찬했다. 아홉 姓의

gurun i acafi jihe amba cooha de, bi geren ci colgorome tucifi 22/23
나라가 함께 온　대군에게,　내가 무리로부터 뛰어나게　나와서

afaha, coohai ejen bujai beile mini jurgan de afanjiha, bujai beile i
공격했다. 군대의 수장 부자이 버일러가 나의　부대에　공격해 왔다. 부자이 버일러가

yaluha kuren morin de enggemu hadala tohohoi beyei ashaha jebele
탔던　밤색　말에　안장과 굴레를 맨 것과 몸의 허리에 찼던 화살통과

dashūwan yooni buhe, jai emu temen de minggan beile i monggo boo
활집을　모두 주었다. 또 1마리 낙타에　밍간 버일러의　몽고 천막을

acifi, minggan beile i etuhe seke hayaha jibca, jai uheri jibca dahū
싣고,　밍간 버일러가 입었던 초피로 테두른 가죽옷과 또 다 합쳐 가죽옷·털가죽외투

juwan, juwan duin morin buhe, jai 23/24 han i yaluha narhūn jerde
10벌,　14마리의　말을 주었다. 또　한이 탔던 가는 紅毛

morin geli buhe, tere cooha gidaha de, han, mimbe labdu saišafi
말도 주었다.　그 군대를 격파했을 때, 한이 나를 많이 칭찬하며

šangnaha, nosai šancin, jugiya gašan be tabcilame genehe bihe, holo
상 내렸다.　노사이 山寨·　주기야 村을 약탈하러 갔었다.　홀로

gašan i mafa i gucu cifahan gebungge niyalma bata de gaibufi giran
村의 장로의 구추 치파한 이라는　사람이 적에게 피살되어 시체가

waliyafi, baturu gufu bi jurceme dosifi bata be gidafi giran gaifi
버려지니,　바투루 姑夫 내가 거슬러 들어가서 적을 격파하고 시체를 취해

gajiha, holo gašan i mafa de 24/25 weile arafi, emu niyalma emu
가져왔다. 홀로 村의　장로에게　죄 삼아서,　1명의 사람과 1마리

ihan gaifi minde buhe, giran be tucibuhe seme han mimbe saišaha,
소를 취해 나에게 주었다.　시체를　빼냈다고　한이 나를 칭찬했다.

neyen i nadan gašan i niyalma, hoifa de ubašafi, baturu gufu, g'ag'ai
너연의   7개 村의   사람이   호이파로 배반하여, 바투루 姑夫· 가가이

jargūci genefi, neyen i fodoho hoton be ilan biya kafi duici biyade
자르구치가 가서   너연의 포도호   성을   3개월   포위하여 4개월째에

baha, bahafi gemu waha, tantai mergen, durengge, ere juwe mukūn be
얻었다. 얻고   모두   죽였다. 탄타이 머르건·   두렁거, 이 두   일족을

minde buhe, 25/26 han duin biya kafi kiceme tuwakiyafi baha seme
나에게 주었다.   한이 4개월 포위하여 힘써   감시하여   얻었다고

ambula saišaha, baturu gufu yaran golo de cooha genefi, golo be gemu
크게   칭찬했다. 바투루 姑夫(나)는 야란 지역에   출정해서 지역을 모두

gaiha, baturu gufu, donggo efu, darhan hiya jakūta de cooha genefi,
취했다. 바투루 姑夫· 동고 어푸· 다르한 히야가 자쿠타에   출정해서

golo be gemu wacihiyaha, baturu gufu hesihe golo de cooha genefi,
지역을 모두 끝장냈다.   바투루 姑夫(나)는 허시허 지역에   출정해서

golo be gemu wacihiyaha, bi juwan uyun se de 26/27 gurun i komso
지역을 모두 끝장냈다.   내가   19세에   國人이 적었을

de han be baime jifi hūsun buhengge ere inu, gurun isaha manggi,
때,   한을   찾아 와서 힘을 다한 것이 이것이다. 國人이 모여든 이후,

hada, hoifa, ula, yehe, nikan dailaha hūsun buhe babe arahakū, ama i
하다· 호이파· 울라· 여허· 명을 공격할 때 힘을 다한 것은 기록하지 않았다. 아버지의

gung lakcaha seme juse ama i gung bairengge ere inu seme alibuha
공이 출중했다고 자식들이 아버지의 공을 구하는 것이 이것이라고 글을 올린

manggi, han hendume, ere gung be ambasa juse de buhe, 27/28 te weile
뒤, 한이 말씀하시기를, "이 공을 나이가 많은 아들들에게 주었는데, 지금 죄를

arafi efulembi seme, ajige jui ebilun de buhe,,
지어 파직한다"라고 하고, 작은 아들 어빌룬에게 주었다.

○ orin emu de, yoto beile, fuma dzung bing tung yang sing de
   21일에, 요토 버일러가 부마 總兵 佟養性과

sadun jafame, juwan honin wafi orin dere dasafi arki nure gūsin malu
사돈을 맺어, 10마리 양을 잡아서 20개의 상을 차리고, 소주·황주 30병을

gamafi sarilaha, tere sarin de 28/29 han, amba beile, geren beise,
가지고 잔치했다. 그 잔치에 汗· 大 버일러· 여러 버일러들·

ambasa gemu genefi, tung fuma nikan i ice fe hafasa be gaifi hashū
대신들이 모두 갔고, 佟(養性) 부마는 漢人 新·舊 관리들을 데리고 왼쪽에

ergide tehe, beise, taijisa ceni dagilafi gajiha dere tukiyere de gemu
  앉았다. 버일러들과 타이지들이 그들이 준비하여 가져온 잔칫상을 바칠 때, 모두

ilicafi geren hafasa de tukiyehe, yoto beile urun gaijara doroi sadun
일어나서 여러 관리들에게 바쳤다. 요토 버일러는 며느리 얻는 예로 사돈

tung fuma de emu sain morin de aisin i enggemu hadala tohofi yarume,
佟(養性) 부마에게 1마리 좋은 말에 금 안장과 굴레를 매어 끌고,

 hūha burgiyen i sekei jibca, aisin i kiyamnaha gu i umiyesun,
　　편직한 겉감의 초피 가죽옷·　　　금 상감한 옥 요대·

gūlha mahala yooni etubuhe, tung fuma hendume, bi ajige niyalma,
신발· 겨울모자를 모두 입혀주었다. 佟(養性) 부마가 말하기를, "나는 小人입니다.

han, beise i emgi sadun jafahangge, abka de tafaka gese oho, geli ere
한과 버일러들과 함께 사돈 맺은 것은 하늘에 오른 것 같습니다. 또 이

etuku morin buci, bi juwe jergi banjiha gese kai, han, beise de
옷과 말을 주시니, 나는 두 번 태어난 것 같습니다. 한과 버일러들에게

hengkileki sehe manggi, 30/31 han tafulaci, ojorakū, tung fuma ini
고두하겠습니다"라고 한 뒤, 한이 말렸는데 듣지 않고 佟(養性) 부마는 그의

ahūta deote geren hafasa be gaifi han de hengkilehe, dere tukiyefi
형제들· 여러 관원들을 데리고 한에게 고두했다. 잔칫상을 올리고

arki jafara de, tung fuma de yoto beile, hooge beile jafaha, gūwa
소주를 바칠 때, 佟(養性) 부마에게 요토 버일러· 호오거 버일러가 바쳤다. 다른

hafasa de beise ambasa teisu teisu arki jafaha, daci gurun i šajin,
관원들에게 버일러들· 대신들이 각각 소주를 바쳤다. 본래 나라의 법은

sargan jui i ama i boo karu bure kooli akū, tuttu 31/32 ofi han i
　딸의 아버지의 집이 보답을 주는 법도는 없다. 그래도 한이

beye jihe seme, ihan honin wahakū bai dere dasafi tubihe saikū
직접 왔다고 해서, 소· 양을 잡지 않은 보통 상을 차려서 과일과 술안주를

sindafi han de tung fuma geren hafasa halanjame arki jafame omibufi,
차려서, 한에게 佟(養性) 부마와 여러 관원들이 돌아가며 소주를 바쳐 마시게 하고,

han inu majige omiha, beise ambasa geren hafasa gemu beyebe
한 역시 조금 마셨다. 버일러들·대신들·여러 관원들이 모두 몸을

targahakū balai omiha, tere omihangge, 32/33 han ini hūwaliyasun gosin
사리지 않고 마음껏 마셨다. 그 마신 것은, 한이 그의 온화하고 자애롭고

jurgan be dalingho ci ice gajiha hafasa inu tuwakini, encu gurun
의로움을 大凌河로부터 새로 데려온 관원들이 또한 보게 하려고, 다른 나라가

inu donjikini, ini gurun de bisire tunggiya i niyalmai dolo inu
또한 듣게 하려고, 그의 나라에 있는 佟家의 사람의 마음이 또한

urgunjekini, geren hafasa buyekini seme tuttu dere,,
기쁘게 하려고, 여러 관원들이 바라게 하려고 그런 것이리라.

○ orin juwe de, 33/34 han, amba beile, geren taijisa, ambasa, si
22일에, 한· 大 버일러·여러 타이지들·대신들이 시

uli efu i geren nikan cooha uksin saca etufi, tu kalka faidafi hūng i
울리 어푸의 여러 한군이 갑옷과 투구를 입고 纛·방패를 정렬하고 紅夷炮를

poo sindara be tuwame amargi giyoocan de tucike, tucifi neneme wargi
쏘는 것을 보러 북쪽의 연병장에 나왔다. 나와서 먼저 서쪽

giyoocan de faidaha jušen i dagilaha poo miyoocan sindaha, jai si uli
연병장에 정렬한 주선이 준비한 포와 조총을 쏘았다. 다시 시 울리

efu i nikan coohai hūng i poo, fa gung poo, 34/35 jiyanggiyūn poo de
어푸의   漢軍의   紅夷炮·   法熕炮·   將軍炮에

gemu muhaliyan sindafi aigan ilibufi sindame tuwaha, jai buya poo be
  모두   포환을   장착하여 과녁을 세우고   방포해 보았다. 다시   小炮를

faidafi sasa sindaha, sindame wajiha manggi, dalingho ci gajiha
정렬하여 함께 쏘았다.   쓰기를 마친   이후,   大凌河로부터 데려 온

ice hafasa be gabtabume tuwaha, tuwame wajiha manggi, fuma dzung
새로운 관원들을   步射시켜 보았다.   보기를 마친   이후,   부마 총병

bing tung yang sing geren hafasa acafi ilan ihan ninggun honin wafi
     佟養性은   여러 관원들과 함께 3마리 소·   6마리 양을   잡아서

35/36 han, beise be sarilaha,,
     한과 버일러들에게 잔치를 베풀었다.

○ orin duin de, jakūn booi mocin ganaha niyalma isinjiha,,
     24일에,   八家의   毛青布를 취하러 간 사람이 도착했다.

○ orin sunja de, han, beise giyoocan de tucifi si uli efu i gūsai
     25일에,   한· 버일러들이 연병장에 나가서 시 울리 어푸(佟養性)의 구사의

36/37 geren nikan hafan coohai niyalma be gemu gamafi, poo miyoocan
     여러   한인   관원과   군사들을   모두 이끌고,   포와 조총·

uksin saca coohai agūra dagilaha sain, dalingho de cooha genefi afaha
  갑옷과 투구·   兵器를   준비한 것이 좋고,   大凌河에   출병하여   싸우고

yabuha sain seme, terei turgunde si uli efu ci ujulame geren hafasa
행한 것이 좋다고,　　　 그　 때문에　 시 울리 어푸로부터 시작해서 여러 관원들

de gemu šangnaha, fuma dzung bing tung yang sing de acinggiyame
에게 모두　 상 내렸다.　　　 駙馬 총병 佟養性에게　　　　　 움직이는 듯

foloho enggemu hadala tohohoi emu sain 37/38 morin, tanggū yan
조각한 안장과 굴레를 채운 1마리 좋은 말·　　　　　　　 100량의

menggun šangnaha, jalan i ejen fujiyang ši guwe ju, fujiyang gin ioi
은을　　 상 내렸다.　　 잘란의 어전 부장 石國柱·　　　　 부장 金玉和·

ho, fujiyang ši ting ju, fujiyang gin lii, fujiyang g'ao hūng jung, iogi
부장 石廷柱·　　　　　 부장 金礪·　　　 부장 高鴻中·　　　 유격

lii yan geng, ts'anjiyang ju ši cang, beiguwan tujan, ere jakūn hafan
李延庚·　　　　 參將 祝世昌·　　　 備禦官 투잔,　　 이 8명의 관원

de foloho enggemu hadala tohohoi emte morin šangnaha, fujiyang lii
에게　 조각한 안장과 굴레를 채운 1마리씩의 말을　　 상 내렸다.　 부장 李國韓

guwe han tu i 38/39 ejen, fujiyang sun de gung tere coohai ejen, ere
壽의 어전·　　　　　 부장 孫得功 주둔하는 군대의 어전,　　　 이

juwe fujiyang de gūsita yan menggun šangnaha, ts'anjiyang u hiyo
2명의 부장에게는　　 30량씩의 은을　　 상 내렸다.　　　 참장 u hiyo

jin, ts'anjiyang g'o yung mao, ere sejen gaifi yabuha sain seme orin
jin·　　 참장 柯永茂,　 이들은 수레를 가져 간 것이 좋다고 하여, 25량씩의

sunjata yan menggun šangnaha, iogi yen ting lu, han i jakade bihe,
은을   상 내렸다.   유격 殷廷輅은   한의 곁에 있었다.

iogi tulai tu i ejen, iogi yang 39/40 wen peng tere coohai ejen, iogi
유격 툴라이 圖의 어전· 유격 yang wen peng 주둔하는 군대의 어전·   유격

yang io žui tere coohai ejen, iogi tung jeng tere coohai ejen, iogi
yang io žui 주둔하는 군대의 어전·   유격 佟整 주둔하는 군대의 어전·   유격

hūwang ts'an boo, iogi ts'ui ing tai poo kadalame yabuha, iogi jang
 hūwang ts'an boo· 유격 ts'ui ing tai는 炮를 관리하여 행했다.   유격 jang

ts yan tere coohai ejen iogi lii siyan ts'an tu i ejen, iogi g'ao gung gi
ts yan 주둔하는 군대의 어전· 유격 lii siyan t'an 圖의 어전· 유격 g'ao gung gi는

tuwa baicame yabuha, 40/41 iogi ma yuwan lung sejen gaifi yabuha,
 불을 조사하고 다녔다.   유격 ma yuwan lung은 수레를 가지고 갔다.

iogi lu yan su sejen gaifi yabuha, iogi lang ši dzai sejen gaifi yabuha,
유격 lu yan su는 수레를 가지고 갔다.   유격 郎熙載는   수레를 가지고 갔다.

iogi lii g'ao hi poo kadalame yabuha, iogi dzang ting yuwan, iogi lio
유격 lii g'ao hi는 炮를 관리하여 행했다. 유격 dzang ting yuwan· 유격 lio

ting jao, iogi jang da io, iogi wang i bing, iogi lang sio jeng, ere
ting jao· 유격 jang da io· 유격 wang i bing· 유격 郎紹正,   이

juwan uyun 41/42 iogi de orita yan menggun šangnaha, beiguwan ušan
   19명의   유격에게 20량씩의 은을   상 내렸다.   비어관 우산

tu i ejen, tung yan i jui tung yang hoo tu i ejen, fujiyang ši guwe ju i
藎의 어전·　　佟延의 아들 佟 yang hoo 藎의 어전·　　　　부장 石國柱의

jui darhan beiguwan i šang tu i ejen, yan geng ni g'ao jioi el
아들 다르한 비어관의 샹 藎의 어전·　　　　yan geng의　g'ao jioi el

beiguwan i šang tu i ejen, tujan i jao tiyan ioi poo gaifi yabuha,
비어관의 샹 藎의 어전·　　　　투잔의 jao tiyan ioi는 포를 가지고 갔다.

beiguwan lii cang šūn poo kadalame yabuha, 42/43 yan geng ni lii ming
비어관 lii cang šūn은 포를　　　관리했다.　　　　yan geng의　lii ming은

poo gaifi yabuha, yan geng ni lii guwe jeng sejen gaifi yabuha,
포를 가지고 갔다.　yan geng의　lii guwe jeng은 수레를 가지고 갔다.

beiguwan žin ming ši sejen gaifi yabuha, beiguwan jeo dai mo tuwa
비어관 žin ming ši는 수레를 가지고 갔다.　　비어관 jeo dai mo는 불을

baicame yabuha, tujan i cen ki sin tuwa baicame yabuha, g'ao fujiyang
조사하고 다녔다.　투잔의 cen ki sin는 불을 조사하고 다녔다.　高(鴻中) 부장의

ni hiong žin tuwa baicame yabuha, ši guwe ju i ioi deng jeo tuwa
hiong žin은 불을 조사하고 다녔다.　　石國柱의　ioi deng jeo는　불을

baicame yabuha, 43/44 beiguwan yang hing guwe tuwa baicame yabuha,
조사하고 다녔다.　　　비어관 yang hing guwe는 불을　조사하고 다녔다.

beiguwan fung jing yūn tere coohai ejen, beiguwan gin io lai tere
비어관 fung jing yūn 주둔하는 군대의 어전·　비어관 gin io lai 주둔하는

coohai ejen, beiguwan jang cang de poo kadalame yabuha, beiguwan
군대의 어전·　　　　비어관 jang cang de는 포를　　관리했다.　　　비어관

dung ting yuwan poo kadalame yabuha, ts'oo guwang bi, ju ts'anjiyang
　董廷元은　　　　포를　　　관리했다.　　ts'oo guwang bi는 朱(三) 참장을

ni funde kadalame yabuha, beiguwan jao meng ts'ai, beiguwan ju ši
　대신하여　　관리했다.　　　　비어관 jao meng ts'ai· 비어관 祝世廕·

yen, 44/45 beiguwan g'o šao gi, beiguwan ma žu lung, beiguwan dzeng
　　　　　비어관 g'o šao gi·　 비어관 ma žu lung· 　비어관 dzeng

guwe dzo, beiguwan jang wen hūwan, beiguwan bejise beiguwan i
guwe dzo·　　　비어관 jang wen hūwan·　　　비어관 버지서의 비어관

šang, ere orin ninggun niyalma de juwanta yan menggun šangnaha,
　샹,　이　　26명에게　　　　　10량씩의　　은을 상 내렸다.

šangname wajiha manggi, jakūn ihan tanggū honin wafi duin tanggū
　상 내리기를　　마친 뒤,　　8마리의 소· 100마리의 양을 잡고,　　460병의

ninju malu arki gamafi sarilaha, si uli efu de sahaliyen taiji, hooge
　　소주를 가지고 가서 잔치했다. 시 울리 어푸에게 사할리연 타이지· 호오거

45/46 taiji, yangguri efu arki jafaha, jalan i ejete fujiyang ts'anjiyang
　　타이지· 양구리 어푸가 소주를 바쳤다. 잘란의 어전들·　부장·　　참장

iogi hafasa de gūsai ejete ambasa arki jafaha, geren nikan cooha yali
유격· 관원들에게는 구사의 어전들· 대신들이 소주를 바쳤다. 여러　漢軍들이　고기와

arki jeci omici wajihakū elgiyen bihe, tere sarin de nikan coohai
소주를 먹고 마시기를 다할 수 없게 풍족히 있었다. 그 잔치에서　　漢軍들은

niyalma soktofi ilan duin bucehe,, 46/47
　　취해서　서너 명이　죽었다.

○ orin nadan de, si uli efu emu morin juwe ihan ninggun honin
　　27일에,　　시 울리 어푸는 1마리 말·　2마리 소·　　6마리 양을

wafi dere dasafi, han, beise be boode dosimbufi sarilaha, tere sarin de
잡아서 상을 차리고,　한과　버일러들을　집에 들어가게 하여 잔치를 베풀었다. 그 잔치에서

han de juwe morin de enggemu hadala tohohoi, amba beile de emu
한에게　　2마리 말에 안장과 굴레를 맨 것,　　　　　大 버일러에게　1마리

morin de enggemu hadala tohohoi jafaha bihe, gaihakū bederebuhe,
　말에 안장과 굴레를 맨 것을　　　　바쳤지만,　받지 않고 돌려주었다.

dalingho i ice 47/48 hafasa, han, beise de arki jafame omibuha, tere
　大凌河의 새로운　　　　관원들은 한과 버일러들에게 소주를 바쳐 마시게 했다. 그

sarin de han, beise ice fe nikan hafasa hūwaliyasun doroi ishunde arki
　잔치에서 한·　버일러들· 新舊 한인　관원들은　화친한　예로　서로 소주를

jafame efime injeme omiha,,
　바치며 놀고 웃으며　마셨다.

○ tere inenggi, kubuhe suwayan i cilin de tehe hūsimu iogi be
　　그 날,　　　鑲黃旗의　　　鐵嶺에 주둔한　후시무 유격의

emu beiguwan efulehe, efulehe 48/49 turgun, ukanju ukaka seme
1개의 비어관을 삭탈했다. 삭탈한　　　　이유.　도망자가 도망쳤다고

alanaci, ini beye gaifi amcahakū seme efulehe, <u>lamun i biyade</u>
알리러 갔는데도, 그가 직접 이끌고 추격하지 않았다고 삭탈했다. 藍旗의 달에

<u>arahabi</u>,[5] hergen be dangse de šanggiyan i biyade efulehe,,
기록했는데,　　　職을　檔子에서　　白旗의　　달에 삭탈했다.[6]

○ orin jakūn de, hooge taiji emu morin emu ihan sunja honin
　　28일에,　　호오거 타이지가 1마리 말·1마리 소·5마리 양을

wafi gūsin dere dasafi, 49/50 han be sarilaha,,
잡아서 30개의 상을 차리고,　　한에게 잔치를 베풀었다.

○ orin uyun de, helen jafame genehe oboi, lioha, siteku, tahabu
　　29일에,　　정보 제공 포로를 잡으러 갔던 오보이·리오하·시터쿠·타하부가

isinjiha, baha olji ton, sunja monggo, gūsin nikan, emu morin, ilan
도착했다. 잡은 노획물의 수는 5명의 몽고인·　30명의 한인·　1마리 말·3마리

losa, juwan ilan ihan, tofohon eihen, morin ihan losa eihen be baha
노새·　13마리 소·　　15마리 당나귀이다.　말과 소·노새와 당나귀는　잡은

5　[簽註] gingguleme baicaci, jaka toktobuha fe manju gisun i bithede, ere lamun i biyade arahabi
　　serengge, uthai lamun gūsai biya aliha dangse de arahabi sere gisun inu sehebi,,
　　삼가 찾아보니 최근 정해진 『舊淸語』에서 이 'lamun i biyade arahabi'(藍色의 달에 기록했다)라는 것
　　은 곧 'lamun gūsai biya aliha dangse de arahabi'(藍旗가 담당한 달의 檔子에 기록했다)라는 말이라
　　고 했다.
6　'職을 檔子에서 白旗의 달에 삭탈했다'는 것은 '白旗의 달에 이 革職의 사실을 檔子에 기록했다'는 의
　　미이다.

niyalma de 50/51 buhe, gūsin nikan be ningguta de unggihe, sunja
사람에게   주었고, 30명의 한인을   닝구타로   보냈다.   5명의

monggo be waha,,
몽고인을   죽였다.

tongki fuka sindaha hergen i dangse
點·圈을 찍은 문자의 檔子

dehi uyuci debtelin
49권

sure han i ningguci aniya juwe biya
천총 6년 2월

tongki fuka sindaha hergen i dangse,,
　　點· 圈을　　찍은　　문자의　　檔子

○ juwe biyai ice de, [原檔殘缺] omina, nomoi, nomida, tunggatu,
　　2월　　　1일에,　　〔原檔殘缺〕 오미나· 노모이· 노미다·　퉁가투·

tumei, baicuka, colmu, ere jakūn amban juwe nirude acan emte uksin
투머이· 바이추카· 촐무,　　이　　　8대신이　　2개 니루에　합하여　1명씩의 甲兵을

be gaifi jasei tule ukanju tosome genehe,,
　이끌고 경계의 밖으로 도망자를 쫓아서 갔다.

○ ice juwe de, bayartu, jangci emu gūsai 1/2 sunjata bayara be
　　초 2일에,　　바야르투· 장치가　1개 구사의　　5명씩의　바야라를

gaifi ukanju fargame genehe,,
이끌고 도망자를 추격하러 갔다.

○ ice ilan de, wasimbuha bithei gisun, han i hesei coohai jurgan
　　초 3일에,　　내린　　글의　말.　「한의　旨로　兵部의

i beile hendume, jušen, monggo i gašan bošokū de hendure gisun,
　버일러가 말하기를, "주션· 몽고의　　가샨(村)의 보쇼쿠에게　말하는　　　말.

jugūn de yabure niyalma, dobori deducibe heturi daricibe, urunakū
　길에　　다니는 사람이　밤에　　묵든,　　옆으로 지나가든,　반드시

basa gaimbi sere, ereci amasi basa gaici weile, halburakū 2/3 ofi
사례를 받는다고 한다.　　이후로　　　사례를 받으면 죄이다. 들여보내지 않아서

geceme buceci, niyalma toodame gaimbi, jai emteli yabure niyalma be
얼어　　죽으면　　사람을　배상으로　취한다. 또한 홀로　다니는 사람을

kimcime baica, baicafi ukanju oci kemuni ukanju baha adali ombi,
상세히　　살펴라. 살펴서　도망자이면　　종래대로 도망자를 잡은 것처럼　한다.

emteli yabure niyalma be kimcime baicarakū ofi, sini booci tucifi amala
혼자서　다니는　사람을　　　상세히　　살피지 않아서, 너의 집에서 나온　　후

gūwa baha manggi, kemuni ukanju halbuha weile,, 3/4
다른 사람이 잡으면　　　종래대로　도망자를 들인　죄이다.”」

○ tere inenggi, han, amba beile be beye elhe akū seme tuwaname
　그 날,　　　　한이 大 버일러가　　　몸이 편치 않다 하여　살피러

genere de, geren taijisa gemu han i jakade isafi dahame genehe bihe,,
　갈　　때에, 여러 타이지들이 모두 한의　곁에　모여　　따라 갔었다.

○ tere inenggi, lioha i bahafi gajiha nikan be, sain be sonjome
　그 날,　　　리오하가 잡아　데려 온　漢人 가운데 좋은 사람을 뽑아

juwe nikan be gisun 4/5 fonjimbi seme asarafi, [原檔殘缺]
두　漢人을　　　말을　　묻는다고　　구류시키고〔原檔殘缺〕

○ ice duin de wasimbuha bithei gisun, han i hesei dorolon i
　초 4일에,　　　내린　　　글의　말. 「한의　늡로　　禮部의

jurgan i beile hendume, [原檔殘缺] kiru sara laba bileri tungken
버일러가 말하기를, 〔原檔殘缺〕 小旗・ 傘・ 나팔・ 날라리・ 북・

ficakū neneme bilaha songkoi cooha de gaifi yabu, gašan i šurdeme
퉁소는 먼저   정한 대로   전쟁할 때 가지고 가라. 촌락의   주변

giyai de yabure de, 5/6 han de kiru ilan juru, sara juwe, niyalma
거리로   행차할 때에   한에게는 小旗 3쌍・   傘 2개・   사람을

jailabure niyalma ninggun, amba beile de kiru juwe juru, sara emke,
피하게 하는 사람   6명을,   大 버일러에게는 小旗 2쌍・   傘 1개・

niyalma jailabure niyalma duin, geren beise de kiru emte juru, sara
사람을   피하게 하는 사람   4명을, 여러 버일러들에게는 小旗 1쌍・   傘

emte, niyalma jailabure niyalma juwete, han i jakade isambihede, kiru
1개・ 사람을 피하게 하는 사람 2명씩으로 한다. 한의 곁에 모일 때에는 小旗・

sara naka, niyalma jailabure niyalma ume nakara, meni meni cisui
傘을 거두어라. 사람을 피하게 하는 사람은   거두지 말라.   각자 마음대로

hecen i duka 6/7 tucime yabuci, kiru sara gaifi yabu, ere be ufaraci,
城門을   出行하면   小旗와 傘을 가지고 가라. 이를   어기면

dorolon i jurgan i beile dacilafi, han ci aname emu mudan de emu
禮部의 버일러가   조사하여, 汗부터 시작해서 한 번에   1마리

honin gaisu, dere banime gaijarakūci, tere honin be sinde gaimbi, han
양을 빼앗아라. 체면을 세우지 못했으니,   그 양을 너에게서 빼앗는 것이다. 한과

i emgi acaha bade, gūwa i kiru sara, niyalma jailabukū gemu naka,
함께 만나는 곳에서는, 다른　　小旗·傘· 사람을 피하게 하는 사람 모두를 거두어라.

han i emgi tucifi yabure de, amba beile i teile sara jafakini,, 7/8
한과　함께　　出行할 때　　　大 버일러만　　　傘을　가져가라.」

○ tere inenggi wasimbuha bithei gisun, han i hesei dorolon i
　그　날,　　내린　　글의 말.　「한의　旨로　　禮部

jurgan i beile hendume, yaya beise ambasa, seke be icefi dahū arara,
　버일러가 말하기를, "모든 버일러들과 대신들은 貂皮를 염색하여 털가죽외투를 만들거나,

onco hayahan hayara, moncon hadame mahala arara be gemu naka,
넓은　테두리를　붙이거나 菊花頂을 박아서 겨울모자를 만드는 것을 모두 그쳐라.

dahū arara, onco hayahan hayara, moncon hadame mahala arafi etuci,
털가죽외투를 만들거나, 넓은 테두리를 붙이거나, 菊花頂을 박아서 겨울모자를 만들어 쓰면

jafaha niyalma gaimbi, etuku de narhūn 8/9 fuserere, bai kamtu
체포한　사람이　가진다.　의복에　　좁은　　　테를 달거나, 장식없는 氈帽와

mahala arafi eture be hendurakū,,
겨울모자를 만들어 쓰는 것을 말하는 것은 아니다."」

○ ice sunja de, han tucifi ini juwe gūsai bayara be giyoocan de
　초 5일에,　　한이 나가서 그의 2개　구사의　바야라를　　연병장에

isabufi, uksin saca etubufi gabtabume niyamniyabume tuwaha, tuwame
집결시켜서 甲冑를 입히고,　　步射시키고 騎射시키고　　살폈다. 보기가

wajiha manggi, bayara be jalan jalan i niru nirui jergileme tebufi,
끝난 후, 바야라를 잘란· 니루· 등급대로 앉게 하고,

duin ihan juwan ilan honin 9/10 wafi sarilame ulebuhe,,
4마리의 소· 13마리의 양을 잡아 잔치를 베풀어 먹게 했다.

○ ice ninggun de, han de fujiyang g'ao hūng jung bithe alibuha,
초 6일에, 한에게 副將 高鴻中이 글을 상주했다.

tere bithei turgunde han hendume, bithe alibure be nakabuci ojoro
그 글로 인해 한이 말하기를, "글을 상주하는 것은 그만두게 할

weile waka, tuttu seme, alibure bithe de, urunakū nenehe weile i waka
일이 아니다. 그렇다 하더라도 상주하는 글에는 반드시 이전의 일의 그릇되고

ufaraha babe arambi, bithe be tuwahai onggotui[1] nenehe be 10/11
실수한 부분을 쓴다. 글을 보다가 잊어버리고 이전 일이

wakalara gisun tucimbikai, te bicibe, baksi sa suwe yaya fonde
그르다는 말이 나온다. 이제부터라도 박시들 너희는 모든 때에

mujilen bahabu, aikabade nenehe be wakalara gisun tucirahū, julge
마음을 깨우치게 하라. 혹시 이전 일이 그르다는 말이 나올까 우려된다. 옛날

cinggis han i jui cagandai, fufungge huwesi i suhai moo be meileme
칭기스 칸의 아들 차가타이는 톱니가 있는 小刀로 三川柳를 베어서

---

1 'onggotui'는 'onggofi'의 誤記로 생각된다.

šusiha arame hendume, ere <u>sahahūn ilicaha irgen</u>,[2] ama cinggis han
채찍을 만들고 말하기를, '이 검게 함께 선 백성은 아버지 칭기스 칸이

isabuha dere, ere suhai moo i šusiha be bi mutebuhe sehe manggi,
모았을 것이리라. 이 三川柳로 된 채찍을 내가 가능하게 했다'고 말하자

ocir sure hendume, ere šusiha araha huwesi 11/12 han ama i ilibuha
오치르 수러가 말하기를, '이 채찍을 만든 小刀를 汗 아버지가 세운

faksi tūrakū bici, si hitahūn i fatambiheo, weihe i kajambiheo
工匠이 두들기지 않았다면, 그대는 손톱으로 집어냈겠는가? 이빨로 끊어냈겠는가?'

seme jabuha sere, ere utala doro, gurun irgen ai jaka gemu han
라고 답했다고 한다. 이 정도로 정치·나라의 백성 모든 것이 모두 汗

ama i emhun beye fukjin ilibuhangge, tere be te geli waka arame,
아버지가 혼자 몸소 처음 일으킨 것이다. 그것을 이제 또한 그른 것으로 만들고

musei beyebe mergen sain arame gisureci, tumen jalan de
우리 자신을 유능하고 좋다고 꾸며서 이야기하면 萬世에

wakalaburengge kai, suwe saikan eje, ishunde mujilen bahabuki seme
질책될 것이리라. 너희는 잘 기억하라. 서로 마음을 깨우치게 하자" 라고

---

2 [簽註] gingguleme kimcici, sahahūn ilicaha irgen sere gisun, ainci geren sahaliyan ujungge irgen
 sere gisun dere,,
 삼가 고찰하건대 'sahahūn ilicaha irgen'(검게 함께 선 백성)이라는 말은 아마도 'geren sahaliyan
 ujungge irgen'(여러 검은머리의 백성)이라는 말일 것이다.
 * 'geren sahaliyan ujungge irgen'(여러 검은머리의 백성)은 '黎民'을 만주어로 풀어 쓴 말로 생각된
 다. '黎民'은 '머리에 아무 것도 쓰지 않은 검은 맨머리의 백성'이라는 뜻으로 관직에 있지 않은 일반
 백성을 일컫는다.

henduhe,, 12/13
말했다.

○ tere inenggi, han, juse i jakade giyaribuha bade genere de
    그 날,   한이 아들들의 일로 천연두를 피한 곳에 행차할 때

sara kiru gamahakū seme, dorolon i jurgan i mujilen bahabukū
    傘과 小旗를 가져가지 않았다고,   禮部의   啓心郎

kicungge honin gaimbi seme gisurere be, dahai baksi, kūrcan baksi
    키충거가 양을   뺏는다고   말하는 것을   다하이 박시·쿠르찬 박시가

donjifi, han de hoto hiya be takūrame 13/14 han, enenggi geli juse i
    듣고   한에게   호토 히야를 보내어,   "한께서 오늘도   아들들의

jakade genembi sere, sikse kiru sara gamahakū seme jurgan i
    일로 행차하신다고 합니다. 어제 小旗와 傘을 들고 가지 않았다고 (禮)部의

niyalma honin gaimbi sembi, be donjiha be dahame, mujilen bahabuki
    사람이   양을   뺏는다고 합니다. 우리는 들은 것에 따라서   마음을 깨우치게 하려고

seme donjiburengge, han de hoto hiya alaha manggi, han, sonin, hoto be
    보고한 것입니다." 한에게 호토 히야가 고하니,   한은 소닌과 호토로 하여금

dorolon i jurgan i beile de honin bonggime, gisun sume takūrame
       禮部의   버일러에게 양을   보내게 하고, 해명하러   사신을 보내

14/15 hendume, sara, kiru be onggohongge waka, targara ba seme same
      말하기를, "傘· 小旗를   잊은 것은   아니다. 경계하는 곳이라고   알고

gamahakū, eitereci jurgan i ejen de alahakū weile minde bi,
가져 가지 않았다. 모두 禮部의 어전에게 알리지 않은 죄는 나에게 있다.

šajin be bi maraci, šajin adarame yabumbi, ere honin be suwe gaisu,
법을 내가 어기면, 법이 어찌 행해지겠는가? 이 양을 너희는 취하라.

ereci amasi targara bade yangse nakaki,,
이후로 경계하는 곳에서는 儀仗을 거두도록 하라."

○ ineku tere inenggi, dalingho i hafan, tofohon fujiyang de 15/16
같은 그 날, 大凌河의 관원과 15명의 副將에게

sargan gaijara doroi pengduwan ilata, cuse ilata, mocin juwan uyute,
아내를 취하는 禮로, 彭緞 3필씩· 紬子 3필씩· 毛靑布 19필씩·

kubun i jalin sunjata yan menggun buhe,,
棉을 대신하여 50량씩의 은을 주었다.

○ ice nadan de, jarut gurun i gendur taiji i sargan jui be
초 7일에, 자루트 국의 건두르 타이지의 딸을

mergen daicing sargan gaime jafan benehengge, juwan morin, foloho
머르건 다이칭이 아내로 취하러 예단을 보낸 것. 10마리 말은 조각한

enggemu hadala 16/17 ilan, yarha i soforo enggemu emke, niruha
안장과 굴레 3개· 표범가죽 깔개있는 안장 1개· 그림 그려진

enggemu emke, wehe nimaha enggemu sunja, morin de tohohoi uksin
안장 1개· 石魚 안장 5개를 말에 걸치고 갑옷과

saca acihai, emu gecuheri, orin emu suje, gūsin mocin, fulgiyan jafu
투구를 실은 것·   1필의 蟒緞·   21필의 비단· 30필의 毛靑布·   붉은 모직물

juwe, jafan benehe,,
2장을   예단으로 보냈다.

○ ice uyun de, 17/18 han, geren beise ambasa be gaifi, nenehe
　　초 9일에,　　　　한이 여러 버일러들과 대신들을   이끌고, 先

han i eifu de jiha deijime waliyaha, aisin gurun i kooli, aniya arara
한의   묘에   紙錢을 태우며 弔問했다.   金國의   例는 새해를 축하하는

de, jorgon biyai orin uyun de nenehe mafari de waliyambihe,
　　　12월의 29일에   先祖에게   弔問했었다.

tere aniya waliyara de, han yasa nimeme beye bahafi genehekū ofi,
그   해에   조문할 때에, 한은 눈이 아파서   몸소   갈 수 없었기 때문에,

amala jiha deijime waliyara de, 18/19 han ambula songgoho,,
나중에 紙錢을 태우며 弔問할 때에   한은 크게   흐느꼈다.

○ juwan emu de, wasimbuha bithei gisun, han hendume, beidere
　　11일에,   내린   글의 말.「한이 말하기를, "刑部의

jurgan i beile bithe wasimbu, jiha eficibe, yaya hacin i ulin gaime
　　버일러는 글을 내려라.   돈으로 도박하거나, 어떤 종류의 재물을 취하고자

efire be gemu nakabu, efici šajin i songkoi weile gaisu, jetere jaka
도박하는 것을 모두 금하게 하라. 도박하면 법대로   贖을 취하라.   먹을 것을

gaime efire be ume ilibure,, 19/20
취하고자 도박하는 것은 금하지 말라.”」

○ ineku tere inenggi, gulu suwayan i bayara be gabtara yamun de
　같은　　　그 날,　　　正黃旗의　　　　바야라를　　　　箭亭(활터)에

isabufi, bayarai tu i ejete genefi coohai ai ai agūra tuwara de, han
집결시키고, 바야라의 纛의 어전들이 가서 군사들의 여러 兵器들을 살필 때,　한이

ini adun i juwan duin morin be sudala be benebume unggihe gisun,
그의 목축떼의　　14마리 말을　　　　수달라로 하여금 보내게 하고 전한　　말.

si gamafi suweni jergi tu i ejete i emgi hebdeme bu, 20/21 burengge
“너희가 처리해서 너희　등급의 纛의 어전들과 함께 논의해서 주어라.　　주는 것은

yadahūn bime haha sain, agūra dagilarangge sain, tenteke niyalma de
곤궁한데도　　장정이 좋거나, 병기를 준비한 것이 좋거나,　그러한　사람에게

bu seme henduhe,,
주어라”고 말했다.

○ juwan juwe de, han i boode beise ambasa be isabufi sarin
　　　12일에,　　　한의　처소에서 버일러들·대신들을 모아서 잔치를

sarilame, daicing beile i sargan jui be, dergi booi fujin obuha, tere
　베풀고,　　다이칭 버일러의　딸을　　　　　　東宮의 푸진으로 삼았다.　그

fujin monggo i jarut gurun i daicing beile i jui, 21/22 han de dulimbai
푸진은 몽고의　자루트 국의　　다이칭 버일러의 딸이다.　　　한에게는　　中宮

fujin, wargi fujin bi, dergi fujin akū bihe, tuttu ofi sain be sonjome
푸진·　　西 푸진이 있고,　東 푸진은 없었었다. 그러한 이유로 좋은 사람을 뽑아서

bifi, tere fujin be ganabure de ganabuha, ini ama i baru hendume,
　　그　푸진을　데리러가게 할 때 데려가게 했다. 그녀의 아버지를 향해 말하기를,

bi gajifi tuwara, acaci hūwa de bibuki, acarakū oci, aika bufi unggire
"내가 데려와서 보겠다. 적당하면 집에 살게 하겠다. 적당치 않으면 무엇을 주어서 보내겠다"

seme hendufi fujin be gajifi, fujin be gajiha manggi, hecen i tule
하고　말하고　푸진을 데려와서,　푸진을 데려 온　후　　　성의　　　밖에

ilibufi, 22/23 hūwa de bibuci ojoro ojorakū be tuwa seme, yasa faksi
머무르게 하고　　집에　살게 할 수 있는지, 없는지를　살피라면서　안목이 뛰어난

niyalma be unggifi tuwabuha, tuwaha urse han de alanjifi hendume,
　사람을　　　보내서　살피게 했다.　살핀　무리가 한에게　고하러 와서 말하기를,

han, fulu geren be baitalarakū, kemneme acabume yabuki sembi, gūwa
"한은 '많은 사람을　필요로 하지 않는다.　헤아려　맞추도록　하라'고 하셨습니다. 다른

i tuwaha de akdaci ombio, han i yasai tuwa, dergi booi fujin
사람이 본 것을 믿을 수 있겠습니까? 한의 눈으로 보십시오. 東宮의 푸진이

obuci oci, dorolome algišame gaici acambi kai sehe manggi, 23/24
될 수 있다면,　禮로써　평가하여　맞으면 타당할 것입니다"라고 말하니,

han i beye komso gucu gaifi, genefi tuwafi boode gajiha, (sargan
한이　몸소　소수의 구추들을 이끌고, 가서 살피고　집에　데려왔다. (여자에게

de amuran i gaihangge waka, doro be gūnime ilan fujin be yongkiyaki
　홀려서　　맞이한 것이 아니다. 이치를　생각하여　3명의 푸진을　　갖추겠다고

sehengge,) gajiha doroi sarin sarilaha, sarin de waha ulha i ton emu
　한 것이다.)　　맞이한 禮로　잔치를 베풀었다.　잔치에서 도축한　가축의 수는 1마리

ihan, ninggun honin, orin dere dasaha bihe,,
　소·　6마리 양이었고　20개의 상을　차렸다.

○ tofohon de, 24/25 han giyoocan de tucifi, gulu suwayan i bayara
　　15일에,　　　　　한은 연병장에　나가서　正黃旗의　　바야라를

be isabufi, yangguri efu ci fusihūn wacihiyame uksile seme uksilebufi,
　집결시키고, 양구리 어푸　이하는　모두 갑옷을 입으라고 하여 갑옷을 입게 하고

tu kiru be juwe galai faidabufi jalan jalan i tucibume gabtame tuwaha,
　纛· 小旗를　兩翼으로　정렬시키고, 잘란별로　　나오게 하여 활을 쏘아 보았다.

○ erei sirame dalingho i ice hafan ilan fujiyang be, suwe beri jafara be
　이에 뒤이어　大凌河의　새로운 관원인 3명의 副將을,　“너희는 활을 쥐는 것을

onggoho, ere ucuri boode tefi ton akū bahafi gabtahakū suwe gabtame
　잊었다.　　요즘　집에 머물면서 자주　활을 쏘지 않았다.　너희는 활을 쏘아

tuwa 25/26 seme han i hesei gabtabuha, sarin de juwe ihan, nadan
　보라”　　라고　한의　늡로 활 쏘게 했다. 잔치에서　2마리 소·　7마리

honin wafi sarilaha, han i sasa tucike jakūn gūsai beise, meni meni
　양을　잡아서 잔치했다.　한과 함께 나간　　팔기의　버일러들은 각각

giyoocan de tucifi bayara be gaifi gabtame tuwaha, ihan honin wafi
연병장에   나가서 바야라를   이끌고 활 쏘아   보았다.   소와 양을   잡아

sarilaha,, 26/27
잔치했다.

○ juwan ninggun de, han i sargan gaijara doroi beise i benjihengge,
     16일에,   한의   아내를   취하는   禮로   버일러들이 보내온 것.

amba beile emu morin de hokton i enggemu tohohoi uksin saca
 大 버일러는 1마리 말에   참나무 안장을   얹고   갑옷과 투구를

acihai, abatai taiji, jirgalang taiji, hooge taiji, mergen daicing, ajige
걸친 것, 아바타이 타이지· 지르갈랑 타이지· 호오거 타이지· 머르건 다이칭·   아지거

taiji, erke cūhur, ere ninggun taiji emte morin de foloho enggemu
타이지· 어르커 추후르, 이   여섯   타이지들은 1마리씩의 말에 조각된 안장과

hadala tohohoi uksin saca acifi benjihe,, 27/28
 굴레를 걸치고   갑옷과 투구를 실어서 보내왔다.

○ juwan nadan de, hangsi waliyaha, han ambula gosihon songgoho,
     17일에,   杭細[3]를 태워 조문했다. 한이 크게   통곡하며 흐느꼈다.

waliyame wajifi, yamun i hecen i dukai tule tefi, han hendume, ememu
조문이 끝나고   아문의   城門   밖에 앉아서 한이 말하기를, "어떤

ambasa ainu jihekū, ere waliyara de, nimere baita dabala gūwa baitai
대신들은 어떤 이유로 오지 않았다. 이 조문할 때는 병이 난 경우 외에   다른   일로

---

3 '杭細'는 杭細綢 즉 杭州에서 생산되는 비단의 일종이다.

jalin tookaci acarakū, sinagan i aniya goidaha, suwembe jifi urunakū
인하여 늦으면   안 된다.   상을 당한   해가 오래되었다. 너희에게 와서 반드시

songgo serakū, 28/29 gemu jifi dorolome ilicafi, wajiha manggi, meni
못하라고 하지 않겠다.   모두 와서 禮로써 함께 하고, 끝난   후에   각자의

meni cisui waliyara baita icihiyara oci doro kai, tuttu seme, gūwa
       뜻으로 조문하는 일을 처리해야   도리일 것이다. 그러나   다른

gūsai ambasa ci ama han i beyei juwe gūsai ambasa urunakū isara
구사의 대신들보다   아버지 汗 본인의   2개 구사의 대신들은 반드시 모이는 것이

giyan kai sehe,,
도리인 것이다"라고 했다.

○ juwan jakūn de, karacin i utaci tabunang ni irgen, guwangning
        18일에,   카라친의 우타치 타부낭의   백성이   廣寧의

ni alin de dorgon elbihe 29/30 butame genefi, duin nikan bahafi benjifi
  산으로   오소리와 너구리를   잡으러   갔다가 4명의 漢人을 잡아 보내와서,

gisun fonjifi amasi inde unggihe, waci ujici uncaci baha ejen i ciha
   심문하고   다시   그에게 보냈다. 죽이든 돌보든 팔든, 잡은 주인의 뜻이라고

sehe,,
했다.

○ orin de, gulu šanggiyan i tiyan šui jan de tehe jenjuken,
   20일에,   正白旗의   甜水站에   주둔한   전주컨·

kubuhe šanggiyan i tiyan šui jan de tehe ilden, kubuhe suwayan i
　　鑲白旗의　　　　　恬水站에　　　주둔한　일던·　　　鑲黃旗의

tang ho pu de tehe karkama, ere 30/31 ilan niyalma be uju jergi seme
　　湯河堡에　　주둔한 카르카마,　이　　　　3명을　　　　1등이라　하여

gecuheri goksi šangnaha,,
　蟒緞 無扇肩朝衣를　상 내렸다.

○ ilden de šangnaha turgun, ubaci genere ukanju gūsin ilan,
　일던에게　상을 내린　이유.　이곳에서 간　도망자　33명·

cargici jihe emu tanggū orin ilan niyalma, uheri emu tanggū susai
저곳에서 온　　　123명,　　　　　　　　　도합　　　156명을

ninggun niyalma baha, hoton dasaha ilaci jergi,,
　　얻었다.　성을 수리한 것은 3등이다.

○ jenjuken de šangnaha turgun, ubaci genere ukanju orin sunja,
　전주컨에게　상을 내린　이유.　이곳에서 간　도망자　25명·

cargici jihe nadanju juwe niyalma, 31/32 uheri uyunju nadan ukanju
저곳에서 온　　　72명,　　　　　　도합　　　97명의　　도망자를

baha, hoton dasaha ilaci jergi,,
얻었다.　성을 수리한 것은 3등이다.

○ karkama de šangnaha turgun, ubaci genere ukanju juwan uyun,
　카르카마에게　상을 내린　이유.　이곳에서 간　도망자　19명·

cargici jihe susai nadan niyalma, uheri nadanju ninggun niyalma baha,
저곳에서 온 　　　　　57명, 　　　　　　도합 　　　　　76명을 　　　　　얻었다.

hoton dasaha uju jergi,,
성을 수리한 것은 1등이다.

○ gulu lamun i hai jeo birai angga de tehe 32/33 irešen,,
　　正藍旗의 　　　　　海州 　河口에 　주둔한 　　　　이러션.

○ gulu suwayan i tang ho pu de tehe sahaliyan, ningguta,,
　　正黃旗의 　　　　　湯河堡에 　주둔한 　사할리얀· 닝구타.

○ gulu suwayan i an šan de tehe karkama, akio,,
　　正黃旗의 　　　　鞍山에 　주둔한 　카르카마· 아키오.

○ gulu lamun i jang i jan de tehe temuru,,
　　正藍旗의 　　　彰義站에 　주둔한 　터무루.

○ gulu lamun i si mu ceng de tehe otonggo, giyamsun, langgida,,
　　正藍旗의 　　　析木城에 　　주둔한 　　오통고· 　기얌순· 랑기다.

○ kubuhe šanggiyan i tiyan šui jan de tehe 33/34 kulu,,
　　鑲白旗의 　　　　　舐水站에 　　주둔한 　　　쿨루.

○ gulu fulgiyan i hai jeo de tehe fudai, liyeliyehun,,
　　正紅旗의 　　　海州에 주둔한 푸다이· 리열리여훈.

○ gulu suwayan i cilin de tehe suldungga,,
　　正黃旗의 　　鐵嶺에 주둔한 　술둥가.

○ kubuhe šanggiyan i sarhū de tehe senioke, ere juwan duin
　　鑲白旗의　　　　사르후에　주둔한　서니오커,　이　　14명을

niyalma be weile akū, gung inu akū guwebuhe,,
　　　　죄가　없고,　공적도　없다고 면해줬다.

○ irešen be guwebuhe turgun, nadan cuwan dehi 34/35 niyalma,
　이러션을　　면해준　　이유.　　7척의 선박과　40명·

ubaci genere ukanju jušen emke, nikan uyun, emu giyansi, uheri
　　이곳에서 간 도망자 주선 1명·　　　漢人 9명·　1명의 간첩,　도합

susai emu niyalma baha, ede hoton akū,,
　　51명을　　　　얻었다. 이에　城은 없다.[4]

○ gulu suwayan i sahaliyan be guwebuhe turgun, ubaci genere
　　正黃旗의　　　사할리얀을　　면해준　　이유.　이곳에서　간

ukanju juwan ninggun, cargici jihe gūsin niyalma, uheri dehi ninggun
　도망자　16명·　　　　저곳에서 온 30명,　　　도합 46명을

niyalma baha, hoton dasaha uju jergi,, 35/36
　얻었다.　성을 수리한 것은 1등이다.

○ gulu suwayan i karkama be guwebuhe turgun, ubaci genehe
　　正黃旗의　　　카르카마를　　면해준　　이유.　이곳에서　간

ukanju jušen sunja, monggo emke, nikan gūsin ninggun, uheri
　도망자 주선 5명·　　몽고인 1명·　漢人 36명,　　　　도합

4　'城은 없다'는 것은 '성을 수리한 공적은 없다'는 뜻이다.

dehi juwe niyalma baha, hoton dasaha ilaci jergi,,
　42명을　　　얻었다.　성을 수리한 것은 3등이다.

○ gulu lamun i temuru be guwebuhe turgun, ubaci genere
　正藍旗의　　　터무루를　　면해준　　이유.　이곳에서　간

ukanju dehi baha, hoton dasaha ilaci jergi,,　36/37
　도망자 40명을 얻었다. 성을 수리한 것은 3등이다.

○ gulu lamun i otonggo be guwebuhe turgun, ubaci genere ukanju
　正藍旗의　　　오통고를　　면해준　　이유.　이곳에서　간　　도망자

sunja, cargici jihe gūsin sunja niyalma, uheri dehi niyalma baha, hoton
　5명·　저곳에서 온　35명,　　　　　　　　도합　　40명을　얻었다.　성을

dasaha jai jergi,,
　수리한 것은 2등이다.

○ gulu lamun i giyamsun be guwebuhe turgun, ubaci genere
　正藍旗의　　　기얌순을　　면해준　　이유.　이곳에서　간

ukanju juwe, cargici jihe gūsin jakūn niyalma, uheri dehi niyalma baha,
　도망자 2명·　저곳에서 온　38명,　　　　　　도합　　40명을　얻었다.

hoton dasaha 37/38 jai jergi,,
　성을 수리한 것은　　2등이다.

○ gulu suwayan i akio be guwebuhe turgun, ubaci genere ukanju
　正黃旗의　　　아키오를　면해준　　이유.　　이곳에서 간 도망자

juwe, monggo, nikan gūsin juwe, jušen duin, uheri gūsin jakūn niyalma
2명·   몽고인과 漢人 32명·   주선 4명,   도합   38명을

baha, hoton dasaha ilaci jergi,,
얻었다. 성을 수리한 것은 3등이다.

○ kubuhe šanggiyan i kulu be guwebuhe turgun, ubaci genere
  鑲白旗의   쿨루를   면해준   이유. 이곳에서 간

ukanju juwan emu, cargici jihe orin 38/39 juwe niyalma, uheri
  도망자 11명·   저곳에서 온 22명,   도합

gūsin ilan niyalma baha, hoton dasaha ilaci jergi,,
  33명을   얻었다.   성을 수리한 것은 3등이다.

○ gulu fulgiyan i fudai be guwebuhe turgun, ubaci genere ukanju
  正紅旗의   푸다이를 면해준   이유.   이곳에서 간 도망자

jušen juwe, monggo emke, orin sunja nikan, cargici jihe giyansi duin,
  주선 2명·   몽고인 1명·   25명의 漢人·   저곳에서 온 간첩 4명,

uheri gūsin juwe niyalma baha, hoton dasaha uju jergi,, 39/40
  도합   32명을   얻었다. 성을 수리한 것은 1등이다.

○ gulu suwayan i ningguta be guwebuhe turgun, ubaci genere
  正黃旗의   닝구타를   면해준   이유. 이곳에서 간

ukanju juwan juwe, cargici jihe orin niyalma, uheri gūsin juwe niyalma
  도망자 12명·   저곳에서 온 20명,   도합   32명을

baha, hoton dasaha uju jergi,,
얻었다. 성을 수리한 것은 1등이다.

○ gulu lamun i langgida be guwebuhe turgun, ubaci genere
　　正藍旗의　　　랑기다를　　　면해준　　　이유.　　이곳에서　간

ukanju ninggun, cargici jihe orin duin, uheri gūsin niyalma baha,
　도망자 6명·　　　저곳에서 온 24명,　　　　도합　30명을　　　　　얻었다.

hoton dasaha jai 40/41 jergi,,
　성을 수리한 것은　　　　2등이다.

○ gulu fulgiyan i liyeliyehun be guwebuhe turgun, ubaci genere
　　正紅旗의　　　리열리여훈을　　　면해준　　　이유.　　이곳에서　간

ukanju emu jušen, emu monggo, orin ilan nikan, duin giyansi, uheri
　도망자 1명의 주션·　1명의 몽고인·　　23명의 漢人·　4명의 간첩,　　도합

orin uyun niyalma baha, hoton dasaha uju jergi,,
　　29명을　　　　　얻었다.　성을 수리한 것은 1등이다.

○ gulu suwayan i suldungga be guwebuhe turgun, ubaci genere
　　正紅旗의　　　술둥가를　　　면해준　　　이유.　　이곳에서　간

ukanju jušen duin, monggo emke, orin 41/42 emu nikan, uheri
　도망자 주션 4명·　몽고인 1명·　21명의　　　漢人,　　　도합

orin ninggun niyalma baha, hoton dasaha dubei jergi,,
　　26명을　　　　　　얻었다. 성을 수리한 것은 끝의 등급이다.

○ kubuhe šanggiyan i senioke be guwebuhe turgun, ubaci genere
鑲白旗의　　　　서니오커를　　면해준　　이유.　이곳에서 간

ukanju ninggun baha, hoton dasaha uju jergi,,
도망자　6명을　얻었다.　성을 수리한 것은 1등이다.

○ suldungga, senioke, ere juwe amban be halaha, sahaliyan,
술둥가·　서니오커, 이　두　대신을　교대했다. 사할리얀·

karkama, temuru, irešen, otonggo, kulu, giyamsun, 42/43 fudai, ningguta,
카르카마·　터무루·　이러션·　오통고·　쿨루·　기얌순·　　푸다이·　닝구타·

langgida, liyeliyehun, akio, ere juwan juwe amban be ninggun aniya
랑기다·　리열리여훈·　아키오, 이　12명의　　대신을　　6년이

akūmbume te seme tebuhe,,
다하도록 주둔하라 하고 주둔시켰다.

○ gulu suwayan i lii sy jung iogi be ts'anjiyang obuha, wesibuhe
正黃旗의　　　李思忠　遊擊을　　參將으로　삼았다. 승진시킨

turgun, dzun hūwa ci bederere de, nikan i cooha dzun hūwa hoton de
이유.　「遵化에서부터　되돌아올　때,　明軍이　　遵化城에

teni afame 43/44 latunjime, mini beye poo be faidafi uttu sinda tuttu
마침 공격하러　　접근해오자, 나　자신은 포를 정렬하고 이렇게 쏘고　저렇게

sinda seme tacibume, ilan jergi afanjiha be, ilan jergi poo sindame
쏘라　하고　가르쳐서,　세 번　공격해온 것을　세 번　포를 쏘아서

hanci latuburakū afara de, bata i sindaha cu niru de musei okto latufi
가까이 접근하지 못하도록 싸울 때, 적이　발사한　　불화살에　　우리의 화약이 불붙어

dulere de, jušen, nikan gemu amasi sujume bederere be, bi šusihašame
타오를 때,　주션과 漢人이　모두　뒤로　달리며　퇴각하는 것을, 나는 계속 채찍질하며

musei cooha atanggi uttu burulambihe seme, meni meni bade 44/45
우리의 군대가　언제　이렇게 패주했었는가　하며,　각자의　　자리에

ilibuha, ere be munggatu sambi, tereci nikan kiyoo be dooburakū afara
멈춰세웠다. 이를　뭉가투가　안다. 그 뒤 明軍이 다리를 건너지 못하게 하고 싸웠기

jakade, geli julergi pu be efulefi duka de afanjiha manggi, bi poo be
때문에,　또　남쪽　堡를 무너뜨리고 문으로 공격해 온　후에,　내가 포의

teisu jorime faidara de, nikan i sindaha miyoocan de mini uju emu
위치를 지시하고 정렬할 때,　明軍이　발사한　조총에　　나의 머리가　1곳

feye baha, feye bahai hoton ci tucire de, nikan i duin hafan, ts'ai
상처를 입었다. 상처 입은 채 성에서　나올　때,　한인 4명의 관원·　　ts'ai

ts'anjiyang, gin iogi, wei beiguwan, yang 45/46 beiguwan be, juwan
參將·　　gin 遊擊·　wei 備禦官·　　　yang　　　備禦官 등　10명

funcere uksilehe niyalma be, bi emhun gaifi dergi duka be tucifi,
남짓의　갑옷 입은　사람을　　나 홀로　이끌고 동쪽　문을　나가서,

munggatu i jakade acanaha manggi, munggatu hendume, si cahar
뭉가투　측에　합류하러 갔더니,　　뭉가투가　말하기를, "너는 차하르

nakcu i jakade acana sehe manggi, bi geli emhun cahar nakcu i
낙추   측에 합류하러 가라"고 하여, 나는 또   홀로   차하르 낙추

jakade amargi duka de acanafi, mini beye feye de liyeliyefi hamirakū
측에   북쪽   문에서 합류하러 갔는데, 나의 몸의 상처로 어지러워서 견딜 수 없게

ofi, tere duin hafan be cahar nakcu de 46/47 afabuha, mao wen lung
되어, 그   4명의 관원을   차하르 낙추에게   맡겼다.   毛文龍의

ni tun de genehe de, mimbe yarna i emgi ts ioi to de unggifi, sunja
섬에   갔을   때, 나를 야르나와 함께 ts ioi to에   보내고, 5척의

cuwan juwan emu niyalma bahambihe, cuwan be tuwakiyame bisire de,
선박과   11명을   얻었다.   선박을   지키며   있을 때,

bata tere cuwan be durime afanjiha manggi, bi yarna i emgi cooha be
적이 그   선박을   빼앗으러 공격해 온   뒤에, 나는 야르나와 함께   군대를

gaifi, nikan i cooha de bakcilafi juleri gabtame afara de, nikan i poo de
이끌고,   明軍에게   맞서   앞에서 步射하며 싸울 때,   明軍의   포에

mini suksaha fondo goiha, 47/48 yarna sambi, erei turgunde wesibufi
나의 넓적다리를 관통하여 맞았다.   야르나가 안다.」 이런   까닭에   승진시켜

iogi be uju jergi ts'anjiyang obuha,,
遊擊을   1등 參將으로   삼았다.

○ dzu beiguwan be wesibufi iogi obuha, obuha turgun, dalingho de
  dzu 備禦官을   승진시켜 遊擊으로 삼았다. 삼은 이유.   「大凌河에

jakūn gūsai hūng i i muhaliyan, jiyanggiyūn i muhaliyan, uheri
八旗의　　　紅夷炮의　　탄환과　　　將軍炮의　　　탄환이　　도합

jakūn minggan sunja tanggū, ajige muhaliyan jakūn tumen sunja
　8,500,　　　　　　　　작은　　탄환이　　　85,000이다.

minggan, mini 48/49 bošome hungkerehe muhaliyan be ninggun jalan i
　　내가　　　독촉하여　　주조한　　　탄환을　　　6개 잘란의

nikan, jakūn beise i booi poo sindara niyalma de, ba bade afara de
漢人과　여덟 버일러들의 집의 포를 발사하는　사람에게,　곳곳에서　공격할 때

jalukiyame bufi geli funcehe, inenggi oci muhaliyan arara be bošoho,
　채워서　　주고도　　남았다.　　낮이면　　탄환　만드는 것을 독촉하고,

dobori oci ing be giyarime yabuha, duleke aniya ilan hūng i hungkerehe,
　밤이면　　營을　　순찰하며　다녔다.　　작년에　　3개의 紅夷炮를　주조했고,

ere aniya duin hūng i hungkerehe, hai jeo de juwe giyansi 49/50 jafaha,
　올해는　　4개의 紅夷炮를　주조했다.　　海州에서　2명의 간첩을　　　잡았고,

simiyan de emu giyansi jafaha, nio juwang de emu giyansi jafaha,
　瀋陽에서　1명의 간첩을　잡았고,　　牛莊에서　1명의 간첩을　잡았다.」

erei turgunde beiguwan be iogi obuha,,
이런　까닭에　　備禦官을　遊撃으로 삼았다.

○ tung tulai iogi be wesibufi ts'anjiyang obuha, obuha turgun,
　佟 툴라이 遊撃을　승진시켜　參將으로 삼았다. 삼은　이유.

dalingho de afaha inenggi, tulai, si uli efu i tu be gaifi neneme 50/51
大凌河를   공격한   날,   툴라이는 시 울리 어푸의 纛을 이끌고 먼저

ulan de dosika, jang dooli i cooha de nadan jalan i tu i sasa dosika,
壕에   들어갔다. 張(春) 道吏의   군대에   일곱   잘란의 纛과 일제히 진격했다.

morin ci ebuhe manggi, tulai beyei teile juleri dosika, erei turgunde,
말에서   내린   뒤,   툴라이   자신만   앞장서 진격했다. 이런   까닭에,

iogi be wesibufi jai jergi ts'anjiyang obuha,,
遊擊을 승진시켜   2등 參將으로   삼았다.

○ bejise dade iogi bihe, yung ping de cooha 51/52 sabumbi
버지서는 원래 遊擊이었다.   永平에서   적군이   보인다고

seci tucikekū, gise hehe be boode gaifi bihe, wang dusy de emu yan
했지만 나가지 않았고, 기녀를   집에 데리고 있었다. wang 都司에게   1兩의

aisin gaiha seme gercilefi iogi be efulehe, ini wesimbuhe bithe de, gung
금을   취했다고   고발해서 遊擊을 파면했다. 그가   올린   글에는   功을

bahara ba akū, te facuhūn i fonde ukame jihe gung de beiguwan
얻을 것이 없다. 지금 어지러운 때에   도망쳐 온   功으로   備禦官으로

obuha,,
삼았다.

○ kubuhe suwayan i lii ming be wesibufi beiguwan 52/53 obuha,
    鑲黃旗의   lii ming을   승진시켜 備禦官으로   삼았다.

obuha turgun, dalingho i cooha tucifi tai be gaijara de, hūng i poo,
삼은 이유. 大凌河의 군대가 나와서 臺를 취할 때, 紅夷炮와

amba jiyanggiyūn gamafi sindaha manggi, niyalma ambula goifi bucehe,
大將軍炮를 가져가서 발사하자, 사람들이 많이 맞아서 죽었다.

jang dooli i cooha de poo sindame genefi, bethe poo de goiha, emu
張(春) 道吏의 군대에 포를 발사하며 가서 다리가 포에 맞았다. 1마리

morin bucehe, emu morin feye baha, duin niyalma be weihun jafafi
말이 죽었고, 1마리 말이 상처를 입었다. 4명을 생포하여

gajiha, ioi dz jang tai, ma giya hū tai, 53/54 cen hing pu tai, ere
데려왔다. 于子章臺· 馬家湖臺· 陳興堡臺, 이

ilan tai be poo sindame gaiha, dalingho de ulan de isitala dosika,
세 臺를 포를 발사하며 취했다. 大凌河에서 壕에 이르기까지 진격했다.

obondoi duka de juwe biya poo sindaha,,
오본도이가 문에 2달 동안 포를 발사했다.

tongki fuka sindaha hergen i dangse
點·圈을 찍은 문자의 檔子

susaici debtelin
50권

sure han i ningguci aniya juwe biya
천총 6년 2월

tongki fuka sindaha hergen i dangse,,
點· 圈을 찍은 문자의 檔子

○ darhan, kio col, ts'oo guwang bi, mergen hiya, ts'ui iogi,
　다르한· 키오 촐· 曹光弼· 머르건 히야· ts'ui 유격·

dungsan i jui tuntai, yang beiguwan, ere nadan niyalma be ni gidaha,,
둥산의 아들 툰타이· yang 備禦官 이 7명을 紀錄했다.

○ kubuhe lamun i mergen hiya fujiyang be ni gidaha turgun,
　鑲藍旗의 머르건 히야 副將을 紀錄한 이유.

aita i cooha de beile i juleri yafahalafi dosika, cooha iliha ci ebsi morin
아이타의 군대에게 버일러의 앞에서 도보로 진입했다. 군사를 일으킨 후에 말을

udara, coohai agūra dasaha kicebe, 1/2 dalingho de tu gaifi afaha, jang
사고 무기 수선을 부지런히 했다. 大凌河에서 纛을 가지고 싸웠고, 張(春)

dooli i cooha de tu gaifi dosika seme ni gidaha,,
道吏의 군대에게 纛을 가지고 진입했다 하여 紀錄했다.

○ gulu lamun i ts'ui iogi be ni gidaha turgun, ioi dz jang tai,
　正藍旗의 ts'ui 유격을 紀錄한 이유. 于子章臺·

ma giya hū tai, cen hing pu tai, ere ilan tai be poo sindame gaiha,
馬家湖臺· 陳興堡臺 이 세 臺를 포를 쏘아 취했다.

jang dooli i cooha de poo sindame afaha, obondoi duka de juwe biya
張(春) 道吏의 군대에게 포를 쏘아 공격했다. 오본도이가 門에 2개월간

poo sindaha, dalingho i šun tuhere ergi tai de dzu 2/3 dzung bing
포를 쏘았다. 大凌河의 서쪽 臺에서 祖 총병관의

guwan i cooha šun dekdere onggolo tucifi tai be afara de, hūng i poo
군대가 해 뜨기 전에 나가서 臺를 공격할 때 紅夷炮를

sindafi ilan niyalma goifi bucehe, tereci nikan i cooha uthai bederehe,
쏘아 3명이 맞아 죽었다. 그 후 明의 군대가 곧 퇴각했다.

jang dooli i cooha be, yamji kuren i afara onggolo, bata i poo sindame
張(春) 道吏의 군대를 밤에 부대가 공격하기 전에 적이 포를 쏘아

yarkiyame jihe be, duin niyalma be waha, ilan niyalma be weihun
유인하러 온 것을 4명을 죽이고 3명을 산채로

jafafi gajiha, dalingho i šun tuhere ergi tai musei jušen karun tehe
잡아서 데려왔다. 大凌河의 서쪽 臺에 우리 주션의 정탐이 주둔해

bihe, dzu dzung bing guwan i cooha 3/4 tucifi tai be afara de, hūng i
있었다. 祖 총병관의 군대가 나와서 臺를 공격할 때 紅夷炮를

poo sindafi ilan niyalma bucehe, gala emu feye baha seme ni gidaha,,
쏘아 3명을 죽였다. 손에 1곳의 상처를 입었다고 하여 기록했다.

○ kubuhe lamun i ts'oo guwang bi be ni gidaha turgun, ioi dz
　　鑲藍旗의 曹光弼을 기록한 이유. 于子章臺·

jang tai, cen hing pu tai, ma giya hū tai, ere ilan tai be poo sindame
　　　陳興堡臺·　　　　馬家湖臺　　　　　이　세　臺를　　포를　쏘아

gaiha, dalingho de neneme dosika mudan de, dosifi emu niyalma be
취했다. 大凌河에　　　이전에　진입한　　때에　　　진입해서　　1명을

gabtame waha, amasi 4/5 bederere de, jin fujiyang ni sun ciyandzung
활을 쏘아 죽였다.　　되　　　돌아올　　때에　jin 副將의　　　sun 千總이

tuheke be tucibuhe, jang dooli i cooha de jalan i poo be gaifi jergi de
　쓰러진 것을 구해주었다. 張(春) 道吏의　군대에　　잘란의 포를　가지고 정렬하여

afaha, amala bireme dosifi emu niyalma be waha seme ni gidaha,,
공격하고, 나중에 돌격해 들어가서　　1명을　　　　　죽였다 하여　紀錄했다.

○ yang beiguwan be ni gidaha turgun, ioi dz jang tai, ma giya
　　yang 備禦官을　　　　紀錄한　　　이유.　　于子章臺·　　　馬家湖臺·

hū tai, cen hing pu tai, dalingho i šun tuhere ergi tai, ere duin tai be
　　陳興堡臺·　　　　　大凌河　서쪽 臺,　　　　이　네　臺를

poo 5/6 sindame gaiha, obondoi duka de juwe biya poo sindaha,
포로　　　쏘아 취했다. 오본도이가 門에　　2개월간 포를 쏘았다.

obondoi i emgi dosifi emu niyalma be sacime tuhebufi tu gaiha, juwe
오본도이와 함께 들어가　　1명을　　　베어　쓰러뜨리고 纛을 취했다. 2곳의

feye baha seme ni gidaha,,
상처를 입었다 하여 紀錄했다.

○ dungsan i jui tuntai be ni gidaha turgun, singgeri aniya emu
  둥산의   아들 툰타이를   기록한   이유.   子年(甲子. 1624)에 1명의

giyansi jafaha, tuktan cooha iliha ci ebsi morin udara, coohai agūra
  간첩을 잡았다. 처음에 군사를 일으킨 후에   말을   사고   무기

dasaha kicebe, dalingho de tu gaifi ulan i 6/7 dolo neneme dosifi afaha,
  수선을 부지런히 했다. 大凌河에서 纛을 가지고 壕의   안에 먼저   진입해서 싸웠다.

jang dooli i cooha de jalan ci juleri dosika seme ni gidaha,,
  張(春) 道吏의 군대에   잘란보다 앞에서 들어갔다 하여 기록했다.

○ ši fujiyang ni jui darhan be ni gidaha turgun, cooha iliha ci
  石(國柱) 副將의 아들 다르한을   기록한   이유. 군사를 일으킨 후에

morin udara, coohai agūra dasaha kicebe, dalingho de tu gaifi afaha,
  말을   사고   무기   수선을 부지런히 했다. 大凌河에서 纛을 가지고 싸웠다.

jang dooli i cooha de tu gaifi ini jalan ci juleri dosika seme
  張(春) 道吏의 군대에 纛을 가지고 그의 잘란보다 앞에서 진입했다 하여

ni gidaha,, 7/8
기록했다.

○ kio col be ni gidaha turgun, cooha iliha ci morin udara, coohai
  키오 촐을   紀錄한   이유. 군사를 일으킨 후에 말을 사고 무기

agūra dasaha kicebe, dalingho de ulan de isitala dosika, meiren emu
    수선을 부지런히 했다. 大凌河에서 壕에 이르기까지 진입했다. 어깨에 1곳의

feye baha, jang dooli i cooha de ini jalan ci juleri dosika seme
상처를 입었다. 張(春) 道吏의 군대에   그의 잘란보다 앞에서 진입했다 하여

ni gidaha,,
紀錄했다.

○ tere inenggi, kubuhe lamun i fadu beiguwa be efulehe, 8/9
  그 날,   鑲藍旗의   파두 備禦官을   삭탈했다.

efulehe turgun, fulgiyan i kiyoo i yali uncara niyalma, lamun i kiyoo de
 삭탈한 이유.   紅旗의   橋의 고기를 파는 사람이   藍旗의   橋에서

ulgiyan honin udaha cifun, siden de buhekū, juwan juwe yan sunja
 돼지· 양을 판   세금을 公庫에 내지 않고,   12兩 5錢을

jihe be bithesi i emgi jeke seme, fulgiyan kiyoo i cifun gaijara niyalma
     비트허시와 함께 먹었다고   紅旗의   橋의   세금을 거두는 사람이

gercilefi hergen efulehe,,
 고발하여 관직을 삭탈했다.

○ tere inenggi, tiyan šui jan de tehe laisun, wei 9/10 ning de tehe
  그 날,   呫水站에   주둔한 라이순, 威寧에   주둔한

jangsiba, nio juwang de tehe fadu, uluka, si mu ceng de tehe sirtai,
 장시바,   牛莊에   주둔한 파두· 울루카, 析木城에   주둔한 시르타이,

hai jeo birai angga de tehe niyahan, boigon, ere nadan niyalma be
 海州河口에   주둔한 니야한· 보이곤,   이   7명을

ukanju baha komso, hoton dasaha ehe seme beye tuhere an i weile gaiha,,
도망자를 얻은 것이 적고 성을 수리한 것이 나쁘다고 본인을 처벌할 규정대로 贖을 취했다.

○ laisun de weile gaiha turgun, ubaci genere ninggun ukanju,
라이순에게 贖을 취한   이유.   이곳에서 간 6명의 도망자·

cargi ci jihe jakūn niyalma, uheri juwan 10/11 duin niyalma baha,
저곳에서 온 8명의 사람,   도합 14명의   사람을   얻었다.

hoton dasaha ilaci jergi, sunja aniya tehe,,
성을   수리한 것은 3등이다.   5년을   주둔했다.

○ jangsiba de weile gaiha turgun, ubaci genere orin duin ukanju,
장시바에게   贖을 취한   이유.   이곳에서 간 24명의 도망자·

cargi ci jihe juwan niyalma, uheri gūsin duin niyalma baha, hoton
저곳에서 온 10명의 사람,   도합 34명의   사람을   얻었다. 성을

dasaha dubei jergi, ilan aniya tehe,,
수리한 것은 꼴등이다.   3년을   주둔했다.

○ fadu de weile gaiha turgun, ubaci genere jakūn ukanju baha,
파두에게 贖을 취한   이유.   「이곳에서 간 8명의 도망자를 얻었다.

hoton dasaha jai jergi, ninggun aniya tehe,,   11/12
성을   수리한 것은 2등이다.   6년을   주둔했다.

○ uluka de weile gaiha turgun, ubaci genere nadan ukanju baha,
울루카에게 贖을 취한   이유.   이곳에서 가는 7명의 도망자를   얻었다.

hoton dasaha jai jergi, ninggun aniya tehe,,
성을 수리한 것은 2등이다.   6년을   주둔했다.

○ sirtai de weile gaiha turgun, ubaci genere ilan ukanju, cargi ci
   시르타이에게 贖을 취한 이유.   이곳에서 가는 3명의 도망자· 저곳에서

jihe jakūn niyalma, uheri juwan emu niyalma baha, hoton dasaha
   온 8명의 사람,   도합   11명의   사람을   얻었다. 성을   수리한 것은

jai jergi, ilan aniya tehe,,
2등이다.   3년을   주둔했다.

○ niyahan de weile gaiha turgun, ubaci genere juwan duin
   니야한에게   贖을 취한   이유.   이곳에서 가는 14명의

ukanju, cargi ci jihe ninggun niyalma emu cuwan, 12/13 uheri orin
도망자·   저곳에서 온 6명의 사람·   1척의   배,   도합 20명을

niyalma baha, hoton akū, ilan aniya tehe,,
   얻었다. 성은   없다.   3년을   주둔했다.

○ boigon de weile gaiha turgun, ubaci genere nadan ukanju, emu
   보이곤에게 贖을 취한   이유.   이곳에서 가는 7명의 도망자·   1명의

giyansi, cargi ci jihe juwan niyalma emu cuwan, uheri juwan jakūn
 간첩·   저곳에서 온 10명·   1척의 배,   도합   18명을

niyalma baha, hoton akū, ninggun aniya tehe,,
   얻었다. 성은   없다.   6년을   주둔했다.

○ hai jeo birai angga de tehe tarbahi, dung ging de tehe
　海州河口에　　　　　주둔한 타르바히,　東京에　　주둔한

funggan, udana, ere ilan niyalma be ukanju 13/14 baha komso, hoton
풍간·　　우다나, 이　　3명이　　　　도망자를　　　얻은 것이 적고　성을

dasaha ehe seme, hergen akū ofi susaita šusiha i weile gaiha,,
수리한 것이 나쁘다고　관직을 없애고　50대씩의 채찍의　贖을 취했다.

○ tarbahi de weile gaiha turgun, ubaci genere juwan niyalma,
　타르바히에게 贖을 취한　이유.　　이곳에서 가는 10명·

cargi ci jihe jakūn niyalma emu cuwan, uheri juwan jakūn niyalma
　저곳에서 온 8명·　　　　1척의 배,　　도합　18명을

baha, hoton akū, juwan aniya tehe,,
얻었다. 城은 없다.　　10년을　주둔했다.

○ funggan de weile gaiha turgun, ubaci genere ukanju juwan emu
　풍간에게　　贖을 취한　이유.　　이곳에서 가는 도망자 11명·

niyalma, emu jušen baha, juwe aniya tehe,,　14/15
　1명의 주선을 얻었다.　2년을　주둔했다.

○ udana de weile gaiha turgun, ukanju bahakū, emu aniya tehe,,
　우다나에게 贖을 취한　이유. 도망자를 얻지 못했다. 1년을　주둔했다.

○ yoo jeo de tehe manggo, yambulu, dung ging de tehe šukio,
　耀州에　주둔한 망고·　얌불루,　　東京에　주둔한 슈키오,

ere ilan niyalma be hergen efulehe,,
이   3명의   관직을 삭탈했다.

○ manggo beiguwan be efulehe turgun, ubaci genere ukanju
    망고   備禦官을   삭탈한   이유. 이곳에서 가는 도망자

juwan emu, cargi ci jihe ninggun niyalma, uheri juwan nadan niyalma
   11명·   저곳에서 온 6명,   도합   17명·

emu cuwan baha, ilan aniya tehe,,   15/16
1척의 배를 얻었다.   3년을 주둔했다.

○ yambulu beiguwan be efulehe turgun, ubaci genere ukanju
    얌불루   備禦官을   삭탈한   이유.   이곳에서 가는 도망자

ninggun niyalma baha, ilan aniya tehe,,
   6명을   얻었다. 3년을   주둔했다.

○ šukio beiguwan be efulehe turgun, ubaci genere ukanju tofohon
    슈키오   備禦官을   삭탈한   이유.   이곳에서 가는 도망자   15명의

nikan, emu jušen baha, juwe aniya tehe, ere ilan gemu hoton dasaha
漢人·   1명의 주선을 얻었다.   2년을   주둔했다. 이 3명 모두   성을   수리한 것은

dube,,
꼴등이다.

○ sirtai, niyahan, laisun, jangsiba, ere duin niyalma be ninggun aniya
    시르타이· 니야한· 라이순· 장시바,   이   4명을   6년을

te seme amasi unggihe 16/17 uluka, fadu, udana, funggan, tarbahi,
주둔하라고 다시　보냈다.　　　울루카· 파두· 우다나·　풍간·　타르바히·

boigon, manggo, yambulu, šukio, ere uyun niyalma be halaha,,
보이곤·　망고·　얌불루·　슈키오, 이　　9명을　　　　교체했다.

○ tere inenggi, jarut i daicing beile i sargan jui be, han gaifi
　그 날,　　자루트의 다이칭 버일러의　　딸을　　한이 취하여

dergi booi fujin obuha, jafan doroi buhengge, juwan morin foloho
　東宮의 푸진으로 삼았다. 혼인의 예로　보낸 것.　10마리 말에　조각한

enggemu hadala ilan, niruha enggemu nadan, morin de tohohoi uksin
　안장과 굴레 3개와　그림을 그린 안장 7개를　　　말에　채우고　갑옷과

saca acihai buhe, jai 17/18 fujin be benjihe juwe taiji de buhengge,
투구를 실어서 주었다. 또　　　푸진을　보내왔다고 두　타이지에게　준 것.

sanggarjai taiji de emu morin de foloho enggemu hadala tohohoi, foloho
상가르자이 타이지에게　1마리 말에 조각한 안장과 굴레를 맨 것·　　　조각한

jebele de beri niru sisihai, emu foloho umiyesun, emu foloho loho,
화살통에 활과 화살을 꽂은 것·　1개의 조각한 요대·　1개의 조각한 腰刀·

juwe suje, orin mocin, orin kiyan dambagu, sekei doko sindaha ergume,
2필의 비단·　20필의 毛靑布·　20帖의 담배·　　초피로 안감을 입힌 朝衣·

silun i dahū, sekei mahala buhe, borjin taiji de emu morin de foloho
스라소니 털가죽외투· 초피 겨울모자를 주었다. 보르진 타이지에게　1마리 말에 조각한

enggemu hadala tohohoi, narhūn 18/19 honci doko sindaha ergume,
  안장과 굴레를 맨 것·   어린   양가죽으로 안감을 입힌 朝衣·

sekei dahū, sekei mahala, foloho umiyesun emke, foloho jebele de
초피 털가죽외투· 초피 겨울모자·   조각한 요대 1개씩·   조각한 화살통에

beri niru sisihai, foloho loho emke, juwe suje, orin mocin, orin kiyan
활과 화살을 꽂은 것· 조각한 腰刀 1개씩·   2필의 비단· 20필의 毛靑布·   20帖의

dambagu buhe, dahame jihe juwe amban de juwanta mocin, emte suje,
  담배를   주었다.   따라   온   2명의 大人에게   10필씩의 毛靑布· 1필씩의 비단·

foloho umiyesun emte, juwe hehe de juwanta mocin, emte suje, emte
  조각한 요대 1개씩, (따라온) 2명의 여자에게 10필씩의 毛靑布· 1필씩의 비단· 1개씩의

menggun moro, dahaha gucu juwe niyalma de, emu niyalma de 19/20
      은 사발,   시종한   구추   2명 가운데   1명에게는

juwan mocin, emu niyalma de uyun mocin, ilan kutule de sunjata mocin
10필의 毛靑布,   1명에게는   9필의 毛靑布, 3명의 쿠툴러에게는 5필씩의 毛靑布를

buhe, fudere doroi han i boode dosimbufi, juwe honin wafi juwan dere
주었다. 배웅하는 예로 한의   집에   들여서   2마리 양을 잡고 10개의 상을

dasafi sarilaha,,
차려서 잔치했다.

○ orin juwe de jarut gurun i gendur taiji, sargan jui be mergen
  22일에,   자루트 국의   건두르 타이지가   딸을   머르건

daicing beile de benjime, gendur taiji eigen sargan, gendur taiji i deo,
다이칭 버일러에게 보내오고,   건두르 타이지   부부와   건두르 타이지의 동생이

gūsin 20/21 sunja gucu be gaifi benjime jidere be okdome, mergen
35명의   구추를   이끌고 보내   오는 것을 맞이하러, 머르건

daicing ni emgi hooge taiji, erke cūhur, emu dedume okdofi, emu
다이칭과 함께   호오거 타이지· 어르커 추후르가 하루 묵으며   맞이하고 1마리

morin juwe ihan sunja honin wafi sarilaha,,
말·   2마리 소·   5마리 양을 잡아   잔치했다.

○ orin ilan de, mergen daicing beile i sargan benjire be okdome,
    23일에,   머르건 다이칭 버일러의 아내를 보내온 것을 맞이하러

abatai taiji, ajige taiji, yangguri 21/22 efu, hooge taiji i fujin, ajige
아바타이 타이지· 아지거 타이지· 양구리   어푸· 호오거 타이지의 부인· 아지거

taiji, mergen daicing ni fujin, erke cūhur i fujin, sunja ba i dubede
타이지· 머르건 다이칭의   푸진· 어르커 추후르의 푸진이   5里의   앞에서

okdofi, juwe ihan sunja honin wafi, arki nure gamafi sarilaha,,
맞이하고, 2마리 소· 5마리 양을   잡고 소주와 황주를 가져다가 잔치했다.

○ tere inenggi, dalingho ci dahabufi gajiha <u>jing dusy</u>,[1] jing šeobei de
    그 날,   大凌河에서   항복시켜 데려 온   正 都司·   正 守備에게

---

1   [簽註] gingguleme kimcici, jing dusy, daise dusy, sere gisun, ainci jingkini dusy, daiselaha dusy sere
    gisun dere,,
    삼가 고찰하건대 'jing dusy', 'daise dusy'라는 말은 아마도 'jingkini dusy'(正都司), 'daiselaha dusy'(署
    都司)라는 말인 것 같다.

juwete suje, jakūta mocin, daise dusy, daise šeobei de emte suje,
2필씩의 비단· 8필씩의 毛靑布,　　副 都司·　　副 守備에게　　1필씩의 비단·

jakūta 22/23 mocin buhe, jing dusy šeobei nadanju juwe, daise dusy
8필씩의　　　　毛靑布를 주었다. 正 都司· 守備　　　72명·　　　副 都司·

šeobei ninju ilan, uheri emu tanggū gūsin sunja,,
　守備　　　63명,　　도합　　　135명이었다.

○　orin duin de, gendur taiji sargan jui be benjime jidere doroi,
　　　24일에,　　　　건두르 타이지가　　딸을　　　　보내　오는　예로

han de emu temen, ilan morin, emu giyahūn, emu ihan, jakūn honin i
한에게　1마리 낙타·　3마리 말·　1마리 사슴·　1마리 소·　8마리 양의

yali, juwe kukuri arki gajifi, 23/24 han i boode dosimbufi, gendur
고기와 2개의 편병의 소주를 가져와서　　한의　집에　들어오게 하여, 건두르

taiji ini gajiha temen morin be yarume jafafi, han de hengkileme
타이지 그가 가져온 낙타와 말을　　가져와서 바치고 한에게 고두하면서

acaha, acame wajiha manggi, ini gajiha ihan honin yali, arki be han de
만났다. 만나기를 마친　후에　　그가 가져온 소와 양의 고기· 소주를 한에게

angga isibuha, isibume wajiha manggi, gendur taiji be tebufi, han i
입에 대게 했다. 먹게 하기를 마친　후에　　건두르 타이지를 앉게 하고 한의

boo, emu ihan, duin honin wafi, orin sunja dere dasafi 24/25 sarilaha,
집에서 1마리 소· 4마리 양을 잡고,　　25개의 床을　차려서　　　잔치했다.

tere sarin de cahar ci ukame jihe sonom taiji, babung taiji be gajiha
그 잔치에　　차하르에서 도망쳐 온　　소놈 타이지·바붕 타이지를　　데리고

bihe, gendur taiji i gajiha juwe morin, giyahūn be gaiha, emu morin,
왔다. 건두르 타이지가 가져온　2마리 말·　　사슴을　　　취했다. 1마리 말·

temen be gaihakū amasi bederebuhe,,
낙타는　　취하지 않고　　되 돌려보냈다.

○ orin sunja de jakūn gūsai bayara be erke cūhur i giyoocan de
　　　25일에,　　　　　八旗의　　　바야라를　　어르커 추후르의　연병장에

isabufi beise i beye ci aname wacihiyame 25/26 uksilefi, fere fere i gala
모아서 버일러들 자신부터　차례로　모두　　　　　　갑옷을 입고, 圍底별로,　圍翼별로

gala i duin hošo arame faidaha, erei dorgi de, gocika bayara be juwe
　　　方陣을　만들어 정렬했다. 이　안에서　　친위　바야라를　　　두

gala arame gūsa gūsai faidabufi, dulimba de hūng i poo be faidafi,
翼으로 만들어 구사마다 정렬시키고,　중앙에　　紅夷炮를　　　정렬하고,

han, amba beile, manggūltai beile, geren taijisa be gaifi ing šurdeme
汗·　　大 버일러·　망굴타이　버일러는 여러　타이지들을 거느리고 營 주위를

aname tuwaha, tuwame wajifi sarilaki seci, edun dame buraki de
차례로 순시했다.　순시가 끝나자 잔치하려고 했지만, 바람이 불어　먼지에

yasa sohime sarilaci ojorakū boode 26/27 bederehe, tondokon kimcime
눈이 흐려지고 잔치할 수 없어　집으로　　　　돌아왔다.　확실하고　상세히

bahafi tuwahakū,,
　볼 수 없었다.

○ tere inenggi, mergen daicing ni sargan benjire be okdome,
　그 날,　　　　머르건 다이칭의　　妻를　　보내오는 것을 맞이하러

fujisa genehekū jalin de, jurgan i beile be gisure seme wasimbuha
부인들이 가지 않았기 때문에,　部의　　버일러에게 말하라고　　　내린

bithei gisun, han hendume, musei tuktan i kooli, urun gaijara jui bure
　글의　　말.　「한이 말하기를, 우리의　처음의　　例는 며느리를 얻거나 아들을 줄

de, geren i hebe hūsun i yabumbi, gisun jurcerengge akū bihe, 27/28
때에,　여럿이　협력하여　　　　　행했다.　　말을　어기는 것이　없었다.

amala wakda i sargan benjire de, geren fujisa gemu geneme juraka
그 후에 왁다의　妻를　보내올 때에, 여러 부인들이 모두　가려고　출발

bihe, abka agara jakade, jihe sadusa teci ojorakū dosika, genere fujisa
했었지만, 하늘에서 비가 내려서, 온 사돈들이 머무를 수 없어 (城에) 들어갔다. 가려는 부인들을

be tafulame nakabuha, te mergen daicing ni sargan benjire de, fujisa
　말려서　그만두게 했다. 지금　머르건 다이칭의　　妻를　　보내올 때에 부인들을

be gemu okdome gene seci, minde baita bi, minde etuku miyamigan
　모두　맞이하러 가라고 해도, ‘나에게 용무가 있다, 나에게 옷과　머리장식이

akū seme siltame emke ci generakū ofi, meni booi okdorongge nakaha,
없다’ 라고 기피하며 1명도　가지 않게 되니, 우리의 집에서 맞이하는 것을 그만두었다.

uttu ohode, yaya urun gaijara jui bure de meni meni gūsai isara
이렇게 되면   누군가 며느리를 얻고 아들을 줄 때에   각자   구사가 모일

dabala, 28/29 jakūn gūsa uhe hūwaliyan i doro akū ojoro ayoo,,
   뿐,   八旗의   화합의   도리가 없어지게 되지 않겠는가?」

○ orin ninggun de, mergen daicing beile sargan gaiha doroi, emu
     26일에,   머르건 다이칭 버일러가   妻를   취한   예로,   1마리

morin, ilan ihan, ninggun honin wafi, ninju ilan dere dasafi, han, geren
 말· 3마리 소·   6마리 양을 잡아서,   63개의 床을 차리고,   한과 여러

beise be sarilaha, ere sarin de dalingho i hafasa be gamaha bihe,, 29/30
버일러들을 위해 잔치했다. 이 잔치에 大凌河의   관원들을   데리고 갔었다.

○ orin nadan de, manggūltai beile i boo, emu ihan duin honin
     27일에,   망굴타이 버일러의 집에서 1마리 소와 4마리 양을

wafi, orin sunja dere dasafi, gendur taiji be sarilaha,,
잡아서   25개의 상을   차리고, 건두르 타이지를 위해 잔치했다.

○ tere inenggi, karacin i udaci tabunang ni gūsin ninggun niyalma,
   그 날,   카라친의   우다치 타부낭의   36명이

guwangning ni amargi ši ho de dosifi, ilan 30/31 nikan bahafi
   廣寧의   북쪽   ši ho에 들어가서, 3명의   漢人을 잡아서

benjihe, nikan be baha ejen de buhe,,
보내왔다. 한인을   잡은 주인에게 주었다.

○ orin jakūn de, erke cūhur taiji i boo, gendur taiji be dosimbufi,
　28일에, 　　　어르커 추후르 타이지의 집에 건두르 타이지를 들어오게 해서

emu ihan duin honin wafi, orin dere dasafi sarilaha,,
　1마리 소와 4마리 양을 잡고, 20개의 床을 차려서 잔치했다.

○ orin uyun de, hooge taiji i boo, gendur 31/32 taiji be dosimbufi,
　29일에, 　　　호오거 타이지의 집에 건두르 타이지를 들어오게 해서

emu ihan duin honin wafi, orin sunja dere dasafi sarilaha,,
　1마리 소· 4마리 양을 잡고, 25개의 床을 차려서 잔치했다.

○ tere inenggi, dalingho ci dahabufi gajiha coohai nikan be,
　그 날, 　　　大凌河에서 항복시켜 데려온 한인 병사를

musei irgen i nikan de salafi buda ulebume ujimbihe, boigon i jurgan
　우리의 백성 한인에게 분배하여 밥을 먹이고 보살피게 했다. 　　戶部의

i amban be unggifi umesileme icihiyahangge, uju jergi 32/33 fujiyang
　대신을 보내어 확인하고 처리한 것. 　　1등 　　　　副將

sade susaita gucu, jai jergi fujiyang sade dehite gucu, ts'anjiyang de
　들에게 50명씩의 구추· 2등 副將들에게 40명씩의 구추· 　　參將에게

tofohoto gucu, iogi de juwanta gucu bufi, simiyan de boo bufi, emu
　15명씩의 구추· 遊擊에게 10명씩의 구추를 주고, 瀋陽에 집을 주어서 1개

niru de ilata hehe, duin niru de acan emu hehe gaifi sargan buhe,
　니루에 3명씩의 여자를, 4개 니루에 합하여 1명의 여자를 취하여 妻로 주었다.

buhe hehe i ton, uheri uyun tanggū gūsin nadan, tereci gūwa be irgen
준 여자의 수는 모두 937명이다. 그 외에 다른 사람은 백성

i duin haha de emke kamcibufi suwe sargan 33/34 isibu, gosime uji
4명의 남자에게 1명을 합쳐서 "너희는 妻를 맞이하게 하라. 아끼고 돌보라"

seme afabuha, tereci funcehengge be, jušen bayasa hafasa be jergi
라며 맡겼다. 그 후 남은 사람은 주션 부자들과 관원들을 등급을

banjibufi, sunjata duite ilata juwete emte bufi suwe sargan bu, gosime
만들어서, 5명씩· 4명씩· 3명씩· 2명씩· 1명씩 주고, 「그대들이 妻를 주어라. 아끼고

uji, abka gosifi julesi weile muteci, funde toodame bure, weile
돌보라. 하늘이 자애하여 앞으로 일을 이루면, 대신하여 보상하여 주겠다. 일이

muterakūci, ujihe be dahame suweningge okini seme hendume buhe,,
성사되지 않으면, 보살핀 것에 따라 너희의 것으로 해도 좋다」라고 말했다.

○ tere inenggi, 34/35 han seoleme gūnifi, manggūltai beile de weile
그 날, 한은 심사숙고하여 망굴타이 버일러에게 贖으로

arafi gaiha sunja nirui jušen, ubu i irgen i nikan, baitangga nikan,
취한 다섯 니루의 주션과 일부 漢人 백성· 쓸모있는 漢人·

tokso, ai ai jaka be gemu amasi bederebume buhe, manggūltai beile,
장원· 여러 가지 물건을 모두 되 돌려주었다. 망굴타이 버일러가

han de takūrame fonjime, gūwa nadan gūsai bayara gemu meni meni
한에게 사람을 보내어 묻기를, "다른 7개 구사의 바야라 모두 각자의

gūsade yabumbi, darhan efu gūsade bisire meni fiyentehe i juwan
구사에서 행동합니다. 다르한 어푸의 구사에 있는 우리 分隊의   10개

nirui bayara meni gūsa de yabuci, tere 35/36 gūsa jobombi, darhan efu
니루의 바야라가 우리의 구사에서 활동하면, 그   구사가 괴롭습니다. 다르한 어푸

gūsai fiyentehe i juwan niru be ebilun de sunja niru, dengsiku de sunja
구사의 분대의   10개 니루는 어빌룬에게 5개 니루를, 덩시쿠에게 5개

niru bufi umesi tere gūsa de yabukini, bahara tucire ubu de, tere gūsa
니루를 주어서 확실히 그 구사에서 행동하게 하십시오. 얻거나 나가는 몫은 그 구사에서

de gaikini seme aibari, erhetu be fonjibure jakade, han hendume,
취하는 것이 좋습니다"라고 아이바리 · 어르허투가 묻도록 한 까닭에, 한이 말하기를,

ere uttu sain seme toktobuha, ebilun i sunja niru serengge, ini beye i
"이것이 좋다" 라고 정했었다. 어빌룬의 5개 니루 라는 것은 그 자신의

ilan niru, maidari age i emu 36/37 niru, guwanggun age i emu niru,
3개 니루 · 마이다리 아거의 1개   니루 ·   구왕군 아거의 1개 니루이고,

tucike bade ebilun age i emgi yabumbi, bahara ubu be ebilun age
출정나간 곳에서 어빌룬 아거와 함께 활동한다.   얻은 몫은   어빌룬 아거가

gaimbi, jai ai ai hūsun be da ejen beile gaimbi,,
취한다. 다른 각종 일꾼은 본래 주인인 버일러가 취한다.

○ orin uyun de, sunja gūsai biyaluha ambasa be hergen efulehe
   29일에,   5개 구사의 (적을) 피한 대신들을 관직을 삭탈하여

weile gaihangge, enggeder efu, manggūltai, gurbusi 37/38 efu, ere ilan
贖을 취한 것. 엉거더르 어푸· 망굴타이· 구루부시 어푸 이 3명은

nofi be, jang dooli cooha de biyaluha seme, uju jergi morin de acinggiyame
張(春) 道吏의 병사를 피했다고, 1등의 말에 움직이는 듯

foloho enggemu hadala, uksin saca, tanggūta yan i menggun gaiha,
조각한 안장과 굴레· 투구와 갑옷· 100兩의 은을 취했다.

oton, jumara, namtai, ere ilan beiguwan be jang dooli de biyaluha
오톤· 주마라· 남타이 이 3명의 備禦官은 張(春) 道吏를 피했다고

seme hergen efulehe, tuhere an i weile gaiha, gumu taiji be, jang
관직을 삭탈했고, 처벌할 규정대로 贖을 취했다. 구무 타이지는 張(春)

dooli de biyaluha, ama ahūn be dahame jihe seme hergen 38/39 efulere
道吏를 피했으나, 아버지와 형을 따라 왔다고 관직을 삭탈하는

be waliyafi, tuhere an i weile gaiha, niyanioke beiguwan be, jang dooli
것을 면했고, 처벌할 규정대로 贖을 취했다. 니야니오커 비어관은 張(春) 道吏를

de biyaluha seme hergen efulehe, tuhere an i weile gaiha, jušen be
피했다고 관직을 삭탈했고 처벌할 규정대로 贖을 취했다. 속민은

amai gung seme gaihakū, lenggeri be, jang dooli de biyaluha seme
아버지의 功이라 하여 취하지 않았다. 렁거리는 張(春) 道吏를 피했다고

tanggū šusiha tantaha, singne be, jang dooli de biyaluha seme tanggū
100대 채찍으로 때렸다. 싱너는 張(春) 道吏를 피했다고 100대

šusiha i jalin menggun gaiha, monggo nanai, imtu, jolbin, ere ilan
채찍을   대신해 은을   취했다. 몽고의   나나이·임투·졸빈 이 3명의

beiguwan be 39/40 jang dooli de biyaluha seme hergen efulehe, tuhere
비어관은   張(春) 道吏를   피했다고   관직을 삭탈했고, 처벌할

an i weile gaiha, songgotu be, jang dooli de biyaluha seme tanggū
규정의 贖을 취했다.   송고투는   張(春) 道吏를   피했다고   100대

šusiha tuhebufi menggun gaiha, baicuka iogi be, jang dooli de biyaluha
채찍에   처해서   은을   취했다. 바이추카 遊擊은   張(春) 道吏를 피했다고

seme emu beiguwan efulehe, tuhere an i weile gaiha, emu beiguwan
     1개의 비어관을 삭탈했고, 처벌할 규정대로 贖을 취했다.   1개의 비어관은

be ahūn i gung de funcebuhe, suihotu iogi be, jang dooli de biyaluha
     형의   功으로   남겨주었다.   수이호투 유격은   張(春) 道吏를 피했다고

seme, emu beiguwan be efulehe, 40/41 emu beiguwan be warka de
하여   1개의 비어관을   삭탈했으나,   1개의 비어관은   와르카에서

yabuha sain seme funcebuhe, tuhere an i weile gaiha, tokona be, jang
행한 것이 좋다고   남겨주었고, 처벌할 규정대로 贖을 취했다. 토코나는   張(春)

dooli i nenehe kuren de biyaluha, amaga kuren de kalka isibuhakū
道吏의   앞 부대를   피했고,   뒤 부대에   방패차가 오지 않았다고

seme tanggū šusiha tantaha, oforo šan tokoho, labsihi be, jang dooli
     100대 채찍으로 때렸다. 코와 귀를 뚫었다. 랍시히는   張(春) 道吏를

de biyaluha seme gūsin yan i weile gaiha, joode beiguwan be, jang
　　피했다고　　　　　30兩의　　　贖을 취했다.　조오더 비어관은　　　張(春)

dooli de biyaluha, dalingho de dosikakū seme, ere juwe weile de 41/42
道吏를　　　피하고,　　大凌河로　　진격하지 않았다고,　이　두　죄로

hergen efulehe, jušen gaiha, tuhere an i weile gaiha, nangnuk be, jang
　직을 삭탈했고, 속민을 취했고,　처벌할 규정대로 贖을 취했다.　낭눅은　　　張(春)

dooli de biyaluha seme, jai jergi morin, uksin saca, susai yan menggun
道吏를　　　피했다고　　　　　2등급 말과 갑옷과 투구·　　　50兩의 은을

gaiha, onoi iogi be, jang dooli de biyaluha seme hergen efulehe, tuhere
취했다.　오노이 유격은　張(春) 道吏를　　피했다고　　　　관직을 삭탈했고,　처벌할

an i weile gaiha, janu beiguwan be, jang dooli de biyaluha seme
규정대로 贖을 취했다. 자누　비어관은　　張(春) 道吏를　　피했다고

hergen efulehe, tuhere an i weile gaiha, baihūlai be, jang dooli de
　관직을　삭탈했고, 처벌할 규정대로 贖을 취했다.　바이훌라이는　張(春) 道吏를

biyaluha 42/43 seme tanggū šusiha tuhebufi menggun gaiha, yarai
피했다고　　　　　100대 채찍에　　처해서　　贖銀을　취했다.　야라이

beiguwan be, jang dooli de biyaluha seme emu hontoho efulehe, tuhere
비어관은　　　張(春) 道吏를　피했다고　　　　半을　　　삭탈했고, 처벌할

an i weile gaiha, emu hontoho be solho, yung ping de afaha seme
규정대로 贖을 취했다.　　半은　　　　조선과　　永平에서　　싸웠다고

funcebuhe, mandun be, jang dooli de biyaluha seme gūsin yan i weile
남겨주었다.　만둔은　　張(春) 道吏를　피했다고　　　　30兩의　　贖을

gaiha, nusan be, jang dooli de biyaluha seme susai šusiha i jalin
취했다. 누산은　張(春) 道吏를　피했다고　　　50대 채찍을 대신해

menggun gaiha, susai šusiha be 43/44 gūwa bade yabuha sain seme
은을　취했고, 50대 채찍은　　　　다른 곳에서　행한 것이 좋다고

waliyaha, nanggū, tadai, gišan, ere ilan niyalma be, jang dooli de
면책했다.　낭구·　타다이·　기샨　이　3명은　　　　　張(春) 道吏를

biyaluha seme tanggūta šusiha tantaha, daiju be, jang dooli de, ginjeo
피했다고　　　100대씩 채찍을　때렸다.　다이주는　張(春) 道吏를　錦州에서

de biyaluha seme tanggū šusiha tantaha, oforo šan i jalin menggun
피했다고　　　100대 채찍을　때렸다.　코와 귀　대신　은을

gaiha, afuni iogi be, ginjeo, jang dooli de biyaluha seme hergen efulehe,
취했다.　아푸니 유격은　錦州에서　張(春) 道吏를　피했다고　　　관직을　삭탈했고

boigon talaha, kakduri be, dalingho de kalka tuwakiyaha 44/45 niyalma
재산을　몰수했다.　각두리는　大凌河에서　방패차를 수비하는　　　　사람을

komso sindafi tu gaibuha turgunde, jai jergi dzung bing guwan be
적게　배치해서　纛을 빼앗겼기 때문에,　　2등 총병관을

ilaci jergi dzung bing guwan obuha, tuhere an i weile gaiha, tanaka
3등 총병관으로　　　　　　했고,　처벌할 규정대로 贖을 취했다. 타나카

beiguwan be, ginjeo de biyaluha, jang dooli i nenehe kuren de biyaluha,
비어관은　　　　錦州에서　피했고,　　張(春) 道吏의　　　　앞 부대를　　　피했고,

yamji kuren de kalka isibuhakū seme hergen efulehe, tanggū šusiha
저녁에 부대에 방패차가 이르지 않았다고　　관직을　　삭탈했다.　100대　채찍을

tantaha, oforo šan i jalin menggun gaiha, abai age, sarana, ere juwe
때렸고,　　코와　귀　　대신　은을　　　취했다.　아바이 아거와 사라나　이　두

iogi be, dalingho de 45/46 sucungga geren dosika de dosikakū seme emte
유격은　大凌河에서　　　　　최초로　　여럿이 진격한 때에 들어가지 않았다고 1개의

beiguwan efulehe, tuhere an i weile gaiha, ulai iogi be, jang dooli de
비어관을　삭탈했고,　처벌할 규정대로 贖을 취했다. 울라이 유격은　張(春) 道吏를

biyaluha, dalingho de biyaluha seme hergen efulehe, tuhere an i weile
피했고　　大凌河에서　　피했다고　　　　　관직을　　삭탈했고, 처벌할 규정대로 贖을

gaiha, bangsu iogi be, dalingho de biyaluha, jang dooli de biyaluha
취했다.　방수　유격은　　大凌河에서　　피했고,　張(春) 道吏를　피했다고

seme hergen efulehe, boigon talaha, anai be, dalingho de iliha, jang
　　　　관직을　　삭탈하고 재산을　몰수했다.　아나이는　大凌河에서　멈추고, 張(春)

dooli de biyaluha seme tanggū šusiha tantaha, tangkio 46/47 beiguwan
道吏를　　피했다고　　　　100대 채찍을　때렸다.　탕키오　　　　비어관은

jai emu hontoho bihe, dalingho de kalka tu gaibuha seme emu beiguwan
또한　1개 절반이었다.　　　大凌河에서 방패차와 纛을 빼앗겼다고　　　　1개의 비어관을

efulehe, tuhere an i weile gaiha, yungšun be, ginjeo de biyaluha, ini
삭탈했고, 처벌할 규정대로 贖을 취했다.　　융순은　　錦州에서　　피했고,　　그의

nirui feye baha niyalma be waliyaha, dade amba weile baha bihe seme
니루의 상처 입은　사람을　　　　버렸다.　처음에 큰　죄를 지었다고

boigon talafi, beile de aha buhe, holdo ts'anjiyang be, jang dooli de
재산을 몰수하고 버일러에게 노예로 주었다. 홀도　參將은　　　　張(春) 道吏를

biyaluha seme emu beiguwan efulehe, tuhere an i weile 47/48 gaiha,
피했다고　　　　1개의 비어관을　삭탈했다. 처벌할 규정대로 贖을　　　취했다.

ahūn i gung de emu beiguwan funcebuhe, asan, coohar, ošo, langkio,
형의　　功으로　　1개의 비어관은　남겨주었다.　아산·초오하르·오쇼· 랑키오·

arjin, handai, ere ninggun niyalma be, jang dooli i cooha de ceni teisu
아르진·　한다이, 이　　6명은　　　　張(春) 道吏의　병사에게　그들만

fondolome dosika seme holtoho turgunde, beye de tuhere an i weile
돌진하여　들어갔다고　속였기　때문에　본인에게　처벌할 규정대로 贖을

gaiha, gūwa biyaluha gūsa ci ese be afaha seme hergen efulehekū,,
취했다.　다른 피했던 구사와 달리 이들은 공격했다고 하여 관직을 삭탈하지 않았다.

―9권―

51권   천총 6년 3월~4월
52권   천총 6년 4월
53권   천총 6년 5월
54권   천총 6년 6월
55권   천총 6년 6월
56권   천총 6년 6월

tongki fuka sindaha hergen i dangse
點·圈을 찍은 문자의 檔子

susai emuci debtelin
51권

sure han i ningguci aniya ilan biyaci duin biyade isinahabi
천총 6년 3월부터 4월까지

tongki fuka sindaha hergen i dangse,,
點·   圈을   찍은   문자의   檔子

○ ice de, uju jergi fujiyang jang k'o mu, dzu k'o fa, dzu je žun,
　　초 1일에,   1등 부장   張弘謨·   祖可法·   祖澤潤·

dzu je hūng, ts'oo gung ceng, lio tiyan lu, jang ts'un žin, ere
　祖澤洪·   曹恭誠·   劉天祿·   張存仁   이

nadan fujiyang de juwanta suje, juwanta miyanceo, susaita mocin, moro
　7명의 부장에게   10필씩의 비단· 10필씩의 綿紬·   50필씩의 毛靑布· 사발과

fila be dabume menggun emte tanggū dehite yan, foloho enggemu
　접시를 포함해 은 140 兩씩·   조각한 안장

emte, foloho jebele emte, foloho 1/2 umiyesun emte, horho juwete, guise
1개씩· 조각한 화살통 1개씩· 조각한   요대 1개씩·   장롱 2개씩·   궤짝

duite, sukū i pijan emte, dere emte, sabka orin ninggute juru, kubun
4개씩·   가죽 皮箱 1개씩·   탁자 1개씩·   젓가락 26벌씩·   솜

gūsita gin,,
30근씩. (주었다.)

○ jai jergi fujiyang han dai hiyūn, pei guwe jeng, sun ding liyoo,
　　2등   부장   韓大勳·   裴國珍·   孫定遼

ere ilan fujiyang de jakūta suje, juwanta miyanceo, susaita
이 3명의 부장에게   8필씩의 비단·   10필씩의 綿紬·   50필씩의

mocin, moro fila be dabume emte tanggū dehite yan, foloho enggemu
毛靑布· 사발과 접시를 포함해 140 兩씩·   조각한 안장

emte, 2/3 foloho jebele emte, foloho umiyesun emte, horho juwete,
1개씩·   조각한 화살통 1개씩·   조각한 요대 1개씩·   장롱 2개씩·

guise duite, sukū i pijan emte, sabka orin ninggute juru, kubun gūsita
궤짝 4개씩·   가죽 皮箱 1개씩·   젓가락 26벌씩·   솜 30근씩·

gin, dere emte,,
    탁자 1개씩. (주었다.)

○ ilaci jergi fujiyang yang hūwa jeng, lii yūn, siowei dai hū,
    3등   부장   楊華徵·   李雲·   薛大湖·

cen bang siowan, deng cang cūn, ere sunja fujiyang de ninggute suje,
    陳邦選·   鄧長春   이 5명의 부장에게   6필씩의 비단·

juwanta miyanceo, susaita mocin, moro fila be dabume emte tanggū
  10필씩의 綿紬·   50필씩의 毛靑布·   사발과 접시를 포함해 140兩씩·

dehite 3/4 yan, foloho enggemu emte, foloho jebele emte, foloho
          조각한 안장 1개씩·   조각한 화살통 1개씩·   조각한

umiyesun emte, horho juwete, guise duite, sukū i pijan emte, sabka
  요대 1개씩·   장롱 2개씩·   궤짝 4개씩·   가죽 皮箱 1개씩·   젓가락

orin ninggute juru, kubun gūsita gin, dere emte,,
　　26벌씩·　　　　　　솜 30근씩·　　　　탁자 1개씩. (주었다.)

○ jakūn ts'anjiyang jang liyan, giyang sin, duwan hiyoo lii, u liyang fu,
　　8명의　參將　　　張廉·　　　姜新·　　　段學禮·　　　吳良輔

lio ši ing, šeng jung, han dung, g'ao guwang hūi, ede　suje
　劉士英·　　盛忠·　　韓棟·　　高光輝　이들에게 비단

sunjata, miyanceo sunjata, 4/5 gūsita mocin, moro fila be dabume
　5필씩·　　　綿紬 5필씩·　　　30필씩의 毛靑布·　사발과 접시를 포함해

menggun emte tanggū yan, foloho enggemu emte, foloho jebele emte,
　은 100량씩·　　　　　　조각한 안장 1개씩·　　조각한 화살통 1개씩·

foloho umiyesun emte, horho emte, guise ilata,
　　조각한 요대 1개씩·　장롱 1개씩·　궤짝 3개씩·

sabka orin ninggute juru, dere emte,,
　젓가락 26벌씩·　　　　탁자 1개씩. (주었다.)

○ iogi yang ming ši, u fung ceng, lii i jung, lio liyang cen, jang
　遊擊　楊名世·　　吳奉成·　　李一忠·　　劉良臣·　　　蔣懷良·

hūwai liyang, fang i yuwan, du ing kiyang, hū hūng siyan, cen biyan u,
　　　　方一元·　　塗應乾·　　　　胡弘先·　　　陳變武·

fang 5/6　hiyan k'o, lio u yuwan, ere juwan emu iogi de sunjata
方獻可·　　　劉武元,　　　이　　11명의　유격에게　5필씩의

suje, sunjata miyanceo, gūsita mocin, moro fila be dabume emte tanggū
비단·   5필씩의 綿紬·   30필씩의 毛靑布·   사발과 접시를 포함해 100량씩·

yan, niruha enggemu emte, necin foloho jebele emte, halfiyan toohan
    그림 그린 안장 1개씩·   음각한 화살통 1개씩·   편평한 띠돈있는

umiyesun emte, horho emte, guise ilata, sabka juwan ninggute juru,
    요대 1개씩·   장롱 1개씩·   궤짝 3개씩·   젓가락 16벌씩·

dere emte buhe,, 6/7
탁자 1개씩을 주었다.

○ ineku tere inenggi, gulu fulgiyan i jang ts'anjiyang ni sargan
     같은   그 날,   正紅旗의   jang 참장이   아내를

gaijara de, emu honin, juwe cuse, juwe pengduwan, juwan uyun mocin,
  맞을   때,   1마리의 양·   2필의 紬子·   2필의 彭段·   19필의 毛靑布·

jibehun sishe i kubun i jalin duin yan menggun buhe,,
    이불과 요의 솜을 위한 4兩의 은을   주었다.

○ kubuhe šanggiyan i lii fujiyang ni sargan gaijara de juwe honin
        鑲白旗의   lii 부장이   아내를   맞을 때 2마리 양을

buhe,, 7/8
주었다.

○ tere inenggi, gendur taiji be amba beile i boode dosimbufi,
    그 날,   건두르 타이지를   大 버일러의   집에 들어오게 하여

emu ihan duin honin juwan niongniyaha wafi, orin sunja dere dasafi
　1마리 소·　4마리 양·　10마리 거위를　　　잡고　　25개의 상을　차려

sarilaha,,
잔치했다.

○ ice ilan de, han, ini boode mergen daicing ni amha emhe be
　초 3일에,　　한의　　집에　머르건 다이칭의　　　장인·장모를

sarilame gajire anagan de, ajige taiji, mergen daicing, erke cūhur 8/9
잔치하러　데려온　김에　　아지거 타이지·　머르건 다이칭·　어르커 추후르

ilan beile, ere ilan beile i fujisa be uhereme gajifi, juwe ihan nadan
3명의 버일러와 이 3명의 버일러의 푸진들을　전부　데려와서, 2마리 소와　7마리

honin wafi, dehi sunja dere dasafi sarilaha, ere sarin de sonom taiji
양을　잡고,　45개의　상을　차려　잔치했다. 이　잔치에　소놈 타이지

ama jui be emgi gajiha bihe,,
　父子를　　함께 데려왔었다.

○ ice nadan de, g'ao iogi i jafaha giyansi be efulehe turgun,
　초 7일에,　　g'ao 유격이　잡은　奸細에 관한 공적을 파한 이유.

neneme ini gebu arafi amala hafan 9/10 wesirakū ofi, ini deo i gebu be
전에　그의 이름을 기록했는데, 그 후 관직이　올라가지 못해서, 그의 동생의 이름을

arafi menggun gaji sere jakade, jurgan i beile han de alafi, ini
써서　은을　가지고 오라고 한 까닭에, 部의 버일러가 한에게 고하고,　그가

giyansi baha be gemu waliyaha,,
奸細를   잡은 공을 모두 파했다.

○ juwan juwe de, dalingho ci gajiha fujiyang, ts'anjiyang, iogi,
    12일에,   大凌河에서   데려온   副將·   參將·   遊擊·

geren hafasa guise horho buhe doroi han de hengkilehe, hengkileme
여러   관원들이 궤짝와 장롱을   준   예로   한에게 고두했다.   고두하기를

wajiha manggi, juwe honin wafi 10/11 tofohon dere dasafi sarilaha,,
 마친   후,   2마리의 양을   잡고   15개의 상을   차려서 잔치했다.

○ tere inenggi, gulu lamun i giohoto, karun si mu ceng de tenefi,
   그 날,   丶正藍旗의   기오호토가 초탐으로   析木城에 주둔하러 가서,

casi songko faitame genefi, juwan giyansi bahafi juwe
그곳에서 흔적을 추적하여 가서   10명의 奸細를   얻어서 2명의

giyansi be waha, jakūn giyansi be jafafi benjihe, ede toholon muke
 奸細는   죽이고 8명의   奸細는   잡아서 보내왔다. 이들에게   水銀

juwan juwe yan, ilan mocin bihe, sunja giyansi be waha, ilan giyansi
 12兩·   3필의 毛靑布가 있었는데, 5명의 奸細를   죽였고 3명의   奸細와

11/12 ilan mocin be baha ejen de buhe, toholon muke be samha de buhe,
  3필의 毛靑布를   얻어 어전에게 주었다.   수은을   삼하에게 주었다.

ejen de buhe ilan niyalma be korcin i monggo sibe de unca sehe,,
獲得人에게 준   3명을   코르친   몽고인이 시버에서 팔라고 했다.

○ tere inenggi, jakūn booi dolo toktobuha gisun, eshun niyalma
그 날, 八家 안에서 정한 말. 「천연두에 면역안된 사람이

nimere de, eshun beise uyun inenggi dubede dacilafi, olhoro nimeku
아플 때, 면역안된 버일러들은 9일 후에 조사하여 두려운 病이

waka oci tuwanambi, uyun 12/13 inenggi onggolo niyalma takūrame
아니면 보러 간다. 9일 이전에는 사람을 보내

mejige gaisu, beye dokolome ume tuwanara, bilaha inenggi ci dorgideri
소식을 취하라. 직접 총애해서 보러 가지 말라. 정한 날짜 내에

tuwanaci haldaba kai,,
보면 아첨하는 것이다.」

○ juwan ilan de, wasimbuha bithei gisun, han hendume, beise be
13일에, 내린 글의 말. 「한이 말하기를, 버일러들을

gercileci, gerci hokoro hokorakū weile be neneme wasimbuha songkoi
고발한 후 고발자가 (버일러로부터) 분리될지 분리되지 않을지의 일은 전에 내린 대로

wajiha, tereci gūwa ishunde gercilere be toktobuha šajin, yaya weile
마쳤다.[1] 이 외에 다른 사람을 서로 고발하는 것을 정한 법. 모든 죄를

be gercilere niyalma yargiyan be 13/14 gercile, juwe weile ci wesihun
고발하는 사람은 진실을 고발하라. 두 가지 일 이상을

---

1 '고발자를 분리한다'는 것은 버일러의 비리를 고발한 자가 보복당하는 것을 막기 위해 소속 旗의 버일러로부터 분리하여 다른 旗로 옮기게 하는 것을 말한다. 이 離主條例는 천총 5년(1631) 7월에 반포되었다.

gercilefi, ujen weile yargiyan ojoro weihuken weile tašan oci, belehe
고발했는데, 중한 죄가 진실이고　　　　　　가벼운 죄가 거짓이면, 무고

weile tuheburakū gerci hokombi, jai emu adali geren weile be gercilefi,
죄에 처하지 않고 고발자가 분리된다. 또 마찬가지로 많은 죄를 고발했는데,

emu weile yargiyan oci, inu belehe weile tuheburakū, yargiyan labdu oci,
하나의 죄가 진실이면 역시 무고죄에 처하지 않는다. 진실이 많으면

gerci be hokobumbi, tašan labdu oci, gerci be hokoburakū, gese
고발자를 분리한다. 거짓이 많으면 고발자를 분리하지 않는다. (진실과 거짓의 수가) 같은

ohode inu hokobumbi, juwe weile ci wesihun gercilefi, weihuken weile
경우에도 분리시킨다. 2개의 죄 이상을 고발했는데 가벼운 죄가

yargiyan ojoro ujen weile tašan oci, 14/15 jai emu weile i teile be
　진실이고 중한 죄가 거짓이거나, 또한 하나의 죄 만을

gercilefi, weihuken weile be beleme ujen obuci, yargiyan babe weile i
고발했는데 가벼운 죄를 무고해서 중죄가 되면 진실한 것을 죄의

ejen de tuhebumbi, tereci funcehe belehe babe amasi gerci de tuhebumbi,
당사자의 죄에 처한다. 그 나머지 무고한 것은 이후에 고발자의 죄에 처하고

<u>gerci be hokoburakū</u>,[2] ama be jui, eigen be sargan, banjiha ahūn deo
고발자를 분리하지 않는다. 아버지를 아들이, 남편을 아내가, 친형제끼리

2　[簽註] gingguleme baicaci, fe manju gisun i bithede, gerci hokombi sere gisun uthai gerci be weile
tuheburakū sere gisun sehebi,,
삼가 찾아보니 『舊淸語』에 'gerci hokombi'(고발자가 분리되다)라는 말은 곧 'gerci be weile tuhebu-
rakū'(고발자를 죄에 처하지 않는다)라는 말이라고 했다.

gercileci, ubašara ukandara han beise be ehe gūnire weile be gercile,
고발하면,　　배반하거나 도망치거나　한과 버일러들을 나쁘다고 생각하는 죄를 고발하라.

tereci gūwa weile be ume gercilere, gercilehe de, weilengge niyalmai
그 외에 다른　죄를　　고발하지 말라. 고발하면,　죄를 지은 사람의

weile be an i gisurembi, 15/16 gerci de terei tuheke weile i gese
죄를　상례대로 논하고　고발자에게　그　처해진　죄와　같은

tuhebumbi, gerci be hokoburakū, ere be nakakini serengge, julgei
죄에 처하고　고발자를 분리시키지 않는다. 이를　금지하라　하는 것은　옛

enduringge han sei toktobuha doronggo šajin de bifi, tere be doorame
성스러운　황제들이　정한　道理있는　법에　있고, 그것을　본받아서

nakabuha, neneme jalan akū be ume gaijara seme šajilahangge, ere
금지하는 것이다. 전에　절조가 없는 자를　娶하지 말라고 한　금지령,　이

inu emu kooli kai,,
또한 하나의 例이다.ˮ

○ tere inenggi toktobume wasimbuha 16/17 bithei gisun, hafasa
　그 날,　정해서　내린　글의 말.「관원들이

akū oho de, han i gosime bure doro, sunja beiguwan i dzung bing
죽었을　때, 한이 애석히 여겨 준　禮. 다섯 비어관인　總兵官에게

guwan de hoošan juwe minggan, honin juwe, arki sunja malu bumbi,
종이 2천장·　양 2마리·　소주 5병을　준다.

donjiha nergin de, <u>nakabure</u>[3] de, nadan de, ilan jergi hafan takūrafi
(부고를) 들은 때에, 初七日祭를 지내는 때에, 上大墳[4] 때에 세 번 관원을 파견하여

unggimbi, dzung bing guwan de hoošan emu minggan ninggun tanggū,
보낸다. 총병관에게 종이 1,600장·

honin juwe, arki duin malu bumbi, juwe jergi hafan takūrafi unggimbi,
양 2마리· 소주 4병을 준다. 두 번 관원을 파견하여 보낸다.

fujiyang de hoošan emu minggan juwe tanggū, honin emke, arki ilan
부장에게 종이 1,200장· 양 1마리· 소주 3병을

17/18 malu bumbi, juwe jergi hafan takūrambi, ts'anjiyang iogi de
준다. 두 번 관원을 파견한다. 참장과 유격에게

hoošan jakūn tanggū, honin emke, arki juwe malu bumbi, emu jergi
종이 800장· 양 1마리· 소주 2병을 준다. 한 번

hafan takūrafi unggimbi, beiguwan de hoošan duin tanggū, honin emke,
관원을 파견하여 보낸다. 비어관에게 종이 400장· 양 1마리·

arki emu malu bumbi, emu jergi hafan takūrambi, sirara gungge
소주 1병을 준다. 한 번 관원을 파견한다. 세습할 공이 있는

---

3 [簽註] gingguleme baicaci, jaka toktobuha fe manju gisun i bithede, nakabure sere gisun, uthai
sucungga nadan sere gisun sehebi,,
삼가 찾아보니 최근 정해진 『舊淸語』에서 'nakabure'(初七日祭를 지내는)라는 말은 곧 'sucungga
nadan'(初七日祭)이라는 말이라고 했다.
4 'nadan'은 한어로 上大墳이라고 하며, 죽은 지 7일 후인 初七日과 49일 후인 七七日에 사망자의 무덤
에서 만장(幡)을 태우는 행사를 가리킨다.

hafasa dain de bucecibe, nimeku de bucecibe, ere songko, bai sain
관원들은 전투에서　죽든　　　병으로　　　죽든　이대로 한다. 보통으로 잘했다고

seme wesibuhe hafasa dain de buceci, ere songko, nimeku de buceci
　　승진시킨 관원들은　전투에서 죽으면　　이대로 한다.　병으로　　죽으면

hontoho bumbi, hafan 18/19 takūrarangge nenehe songko, hoošan be
　반을　　주고　　관원을　　　　보내는 것은　　전과　같다.　　　　종이를

emgeri bumbi, honin arki hafan genere de gamambi,, tere inenggi
한 번　　준다.　　양과 소주는 관원이 갈　때 가지고 간다.」 그　날

toktobume wasimbuha bithei gisun, gūsa ejelehe beise, gūsa ejelehekū
정하여　　　내린　글의 말.　「구사를 관할하는 버일러들·구사를 관할하지 않지만

bime doro be aliha beise bederehe de, han i gosime bure doro, hoošan
　　정사를　맡은 버일러들이 죽었을 때,　한이　애석히 여겨 주는　禮.　종이

emu tumen, honin duin, arki juwan malu bumbi,,
　1만장·　　　　양 4마리·　소주 10병을　　　준다.」

○ orin de, emu gūsai emte amban, emu nirui 19/20 juwete bayara be
　20일에,　1개 구사의　1명씩의 大臣,　1개 니루의　　　　2명씩의 바야라를

gamame, asan, burgi gaifi harangga gurun i tulergi be faidame
데리고　　아산·부르기가 이끌고　　　屬國의　　　밖을　　　단절하려고

ilinaha, ede kunesun udafi jefu seme ninju mocin buhe,,
진치러 갔다. 이에　행량을 사서　먹으라고　　60필의 毛靑布를 주었다.

○ orin emu de, wasimbuha bithei gisun, han hendume, aba
　　21일에,　　　　내린　　글의　　말.　　한이 말하기를, 「몰이사냥과

cooha yabure de, hecen i duka tucikei fafun šajin be onggorakū teng
　출정할　　　때, 성의　문을　나가　　법도를　　잊지 말고　정숙하게

seme yabu, ume jamarara, 20/21 jamaraci, gūsai ejen, meiren i ejen,
　가라.　소란을 일으키지 마라.　　소란을 일으키면 구사의 어전· 머이런의 어전·

jalan i ejen, nirui ejen, ilhi ilhi ejen bikai, meni meni kadalara baksan be
잘란의 어전· 니루의 어전, 차례차례로 어전이 있다.　　각자　　관할하는　무리에게

saikan henduci ainu jamarambi, te jamaraha de, tere baksan i ejen de
잘　말하면 어찌 소란을 일으키겠는가? 그래도 소란을 일으킬 때 그 무리의 어전에게

tuhere an i weile, jamaraha niyalma be tantambi, yabure de tu ci
　처벌할 규정의 죄로　소란을 일으킨 사람을　　때린다.　　갈 때　纛에서

fakcafi emu juwe i yabure niyalma be jafafi ini gūsai ejen de bene,
떨어져서　한두 명으로 가는　사람을　　잡아서 그의 구사의 어전에게 보내라.

jafaha niyalma ilan yan menggun gaisu, ebuhe bade muke moo ganaci,
잡은　사람은　3兩의　은을　취하라. 下馬한 곳에서 물과 나무를 가지러 가면

hoki 21/22 acabufi unggi, tuwa turibuci wara weile, jai dain i agūra
무리를　지어서 보내라.　불을 내면　죽일 죄이다.　또　무기에서

sideri ci wesihun gemu bithe ara, morin i bethe be akdulame
　지달　이상은　모두　글로 써라. 말의　발을　　단단하게

hūwaita, toron gida, sideri longto tohoma ai jaka hūlhaci, fe šajin i
묶어라. 낙인을 찍어라.　　지달· 굴레· 말다래 중 어떤 물건이라도 훔치면 옛 법도에

songko, ulhūma gūlmahūn de feksici sain niyalma oci, juwan yan i
따른다.　　꿩·　　토끼에게　　달려가면 신분이 높은 사람인 경우　　10량의

weile gaimbi, buya niyalma oci tantambi, booci jurandara inenggi arki
贖을　취한다. 신분이 낮은 사람인 경우　때린다.　집에서　출발하는　날　소주와

nure ume omire, tu ci fakcafi amala jurafi, hecen i duka i niyalma
황주를 마시지 마라. 纛에서 떨어져서 후에 출발해서,　성의　　문의　　사람이나

22/23 jasa duka i niyalma de jafabuha de šan tokombi,,
　　　변경　문의　사람에게　　체포될　때는 귀를　뚫는다.」

○ orin juwe de, han be ajige taiji boode gamafi　　[原檔殘缺]
　　22일에,　　　한을　　아지거 타이지의 집에 모시고 가서 〔原檔殘缺〕

○ orin uyun de, tang ho pu de tehe karkama, cingšan, ningguta
　　29일에,　　　湯河堡에　　주둔한 카르카마·　칭샨·　　닝구타가

mederi baru songko faitame genefi, hūwang gu doo de 23/24 ciyandzung
바다　쪽으로 흔적을　찾아　가서,　　黃骨島에서　　　　千總을

be dabume juwan uyun niyalma baha, tereci jime sio yan de ši fujiyang
포함해　　19명을　　　　얻었다. 그 후　와서　岫巖에서 石（廷柱）副將의

ni ukanju duin niyalma baha, uheri orin ilan niyalma bahafi karkama
도망자　4명을　　얻었다. 합해서　23명을　　　　얻어서 카르카마가

beye benjihe,,
직접 보내왔다.

○ duin biyai ice inenggi, cahar be dailame amba cooha aššara de,
    4월   1일,   차하르를 공격하러   대군이   움직일 때,

hecen tuwakiyame abatai taiji, dudu taiji, yangguri dzung bing guwan,
성을   지키는   아바타이 타이지· 두두 타이지· 양구리 총병관·

ilden fujiyang, fuma dzung bing guwan 24/25 tung yang sing, ese de
일던 副將·   駙馬 총병관 佟養性,   이들에게

hecen tuwakiyara geren cooha be afabufi werihe, meihe erinde, han,
성을   지킬   여러 군사를   맡기고 잔류시켰다. 巳時에   한과

beise tangse de hengkilefi, geren cooha be gaifi wargi duka be tucifi
버일러들이 堂子에서 고두하고 여러 군사들을   이끌고 西門을   나가

buha bira de deduhe, tere inenggi, kūtuktu lama, han be cooha genere
蒲河에   주둔했다. 그 날,   쿠툭투 라마가   한을 출정하는

doroi fudeme jihe de, han jugūn de ebufi, cai omibufi wajiha manggi,
예로 전송하러 올 때, 한이 길에서 下馬하여, 차를 마시게 하고 다 마신 후에

lama i jafaha 25/26 emu morin be, han hendume, lama sai morin be
라마가 바친   1마리 말에 대해   한이 말하기를, "라마들의   말을

gaici acarakū seme bederebuhe bihe, coohai jurgan i yoto beile
취할 수 없다"고   돌려주었다.   兵部의   요토 버일러가

hendume, lama jafaha be dahame, morin be gaisu, jai elhei hūda bumbi
말하기를, "라마가 바쳤으니　　　　　말을　취하십시오. 또한 좋은 가격을 주겠습니다"

dere sehe manggi, han, morin be gaiha, deduhe bade juwe honin
라고 말한 뒤에,　한이　　　말을　취했다.　　묵은 곳에서 2마리 양을

wafi lama be sarilaha,, 26/27
잡아 라마에게 잔치를 베풀었다.

○ ice juwe de, gūlmahūn erinde jurafi liyoha de isinaha, liyoha i
　초 2일에,　　　　　卯時에　출발하여 遼河에　이르렀다.　遼河의

muke amba ofi, emu gūsade juwete cuwan bufi, han, beise morin
물이　많아서　　1개 구사에　2척씩 선박을 주고 한과 버일러들은 午時에

erinde doofi yangsimu bira de deduhe, tere inenggi gūlmahūn de feksihe
건너서　양시무 河에서　　묵었다.　그　날　　토끼에게　달려갔다고

seme, han i gocika bayara budasi be šusiha tolohakū tantaha,, 27/28
　한의　친위 바야라 부다시를　채찍으로 수없이　때렸다.

○ ice ilan de, ing ni cooha meihe erinde liyoha be doome wajiha,
　초 3일에,　　營兵은　　巳時에　遼河를　건너기를 마쳤다.

tere inenggi han ing ni cooha be aliyame yangsimu de indehe, subudi
　그　날　한은　營兵을　　기다리며 양시무에서　묵었다.　수부디

dureng ni jui gurushib duin honin i yali juwe kukuri arki gajime
두렁의　　아들 구루스힙이　4마리 양 고기·　2개의 편병의 소주를 가지고

han de acanjiha, gajiha yali arki be han de angga isibuha, 28/29
한을   만나러 왔다. 가져온 고기와 소주를 한에게   입   대게 했다.

han juwe honin wafi subudi dureng ni jui galju seter jinong efu be
한은 2마리 양을 잡아서 수부디 두렁의   아들 갈주 서터르 지농 어푸에게

sarilaha,,
잔치를 베풀었다.

○ tere inenggi, donoi gunji i eigen babai juwe kukuri arki gajime
    그 날,   도노이 군지의   남편 바바이가 2개의 편병의 소주를 가지고

han de acanjiha, gajiha arki be han de angga isibuha,, 29/30
한에게   만나러 왔다. 가져온 소주를   한에게   입   대게 했다.

○ ice duin de, durbi de deduhe, tere inenggi karacin i beise,
    초 4일에,   두르비에서 묵었다.   그 날   카라친의 버일러들이

beise i coohai ton be alanjime jihe, wandan juwe tanggū, maci susai,
버일러들의 병사의 수를   보고하러 왔다.   완단은 200명,   마치는 50명,

ajige ayusi dehi, asut emu tanggū jakūnju, yebšu gūsin, dolokan kuriye
아지거 아유시는 40명, 아수트는 180명,   엽슈는 30명,   돌로칸 쿠리여는

dehi sunja, baihūndai gūsin, ombu dehi, hon orin, sirantu dehi, genggel
   45명,   바이훈다이는 30명, 옴부는 40명, 혼은 20명, 시란투는 40명, 겅걸은

nadanju, šamba emu tanggū, ajinai 30명/31 emu tanggū gūsin,,
70명,   샴바는   100명,   아지나이는   130명이었다.

○ ice sunja de, ganggan de deduhe, tere inenggi han de subudi i
　초 5일에,　　　　강간에서　　묵었다.　그 날　　　한에게　수부디의

jui gurushib emu ihan, sunja honin, emu ulgiyan i yali, emu ihan i
아들 구루스힙이 1마리 소·　　5마리 양·　　1마리 돼지 고기·　　1마리 소

yali, emu honin i yali, cai uyun boose gajiha bihe, ihan i yali,
고기·　1마리 양 고기·　　茶 9包를　　　가져왔다.　　소 고기·

ulgiyan i yali, emu honin, uyun boose cai be gaiha, 31/32 weihun ihan
　돼지 고기·　　1마리 양·　　9包의 茶를　　받았다.　　　살아있는 소·

honin be bederebuhe,,
　양을　　돌려주었다.

○ ice ninggun de, kara hošo de deduhe, tere dedun de, emu ihan,
　초 6일에,　　　카라 호쇼에서　묵었다.　그　숙박지에서　1마리 소·

juwe honin wafi, han, ini gūsai geren bayara, bayarai tui ejete, kirui
2마리 양을　잡아서 한은 자신의 구사의 여러 바야라· 바야라의 纛의 어전들· 小旗의

ejete, monggo taijisa, dalingho i ice nikan hafasa be sarilaha, tere
어전들· 몽고의　타이지들· 大凌河의　　새로운　漢官들에게　잔치를 베풀었다. 그

dedun de karacin i monggo i beise de wasimbuha 32/33 bithei gisun,
숙박지에서　카라친　몽고의　　버일러들에게　내린　　　　글의　말.

han[5] i hese, cooha tucime yabure de, boo ci jurafi fafun šajin be ume
「한의   旨.   출병하여   행군할 때에 집에서 출발하여   법도를

onggoro, ciralame bargiyalame yabu, orin niyalma de emu amba da,
잊지 말라.   엄격히   병사를 모아서 행군하라.   20명에   1명의   大수령·

emu ajige da sinda, ume curgindume den jilgan tucire, den jilgan
1명의   小수령을 두라.   떠들거나   큰 소리를 내지 말라. 큰 소리를

tucici, gūsai ejen, nukte i ejen, tuwa i ejen, orin niyalma i da, ese be
내면   구사의 어전·   牧地의 담당관· 불의 담당관·   20명의 수령,   이들을

weile arambi, jilgan tucike niyalma be fafun i songkoi tantambi, yabure
죄에   처한다.   소리를   낸   자를   법대로   때린다.   행군할

de turun ci fakcafi 33/34 emte juwete i yabure niyalma be jafafi tere
때에 纛으로부터 이탈하여   한두명씩   가는   자를   체포하여 그

gūsai ejen de afabume benefi, ilan yan menggun keruleme gaisu, muke
구사의 어전에게 맡겨   보내고   3兩   은을   벌금으로   취하라. 물과

tuwa be seremšere de, sunja niyalma ci wesihun adabufi unggi, tuwa
불을   방비할   때에   5명   이상을   부속시켜 보내라. 불을

turibuci wara weile, uksin ci fusihūn gocika ci wesihun yaya jaka de
놓치면   死罪이다. 갑옷 이하   무릎덮개[6] 이상   모든 물건에

5　[簽註] ere emu meyen fe dangse de arahangge monggo hergen, te manjurame ubaliyambuha,,
　　이 한 단락을 舊 檔子에 쓴 것은 몽고 문자인데 지금 만주어로 번역했다.

6　'gocika'(侍衛)는 'gocikū'(갑옷의 무릎덮개)의 誤記로 보인다.

gemu bithe ara, morin de toron gida, delun uncehen de bithe hūwaita,
모두 글을 써라. 말에 낙인을 찍어라. 갈기와 꼬리에 글을 묶어라.

aika hadala longto be hūlhaci, angga be jayambi, enggemu be hūlhaci,
만약 굴레와 말굴레를 훔치면 입을 찢는다. 안장을 훔치면

fisa be hūwajabume tantambi, 34/35 sideri be hūlhaci, borbo be faitambi,
등을 부서지도록 때린다. 지달을 훔치면 발꿈치힘줄을 자른다.

gūlmahūn ulhūma be butame feksici, bayan niyalma oci, juwan yan
토끼와 꿩을 잡으러 달리면, 부자는 10兩을

keruleme gaimbi, yadara niyalma be tantambi,,
벌로 취한다. 貧者는 때린다.」

○ tere dedun de kubuhe fulgiyan i dayangga booi dalingho i
그 숙박지에서 鑲紅旗의 다양가 집의 大凌河의

monggo emke ukaka,, 35/36
몽고인 1명이 도주했다.

○ ice nadan de, durbelji de deduhe, tere dedun de seter efu i
초 7일에, 두르벌지에서 숙박했다. 그 숙박지에서 서터르 어푸의

boktoci sanjin juwe kukuri arki gajime han de acame jihe, gajiha
복토치 산진이 2개의 편병의 소주를 가지고 한에게 만나러 왔다. 가져온

arki be han de angga isibuha, aru i g'arma hūwang taiji, han de juwe
소주를 한에게 입 대게 했다. 아루의 가르마 후왕 타이지가 한에게 2마리

temen, juwe morin gajime jihe, gajiha temen morin be gaihakū
낙타· 2마리 말을 가지고 왔다. 가져온 낙타와 말을 받지 않고

bederebuhe, ede yali ulebufi arki 36/37 omibuha, tere dedun de darhan
돌려주었다. 이들에게 고기를 먹이고 소주를 마시게 했다. 그 숙박지에서 다르한

efu i booi dalingho i juwe monggo ukaka,,
어푸의 집의 大凌河의 두 몽고인이 도주했다.

○ ice jakūn de, mohor gol de deduhe, tere dedun de, kalka i
초 8일에, 모호르 골에서 묵었다. 그 숙박지에 칼카의

sereng hūwang taiji, manjusiri, arki gajime han de acame jihe, gajiha
서렁 후왕 타이지· 만주시리가 소주를 가지고 한에게 만나러 왔다. 가져온

arki be 37/38 han de angga isibuha, han emu honin wafi sarilaha,,
소주를 한에게 입 대게 했다. 한은 1마리 양을 잡아서 잔치를 베풀었다.

○ ice uyun de, sira muren i bira de deduhe, tere dedun de,
초 9일에, 시라 무렌 江에서 묵었다. 그 숙박지에서

neneme emu nirui juwete bayara be gaifi jihe burgi age, asan, cohoro,
앞서 1개 니루에서 2명씩 바야라를 이끌고 온 부르기 아거· 아산· 초호로·

nusan, siteku, burhan, oboi, haningga be acaha, tere dedun de 38/39 aru
누산· 시터쿠· 부르한·오보이·하닝가를 만났다. 그 숙박지에서 아루의

i sengge hošooci han de acara de, aldangga emu jergi hengkilehe, hanci
성게 호쇼오치가 한을 만날 때에 멀리서 한번 고두하고 가까이

ibefi hengkilefi tebeliyeme acaha, ini gajiha juwe kukuri arki be han de
나아가서 고두하고 포옹하며　　만났다. 그가 가져온　　2개의 편병의 소주를　한에게

angga isibuha manggi, sengge hošooci be han ini adame hashū ergide
입　　대게 한　후,　　　　셍게 호쇼오치를　　汗 자신과 나란히　　좌측에

tebufi arki cai omibuha, han de acara doroi emu temen duin
앉게 하고 소주와 차를 마시게 했다. 한을 만나는 예로　1마리 낙타·　4마리

morin jafaha bihe, han tuwafi cooha yabure ucuri seme hendume gemu
말을　　바쳤다.　　　한이　보고　　출병하는　　시기라고　　말하고　　모두

bederebuhe, 39/40 ineku tere dedun de, aru i dalai cūhur, dalai i jui
돌려주었다.　　　　　　바로　　그　숙박지에서 아루의 달라이 추후르·　달라이의 아들

mujang, sereng abagai i jui kitat taiji, han de ere ilan nofi acara de,
무장·　　서렁 아바가이의 아들 키타트 타이지, 한을 이　3명이　만날　때에

aldangga emu jergi niyakūrafi hengkilehe, hengkilefi dalai cūhur neneme
멀리에서　　한번　　무릎 꿇고　　고두했다.　　고두하고　달라이 추후르가 먼저

tebeliyehe, tebeliyere de han i ishun buhi arafi tebeliyehe, terei sirame
포옹했다.　　포옹할　때에 한을 마주하고 무릎을 꿇고 포옹했다.　　그에　이어서

mujang tebeliyehe, terei sirame kitat taiji tebeliyehe, acame wajiha
무장이　포옹했다.　　그에　이어서 키타트 타이지가 포옹했다. 만나기를 마친

manggi, han, dalai cūhur be ini adame ici ergide tebuhe, jai 40/41 juwe
후,　　한은 달라이 추후르를　자신과 나란히 오른쪽에　앉게 했다. 다시　　2명을

nofi be ashan de tebuhe, ese de bai yali tukiyefi arki omibuha, dalai
옆에   앉게 했다. 이들에게 보통 고기를 권하고 소주를 마시게 했다. 달라이

cūhur emu temen, emu morin, mujang ilan morin, emke de enggemu
추후르는 1마리 낙타· 1마리 말,   무장은 3마리 말 중 1마리에   안장을

tohoho bihe, juwe temen, kitat taiji emu morin jafaha bihe, han tuwafi
채웠고   2마리 낙타를, 키타트 타이지는 1마리 말을 바쳤다.   한은 보고서

coohai morin seme hendufi gemu gaihakū bederebuhe,, 41/42
戰馬라고   말하고   모두   받지 않고 돌려주었다.

○ juwan de, sira muren i bira de deduhe, tere inenggi kara cerik
   10일에,   시라 무렌 江에서   묵었다.   그 날   카라 처릭

gurun i arana nomci, han de acame juwe kukuri arki gajime
國의   아라나 놈치가   한을   만나러   2개의 편병의 소주를 가지고

jihe, han de hengkileme acaha, gajiha arki be han de angga isibuha,
왔다. 한에게   고두하며   만났다. 가져온 소주를   한에게   입   대게 했다.

emu morin jafaha bihe, han tuwafi gaihakū bederebuhe, yasot gurun i
1마리 말을   바쳤다.   한은 보고서 받지 않고 돌려주었다.   야소트 국의

g'arma yeldeng baturu, han de juwe kukuri arki gajime jihe, 42/43
가르마 열덩 바투루가   한에게   2개의 편병의 소주를 가지고 왔다.

han de hengkileme acaha, gajiha arki be han de angga isibuha, emu
한에게   고두하며   만났다. 가져온 소주를   한에게   입   대게 했다. 1마리

morin jafaha bihe, han tuwafi gaihakū bederebuhe, tere inenggi isui,
말을　　　바쳤다.　　　　　한은　보고서　받지　않고　돌려주었다.　　　그　날　　　이수이·

coshi, babai, dasi, ere duin nofi han de acara de, aldangga emu jergi
초스히·　바바이·　다시,　이　　　4명이　한을　　만날　때에　멀리에서　　　한번

hengkilefi tebeliyeme acaha, han de acara doroi isui emu temen, emu
고두하고　　포옹하며　　만났다.　한을　만나는　예로　이수이는　1마리　낙타·　1마리

morin jafaha bihe, morin temen be bederebuhe, coshi ilan morin 43/44
말을　　　바쳤다.　　　말과　　낙타를　　　돌려주었다.　　초스히는　3마리　말을

jafaha bihe, emu morin gaiha, juwe morin be bederebuhe, dasi emu
바쳤다.　　　1마리　말은　받았고　2마리　말은　　　돌려주었다.　　다시는　1마리

morin, juwe temen jafaha bihe, emu morin gaiha, juwe temen be
말·　　2마리　낙타를　　바쳤다.　　　1마리　말은　받았고　2마리　낙타는

bederebuhe, ese de emu honin wafi sarilaha, ineku inenggi jarut gurun i
돌려주었다.　　이들에게　1마리　양을　　잡아　잔치를　베풀었다.　그　날　　　자루트　국의

beise, han de acame jihe, neici emu honin i yali, emu kukuri arki,
버일러들이　한에게　만나러　왔다.　너이치는　1마리　양　고기·　　　1개의　편병의　소주,

sebun darhan baturu emu honin i yali, emu kukuri arki, mani cing
　서분　다르한　바투루는　　　1마리　양　고기·　　　　1개의　편병의　소주,　　마니　칭

baturu emu honin i yali, 44/45 emu kukuri arki, habagai emu honin i
바투루는　　　1마리　양　고기·　　　　　　　1개의　편병의　소주,　　하바가이는　1마리　양

yali, emu kukuri arki, baihūndai emu kukuri arki, labatai emu honin
고기· 1개의 편병의 소주,   바이훈다이는 1개의 편병의 소주, 라바타이는 1마리 양

i yali, emu kukuri arki, bidengtu emu honin i yali, emu kukuri arki,
고기·   1개의 편병의 소주,   비덩투는   1마리 양 고기·   1개의 편병의 소주,

bayartu emu honin i yali, emu kukuri arki, edeng emu kukuri arki,
바야르투는   1마리 양 고기·   1개의 편병의 소주,   어덩은 1개의 편병의 소주,

gendur emu kukuri arki, jaisang keoken emu kukuri arki, jirgalang
건두르는 1개의 편병의 소주,   자이상 커오컨은   1개의 편병의 소주,   지르갈랑은

emu honin i yali, emu kukuri arki, engkesen 45/46 emu honin i yali,
 1마리 양 고기·   1개의 편병의 소주,   엉커선은   1마리 양 고기·

emu kukuri arki, sangtu emu kukuri arki gajime jihe, arki yali
1개의 편병의 소주,   상투는 1개의 편병의 소주를 가지고 왔다. 소주와 고기를

gajihakū acanjihangge šanggiyabu, sangtu, eide, esentei, daicing,
가져오지 않고 만나러 온 자는 샹기야부· 상투· 어이더·어선터이·다이칭·

sanggarjai, borji, angga, sanggar, liyeliyet, tejingkei, dayan, ese han de
상가르자이·보르지· 앙가· 상가르· 리열리여트·터징커이· 다얀이다. 이들이 한을

acara de, aldangga niyakūrafi hengkileme acaha, ceni gajiha arki
만날 때에 멀리에서 무릎 꿇고   고두하며   만났다. 그들이 가져온 소주와

yali be han de angga isibuha, ese de 46/47 han emu honin wafi emu
고기를 한에게   입 대게 했다. 이들에게   한은 1마리 양을 잡고 1병의

malu arki tukiyefi sarilaha, han de morin jafahangge, neici emu morin,
소주를 권하여 잔치를 베풀었다. 한에게 말을 바친 자는, 너이치는 1마리 말,

gendur emu morin, šanggiyabu emu morin, eide emu morin, sangtu
건두르는 1마리 말, 샹기야부는 1마리 말, 어이더는 1마리 말, 상투는

emu morin, habagai emu morin, esentei sunja morin, emu morin de
1마리 말, 하바가이는 1마리 말, 어선터이는 5마리 말인데 1마리 말에는

enggemu tohoho bihe, daicing emu morin, sanggarjai emu morin, borji
안장을 채웠다. 다이칭은 1마리 말, 상가르자이는 1마리 말, 보르지는

emu morin, sebun darhan baturu juwe morin, angga emu morin,
1마리 말, 서분 다르한 바투루는 2마리 말, 앙가는 1마리 말,

sanggar emu 47/48 morin, mani cing baturu emu morin, jaisang emu
상가르는 1마리 말, 마니 칭 바투루는 1마리 말, 자이상은 1마리

morin, alikut juwe morin, edeng emu morin, tojiyan emu morin,
말, 알리쿠트는 2마리 말, 어덩은 1마리 말, 토지얀은 1마리 말,

tejingkei emu morin, engkesen juwe morin, jirgalang juwe morin,
터징커이는 1마리 말, 엉커선은 2마리 말, 지르갈랑은 2마리 말,

dorji juwe morin, bidengtu duin morin, emu temen, baihūndai emu
도르지는 2마리 말, 비덩투는 4마리 말· 1마리 낙타, 바이훈다이는 1마리

morin, labatai emu morin jafaha bihe, han tuwafi bidengtu i emu
말, 라바타이는 1마리 말을 바쳤다. 한은 보고 비덩투의 1마리

morin, jirgalang ni emu morin gaiha, jai 48/49 gūwa morin be coohai
말,   지르갈랑의 1마리 말을 받았다. 나머지   다른 말은   戰馬라고

morin seme hendufi gaihakū gemu bederebuhe,,
           말하고 받지 않고 모두 돌려주었다.

○ juwan emu de, ineku sira muren de aga agara jakade indehe,
    11일에,   그   시라 무렌에   비가 내렸기 때문에 묵었다.

tere inenggi aohan i bandi efu han de acara doroi ilan honin i yali,
 그 날   아오한의 반디 어푸가 한을 만나는 예로 3마리 양 고기·

emu ihan i buksu, ilan kukuri arki gajime jihe, acara de 49/50 han de
1마리 소의 엉덩이살· 3개의 편병의 소주를 가지고 왔다. 만날 때에   한에게

hengkilefi tebeliyehe, ini gajiha arki yali be han de angga isibuha,
 고두하고   포옹했다. 그가 가져 온 소주와 고기를 한에게   입   대게 했다.

han emu honin wafi sarilaha, bandi efu juwe morin jafaha bihe, han
한은 1마리 양을 잡아서 잔치했다. 반디 어푸는 2마리 말을   바쳤다.   한은

tuwafi coohai morin seme hendume gaihakū bederebuhe, ineku tere
 보고   戰馬라고   말하며   받지 않고 돌려주었다.   바로 그

inenggi, aru i angga tabunang, han de acame emu morin, emu ihan
 날,   아루의   앙가 타부낭이 한을 만나러 1마리 말· 1마리 소를

gajime jihe, han de hengkileme acaha, gajiha morin ihan be gaiha,
가지고 왔다. 한에게   고두하며   만났다. 가져온 말과 소를   받았다.

50/51 tere inenggi, naiman i hūng baturu, han de acame juwe kukuri
그 날   나이만의   홍 바투루는   한을   만나러 2개의 편병의

arki gajime jihe, han de acara de, hengkilefi tebeliyeme acaha, ini
소주를 가지고 왔다. 한을   만날 때에 고두하고   포옹하며   만났다. 그가

gajiha arki be han de angga isibuha, emu morin jafaha bihe,
가져온 소주를   한에게   입   대게 했다. 1마리 말을   바쳤는데

bederebuhe, angga tabunang, naiman i hūng baturu de han emu honin
돌려주었다.   앙가 타부낭·   나이만의 홍 바투루에게   한은 1마리 양을

wafi sarilaha, arki omibuha, tere inenggi, aru i sayang cooha gajime
잡아서 잔치했다. 소주를 마시게 했다. 그 날   아루의 사양이 병사를 이끌고

acanjiha, tere inenggi, dayang 51/52 ubasi cooha gajime acanjiha, jidere
만나러 왔다.   그 날   다양   우바시가 병사를 이끌고   만나러 왔다. 올

de, juwe morin gajiha bihe, emu morin gaiha, emke be bederebuhe,
때에 2마리 말을   가지고 왔다. 1마리 말은   받고   1마리는   돌려주었다.

han, sayang, dayang de emu honin wafi sarilaha, arki omibuha,,
한은   사양· 다양을 위해 1마리 양을 잡아서 잔치했다. 소주를 마시게 했다.

○ juwan juwe de, jagūn uda de deduhe, tere inenggi, sereng
    12일에,   자군 우다[7]에서 묵었다.   그 날   서렁

abagai i jui anggaljur, han de acame juwe morin, emu temen gajime
아바가이의 아들 앙갈주르가 한을   만나러   2마리 말·   1마리 낙타를 가지고

---

7 '자군 우다'(jagūn uda)는 지금 내몽고의 赤峰市이다. 扎滚烏達 혹은 昭烏達로 음사했다.

jihe, 52/53 han de acara de, aldangga emu jergi hengkilehe, han, arki
왔다.   한을   만날 때에 멀리에서   한번   고두했다.   한은 소주·

cai omibufi, jafaha temen morin be gaihakū bederebuhe, tere inenggi
차를 마시게 했다. 바친 낙타와 말을   받지 않고 돌려주었다.   그 날

juraka manggi, jugūn de seter juwe morin gajime han de acame jihe,
출발한   후에   길에서   서터르가 2마리 말을 가지고 한을   만나러 왔다.

acara de, aldangga emu jergi hengkileme acaha, morin be gaihakū
 만날 때에 멀리에서   한번   고두하며   만났다. 말을   받지 않고

bederebuhe, ineku tere inenggi, aru i bumba cūhur, bumba i jui guru
돌려주었다.   같은 그 날   아루의 붐바 추후르· 붐바의 아들 구루

taiji, sengge 53/54 taiji, juwe kukuri arki gajime han de acame jihe,
타이지· 셍게   타이지가 2개의 편병의 소주를 가지고 한을   만나러 왔다.

han de acara de, aldangga emu jergi hengkilehe, hanci ibefi hengkilefi
한을   만날 때에 멀리에서   한번   고두하고   가까이 나아가서 고두하고

tebeliyeme acaha, ini gajiha arki be han de angga isibuha, han emu
 포옹하며   만났다. 그가 가져 온 소주를 한에게   입   대게 했다. 한은 1마리

honin wafi sarilaha, arki omibuha, ere ilan nofi emte morin jafaha bihe,
 양을 잡아서 잔치했다. 소주를 마시게 했다. 이   3명은 1마리씩 말을   바쳤다.

54/53 han tuwafi coohai morin seme gaihakū gemu bederebuhe, tere
      한은 보고   戰馬라고 하며   받지 않고 모두   돌려주었다.   그

inenggi dayan, baha be, suweni morin bucembi, suwe kūwaran i tule
날　　다얀·　바하에게 "너희의　말이 죽어간다.　너희는　　營의　　밖

aldangga tata seme henduci, ojorakū marame han i adun i hanci tatara
멀리에서 숙박하라"라고 말했는데,　안된다고 거부하며 한의 목축무리 가까이에서 묵었기

jakade, han jili banjifi gasame hendume, mini niyaman fahūn i gese
때문에,　한은 화가 나서　원망하며 말하기를,　"내　　　　心肝과 같은

morin bikai, suwe ai uttu belembi seme hendume, tere juwe tatan i
말이다.　　너희는 왜 이리　해치는가?"라고　말하며,　그　2개　宿營의

nadan niyalma be jafaha bihe, 55/56 han, dayan, baha be gajifi labdu
　7명을　　　　　체포했다.　　　　한은　다얀·　바하를　데려와서 많이

toome becehe, juwe tatan i da jogoi, sasari be han ini beye tuwame
욕하고 질책했다. 두　宿營의 수령 조고이· 사사리를 한이　직접　　보고

etuku sufi niohušulebufi šusiha ume toloro elere be tuwame niyalma
옷을　벗겨 나체로 만들고　"채찍의　수를 세지 말라. 충분한 것을 보고　사람을

halame tanta seme tantabuha, jai sunja niyalma be ere sara aibi seme
교대해서 때려라"하고　때리게 했다. 나머지 5명은 "이들이 아는게 무엇이겠는가"라고

hendufi bai sindaha,,
말하고　그냥 놓아주었다.

tongki fuka sindaha hergen i dangse
點·圈을 찍은 문자의 檔子

susai juweci debtelin
52권

sure han i ningguci aniya duin biya
천총 6년 4월

tongki fuka sindaha hergen i dangse,,
點· 圈을 찍은 　 문자의 　 　 檔子

○ juwan ilan de, jagūn uda de indehe, tere inenggi, manjusiri
　13일에, 　 　 자군 우다에서 쉬었다. 　 이 날 　 　 만주시리

nakcu, han de acame ilan morin gajime jihe, han de acara de, aldangga
낙추가 　 한을 　 만나러 　 3마리 말을 　 가지고 왔다. 　 한을 　 만날 때 　 　 멀리서

emu jergi hengkilehe, hanci ibefi hengkilefi tebeliyeme acaha, acame
　한번 　 　 고두하고 　 가까이 나아가서 고두하고 　 포옹하며 　 만났다. 만나기를

wajiha manggi, ini gajiha morin be 1/2 han de tuwabuha, han juwe
　마친 후 　 　 그가 가져온 　 말을 　 　 한에게 　 보였다. 　 한은 2마리

morin be bederebuhe, emu morin be gaiha, ineku tere inenggi, aru i
　말을 　 　 돌려주고, 　 　 1마리 말을 　 받았다. 　 같은 　 그 날 　 　 아루의

dung daicing emu morin emu ihan juwan honin jafaha bihe, morin be
둥 다이칭이 1마리 말· 　 1마리 소· 10마리 양을 　 　 바쳤다. 　 　 말을

bederebuhe, ihan honin be gaiha, bambu cūhur emu morin sunja honin
　돌려주고 　 　 소· 양을 　 　 받았다. 　 밤부 추후르가 1마리 말· 　 5마리 양을

jafaha bihe, morin be bederebuhe, sunja honin be gaiha, manjusiri
　바쳤다. 　 말은 　 　 돌려주고 　 5마리 양은 　 　 받았다. 만주시리

nakcu, dung daicing, bambu, 2/3 ere ilan nofi de han emu honin wafi
낙추· 둥 다이칭· 밤부, 이 3명에게 한은 1마리 양을 잡아

sarilaha, han manjusiri nakcu de suwayan suje i emu sijigiyan, emu
잔치했다. 한은 만주시리 낙추에게 황색 비단의 1벌의 袍· 1벌의

suwayan olbo buhe, indehe inenggi, sira muren i liyoha i acaha bade,
황색 綿甲을 주었다. (한이) 쉬던 날, 시라 무렌과 遼河가 만나는 곳에

amargi ba ba i monggo gurun i goloi beise cooha gajime acanjifi,
북쪽 곳곳의 몽고국 지역의 버일러들이 군사를 데리고 만나러 오니,

wacihiyame jifi han de acara de, 3/4 han cacari cafi soorin de tehe,
모두 와서 한을 만날 때 한은 천막을 펼치고 御座에 앉았다.

teme wajiha manggi, aldangga emu jergi niyakūrafi hengkilehe, tusiyetu
앉기를 마치니 멀리서 한번 무릎 꿇고 고두했다. 투시예투

han julesi ibefi niyakūrafi hengkilefi tebeliyeme acaha, han inu tehe
한이 앞으로 나아가서 무릎 꿇고 고두하고 포옹하며 만났다. 한 또한 앉은

soorin ci aššafi karu niyakūrafi tebeliyefi, amasi soorin de bederefi
자리에서 움직여 답례로 무릎 꿇어 껴안고 뒤돌아 어좌로 돌아가

tehe manggi, tusiyetu han dasame niyakūrafi han, beise i elhe sain be
앉으니 투시예투 한이 다시 무릎 꿇고 한과 버일러들이 평안함을

ishunde fonjifi wajiha manggi, 4/5 acanjiha monggo beise ilhi ilhi
서로 묻기를 마친 후, 만나러 온 몽고 버일러들이 차례로

acame wajiha manggi, tusiyetu han be han ini adame hashū ergide
만나기를   마친 후,   투시예투 한을   한이 그와 나란히   왼쪽에

tebuhe, gūwa beise be musei beise i emgi suwaliyame tebuhe, esei
앉게 했다. 다른 버일러들을 우리 버일러들과 함께   섞어   앉게 했다. 이들에

sirame aru i beise hengkileme acaha, ese acame wajiha manggi, ini
뒤이어 아루의 버일러들이 고두하며   만났다. 이들이 만나기를   마친 후, 그가

gajiha arki de han de angga isibuha, angga isibume wajiha manggi,
가져온   소주를   한에게   입   대게 했다. 입을   대기를   마친 후

sun 5/6 dureng be amba beile i adame tebuhe, gūwa beise be musei
   순 두렁을   大 버일러와   나란히 앉게 했다. 다른 버일러들을 우리

beise i sirame tebuhe, ese acame wajiha manggi, han juwan ninggun
버일러에 뒤이어 앉게 했다. 이들이 만나기를   마친 후   한은   16마리

honin wafi sarilaha, sarin wajiha manggi, monggo i beise be, ba ba i
   양을   잡아 잔치했다. 잔치가   끝난 후   몽고의   버일러들을   지역별로·

gurun gurun i meni meni tebufi, ceni han de gajiha morin be tuwabuha,
   나라별로   각각   앉게 하고, 그들이 한에게 가져온   말을   보였다.

tusiyetu han uyun morin, 6/7 dumei beile uyun morin, butaci hatan
   투시예투 한은 9마리 말,   두머이 버일러는 9마리 말,   부타치 하탄

baturu seke dahū emke, duin morin, ilduci ilan morin, ukšan ilan
바투루는 초피 털가죽외투 1벌· 4마리 말,   일두치는 3마리 말, 욱샨은 3마리

morin, cahar i mergen beile emu morin, sereng taiji juwe morin,
말,　　차하르의　　머르건 버일러는 1마리 말,　　　서렁 타이지는　2마리 말,

tumet i weijeng emu morin, mujai juwe morin, dagūr hatan baturu
투메트의 워이정은　1마리 말,　　무자이는 2마리 말,　　　다구르 하탄 바투루는

emu morin, dorji ildeng emu morin, minggandari daicing emu morin,
1마리 말,　　도르지 일덩은　　1마리 말,　　　밍간다리 다이칭은　　1마리 말,

monggo i darhan hošooci emu morin, amba sanggarjai emu morin, 7/8
몽고의　　　　다르한 호쇼오치는　　1마리 말,　　암바 상가르자이는　　1마리 말,

sonom darhan taiji emu temen, juwe morin, g'arma daidarhan emu
　소놈 다르한 타이지는　1마리 낙타·　2마리 말,　　　가르마 다이다르한은 1마리

morin, sebun mergen taiji emu morin, bandi ilduci emu morin, esen
　말,　　서분 머르건 타이지는　　1마리 말,　　반디 일두치는　1마리 말,　　어선은

juwe morin, ajige sanggarjai juwe morin, sun dureng ilan morin,
　2마리 말,　　아지거 상가르자이는　2마리 말,　　순 두렁은　　3마리 말,

gumbushiyab juwe morin, som taiji emu temen, juwe morin, umbu
굼부스히얍은　　2마리 말,　　솜 타이지는 1마리 낙타·　2마리 말,　　움부

buku taiji emu temen, juwe morin, irjam emu temen, juwe morin,
부쿠 타이지는 1마리 낙타·　2마리 말,　　이르잠은 1마리 낙타·　2마리 말,

conohoi emu morin, baihūlai 8/9 emu morin, labatai emu morin, nagaju
초노호이는 1마리 말,　바이훌라이는　　1마리 말,　　라바타이는 1마리 말,　나가주는

emu morin, lamat emu morin, ajinda emu morin, erinca emu morin,
 1마리 말,   라마트는 1마리 말,   아진다는 1마리 말,   어린차는 1마리 말,

buyan emu morin, honici emu morin, ooba emu morin, lamashi duin
부안은 1마리 말,   호니치는 1마리 말,   오오바는 1마리 말, 라마스히는 4마리

morin, aldaci ilan morin, esenderi emu morin, corji juwe morin, jangki
말,   알다치는 3마리 말, 어선더리는 1마리 말,   초르지는 2마리 말,   장키는

juwe morin, weijeng sunja morin, ere uheri jakūnju ninggun morin,
 2마리 말,   워이정은 5마리 말로,   이들은 총   86마리 말·

duin temen, 9/10 han de gajiha bihe, han tuwafi gemu gaihakū
4마리 낙타를   한에게   가져왔다.   한은 보고   모두   받지 않고

bederebuhe, damu tusiyetu han i emu morin, ukšan nakcu i emu morin,
 돌려주었다.   다만   투시예투 한의   1마리 말,   욱샨 낙추의   1마리 말,

sun dureng ni emu morin, hatan baturu i emu morin, konggor mafa i
 순 두렁의   1마리 말,   하탄 바투루의   1마리 말,   콩고르 마파의

emu morin, ajige sanggarjai i emu morin, ere ninggun morin be gaiha,
1마리 말,   아지거 상가르자이의 1마리 말,   이   6마리 말을   받았다.

tere inenggi ba ba i cooha gemu wacihiyame isinjiha, dorgi tulergi
 그 날   곳곳의 군사가 모두   다   도착했다.   안팎의

cooha uhereme ainci 10/11 tob seme juwan tumen bi, amaga niyalma
군사가 모두 합쳐 아마도   정확히   10萬이었다.   후대의 사람들이

 만문노당 역주 2

aikabade tašan serahū,,
혹시 거짓말이라고 할까 걱정된다.

○ juwan duin de, boro ergide deduhe, tere inenggi aru i dalahai
　14일에,　　　　보로 쪽에서 묵었다.　그 날　　아루의 달라하이

taiji juwe kukuri arki gajime han de acame jihe, han de acara de,
타이지가 2개의 편병의 소주를 가지고 한에게 만나러 왔다.　한을　만날 때

aldangga emu jergi hengkilehe, hanci ibefi 11/12 hengkilefi tebeliyehe,
멀리서　한번　고두하고　가까이 나아가서　고두하고　포옹했다.

ini gajiha arki be han de angga isibuha, ilan morin emu temen
그가 가져온 소주를　한에게　입　대게 했다. 3마리 말·　1마리 낙타를

jafaha bihe, gaihakū bederebuhe, han arki cai omibufi unggihe, tere
가져왔다.　받지 않고 돌려주었다.　한은 소주와 차를 마시게 하고 보냈다. 그

inenggi dasi de han i buhengge, emu hilteri uksin saca, foloho enggemu
날　다시에게 한이　준 것은　1벌의 겉미늘 갑옷과 투구·　조각한 안장에

de aisin ijume emke, foloho loho de aisin ijume emke, suwayan suje i
금을 입힌 것 1개·　조각한 腰刀에 금을 입힌 것 1개·　황색 비단의

sijigiyan emke, juwan kiyan dambagu buhe, 12/13 tere inenggi tantang
袍 1벌·　10斤의 담배를　주었다.　그 날　탄탕

weijeng hiya i jui, emu honin i yali ilan kukuri arki gajime han de
워이정 히야의 아들이 1마리의 양 고기·　3개의 편병의 소주를 가지고 한에게

acame jihe, han de aldangga hengkileme acafi, ini gajiha yali arki be
만나러 왔다. 한에게 멀리서 고두하며 만나고, 그가 가져온 고기와 소주를

han de angga isibuha, han arki cai omibufi unggihe, tere inenggi
한에게 입 대게 했다. 한은 소주와 차를 마시게 하고 보냈다. 그 날

tusiyetu han i jui badari juwe morin, emu kukuri arki, sanggarjai hiya
투시예투 한의 아들 바다리가 2마리 말· 1개의 편병의 소주, 상가르자이 히야가

emu morin gajime 13/14 han de acame jihe, ini gajiha arki be han de
1마리 말을 가지고 한에게 만나러 왔다. 그가 가져온 소주를 한에게

angga isibuha, ere ilan morin be han tuwafi gaihakū bederebuhe, yali
입 대게 했다. 이 3마리 말을 한이 보고 받지 않고 돌려주었다. 고기를

tukiyefi arki cai omibufi unggihe, tere inenggi galju seter, han de
권하고 소주와 차를 마시게 하고 보냈다. 그 날 갈주 서터르가 한에게

emu morin benjihe, han tuwafi gaiha,, 14/15
1마리 말을 보내왔다. 한이 보고 받았다.

○ tere inenggi, turusi, seju, sarhūda, siteku, suldei, loosa, langkio,
그 날, 투루시· 서주· 사르후다· 시터쿠· 술더이· 로오사· 랑키오·

nusan, ere jakūn amban emu nirui juwete bayara be gaifi juleri helen
누산, 이 8대신이 1개 니루에 2명씩의 바야라를 데리고 앞으로 정보제공포로를

jafame genehe,,
잡으러 갔다.

○ tere inenggi, karun i niyalma, nimere niyalma be boode
　　그 날,　　　　정탐병 중에서　　병든　사람을　　　　집에

bederebuhe, ese de hoton de tehe beise de unggihe bithei gisun, han
　돌려보냈다. 이들에게　성에　머물고 있는 버일러들에게 보낸　글의　말,「한이

hendume, dzu dzung bing guwan aika gisun takūraha de, suwe karu
　말하기를,　　　祖 총병관이　　　　　만약　소식을　보내면　　　너희는

15/16 ume jabure, jihe niyalma be ume unggire, gaifi te, jai dalingho i
　　　대답하지 말라.　온　　사람을　　　보내지 말고 데리고 있어라. 또 大凌河의

nikan, monggo i beri sirdan muse gaiha, loho aika agūra bisirengge be,
　한인과　몽고인의　활과　화살은 우리가 빼앗았다. 腰刀(같은) 어떤 무기가 있는 것을

nikasa, monggoso i baru suwe ume fayara, han i medege isinjiha de,
　한인들과　몽고인들　　쪽에 너희는 팔지 말라.　"한의 소식이　　도착하면

suwembe gamambi kai seme jortai sartabume hendu, jai si uli efu de
　너희를　　데리러 갈 것이다"라고 일부러 지연시키도록 말해라.　또 시울리 어푸에게

hendufi, ini nikan cooha i sejen kalka, coohai agūra, etuku gūlha
　말하여　그의　漢軍의　　　방패차·　　무기·　　　의복· 신발 등

ai ai eden jaka be gemu wacihiyame dagilabu, cooha ba bade
　각종 부족한 물건을　모두　　다　　준비하게 하라. 군사가　곳곳에서

tenehe be gemu sambi, simiyan de 16/17 bisire coohai teile be jortai
　주둔하고 있는 것을　모두 안다.　瀋陽에　　　　있는　군사들만　　　일부러

dagilara algin tucibume dagila, ere bithe be gūwa de ume tuwabure,,
준비한다는 소문이 나도록　준비하라. 이 글을　　　다른 사람에게　보이지 말라.」

○ tere inenggi, ukšan nakcu de, han i etuhe emu šušu boco suje i
　그 날,　　　　육샨 낙추에게　　　한이　입은　　1벌의 紫色 비단

sijigiyan, emu beri buhe,,
　袍·　　　1개의 활을 주었다.

○ tofohon de, tusiyetu han de, emu morin de hokton i 17/18
　15일에,　　　투시예투 한에게　1마리 말에　　참나무로 된

šulihun burgiyen enggemu foloho hadala kūdarhan tohohoi, šahūn sese
뾰족한 안장머리 안장과　　조각한 굴레와 밀치(鞦)[1]를 채운 것·　옅은 흰색 金絲로

noho suje i sijigiyan de gecuheri kubume emke, emu šanggiyan i
　수놓은 비단 袍에 망단으로 테두리 한 것 1벌·　　　　1벌의 흰색

gahari buhe, buhe manggi han de hengkilehe, han arki cai omibufi
布衫을 주었다. 준　후에　　한에게　고두했다.　한은 소주와 차를 마시게 하고

unggihe, tere inenggi, aru i buyandai de menggun i moro ilan, foloho
보냈다.　그 날　　　아루의 부얀다이에게　　　　　　은 사발 3개·　조각한

umiyesun emke, foloho jebele emke, emu tuktuma uksin saca buhe,
　요대 1개·　　조각한 화살통 1개·　　1벌의 속미늘 갑옷과 투구를 주었다.

tere inenggi, 18/19 tusiyetu han i ahūn dumei beile be sakdaka,
　그 날　　　　투시예투 한의　　형　두머이 버일러를 "늙었다,

1　'밀치'(鞦)는 말의 꼬리 밑으로 둘러서 안장 뒤에 잡아맨 끈이다. 안장이 앞으로 쏠리지 않게 한다.

bederekini seme bederebuhe, dumei beile bederere de, han de emu
돌아가라"고   돌려보냈다.   두머이 버일러가 돌아갈 때   한에게 1마리

morin benjihe bihe, gaihakū bederebuhe, dumei beile de arki cai
말을   보내왔었다.   받지 않고 돌려주었다.   두머이 버일러에게 소주와 차를

omibufi unggihe, tere inenggi, haljan de deduhe, tere yamji hatan
마시게 하고 보냈다.   그 날   할잔에   묵었다.   그날 밤   하탄

baturu de han i etuhe emu suje i sijigiyan buhe, tere yamji hatan
바투루에게 한이   입은   1벌의 비단 袍를   주었다. 그 날 밤   하탄

baturu juwe morin, laman taiji, sereng taiji, daidarhan 19/20 taiji,
바투루가 2마리 말을,   라만 타이지· 서렁 타이지· 다이다르한   타이지·

sanggarjai taiji ere duin nofi neneme culgan i inenggi juwete morin
상가르자이 타이지, 이 4명이   앞서   會盟의   날에   2마리씩의 말을

jafaha be gaihakū bederebuhe bihe seme jai dasame benjihe manggi,
바친 것을 받지 않고   돌려주었다고   또   다시   보내오니,

han tuwafi sanggarjai taiji i emu morin be gaiha, jai gūwa morin be
한이 보고 상가르자이 타이지의 1마리 말을   받았다. 또 다른   말은

gaihakū bederebuhe, tere inenggi, ajinda, hatan baturu emu morin,
받지 않고 돌려주었다.   그 날   아진다· 하탄 바투루가   1마리 말,

erinca taiji emu morin jafaha bihe, 20/21 han tuwafi gaihakū
어린차 타이지가 1마리 말을 바쳤다.   한은   보고서 받지 않고

bederebuhe,,
돌려주었다.

○ juwan ninggun de, haljan de bele werire de, jakūn gūsa de,
　　　16일에,　　　　　　할잔에　　쌀을　남겨둘 때,　　팔기에서

poo sindara niyalma emu gūsade duite, emu nirui juwete jafaha[2] karun
　　炮手는　　　　　　　　1개 구사에　4명씩·　1개 니루에　2명씩의 보병·　정탐병

i jakūnju niyalma, gūsa ton i emte daise werihe, ere uheri de ejen,
　　80명·　　　　구사마다　1명씩의 代子를 남겨두었다. 이 모두에게 주인으로,

dashūwan gala de dungsan, jebele 21/22 gala de yambulu be amban
　　左翼에　　　　둥산,　右翼에　　　　　　암불루를　　대신으로

arafi werihe,,
삼아 남겨두었다.

○ tere cimari, korcin i tusiyetu han i ahūta deote geren beise,
　　그 날 아침,　코르친의　투시예투 한의　형들·동생들·여러 버일러들·

jarut, aohan, naiman, aru, golo golo i monggo i tanggū beise be isabufi,
자루트·아오한·　나이만·아루,　각지의　　몽고　　100명의 버일러들을 모아서

han hendume, tusiyetu han ini adun be hairandarakū, coohai niyalma
한이　말하기를　"투시예투 한은 그의 목축을 아까워 하지 않고　병사들에게

de salame bufi cooha ambula jihebi, <u>ukšan de bi 22/23 majige, ukšan de</u>
나누어　주고　병사가 많이　왔다. 욱샨에게　내가　　조금,　　욱샨에게

2　'jafaha'는 'yafaha'의 誤記로 생각된다.

bi majige ushambi,[3]   tusiyetu efu i mujilen unenggi akdun, jirgaci sasa
내가 조금   섭섭하다.   투시예투 어푸의 마음은   진실로 믿을만하다. 기쁠 때도 함께,

joboci sasa seme yabumbi, jarut i beise inu unenggi kiceme yabumbi,
 힘들 때도 함께 라며 행동한다. 자루트의 버일러들 역시 진실로   힘써   행한다.

barin i beise suwe minde nikeme jifi cooha de yabuci kicerakū, morin
 바린의 버일러들 너희는 나에게 의지하러 와서   出兵해도   힘쓰지 않고   말을

salafi yaluburakū, yaburengge amtan akū oci, suweni duwali kalka i
 나누어 타게 하지 않고   出兵에   관심이 없어서,   너희와 한 패인 칼카의

beise be cahar gamafi wahangge inu bi, eigen sargan be faksalahangge
 버일러들을 차하르가 데려가서 죽인 것도 있고,   夫婦를   떨어뜨린 것도

inu bi, jušen be gemu gaifi emhun 23/24 beye obuhangge inu bikai, bi
 있고, 屬民을   모두 데려가 (주인을) 홀몸이   되게 한 것도 있다.   나는

uhereme doroi jalin de kiceki sembi dere, cahar mini hecen de isinjire
 모두   道를 위해   힘쓰겠다고 말하는 것이다. 차하르가 나의 성으로 과연 오겠는가?

mujanggao, bi tede gelere mujanggao, seter si nimembi serengge ai
            내가 그들을 과연 무서워하겠는가? 서터르 너는 아프다고 하는데 어디가

---

3   [簽註] gingguleme kimcici, ukšan de bi majige, ukšan de bi majige ushambi sere gisun, eici fe
    dangse de ursuleme araha, eici mudan gaime gisurere babe baicara ba akū ofi, da songkoi sarki-
    yaha,,
    삼가 고찰하건대 'ukšan de bi majige, ukšan de bi majige ushambi'(욱샨에게 내가 조금, 욱샨에게
    내가 조금 섭섭하다)라는 말은 혹은 舊 檔子에서 중복해서 쓴 것인지 혹은 운율에 맞추어 말한 것인
    지를 찾을 수가 없기 때문에 원래대로 베껴 적었다.

nimeku, doro be gūnirakū arki be dele arafi yabuhai arki de amcabuha
아픈가?　　도를　생각하지 않고 소주를 귀하게 여기고 마시다가　소주에　잡힌 것이다."

kai,, jai aru i beise i baru hendume, suwe cahar de bošobufi mimbe
　　　또 아루의 버일러들을 향하여 말하기를, "너희는 차하르에게　　쫓겨　　　나를

baime jihe ci ebsi, jing kemuni hanci nukte seci, suwe mini gisun be
　찾아　　온　　이래　　계속　그대로 가까이에서 유목하라고 해도 너희는 나의 말을

24/25 yohindarakū, goro nuktefi cahar de gaibuha, tere gaibuha jaka be,
　　　무시하고　　　멀리서 유목하여 차하르에게　　빼앗겼다.　그　　빼앗긴 물건을

cahar holtome nikan de jušen i cooha dosika amala, bi jušen i bade
차하르가 거짓으로 명에게 "주선의　　병사가　　침입한 후　　내가　주선의 땅에

dosifi baha jaka seme benehe sere, tere inu mimbe gebuleme terei
들어가 얻은 물건이다"라고　　보냈다고 한다. 그들(차하르)은 나를　　가리켜　　그들이

gurun be sucufi bahangge seme alambi kai, minde nikehe gurun
(우리)나라를 습격하여 얻은 것이라고 (명에)보고할 것이다. 나에게 의지한 백성을

gaibuci, bi korsorakūn, suweningge be cahar sucufi gamafi suwe
빼앗기면 내가 분하지 않겠는가?　너희 것을　　차하르가 습격하여 데려가면 너희는

korsome, han i kesi de karu 25/26 gaiki seme ainu gūnirakū, morin be
　분개하며 "한의　　은혜에 보답하여　　되찾겠다"라고　　어찌 생각하지 않는가? 말을

ainu salafi yaluburakū, cooha ainu ambula tuciburakū, suweni ere weile
어찌 나누어 타게 하지 않는가? 군사를 어찌　　많이　내보내지 않는가? 너희의 이 죄를

be bi amasi jifi baicambi, aohan, naiman i beise yaya ci neneme
나는 돌아가서 조사할 것이다.   아오한· 나이만의 버일러들은 누구보다 앞서

mimbe baime jihe, jinong, simiyan de tehebi, bandi ajigen, hūng baturu
나를   찾아 왔다.   지농은 瀋陽에 주둔하고 있다. 반디는 어리다. 훙 바투루

sini beye, gurun i emgi bi, suwe barin ci jaci yebe mujangga, ambula
네 자신은 백성들과 함께 있다. 너희가 바린보다 훨씬 나은 것은 사실이지만 크게

sain seci ojorakū, suweni ere golo golo i 26/27 beise i sain ehe be,
좋다고 할 수는 없다.   너희들, 이   각지의   버일러들의 좋고 나쁨은

cooha bederehe manggi gisureki, bi ya niyalmai sain hehe be durime
  회군한 후에   의논하겠다. 내가 어떤 사람의 좋은 여자를   빼앗아

gaihao, sain morin be ejen de fonjirakū gidašame gaihao, sain niyalma
취했는가? 좋은 말을   주인에게 묻지 않고   부당하게 취했는가? 좋은 사람을

be beise ci faksalafi bi dahabuhao, unenggi tenteke mujilen i yabuci,
버일러들로부터 떨어뜨려 나를 따르게 했는가? 진실로   그런   마음으로   행동하면

bi abka de gelerakūn, mini uttu gūnime yabure be, mini hendure
내가 하늘에게 두렵지 않겠는가? 내가 이렇게 생각하고 행동하는 것을 내가 말하기

anggala, suweni cisui saci ombikai, mini joborongge, meni 27/28 jakūn
전에   너희 스스로 알 수 있을 것이다. 내가 괴로운 것은   우리   팔기의

gūsai beise minde sabuburakū, aikabade suweni sain morin sain jaka be
  버일러들이 나에게 알리지 않고   혹시   너희의 좋은   말과 좋은 물건을

gidašame gaijarahū seme gūnimbi, suweni juwe ejen i ishunde
속이고   빼앗을까 하여 걱정이다. 너희의 두 주인이   서로

cihangga be tuwame <u>anda sadun</u>[4] seme gaime bume yabu, cihakū be
원하는 것을   보고 친구나 사돈으로   주고   받으라. 원하지 않는 것을

ume bure, horon i gelebuci, minde ala seme henduhe manggi, gemu
주지 말라. 무력으로 위협하면 나에게 보고하라"라고 말하니,   모두

mujangga seme uju gehešeme alime gaiha, emu ihan wafi sarilaha,
옳다고   하며 머리를 끄덕이고   받아들였다. 1마리 소를 잡아 잔치했다.

sarin wajiha manggi, sun dureng de 28/29 emu tuktuma uksin saca,
잔치가 끝난 후   순 두렁에게   1벌의 속미늘 갑옷과 투구·

acinggiyame foloho enggemu hadala emke, foloho jebele dashūwan
움직이는 듯 조각한 안장과 굴레 1개·   조각한 화살통과 활집

emke, amba suwayan suje de gecuheri kubuhe puse noho sijigiyan emke
1개·   큰 황색 비단에 蟒緞으로 테두르고 흉배가 있는 袍 1벌을

buhe, dalai cūhur i jui mujang de emu tuktuma uksin saca, foloho
주었다. 달라이 추후르의 아들 무장에게   1벌의 속미늘 갑옷과 투구· 조각한

enggemu hadala emke, foloho jebele dashūwan emke, amba suwayan
안장과 굴레 1개·   조각한 화살통과 활집 1개·   큰 황색

---

4 [籤註] gingguleme baicaci, fe manju gisun i bithede, anda sadun seme gaime bume yabu sere gisun
uthai gucu niyaman jafame yabu sere gisun inu, hajilaki sere gūnin sehebi,,
삼가 찾아보니 『舊淸語』에서 'anda sadun seme gaime bume yabu'(친구나 사돈으로 주고 받으라)라
는 말은 곧 'gucu niyaman jafame yabu'(친구나 인척의 관계를 맺으라)는 말이고, 'hajilaki'(가까이 지
내자)라는 뜻이라고 했다.

suje i sijigiyan de genggiyen kubume emke buhe,, 29/30
　비단 袍에 푸르고 무늬없는 비단을 테두른 것 1벌을 주었다.

○ tere inenggi, mergen daicing beile i sehepe, jai emu monggo
　그 날,　　　　머르건 다이칭 버일러의 서허퍼와　또　1명의 몽고인이

ukambi seme songgotu de gercilefi waha, tere inenggi, ajige haljan de
도망친다고　　　송고투에게 고발하여 (도망자를) 죽였다. 그　날,　　아지거 할잔에서

deduhe, tere yamji, juleri karun genehe turusi, loosa, monggo i samsifi
묵었다.　　그날 밤,　　　앞서 초탐으로 갔던　　투루시·로오사가 몽고의　　흩어져

bihe haha emu tanggū, hehe juse emu tanggū funceme, jakūn morin
있던　장정 100명·　　　　부녀자와 아이 100명 남짓·　　　8마리 말을

bahafi, tere feniyen i juwe yebken niyalma be, musei jakūn gūsai jakūn
얻어　그　무리에서　2명의 뛰어난　사람을　　　우리의　八旗의　8명이

niyalma gajime han de medege alanjime isinjiha, tere yamji
　　데리고　한에게　소식을 고하러 와서 도착했다.　그날　밤

tusiyetu han de emu beri buhe,,
투시예투 한에게　1개의 활을 주었다.

○ juwan nadan de, kara muren de deduhe, tere yamji angga
　　17일에,　　　카라 무렌에서 묵었다.　　　그날　밤　　앙가

tabunang de suwayan suje i sijigiyan emke, lamun suje i camci emke,
타부낭에게　　　　　황색 비단의 袍 1벌·　　　남색 비단의 여자속옷 1벌·

foloho 31/32 enggemu hadala emke, foloho jebele dashūwan emke, seleme
조각한   안장과 굴레 1개씩·   조각한 화살통과 활집 1개씩·   단도

emke, iolehe suje i iodan emke buhe, coshi de emu tuktuma uksin
1개·   기름먹인 비단 비옷 1벌을   주었다. 초스히에게 1벌의 속미늘 갑옷과

saca, emu menggun i cara, foloho jebele dashūwan, suwayan suje i
투구·   1개의 은 술잔·   조각한 화살통과 활집·   황색 비단의

sijigiyan emke, foloho umiyesun emke buhe, dayan ubasi de tuktuma
袍 1벌·   조각한 요대 1개를   주었다.   다얀 우바시에게   속미늘

uksin saca emke, foloho umiyesun emke, menggun i cara emke
 갑옷과 투구 1벌·   조각한 요대 1개·   은 술잔 1개를

buhe,, 32/33
주었다.

○ juwan jakūn de, hana hada de deduhe, tere inenggi turusi,
    18일에,   하나 하다에서 묵었다.   그 날   투루시·

loosa juleri jifi dahabuha tanggū isire monggo be kara muren bira de
로오사가 먼저 와서 항복시킨   100명에 이르는 몽고인을   카라 무렌 江에

werihe, erebe werire de mukūn i ambakan taibuho, donoi, batun, anak
남겨두었다. 이들을 남겨둘 때 일족의   大人   타이부호· 도노이· 바툰·   아낙,

ere duin niyalma be gajifi, han hendume, suwe ubade bisu, be amasi
이   4명을   데려오자 한이 말하기를, "너희는 여기에 있으라. 우리는 돌아

jimbi, suwe 33/34 balai ume ehe mujilen jafara seme hendufi, han emu
온다.   너희는   함부로   나쁜 마음을 먹지 말라"라고   말하고   한이 1마리

honin bufi werihe,,
양을   주고   남겨두었다.

○ tere inenggi, gūlmahūn de feksihe seme gulu fulgiyan i
   그 날,   토끼에게   달려갔다고   正紅의

haksaha nirui borsun i booi niyalma be, han i juleri amban balai
학사하   니루의 보르순의   家人을   한의 앞에서 대신이 망녕되이

galai ninggun yoro yordoho,, 34/35
직접   6발의   고도리살을 쏘았다.

○ tere inenggi, han, juwe honin wafi monggoi, minggandari,
   그 날,   한이   2마리 양을 잡아   몽고이·   밍간다리·

sereng, g'arma taiji, sanggarjai, ajinda, sanjin, bandi, labashi, ere uyun
서렁·   가르마 타이지· 상가르자이·   아진다· 산진· 반디· 라바스히, 이 9명을

niyalma be boode dosimbufi sarilaha,,
            집으로   들여   잔치했다.

○ tere dobori darhan efu booi fe juwe monggo ninggun sain
   그날   밤,   다르한 어푸 집의 옛 2명의 몽고인이 6마리의 좋은

morin gamame ukaka, tere ukanju isinafi 35/36 cahar gemu burulafi,
말을 데리고 도망쳤다. 그 도망자가 (차하르에) 도착했는데 차하르가 모두 도주하고,

amcahakū ofi cooha ambula joboho,,
추격할 수 없어 (우리)군이 크게 고생했다.

○ juwan uyun i cimari, yasa kirui sarin be gūlmahūn de feksire jakade,
　　19일　　　아침,　　야사 키루의 사린이　　토끼에게　　　달려갔으므로

kiru ejen yasa yordohobi, sarin, karu kiru ejen be šusihalaha
키루 어전 야사가 고도살을 쏘았는데 사린이 보복으로 키루 어전을 채찍으로 때렸다고 하여

seme sarin be dehi šusiha tantaha, tere inenggi yentu de deduhe, tere
　　사린을　　40대 채찍으로 때렸다.　　그 날　　　연투에서　　묵었다.　　그날

yamji emu gūsai gocika 36/37 bayara sunjata be neneme genehe turusi,
밤　　　1개 구사의　親隨　　　　바야라 50명씩을　　　먼저　　간　투루시·

loosa de nonggime unggihe, tere yamji juwe honin wafi, ini gūsai tui
로오사에게 증원해　　보냈다.　　그날 밤　　2마리 양을　　잡아　그의 구사의 纛의

ejete, kirui ejete, monggo i taijisa be sarilaha, tere sarin de dalai
어전들· 키루의 어전들· 몽고의 타이지들에게 잔치를 베풀었다.　그 잔치에　달라이

cūhur jihe bihe, tere yamji galju seter emu morin be han de benjihe
추후르가 왔었다.　　그날 밤　　갈주 서터르가 1마리 말을　　　한에게　보내왔다.

bihe, han yalume tuwafi gaiha,, 37/38
　　한이　　타보고　　　취했다.

○ orin de, erde jurafi halha de udelehe, tere inenggi baru birai
　　20일에, 아침 일찍 출발해 할하에서 중도에 점심을 먹었다. 그 날 바루 강의

angga de deduhe,,
입구에서　묵었다.

○ orin emu de, gerei bira de deduhe, tere yamji geren taijisa
　21일에,　　　거러이 江에서　묵었다.　그날 밤　여러 타이지들과

gūsai ejete, han i jakade jihe bihe, 38/39 han emu honin wafi sarilaha,,
구사의 어전들이 한이 있는 곳으로 왔다.　　　　한이 1마리 양을　잡아 잔치했다.

○ orin juwe de, hinggan be dabafi dal omo i gungguri bira de
　22일에,　　　　힝간을　넘어　달 호수의　궁구리 江에서

deduhe, tere yamji emu gūsai emte amban, gulu suwayan i oboi,
묵었다.　그날 밤　1개 구사에 1명씩의 大臣인　正黃의 오보이·

kubuhe suwayan i haningga, gulu fulgiyan i lioha, kubuhe fulgiyan i
　鑲黃의 하닝가·　　　　正紅의 리오하·　　　　鑲紅의

ilemu, gulu lamun i ulai, kubuhe lamun i 39/40 baduri, gulu šanggiyan
일러무·　正藍의 울라이·　鑲藍의　바두리·　正白의

i asan, kubuhe šanggiyan i singne, ese de emu gūsade emte kirui
　아산·　鑲白의 싱너,　　　이들에게 1개 구사에 1명씩의 키루

ejen, emu kirui emte bayara be tucibufi neneme genehe turusi, loosa
어전· 1개 키루 당 1명씩의 바야라를　내보내서 먼저　간 투루시· 로오사

de nonggime unggihe, tere dal omo, šurdeme jakūnju ba bi, dergi
에게 증원해　보냈다.　그 달 호수는　둘레가　80里이다. 동쪽과

wargi ci ilan bira dosikabi, omo i muke hatuhūn omici ojorakū, simiyan
서쪽에서 3개의 강이 들어간다. 호수의 물이 소금기가 있어 마실 수 없다.   瀋陽

ci emu minggan juwe tanggū ba bi, 40/41 tere mudan de cooha geren
으로부터   1,200里에   있다.   그 때에   군사가 많아서

ofi, emu inenggi dehi ba susai ba yabuha,,
     하루에   40里 － 50里를   행군했다.

○ orin ilan de, dure bira de deduhe, (dure serengge, tufun be,,)
   23일에,   두러 江에서   묵었다.   ('두러[5]라는 것은 鐙子이다.)

tere inenggi, emu gūsai emte niyalma de, beise i juwete morin yalubufi
그 날,   1개 구사의 1명씩의 사람에게   버일러들의 2마리씩의 말을 타게해서

helen jafa, songko faita seme unggihe, ere unggihe niyalmai gebu,
정보제공포로를 잡고, 흔적을 탐색하라고 보냈다. 이 보낸   사람의   이름은

41/42 gulu suwayan i langsai, kubuhe suwayan i tuji, gulu fulgiyan i
         正黃의 랑사이·   鑲黃의 투지·   正紅의

bodoi, kubuhe fulgiyan i bebuhe, gulu lamun i dodohoi, kubuhe lamun i
보도이·   鑲紅의 버부허·   正藍의 도도호이·   鑲藍의

budai, gulu šanggiyan i belhetai, kubuhe šanggiyan i corci, korcin i
부다이·   正白의 벌허타이·   鑲白의 초르치·   코르친의

tusiyetu efu i emu ba sara monggo, uheri uyun niyalma genehe, tere
투시예투 어푸의 1명의 지역을 아는 몽고인,   총   9명이   갔다.   그

---

5 'dure'는 鐙子를 의미하는 몽골어 dörüge의 만주식 표기이다.

inenggi dosifi dure de isitala emu hoihan aba sindaha, tere hoihan de,
날   들어가서 두러에 이르기까지 1개의 圍場 몰이사냥대열을 쳤다. 그 圍場에서

han sunja jeren waha, tere inenggi, cahar ci emu monggo 42/43 yafahan
한이 5마리의 黃羊을 죽였다. 그 날,   차하르로부터 1명의 몽고   보병이

ukame jihe, ukanju de fonjici, ukanju alame, sure han i cooha jidere be,
도망쳐 왔다.   도망자에게 물으니 도망자가 고하기를, "수러 한의 군대가 오는 것을

ninggun morin i juwe ukanju alanafi, cahar i han golofi ini
 6마리 말을 가져온 2명의 도망자가 알려오자, 차하르의 한이 두려워 그의

baising ni juwe ihan ci fulu bisire gamaci ojoro niyalma be gemu
바이싱(城)[6]의 2마리 소보다 많이 가진,   데려갈 수 있는 사람을   모두

gamame, kuke deresu sere gebungge bade burulame genehe, dal omo
데려가   쿠커 더러수   라는   곳으로 도망쳐   갔습니다.   달 호수

ci geneci biyai dubede isinambi seme alaha,, 43/44
에서 가면   이달 말에나   도착합니다"라고 고했다.

○ orin duin de, dure bira de indehe, tere inenggi galju seter,
 24일에,   두러 강에서 묵었다.   그 날   갈주 서터르가

han de juwe morin jafaha bihe, han tuwafi emu morin gaiha, emu
한에게   2마리 말을   바쳤다.   한이 보고   1마리 말은 취하고,   1마리

---

6 'baising'은 몽고인의 텐트가옥(게르)이 아닌 고정가옥을 부르는 말이다. 그 유래는 바이싱(百姓) 즉
   漢人農民을 가리키는 말에서 비롯되었고, 가옥에서 의미가 확대되어 촌락 혹은 城을 가리키기도 한
   다. 한어로 板升으로 음사되었다.

morin bederebuhe, tere inenggi jakūn gūsade hasan, ubai de emu jalan i
말은 돌려주었다. 그 날 八旗에서 하산·우바이에게 1잘란에

juwete niyalma be adabufi, neneme genehe turusi, loosa, asan be 44/45
2명씩의 사람을 붙여서 먼저 간 투루시·로오사·아산을

amcame ganabuha, ganaha turgun, cahar ainaha seme muse de
쫓아가서 데려오게 했다. 데려온 이유. 「차하르가 어떻게 해도 우리와

alirakū, muse tere be amcaci tere kemuni casi burulambi, musei morin
응전하지 않고 우리가 그를 쫓으면 그는 또 저쪽으로 도망간다. 우리의 말이

macuha, bele wajiha, te baising ni baru geneki seme amcabuha,,
쇠약해졌고 곡식도 다했다. 지금 바이싱(城)을 향해 가자」하고 쫓아가게 했다.

○ orin sunja de, urtu de deduhe, tere inenggi kūrcan baksi de
　 25일에, 우르투에서 묵었다. 그 날 쿠르찬 박시에게

emu gūsai gocika juwete 45/46 bayara be adabufi coohai juleri karun
　1개 구사에 親隨 2명씩 바야라를 붙여서 군대에 앞서 초탐으로

unggihe,,
보냈다.

○ orin ninggun de, erde jurafi namu buyanggo de udelehe, tere
　 26일에, 아침에 출발해 나무 부양고에서 중도에 식사했다. 그

inenggi hūrahū de deduhe,,
날 후라후에서 묵었다.

○ orin nadan de, hūrahū de indehe, tere inenggi dal omo ci helen
27일에,　　　후라후에서　묵었다.　그 날　달 호수로부터 정보제공포로를

jafame genehe langsai, tuji, 46/47 bebuhe, bodoi, dodohoi, budai, belhetai,
잡으러　간　랑사이·투지·　버부허·보도이·도도호이·부다이·벌허타이·

corci, tusiyetu efu i emu monggo, ere uyun niyalma holhorin gol, gahai
초르치·투시예투 어푸의 1명의 몽고인,　이　9명이　홀호린 골·가하이

elesu de isitala geneci, umai songko bahakū jihe, tere inenggi, ajige
얼러수까지　갔는데　전혀 흔적을 찾지 못하고 왔다.　그 날,　아지거

sanggarjai, gumbushib, esei jafaha emte morin be han gaiha bihe,
상가르자이·　굼부스힙　이들이 바친 1마리씩의 말을　한이 취했다.

morin i jalin de ajige sanggarjai de tuktuma uksin saca emke, foloho
말을 바친 이유로 아지거 상가르자이에게　속미늘 갑옷과 투구 1벌·　조각한

jebele dashūwan emke, 47/48 han i etuhe suje i sijigiyan emke, foloho
화살통과 활집 1개씩·　　한이 입었던 비단 袍 1벌·　　조각한

umiyesun emke buhe, gumbushib de hilteri uksin saca emke, foloho
요대 1개를 주었다. 굼부스힙에게　겉미늘 갑옷과 투구 1벌·　조각한

jebele dashūwan emke, foloho seleme emke, han i etuhe suje i sijigiyan
활통과 화살집 1개씩·　　조각한 단도 1개·　한이 입었던 비단 袍

emke, foloho umiyesun emke buhe,,
1벌·　조각한 요대 1개를　주었다.

○ orin jakūn de indefi, jušen, monggo, nikan, geren coohai beise
　　28일에,　　　쉬면서　주션·　몽고·　　한인　여러 군대의 버일러들과

ambasa, coohai niyalma be isabufi, 48/49 hūlafi wasimbuha bithei gisun,
대신들과　　　병사를　　　모아서　　　　낭독해 내린　　　글의　말.

han hendume, cooha dosika bade iselere burulara niyalma be wa,
「한이 말하기를,　　“군대가　들어간 곳에서 저항하거나 도주하는 사람을　　죽여라.

iselerakū niyalma be ume wara, jai eigen, sargan be ume faksalara,
저항하지 않는 사람을 절대 죽이지 말라. 또　　부부를　　　　　떨어뜨리지 말라.

olji dendere onggolo, hehe ume dedure, eigen sargan be faksalaci, hehe
포로를 나누기　전에　　여자를　　범하지 말라.　부부를　　　떨어뜨리거나 여자를

deduci, wara weile, iselerakū niyalma be waci, etuhe etuku be sume
범하면　죽을 죄이다. 저항하지 않는 사람을　죽이거나　입은 옷을　　　벗겨서

gaici, olji faitafi gerci de bumbi, tuhere an i tantambi, 49/50 ulgiyan
취하면 노획을 삭감해 고발자에게 준다.　처벌할 규정대로 때린다.　　　　　돼지와

coko be wara dabala, honin niman ci wesihun ume wara, waci, ineku
닭만을　　죽이고　　　　양과　산양　이상은　　죽이지 말라. 죽이면 그만큼

olji faitafi gerci de bumbi, tuhere an i tantambi, miyoo be ume efulere,
노획을 삭감해 고발자에게 준다.　처벌할 규정대로 때린다.　　廟를　　파괴하지 말라.

miyoo de jukteme sindaha ai ai jaka be ume necire, jurceci, wara
　廟에　　　제사지내러 놓은　　어떤 물건도 범하지 말라.　　　어기면　죽을

weile, miyoo de bisire hūwašasa be ume necire, terei aike jaka be
죄이다.　　廟에　있는　　和尙들을　　범하지 말라.　그들의 어떤 물건도

ume gaijara, hūwašasai ton be ejefi alanju, miyoo de hetu 50/51 dosika
취하지 말라.　화상들의　수를　기록해 고하라.　廟에　함부로　　들어간

niyalma, ulha bici gaisu, miyoo i boode ume tatara, ere bithei songkoi
사람과　가축이 있으면 취하라.　　廟의　건물에서 숙박하지 말라.”」이 글 그대로

monggo bithe arafi, korcin, jarut, aru, aohan, naiman, karacin, jalait,
　몽고　　글로 써서 코르친·　자루트·아루·아오한·　나이만·카라친·잘라이트

mukūn mukūn i ejete de emte bithe buhe, tere inenggi, kubuhe lamun
　일족들의　　수장들에게 하나씩 글을 주었다.　　그 날,　　鑲藍의

i naige nirui tungse, ini sargan i dancan hūda jihe sibe i niyalma be
　나이거 니루의 퉁서가　그의　아내의　친정에서　장사하러 온 시버의　사람을

kutule jafabufi gajihabi, tere niyalma be bele hūlhaha turgunde, sibe i
쿠툴러 일을 시켜서 데려왔었다.　그　사람이　　쌀을　훔쳤다는 이유로　시버의

niyalma be 51/52 waha, tungse be ice niyalma be fonjihakū gajiha
　사람을　　　　죽였다.　퉁서를　새로운 사람을　　묻지 않고 취했다는

turgunde, tanggū šusiha tantafi oforo šan tokoho, kubuhe fulgiyan i
이유로　　100대　채찍으로 때리고　코와 귀를 뚫었다.　　　鑲紅의

laiju nirui baisai, kangkalai nirui hife, naiman i banjin taiji dodo,
라이주 니루의 바이사이·캉칼라이 니루의 히퍼·나이만의　반진 타이지 도도·

labasihi, bulaktai ere sunja niyalma, turusi, loosa juleri jifi dahabuha
라바시히·불락타이, 　이 5명이 　투루시와 로오사가 먼저 와서 복속시킨

monggo i nadan mucen, niohe sukū emke, dobihi juwan durime gaiha
몽고인의 　7개의 솥· 　늑대 가죽 1장 　여우가죽 10장을 빼앗아 취한

be monggo alanjifi, dalafi durihe dodo, baisai be waha, 52/53 labasihi,
것을 몽고인이 와서 알리자, 주동하여 빼앗은 도도· 바이사이를 죽였다. 　라바시히·

hife be tanggūta šusiha tantafi oforo šan tokoho, bulaktai be tanggū
히퍼를 　100대씩 　채찍으로 때리고 　코와 귀를 뚫었다. 　불락타이를 　100대

šusiha tantaha, oforo šan be ini ama i gung de waliyaha, ere be
채찍으로 때렸다. 　코와 귀(를 찌르는 형벌)는 그의 부친의 功으로 면해주었다. 이를

baicahakū turgunde, jalan i ejen boršan de tuhere an i weile, laiju,
조사하지 않았다는 이유로 잘란의 어전 보르샨에게 처벌할 규정의 贖을, 라이주·

kangkalai de tuhere an i weile gaimbi, gulu suwayan i dahai nirui
캉칼라이에게 　처벌할 규정의 贖을 취했다. 　正黃의 　다하이 니루의

abuna, ninggucin nirui fiose, ere juwe niyalma tusiyetu efu i monggo i
아부나· 　닝구친 니루의 피오서, 이 두 사람이 　투시예투 어푸의 몽고인의

hadala hūlhaha be, ejen 53/54 takafi šajin de alafi angga jayaha, gulu
굴레를 훔친 것을 　어전이 　알고 법관에게 알려 입을 베었다. 正白의

šanggiyan i kakduri nirui cona, kaoto, tesu, tusiyetu efu i monggo i
　칵두리 니루의 　초나· 카오토·터수가 투시예투 어푸의 몽고인의

sideri hūlhaha be, monggo jafafi šajin de alafi, ilan niyalma be borbo
지달을 훔친 것을 몽고인이 잡아서 법관에게 알리자   3명의   발꿈치 힘줄을

secihe, tuheke be baha sideri longto hadala moro saifi ci wesihun gemu
잘랐다.   떨어진 것을 얻은 지달· 말 굴레· 굴레· 사발· 숟가락   이상   모두

benjihengge be isabufi, meni meni ejete de hūlame buhe, tere inenggi
보내온 것을   모아서   각각   어전들에게 불러서 주었다.   그 날

juleri unggihe turusi, 54/55 loosa, cahar i ilan niyalma, nadan morin,
먼저   보낸 투루시·   로오사가 차하르의   3명·   7마리 말·

emu temen baha, baha emu niyalma be neneme buha tabunang gajime
1마리 낙타를 얻었다. 얻은   1명을   먼저   부하 타부낭이   데려와

han de medege alanjime jihe, tere niyalma de gisun fonjifi waha, tere
한에게 소식을   알리러 왔다. 그   사람에게   말을 물어보고 죽였다. 그

niyalma i gisun, cahar i hashū ergi gurun i dube, kara mangnai debi
사람의   말.   "차하르의   왼쪽   나라의 끝인 카라 망나이에 있다"고

sehe manggi, nikan i baru cooha dosire be nakafi, cahar i baru geneme
하자   明을 향해   군대가 들어가는 것을 멈추고 차하르를 향해 가기로

toktoho,, 55/56
정했다.

○ orin uyun de, ajige horgo ci amasi cahar i baru bedereme jifi,
  29일에,   아지거 호르고에서 뒤로 차하르를 향해   돌아오면서

huidzung jaidang de deduhe, tere cimari emu gūsai emte bayara be,
후이중 자이당에서　　묵었다.　　그날 아침에　1개 구사에　1명씩의 바야라를

buha tabunang de adabufi, turusi, loosa be okdome unggihe,,
부하 타부낭에게　　붙여주어　투루시와 로오사를　맞이하러 보냈다.

tongki fuka sindaha hergen i dangse
點·圈을 찍은 문자의 檔子

susai ilaci debtelin
53권

sure han i ningguci aniya sunja biya
천총 6년 5월

tongki fuka sindaha hergen i dangse,,
　　點 · 　圈을　　　찍은　　　문자의　　　檔子

○ sunja biyai ice de, juleri helen jafame genehe turusi, loosa
　　　5월　　초 1일에, 앞서 정보제공포로를 잡으러 갔던 투루시 · 로오사가

acanjiha, tere inenggi asan, turusi, loosa, ubai, duin amban de neneme
합류해왔다.　그 날　　　　아산 ·　투루시 · 로오사 · 우바이 4명의 대신에게　이전에

genehe cooha be halafi emu nirui emte bayara be adabufi, helen jafame
　갔던　　군대를　대신하여 1개 니루당 1명씩의 바야라를　수행시켜 정보제공포로를 잡으러

geli unggihe,,　1/2
다시　보냈다.

○ tere inenggi hogosutai bira de deduhe,,
　　그 날,　　　호고수타이 江에서　　묵었다.

○ ice juwe de, hogosutai i angga hara aruk de deduhe,,
　　초 2일에,　호고수타이의　(河)口　하라 아룩에서　묵었다.

○ ice ilan de, hūragan i haya de deduhe,,
　　초 3일에,　후라간의　하야에서　묵었다.

○ ice duin de, gedergu bulak de deduhe,,　2/3
　　초 4일에,　거더르구　불락에서　묵었다.

○ ice sunja de, gedergu bulak de indehe,,
　　초 5일에,　　　거더르구　불락에서　쉬었다.

○ ice ninggun de, hūrahū de deduhe,,
　　초 6일에,　　　　후라후에서　묵었다.

○ tere inenggi, han i hiya jan tusiyetu i sunja monggo cahar i
　　그 날,　　　　한의 侍衛　잔 투시예투의　5명의　몽고인이　차하르

baru ukame 3/4 genere be, juleri genehe asan, ubai, turusi, loosa bahafi
쪽으로 도망쳐　　　가는 것을,　앞으로　갔던　아산·우바이·투루시·로오사가 잡아서

wafi uju faitafi kubuhe šanggiyan i siteku benjime jihe,,
죽이고 머리를 베어서　　　鑲白旗의　　　시터쿠가　보내왔다.

○ tere inenggi, emu gūsai juwete bayara be gulu fulgiyan i
　　그 날,　　　　1개 구사의　2명씩의 바야라를　　正紅旗의

lioha, buha tabunang gaifi songko faitame genehe,, 4/5
리오하·부하 타부낭이　이끌고 흔적을　찾으러　갔다.

○ tere inenggi, tulergi monggo i beise de wasimbuha bithei gisun,
　　그 날,　　　　外境　몽고의　버일러들에게　내린　　글의　말,

han hendume, dain ucarafi faidaha bade mini gisun akū balai ume dosire,
「한이 말하기를,　"적을 마주쳐서 정렬한 곳에서 나의 명령 없이 함부로 들어가지 마라.

dosire teisu i ba be bi jorire, joriha ba be dosirakū bulcaci, yaya
들어갈 마땅한　곳을 내가 지시할 것이다. 지시한 곳을 들어가지 않고 벗어나면, 모든

bulcaha beise i jušen be gemu gaimbi, jušen niyalma oci beye be
벗어난 버일러들의　속민을　모두　취한다.　　속민이라면　　　본인을

wambi, juse hehe be olji obumbi, dobori ing de 5/6 dain dosici jilgan
죽이고, 자식들과 여자들을 노획물로 삼는다. 밤에 營으로　　적이 들어오면 소리를

ume tucire, iliha baci ume aššara, ilicahai afa, gurun i dubede isinafi
내지 말라.　陣 친 곳에서 움직이지 말고 陣 친 채로 싸우라. 나라의　끝에　이르러서

feksici, dahaha niyalma be ume wara, juse hehe ai jaka ci ume faksalara,
달리더라도, 투항한 사람을 죽이지 말라. 자식들과 여자들, 어떤 물건으로부터도 갈라놓지 말라.

etuku ume sure, iselere bata be kiceme wa, gisun akū tuwa ume dabure,
옷을　벗기지 말라.　저항하는 적을　힘써 죽여라. 명령 없이　불을　피우지 말라.

tuwa dabuci bata serembi kai, tumen bade beye morin jobome jifi bata
불을　피우면 적이 알아차릴 것이다.　萬里에　본인과 말이　고생해 왔는데 적이

serefi untuhun bedereci koro wakao, gisun 6/7 akū tuwa dulebuci,
알아차려 헛되이　돌아간다면 원통하지 않겠는가? 명령　　없이 불을　피우면

mukūn i ejen beile de morin gaimbi,,
　일족의　수장인 버일러에게 말을　취한다.”」

○　musei juwan gūsa de wasimbuha bithei gisun, han hendume,
　　우리의　10개 구사에　　내린　　글의　말.「한이　말하기를,

cooha dosika bade abka gosiha de, iselere burulara niyalma be wa,
"군대가 진격한 곳에서 하늘이　도우시면,　저항하고 도망치는 사람은　죽이고,

iselerakū niyalma be ume wara, olji ara, eigen sargan be ume faksalara,
저항하지 않는 사람은　　죽이지 말고　포로로 삼아라. 부부를　　　　　갈라놓지 말라.

etuhe etuku be ume sume gaijara, dahaha niyalmai 7/8 ai ai jaka be
　입은　　옷을　　　벗겨서 취하지 말라.　항복한　　　사람의　　　갖가지 물건을

ume necire, terei boode dosifi aika jaka be ume gaijara, dahaha ujungga
침범하지 말라. 그들의　집에 들어가서 어떠한 물건도　　취하지 말라.　　항복한 우두머리

juwe ilan niyalma be dahabuha ejete gaifi yabu, tereci gūwa ini boigon
　2-3명은　　　　　　　항복시킨 수장들이 취해서 가라.　그 외에　　그의　戶를

be bargiyame yabukini, olji dendere onggolo hehe ume dedure, ulha
　거두어　　　가라.　　　포로를 나누기　전에　여자들을 간음하지 말라. 가축을

ume wara, eigen sargan be faksalaci, hehe deduci, wara weile, iselerakū
죽이지 말라.　　부부를　　　갈라놓으면, 여자를 간음하면 죽을 죄이다. 저항하지 않는

niyalma be waci, etuhe etuku be sume gaici, ulha waci, 8/9 dahaha
　사람을　죽이면, 입은　옷을　　벗겨 취하면, 가축을 죽이면,　　항복한

niyalmai aika jaka be gaici, olji faitafi gerci de bumbi, tuhere an i
　사람의　어떠한　물건을　취하면, 포로를 삭감하여 고발자에게 준다. 처벌할 규정대로

tantambi, ya burulaha beise ambasai boigon ulha ulin ai ai jaka
　때린다.　누구든 도망친 버일러들과 대신들의　戶와　가축, 재물과 갖가지 물건이

bici, coohai ejete ejen arafi afabufi ejeme gaibu, jai bata be bošombi
　있으면, 군대의 어전들이 주인 삼아서 맡겨 기록하고 취해라.　또　적을　쫓는다고

seme yamjitala ume bošoro, šun erde de ili, emgeri amcabuhangge tere
　　밤늦도록　　쫓지 말라,　해가 있을 때 멈추어라.　한번　추격 받은 자　그가

aibide genembi, dasame gisurefi amcaki, ambasai gisun akū julesi genere
어느 곳에 가겠는가?　다시　상의하고 쫓자.　대신들의　명령　없이 앞으로　가면

de 9/10 jafu jibca acime gaiha niyalmai olji faitambi, ambasai gaisu
　　모직물·가죽옷을 짐 실어 취했던 사람의 포로를 삭감한다. 대신들이 취하라고

sere erinde acime gaisu, ulme tonggo ci wesihun acabufi dendembi,,
할　때에 짐 실어 취하라.　바늘과 실　　이상은　　모아서　　나눈다.”」

○ tere inenggi, juleri genehe lioha, buha tabunang, cahar i sonjofi
　　그 날,　　　앞으로　갔던 리오하·　부하 타부낭이　차하르가 골라서

sindaha karun i juwe niyalma be weihun jafafi benjihe, emu gūsai
배치한　　초병　　두 사람을　　　　생포하여　　보내왔다.　1개 구사당

juwete amban, 10/11 emu nirui emte bayara, emte uksin be ajige taiji
2명씩의　대신,　　　　1개 니루당 1명씩의 바야라·　1명씩의 甲兵을 아지거 타이지가

gaifi juleri karun be baime genehe,,
이끌고 앞으로 초병을　　찾으러　갔다.

○ tere inenggi jooha bulak de deduhe,,
　　그 날,　　　조오하 불락에서　묵었다.

○ ice nadan de, jara bulak de deduhe,, 11/12
　　초 7일에,　　자라 불락에서　묵었다.

○ tere inenggi, juleri genehe ajige taiji acanjiha, ineku tere inenggi,
　그 날,　　　앞으로 갔던　　아지거 타이지가 합류해왔다. 같은 그 날,

tataha baci aldangga han, amba beile, geren beise isafi, emu gūsai
묵었던 곳으로부터 멀리서 한·　　大 버일러·　여러 버일러들이 모여서, 1개 구사당

juwanta bayara, beise i morin yaluhai juwete bayara, juwe ergi
　10명씩의 바야라,　버일러들의 말을　탄　2명씩의 바야라,　兩翼의

galai monggo i sunjata uksin, ede ejen gulu suwayan i kasan, kubuhe
　　몽고당　　5명씩의 甲兵, 여기에 어전인　　正黃旗의　카산,　　鑲黃旗의

suwayan i suldei, gulu fulgiyan i buyan, kubuhe fulgiyan i loosa, gulu
　　술더이,　　正紅旗의　부얀,　　鑲紅旗의　로오사,　正藍旗의

lamun i bangsun, kubuhe lamun i 12/13 šarhūda, kubuhe šanggiyan i
　　방순,　　鑲藍旗의　샤르후다,　　　　　鑲白旗의

ubai, siteku, ere jakūn amban be suwe juleri geren cooha ci gūsin ba i
우바이· 시터쿠 이　　8대신을　　"너희는 앞으로 여러 군사들로부터　30里의

dube be sindafi yabu seme hendufi unggihe,,
　앞을　두어서　가라"고　말하여　보냈다.

○ ice jakūn de, bulungtu bulak de deduhe,, 13/14
　초 8일에,　　불룽투 불락에서　묵었다.

○ ice uyun de, bulungtu bulak de indehe,,
　초 9일에,　불룽투 불락에서　쉬었다.

○ tere inenggi, ubai, tahabu emu gūsai emte kirui ejen, juwanta
그 날,　　우바이와 타하부가 1개　구사당 1명씩의 키루의 어전, 10명씩의

bayara be gaifi juleri genehe, juleri genehe loosa, hara mangnai de
바야라를 이끌고 앞서　　갔다.　　앞서　　갔던 로오사는 하라　망나이에서

cahar i duin niyalma be sabufi, bošome gamahai itu de isibufi emu
차하르의　　4명을　　　　　　보고, 추격하여 가면서　이투에 이르러서 1명은

niyalma be waha, ilan 14/15 niyalma tucike, bata i tanggū isire niyalma
죽였고,　　3명은　　　　　　　　도망쳤다. 적의　100명에 이르는 사람이

juleri genehe lioha be gala arame kaha bihe, tere be loosa i nadan
앞서　　간　　리오하를　翼을 만들어서 포위해 있었다. 그것을　　로오사의　7명이

niyalma kaicame dosire jakade, tere tanggū isire niyalma burulaha,
　　함성을 지르며 들어갔기 때문에, 그 100명에 이르는 사람들이　도망쳤다.

tere mejige be angnai alanjiha,,
　그　　소식을　앙나이가 보고해왔다.

○ juwan de, juleri genehe loosa songko akū cahar 15/16 burulame
　　10일에,　앞으로　　갔던　로오사가 혼적이 없이 차하르가　　　　　　도망쳐

genehebi seme niyalma takūrafi mejige alanjiha,,
　　갔다고　　　사람을　　보내어　소식을　보고해왔다.

○ tere inenggi, bulungtu ci bederefi kuto de deduhe,,
　　그 날,　　　불롱투로부터　돌아가서 쿠토에서　묵었다.

○ juwan emu de, juleri genehe loosa kuto de acanjiha,,
　 11일에,　　　 앞서　 갔던　 로오사가 쿠토에서 합류했다.

○ tere inenggi, kuto de indehe,, 16/17
　 그 날,　　　　 쿠토에서 쉬었다.

○ tere inenggi, han i jakade amba beile, manggūltai beile, geren
　 그 날,　　　　 한의 곁에서　　 大 버일러·　　 망굴타이 버일러·　여러

beise acafi, jakūn gūsai ambasa, monggo i ambasa, nikan i ambasa be
버일러들이 만나서,　　 팔기의 대신들·　　　 몽고의 대신들·　　　 한인 대신들을

gemu isabufi, han hendume, muse cahar be jorime jihe, cahar alihakū
　모두 모아서, 한이 말하기를, "우리는 차하르를 겨냥하여 왔다. 차하르가 응전하지 않고

bulurafi amcahakū, muse te coohai yadaha šadaha morin be 17/18
도망치니 추격하지 못한다. 우리는 지금 군대의 궁핍하고 피곤한　말을

yarume boode bederefi dasafi dosici saiyūn, monggo i baising de genefi
끌고　　집으로　돌아가서 정비하여 들어가면 좋겠는가,　몽고의　바이싱(城)에　 가서

nikan i jase dosici saiyūn, ere juwe babe geren ambasa suwe jabšara
　明의　 경계에 들어가면 좋겠는가? 이 두 가지 것을　여러　대신들 너희는 이로울

babe hebdefi jabu seme henduhe, tede geren ambasa hebdefi jabume,
것을 의논하여 대답하라"라고　말했다.　 그곳에서 여러　대신들이　의논하여 대답하기를,

emgeri hanci jihe be dahame, baising de genefi nikan de dosifi umesi
"일단　 가까이　　 왔으니,　　 바이싱(城)에　 가고　 명에　 들어가서　확실히

amba weile be mutebume yabuci sain kai seme jabuha, tereci nikan i
큰일을   이루러   간다면 좋을 것입니다" 라며 답했다. 그로부터 명의

baru dosime toktoho, 18/19 nahai, kituren, bordoi, dayangga, ginggūlda,
방향으로 들어가기로 정했다.   나하이· 키투런· 보르도이· 다양가·   깅굴다·

dunggami, ontaiju morin tarhūn be sonjofi emu gūsai juwanta uksin be
둥가미·   온타이주가 말이 살찐 것을   고르고 1개 구사당 10명씩의 甲兵을

munggatu gaifi boode mejige alame genehe, ede jasiha gisun, darhan
뭉가투가 이끌고 집에   소식을 알리러   갔다. 이에   보낸   말.「다르한

efu i ukanju ukafi, tere neneme alanafi cahar serefi burulafi amcahakū,
어푸의 도망자가 도망쳐서, 그 이전에   알려서 차하르가 알아차리고 도망쳐 쫓지 못한다.

amasi bederefi monggo i baising de dosifi, boo be tuwa sindafi
되돌아가서   몽고의 바이싱(城)에 들어가, 집을   불   지르고

nikan i jase de dosimbi, 19/20 musei werihe bele be liyoha bira de
명의   경계에 들어간다.   우리가 남겨 놓은 쌀을   遼河로

guribufi ulan fetefi saikan olhome te, jai yangguri efu, babutai age be
옮기게 하고 壕를 파서 잘 조심하며 있으라. 또 양구리 어푸· 바부타이 아거는

tehe baci boode jifi te, karacin be fakū alin de usin tarime dosinu
주둔한 곳에서 집으로 와서 머물라. 카라친은 파쿠 산으로 밭을 경작하러 들어가라

sehe bihe, tarime wajici wajiha, tarime wajire unde oci wacihiyame
고 했었다. 경작하기를 마쳤으면 됐다. 경작하기를 마치지 않았으면   완전히

tarikini, saikan olhome te,, 20/21
경작해라.　잘　조심하며　있어라.」

○ juwan juwe de, korcin i galju seter boode genehe, han i
　　 12일에,　　 코르친의　갈주 서터르가 집에　 갔다.　　 한이

buhengge, suje i sijigiyan, camci, fomoci jibsihai gūlha emu juru,
　준 것.　　　　 비단 袍·　　　 短衣·　　 양말 겹친 신발 1쌍·

acinggiyame foloho enggemu hadala, menggun i tampin emke buhe,,
　움직이는 듯 조각한 안장과　굴레·　　　　　 은 술병 1개를　　　 주었다.

○ tere yamji hana hadak de deduhe, tere dobori 21/22 kubuhe
　 그 날 저녁,　 하나 하닥에서　 묵었다.　 그 날　 밤　　　　　 鑲藍旗의

lamun i baduri, dalingho i ice monggo be morin kederebufi ilan sain
　　 바두리가　 大凌河의 새로운 몽고인에게 말을 순시하게 했는데 3마리 좋은

morin de gamame ukaka, juwan ilan de tere be amcame tahabu emu
　말을　　 가지고 도망쳤다.　 13일에　　 그것을　 쫓으러　 타하부가 1개

gūsai emte niyalma be gaifi genehe,,
구사당　　 1명씩을　　　　 이끌고　 갔다.

○ tere inenggi, jeren abalame jihe, han emu da niru de adafi
　　 그 날,　 黃羊을 몰이사냥하러 왔다. 한이　 1대의　 화살로 나란히

feksire juwe jeren be 22/23 fondo gabtaha, tere yamji sili de deduhe,,
　달리는 2마리 황양을　　　　 관통해 활쏘았다. 그 날 저녁 실리에서 묵었다.

○ juwan duin de, udelehe baci jidere de, juleri adame yabuha seme
　14일에,　중도에 밥을 먹은 곳에서 올 때,　앞으로 나란히　갔다며

han jili banjifi, kubuhe šanggiyan i ajige nikan, cergei i jui
한이 화　나서,　鑲白旗의　아지거 니칸·　처르거이의 아들

cantai be mergen daicing beile i beye tantaha, gulu suwayan i tajan,
찬타이를　머르건 다이칭 버일러가　직접　때렸다.　正黃旗의　타잔·

gabula, solho, malcika, ere 23/24 duin niyalmai yaluha morin gaiha,
가불라·　솔호·　말치카,　이　4명의　탄　말을　취했다.

fiyanggū, berke, hūmise, ere ilan niyalma be tofohon ba i dubede
피양구·　버르커·　후미서　이　3명을　15里의　앞에

isitala yafahalabufi gajiha, bayartu, nersai de juwanta yan menggun
이르기까지 걷게 하여 데려왔다. 바야르투·　너르사이에게　10량씩의　은을

gaiha, jai buya niyalma be tuhere an i tantaha, namu be ice niyalma
취했다.　또　小民을　처벌할 규정대로 때렸다.　나무는　새로운 사람

seme weile akū sindaha, tere yamji julgetu de deduhe, tere dobori
이라며　죄 없이　석방했다. 그 날 저녁 줄거투에서　묵었다. 그 날　밤

karacin i obot emu niyalma juwan 24/25 ilan morin gamame ukaka,
카라친의 오보트가　1명의 사람과　13마리　말을　데리고 도망쳤다.

ere be songko faitame emu jalan i emte kiru ejen emte bayara be soni
이를　흔적을 찾으러　1개 잘란당 1명씩의 키루 어전, 1명씩의 바야라를　소니

tabunang gaifi genehe,,
타부낭이 이끌고   갔다.

○ tofohon de, julgetu de indehe,,
　　15일에,　　줄거투에서　쉬었다.

○ tere inenggi, songko faitame genehe soni tabunang 25/26 ukanju
　　그 날,　　　흔적을　찾으러　갔던　　소니 타부낭이　　　　“도망자가

cahar i baru genehebi, ninggun morin waliyafi baha, be kemuni amcambi
차하르의 쪽으로　갔습니다.　6마리 말을 버려서 취했습니다. 우리는 여전히 쫓고 있습니다”

seme emu niyalma be takūrafi jihe,,
　라며　　1명을　　　　　보내어　왔다.

○ juwan ninggun de, ūles jakan de deduhe,,
　　16일에,　　　울러스 자칸에서　묵었다.

○ juwan nadan de, moo dabsun de deduhe,,
　　17일에,　　　모오 답순에서　　묵었다.

○ juwan jakūn de, dashūwan i ergi galai musei monggo i cooha,
　　18일에,　　　　　　좌익의　　　　우리의　몽고의　군대와

korcin i tusiyetu efu i cooha, aru i dalai cūhur i cooha, duin juse i
코르친의　투시예투 어푸의 군대,　아루의 달라이 추후르의　군대,　四子의

cooha, barin i cooha, karacin i cooha be ajige taiji ini tofohon nirui
군대,　바린의 군대,　　카라친의 군대를　아지거 타이지가 그의 15　　니루의

bayarai cooha be gaifi, siowan fu i teisu dosime genehe, tere yamji
바야라의 군대를 이끌고, 宣府의 방향으로 들어갔다. 그 날 저녁

deng erkina i 27/28 bulak de deduhe,,
덩 어르키나 불락에서 묵었다.

○ juwan uyun de, han hendume, coohai niyalma bele wajihabi,
　　19일에, 한이 말하기를, "병사들이 쌀이 떨어졌다.

abalaki seme abalaha, jeren tumen funceme waha, yali be gūsai uksin i
몰이사냥하자" 하여 몰이사냥했다. 黃羊 1만여 마리를 죽였다, 고기를 구사의 甲兵 대로

bodome dendehe, han juwe jergi gabtaha de, emu niru de juwe
계산하여 나누었다. 한이 두 번 활 쏘자, 1개의 화살로 2마리

jeren be 28/29 fondo gabtame waha, han uheri susai jakūn waha,
황양을 꿰어 쏘아 죽였다. 한이 모두 58마리를 죽였다.

tere yamji horogon i bulak de deduhe, tere inenggi ambula halhūn bihe,
그 날 저녁 호로곤의 불락에서 묵었다. 그 날 큰 더위가 있었다.

muke akū ofi niyalma inu fancame tuheke, emu moro muke de emu
물이 없어서 사람들 또한 더위 먹어 쓰러졌다. 1개의 사발의 물에 1마리

jeren bume udafi omiha,,
황양을 주고 사서 마셨다.

○ orin de, horogon i bulak de indehe,, 29/30
　　20일에, 호로곤의 불락에서 쉬었다.

○ tere inenggi, nikan i coohai niyalma de jakūn gūsai sidende
　 그 날,　　　한인의　　　　병사에게　　　　팔기의　　　公庫에서

waha be tuwame emu gūsai juwanta tofohoto buhe,,
죽인 것을　살펴　1개 구사당　10마리씩, 15마리씩을 주었다.

○ orin emu de, jootortu bulak de deduhe,, 30/31
　 21일에,　　조오토르투 불락에서　묵었다.

○ orin juwe de, kutele balgasun de deduhe,,
　 22일에,　　쿠털러 발가순에서　묵었다.

○ orin ilan de, murui harakcin de deduhe,,
　 23일에,　　무루이 하락친에서　묵었다,

○ orin duin de, ineku murui harakcin de indehe,,
　 24일에,　마찬가지로 무루이 하락친에서　쉬었다.

○ orin sunja de, jebele ergi galai jirgalang 31/32 beile, yoto beile,
　 25일에,　　　右翼의　　　지르갈랑　　　버일러· 요토 버일러·

sahaliyen beile, dashūwan i ergi degelei beile, mergen daicing, erke
사할리연 버일러,　　左翼의　　더걸러이 버일러· 머르건 다이칭·　어르커

cūhur, hooge beile coohai tarhūn morin be sonjofi, meni meni galai
추후르· 호오거 버일러는 군대의 살찐　　말을　뽑아　각각의　翼에

teisu gūsai fakcafi monggo i baising be gaime genehe, han, amba beile,
맞는 구사로 나누어서 몽고의　바이싱(城)을 취하러 갔다.　한과 大 버일러와

manggūltai beile turga yadaha morin i cooha be gaifi amala
망굴타이 버일러는 여위고 굶주린 말의 군대를 이끌고 나중에

genehe,, 32/33
갔다.

○ tere inenggi, karajang de deduhe,,
  그 날, 카라장에서 묵었다.

○ orin ninggun de, bodok de deduhe,,
  26일에, 보독에서 묵었다.

○ tere inenggi, cergei, cahara emu nirui juwete uksin be gaifi
  그 날, 처르거이·차하라가 1개 니루에 2명씩 甲兵을 이끌고

katun i birai weihu jafame genehe,, 33/34
  카툰 강의 배를 나포하러 갔다.

○ tere inenggi, juleri genehe beise, turusi, loosa be helen jafame
  그 날, 앞서 갔던 버일러들이, 투루시·로오사를 정보제공포로로를 잡으러

unggifi, jaka i gašan i emu monggo be bahafi beise i emgi genehe
보냈는데, 자카 마을의 1명의 몽고인을 포획하여 버일러들과 함께 갔던

ninggun takūrsi benjihe, tere baha monggo de mejige fonjici, cahar
6명의 심부름꾼 편에 보내왔다. 그 포획한 몽고인에게 정보를 물으니, "차하르

ergici musei cooha jihe seme mejige alanjifi, ulin ulha be katun i bira
쪽에서 우리(만주)의 군대가 왔다는 정보를 고해 와서, 재화와 가축을 카툰 강으로

de juwehe, bisire 34/35 komso, juwehe ambula, baising de boo tome
옮겼다. 남은 것은   적고,   운반한 것은   많다. 바이싱(城)에는 집마다

niyalma bi seme alaha, juleri genehe cooha tere dobori dulifi orin
사람이 있다"라고   알렸다.   앞서   갔던   군대는 그날   밤을 새우고,

nadan de baising be sucufi gaiha, han tere inenggi gegen han i huhu
27일에   바이싱(城)을 습격하여 취했다. 한이 그   날   게겐 한의 후후

hoton de deduhe, niyalma ulha be meni meni dosika gašan gašan i
성에   묵었다.   사람과   가축을   각각   들어간   마을마다

bargiyaha,, 35/36
거두었다.

○ orin jakūn de, jebele ergi galai kubuhe lamun, kubuhe fulgiyan,
   28일에,   우익의   鑲藍·   鑲紅·

minggan beile, obondoi, ere duin gūsai juwete takūrsi be takūraha
밍간 버일러·   오본도이, 이   4개 구사에 2명씩의 심부름꾼을   보내서 한

gisun, bira ergide unggihe hūsun komso ojorahū, jušen juwe gūsa,
말. 「강   쪽으로   보낸   병력이 적을까 우려되니,   주선 2旗와

monggo i juwe gūsa duin gūsai yebken morin be sonjofi casi cooha
몽고 2旗,   (도합) 4旗의   쓸모 있는   말을   뽑아 저 쪽에 군사를

nonggime 36/37 unggi, bira de olji ambula amcabuci, gaici ojoro gese
더하여   보내라. 강에서 노획물을 많이 좇도록 해서, 취할 수 있을것 같으면

oci gaisu, ojorakūci, genehe amban i ciha oso, jai beisei tabcilafi
취해라. 그럴 수 없으면 간　대신의　뜻대로 하라.　또 버일러들이 약탈하여

baha olji be baha bade olji teisuleme, ojorakū turga morin i coohai
얻은　노획물을 얻은 곳에서 노획물의 수를 맞추고, 못 쓸 정도로 마른 말의　병사를

niyalma be werifi, casi <u>gurun i dube bisire teile</u>[1] genefi gaisu, amasi
남겨두고, 그 쪽으로 변경의 끝에 이르기까지　가서　취하라.　되돌아

jidere de boo jeku be umesi tuwa sindame jio, dashūwan i 37/38 ergi
올 때에　집과　곡식을　확실히 불을　놓으며　오라.」　左翼의

duin gūsa de emu gūsai juwete takūrsi be takūraha gisun, gurun i
네 구사에서　1개 구사당　2명씩의 심부름꾼을　보내서 한　말.「나라의

dube bisire teile genefi gaisu, amasi jidere de boo jeku be umesi tuwa
끝에 이르기까지　가서 취하라.　되돌아 올 때에　집과 곡식을 확실히 불을

sindame jio, han huhu hoton de tefi aliyambi seme takūrafi unggihe,,
놓으며　오라. 한께서 후후 城에서　주둔하며 기다리신다.」라고　파견했다.

○ tere inenggi, huhu hoton i geren lama ūmbu,[2] 38/39 han de
　그 날,　후후 城의　여러 라마와 움부가　한을

---

1 [簽註] gingguleme kimcici, ere gurun i dube bisire teile sere gisun, ainci jecen i dubede isitala sere
　gisun dere,,
　삼가 고찰하건대 이 'gurun i dube bisire teile'(나라의 끝에 있기까지)라는 말은 아마 'jecen i dubede
　isitala'(변경의 끝에 이르기까지)라는 말일 것이다.
2 'ūmbu'는 티베트어 'dbon po'의 음역이다. dbon po는 원래 티베트 불교의 수장이나 라마의 조카를
　의미한다. 사찰의 감독자를 라마의 형제 쪽 친족이 담당했기 때문에 사찰의 총 감독자를 dbon po라
　고 한다.

acanjiha, duin honin wafi cai omibufi unggihe,,
만나러 왔다. 4마리 양을 잡고 차를 마시게 하고 보냈다.

○ orin uyun de, birai ergide genehe coohai mejige alanjiha,
   29일에,   강 쪽으로   갔던   군대의 소식을   알려왔다.

neneme bira doome wajihabi, musei jidere be sarkū, niyalma ulha uheri
"먼저   강을 건너길   마쳤는데, 우리가 오는 것을 몰랐다. 사람과   가축이 도합

ilan tanggū isime ebsi dooha be ucarafi baha seme alanjiha,, 39/40
   300에   이르는데 이쪽으로 건넌 것을 마주쳐 얻었다"라고   알려왔다.

○ tere inenggi, han de hoton i emci lama juwe tanggū susai yan
   그 날,   한에게   城의 엄치 라마가   250량의 은·

menggun, emu suje, alha doko tanggū, aramji lama juwe suje, corji
         1필의 비단·   閃緞 안감 100필,   아람지 라마가 2필의 비단,   초르지

lama tanggū boose cai, normui lama emu suje, gūsin boose cai
라마가   100包의 茶,   노르무이 라마가 1필의 비단·   30包의 茶를

benjihe,, 40/41
보내왔다.

○ gūsin de, huhu hoton de indehe,,
   30일에,   후후 城에서   쉬었다.

tongki fuka sindaha hergen i dangse
點·圈을 찍은 문자의 檔子

susai duici debtelin
54권

sure han i ningguci aniya ninggun biya
천총 6년 6월

○ dayaci tabunang, korcin i ukšan, manjusiri be gamame, nikan
　다야치 타부낭이　　코르친의 욱샨·　　만주시리를　이끌고,　　明의

jasei šurgei dukai teisu i baising de tabcin genefi, tere ba i monggo
경계의 슈르거이(殺胡口) 문의 맞은편의 바이싱(城)에 약탈하러 가자, 그 땅의 몽고인이

burulafi, nikan i jasei šurgei hoton de dosikabi seme alanjiha manggi,
도주해서　　明의　　경계의 슈르거이(殺胡口) 城에　들어갔다고　보고해 오자,

ice inenggi, han i ninju bayara be, tu i ejen yangšan iogi gaifi, 1/2
　초 1일에,　　한의 60명의　바야라를　纛의 어전인 양산 遊擊이 이끌고,

cahar han i gulugu gebungge tungse de bithe jafabufi, ukšan, manjusiri,
차하르 한의　굴루구　라는　　通事에게 글을 쥐여주고,　욱샨·만주시리·

dayaci tabunang ni jakade genefi dahabu seme unggihe, tede unggihe
다야치　타부낭　쪽에　가서　항복시키라고　보냈다.　그 편에 보낸

bithei gisun, aisin gurun i han i bithe, ša ho pu i hafasa de unggihe,
글의　말.　「金國의　　한의 글.　殺胡堡의　관원들에게 보낸다.

bi amasi cahar be dailame cooha genefi, emu biya juwan emu ci inenggi
내가 다시　차하르를 정벌하러 출병하여,　　한 달　　11일째

amcafi karun be bahafi fonjici, dobori inenggi akū burulaha seme alara
추격하여 초병을 붙잡아 물으니,　밤낮없이　　패주했다고　고하자,

jakade, ini akdaha baising be gaiki 2/3 seme amasi jifi, huhu hoton be
그를 믿고 바이싱(城)을 취하려고 돌아 와서 후후 城을

gaifi, hūwang ho birai dalin de genehe cooha be aliyame tehebi, mini
취하고, 黃河의 江岸에 갔던 군대를 기다려 머물고 있다. 내가

gaiha eden niyalma ulha ulin be suwe halbufi bi sere, mini eden be
취한 나머지 사람과 가축과 재물을 너희가 들였다고 하는데, 나의 나머지를

minde yooni bu, ere baising gurun, dade gegen han ningge bihe,
나에게 전부 주어라. 이 바이싱(城)의 國人은 원래 게겐 한의 것이었다가,

cahar gaici, caharangge oho, bi gaici, miningge oho, miningge be
차하르가 취하여 차하르의 것이 되었고, 내가 취하여 나의 것이 되었다. 나의 것을

suwe gaici acarakū kai, meni jasei 3/4 tulergi weile de, suwe daci
너희가 취하면 안 되는 것이다. 우리 경계의 바깥의 일에 너희는 끼어들면

acarakū, ere sini han i sara weile waka, suweni jasei jakai hafasai
안 된다. 이는 너의 황제가 아는 일이 아니고, 너희 경계 쪽의 관원들이

aliha weile kai, suwe geli liyoodung ni hafasa waka, liyoodung ni
담당한 일이다. 너희는 또 요동의 관원들이 아니다. 요동의

hafasa, meni jasei tulergi yehe i weile de dafi joboho kai, ere be
관원들은 우리 경계 바깥의 여허의 일에 끼어들어 고생했다. 이를

burakūci, liyoodung ni hafasa ci ai encu, tere anggala, mini ere jihede,
주지 않으면, 요동의 관원들과 무엇이 다르겠는가? 그 뿐만 아니라 내가 여기 온 때에,

muse juwe gurun i doro acara jalin de, jecen i hafasa de teisu 4/5 teisu
우리 두   나라의   화친을   위해서, 변경의 관원들에게 각각

gisureki sembi, tere bithe gamame genehe,,
의논하고자 한다.」 그   글을 가지고   갔다.

○ ice juwe de, olji niyalma be meni meni gūsai uksin bodome
    초 2일에, "노획된 사람을   각각   구사의 甲兵을 헤아려

dende, kutule be ume dabure seme gulu fulgiyan de lungsi, gulu lamun
나눠라. 쿠툴러를 포함시키지 말라"라고 正紅에   룽시를,   正藍의

nikan i gūsade aibari, kubuhe fulgiyan, kubuhe lamun, kubuhe šanggiyan
漢人의 구사에 아이바리를,   鑲紅·   鑲藍·   鑲白·

minggan beile, obondoi de, begei, kamtu, gulu šanggiyan, 5/6 kubuhe
 밍간 버일러·   오본도이에게 버거이와 캄투를,   正白·

suwayan de, lošo be takūraha, takūraha bithei gisun, han hendume,
 鑲黃에   로쇼를 파견했다.   보낸   글의 말. 「한이 말하기를,

niyalma be meni meni gūsai dende, emu gūsade baitangga faksi be
 사람을   각각   구사로 나눠라. 1개 구사에서 쓸모 있는   工匠을

suwaliyame susaita boigon ara, emu boigon de emte ihan bu, emu
 모두   50명씩   戶로 만들어라. 1개 戶에게 1마리씩의 소를 줘라. 1개

gūsade hehe juwan, sargan juse juwan, erei yalurengge orin eihen gaisu,
구사마다 여자 10명·   처녀들 10명과   이들이 탈   20마리의 나귀를 취하라.

aisin, menggun, ulin, etuku, morin, ihan, honin, 6/7 niman, ulha be,
금· 은· 재화· 옷· 말· 소· 양· 염소· 가축을

han i jakade gajime jio, geren i icihiyaki, jai olji araci ojorakū,
汗 곁으로 가져 오라. 여럿이 처리하라. 또 포로로 삼을 수 없는

kiyangkiyan haha oci dayabu, gamaci ojorakū sakdasa, buya juse oci,
완강한 남자이면 처형하라. 데려갈 수 없는 노인들과 어린이들이면

bošofi unggi, ume wara, sindafi unggire niyalma de algimbure
쫓아서 보내고 죽이지 말라. 놓아 보내는 사람에게 선포하는

gisun, suwe neneme dahaha sain, be genembi sere jakade, ukandara
말로, "너희는 먼저 항복했으니 좋다. 우리가 갈 것이라는 이유로 도망치거나

ubašara niyalma be waha, ekisaka bihe niyalma be boigon arafi gamambi,
배반하는 사람을 죽였다. 가만히 있는 사람을 戶로 만들고 데려가겠다.

be suweni jalin de 7/8 ubade enteheme tefi bimbio, jai hergengge
우리가 너희를 위하여 여기에서 영원히 주둔해 있겠는가?"라고 했다. 또 官이 있는

niyalma de beiguwan i bodome, emu beiguwan de emte niyalma bu,
사람에게 備禦官을 헤아려, 1개의 備禦官마다 1명씩의 사람을 주어라.

cahar kesikten ci ukame jihe beise karacin noimoro jergi ice hūrha
차하르의 케식텐에서 도망쳐 온 버일러들과 카라친과 노이모로[1] 등의 새로운 후르하는

ceni bahangge be ce gaikini, beise i booi nirui niyalma, dade uksin
그들의 획득한 것을 그들이 취하게 하라. 버일러들의 집의 니루의 사람 중 원래 갑옷이

---

1 'noimoro'는 본서의 숭덕 원년 6월 6일조에 기록된 noimori와 동일인으로 추정된다.

bifi seme werihengge be dabu, daci uksin akūngge be ume dabure
있어서 남겨둔 자는 (포상자에) 포함시켜라. 원래 갑옷이 없었던 자는 포함시키지 말라.」

seme henduhe,, 8/9
라고 말했다.

○ ice duin de, yangšan i takūraha niyalma isinjiha, terei alarangge
　초 4일에, 　　　양산이 　　　파견한 　　사람이 　도착했다. 　그들이 　고하기를,

monggoso, nikan i hoton de dosikangge gemu dahaha, esei ulha ulin
"몽고인 가운데 　明의 　城에 　진입한 자들이 모두 항복했습니다. 이들의 가축과 재산을

be gaji sere jakade, nikan i fujiyang jasei ninggude tefi, musei
　가져오라고 하자, 　　　明의 　副將이 　邊墻 　위에 　앉아서 우리의

ambasai baru hendume, ulin ulha ai jaka be gemu bure, be ese be
　대신들을 　향해 　말하기를, '재물과 가축 모든 것을 　모두 주겠다. 우리가 이들을

ainu hairambi seme hendufi, casi gemu ganabuha seme alanjiha,, 9/10
왜 아까워하겠는가'라고 　말하고, 　거기서 모두 데려가게 했습니다"라고 고해왔다.

○ ice sunja de, ning wan o, fan wen ceng, ma guwe ju, ere ilan
　초 5일에, 　　　審完我· 　　　范文程· 　　　馬國柱 　이 　3명이

nofi han de wesimbuhe bithei gisun, han, sikse membe ere weile be
　한에게 　올린 　글의 　말. 「한께서 어제 우리에게 이 　일을

seole sere jakade, be udu mentuhun bicibe, sarai teile wesimbure
생각해보라고 하셔서, 우리가 비록 어리석기는 하지만 　아는 만큼 　상주하여

gisun, ša ho pu i hafasa, ubaci burulame dosika irgen be 10/11 baicafi
말씀드립니다. 沙河堡의 관원들이 이쪽에서 도망쳐　들어간　백성을　　　　조사하여

buhengge, uju be hafirara jakade, nimere be taka majige ergeki
준 것은,　　　머리를 압박하기　때문에　아픈 것을 잠시라도 조금　쉬려고

sehengge kai, neneme cahar cooha dailaci, hono majige eljehekūngge,
한 것입니다.　　　앞서　차하르의 군대가 공격했는데도 전혀 조금도 저항 못하던 자들이

muse de tere eljere isikabio, han i takūraha gūnin be tese majige
우리에게 그렇게 저항하기에 이르겠습니까? 한의 파견하신　뜻을　저들이 조금도

jurcehekū dahara jakade, han i mujilen, tese be dailaci cihakū ohongge,
어기지 않고　　　따르므로,　　한의　마음에　저들을 공격하고 싶지 않은　것은

unenggi jurgan be bahanafi, amba weile be mutebure gūnin kai, 11/12
진실로　　義를　　　이해해서　큰　　일을　　이루려는　　뜻인 것입니다.

musei coohai niyalmai arbun be tuwaci, amba ajige gemu nikan i ulin
(그러나) 우리　병사의　　모습을　　보니,　　　上下　모두가　明의　재화를

be nemšeme, urunakū dosicina sere mujilen bi, aikabade dosici, han i
탐하며,　　반드시　진격하자는　마음이 있습니다. 만약에 진격한다면 한의

gūnin be doigonde bodofi teng seme toktobu, heoledeci, erin isika
마음을　　미리　헤아려　굳게　　정하십시오. 태만하면　때가 이른

manggi, dasaci mangga, han, ere fonji amba cooha be gajime ubade
후에　바로잡기 어려우니, 한께서는 이 때에　大軍을　　　　이끌고 여기에

isinjifi, akjan šan i jakade guwendere adali, jase bitume 12/13 bihengge
이르러서, 천둥소리가 귀 곁에서 우르릉거리는 것처럼 경계를 따라   있는 사람을

gemu bargiyaha, teisu teisu gemu olhošombi, musei cooha dosifi nikan i
 모두   모으면   각각   모두 경외할 것입니다. 우리의 군대가 진격해서 明의

cooha be uthai ucaraci wajiha, aikabade gemu meni meni hoton be
 군대를   즉각 마주치면 됐습니다.   만약   모두   각각의   城을

tuwakiyaki seme ohode, jasei hanci tehe gašan, ba hingke, irgen
  지키려고   하는 경우에는, 경계의 가까이 있는 마을은 땅이 척박하고 백성은

yadahūn, dosika seme morin yadara dabala, musei cooha de tusa umai
 곤궁하여, 진격했다고 해도 말이   마를 뿐이지   우리의 군대에게 이익이 결코

akū, untuhun bedereci, monggo i adali gebu aisi gemu ufarambi,
없습니다. 빈손으로 돌아가면   몽고와   같이 명예와 이익을 모두 잃을 것입니다.

urunakū 13/14 dosiki seci, han i hecen de nikenefi, acara acarakū be
  반드시   진격하겠다면   皇帝의 성(北京)에 접근하여 강화할지 않을지를

umesi lashalafi, šanaha i muke i duka be efuleme boode bedereki,
확실히 결단하여,   山海關의   水門을   무너뜨리고 철수하십시오.

musei coohai horon hūsun be abkai fejergi niyalma alici ojorakū be
우리의 군대의 막강한   힘을   天下의   사람들이 상대할 수 없다는 것을

wacihiyame sakini, dosici, yan men guwan duka be dosici ja, dara ba
  모두가 알게 하십시오. 진격한다면 雁門關의   문이 들어가기 쉽고 도울 곳이

akū, tere jugūn i irgen bayan, ai jaka elgiyen, musei coohai niyalma de
없습니다. 그 길의 백성은 부유하고 어떤 물건이든 풍족하여, 우리의 병사에게

elebume 14/15 bahabuci ombi, han dosiki sere gūnin bifi, gebu,
충분하게 얻게 할 수 있습니다. 한이 진격하려는 뜻이 있는데 명예가

efujerahū, kanagan akū adarame dosire seci, ojorakū bade ojoro
실추될까 우려되고 구실 없이 어찌 진격하겠는가 하면, 안 되는 것을 되게 하는

juwe arga bi, juwe arga, iletu emu arga, fiktu baire emu arga, iletu
두 계책이 있습니다. 두 계책은 공개적인 한 계책과 틈을 찾는 한 계책입니다. 공개적인

arga serengge, muse jugūn i unduri dariha hecen hoton i irgen de
계책이라는 것은, 우리 길의 연변에 들르는 城의 백성들에게

alame hendurengge, cahar han be goro bošoho, 15/16 tehe baising irgen
고하여 말하는 것입니다. "차하르 한을 멀리 쫓아냈고, 거주하는 바이싱(城)의 백성을

be gemu wacihiyame gaiha, dahaha irgen be yafahan gamaci, ba
모두 다 취했다. 항복한 백성을 도보로 데려가면 거리가

goro isinarakū ofi, ederi darime nikan han i baru doro acara be
멀어 도착하지 못하므로, 여기에 들러 명 황제와 화친할 것을

gisureme jihe, suweni morin losa eihen be mende juwen gaji, dahaha
논하고자 왔다. 너희의 말과 노새와 나귀를 우리에게 빌려 주어라. 항복한

irgen de yalubufi gamaki, suweni han i baru doro acaha de, suweni
백성에게 타게 하여 데려가겠다. 너희의 황제와 화친했을 때, 너희의

morin, losa, eihen be yooni toodara, bi 16/17 jing doro acaki seci,
말과   노새와   나귀를   모두 배상하겠다. 내가   늘   화친하고자 하는데

suweni han ojorakū ohode, bi dailafi, abka gosifi ere ba na miningge
너희의 황제는 할 수 없다고 하니, 내가 정벌하고 하늘이 자애하시어 이 땅이 나의 것으로

ohode, suweni ere joboho jurgan i irgen be alban guwebufi udu aniya
될 때에 너희   이   힘든   일대의   백성의   부역을   면제해주어 몇 년을

gosime ujire, ere emu arga, yaya niyalma, ere gisun jaci abka be
자애하며 보살피겠다." 이것이 한 계책입니다. 누구든   이 말이   심히 하늘을

gidašaha seme henduci, 17/18 abka urhu akū, damu erdemungge sain
능멸했다고   말한다면,   하늘은 치우치지 않아서 다만 덕이 있고   좋은

niyalma be abka wehiyeme wesibumbi, tumen hafan be tob seme obure,
사람을   하늘이 도우며   높입니다.   萬官을   바르게   하고

geren irgen be gosime ujire oci, inenggidari han teki seme gisurehe
여러   백성을 자애하며 보살피게 되면, 매일   한이 주둔하겠다고 말한다고

seme abka wakalarakū, abka de acabure sain mujilen akū bime, han
해도 하늘이 그르다 하지 않을 것입니다. 하늘에 부합하는 좋은 마음이 없다면 한이

teki sere gisun be gisurerakū seme, 18/19 abka tere be wehiyerengge
주둔하겠다는 말을   말하지 않는다고 해도,   하늘이 그것을   돕는 것은

akū, fiktu baire arga serengge, bithe arafi jasei hanci hafasa be
없을 것입니다. 구실을 찾는 계책이라는 것은, 글을 지어서 경계의 가까운 관원들에게

gisureme acabu seme hūdun inenggi boljofi unggi, dorgi hafasa
　상의하여　화친하라고　　속히 날을 약정하여 보내는 것입니다. 내지의 관원들은

facuhūn, jasei hafasa inu akdulame acabume muterakū, urunakū muse be
혼란스럽고, 변경의 관원들 또한　　확실히　　화친할 수 없으니,　　반드시　　우리를

sartabume holtombi, tere fonde, ainame kanagan arafi dosici musei ciha,
지체시키고 속일 것입니다. 그 때에 어떻게든 구실을 만들어서 진격하면 우리의 뜻대로입니다.

han dosici, šumilame dosici sain, dosirakūci, ubaci bedereci sain,
한은 진격하면 깊이 들어가야 좋고, 진격하지 않으면 여기에서 돌아가야 좋습니다.

19/20 aldasilame dosifi uthai tucici tusa akū, han seole,,
　중도에 그만두고 들어갔다가 즉시 나오면 이득이 없습니다. 한은 숙고하십시오.」

○ tere inenggi, hūwang ho bira de tabcin genehe baduri, cergei,
　그 날,　　　　黃河에　　　　　약탈하러 간　　바두리·　처르거이·

cahara isinjiha, esei bahafi gajiha olji ton, niyalma emu tanggū,
차하라가 도착했다.　이들이 잡아서 데려온 노획의 수.　　사람 100명·

juwe temen, ihan, honin emu minggan bahafi gajiha,, 20/21
2마리의 낙타·　　소와 양　1천마리를　　　　잡아서　데려왔다.

○ tere inenggi, gegen han i hoton i miyoo de latubufi werihe
　그 날,　　　　게겐 한의　　성의　　　廟에　　붙여서　남긴

bithei gisun, han hendume, gegen han i huhu hoton i miyoo boo be
　글의　말.　「한이 말하기를,　　"게겐 한의　　후후 城의　　　廟宇를

ume efulere, yaya niyalma miyoo be efulere, aika jaka be gaici,
훼손시키지 마라. 어떤 사람이든　廟를　훼손하거나,　어떤 물건을　취하면

emgeri isinjiha bade, jai isinjirakū doro bio, tere efulehe niyalma be
(내가) 한 번 온　곳에　다시 오지 않을 리가 있겠는가? 그 훼손한　사람을

ainaha seme sindarakū,, 21/22
　결코　　놓아두지 않겠다.”」

○ ice ninggun de, jakūn gūsai baha ai ai ulin be, han i jakade
　　초 6일에,　　　　　八旗의　　얻은 여러 가지의 재물을 한의 옆에

isabufi, geren i dendeci isirakū, jakūn boo dendeme gaifi, meni meni
모아두었는데 여럿에게 나누어 주기에 부족하여　八家가 나누어 취했는데,　각각의

gūsai yadara joboro niyalma de buki seme jakūn booi teile dendeme
구사의 가난하고 절박한 사람에게　주라고 하여　　　八家에서만　　　나누어

gaiha, dendehe ulin i ton, mocin samsu ilan tanggū juwan 22/23 nadan,
취했다.　나누어준 재물의 수.　　　　毛靑布 317필·

gecuheri jibca juwan ilan, seke ulhu i hayaha jibca orin juwe, gecuheri
　　蟒緞의 가죽옷 13벌·　　　　貂皮와 灰鼠皮로 테두른 가죽옷 22벌·　　　蟒緞

suje i ergume ojin dehi duin, giltasikū jakūn da, gecuheri tofohon,
비단의 朝衣와 捏褶女朝褂 44벌·　　　片金 8尋·　　　蟒緞 15필·

jakūnju emu suje, yarha uyun, ulhu i dahū ilan, niohe i dahū emke,
　　81필의 비단·　표범가죽 9장· 灰鼠皮 털가죽외투 3벌· 늑대 털가죽외투 1벌·

seke i mahala nadan, seke hailun² emke, hailun susai, dobihi nadanju
貂皮 겨울모자 7개·　　　　　　貂皮 1장·　　　　　수달가죽 50장·　 여우가죽 77장·

nadan, alha cengme ilan, yacin cengme juwe, fulgiyan 23/24 cengme
花紋 氆氇 3장·　　　　파란 氆氇 2장·　　　 붉은　　　　　 氆氇

emke, menggun emu minggan ninggun tanggū yan, dobihi dahū ilan,
1장·　　　　 銀　1,600兩·　　　　　　　　　 여우 털가죽외투 3벌·

kirsa juwan ninggun, ulhu ilan tanggū jakūnju, niowanggiyan
모래여우가죽 16장·　　　　灰鼠皮　380장·　　　　　　녹색

juwangduwan emke, tugi alha juwe, silun duin, seke juwan nadan,
　　　粧緞 1필·　　구름무늬 閃緞 2필·　시라소니가죽 4장·　貂皮 17장·

lekerhi emke, malahi orin emu, fulgiyan funiyesun emke, yarha i
海獺가죽 1장·　　살쾡이가죽 21장·　　　붉은 양털모직물 1장　 표범의

tohoma emke, fulgiyan jafu emke, suje i sishe ninggun, malahi dahū
　말다래 1개·　　붉은 모직물 1장·　　비단 베개 6개·　　살쾡이 털가죽외투

emke, aisin šerin 24/25 juwe, aisin ilha ilan, aisin suihun emu juru,,
1벌·　　金佛頭　　2개·　　金花 3개·　　금 귀고리 1쌍.

○ tere inenggi, juwan gūsai dendehe olji ton, niyalma emu tumen
　그　날,　　10개 구사에　나누어준 노획의 수.　사람　18,915명·

jakūn minggan uyun tanggū tofohon, temen juwan jakūn, morin losa
　　　　　　　　　　　　　　　낙타 18마리·　　　말과 노새

---

²　이 'hailun'은 잘못 기입된 것으로 보인다. 문맥상 삭제해야 맞다.

dehi juwe, ihan sunja minggan uyun tanggū dehi emu, eihen nadan
42마리·　　　소　5,941마리·　　　　　　　　당나귀 797마리·

tanggū uyunju nadan, honin 25/26 niman emu tumen emu minggan
양과　　　　山羊　11,965마리·

uyun tanggū ninju sunja, ulha i ton, emu tumen jakūn minggan nadan
가축의 수는　18,755마리·

tanggū susai sunja, niyalma, ulha uheri ton, ilan tumen nadan minggan
사람과 가축의　總數는　37,482 이었다.

duin tanggū jakūnju juwe, ere olji be han, beise deji, emu gūsa juwanta
이 노획을 한과 버일러들이 헌상품으로 1개 구사마다 10마리씩의

ihan, tanggūta honin gaiha, jakūn gūsai sidende sula emu minggan
소·　100마리씩의 양을 취했다.　八旗의　　공동재산으로　1천 마리의

honin gaiha, 26/27 yung ping, dalingho ci gaiha ice nikan hafasa de
양을 취했다.　　　　永平과　　大凌河에서　데려온 새로운 漢人 관원들에게

šangname buhengge, giyan cang ni ma dzung bing guwan de ninggun
상으로　준 것.　　建昌의　　馬(光遠) 總兵官에게　　　6마리의

ihan, tanggū honin, ma dzung bing guwan de, duin ihan, juwe eihen,
소·　100마리의 양,　麻(登雲) 總兵官에게　　4마리의 소· 2마리의 당나귀·

jakūnju honin, fujiyang dzu k'o fa, dzu je hūng, dzu je žun, han dai
80마리의 양,　　副將　祖可法·　　祖澤洪·　　祖澤潤·　　韓大勳·

hiyūn, jang ts'un žin, sun ding liyoo, wang dzung bing guwan, lio
張存仁·　　　　　孫定遼·　　　　王(世選)　總兵官·　　　　　劉

fujiyang ni jui, ts'oo gung 27/28 ceng, pei guwe jeng, ere juwan hafan
副將의 아들·　　　　曹恭誠·　　　　　　裵國珍,　　　이　10명의 관원

de, duite ihan, juwete eihen, jakūnjuta honin, lii yūn, deng cang cūn,
에게 4마리씩의 소· 2마리씩의 당나귀· 80마리씩의 양을,　李雲·　　鄧長春·

cen bang siowan, siowei dai hū, ere duin hafan de, ilata ihan, juwete
　陳邦選·　　　　　薛大湖,　　　이　4명의 관원에게　3마리씩의 소· 2마리씩의

eihen, ninjute honin, ma iogi de, dehi honin, juwe eihen buhe, jang
당나귀· 60마리씩의 양을,　馬 遊擊에게　40마리의 양· 2마리의 당나귀를 주었다. 張洪謨에게

hūng mo de, duin ihan, jakūnju honin, meng fujiyang, ding fujiyang,
　　　　　4마리의 소·　80마리의 양,　　孟(喬芳) 副將·　丁(啓明) 副將·

yang fujiyang, 28/29 ere ilan hafan de, ilata ihan, ninjute honin buhe,
楊(文魁) 副將,　　　　이　3명의 관원에게　3마리씩의 소· 60마리씩의 양을 주었다.

ere duin hafan be, jihekū boode tehe seme eihen buhekū, ihan honin
이　4명의　관원은　오지 않고 집에 있었다고 하여 당나귀를 주지 않고 소와 양

teile buhe, jai jušen i hergengge ambasa de beiguwan i bodome emu
만을 주었다. 또　주선의　관직에 있는 대신들에게　備禦官을 헤아려,　1개의

beiguwan de emte honin buhe, tereci funcehe ihan honin be, gūsa gūsa
　備禦官에　　1마리씩의 양을 주었다. 그 외에　남은　소와 양을　　각 구사의

i uksin bodome dendehe, ihan be, morin bucefi umesi yafahalaha uksin
甲兵을 헤아려 나누어주었다.　　소는　　말이　죽어서 오직 걸어서 가는 甲兵에게

i 29/30 niyalma de, gūsai beile be tuwame icihiyame bu seme afabuha,
　　　　　　구사의 버일러가 살펴서　　　처리해 주라고　맡겼다.

honin niman be uksin i bodome dendefi, sile jefu seme buhe,,
양과　　산양을　갑병을　헤아려 나누고 국물을 먹으라고 주었다.

○ ice nadan de, ajige beile i jaka ci odoi de monggo beise beisei
　　초 7일에,　아지거 버일러의 휘하에서 오도이에게 몽고　버일러들의

dehi niyalma be adabufi, ceni baha olji ton be medege alanjime jihe,
　40명을　　　　붙여　그들이 얻은 노획의 수에 대한 소식을　알리러 왔다.

ajige 30/31 beile, unege baksi i baha olji, niyalma ilan tanggū nadanju
아지거　　　버일러· 우너거 박시가 획득한 노획은,　사람 371명·

emu, ihan juwe tanggū juwan, honin niman emu tanggū tofohon, temen
　소　210마리·　　　　　　양과 산양 115마리·　　　　　낙타

sunja, nikan lamai langju i boigon i olji, niyalma juwan nadan, ihan
5마리였다. 漢人 喇嘛 랑주가 잡은 戶의　노획은　사람　17명·　　　소

ilan, juwe losa, ilan eihen, emu morin, ici ergi jarut i baha olji,
3마리· 2마리 노새· 3마리 당나귀· 1마리 말이었다. 右翼의 자루트의 얻은 노획은

niyalma nadan tanggū orin jakūn, ihan ninggun 31/32 tanggū juwan
　사람　728명·　　　　　　　　소　614마리·

duin, morin ninggun, temen emke, honin niman emu minggan nadanju,
말 6마리· 낙타 1마리· 양과 산양 1,070마리였다.

dashūwan ergi jarut i baha olji, niyalma ilan tanggū gūsin ilan, ihan
左翼의 자루트가 획득한 노획은, 사람 333명· 소

ninggun tanggū jakūnju nadan, honin emu minggan ilan tanggū,
687마리· 양 1,300마리였다.

karacin i efu i baha olji, niyalma uyunju duin, ihan juwan uyun, birasi
카라친의 어푸가 얻은 노획은 사람 94명· 소 19마리였다. 비라시

efu i baha olji, niyalma juwan duin, 32/33 ulha bahakū, ombu cūhur i
어푸가 얻은 노획은 사람 14명이고 가축은 얻지 못했다. 옴부 추후르가

baha olji, niyalma nadanju, ihan ninggun, gendushib i baha olji, niyalma
얻은 노획은 사람 70명· 소 6마리였다. 건두스힙이 얻은 노획은 사람

gūsin, ihan juwan, bandi dureng ni baha olji, niyalma orin, ihan sunja,
30명· 소 10마리였다. 반디 두렁이 얻은 노획은 사람 20명· 소 5마리였다.

tusiyetu efu i korcin i baha olji, niyalma emu minggan gūsin, ihan
투시예투 어푸의 코르친이 얻은 노획은 사람 1,030명· 소

ilan minggan nadanju, honin emu minggan juwe tanggū gūsin, temen
3,070마리· 양 1,230마리· 낙타

orin, ere uheri niyalmai 33/34 ton, juwe minggan nadan tanggū orin
20마리였다. 이 총 사람의 수는 2,727명·

nadan, ihan emu minggan jakūn tanggū dehi sunja, honin ilan minggan
　　소 1,845마리·　　　　　　　　　　　　　　　　양 3,715마리이고

nadan tanggū tofohon, uheri olji ton, jakūn minggan juwe tanggū
　　총　　노획의 수는　8,287

jakūnju nadan, enggeder efu i gūsai baha olji, temen duin, morin juwe,
이었다.　　　　엉거더르 어푸의　구사가 얻은 노획은　낙타 4마리·　말 2마리·

ihan emu tanggū, eihen duin, honin juwe tanggū, niyalma nadanju,
　　소 100마리·　　　당나귀 4마리·　양 200마리·　　사람 70명,

uheri 34/35 ilan tanggū jakūnju, menggun juwe tanggū susai sunja šoge,
총　　　　380명과　　　　　　　銀 255錠이었다.

karacin i baha olji, niyalma emu minggan juwe tanggū susai, ihan
카라친이　얻은 노획은　사람 1,250명·　　　　　　　　소

emu minggan sunja tanggū, honin juwe minggan ninggun tanggū orin,
1,500마리·　　　　　　양　2,620마리였다.

ubasi siyacin, kusertai daiha sere juwe amban be jafahabi, aha hošoni
우바시 시야친·　쿠서르타이 다이하라는　2명의 대신을　사로잡았다.　아하 호쇼니

hūrha sere amban be waha, seter efu i baha olji, 35/36 dehi juwe boigon,
후르하라는　대신을　죽였다. 서터르 어푸가 얻은 노획은　　42戶·

ihan emu tanggū juwan, honin juwe tanggū gūsin, sereng efu i kerit i
　　소　110마리·　　　　양 230마리였다.　　　서렁 어푸의 커리트가

baha olji, niyalma juwe tanggū gūsin, morin juwan ninggun, temen
　얻은 노획은　사람　230명・　　　　　　　　말 16마리・　　　　　낙타

juwe, ihan emu tanggū jakūnju, honin nadan tanggū, mujang ni baha
2마리・　소 180마리・　　　　　　　　양 700마리였다.　　무장이　얻은

olji, niyalma gūsin sunja, ihan emu tanggū tofohon, honin ilan tanggū
노획은　사람 35명・　　　　　소 115마리・　　　　　양 347마리였다.

dehi nadan, sengge hošooci i 36/37 baha olji, niyalma ilan tanggū susai,
　　　셍게 호쇼오치가　　　얻은 노획은　　사람 350명・

ihan juwe tanggū jakūnju, honin ninggun tanggū susai, temen duin,
　소 280마리・　　　　　　양 650마리・　　　　낙타 4마리였다.

ajige beile i dosika jurgan i jušen, monggo i baha uheri olji ton,
아지거 버일러가 진격한 노선 상의　주선과 몽고인이　얻은　총 노획의 수는

niyalma sunja minggan sunja tanggū orin ilan, temen ninju nadan,
　사람 5,523명・　　　　　　　　　　낙타 67마리・

morin dehi nadan, eihen nadan, ihan ninggun minggan nadan tanggū
　말 47마리・　　　　당나귀 7마리・　　소 6,771마리・

nadanju emu, honin 37/38 jakūn minggan duin tanggū ninju juwe,
　　　　　양 8,462마리・

niyalma ulha uheri olji ton, juwe tumen nadan minggan sunja tanggū
　사람과　가축의　총 노획 수는 27,596

uyunju ninggun,,
이었다.

○ ice jakūn de, gegen han i hoton ci jurafi, gūsin ba i dubede
　초 8일에,　　　　게겐 한의　　성에서　　출발하여　30里의　　　앞에서

julergi alin de deduhe, tere inenggi, ajige beile i jakade odoi be amasi
　남쪽　　산에　　묵었다.　　그　날,　　　아지거 버일러 측에　오도이를 다시

38/39 takūrafi unggihe,,
　　　　파견했다.

○ juwan de, huhus bira de deduhe, tere inenggi nikan de dosika
　10일에,　후후스 江에　　　묵었다.　　그　날,　　　明에　들어간

monggo be dahabume genehe yangšan, dayaci tabunang, ui jaisang,
　몽고인을　항복시키러　간　　　양샨·　　다야치 타부낭·　우이 자이상·

korcin i ukšan nakcu, manjusiri isinjiha, ujulafi dahaha ejen non temur,
코르친의　　욱샨 낙추·　만주시리가 도착했다.　우두머리로 항복한 어전 논 테무르·

g'andi hiya baksi, secen biceci ilan niyalma 39/40 gaifi dahaha hahai
　간디 히야 박시·　　세첸 비처치　　3명이　　　　　이끌고 항복한 남자의

ton, emu tanggū ninju, hehe jusei ton, emu tanggū susai jakūn, temen,
수는　　　　160명,　　　여자와 아이들의 수는　　　　　158명,　　　　낙타·

morin, losa, eihen, ihan sunja tanggū, cahar han i honin, dahaha boigon
말·　노새·　당나귀·　소가 500마리였다.　　차하르 한의　양과　　항복한　戶의

i honin, uheri uyun tanggū dehi, ere boigon i emgi cahar han de bure
양은　　모두　　　940마리였다.　　　　이　　戶와　　함께　　차하르 한에게　줄

eden šang ni ulin be ša ho i hafan i tucibufi buhe ulin uheri ton, 40/41
나머지　賞의　재물을　　殺胡(堡)의 관원이　　내어　　준　　재물의 총　수는

suje ilan minggan jakūn tanggū juwan emu, mocin samsu juwe minggan
비단 3,811필·　　　　　　　　　　　　　　毛靑布 2,674필이었다.

ninggun tanggū nadanju duin, ere be sunja ubu sindafi korcin i ukšan
　　　　　　　　　　　　　　　　이를　　　5등분하여　　코르친의　　육산

nakcu, manjusiri de emu ubu buhe, jai duin ubu be jakūn gūsa dendefi
낙추·　만주시리에게　　1分을 주고,　　또　　4分을　　　　八旗가　　나누어

sidende asaraha,,
公庫에　　저장했다.

○ juwan emu de, buridu gebungge bade deduhe, 41/42 tere inenggi
　　　11일에,　　부리두　라는　　곳에서 묵었다.　　　　　그 날,

dayaci tabunang, ui jaisang, musede dahaha monggo non temur juwe
다야치 타부낭·　우이 자이상이 우리에게 항복한　몽고　논 테무르의 2명의

tungse de bithe jafabufi, gulu suwayan, gulu fulgiyan, gulu šanggiyan i
通事에게　글을 쥐여주어　　　正黃·　　　正紅·　　　　正白의

susaita bayara, kubuhe suwayan i gūsin bayara, ede tu i ejen sudala,
50명씩의 바야라와　　　　鑲黃의 30명의 바야라와　이에 더해　纛의 어전 수달라·

kaju, dulei, konggo be esei emgi nikan i ša ho pu i hafasa de takūrafi
카주· 둘러이· 콩고를 이들과 함께 明의 殺胡堡의 관원들에게 파견하여

unggihe, ese de unggihe 42/43 bithei gisun, doro acara be buyeme,
보냈다. 이들 편에 보낸 글의 말. 「화친하는 것을 원하여

liyoodung ni ba i hafasa de jing gisureci, liyoodung ni hafasa mende
요동에 있는 관원들에게 계속 말했으나, 遼東의 관원들이 우리와

kimun ambula ofi, meni gisun be donjirakū, tuttu be, ere teisu
원한이 많아서 우리의 말을 듣지 않는다. 그래서 우리는 이 쪽으로

cahar be bošofi, suweni baru doro gisureki seme jihe, suwe mende
차하르를 쫓아서 너희에게 화친을 말하려고 왔다. 너희가 우리에게

burulame dosika monggo be tucibufi buhengge, ambula sain, be, daitung,
패주하여 들어간 몽고인을 내보내어 준다면 매우 좋겠다. 우리는 大同·

yang ho, siowan fu, teisu doroi jalin de gisureme genembi, sain ba be
陽和· 宣府를 향해 화친을 위해 논의하고자 간다. 貴地를

43/44 duleme geneme, gisun hendurakūci ehe seme niyalma takūrame
지나 가면서 말을 전하지 않으면 惡하다 하여 사람을 파견하여

bithe unggihe, bithe benehe ambasa be jefu seme ša ho i hafan i
글을 보낸다.」 글을 보낸 대신들에게 먹으라고 殺胡(堡)의 관원이

buhengge, emu honin, emu polori arki, emu polori nure, juwe fan efen
보낸 것은, 1마리의 양· 1광주리의 소주· 1광주리의 황주· 2판의 떡을

benjihe, han de, juwan nadan niyalma hengkileme, juwe ihan, jakūn
보내왔다. 한에게   17명이   고두하러   2마리의 소·   8마리의

honin, duin suje, mentu efen emu minggan, šobin emu 44/45 minggan,
양·   4필의 비단·   만두 1천개·   燒餠 1천개·

soro duin sin, mucu juwan gin, šatan dehi boose, cai tanggū boose,
 대추 4金斗·   포도 10斤·   사탕 40包·   차 100包·

arki emu polori, nure emu polori benjihe, ere benjihe juwan nadan
소주 1광주리·   황주 1광주리를   보내왔다.   이것을 보낸   17명에게

niyalma de, han i šangname buhengge, ujulaha ilan niyalma de emte
            한이   賞으로   준 것은   우두머리   3명에게   1마리씩의

ihan, jai juwan duin niyalma de emte honin buhe,,
소,   또   14명에게   1마리씩의 양을 주었다.

tongki fuka sindaha hergen i dangse
點·圈을 찍은 문자의 檔子

susai sunjaci debtelin
55권

sure han i ningguci aniya ninggun biya
천총 6년 6월

tongki fuka sindaha hergen i dangse,,
　　點· 圏을　　찍은　문자의　　　檔子

○ juwan juwe de, nari bira de deduhe, tere inenggi, korcin i
　　12일에,　　　나리 江에서　　묵었다.　　그 날　　코르친의

ukšan nakcu, manjusiri ceni olji baha doroi dehi ihan orin honin, suje,
　욱샨 낙추와　만주시리가 그들의 노획을 얻은 예로 40마리 소·　20마리 양·　비단·

mocin samsu, han de deji benjihe bihe, han, sunja ihan orin honin
　毛靑布를　　　한에게 헌상물로 보내왔다.　　　한은　　5마리 소·　20마리 양을

gaiha, jai gemu bederebuhe, 1/2 han, benjihe doroi seme ini deji gaiha
취했다. 나머지는 모두 돌려보냈다.　　　한은　　보내온　　예라　하여 그가 헌상물로 얻은

emu sain hehe be sonjofi ukšan nakcu de buhe,,
1명의　좋은 여자를　　골라　　욱샨 낙추에게　주었다.

○ juwan ilan de, aru sibartai de deduhe, tere inenggi, ajige beile i
　　13일에,　　아루 시바르타이에서 묵었다.　　그 날　　아지거 버일러가

baha olji, monggo beise i baha olji ton be, jai dasame bithe arafi
얻은 노획과　몽고 버일러들이　얻은 노획의　수를　다시 고쳐　　글을 써서

takūraha coohar beiguwan isinjiha,, 2/3
파견했던　초오하르 備禦官이　도착했다.

○ tere inenggi, kūrcan baksi, ui jaisang, lošo nadan bithe be de
　　그　날,　　　　　쿠르찬 박시· 우이 자이상· 로쇼가 7통의　　글을　得勝堡의

šeng pu i hafan de benehe, de šeng pu i hafan be casi daitung,
　　　　　관원에게　　　보냈다.　　　"得勝堡의 관원으로 하여금 그쪽의 大同·

yang ho hoton i hafasa de benekini seme unggihe, esei emgi emu gūsai
　陽和城의　　　　　관원들에게　　보내게 하라" 하며　보냈다.　　이들과　함께　1개 구사에서

susaita bayara, ing ni cooha susaita, emu gūsai bayarai tui ejen 3/4
　50명씩의 바야라,　　營의　　병사　50명씩,　　1개 구사에서 바야라의 纛의 어전

emte, ing ni amban emte adabufi unggihe,,
　1명씩,　　營의　　암반　1명씩을　　붙여　　보냈다.

○ tere inenggi, ajige beilei jakade aibari, dayaci tabunang, kamtu
　　그　날,　　　　　아지거 버일러 측에 아이바리· 다야치 타부낭·　캄투

de sunja bithe unggihe, ere bithe be jang giya keo i dukai hafan de
　편에 5통의　글을　　보냈다. "이　　글을　　　　　張家口의　　　　　관원에게

bene, jang giya keo i hafan casi siowan fu i hoton i hafasa de benekini
　보내라.　　張家口의　　　관원이 그쪽의　　宣府　　　城의 관원들에게 보내게 하라"

seme unggihe, esei emgi coohar be 4/5 amasi takūrafi unggihe, ere
　하며　　보냈다. 이들과 함께 초오하르를　　　　되돌려 파견하여 보냈다.　　　이

juwe duka de doro acara jalin de unggihe bithei gisun, aisin gurun i
　두　　관문에　　화친하기　　위하여　　보낸　　글의　　말.「金國의

han i bithe, jecen i hafasa de unggihe, meni dain deribuhengge, amba
한의　　글.　　변경의　관원들에게　　보낸다.　우리가　싸움을　시작한　것은　　큰

soorin be gaiki, abkai fejergi be bahaki seme deribuhengge waka,
御座를　취하고　　천하를　　　　얻고자　하여　시작한　것이　아니다.

liyoodung ni hafasa dulimbai gurun i doroi tondoi beiderakū, ulin de
遼東의　관원들이　　　中國의　　　예로 올바르게 헤아리지 않고, 재물에

dosifi waka uru be tuwarakū, jasei tule yehe de dame cooha tere,
빠져　　시비를　　살피지 않으며, 경계 밖에　여허를　도우러 군대가 주둔하고,

membe eitereci 5/6 ojorakū ibiyame, turgun akū gidašame nadan koro
우리를　어찌할 수　　없게　미워하고,　이유　없이　능멸하여　일곱 恨을

araha manggi, ududu jergi bithe wesimbume han de habšaci, liyoodung
만들었으니,　　　몇 번　　글을　　올려　황제에게 호소해도,　遼東의

ni hafasa mende kimuleme, meni bithe be han de isiburakū aldasi
관원들이 우리에게 원한이 있어, 우리의　글을　황제에게 보내지 않고 중도에

faitafi, mini bithei karu gisun be bahafi donjirakū ofi dain deribuci,
끊어서　우리 서신에 대한 회답을　　　듣지 못하여,　　전쟁이 시작되면

hode han turgun be dacilame fonjimbi dere seme fusi be dailafi, fusi
아마도 황제가 이유를　　조사해　물을 것이다 하여 撫順을 공격하고, 撫順에서

de baha juwan ilan goloi hūdai niyalma de 6/7 mini habšara bithe
잡은　　13개 지역의　　　상인에게　　　　“우리의 호소하는 글을

jafabufi han de alibu, han de bahafi aliburakū ohode, suwe meni meni
쥐여주니 황제에게 올려라. 황제에게 올리지 못하게 되면 너희 각자의

goloi ambasa de bu seme sindafi unggihe bihe, tere gisun i karu geli
지역의 대신들에게 주어라” 하며 놓아 보냈었다. 그 말의 답신 또한

jihekū, tereci ebsi jing ba babe dailafi baha dari, han be dacilame
오지 않았다. 그 후로 항상 곳곳을 공격하여 취할 때마다, 황제가 조사해

fonjireo seme inenggi goidame indeme dailahai uttu oho, julgei kooli
묻지 않을까 하며 날이 오래도록 머물며 공격하다가 이렇게 되었다. 옛날의 예를

be donjici, fejergi weile dele hafuci, abkai fejergi dasarakūngge akū,
들으니, “아래의 일이 위로 통하면, 천하에 다스릴 수 없는 것이 없다.

fejergi weile dele hafundarakū 7/8 kabuci, abkai fejergi
아래의 일이 위로 통하지 않고 가로막히면, 천하에

facuhūrarakūngge akū sehebi, te bicibe, doro acarakū dain
어지럽지 않은 것이 없다” 했다. 지금도 화친하지 않고 싸움을

wajirakūngge, gemu fejergi weile dele hafundarakū ofi kai, abka inu
끝내지 않는 것은 모두 아래의 일이 위로 통하지 않기 때문인 것이다. 하늘 또한

niyalma be banjikini sembi dere, dain nakarakū niyalma buceme dailaci,
사람을 살리고자 할 것이다. 싸움이 그치지 않고 사람이 죽기로 공격하면,

abka geli tere weile be saišaha doro bio, mini unenggi gūniha be
하늘 또한 그 일을 칭찬할 리 있는가? 내가 진심으로 생각한 것을

tucibume gisurembi, meni ajigan gurun i niyalma, juwe 8/9 gurun
꺼내어   말한다.   우리 작은   나라의   사람은 두   나라가

doro acafi ulin elgiyeken bahara, ishunde hūda hūdašame meni meni
화친하여 재물을 좀 더 풍족하게 취하고, 상호간에 상품을 거래하며,   각기

cisui aba abalame giyahūn maktame taifin banjire be buyembi kai, bi
마음대로 사냥하고,   매를 날려보내며 태평하게 사는 것을 바라는 것이다. 내가

dolo encu angga encu gisureci, abka sarkū bio, unenggi acara be suwe
마음 따로 입   따로 말하면, 하늘이 모르겠는가? 진심으로 화친함을 너희가

geli cihakū, jortai akdarakū arame gisureci, suwembe abka endembio,
다시 원하지 않아, 일부러 믿을 수 없다 꾸며 말하면,   너희에게 하늘이   속겠는가?

neneme dain dailame jase dosifi emdubei gaime emdubei bithe unggime,
 전에   공격하러   경계를 들어와 한편으로 약탈하고 한편으로 글을   보내

ishunde ehe gosihon gisun i fusihūlanuhangge, 9/10 tere gemu cooha i
상호간에 나쁘고 언짢은 말로   서로 경멸했던 것은   그   모두   兵家의

doro, ere gisurere de ume gajire, suweni dulimbai gurun de ai mergese
常事이니 이 논의에서   거론하지 말라.   너희   中國에   어찌 현인들이

akū, julgei acaha efujehe ishunde geodenubuhe be feteme gūnime minde
없겠는가? 옛날에 화친이 깨져   상호간에 서로 속였던 것을   끄집어 생각하여 나를

ume kenehunjere, hūdun bodofi kengse gisureme weile wajici, yaya de
 의심하지 말라.   속히 헤아려 과감하게 말하여   일을 끝내면, 누구에게든

gemu hūturi kai, be gisun be aliyame juwan inenggi tuwambi,
모두 복될 것이다. 우리는 말을 기다리며 10일간 보겠다.

ume goidara,, 10/11
지체하지 말라.」

○ cahar i šang be gaji seme unggihe bithei gisun, doro acara gisun
차하르의 賞을 가져오라 하며 보낸 글의 말. 「화친하는 말이

geli emu bithe de bi, ere alin i wargi goloi ba i teisu teisu duka de,
또 하나의 글에 있다. 이 山西省 땅의 각각의 관문에서

gemu gegen han buyan hūwang taiji harangga gurun ulin gaimbihe,
모두 게겐 한 부얀 후왕 타이지 휘하의 국인이 재물을 취했다.

gegen han buyan hūwang taiji gurun be cahar gaici, gegen han buyan
게겐 汗 부얀 후왕 타이지의 국인을 차하르가 취하여, 게겐 汗 부얀

hūwang taiji de bure ulin be cahar de buhe, te bi cahar be bošoci,
후왕 타이지에게 줄 재물을 차하르에게 주었다. 지금 내가 차하르를 쫓았으니,

11/12 cahar de bure ulin be minde bure giyan kai, cahar inu jasei tulergi
차하르에게 줄 재물을 내게 주어야 마땅하다. 차하르도 경계 밖의

gurun, bi inu jasei tulergi gurun, mini cooha ba i goro de jifi tere
나라이고, 나도 경계 밖의 나라이다. 나의 병사가 땅이 먼 곳에 와서 그

untuhun genembio, bi sehe seme utala joboho cooha de ai šangnafi
빈손으로 가겠는가? 나라고 해서 이토록 고생한 군대에 무슨 상을 주어

gamara, ulin yaya de oci bure ulin kai, ulin i jalin de doro be ume
가져가겠는가? 재물은 누구에게라도 줄 재물이다.　　재물　때문에　　화친을

tookabure, suweni uba i niyalma daci mende weile akū bihe, mende
지체하지 말라.　너희　이곳　사람은　　원래 우리에게 허물이　없었다.　　우리에게

liyoodung ni 12/13 niyalma dain dere, suwe ai dalji, muse juwe gurun i
　遼東의　　　　　　　사람이　　적이지,　　너희는 무슨 관계인가? 우리 두　나라의

doro be suwe gisureme acabuci ombikai,,
　화친은 너희가　　말하여　화친시키면　될 것이다.」

○ juwan duin de, ebur sibartai de deduhe, tere inenggi, de šeng
　　　14일에,　　　어부르 시바르타이에서　묵었다.　　그　날　　　得勝堡의

pu i duka de bithe benehe kūrcan baksi, ui jaisang, lošo isinjiha, esei
　관문에　　글을 보낸　　쿠르찬 박시・우이 자이상・로쇼가　도착했다. 이들과

emgi de šeng pu i hafan i emu ciyandzung 13/14 tofohon niyalma, han
함께　　得勝堡　관원의　　1명의　千總과　　　　　15명의　사람이　한에게

de hengkileme juwe ihan, ilan suje, emu polori mentu, emu polori
　고두하여　2마리의 소・ 3필의 비단・　1광주리의　만두・　1광주리의

šobin, emu sin i soro, emu malu arki, emu malu nure benjihe bihe,
燒餠・　　1숲斗의 대추・　1병의 소주・　　1병의 황주를　　보내왔다.

alime gaihakū amasi bederebuhe, ihan benjime jihe ciyandzung de han,
받아 취하지 않고 돌려　보냈다.　소를　보내러 온　千總에게　　한이

emu ihan šangname bufi unggihe, esei emgi kūrcan baksi, ui jaisang de
1마리 소를　　상 내려　주어　보냈다. 이들과 함께　쿠르찬 박시·　우이 자이상에게

emu gūsai juwanta bayara, emte 14/15 kirui ejen be adabufi de šeng
1개 구사에서 10명씩의　바야라·　1명씩　　　키루의 어전을　　붙여　　得勝堡의

pu i hafan de bithe benefi jihe, ese de unggihe bithei gisun, aisin
　　관원에게 글을　　보내고 왔다. 이들 편에　보낸　　글의　　말. 「金國의

gurun i han i bithe, de šeng pu i ts'anjiyang šeo pu de unggihe, acara
　　한의　　글.　　得勝堡의　　參將과　守堡에게　　　보낸다.　화친하는

weile be bi abka be dabume gisurehe, suwe unenggi irgen be gosire,
일을　나는 하늘의 뜻에 따라　말했다. 너희가 진심으로　　백성을　사랑하고

liyoodung ni hafasai gese akūci, ere weile be 15/16 hūdun wacihiya,
遼東의　　관원들　같지 않다면, 이　　일을　　　속히　　끝내라.

aikabade inenggi goidaci, bi udu aliyambi seme cooha niyalma bele
행여　　날이　오래되면, 내가 얼마간 기다린다 해도　　병사의　　쌀이

wajire be ainara, juwan inenggi boljohongge ere turgun kai, suwe
다함을 어찌하겠는가?　10일로　　약속한 것은　이 때문인 것이다. 너희가

aikabade hūsutuleme ere weile be wacihiyaburakū jortai anataci, suwe
행여　　힘써　　이　일을　끝내게 하지 않고 일부러 미루면, 너희가

dain be buyerengge kai, bi ai ehe, bithei hergen i dele fejile be taka
싸움을　원하는 것일 것이니, 내가 어찌 나쁘겠는가? 글의 문자의 上下는　　잠시

ume gisurere, weile neneme mutebu, weile mutehe manggi, amba
따지지 말라. 일을　먼저　성사시켜라. 일이　이루어진　후에　　大國에

gurun de esi anabuci, mimbe cahar ci wesihun tuwaci acambi,, 16/17
물론 양보하더라도, 우리를　차하르보다　위로　　보아야　마땅하다.」

○ tofohon de, jirgalang taiji ini gūsai tabcilafi baha tofohon ihan,
　　15일에,　　지르갈랑 타이지가　그의 구사가 약탈해　　얻은　　15마리 소와

gūsin honin be, han be deji gaisu seme benjihe bihe, han gaihakū
　30마리 양을　　　"한께서 헌상물로 취하십시오" 하며 보내왔다.　　한이 취하지 않고

bederebuhe,,
　돌려보냈다.

○ tere inenggi, ajige beile i takūraha buyantu beiguwan
　　그　날,　　　아지거 버일러가　　파견한　　　부안투　　　備禦官이

isinjiha,, 17/18
이르렀다.

○ tere inenggi, kūrcan baksi, ui jaisang emu gūsai sunjata
　　그　날,　　　쿠르찬 박시·　우이 자이상이 1개 구사에서 5명씩

bayara be gaifi, de šeng pu i duka de benehe bithei medege be
　바야라를　　이끌고　　　得勝堡의 門에　　　　보냈던　글의　　　소식을

fonjinafi jihe,,
물으러 갔다가 왔다.

○ juwan ninggun de, jugūn jorime gaifi yabuha gajarci de 18/19
　　16일에, 　　　길을　가리켜 인솔해　다닌　길잡이에게

han i šangname buhengge, batma de tofohon ihan, dehi honin, aru i
한이　　상 내려　　준 것.　바트마에게　15마리 소·　40마리 양,　　아루의

ubasi de juwan ihan, dehi honin, buha tabunang de juwan ihan, gūsin
우바시에게　10마리 소·　40마리 양,　부하 타부낭에게　　10마리 소·　30마리

honin, hife baksi de juwan ihan, gūsin honin, barai sanjin de juwan
양,　히퍼 박시에게　10마리 소·　30마리 양,　　바라이 산진에게　10마리

ihan, gūsin honin, kulugutai de sunja ihan, orin honin, tusiyetu efu i
소·　30마리 양,　　쿨루구타이에게 5마리 소·　20마리 양,　　투시예투 어푸의

jolbi de sunja ihan, orin honin, namutai de ilan ihan, juwan honin
졸비에게 5마리 소·　20마리 양,　　나무타이에게 3마리 소·　10마리 양을

buhe,, 19/20
주었다.

○ tere inenggi, lungsi, begei, ui jaisang musede dahaha monggo
　　그 날,　　　룽시·　버거이·　우이 자이상과 우리에게 항복한　몽고의

juwe tungse de emu gūsai juwete bayara be adabufi ajige beile i jakade
두　通事에게　1개 구사에서 2명씩　바야라를　붙여서　아지거 버일러　측에

takūraha, esei emgi buyantu be amasi takūrafi unggihe,,
파견했다. 이들과 함께　부안투를　　도로　　파견했다.

○ tere inenggi, de šeng pu i hafan i emu tung 20/21 guwan, emu
그 날,　　　　　　得勝堡 관원의　1명의 通官·　　　　　　　1명의

ciyandzung, orin nadan niyalma han de hengkileme benjihengge, juwe
千總·　　　27명의 사람이　　한에게　고두하며　보내온 것.　　2마리의

ihan, jakūn honin, duin suje, cai emu tanggū jakūnju duin boose,
소·　　8마리의 양·　4필의 비단·　차 184包·

dambagu ninggun boose, ufa šatan gūsin uyun boose, juhe šatan uyun
담배 6包·　　　　　　백사탕 39包·　　　　　　얼음사탕 9包·

boose, mucu juwan uyun boose, maise ufa ilan to, soro emu sin, handu
포도 19包·　　　　　　밀가루 3斗·　　　대추 1金斗·　　　멥쌀

bele ilan sin, arki juwe malu, nure juwe malu, sun nimenggi 21/22 ilan
3金斗·　　소주 2병·　　황주 2병·　　유지방(乾酪)

tamse, dabsun emu šoro benjihe, tere inenggi amba beile ini gūsai
3단지·　소금 1소쿠리를　보내왔다. 그 날,　　　大 버일러가 그의 구사의

niyalmai tabcilafi baha orin ihan juwe tanggū honin be, han be deji
사람이　약탈하여 얻은 20마리 소·　200마리 양을　　　"한께서 헌상물로

gaisu seme benjihe bihe, han, juwe honin deji gaiha, jai gemu
취하십시오" 하며 보내왔다.　한은　2마리 양만 헌상물로 취했다. 나머지는 모두

bederebuhe,,
돌려보냈다.

○ juwan nadan de, de šeng pu ci ihan honin 22/23 benjime
　　17일에, 　　　　得勝堡로부터　소와　양을　　　　　　보내며

hengkileme jihe tung guwan de emu ihan, ciyandzung de emu honin,
고두하러　온　　　　通官에게　1마리 소, 　　參將에게　　1마리 양,

jai orin nadan niyalma de emte honin šangname bufi unggihe, ese be
나머지　　27명에게　　　1마리씩의 양을　상 내려　주어 보냈다.　이들을

beneme kūrcan baksi, emu gūsai tui ejen emte, susaita bayara be gaifi
보내러　쿠르찬 박시가　1개 구사의 纛의 어전 1명씩과 50명씩의 바야라를　이끌고

genehe, genefi musei ukaka ukanju i songko be nikan i jase bitume
갔다.　가서　우리에게서 도망한 도망자의　자취를　明의 경계를 따라

faitafi bahakū jihe, bayan hūcin de deduhe,, 23/24
쫓았으나 얻지 못하고 왔다. 바얀 후친에서　묵었다.

○ juwan jakūn de, kir de deduhe, tere inenggi kubuhe šanggiyan i
　　18일에, 　　키르에서　묵었다.　그　날　　　　鑲白旗의

handai nirui juwe nikan, uheri nirui emu nikan, ere ilan nikan ukaka be
한다이 니루의　2명의 漢人·우허리 니루의　1명의 漢人, 이　3명의 漢人이 도망한 것을

turgei nirui adun tuwakiyara niyalma bahafi jakūn gūsa de šurdeme
투르거이 니루의　목축　관리인이　　　　잡아서　八旗에게　　둘러서서

tuwabufi waha, tere inenggi cahar ci emu moringga monggo ukame
보게 하고 죽였다.　그　날　차하르로부터 1명의　말 탄　몽고인이 도망해

jihe,, 24/25
왔다.

○ juwan uyun de, ulhū gebungge bade deduhe,,
        19일에,   울후   라는   곳에서 묵었다.

○ orin de, cijarkana de deduhe,,
        20일에, 치자르카나에서   묵었다.

○ orin juwe de, tariyalang de deduhe, tere inenggi ajige beile i
        22일에,   타리얄랑에서   묵었다.   그 날   아지거 버일러의

jakade takūraha aibari, kamtu isinjiha, 25/26 jang giya keo i hafan
    측에   파견한   아이바리·캄투가 도착하여,   "張家口의   관원이

cahar de bure eden šang ni ulin be gemu buhe, jai hūda tucibufi
차하르에   줄   남은 賞의 재물을   모두 주었습니다. 또 상품을   내어서

hūdašaki sembi seme alanjiha, buhe ulin i ton, jao lama i gecuheri
교역하겠다고 합니다" 라고 보고해왔다.   준 재물의 수는, 자오 喇嘛의   蟒緞

juwe tanggū emu, puse noho suje sunja tanggū nadanju sunja,
    201필·   흉배가 있는 비단   575필·

fulgiyan suje juwe minggan juwe tanggū orin nadan, cekemu ninju duin,
    붉은 비단 2,227필·   倭緞 64필·

funiyesun juwan juwe, tasha sukū ninju uyun, yarha 26/27 sukū uyun,
    양털모직물 12필·   호랑이가죽 69장·   표범가죽 9장·

dobihi duin tanggū ninju, hailun duin minggan duin tanggū nadanju
여우가죽 460장·　　　　　　　수달가죽 4,473장·

ilan, ke lang jung ni suje sunja tanggū nadanju ninggun, hailun juwe
　ke 郎中의　　　　비단 576필·　　　　　　　수달가죽 240장·

tanggū dehi, dobihi orin sunja, tasha yarha juwan, hacin hacin i šufa
　여우가죽 25장·　　호랑이가죽과 표범가죽 10장·　각종 두건

juwe tanggū, ciši i fulgiyan suje dehi nadan, cekemu juwan duin, hacin
　200개,　　勅使의　붉은 비단 47필·　　　　倭緞 14필·　　　각종

hacin i suje juwan juwe, hailun jakūnju, mocin emu minggan uyun
　비단 12필·　　　　수달가죽 80장·　毛青布 1,900필·

tanggū, 27/28 puse noho genggiyen orin ninggun, fulgiyan jafu susai,
　흉배가 있는 石青素緞 26필·　　　　　붉은 모직물 50장·

boso sunja tanggū gūsin, keibisu juwe tanggū nadan, uheri suje i ton
　布 530필·　　　　　모직양탄자 207장·　　전체　비단의 수가

duin minggan ilan tanggū jakūnju sunja, mocin boso juwe minggan
　4,385필·　　　　　　　　毛青布 2,430필·

duin tanggū gūsin, funiyesun juwan juwe, hailun duin minggan nadan
　양털모직물 12장·　　　수달가죽 4,793장·

tanggū uyunju ilan, dobihi duin tanggū uyunju sunja, tasha nadanju
　여우가죽 495장·　　　　　　호랑이가죽 79장·

uyun, yarha uyun, keibisu juwe tanggū nadan, 28/29 fulgiyan jafu
표범가죽 9장·   모직양탄자 207장·   붉은 모직물

susai,,
50장이었다.

○ orin ilan de, holto gebungge bade deduhe, tere inenggi ajige
   23일에,   홀토 라는   곳에서 묵었다.   그 날   아지거

beilei jakade aibari, kamtu be takūrafi unggihe,,
   버일러 휘하로 아이바리· 캄투를   파견했다.

○ tere inenggi, ajige beile i jakade takūraha dayaci 29/30 tabunang
   그 날,   아지거 버일러 측에   파견한   다야치   타부낭이

medege alanjime jihe, erei alanjiha medege, jang giya keo i duka de
소식을   고해왔다.   이 자가 고해온   소식.   "張家口   門에

nikan hūda tucibufi musei emgi hūda hūdašaha seme alanjiha,,
   한인이 상품을 내어서   우리와 함께   장사했다"고   고해왔다.

○ orin duin de, jang giya keo i jasei teisu kara balgasun de
   24일에,   張家口   경계를 마주한 카라 발가순에

isinjifi ing ilifi ulan fetehe,, 30/31
도착하여 군영을 세우고 해자를 팠다.

○ tere inenggi, ajige beile i jakade takūraha lungsi begei
   그 날,   아지거 버일러 휘하로 파견한   룽시· 버거이가

isinjiha,,
도착했다.

○ tere inenggi, beise ambasai menggun i tetun be gemu tucibufi,
　그 날,　　　버일러들과 대신들의　은으로 된　기물을　　모두　　내게 하여,

emu gūsa de emte amban, uhereme de baduri be ejen arafi nikan i jang
　1개 구사에　　1명씩의　대신과,　　전체에서　바두리를　어전으로 삼아 明의　張家口

giya keo i duka de hūda hūdaša seme unggihe,, 31/32 (ere be julge dain
　　　　門에서　　　거래하라고　　　　　　보냈다.　　　　　(이를　옛날 전쟁이

akū taifin i fonde, sunja yan duin yan de mujanggai gecuheri bahambihe,
없는　태평한　때에는,　　5兩·　　　4兩에　　　적당하게　　蟒緞을　얻었었다.

dain dekdehe manggi, liyoodung, simiyan be gaifi gurun i dolo hūdašara
전쟁이 일어난　　후　　　　遼東(요양)·　瀋陽을　　취하고,　나라의　안에서 장사할

de, emu gecuheri de juwe tanggū yan saliha, tere mudan de sunjata yan de
때에는 1필　蟒緞에　　　　200兩의　　　　가치였다.　이　번에는　　　　5兩에,

ninggute yan de gecuheri gaiha,,)
6兩에　　　　　　　蟒緞을　　얻었다.

○ tere inenggi, jang giya keo i duka de takūraha 32/33 asidarhan,
　그 날,　　　張家口 門으로　　　　　파견한　　　　　아시다르한·

lungsi, dayaci tabunang, ui jaisang medege alanjime jihe,,
룽시·　다야치 타부낭·　　우이 자이상이 소식을　고하여 왔다.

○ tere inenggi, nikan i jase ci orin ba i dubede kara balgasun gebungge
　그　날,　　　　　明의　　경계에서　20里　　　앞에　　카라 발가순　　이라는

fe hecen i bira de ing ilifi, gūsin bade kuren hadafi gūsin ulan fetehe,
옛　성의　　江에　　營을 세우고, 30곳에　　　부대를 두어　30개　해자를 팠다.

ulan onco juwe da, šumin juwe da fetehe, 33/34 tere inenggi,
해자는　너비 2尋,　　깊이 2尋으로　　팠다.　　　　　그　날

nikan i jase ci tofohon ba i dubede ilifi, musei gajiha poo be faidafi
　明의　경계에서　　　15里　앞에 진치고, 우리가　가진　炮를　정렬하여

sindame tuwaha,,
발사해　보았다.

○ tere inenggi, jang giya keo i duka de asidarhan, lungsi, dayaci
　그　날,　　　張家口 門으로　　　　아시다르한· 룽시·　다야치

tabunang, ui jaisang be amasi takūrafi unggihe, gendur, haise, jaisang,
타부낭·　우이 자이상을　되돌려　　파견했다.　건두르· 하이서· 자이상·

temurjin, ere duin taiji be weile araha, yaluha morin 34/35 gaiha,
테무르진,　이 네　타이지를　벌　주었다.　탄　말을　　빼앗았다.

neneme šajilaha gisun, tu ci gūsa ci fakcafi facuhūn ume yabure seme
먼저　금하여　말하기를, “纛이나 구사에서 이탈해서 제멋대로　행동하지 말라”고

šajilaha bihe, šajin be jurceme gūsa tu ci fakcafi facuhūn yabuha seme,
금지했었다.　禁令을　위배하고 구사와 纛에서 이탈해서 문란하게 행동했다고 하여,

gendur, haise, jaisang, temurjin i yaluha morin be enggemu hadala
건두르·　하이서·　자이상·　테무르진이　탄　　말을　　　안장과　　굴레를

tohohoi gaiha, jai buya niyalma be orin nadata šusiha tantafi šan
채운 채로 빼앗았다. 다른 小人들을　　　　27대씩　　채찍으로 때리고, 귀를

tokoho,, 35/36
뚫었다.

○ tere inenggi, musede dahaha monggo non temur hoki niyalma be
　　그 날,　　　우리에게 투항한　　몽고인　　논 테무르 무리의 사람을,

menggun bisire be tuwame tucibufi, yenu be ejen arafi jang giya keo i
은이　　　있는 것을　　보고　　내보내어,　　여누를 어전으로 삼아　　張家口

duka de hūda hūdašame unggihe,,
門에서　　　거래하러　　　　　보냈다.

○ tere inenggi, jang giya keo i duka de takūraha aibari, kamtu
　　그 날,　　　張家口 門으로　　　　　　파견한　　아이바리·　캄투가

isinjiha,, 36/37
도착했다.

○ orin ninggun de, jang giya keo i duka de kūrcan baksi, lošo be
　　26일에,　　　張家口 門으로　　　　　쿠르찬 박시·　로쇼를

takūraha, tere inenggi uthai bonio erin de isinjiha, tere inenggi jang
보냈다.　　그 날　　곧　　申時에　　　도착했다. 그 날　　　張家口

giya keo i duka de takūraha dayaci tabunang, begei medege alanjime
　　　　　 門으로　　　　파견한　　　　다야치 타부낭과　버거이가 소식을　　고해

jihe, tere inenggi dayaci tabunang, begei be amasi takūraha, tere
왔다.　그　날　　　다야치　타부낭과　　버거이를　되돌려 파견했다.　　그

inenggi jang giya keo duka de 37/38 kūrcan baksi, lošo be geli
　날　　張家口 門으로　　　　　　　쿠르찬 박시·　로쇼를　　또

takūraha,,
파견했다.

○ orin nadan de, jang giya keo de takūraha kūrcan baksi, ui
　　27일에,　　　張家口로　　　　파견한　쿠르찬　박시·우이

jaisang, lošo sei emgi siowan fu i du tang, dzung bing guwan, jang
　자이상·　로쇼 등과　함께,　宣府의　　　都堂과　　　總兵官이

giya keo duka i hūwang guwan šeo, tung guwan i juwe šeobei de
　張家口　門의　　　黃官壽·　　　　　通官·　그의　두　守備에게

juwan emu niyalma be adabufi, 38/39 han de hengkileme sung lii[1] beneme
　11명을　　　　　　　붙여서　　　　한에게　고두하고　送禮를　　보내러

gene seme takūrafi, juwe ihan orin honin, šulhe emu sin, foyoro emu
　가라고　　파견하고,　2마리 소·　20마리 양·　배 1金斗·　　자두 1金斗·

1　[簽註] giguleme kimcici, ere sung lii sere gisun, ainci nikan gisun, uthai doroi jaka benembi sere
　　gisun dere,,
　　삼가 고찰하건대 이 'sung lii'(送禮)라는 말은 아마도 漢語로 즉 'doroi jaka benembi'(예물을 보내다)
　　라는 말일 것이다.

sin, soro emu sin, cai juwe saksu, handu bele juwan hiyase, maise ufa
대추 1金斗·　　　　차 2광주리·　　　멥쌀 10斗·　　　　　밀가루

juwan hiyase, arki emu malu nure emu malu benjime jihe, coohai
10斗·　　　소주 1병·　　　황주 1병을　　　보내왔다.　　軍의

geren beise ambasa meni meni gala galai faidame dasame wajiha
여러　버일러·대신들이　각각　　　　翼별로　정렬하여 정돈하기를 끝낸 후

manggi, 39/40 han tucifi suwayan cacari de tehe, tere benjime jihe juwe
한이 나와　황색　　천막에　　앉았다. 그　보내러　온　두

šeobei juwe tung guwan be han de acabure de, duin nofi gemu
守備와 두　　通官을　　　　한에게 알현시킬　때, 네 명　모두

alimbaharakū golofi hengkileme niyakūrame baharakū šurgeceme arkan
견딜수 없이　두려워서 고두하며　　꿇지　　못하고　　떨면서　　겨우

hengkilefi bederehe, terei sirame dahaha buya niyalma be aldangga
고두하고　물러났다. 그들에 이어서　따라온　小人들을　　　멀리서

niyakūrabufi hengkilebuhe, hengkileme wajiha manggi, hashū ergi de
꿇리고　　　고두시켰다.　고두한　　후　　　　　왼쪽에

tebufi sarin sarilaha, sarilame wajiha manggi, juwe šeobei de emte
앉게 하고 잔치를 베풀었다. 잔치가　끝난　후,　　두　　守備에게 1마리씩의

morin, 40/41 juwe tung guwan de emte ihan, jai uyun niyalma de emte
말,　　　두　　通官에게　　　1마리씩의 소, 나머지 9명에게　　1마리씩의

honin šangnaha, korcin, manju, nikan, jang giya keo duka de amba
양을 상 주었다. 코르친· 만주· 漢人이 張家口에서 크게

hūda hūdašaha, korcin i tusiyetu efu i ilan niyalma, nikan i jase de
거래를 했다. 코르친의 투시예투 어푸의 3명이 明의 경계로

hūlhame dosifi ihan eihen be gaihabi, juwe gurun doro acafi hūda
몰래 들어가서 소와 노새를 취했었다. "두 나라가 화친하여 거래할 때

hūdašara de, si ainu šajin be jurceme, sain gurun i ulha be 41/42 ainu
너는 왜 법을 어기고 사이좋은 나라의 가축을 왜

gaiha seme, tere ilan niyalma be nikan i jase de gamafi ujulaha
빼앗았는가"하고 그 3명을 明의 경계에 데려가서 우두머리인

niyalma be nikan de tuwabume waha, jai juwe niyalma be tanggūta
사람을 명에 보이고 죽였다. 다른 2명을 100대씩

šusiha tantafi šan tokoho,,
채찍으로 때리고 귀를 뚫었다.

tongki fuka sindaha hergen i dangse
點·圈을 찍은 문자의 檔子

susai ningguci debtelin
56권

sure han ningguci aniya ninggun biya
천총 6년 6월

tongki fuka sindaha hergen i dangse,,
點·   圈을   찍은   문자의   檔子

○ orin jakūn de, siowan fu i šen du tang, dung dzung bing guwan,
   28일에,   宣府의   沈 都堂·   董 總兵官이

doro acara jalin de beyede alifi manju i emgi doro acame
화친하기   위하여   직접   맡아 만주와   함께   화친하기로

toktofi, abka na de akdulame gashūre de, daiming gurun i gin dusy,
정하고,   天地에   굳게   맹세할   때,   대명국의   金 都司·

hūwang dusy, juwe jeo, duin hafan, manju gurun i asidarhan, dayaci,
黃 都司·   2명의 州官 (총) 4명의 관원,   만주국의   아시다르한· 다야치·

lungsi, ui jaisang, duin amban 1/2 abka na de šanggiyan morin
룽시·   우이 자이상,   4명의 大臣이   天地에   白馬와

sahaliyan ihan wafi, bithe deijime akdulame gashūha, daiming gurun,
   黑牛를   죽이고, 글을   태워서   굳게   맹세했다.   「대명국과

manju gurun, meni juwe gurun doro acafi sain banjimbi seme, abka na
만주국,   우리   두   나라는 화친하여   사이좋게 살겠다고   천지에

de šanggiyan morin sahaliyan ihan wafi akdulame gashūmbi, ere acaha
    白馬와   黑牛를   잡아서 굳게   맹세한다. 이   화친을

doro be daiming neneme efuleci, daiming be, 2/3 abka na wakalafi doro
大明이　먼저　　깨뜨리면　大明을　　　　　천지가　질책하여 道를

efujekini, gurun wajikini, manju neneme efuleci, manju be abka na
파괴하고　나라를 없애리라. 만주가　먼저　　깨뜨리면　만주를　　　천지가

wakalafi doro efujekini, gurun wajikini, juwe gurun, abka na de akdulaha
질책하여 도를　파괴하고　나라를 없애리라.　두　　나라가　천지에　　　보증한

gisun de isibume sain banjici, abka na gosifi, juse omosi jalan
말에　　이르도록　좋게 살면,　천지가 어여삐 여겨 자손들　　대대로

halame taifin jirgame banjikini seme gashūha, doro acaha doroi aisin
　태평하고 안락하게 살 것이다.」라고　맹세했다.　화친한　　禮로　金

susai yan, menggun sunja tanggū yan, gecuheri sunja tanggū, mocin
50兩·　　　　　은 500兩·　　　　蟒緞 500필·　　毛青布

boso emu minggan buhe,, 3/4
1천필을　주었다.

○ orin uyun de, nikan i elcin amasi genehe, ere be beneme
　29일에,　　明의　사신이 돌아 갔다.　이를　　배웅하러

kicungge bithesi de jakūn takūrsi be adabufi unggihe,,
키충거　비트허시에게 8명의　수행원을　붙여서 보냈다.

○ tere inenggi, jang giya keo i duka de gaiha ulin be sunja ubu
그 날,　　張家口　　문에서　취한 재물을　　　5分

sindafi, emu ubu be tusiyetu 4/5 efu de buhe, duin ubu be gaifi, ajige
하여,　　　1分을　　투시예투　　어푸에게 주었다.　4分을　　　취하여 아지거

beile i baha ulin, ša ho pu i duka de gaiha ulin be acabufi, coohai
버일러가 얻은 재물·　殺胡堡 門에서　　　취한 재물을　 합하여,　군대의

geren hafasa de šangnaha, sunja beiguwan i dzung bing guwan
여러　관원들에게　상주었다.　　　五備禦總兵官[1]

yangguri, hošotu efu, unege de uju jergi gecuheri emte, cekemu emte,
양구리·　호쇼투 어푸·　우너거에게　1등급의 蟒緞 1필씩·　　倭緞 1필씩·

suje emte, hailun juwete, uju jergi dzung bing guwan lenggeri de emu
비단 1필씩·　수달가죽 2장씩,　　1등 總兵官[2] 렁거리에게　　　1필의

gecuheri, 5/6 emu cekemu, juwe hailun buhe, ilaci jergi dzung bing
蟒緞·　　　1필의 倭緞·　　2장의 수달가죽을 주었다.　3등 總兵官

guwan kakduri, dural darhan, asan, yecen, suwan i efu i ajige jui
칵두리·　두랄 다르한·　　아산· 여천·　수완의 어푸의 작은 아들

ebilun, si uli efu, fusi efu i jui bayan, ere jakūn de emte gecuheri,
어빌룬·　시 울리 어푸·　푸시 어푸의 아들 바얀,　이 8명에게　1필씩의 蟒緞·

emte cekemu, juwete hailun, uju jergi fujiyang ilden, baintu, mungtan
1필씩의 倭緞·　2장씩의 수달가죽,　1등 副將[3]　　일던·　바인투·　뭉탄의

1　'sunja beiguwan i dzung bing guwan'(五備禦總兵官)은 1634년(天聰8)에 ujui gung(一等公)으로 개
　칭되었다.
2　'uju jergi dzung bing guwan'(一等總兵官)은 1634년(天聰8)에 uju jergi amba janggin(一等昂邦章京)
　으로 개칭되었다.
3　'uju jergi fujiyang'(一等副將)은 1634년(天聰8)에 uju jergi meiren i janggin(一等梅勒章京)으로 개칭

i jui aintamu, ere ilan de emte gecuheri, emte suje, 6/7 emte hailun,
아들 아인타무, 이 3명에게 1필씩의 蟒緞·   1필씩의 비단· 1필씩의 수달가죽,

ilaci jergi fujiyang obondoi, loosa, ši ting ju, gebakū, gusantai efu,
 3등 副將   오본도이· 로오사· 石廷柱·   거바쿠·   구산타이 어푸·

yekšu, unggadai, darhan hošooci, mergen hiya, nancu, gūnata, turusi,
 역슈·   웅가다이· 다르한 호쇼오치· 머르건 히야·   난추· 구나타· 투루시,

ere juwan juwe de emte gecuheri, emte suje, emte hailun, uju jergi
 이   12명에게   1필씩의 蟒緞·   1필씩의 비단· 1장씩의 수달가죽,   1등

ts'anjiyang gunggun, elbihe, unggeni, asidarhan, ubai, ere sunja de
參將[4]   궁군·   얼비허· 웅거니· 아시다르한· 우바이, 이 5명에게

emte gecuheri, emte hailun, jai jergi ts'anjiyang 7/8 fadu, burkan,
1필씩의 蟒緞·   1장씩의 수달가죽,   2등 參將   파두·   부르칸·

yarna, esentei, langse i jui aimbu, kangkal, han yūn, kangkalai,
야르나· 어선터이· 랑서의 아들 아임부· 캉칼·   韓潤·   캉칼라이·

toktohoi, gibkada i jui gūwalca, hesimi, giošan, bahi i jui onoi, gisha,
톡토호이· 깁카다의 아들 구왈차·   허시미· 기오산· 바히의 아들 오노이· 기스하·

ginggūlda, oforo amba moohai i jui monggūldai, yerešen, ere juwan
깅굴다·   코가 큰   모오하이의 아들 몽굴다이· 여러션,   이 17명에게

되었다.

4　'uju jergi ts'anjiyang'(一等參將)은 1634년(天聰8)에 uju jergi jalan i janggin(一等甲喇章京)으로 개칭
　　되었다.

nadan de emte gecuheri, emte hailun, ilaci jergi ts'anjiyang tulai,
　　　1필씩의　蟒緞·　　　1장씩의　수달가죽,　　　3등　參將　툴라이·

ning wan o, ere juwe de emte gecuheri, emte hailun, 8/9 iogi enggetu,
　寧完我,　　　이　2명에게　1필씩의　蟒緞·　　1장씩의　수달가죽,　　　遊擊　엉거투·

bakiran, kaju, tantai, dungsilu, karhuji, kakamu, asan, kokoi, yangšan
　바키란·　카주·　탄타이·　둥실루·　카르후지·　카카무·　아산·　코코이·　양샨·

kūrcan, ilmen, hūsibu, jusiki, gūnggadai, olosecen, udahai, ocirsang,
　쿠르찬·　　일먼·　후시부·　주시키·　궁가다이·　올로서천·　우다하이·　오치르상·

dahai, arjin, baduri, ajai, keri, narsai, yambulu, haningga, weihede,
　다하이·　아르진·바두리·　아자이·　커리·　나르사이·　얌불루·　하닝가·　워이허더·

ajigenikan, minggandari, seter, bashan, yang wan peng, dorji, siowan hū,
　아지거니칸·　　밍간다리·　　서터르·　바스한· yang wan peng· 도르지·siowan hū·

delger, surumai, šarhūda, sonom, hara omoktu, suldungga, durdei,
　덜거르·　수루마이·　샤르후다·　소놈·　　하라 오목투·　　술둥가·　　두르더이·

niyekse, han i, munggatu, 9/10 wang i ping, lii hiyan jeng, lang šao
　니역서·　　韓義·　　뭉가투·　　　　王一平·　　　李獻箴·　　　郎紹正·

jeng, jang liyang bi, furdan, tulai, erkei singne, lii yan geng, boihoci
　　　張良弼·　　　푸르단·　툴라이·　어르커이·　싱너·　李延庚·　　보이호치

ecike, loki, yen ting lu, jang da io, fan wen ceng, dzang tiyoo yuwan,
　叔父·　로키·　殷廷輅·　　　張大猷·　　　范文程·　　　　臧調元·

dadai, ere ninju iogi de emte gecuheri, emte hailun, beiguwan hūmi,
다다이, 이　60명의 遊擊에게 1필씩의　蟒緞·　1장씩의 수달가죽,　備禦官　후미·

lungsi, monggo sereng, tušatu, sungju, gida, hūlhūri, monggo bayar,
룽시·　몽고인　서렁·　투샤투·　숭주·　기다·　훌후리·　몽고인　바야르·

emungge, 10/11 babuhai, ušan, monggo i monggūldai, yandaran, hūsimu,
어뭉거·　　　　　바부하이·　우샨·　몽고인　　몽굴다이·　　얀다란·　　후시무·

dungsan, burhai, laiju, muhu, kūbai, haisahai, karun i margan, nitangga
둥산·　　부르하이·　라이주·무후·　쿠바이·　하이사하이·　哨探의　마르간·　니탕가·

be ci ts'e, šumin, ulai, baicuka, asan, šuntohoi, matai, kamciha, saimuha,
白奇策·　　슈민·　울라이·　바이추카·　아산·　순토호이·　마타이·　캄치하·　사이무하·

ahajan, baihū, othoi, bursahai, colmo hontoho, suran, sabigan, tujan,
아하잔·　바이후·　오트호이·　부르사하이·　촐모　半備禦·　수란·　사비간·　투잔·

ubahai šangsi, dugar, daicing tabunang, guwangsi, g'o šao gi, baruhai,
우바하이·　샹시·　두가르·　다이칭 타부낭·　　광시·　　g'o šao gi·　바루하이·

yabuhai, haise, žin ming ši, lahūda, sudala, hanggina, 11/12 haju memeri
야부하이·　하이서·　žin ming ši·　라후다·　수달라·　항기나·　　　　하주와　머머리

acan, sehei, akio, haksaha, aibari, basan, coohar, fiyanggū, uju amba,
共同備禦·　서허이·　아키오·　학사하·　아이바리·　바산·　초오하르·　피양구·우주 암바·

baindai, sunta, tanaka, yalai, bušuku, tuyantu, holohoi, holo, wenje,
바인다이·　순타·　타나카·　얄라이·　부슈쿠·　투얀투·　홀로호이·　홀로·　원저·

dumbai, tunggoi, maltu, lii ming, sakca, dung ting yuwan, bordoi,
둠바이· 통고이· 말투· lii ming· 삭차· 董廷元· 보르도이·

tabišan i jui yahai, karun i yemji, derdehe, baisgal, warka hiya hontoho,
타비샨의 아들 야하이· 哨探의 염지· 더르더허· 바이스갈· 와르카 히야 半備禦·

tuša, luntai, esutu, ahanikan, hergen, oboi, karun i bayamu, kangkala,
투샤· 룽타이· 어수투· 아하니칸· 허르건· 오보이· 哨探의 바야무· 캉칼라·

othoi, 12/13 siran, taran laijuhū acan, bulanju i jui fudai, nimacan
오트호이· 시란· 타란과 라이주후 共同備禦· 불란주의 아들 푸다이· 니마찬·

handai, inu, inege koci acan, tahabu, keifu, daigal, bartai, cecik mergen
한다이·이누·이너거와 코치 共同備禦·타하부·커이푸·다이갈·바르타이·처칙 머르건과

sargio acan, karun i kiyangsani, sitangga, uluka, karkama i deo manggo,
사르기오 共同備禦· 哨探 키양사니· 시탕가· 울루카· 카르카마의 동생 망고·

janggitai, fosuri, engkei, junta, olbio i jui ehelinggu, jorgio i jui
장기타이· 포수리· 엉커이· 준타· 올비오의 아들 어헐링구· 조르기오의 아들

singnai, tumin, šojan, buyar hontoho, saltu, buyan tabunang, burhai i
싱나이· 투민· 쇼잔· 부야르 半備禦· 살투· 부얀 타부낭· 부르하이의

jui maktu, lama, 13/14 maktu, malhūna, sabitu, alaha, inggo hoto bayan
아들 막투· 라마· 막투· 말후나· 사비투· 알라하· 잉고와 호토 바얀

acan, sira kitat, lolo, karun i mujan, cidahai, murtai, coboi, ooda,
共同備禦· 시라 키타트· 롤로· 哨探 무잔· 치다하이· 무르타이· 초보이· 오오다·

senioke, fangkala, jamju honotoho, tangkio hontoho, karun i daruha,
서니오커· 팡칼라·   잠주 半備禦·   탕키오 半備禦·   哨探 다루하·

mandari i jui šušu, nomun, namdari, karun i bukūn, wahūda, homin,
만다리의   아들 슈슈· 노문·   남다리·   哨探 부쿤·   와후다·   호민·

loohan i jui arbai, ceke, karun i nikan, tulai, arana, hife, sabtu i jui
로오한의   아들 아르바이· 처커· 哨探 니칸·   툴라이· 아라나· 히퍼· 삽투의 아들

fatan, ergulen, karun i šose, 14/15 daisungga, karun i fantu, hojiger,
파탄·   어르굴런·   哨探   쇼서·   다이숭가·   哨探 판투·   호지거르·

gori hiya i jui giohoto, hotono hadana acan, ayusi, suihutu, monggo
고리 히야의   아들 기오호토· 호토노와 하다나 共同備禦, 아유시· 수이후투· 몽고인

daicing, karun i buyan, budai, ukuri, karun i hūsi, nikan gūwalca,
다이칭·   哨探   부안·   부다이· 우쿠리·   哨探 후시·   漢人 구왈차·

kituren, karun i jantamu, curusi, tumei, wase i jui nahai, susulai,
키투런·   哨探 잔타무·   추루시· 투머이· 와서의 아들 나하이· 수술라이·

batangga, mengkei, unggadai, dartai, ušalan, usantai, šanuka, tambai,
바탕가·   멍커이·   웅가다이· 다르타이· 우샬란· 우산타이· 샤누카· 탐바이·

suisun hontoho, suldei, moo mergen, jumara, ilacin, delger, abai 15/16
수이순 半備禦·   술더이· 모오 머르건· 주마라·   일라친· 덜거르· 아바이

age, bayan, bahana, šaoha, karun i aimbu, hūsimbulu dolišan acan,
아거· 바얀· 바하나· 샤오하·   哨探 아임부· 후심불루와 돌리샨 共同備禦·

suihede, dorji efu, siltu, buyantu, antamu, suna efu, daida i jui botanggo
수이허더· 도르지 어푸· 실투· 부안투·　안타무·　수나 어푸·　다이다의 아들 보탕고·

fudai, gulu suwayan i booi ilan beiguwan, kubuhe suwayan i booi ilan
푸다이·　　　正黃의 家의 3명의 備禦·　　　　鑲黃의 家의 3명의

beiguwan, gulu lamun i booi ilan beiguwan, kubuhe lamun i booi ilan
備禦·　　　正藍의 家의 3명의 備禦·　　　　鑲藍의 家의 3명의

beiguwan, gulu fulgiyan i booi ilan beiguwan, kubuhe fulgiyan i booi
備禦·　　　　正紅의 家의 3명의 備禦·　　　　鑲紅의 家의

16/17 ilan beiguwan, gulu šanggiyan i booi ilan beiguwan, kubuhe
　　　3명의 備禦·　　　　正白의 家의 3명의 備禦·　　　鑲白의

šanggiyan i booi ilan beiguwan, jakūn booi cigu, lii cigu iogi, ts'oo
家의 3명 備禦·　　　　　　八家의　旗鼓[5] lii 旗鼓遊擊· ts'oo

cigu iogi, lii cigu beiguwan, wang cigu beiguwan, wan cigu beiguwan,
旗鼓遊擊·　 lii 旗鼓備禦·　　　wang 旗鼓備禦·　　　wan 旗鼓備禦·

yang cigu beiguwan, šen cigu beiguwan, gin cigu beiguwan, ere geren
yang 旗鼓備禦·　　šen 旗鼓備禦·　　　gin 旗鼓備禦,　　이들 여러

---

5 'cigu niru'(旗鼓佐領)는 booi niru(包衣佐領)의 일종이다. 청 초기에 귀부한 漢人으로 조직되었기 때문에 包衣漢軍佐領 혹은 旗鼓漢軍이라고 했다. 이들은 漢軍이라고 불렸지만 八旗漢軍(ujen cooha)의 일부는 아니고 八旗滿洲의 booi jalan(包衣參領)에 속했다. 본서의 숭덕 원년 5월 3일조에 의하면, 황제에게 직속된 cigu niru의 수장의 만주어 명칭은 faidan i janggin으로 정해지고 한어 명칭은 旗手衛指揮로 정해졌다. 동시에 親王·郡王·doroi beile들에게 속한 cigu niru의 수장의 만주어 명칭은 faidan i da로 정해지고 한어 명칭은 長史로 정해졌다.

beiguwan de gecuheri cekemu suwaliyame emu beiguwan de emte buhe,
備禦에게   蟒緞과   倭緞을   섞어서   1명의 備禦에   1필씩 주었다.

hecen de tehe hafasa de 17/18 hontoholome buhengge, fujiyang sakda i
도성에   머문 관원들에게   절반으로 나누어 주었다.   副將   삭다의

šusai, gin lii, ši guwe ju, sun de gung, g'ao hūng jung, gin ioi ho, ere
슈사이· 金礪·   石國柱·   孫得功·   高鴻中·   金玉和,   이들

ninggun fujiyang de emte gecuheri, juwe niyalma de acan emu hailun,
  6명의   副將에게   1필씩의 蟒緞,   2명에게   합하여 1장의 수달가죽,

ts'anjiyang malahi, inggūldai, hūwašan, irešen, ju wan ts'e, ju ši cang,
  參將   말라히· 잉굴다이· 후와산·   이러션·   朱萬策·   祝世昌·

lii sy jung, u šeo jin, g'ao yung mo, wang yuwan jung, hūngniyaka,
  李思忠·   吳守進·   柯永茂·   王元忠·   훙니야카,

ere juwan emu ts'anjiyang de 18/19 gecuheri suje suwaliyame emte
이들   11명   參將에게   蟒緞과 비단을 섞어서   1필씩

buhe, iogi daicing, dojiri, langse, giyasulan, tabai, handu, aldungga,
주었다. 遊擊 다이칭· 도지리· 랑서· 기야술란· 타바이· 한두· 알둥가·

nomhon, bojiri, andari, isun, yasita, uici, aidaha, ubahai, toktoi, misai,
놈혼·   보지리· 안다리· 이순·야시타·우이치·아이다하·우바하이·톡토이·미사이·

dayangga, jonggodoi, hangsimu, jang tung ioi, ju ši yen, yang ioi wei,
 다양가·   종고도이·   항시무· jang tung ioi· 祝世廕·   楊于渭·

tung jeng, ts'ui ing tai, hahana, ere orin ninggun iogi de cekemu suje
佟整·　　　　崔應泰·　　하하나,　이들　26명　　　　遊擊에게 倭緞과 비단을

suwaliyame emte buhe, beiguwan tunggatai, yaburan, guyeng, 19/20
섞어서　　　　1필씩 주었다.　　備禦　　퉁가타이·　야부란·　구영·

loho, omina, urgana, hiong wei jiye, karkama, tantaiju, kanangga,
로호·　오미나·　우르가나·　　熊維傑·　　카르카마·　탄타이주·　카낭가·

buyantu, samhatu, baduri, irgeni, darhū, kalcunggi, hunio, fukana,
부안투·　　삼하투·　바두리·　이르거니·　다르후·　칼충기·　후니오·　푸카나·

langge, mungga, esei, asari, omšoko, monggo haraldai yabai, malaga,
랑거·　　뭉가·　어서이·　아사리·　옴쇼코·　몽고인 하랄다이·　야바이·　말라가·

gosin, gargio, hoiman, ninggucin, jenjuken, cirgešen, fudai, bahi hontoho,
고신·　가르기오·　호이만·　닝구친·　　전주컨·　　치르거션·　푸다이·　바히　半備禦·

unila hontoho, uluka hontoho, fuka yara hontoho, jang cang deng,
우닐라　半備禦·　　울루카　半備禦·　　푸카 야라　半備禦·　jang cang deng·

jangsiba, giyarungga, lumbai, jeshuri, usitai, garsa, muktun, 20/21
장시바·　기야룽가·　　룸바이·　저스후리·우시타이·　가르사·　묵툰·

nancungga, ulai, dantan, jirhai, cungsika, jafuni, golohoi, nomtu,
난충가·　　울라이·　단탄·　지르하이·　충시카·　자푸니·　골로호이·　놈투·

haksaha, garda, hūsiri, akio, tolbi, calasun, yenggene, langgida, moodase,
학사하·　가르다·　후시리·　아키오·　톨비·　찰라순·　영거너·　　랑기다·　모오다서·

kūniyakta, dahai, sabi, sirana, kasari, doolan, borhoi, gabula, donggor,
쿠니약타· 다하이· 사비· 시라나· 카사리· 도올란· 보르호이· 가불라· 동고르·

seoken, samha, dalai, eimun hontoho, kūrcan hontoho, laisun, yang hing
서오컨· 삼하· 달라이· 어이문 半備禦· 쿠르찬 半備禦· 라이순· yang hing

guwe, ts'ui ming sin, fung jing yūn, hūwang yūn lung, u ioi, ma žu
guwe· ts'ui ming sin· fung jing yūn· 黃雲龍· 吳裕· 馬汝龍·

lung, tung yang ciyan, 21/22 siyoo dai jin, jao meng ts'ai, gin yung lai,
佟 yang ciyan· siyoo dai jin· jao meng ts'ai· 金永賚·

tung guwe yen, pu ts'e yung, deng beiguwan, io tiyan ceng, esede
佟國印· pu ts'e yung· deng 備禦· io tiyan ceng, 이들에게

tehe seme juwe beiguwan de acan emu suje buhe, jai nimeme jihekū,
머물렀다고 2명의 備禦에게 도합 1필의 비단을 주었다. 또 병나서 오지못하고

ini baita de tutaha ambasa de šang buhekū, han i same jurgan de
그의 사정으로 잔류한 대신들에게 상을 주지 않았다. 한이 알아서 부서에

afabufi werihe ambasa de šang gemu buhe, ere šangnara de, enggeder
일 맡겨서 남은 대신들에게 상을 모두 주었다. 이렇게 상 줄 때에 엉거더르

efu i beye, 22/23 gūsai ambasa de šangnara jaka faitaha, faitaha turgun,
어푸 본인과 (그의) 구사의 대신들에게 상 주는 물건을 삭감했다. 삭감한 이유는

cahar han i ku i ulin be baihanafi yooni bargiyafi gajihakū samsibuha
차하르 한의 창고의 財貨를 구하러 가서 모두 거두어서 가져오지 않고 흩어지게

seme weile arafi šangnara jaka faitaha, minggan beile, obondoi ceni
했다고 죄를 삼아서 상 주는 물건을 삭감했다. 밍간 버일러와 오본도이 그들

beye, gūsai ambasa de šangname bure jaka be faitaha, faitaha turgun,
자신과 (그들의) 구사의 대신들에게 상 내려 주는 물건을 삭감했다. 삭감한 이유는,

ceni tabcilafi baha morin ihan honin niman be geren de acabume 23/24
그들이 약탈해서 얻은 말· 소· 양· 山羊을 여럿에게 합하도록

benjihekū ce somire, wafi jetere, mamgiyaha turgunde šangnara jaka
보내오지 않고 그들이 은닉하거나, 잡아서 먹거나, 사치했기 때문에 상 주는 물건을

faitaha, ere ilan gūsai ambasa, han, beise i jakade bihengge, boode
삭감했다. 이 3개 구사의 대신들로 한과 버일러의 곁에 있던 자와 집에서

baita de afabufi werihe ambasa de gemu šangnaha, jušen i weile baha
 일을 위임받아서 남은 대신들에게 모두 상 내렸다. 주선의 죄 지은

ambasa de šangnara jaka buhekū faitaha, weile be simiyan de gamafi
대신들에게 상 주는 물건을 주지 않고 삭감했다. 죄는 瀋陽에 데려와서

gisurembi, yarha sukū, tasha sukū, fulgiyan jafu be deji gaifi jakūn
의논한다. 표범 가죽· 호랑이가죽· 붉은 모직물을 헌상품으로 가져와서 八家가

24/25 boo dendeme gaiha, tereci funcehe suje, hailun, mocin, boso ai ai
 나누어 취했다. 그 남은 비단· 수달가죽· 毛靑布· 布 각종

jaka be gemu geren coohai niyalma de bufi uksin i bodome dendehe,,
물건을 모두 여러 병사에게 주고 갑병을 헤아려 주었다.

○ tere inenggi, jang giya keo duka ci, begei, hife, dayaci tabunang,
　그　날,　　　　張家口 門으로부터　　　　버거이· 히퍼· 다야치 타부낭·

lošo, nikan i emgi doro acafi gashūha seme medege alanjime
로쇼가　明과　함께　　화친하여　맹세했다고　　　소식을　　고하러

jihe,, 25/26
왔다.

○ tere inenggi, han i jui hooge beile be wesibufi hošoi beile obuha,,
　그　날,　　　　한의　아들 호오거 버일러를 승진시켜　호쇼이 버일러로 삼았다.

○ gūsin de, juwe šeobei be beneme genehe kicungge isinjiha,
　30일에, 2명의 守備를　보내러　　간　　키충거가　도착했다.

beneme genehe doroi seme kicungge, jakūn takūrsi de juwan suje, dehi
보내러　간　　禮라고　　키충거와　8명의 심부름꾼에게 10필의 비단· 44필의

duin 26/27 mocin buhe,,
　　　毛靑布를 주었다.

○ tere inenggi, kūrcan baksi, dayaci tabunang, mucengge, siowan
　그　날,　　　쿠르찬 박시· 다야치　타부낭·　　무청거는　　宣府의

fu i šen du tang, dung dzung bing guwan de sung lii benjihe karu
　沈　都堂·　　　董　總兵官에게　　　　　　送禮를　보내온 보답이라고

seme, han i juwe morin benehe bihe, šen du tang, dung dzung bing
　　　한의　2마리 말을　보냈었다.　　沈 都堂·　　　董 總兵官이

guwan jabume, meni han i gisun akū, 27/28 han i morin be ai gelhun
답하기를, "우리 황제의 命이 없는데,　　　한의　　馬를　　어찌 감히

akū alime gaimbi seme marame gaihakū amasi bederebuhe, morin
받겠는가?"　　하고　거절하며 받지 않고　되 돌려주었다.　　　말을

benjihe doroi seme kūrcan baksi, dayaci tabunang de suje ilata, mocin
보내온　禮라고　　　쿠르찬 박시·　다야치 타부낭에게　　비단 3필씩· 毛靑布

samsu orin juwete buhe,,
22필씩을　　주었다.

○ tere ineŋgi, acame gisureme weile wajiha doroi seme asidarhan,
그 날,　　화친을 논의하고　일을 마친 禮라고 하여　아시다르한·

lungsi, dayaci tabunang, ui jaisang de 28/29 suje uyute, suje i etuku
룽시·　다야치 타부낭·　우이 자이상에게　　비단 9필씩·　비단 의복

emte, mocin samsu nadanjuta buhe,,
1벌씩·　　毛靑布 70필씩을　　주었다.

○ juwan gūsai baha olji niyalma juwe tumen emu tanggū susai
10旗가　　획득한 노획은　사람 20,158명·

jakūn, ihan nadan minggan ilan tanggū gūsin uyun, honin emu tumen
소 7,339마리·　　　　　　　　　　양 14,450마리·

duin minggan duin tanggū susai, temen orin 29/30 uyun, morin, losa
낙타 29마리·　　　　　　말과 노새

susai uyun, eihen jakūn tanggū susai ilan, ulha, niyalma uheri olji
59마리·　　　　나귀 853마리,　　　　　　　가축과 사람을　합한 노획의

ton, duin tumen juwe minggan jakūn tanggū jakūnju jakūn, waha
수는　　42,888이고,　　　　　　　　　　　　　죽인

hahai ton, emu tumen emu minggan ilan tanggū jakūnju, tulergi
장정의 수는　　11,380명이었다.　　　　　　　　　外境

monggo beise i baha olji ton, niyalma ninggun minggan duin tanggū
몽고의　　버일러들이 획득한 노획의 수는,　사람 6,435명·

gūsin sunja, ihan jakūn minggan 30/31 emu tanggū orin, honin niman
　　　소 8,120마리·　　　　　　　　　　양과 산양

emu tumen nadan minggan uyun tanggū susai uyun, temen susai jakūn,
17,959마리·　　　　　　　　　　　　　낙타 58마리·

morin dehi sunja, eihen emu tanggū nadanju ninggun, uheri niyalma,
말 45마리·　　　　나귀 176마리,　　　　　　도합　사람과

ulha i ton, ilan tumen juwe minggan nadan tanggū uyunju ilan, erei
가축의　수가　32,793이었다.　　　　　　　　여기에

waha niyalmai ton be bahakūbi, uheri nadan tumen sunja minggan
죽인　사람의　수는　넣지 않았다. 도합　75,680이었다.

ninggun tanggū 31/32 jakūnju, jakūn gūsai ice monggo i taijisa, lama,
　　　　팔기의　　新 몽고의　　타이지들· 라마·

ukame jihe monggoso, esei baha olji be ton gaihakūbi, han i cooha
도망해 온 몽고인들,　　　 이들이 획득한 노획은 수에 넣지 않았다. 한의　군대가

dosika jurgan emgi dosika monggo beise i baha olji ton, sonom taiji i
진격한 노선으로 함께　진격한　몽고의 버일러들이 획득한 노획의 수. 소놈 타이지의

olji niyalma juwan nadan, ihan dehi ninggun, honin emu tanggū
노획은　　사람 17명·　　　　소 46마리·　　　　양 115마리·

tofohon, eihen duin, uheri emu tanggū nadanju juwe, 32/33 sine buku
나귀 4마리,　도합　　172이다.　　　　　　　　　시너 부쿠가

i baha olji niyalma orin duin, ihan ilan, eihen ilan, uheri gūsin juwe,
획득한 노획은　　사람 24명·　　　　소 3마리·　나귀 3마리,　도합　　32이다.

jan i baha olji niyalma dehi juwe, ihan ninju nadan, eihen duin, uheri
잔이　획득한 노획은　　사람 42명·　　　　소 67마리·　　　나귀 4마리,　도합

emu tanggū juwan ilan, gulu lamun i temdehe, karantu i gajime baha
　113이다.　　　　　　　正藍의　　　텀더허·　카란투가 데려온　획득한

olji niyalma nadan, ihan tofohon, eihen juwe, honin susai, uheri nadanju
노획은　　사람 7명·　　소 15마리·　　나귀 2마리·　양 50마리,　도합　74이다.

duin, jaisang jargūci 33/34 baha olji niyalma juwan uyun, ihan ninju
자이상 자르구치가　　획득한 노획은　　사람 19명·　　　　소 64마리·

duin, honin emu tanggū dehi juwe, uheri juwe tanggū orin sunja,
　양 142마리,　　　　　　도합　　225이다.

g'arma yeldeng ni baha olji niyalma emu tanggū ninju, ihan juwe
가르마 열덩이 　　　획득한 노획은 사람 160명· 　　　　　　　　소 275마리·

tanggū nadanju sunja, honin ninggun tanggū uyunju nadan, eihen juwan
　　　　양 697마리· 　　　　　　　　나귀 14마리,

duin, uheri emu minggan emu tanggū dehi ninggun, galju seter i baha
도합 　　1,146이다. 　　　　　　　　갈주 서터르가 획득한

34/35 olji niyalma juwan nadan, morin juwe, eihen ninggun, ihan dehi
　　노획은 　　사람 17명· 　　　　말 2마리· 　　나귀 6마리· 　　소 46마리·

ninggun, honin dehi nadan, uheri emu tanggū gūsin jakūn, šoto taiji i
　　양 47마리, 　　　　도합 　　138이다. 　　　　쇼토 타이지 휘하의

šajin i baha olji ihan duin, eihen juwe, honin duin, uheri juwan, amu i
샤진이 획득한 노획은 소 4마리· 나귀 2마리· 양 4마리, 　도합 　10이다. 아무가

baha olji niyalma juwan, ihan juwan emu, eihen juwe, honin gūsin
획득한 노획은 　　사람 10명· 　소 11마리· 　　나귀 2마리· 양 31마리,

emu, uheri susai duin, sereng ni 35/36 baha olji niyalma orin uyun, ihan
　　도합 　54이다. 　서렁이 　　　　획득한 노획은 　　사람 29명· 　　소

dehi emu, honin orin, eihen juwe, uheri uyunju juwe, batma daigal i
　41마리· 　양 20마리· 　나귀 2마리, 도합 　　92이다. 　바트마 다이갈이

baha olji niyalma juwan duin, emu morin, ihan tofohon, eihen juwe,
획득한 노획은 　　사람 14명· 　　　1마리 말· 　　소 15마리· 　나귀 2마리·

honin emu tanggū juwan, uheri emu tanggū dehi juwe, guru i baha
양 110마리, 　　　　도합 142이다. 　　　　　　구루가 획득한

olji niyalma juwan uyun, ihan gūsin nadan, eihen ilan, honin 36/37 dehi
노획은 　사람 19명· 　　소 37마리· 　　나귀 3마리· 　양 47마리,

nadan, uheri emu tanggū ninggun, usiyan hūwang taiji i baha olji
도합 　106이다. 　　　우시얀 후왕 타이지가 획득한 노획은

juwe tanggū jakūn niyalma, duin tanggū ihan, ninggun tanggū honin,
280명의 사람· 　　　400마리 소· 　　600마리 양·

gūsin eihen, uheri emu minggan juwe tanggū gūsin jakūn, sun dureng
30마리 나귀, 　도합 　1,238이다. 　　　　순 두렁

beile i baha olji jakūn minggan niyalma, ninggun tanggū ihan, jakūn
버일러가 획득한 노획은 　8천명의 사람· 　　600마리 소· 　　800마리

tanggū honin, susai eihen, uheri uyun minggan 37/38 duin tanggū susai,
양· 　50마리 나귀, 　도합 　9,450이다.

ilduci i baha olji juwe tanggū gūsin emu niyalma, susai juwe eihen,
일두치가 획득한 노획은 　231명의 사람· 　　　52마리 나귀·

ilan tanggū dehi ihan, sunja tanggū honin,
340마리 소· 　　500마리 양,

uheri emu minggan emu tanggū orin emu,,
도합 　1,121이다.

○ tere inenggi, sitangga, ubahai, musei ukanju be fargame genefi,
　 그 날,　　　시탕가·　　우바하이는 우리 도망자를　　　추격하여　　가서

cahar i karun sunja monggo be 38/39 ucarafi gemu waha, juwan ninggun
차하르의　哨探　5명의 몽고인을　　　　　　　　만나서　모두　죽였다.　16마리의

morin bahafi benjihe, morin be juwe ubu sindafi, emu ubu be sitangga,
말을　획득하여 보내왔다.　말을　　　　　　2分하여　　　　　1分을　　　　시탕가·

ubahai de buhe,,
우바하이에게 주었다.

○ jang giya keo i duka de gaiha šang ni ulin, gecuheri juwan jakūn,
　 張家口 門에서　　　　　　취한　賞의　재화는,[6]　蟒緞 18필·

undurakū ninggun, <u>tukšan gecuheri</u>[7] juwe tanggū gūsin emu,
　 龍緞 6필·　　　　　　tukšan[8] 蟒緞 231필·

cekemu emu 39/40 tanggū susai, genggiyen juwan uyun, pengduwan
　 倭緞 150필·　　　　　　　　　　　石靑素緞 19필·　　　　　　彭緞

dehi jakūn, fulgiyan funiyesun juwan juwe, cuse juwan uyun, suje duin
　 48필·　　　　　붉은 양털모직물 12필·　　　　　紬子 19필·　　 비단 4,609필·

minggan ninggun tanggū uyun, etuku duin tanggū ninju nadan, jodon
　　　　　　　　　　의복 467벌·　　　　　　　　　　　葛布

6　'賞의 재화'는 明이 차하르 릭단 칸에게 제공한 賞物을 가리킨다.

7　[簽註] gingguleme baicaci, fe manju gisun i bithe, manju gisun i buleku bithede, gemu tukšan
　 gecuheri sere gisun akū, da songkoi sarkiyaha,,
　 삼가 찾아보니『舊淸語』과『淸文鑑』에서 모두 'tukšan gecuheri'라는 말이 없다. 원래대로 베껴썼다.

8　'tukšan'은 송아지(犢)를 뜻하지만 'tukšan gecuheri'가 어떤 종류의 직물인지는 확실치 않다.

nadan tanggū jakūnju, mocin emu minggan uyun tanggū juwan jakūn,
780필·   毛靑布 1,918필·

boso emu minggan ninggun tanggū gūsin nadan, jafu emu tanggū dehi
布 1,637필·   모직물 142장,

juwe, 40/41 keibisu juwe tanggū tofohon, hailun duin minggan sunja
모직양탄자 215장·   수달가죽 4,553장·

tanggū susai ilan, dobihi nadan tanggū jakūnju ninggun, yarha tofohon,
여우가죽 786장·   표범가죽 15장·

tasha nadanju nadan, uheri gecuheri, cekemu, suje, jodon, etuku ninggun
호랑이가죽 77장,   도합   蟒緞·   倭緞·   비단·   葛布·   의복 6,359,

minggan ilan tanggū susai uyun, mocin boso ilan minggan sunja tanggū
毛靑布 3,555필,

susai sunja, jafu, keibisu ilan tanggū susai nadan, hailun, dobihi, 41/42
모직물· 모직양탄자 357장,   수달가죽· 여우가죽·

yarha, tasha, sunja minggan duin tanggū susai ilan, ajige beile i gaiha
표범가죽· 호랑이가죽   5,453장이다.   아지거 버일러가 취한

ku i ulin, cekemu juwan emu, <u>meilun suje</u>⁹ nadanju uyun, fulgiyan
창고의 재화는, 倭緞 11필·   meilun 비단 79필·   붉은

---

9   [簽註] gingguleme baicaci, fe manju gisun i bithe, manju gisun i buleku bithede, gemu meilun suje
sere gisun akū, da songkoi sarkiyha,,
삼가 찾아보니 『舊淸語』과 『淸文鑑』에서 모두 'meilun suje'라는 말이 없다. 원래대로 베껴썼다.

suje juwe tanggū jodon dehi jakūn, etuku susai juwe, juwangduwan i
비단 200필·　　　　　葛布 48필·　　　　의복 52벌·　　　　　粧緞을

buriha honci jibca emke, niohe dahū emke, niohe duin, hailun duin,
붙인 양 가죽옷 1벌·　　　늑대 털가죽외투 1벌·늑대가죽 4장·수달가죽 4장·

boso ninggun minggan emu tanggū susai, jafu 42/43 nadanju sunja,
布 6,150필·　　　　　　　　　　모직물 75장·

dehehe aisin sunja yan nadan jiha, enggeder efu i gaiha ku i suje
정련한 金 5兩 7錢이다.　　　　엉거더르 어푸가　취한 창고의　비단은

ilan tanggū orin, jodon juwe, boso dehi duin, hailun emu minggan duin
320필·　　　　갈포 2필·　　　포 44필·　　수달가죽 1,437장·

tanggū gūsin nadan, yarha emu tanggū juwe, tasha juwan juwe, šang ni
　　　　　표범가죽 102장·　　　　호랑이가죽 12장이다.　　賞의

ulin, juwe ba i olji ulin, uheri gecuheri, cekemu, suje, jodon, etuku,
재화와　두 곳의 노획물 재화는 도합　　망단·　　왜단·　비단·갈포·　의복

nadan minggan, 43/44 mocin boso uyun minggan sunja tanggū nadanju
　7천,　　　　　　　毛靑布 9,575필,

sunja, jafu keibisu duin tanggū susai juwe, hailun, dobihi, yarha, tasha,
　모직물·모직양탄자 452장,　　　수달가죽·여우가죽·표범가죽·호랑이가죽은

jakūn minggan duin tanggū tofohon, enggeder efu i gaiha ku i fe
　8,415장이다.　　　　　　　엉거더르 어푸가　취한 창고의 원래

ulin i ton, ilan tanggū dehi suje, boso nadan tanggū, yarha emu tanggū
재물의 수는,　340필의 비단·　　　　　布 700필·　　　　표범가죽 150장·

susai, tasha juwan juwe, hailun juwe minggan juwe tanggū 44/45 orin
호랑이가죽 12장·　수달가죽 2,223장·

ilan, dehehe aisin sunja yan nadan jiha, menggun emu minggan ninggun
정련한 金 5兩 7錢·　　　　　　　　은 1,600량이다.

tanggū yan bihebi, enggeder efu i benjihe ton, hailun nadan tanggū
엉거더르 어푸가　보내온　수는, 수달가죽 718장·

juwan jakūn, yarha jakūnju juwe, tasha juwan juwe, suje emu tanggū
표범가죽 82장·　　　호랑이가죽 12장·　비단 153필·

susai ilan, boso dehi nadan, seter benjihe ton, yarha juwan duin, hailun
布 47장이었다.　　서터르가 보내온　수는, 표범가죽 14장·　　수달가죽

duin tanggū gūsin, suje 45/46 nadanju uyun, bodoi sanjin i benjihe ton,
430장·　　　비단 79필이다.　　　보도이 산진이　보내온 수는,

hailun juwe tanggū susai jakūn, yarha duin, suje orin jakūn, sereng
수달가죽 258장·　　　　표범가죽 4장· 비단 28필이다.　서렁

efu i benjihe ton, yarha juwe, hailun gūsin ninggun, suje dehi sunja,
어푸가 보내온　수는, 표범가죽 2장·　수달가죽 36장·　　　비단 45필이다.

aisin, tasha yooni baha, hailun emu minggan duin tanggū gūsin nadan,
금과 호랑이가죽을 모두 획득했다.　수달가죽 1,437장·

yarha emu tanggū juwe, suje ilan tanggū orin, jodon juwe, 46/47 boso
표범가죽 102장·   비단 320필·   갈포 2필·   布

dehi duin benjihebi, bahakū ton, hailun nadan tanggū jakūnju
 44필을   보내왔다.   얻지 못한 수. 수달가죽 786장·

ninggun, yarha dehi juwe, suje orin, boso ninggun tanggū susai
       표범가죽 42장·   비단 20필·   布 656필은

ninggun bahakūbi,,
       얻지 못했다.

─ 10장 ─

57권 천총 6년 7월~8월
58권 천총 6년 8월~9월
59권 천총 6년 10월
60권 천총 6년 11월~12월
61권 천총 시기의 사안 6건. 正月은
　　　기록하지 않음

tongki fuka sindaha hergen i dangse
點·圈을 찍은 문자의 檔子

susai nadaci debtelin
57권

sure han i ningguci aniya nadan biyaci jakūn biyade isinahabi
천총 6년 7월부터 8월까지

tongki fuka sindaha hergen i dangse,,
點· 圈을 찍은 문자의 檔子

○ nadan biyai ice de, emu gūsai emte tui amban, juwanta bayara,
7월 초 1일에, 1개 구사에 1명씩 纛의 대신· 10명씩의 바야라와

dayaci tabunang be jang giya keo de takūraha bithei gisun, abka na de
다야치 타부낭을 張家口로 보낸 글의 말. 「天地에

akdulame doro acaha be dahame, yaya gemu abka be gingguleme
맹세하고 화친함에 따라 모두 다 하늘을 공경하여

akūmbume banjiki, bi daci niyalma wara be jenderakū, 1/2 doro be
힘써 살기 바란다. 나는 원래 사람을 죽이기를 차마 하지 못하고, 도리를

gūnime kiceme gisureme doro acafi, juwe gurun taifin banjici, yaya de
생각하여 힘써 의논하여 화친하고 두 나라가 태평하게 살면 모두에게

gemu hūturi dere seme acara weile be gisureme deribuhe, gisureme
다 福이리라 하여 화친의 일을 의논하기 시작했다. 의논하기

deribuhe be dahame acara weile be muteki seme jase tucime jihe,
시작함에 따라 화친의 일을 이루겠다 하고 경계를 나갔다.

suweni karun i juwe niyalma be jafafi benehe, jai meni coohai niyalma
너희 초병 두 사람을 잡아서 보냈다. 또 우리 군사가

jase dosifi hūlhaha seme, emu niyalma be suweni juleri waha, juwe
경계를 들어가 훔쳤다고 하여   1명을   너희 앞에서 죽이고   2명에게

niyalma be tanggū moo tantafi oforo šan 2/3 tokoho, suweni aika jaka
         100대를 나무로 때리고 코와 귀를   뚫고, 너희의 어떤 물건도

be gemu bedereme buhe, meni ajige gurun i niyalma doro be gūnime
모두   돌려주었다.   우리   소국의   사람들이 화친을   생각하여

uttu oci, suweni amba gurun i ambasa mergese mini ukanju be
이렇게 하는데, 너희   대국의   대신들과 현인들이 나의 도망자를

burakūngge ere uba antaka, ambasa mergese suwe seoleme tuwa, tere
주지 않으니,   이는 어찌된 것인가? 대신들과 현인들 너희는 생각해 보라. 그

emu udu niyalma de miningge uthai ekiyembio, suweningge nonggimbio,
몇   사람으로   나의 것이   곧   줄겠는가,   너희 것이   늘겠는가?

doro mene dele[1] dere, liyoodung ni niyalma, yehe de daha adali cahar
道는 역시 위에 있다.   요동 사람이   여허를 도왔던 것처럼 차하르를

be dosi, mimbe tulgiyen 3/4 ume gūnire, bi urunakū acaha doro be
 안으로, 나를 밖으로   생각하지 말라. 나는 반드시   화친의 도리를

hairame abka be gingguleme akūmbume banjimbi, suwe bicibe inu
아끼고 하늘을   공경하며   굳게   살 것이다. 너희라 해도   또한

---

1   [簽註] gingguleme baicaci, fe manju gisun i bithede, doro mene dele serengge, tob tondoi yabuci
    sain sere gūnin sehebi,,
    삼가 찾아보니 『舊淸語』에서 'doro mene dele'(道는 역시 위에 있다)라고 한 것은 'tob tondoi yabuci
    sain'(정직하게 행하면 좋다)라는 뜻이라고 했다.

abka be urgederakū oci, yaya de gemu sain kai, doro gisurere de suwe
하늘을 저버리지 않으면 모두에게 다 좋을 것이다. 화친을 말할 때 너희는

liyoodung ni babe uhereme gisurehe bihe, liyoodung ni niyalma daci
  요동의 땅을   모두 합쳐 말했다.   요동의   사람들은   원래

mujilen amba, gisun murikū, doro gisureci mangga, inu suweni ubai
  뜻이   크고   말이 고집스러워 화친을 의논하기 어렵다.   또한 너희   이곳

niyalma liyoodung de genefi, liyoodung ni niyalma be gaifi gisureci
  사람이   요동에   가서   요동 사람을   데리고 의논하면

sain kai, be 4/5 inu suweni ubai niyalma jifi gisurere be aliyambi, suwe
좋을 것이다. 우리도   너희   이곳 사람이 와서 의논할 것을   기다리겠다. 너희가

aikabade gisurenjire be inenggi goidame ohode, be meni jabduhai teile
  만약   의논하러 오는 것이 시간이   오래 걸리면,   우리는 우리 시간이 되는 한

suweni ederi gisureme jimbi, tereci sure han amba cooha be gaifi,
  너희의 이쪽으로 의논하러 오겠다.」 그 후 수러 한은   대군을   데리고

booi baru bedereme marifi konggor obo gebungge bade ing iliha,,
집(瀋陽) 쪽으로   돌아가   콩고르 오보라는   곳에 營을 세웠다.

○ ice juwe de, hashū galai coohai ejen ajige 5/6 beile acanjiha,,
   초 2일에,   좌익군의   수장 아지거 버일러가 만나러 왔다.

○ ice ilan de, han, beise emu nirui juwanta uksin be gaifi
   초 3일에,   한과 버일러들은 1개 니루에 10명씩 甲兵을   데리고

abalaha, umai wahakū, tere inenggi narisu bira de deduhe,,
몰이사냥했다. 전혀 잡지 못했다. 그 날 나리수 江에서 묵었다.

○ ice duin de, šangdu bira de ing ilifi, 6/7 nikan i acara doroi
  초 4일에, 上都河에 營을 세우고, 명이 화친의 도리라

seme benjihe ulin be geren beise, han de deji juwan gecuheri, juwan
  하여 보내온 재물을 여러 버일러들이 한에게 헌상품으로 10필의 蟒緞· 10필의

suje, juwan cekemu, susai yan aisin, hūba erihe juwe tucibuhe bihe,
  비단· 10필의 倭緞· 50량의 금· 琥珀 염주 2개를 내놓았다.

han tuwafi juwan gecuheri, juwan suje gaiha, jai juwan cekemu, susai
  한은 보고 10필의 蟒緞과 10필의 비단을 취했다. 나머지 10필의 倭緞· 50량의

yan aisin, hūba erihe be amasi bederebufi, jai ilan tanggū juwan
  금· 琥珀 염주를 되돌려 보내고 또 310필의

gecuheri, emu tanggū orin 7/8 suje, juwan ninggun dardan, susai
  蟒緞· 120필의 비단· 16필의 粧緞· 56장의

ninggun šempi, juwe minggan sunja tanggū mocin, emu minggan nadan
  綠斜皮, 2,500필의 毛靑布· 1,700包의 茶,

tanggū boose cai, ere be jakūn gūsai beise de dendeme buhe,,
  이것을 팔기의 버일러들에게 나누어 주었다.

○ ice sunja de, dahaha golo goloi monggo i beise, meni meni boo de
  초 5일에, 투항한 여러 지역의 몽고 버일러들이 각각 집으로

fakcafi genere de, 8/9 han, sun dureng, dalahai, ukšan nakcu, sengge,
　헤어져 갈 때　　　　　　한은　　순 두렁·　　달라하이·　욱샨 낙추·　　셍게·

ilduci, mujang, aohan, ere nadan goloi beise de juwanta gecuheri, orita
일두치·　무장·　　아오한, 이　일곱 지역의 버일러들에게 10필씩의 蟒緞·　 20필씩의

cuse šangnaha, mujai, tumei i jui lamashi, ere juwe taiji de duite
紬子를　상주었다.　무자이·　투머이의 아들 라마스히, 이 2명의 타이지에게 4필씩의

gecuheri, ninggute cuse šangnaha, baisunggo joriktu, buku seose, ere
　망단·　　　7필씩의 紬子를 상주었다.　　바이숭고 조릭투·　　부쿠 서오서, 이

juwe de emte gecuheri, jakūta mocin, g'arma, jaisang, tusiyetu, ere
2명에게　1필씩의 망단·　　8필씩의 毛靑布를, 가르마·　자이상·　투시예투, 이

ilan de emte gecuheri, ninggute mocin, dondohoi, tai baturu, toktohoi,
3명에게　1필씩의 망단·　　6필씩의 毛靑布를,　돈도호이·　타이 바투루·　톡토호이·

9/10 laisa, dusg'ar, ere sunja de emte gecuheri, nadata mocin, yasut,
　　라이사·　두스가르, 이 5명에게　　1필씩의 망단·　　7필씩의 毛靑布를, 야수트·

hara cerik i juwan juwe beise de emte suje, jakūta mocin šangnaha,
　하라 처릭의　　12명의 버일러들에게　1필씩의 비단· 8필씩의 毛靑布를　상주었다.

tusiyetu efu, jalait, durbet, ere ilan goloi beise de juwanta gecuheri, orita
투시예투 어푸·잘라이트·두르베트, 이 세 지역의 버일러들에게　10필씩의 망단· 20필씩의

suje, butaci hatan baturu de sunja gecuheri, juwan suje, lamashi de duin
비단을, 부타치 하탄 바투루에게　　5필의 망단·　10필의 비단을,　라마스히에게 4필의

gecuheri, ninggun suje, karacin i daidarhan, birasi, lasihib, ere ilan de
망단·   6필의 비단을,   카라친의   다이다르한· 비라시· 라시힙,   이 3명에게

juwete 10/11 gecuheri, ilata suje, orita mocin, batma de emu gecuheri,
2필씩의   망단·   3필씩의 비단· 20필씩의 毛靑布를, 바트마에게 1필의 망단·

juwe suje, juwan mocin, šamba de emu gecuheri, jakūn mocin, sonom
2필의 비단· 10필의 毛靑布를,   샴바에게 1필의 망단·   8필의 毛靑布를, 소놈에게

de emu gecuheri, juwe suje, juwan mocin, barin i manjusiri de emu
1필의 망단·   2필의 비단· 10필의 毛靑布를,   바린의 만주시리에게   1필의

gecuheri, juwan mocin, aru i duin juse de sunjata gecuheri, ninggute
망단·   10필의 毛靑布를, 아루의   四子에게   5필씩의 망단·   6필씩의

suje šangnaha, monggo i beise šangnaha doroi han de hengkilehe,, 11/12
비단을 상주었다.   몽고 버일러들이   상 내린 예로   한에게   고두했다.

○ tere inenggi, saimuha, muhu, ere juwe amban de jakūnju cooha
   그 날,   사이무하· 무후, 이 2명의 대신에게   80명의 병사를

adabufi, cahar i huhu hoton ba ba i baising be gaiha medege alana,
맡겨   "차하르의   후후 城과   곳곳의   바이싱(城)을   취한   소식을   고하라.

coohai niyalmai jetere bele okdono seme juleri boode takūraha,,
   병사들이   먹을 쌀을 받으라"고   먼저   집으로   보냈다.

○ ice ninggun de, coohalaha doroi jakūn ihan wafi tu wecehe,
   초 6일에,   출정의 예로   8마리 소를 잡아 纛祭를 지냈다.

tere inenggi jurafi aba abalaha, 12/13 umai wahakū, erdeng bira de
그 날   출발하여 몰이사냥했다.   전혀 잡지 못했다. 어르덩 江에서

deduhe,,
묵었다.

○ ice nadan de, aba abalaha, gurgu akū bihe, tere inenggi šangdu
   초 7일에,   몰이사냥했다.   짐승이   없었다.   그 날   上都의

birai dergi mudan de deduhe,,
 강   동쪽 구부러진 곳에서 묵었다.

○ ice jakūn de, aba abalaha, ulgiyan, buhū ajige ajige waha,
   초 8일에,   몰이사냥했다.   돼지· 사슴을 아주 조금   잡았다.

tere inenggi dahai baksi 13/14 nimere ujen seme han takūrafi yangšan,
  그 날   다하이 박시가   병이 깊어졌다 하여   한이   사람을 보내 양산·

kūcran, lungsi, aibari, sonin tuwanaha, tere inenggi ijer bira de
쿠르찬·   룽시· 아이바리· 소닌이 보러갔다.   그 날   이저르 江에서

deduhe,,
묵었다.

○ ice uyun de, aba abalaha, gurgu akū bihe, tere inenggi gūrban
   초 9일에,   몰이사냥했다. 짐승이   없었다.   그 날   구르반

haitahan de deduhe,, 14/15
하이타한에서   묵었다.

○ manju i amba cooha nadan biyai juwan de hinggan i ninggu be
　만주의　　대군이　　　7월　　　10일에　　　힝간(興安)의 정상을

dabafi, nicugun durbil gebungge bade ing iliha, tere inenggi asuru
넘어　　니추군　두르빌　이라는　　곳에 營을 세웠다. 그 날　　심하게

beikuwen ofi etuku nekeliyen olji niyalma juwe ilan tanggū bebereme
　추워서　　　옷이　　얇은　　포로　　　200-300명이　　　　얼어

bucehe, alin i ninggu i hafirahūn holo de juhe kemuni bihe,, 15/16
죽었다.　산　꼭대기　좁은　골짜기에는 얼음이 그대로　있었다.

○ juwan emu de, birai angga de deduhe,,
　　11일에,　　　河口에서　　　묵었다.

○ juwan juwe de, emu nirui sunjata uksin be gaifi aba abalaha,
　　12일에,　　　1개 니루에　5명씩　甲兵을 데리고 몰이사냥했다.

gurgu akū bihe, tere inenggi berkei bira de deduhe,,
　짐승이　없었다.　그 날　버르커이 江에서　묵었다.

○ juwan ilan de, korcin i hatan baturu de 16/17 sunja gecuheri,
　　13일에,　　코르친의　　하탄 바투루에게　　5필의 망단·

juwan cuse buhe, karacin i batma taiji de emu gecuheri, juwe cuse,
10필의 紬子를 주었다. 카라친의　바트마 타이지에게 1필의 망단· 2필의 紬子·

juwan mocin buhe, sonom taiji de inu ere songkoi buhe, jai funcehe
10필의 毛靑布를 주었다. 소놈 타이지에게도　이와 같이　주었다. 또한 나머지

dehi gecuheri, emu cekemu, susai uyun cuse, juwe tanggū susai uyun
40필의 망단·   1필의 倭緞·   59필의 紬子·   259필의 毛靑布,

mocin, ere be jakūn boo dendehe, tere inenggi berkei bira de
이것을   八家에   나누어 주었다. 그 날   버르커이 江에서

deduhe,, 17/18
묵었다.

○ juwan duin de, emu nirui jakūta uksin be gaifi aba abalara de,
    14일에,   1개 니루에   8명씩 갑병을   데리고 몰이사냥할 때

han, amba beile i beye jor seme kadalame ainu facuhūn yabumbi,
한과 大 버일러가   직접 소리치며 단속하여 "어찌하여 문란하게 행동하는가?

julge ere gese yabumbiheo, buyeme abalarangge waka, coohai niyalma
전에도 이처럼 움직였는가?   좋아서 몰이사냥하는 것이 아니다.   병사의

buda akū de kunesun bahakini seme abalarangge kai seme, facuhūn
밥이 없어서 식량을   얻겠다고   몰이사냥하는 것이다"라 하고 어지럽게

yabure niyalma be tantaha,, 18/19
 행동하는 사람을   때렸다.

○ manju i amba cooha baisgal gebungge bade isinjifi ing iliha
    만주의   대군이   바이스갈이라는   곳에 이르러 營을 세운 후,

manggi, iogi hergen i dahai baksi nimeme akū oho, ninggun biyai ice
 유격 직의   다하이 박시가 병들어   죽었다.   6월 1일에

inenggi nimeku baha, dehi duici inenggi nadan biyai juwan duin de
병을 얻어 44일째인 7월 14일

honin erinde akū oho, honin aniya, gūsin jakūn se bihe, uyun se ci
未時에 죽었다. 未年生으로 38세였다. 9세부터

nikan bithe tacifi, manju bithe, nikan bithe de 19/20 ambula $\underline{\check{s}u}$[2] bihe,
한문을 배워 만문과 한문에 크게 통달했다.

nenehe taidzu ci, sure han i ningguci aniya de isitala, nikan, solho i
선대 태조 때부터 천총6년에 이르기까지 명· 조선과의

bithei jurgan de takūrabuha, bithe de ambula šu, mujilen nomhon dolo
문서의 일에 쓰여졌다. 글에 크게 통달하고 마음이 충실하고 마음이

sure bihe, nimeku ujelehe manggi, han ini hanciki ambasa be jio
총명했다. 병이 깊어진 후 한은 그의 가까운 대신들을 오라고

sefi, yasai muke tuhebume hendume, bi dahai be <u>doroi nimembi</u>[3] dere
하고, 눈물을 흘리며 말하기를 "나는 다하이가 그냥 아프다고

seme gūniha, te 20/21 ojorakū sere, ambula gosime jabduhakū, amala
생각했다. 지금 살 수 없다고 한다. 크게 아낄 틈이 없었다. 뒤의

---

2 [簽註] gingguleme baicaci, fe manju gisun i bithede, ere šu sere gisun, uthai hafuka sere gisun inu sehebi,,
삼가 찾아보니 『舊淸語』에서 이 'šu'라는 말은 곧 'hafuka'(통달한)이라는 말이라고 했다.

3 [簽註] gingguleme baicaci, fe manju gisun i bithede, ere doroi nimembi sere gisun, uthai bai nimembi sere gisun de adali sehebi,,
삼가 찾아보니 『舊淸語』에서 이 'doroi nimembi'라는 말은 곧 'bai nimembi'(그냥 아프다)라는 말과 같다고 했다.

juse be gosiki, suwe genefi gisun hendu seme emu gecuheri, juwe suje
자식들을 아끼겠다. 너희는 가서 이것을 (전해) 말하라"라고 1필의 망단· 2필의 비단을

bufi unggihe, takūraha niyalma han i tere hese be alanaha manggi,
주어 보냈다.   보낸   사람이 한의   그 뜻을   전하니,

dahai baksi dolo ulhifi mujilen efujeme songgoho, nimeku dabanafi
다하이 박시는 속으로 깨닫고 마음이   무너져   울었다.   병이   심해서

gisun hendume mutehekū, nikan bithe be manju gisun i ubaliyambume
말을   할 수 없었다.   한문을   만문으로   번역하여

yooni arahangge, wan boo ciowan šu, beidere jurgan i 21/22 [原檔殘缺]
완성한 것으로   『萬寶全書』·   『刑部의   〔原檔殘缺〕[4]

su šu, san lio, jai eden arahangge, tung giyan, lu too, mengdz, san
『素書』· 『三略』이 있다. 또 완성하지 못한 것으로 『通鑑』· 『六韜』· 『孟子』·

guwe jy, dai ceng ging be arame deribuhe bihe, dade manju gurun,
『三國志』·   『大乘經』을   짓기   시작했었다.   원래   만주국은

julgei kooli doro jurgan be umai sarkū, fukjin mujilen i yabumbihe,
과거의 사례와   道義를   전혀 알지 못하고 처음   마음으로   행했다.

dahai baksi julgei jalan jalan i banjiha nikan bithei kooli be, manju
다하이 박시는 과거   대대로   만들어진   한문의   사례를   만주어로

---

4 『淸太宗實錄』12권, 천총 6년 7월 14일 庚戌조 기록에 의하면 본문의 잔결된 부분은 '會典'이다. 만문
   으로는 uheri kooli bithe일 것이다. 앞의 刑部와 연결하면 서적명은 『刑部會典』이다.

gisun i ubaliyambume arafi gurun de selgiyefi, manju gurun julgei an
번역해 　　지어　나라에　　전하여,　만주국은　　과거 常例와

kooli 22/23 doro jurgan donjihakū sahakū gisun be tereci ulhime
도의를　　듣지도 못하고 알지도 못하던 말을 그때부터 깨닫기

deribuhe, genggiyen han be abka banjibuha niyalma ofi, terei mujilen
시작했다.　　겅기연 한은　　하늘이　내신　　사람이니　그런　마음으로

i fukjin yabuhangge, julgei enduringge mergese ci inu encu akū, gurun
처음　행한 것이　옛날의　　聖賢들과　　　　다르지 않다.　나라가

yendeme mukdendere de, erdeni baksi, dahai baksi ilihi ilhi tucinjihe,
흥하여　일어날 때　　어르더니 박시와 다하이 박시가　차례로　나왔다.

juwe inu bithei jurgan de emu gurun i 23/24 teile tucike mergese
두 사람은 문서의 일에 있어　한　나라에서　　　　뛰어난 현인들이었다.

bihe,,

○ tofohon de nikan i buhe bele ulin be emgi genehe begei, aibari
15일에,　명이　　준 곡식과 재물을　함께　간　　버거이 · 아이바리

sede dabuhakū, asidarhan, lungsi, dayaci tabunanag, ui jaisang, ere
등에게 주지 않고,　아시다르한 · 룽시 · 다야치 타부낭 ·　우이 자이상, 이

duin niyalma be emhun gaiha, jai lungsi siden i menggun i hūda de
4명이　　　혼자　취했다. 또　룽시는　公庫의　　銀價로

udaha gecuheri be hūlhame hūlašaha seme 24/25 begei bithesi, aibari
매매한　망단을　　훔쳐　　장사했다고　　　버거이 비트허시와 아이바리

bithesi, han de wesimbufi, asidarhan, dayaci, lungsi de buhe ulin bele
비트허시가 한에게 상주하니, 아시다르한·다야치·룽시에게 준 재물과 곡식을

be gemu gaifi, lungsi de hūlhai weile tuhebufi tanggū yan menggun
모두 빼앗고, 룽시에게 훔친 죄로 정하여 100량의 은을

gaifi hafan efulehe, ui jaisang be ice niyalma seme ulin bele be
빼앗고 혁직했다. 우이 자이상은 새로온 사람이라 하여 재물과 곡식을

gaihakū, kūrcan baksi ini beyebe amban arame emgi genehe mucengge
빼앗지 않았다. 쿠르찬 박시는 자신을 존대하고 함께 간 무청거

bithesi be fusihūlame, nikan de ini 25/26 beyebe alafi, mucengge be
비트허시를 업신여겨 명에게 자신은 알리고 무청거는

alahakū seme, kūrcan baksi de buhe ulin be gemu gaiha,,
알리지 않았다 하여, 쿠르찬 박시에게 준 재물을 모두 빼앗았다.

○ tere inenggi, emu gūsai emte niyalma de kūwase, sengge be
그 날, 1개 구사에 1명씩의 사람에게 쿠와서·셍게를

ejen arafi takūraha bithei gisun, tusiyetu efu be daifurara okto be,
어전으로 삼아 보낸 글의 말. 「투시예투 어푸를 치료할 약을

si uli efu be baifi hūdun unggi, andala werihe bele 26/27 mamgiyahabi,
시 울리 어푸가 구하여 속히 보내라. 중간에 남은 곡식을 낭비했다.

okdoro bele be hūdun okdonju seme takūraha,,
받을 쌀을 속히 받아 오라.」라고 보냈다.

○ tere inenggi aba abalaha, uhūlja, argali gurgu waha,,
　그 날,　　　몰이사냥했다.　숫盤羊과　암盤羊을　　잡았다.

○ tere inenggi liyoha de deduhe,,
　그 날,　　　　遼河에서　묵었다.

○ juwan ninggun de, liyoha be doofi dalin de 27/28 indehe, indehe
　16일에,　　　　요하를　건너　강가에서　　　휴식했다.　휴식한

turgun, ai ai weile be wacihiyame gisureme [原檔殘缺]
이유는　여러 가지 일을　　모두　　의논하여　〔原檔殘缺〕

○ juwan nadan de, han, beise emu nirui sunjata bayara be gaifi,
　17일에,　　　　한은 버일러들과 1개 니루에　5명씩　바야라를　데려가고,

juleri jihe geren cooha de yoto beile, ajige taiji, jakūn gūsai ejete be
먼저　온　여러　군사에게　요토 버일러·아지거 버일러·팔기의　어전들을

werihe, tere inenggi, 28/29 tusiyetu efu, jarut, barin, karacin, tumet
남겼다.　그 날　　　　　투시예투 어푸·자루트·바린·카라친·투메트

monggo i beise neneme fakcahakū, han be dahame jifi, liyoha ci fakcaha,
몽고의　버일러들이 먼저　떠나지 않고　한을　따라　와서　요하에서 떠났다.

werihe bele, te isinjifi, gūrban dulga de deduhe,,
남은 곡식이 지금 도착하여　구르반 둘가에서　묵었다.

○ juwan jakūn de, nomtu, elbege be cahar i ukanju be tosome
　18일에,　　　놈투와 얼버거에게 차하르의　도망자를　　막으러

tene seme hendufi unggihe 29/30 gisun, gisun akū ume jidere, muse
주둔하러 가라고 말하고　　보낸　　　　　　　말.「명령이 없으면 오지 말라.　우리를

be baime jihe ukanju be ujui niyalma be hūdun medege neneme unggi,
　찾아　오는 도망자는　　　　수장　편에　속히　소식을　먼저　보내라.

gūwa be amala gajime jio, monggo be baime jihengge oci, uju be
다른 자들은 나중에 데리고 오라.　몽고를　　찾아　온 자라면　수장의 편에

medege unggi, gūwa bikini, sun dureng de nomtu bisu, dalai, duin
소식을 보내라. 다른 자들은 있게 하라. 순 두렁에게는 놈투가 있으라. 달라이와 四子에는

juse de elbege bisu, elbege si aohan, naiman, barin, jarut de takūra,
　　얼버거가 있으라. 얼버거, 너는 아오한· 나이만· 바린· 자루트에 사람을 보내라.

juwe bade fakcafi te, ula šusu be ume 30/31 necire, an i buhe be jefu,
　두 곳에 떨어져 머물러라. 역마와 지급식량을 침범하지 말라.　定例로 준 것을 먹으라.」

erebe gūrban dulga ci takūraha, tere inenggi ilasato de deduhe,,
　이 글을 구르반 둘가에서　보냈다.　　그 날　일라사토에서 묵었다.

○ juwan uyun de, aba abalaha, gurgu akū bihe, tere inenggi
　　19일에,　　　몰이사냥했다. 짐승이　　없었다.　　그 날

huhun de deduhe,,
후훈에서　　묵었다.

sure han, geren beise siliha cooha be gaifi juleri jime 31/32 fe liyoo
수러 한은　여러 버일러들과　정예병을　　데리고 먼저 와서　　　옛 遼陽에

yang de isinjifi, liyoo yang ci jidere de, bele benjime booci okdonjiha
　　이르렀는데,　요양에서　　올 때, 곡식을 보내오러 집(瀋陽)으로부터 맞이하여 온

inggūldai sebe acaha, inggūldai alame, ninggun biyai juwan juwe de
　잉굴다이 등을　만났다. 잉굴다이가 고하기를,　　　"6월　　12일에

amba bisan bisafi golo goloi mukei jurgan i jeku hontoholome gaibuha,
　큰 비가　내려　곳곳의　　　물길로　　곡식이　절반 가량　휩쓸려갔습니다.

narhūn jeku be ememu jurgan ningge be umiyaha geli jekebi seme
　搗精한 곡식을　어떤　　　　곳은　　벌레가　또　먹었습니다"라고

alaha, neneme nikan i fonde šahūn gūlmahūn aniya, alin hūwajame
　고했다.　앞서　　明 시기　辛卯年(1591)에　　　산이　무너지고

bisaka bihe, 32/33 niyalma inu eyehe, fe sakdasa henduci, tere bisan ci
　홍수가 났었다.　　　사람도　쓸려갔다. 옛 노인들이 말하기를 "그때 홍수보다

ere sahaliyan bonio aniyai bisan jaci isirakū sehe, ere bisan de
　이번　壬申年(1632)의　홍수는 훨씬 미치지 못한다"고 했다. 이 홍수에

šen yang hecen i julergi guwali tule tehe boo kejine gaibuha, bigan i
　瀋陽城의　　　　　南關　　밖에 있는 집들이 많이 휩쓸려갔다.　들판의

gurgu, meihe, jabjan inu eyehe,,
　짐승·　뱀·　구렁이 또한 쓸려갔다.

sure han, orin ilan de, liyoha be doofi jasei tule 33/34 juwe ba i
　수러 한은　23일에　요하를　건너 경계 밖　　　2리

dubede deduhe,,
　　앞에　　묵었다.

○　orin duin de, šen yang hecen de dosire onggolo, juwan ba i
　　24일에,　　　瀋陽城에　　　　들어가기　전　　　10리

dubede hecen de tehe dudu, abatai juwe beile, dzung bing guwan
앞에서　성에　　　머문 두두·　아바타이 두 버일러,　　총병관

yangguri efu, tung yang sing geren ambasa okdofi han de hengkileme
　　양구리 어푸·　　佟養性,　　여러　대신들이　맞이하여　한에게 고두하고

niyakūrame acaha, 34/35 han, morin erin de tangse de hengkilefi gung
　무릎 꿇어　　만났다.　　　한은　　午時에　　堂子에　　고두하고　宮에

de dosika,,
　　들어갔다.

○　orin sunja de, tumet i ombu cūhur, han de hengkileme jihe,
　　25일에,　　투메트의 옴부 추후르가　한에게　　고두하러 왔다.

jidere doroi ilan honin i yali, ilan kukuri arki gajiha,, 35/36
　오는　예로　　3마리 양 고기·　3개의 편병의 소주를 가져왔다.

○　orin ninggun de, karacin i babai cūhur, han de hengkileme
　　26일에,　　카라친의　바바이 추후르가　한에게　고두하러

jihe, jidere doroi ilan honin i yali juwe kukuri arki gajiha,,
　왔다.　오는　예로　　3마리 양 고기·　2개의 편병의 소주를 가져왔다.

○ orin uyun de, han i boode dalingho i hafasa be fujiyang ci fusihūn
29일에, 한의 집에 大凌河의 관원 副將 이하

iogi ci wesihun isabufi, emu ihan juwe honin wafi 36/37 orin dere
遊擊 이상을 모이게 하고, 1마리 소와 2마리 양을 잡아 20개의 상을

dasafi sarilaha, dzu k'o fa, dzu je žun, dzu je hūng, ere ilan
차려 잔치했다. 祖可法· 祖澤潤· 祖澤洪, 이 3명의

fujiyang de aisin šerin hadahai deresu boro buhe,,
부장에게 金佛頭를 박고 玉草로 짠 여름모자를 주었다.

○ jakūn biyai ice inenggi, hafan i jurgan i beile, dorolon i jurgan i
8월 초 1일, 吏部의 버일러· 禮部의

beile, juwe jurgan i ambasa gisurefi han de alafi ts'anjiyang weihede,
버일러· 두 부서의 대신들이 의논하고 한에게 고하여, 참장 워이허더·

iogi dahai baksi nimeme akū 37/38 oho seme tuktan deribume siden i
유격 다하이 박시가 병들어 죽었다고, 최초로 公庫의

ku i hoošan jakūta tanggū, emte honin, juwete malu arki buhe, bufi
종이 800장씩· 1마리씩의 양· 2병씩의 소주를 주었다. 주고

emu jergi hafan takūrafi unggihe, erei onggolo uttu kooli akū bihe,
한 번 관원을 파견했다. 이 전에는 이러한 예가 없었다.

tereci deribuhe,,
그때부터 시작했다.

○ cooha isinjiha ci dalingho ci gajiha nikasa ukandara labdu ofi,
군대가 도착한 후　　　大凌河에서　　데려온　한인들이 도망치는 것이 많아서

38/39 han, tung yang sing efu, bithei yamun i baksisa be gajifi,
　　　한이　　佟養性 어푸와　　　　　　文館의　　　　　박시들을　　데려와서

dalingho ci gajiha hafasa de hendu, suwembe ilan biya kafi abka
"大凌河에서　데려온　관원들에게 말하라.　너희를　　3개월 간 포위해서 하늘이

minde buhe manggi, bi weri ci ujirengge dele dere seme gajifi, etuku
나에게　준　후　　　내가 남보다 보살피는 것이 나을 것이라고　　데려와서 옷과

jeku sargan boigon yooni bufi ujihe kai, mini cooha suweni tere gese
곡식·　처와　가산을　모두 주고 보살핀 것이다. 나의 군사가 너희들이 그랬던 것 처럼

suwende bahabuha bici, tuttu ujire anggala, uju be hono bibumbiheo,
너희에게　붙잡혔다면　　　그렇게 보살피기는 커녕　머리인들　그대로 두었겠는가?

39/40 niohušun ujihengge suweni ama eme dere, etuku noho
　　　벌거숭이를 기른 것은　너희의 아버지 어머니겠지만 옷을 입혀

ujihengge bi suwende ama kai, suwe nikan i bade tumen minggan be
기른 것은 나이니 내가 너희에게 아버지인 것이다. 너희는 명의 땅에서 만명, 천명을

kadalaha niyalma kai, te suwende buhengge manggai bici, dehite,
　관할했던　사람이다.　　지금 너희에게 준 것은　기껏 해 봤자　40-

susaita, orita, gūsita i dabala, ai ambula bi, tere be suwe meni meni
50명씩,　　20- 30명씩일 뿐이다. 무엇이 많은가?　그들을 너희는　각자

niyalma be saikan tacibume bargiyame ujirakū ainu ukambumbi, ere
사람을   잘   타이르고   수습하여 보살피지 않고 왜 도주하게 했는가?   이

mudan cooha genefi siowan fu de doro acafi jihe, 40/41 te ainci musei
번에   출정하여   宣府에서   화친하고 왔다.   지금 아마도 '우리의

juse sargan be bahafi acarakū seme tuttu dere, bi unenggi doro acaci,
자식과 아내를 만날 수 없을 것이다'라고 생각해 그런 것이리라. 내가 진실로 화친한다면

mini gūnin de isibume eleme gaijarakū, ja de acambio, tuttu acaci
나의 마음에   이르도록 충분히 취하지 않고 쉽게 화친하겠는가? 그렇게 화친하여

gurun bayan boo wesihun oci, tere jirgacun eheo, doro acarakū oci,
나라가 부유하고 家戶가 번영하면   그   안락함이 나쁜가? 화친하지 않는다 해도

cahar minde burulame tumen bade goro genehebi, hetu tuwara weile
차하르는 나에게 쫓겨   萬里로   멀리 가버려   옆을   돌아볼 일이

akū, duin sunja jurgan i cooha dosici, emu mudan i weile seme gūnimbi
없다.⁵   4-5 갈래로   군대가 들어가면   한 번에 (끝날) 일이라고   생각한다.

kai, 41/42 tere be bodorakū mini ujihe baili be urgedefi ukandara
         그것을 헤아리지 않고 내가 보살핀 은혜를   저버리고   도망치고

facuhūrara niyalma, abka be urgederengge kai, ere ukandarangge ini
반란을 일으키는 자는   하늘을   저버리는 것이다. 이렇게 도망하는 자들은 그의

---

5 '옆을 볼 일이 없다'는 것은 옆을 감시하거나 주의해야 할 필요가 없다는 의미이다. 즉 後顧의 근심이
   없다는 뜻이다.

cisui generengge inu bi, hafasa hebei unggirengge inu bi, manggai
뜻대로   가는 자도 있고   관원들이 모의해서 보내는 자도 있다.   단지

boode medege gaiki seci, minde alafi iletu takūracina, tere takūraha
집에   소식을   취하러 가려면 내게 보고하고 공개적으로 파견하라. 그   파견한

niyalma jici jikini, jiderakūci bikini, tuttu akūci, baibi ainu
사람이 오려면 오고, 오지 않으려면 (그곳에)있어라. 그러지 않으면서 이유없이 왜

facuhūn gūnin be nakarakū sehe,, 42/43
 반란의   마음을   그치지 않는가"라고 했다.

○ ineku tere inenggi, amba mama genehe, mama de buhengge,
    같은   그 날,   암바 마마가   갔다.   마마에게   준 것.

tuktuma uksin saca emke, acinggiyaha hūwacihiyan enggemu hadala
 속미늘 갑옷과 투구 1벌·   움직이는 듯한 方腦鞍[6]과 굴레

emke, mukei weren i tohoma de fulgiyan tohoma kamcihai, solho šempi
 1개씩·   파도 무늬 말다래에 붉은 말다래를 겹친 것·   조선 綠斜皮

juwe, gecuheri juwe, mocin samsu susai, juwangduwan emke, suje
 2장·   망단 2필·   毛靑布 50필·   粧緞 1필·   비단

nadan, cai tanggū boose buhe,,
 7필·   茶 100包를   주었다.

---

6   'hūwacihiyan enggemu'는 말안장의 일종으로 안장의 앞 턱(前輪)을 뿔 형태로 만든 안장이다. 方腦
    鞍 혹은 方齊頭漆鞍이라고 한역되었다.

tongki fuka sindaha hergen i dangse
點·圈을 찍은 문자의 檔子

susai jakūci debtelin
58권

sure han i ningguci aniya jakūn biyaci uyun biyade isinahabi
천총 6년 8월부터 9월까지

tongki fuka sindaha hergen i dangse,,
　點·　圈을　　찍은　　문자의　　　檔子

○ ice juwe de, han i boode dalai cūhur, arana nomci be dosimbufi,
　초 2일에,　　한의　집으로 달라이 추후르·아라나 놈치를　　들어오게 하여

emu ihan juwe honin wafi tofohon dere dasafi sarilaha,,
　1마리 소·　2마리 양을 잡아서　15개의 상을　차리고　잔치했다.

○ wang wen kui, sun ing ši, giyang yūn, ilan siyang gung be
　王文奎·　　　　　孫應時·　　　江雲　3명의　相公을

han i boode dosimbufi yali ulebufi hendume, ere fonji cooha genefi
한의　집에　들어오게 하여 고기를　먹이고 말하기를, "이번에　출정하여

nikan i emgi doro acaha doro adarame ohobi seme fonjiha manggi, ilan
　명과　　함께　화친한　　道가　어떻게 되겠는가?"라고　물으니　　　　3명의

siyang gung tucifi gūniha be bithe arafi han de wesimbuhe, wang wen
相公이 (한의 집에서)나가서 생각한 바를 글로 적어 한에게 아뢰었다.　　王文奎가

kui i wesimburengge, acame mutembio akūn, jai emu jergi dasarakū oci
　아뢴 것.　　　「화친이 가능한지 아닌지는　또　한번　　개선하지 않으면

ojorakū, adarame seci, nikan gurun i niyalma, sung gurun i songko be
　안됩니다.　어떻게 해도　　명나라의　　사람은　　송나라의　　궤적을

buleku 2/3 obufi, gurun gubci acambi sere gisun be targambi kai,
거울   삼아서 국인이 모두   화친한다는   말을   경계할 것입니다.

tuttu seme, han banjibure amuran ofi, nikan gurun i irgen joboro be
그리하여   한께서 살리기를 좋아하여   명나라의   백성이 고달픈 것을

jenderakū gosime, erin be aliyame seolefi teyehe be nikan elemangga
견딜 수 없이 불쌍히여겨 때를   기다리며 숙고하고 쉬고 계신 것을 명은   오히려

muse be geodebumbi sembikai, jasei buya hafasai emgi gashūha be
우리가   속인다고   할 것입니다. 경계의 작은 관원들이 함께   맹세한 것을

dabumbio, tuttu seme acame muterakū semeo, nikan han de hūturi bifi
화친했다 칠수 있겠습니까, 그렇다고 화친할 수 없다 하겠습니까? 명 황제에게 복이 있어

abka dolori mujilen bahabume, ulin mohoho irgen yadaha, ba bade
하늘이 남몰래 주의를   주고자   재화가 궁핍하고 백성이 가난하고 곳곳에서

facuhūrafi mao lio jergi hūlha dekdefi jugūn be lashalahabi, geli duleke
난이 일어나 毛와 劉 등의 도적이   일어나   길을 막고 있습니다. 또 작년에

aniya dalingho be gaibure jakade, niyalma gemu silhi tuheme fahūn
      大凌河를   빼앗겼으므로   사람들이 모두   쓸개가 떨어지고 간이

hūwajame gelembi kai, musei ishun emu sirdan iselere we bi,
부서지도록 두려워할 것입니다. 우리를 향해 한 개 화살이라도 맞설 자 누가 있겠습니까?

ere hafirabuha ucuri, aikabade acaci ombidere, unenggi acaci, musei
이렇게 궁지에 몰렸을 때   아마도 화친할 수 있을 것입니다. 진실로 화친하면 우리

gurun de inu majige tusa kai, musei jase be 4/5 badarambure gurun be
나라에　　또한　작은 이익일 것입니다. 우리의 경계를　　　　넓히고　　　　국인을

teyebume ergembure, saisa be baitalara irgen be ujire, goroki be
　　휴식하게 하고　　　　현인을　　등용하고　백성을 보살피고　먼 곳을

elbire hanciki be gosire, bisire šolo de terei irgen hese be yabume
초무하고 가까운 곳을 자애하고 있는　틈에,　그(明)의 백성은 늅를　행하느라

cukumbi, alban benjime šolo baharakū ombi, musei gurun be ergembure,
피로할 것입니다. 공물을 보내올 틈을 얻지 못할 것입니다. 우리의 국인을　쉬게 하고

tere gurun be jobobure ohode, liyoodung ni babe han g'aodzu i beye
그(明) 국인을　　힘들게　　한다면　　요동　　지역이 漢　高祖가　친히

aššaha be, cu i adali be we sahabi, tuttu akūci coohai 5/6 nimeku be
움직여 (멸망한) 楚와 같을 것을 누가 알겠습니까? 그렇지 않으면 兵家의　우환은

taohunjame　kenehunjeme lashalarakū ohode, erin be ufarambi kai,
　머뭇거리고　　　　의심하여　결단을 내리지 않아서　때를　놓치는 것입니다.

acaki seci, acara be lashala, acara weile be emu gisun de wacihiyaci
화친하고자 하면 화친을 결정하십시오. 화친하는 일은　한 마디 말로　끝내기

mangga, acarakū oci, afara be lashala, afara weile be wacihiyame
어렵습니다. 화친하지 않는다면 공격을 결정하십시오. 공격하는 일은 (한마디로) 모두

gisureci ombikai, han i horonggo cooha be gaifi dulimbai gurun i
　말 할 수 있습니다. 한의　위력 있는　군대를　이끌고　　中國이

facuhūraha ucuri dosire ohode, hūwang ho bira i amargi,
어지러운 때에 들어간다면 黃河의 북쪽은

nikan de bisirakū kai, 6/7 han seole,, han i hese de sun ing ši jaburengge,
명에게 있지 않게 될 것입니다. 한은 숙고하십시오.」 한의 旨에 孫應時가 답한 것.

juwe gurun i acaha weile be mini cisui bodoci, nikan gurun i han, ba na
「양국의 화친한 일을 제 뜻대로 헤아리건대, 명나라의 황제는 땅이

onco, hūsun ai jaka ambula, an kooli cira de ertufi urunakū weihukeleme
넓고 힘이 무엇이든 많으며 제도가 엄격함에 의지하여 결코 가벼이

acarakū, terei fejergi ambasa inu olhome acaki sere emu hergen be
화친하지 않을 것입니다. 그 아래의 대신들도 두려워서 화친하자는 한 글자도

weihukeleme gisurerakū, cananggi 7/8 han i amba cooha jase de
가볍게 말하지 않을 것입니다. 예전에 한의 대군이 경계로

nikenere jakade, terei weile aliha amban aika jaka be bekileme
가까이 갔을 때에 그 일을 맡은 대신이 어떤 물건도 굳게 지키고

dasame jabdure unde ofi, musei dosire be tookabume geodebuhengge
정돈할 여유가 없었으므로 우리가 진격하는 것을 지체시키고자 속인 것입니다.

kai, udu yargiyan i unenggileme acaha seme, tere musei bilahangge ci
비록 진정 성심으로 화친했다 해도 그(明)가 우리의 정한 것에서

heni aljaci, muse urunakū ojorakū, musei bilahangge tede heni
조금이라도 벗어나면 우리는 결코 들어줄 수 없습니다. 우리가 정한 것이 그에 조금이라도

dabaci, tere inu urunakū ojorakū, ere acara be ja wajici ojorakū kai,
넘치면 그(명)도 반드시 들어주지 않을 겁니다. 이 화친은 쉽게 끝낼 수 없습니다.

8/9 tuttu seme acan serengge, juwe gurun de amba tusa, acarakū
그렇다 해도 화친 이라는 것은 양국에 큰 이익입니다. 화친하지 않으면

ohode terei jobolon inu wajirakū, musede kimulerengge inu ele šumin
그(명)의 고통 또한 끝나지 않을 것이고 우리에게 원한을 품은 것도 더욱 깊어질

ombi, ainci urunakū juwe gurun gese ilirengge akū, muse morin
것이니 아마도 분명 양국이 竝立하는 일은 없을 것입니다. 우리는 말을

tarhūlafi coohai agūra dagilafi dosire dabala, bedereci ojorakū, erei
살찌우고 무기를 갖추고 진격할 뿐입니다. 후퇴할 수 없습니다. 이것

dabala jai arga akū, han seole, giyang yūn i wesimburengge, julge
뿐 다른 계책은 없습니다. 한께서 숙고하십시오.」 江雲이 아뢴 것. 「옛날

nenehe aisin han, 9/10 biyan liyang de dosifi juwe han be jafahangge,
이전 금의 황제가 汴梁에 진격해 2명의 황제를 잡은 것은

terei cooha mangga ofi, cuse moo be hūwalara gese horon de we alime
그의 군대가 강했기 때문이니 대나무를 쪼개는 것과 같은 위력에 누가 대적할 수

mutembihe, tuttu bime facuhūn be erime emke de toktobume mutebuhekū
있었겠습니까? 그런데도 어지러움을 일소하고 하나로 평정하지 못하고

acafi bederehengge, terei mujilen cihalahakū, hūsun hamihakūngge
화친하여 철수 한 것은, 그의 마음이 원하지 않았거나 힘이 부족했던 것이

waka, terei da be bodoci, jušen niyalma emke de uhe obure be doigonde
아닙니다. 그 원인을 헤아리건대, 주션 사람들이 (천하를) 하나로 통일하는 것을   미리

bodorakū haran kai, 10/11 han i amba cooha daitung de nikeneme, cahar
생각하지 않았기 때문입니다.   한의   대군이   大同에 가까이 가자   차하르가

donjifi musei cooha be tuwahakū burulaha, daitung ni hoton hecen be
소식을 듣고 우리 군대를   보지도 않고 도주했습니다.   大同의   성을

afaha bici, galai falanggū ubašara gese bihe, han i enduri cooha warakū
공격하니   손바닥을   뒤집는 것과 같았습니다.   한의   神武로   죽이지 않고

afarakū, akdun gosin be selgiyehengge, coohai hūsun i wame dailara
공격하지 않고 믿음과 인애를   선포하신 것은   무력으로   죽이고 토벌하는 것

ci hono sain kai, ere inu tob seme emke de uhelere amba arga be
보다 오히려 좋은 것입니다. 이는 또한 바로   하나로   통일할   큰   계책을

doigonde toktobuhangge kai, acara weile be 11/12 lashalaci mangga, te
  미리   정하신 것입니다.   화친하는 일을   결정하신 후에   지금

han, nikan i baru acaci, urunakū ahūn deo i gese oki seci, nikan
한께서 명을   향해 화친하면 반드시   형제와 같이 지내겠다고 해도 명은

urunakū ojorakū, aikabade nenehe adali lung hū jiyanggiyūn seme
분명 그렇게 하지 않을 것입니다. 만약 예전과 같이 龍虎將軍   이라고

fungnehe de, han inu ojorakū, aikabade wang ni soorin fungnehe de,
봉한다면   한도 받아들일 수 없을 것입니다. 만약   王位에   봉했을 때

han i ojoro be geli we sahabi, nikan han uthai wang ni soorin
한이 받아들일지를 또 누가 알것이며,　명 황제가 곧　왕위에

fungnere be inu we sahabi, nikan han 12/13 udu ocibe, ilan gung
봉할지를　또 누가 알겠습니까? 명 황제가　비록 그리한다 해도 三公

uyun king ni ojoro be inu we sahabi, aikabade ilan gung uyun king
九卿이　그리할지를 또 누가 알겠습니까? 만약　三公九卿이

udu oho seme, amaga inenggi bithede adarame arambi, tuttu be
비록 그리했다 해도　후일　책에　어떻게 쓰겠습니까? 그런 고로

dahame bi bodoci, acara weile juwan ubu de nadan ubu mangga,
　제가 헤아리건대 화친하는 일은　10分에　7分이　어렵습니다.

unenggi juwe gurun acafi abkai erin be tuwakiyame sain i banjiha de,
진심으로　양국이　화친하여　天時를　살피며　우호적으로 산다면

nikan gurun de jabšan kai, te bicibe, 13/14 han, niyalma takūrafi nikan i
명나라에게　행운일 것입니다. 지금이라도　한께서　사람을 파견하여　명에게

baru gisureme tuwa, aikabade nikan gurun erin be bodorakū acara be
　말해 보십시오.　만약　명나라가　때를 헤아리지 않고　화친을

heoledehe de, tereci musei cooha dosifi afara gaire ohode, gebu inu
태만하게 하여　그 후에　우리 군대가 진격해 공격하고 취하게 된다면 명분 또한

sain, nikan gurun i ambasa irgen inu urušerakūngge akū, te han,
좋습니다. 명나라의　대신들과 백성들도　옳지 않다 할 자 없을 것입니다. 지금 한께서

nikan i baru acaki serengge, anahūnjame bederceme kenehunjere
명을 향해   화친하자 하신 것은   양보하고   물러나   의심하기

turgun de kai, musei cooha afaci inu urunakū etembi, gaici inu 14/15
때문입니다.   우리 군대가 공격하면 또한 반드시 승리할 것입니다. 취하면 또한

urunakū bahambi, abkai fejergi de hetu unde yabuci inu ombi, nikan
반드시 얻을 것입니다.   천하에   횡과 종으로 다니는 것 또한 가능합니다. 명이

acaki seci muse acaki, ojorakū oci, abka, han de abkai fejergi be
화친하자고 하면 우리도 화친하십시오. 안 된다고 하면 하늘이 한에게 천하를

burengge kai, te hūdulame akdun be selgiyere saisa de afabure,
주실 것입니다.   지금 속히   信義을 선포하는 것을 현자에게 맡기시어

cooha be dasafi dosika de, abkai fejergi be inenggi bilafi bahaci
 군대를   정돈해 진격하면   천하를   날을   정해   얻을 수

ombikai, ainu 15/16 urunakū acara be nemšembi,,
있을 것입니다. 왜   반드시   화친을   탐하십니까?」

○ ice jakūn de, ninggun jurgan i yamun arame šanggaha seme
   초 8일에,   六部의   아문을   지어 완성했다고

weilere jurgan han de wesimbure jakade, han tucifi ninggun jurgan i
  工部가   한에게   아뢰었으므로   한이 나가서   六部의

yamun araha be šurdeme tuwafi gung de bederehe manggi, ninggun
아문을 지은 것을   둘러보고   궁에   돌아온 후,   六部에

jurgan de mujilen bahabu seme 16/17 sindaha sonin, budan, kicungge,
마음을 깨우치게 하라고 임명한 소닌·부단·키충거·

mucengge, erketu, miošohon ninggun niyalma be jio seme gajifi
무청거·어르커투·미오쇼혼, 6명을 오라고 하여 데려와서

hendume, suwe meni meni jurgan i beise i endebuhe waka babe sahai
말하기를, "너희는 각각의 아문의 버일러들이 잘못하고 그릇된 것을 아는대로

teile uthai mujilen bahabume hendu, tuttu akū oci, baibi tuleri ehecume
즉시 마음을 깨우치게 하도록 말하라. 그렇지 않고 공연히 밖에서 비방하여

ume gisurere, tenteke yabun enteheme fejile kai, neneme suweni
말하지 말라. 그러한 행동은 영원히 下等인 것이다. 먼저 너희

beyebe dasa, beyebe dasafi tob seme obufi dergi be hendu, beyebe
자신을 다스려라. 자신을 다스리고 바르게 하여 윗사람에 대해 말하라. 자신을

dasarakū 17/18 jurgan be kicerakū bime henduhe seme dergi niyalma
다스리지 않고 직무를 힘쓰지 않으면서 말한다고 한들 윗 사람도

inu gisun be donjirakū, niyalma inu akdarakū, ninggun jurgan i ejen
말을 듣지 않고 사람들도 믿지 않을 것이다. 六部의 어전

beise, meni meni jurgan i yamun de tuktan dosire de, ambasa be gaifi
버일러들은 각각의 部의 아문에 처음 들어갈 때에 대신들을 데리고

jifi doron be alime gaifi ilan jergi hengkile, meni meni yamun de
와서 인장을 받아 취하고 세 번 고두하라. 각각의 아문에

bederehe manggi, jurgan be aliha amban, ashan i ambasa, jurgan i
돌아간   후   承政·   參政들은   部의

hafasa be gaifi, laba fulgiyeme tungken tūme 18/19 beile de emu jergi
관원들을 이끌고   나팔을 불고   북을   치며   버일러에게 한 번

hengkile, juwe ashan de jergi jergi faidame te, meni meni jurgan i
고두하라.   양측에   등급별로 정렬하여 앉으라.   각각의   部의

šajin be selgiyeme doron be tucibufi baitala, kadalara weile i ton be
법령을   포고하는 데에 인장을 꺼내어   사용하라.   관할하는 일의   數目을

bithe arafi yamun i duka de latubu, yaya baita gisun de meni meni
글로 적어   아문의   문에   붙여라. 모든 업무에 관한 글에   각각의

jurgan i doron be takūra seme henduhe,, han i hesei hafan i jurgan i
部의   인장을 사용하라"라고   말했다.   한의   旨로   吏部의

mergen daicing beile, boigon i jurgan i 19/20 degelei beile, dorolon i
 머르건 다이칭 버일러·   戶部의   더걸러이 버일러·   禮部의

jurgan i sahaliyen beile, coohai jurgan i yoto beile, beidere jurgan i
 部의   사할리연 버일러·   兵部의   요토 버일러·   刑部의

jirgalang beile, weilere jurgan i abatai beile, meni meni jurgan i
 지르갈랑 버일러·   工部의   아바타이 버일러가   각각의 部의

ambasa be gaifi isaha manggi, ninggun jurgan i beise de arsalan fesin i
 관원들을   이끌고   모인 후   六部의   버일러들에게 사자모양의 손잡이의

menggun doron emte buhe, beise doron be alime gaifi, han de ilan
銀　　인장　1개씩 주었다.　버일러들은 인장을　받아서　　　한에게 세

jergi hengkilefi, bederefi meni meni yamun de 20/21 dosifi tehe manggi,
번　　고두하고　　　물러나　　　각자의　　아문으로　　　　　들어가　앉은 후

jurgan be aliha amban, geren hafasa be gaifi beise de hengkilehe,
　　承政이　　　　　　여러　관원들을　이끌고 버일러들에게 고두했다.

sarin dagilafi laba bileri fulgiyeme tungken tūme sarilaha,,
잔치를 준비하고 나팔과 날라리를　불고　　　북을　치며　잔치했다.

○ juwan emu de, dalingho i lio tiyan lu fujiyang nimeme akū
　　11일에,　　　大凌河의　　　劉天祿　　副將이 병으로 죽었다

oho seme, sinagan i doroi hoošan emu minggan juwe tanggū, emu
하여,　　　喪禮로　　　紙錢　　　　　1,200장·　　　　　1마리의

honin, 21/22 arki ilan malu buhe, bufi juwe jergi hafan takūrafi unggihe,,
양·　　　　　소주 3병을　주었다. 주고　두 번　　관리를　　파견했다.

○ tere inenggi seter i elcin, dung daicing ni elcin, haihū i elcin
　　그 날,　　서터르의 사신·　둥 다이칭의　사신·　　하이후의 사신이

isinjiha, han de seter i elcin juwe morin, dung daicing ni emu morin,
도착했다. 한에게　서터르의 사신이 2마리 말을,　둥 다이칭의 (사신이) 1마리 말을,

haihū emu morin jafaha bihe, 22/23 han tuwafi gaiha,,
하이후의 (사신이) 1마리 말을 바쳤다.　　　한이 보고　취했다.

○ orin ilan de, han, cooha genefi baha doroi seme, donggo gege,
　　23일에,　　한이　　출병하여　획득한　禮라 하며,　　동고 공주·

hada gege juwe eyun de emte gecuheri, emte cekemu, ilata
하다 공주,　두 누이에게　1필씩의 망단·　1필씩의 왜단·　3필씩의

juwangduwan, bai suje jakūta buhe, bayot gege, songgotu gege, ere
　粧緞·　무늬없는 비단 8필씩을 주었다.　바요트 공주·　송고투 공주,　　이

juwe gege de emte gecuheri, emte 23/24 cekemu, ilata juwangduwan,
　두　공주에게　1필씩의 망단·　　1필씩의　　왜단·　3필씩의 粧緞·

bai suje ninggute buhe, ula i esitei gege, onje gege, mukusi gege,
무늬없는 비단 6필씩을 주었다. 울라의 어시터이 공주· 온저 공주· 무쿠시 공주·

jan birai gege, ere duin gege de emte gecuheri, emte cekemu, ilata
잔 江의 공주,　이 4명의 공주에게　1필씩의　망단·　1필씩의 왜단· 3필씩의

juwangduwan, bai suje sunjata buhe, wecere ecike[1] de juwe gecuheri,
　粧緞·　무늬없는 비단 5필씩을 주었다. 워처러 叔父에게　2필의 망단·

emu pengduwan, juwe cuse buhe, warka ecike, sahalca ecike, baijuhū
　1필의 彭緞·　　2필의 紬子를 주었다. 와르카 叔父· 사할차 叔父· 바이주후

amji, ere ilan de emte gecuheri, juwete cuse buhe, buhe 24/25 doroi
伯父,　이 3명에게 1필씩의 망단·　2필씩의 紬子를 주었다. 준　　　禮로

1　[簽註] gingguleme baicaci, yargiyan kooli de, wecere ecike be boihoci ecike seme arahabi,,
삼가 찾아보니 『實錄』에서 '워처러 叔父'를 '보이호치 叔父'라고 썼다.
　*『Nenehe genggiyen han i sain yabuha kooli』(先genggiyen han賢行典例)의 기록에 의하면 보이호
치는 기오창가의 큰아들인 리둔 바투루의 아들이다. 즉 보이호치는 누르하치와 사촌형제간이고, 홍
타이지에게는 당숙이다. 『淸太祖實錄』에서 貝和齊로 음사했다.

gegete hengkileme jihe manggi, han dere dasafi sarilaha,,
공주들이   고두하러   오자,   한이 상을 차려서 잔치했다.

○ orin sunja de, hooge beile sargan gaijara de, han i aisilame
    25일에,   호오거 버일러가 처를   얻을 때,   한이   도와서

buhengge, sunja morin, emu morin de aisin ijume foloho enggemu
  준 것은   5마리 말인데,   1마리 말에   금 입히고 조각한 안장과

hadala tohohoi, aisin ijuha hilteri uksin saca acihai, jai duin morin de
  굴레를 채우고 금 입힌 겉미늘 갑옷과 투구를 실은 것·   또 4마리 말에

fulgiyan 25/26 iolehe enggemu tohohoi, duin tuktuma uksin acihai
  붉은   옻칠한 안장을 채우고 4벌의 속미늘 갑옷을 실은 것을

buhe,,
주었다.

○ tere inenggi, sun dureng ni hūjong ubasi de emu hilteri uksin,
    그 날,   순 두렁의   후종 우바시에게   1벌의 겉미늘 갑옷·

aisin ijuha saca, aisin ijume foloho enggemu hadala emke, emu gecuheri,
  금 입힌 투구·   금 입히고 조각한 안장과 굴레 1개씩·   1필의 망단·

ilan suje, orin mocin buhe,, 26/27
3필의 비단· 20필의 毛靑布를 주었다.

○ orin uyun de, aru i sun dureng ni deo coktu ilan morin, emu
    29일에,   아루의 순 두렁의   동생 촉투가 3마리 말· 1마리

temen, aburgū jaisang juwe morin, dalahai taiji juwe morin gajime
낙타, 아부르구 자이상이 2마리 말, 달라하이 타이지가 2마리 말을 가지고

han de jihe, han, morin be tuwafi coktu taiji i ilan morin be gaiha,
한에게 왔다. 한은 말을 살피고 촉투 타이지의 3마리 말을 취했다.

jai gūwa i morin be gaihakū bederebuhe,, 27/28
나머지 다른 말은 취하지 않고 돌려 주었다.

han hese wasimbufi, jakūn gūsai ejete be meni meni gūsai harangga
한이 諭旨를 내려서, 八旗의 어전들을 각각 구사의 소속

goloi akū yadahūn joboro niyalma be baicame tuwame weile beideme
지역의 가진 것 없고 가난하고 괴로운 사람들을 찾아 살피고 죄를 심문하러

unggihe,,
보냈다.

○ cahar de cooha geneme, haljan de bele sindaha bade yambulu
  차하르에 출병하며, 할잔에 쌀을 둔 곳에 암불루

iogi, dungsan beiguwan be jakūn gūsa de ejen obufi werihe bihe, 28/29
유격· 둥산 備禦官을 八旗에 어전으로 삼아서 남겨 두었었다.

han cooha ci amasi munggatu be boode takūrara de, yambulu, dungsan
한이 군대로부터 다시 뭉가투를 집으로 보낼 때, "암불루· 둥산은

be bele werihe haljan ci ulan hada de guri, gurime genere de emu
  쌀을 남겨 둔 할잔에서 울란 하다로 이동하라. 이동하여 갈 때 하루

inenggi ilan ba duin ba nukteme guri, bele waliyarahū, aga muke de
　　　3里 － 4里를　유목하며 이동하라. 쌀을 버릴까 우려되고, 빗물에

usihirahū, elhei teodeme joriha bade isina seme hendu, unggihe gisun be
젖을까 우려된다. 천천히 옮겨　지시한　곳에　도착하라고　말해라.”(라고 했다.) 보낸 말을

yambulu, dungsan jurceme emu inenggi dehi ba susai ba nuktefi bele
　암불루·　　둥산이　　어기고　　하루에　　40리 － 50리　　유목하여 쌀을

waliyaha, joriha bade 29/30 tehekū, booi baru marifi aohan i hoton de
　버렸으며　지시한　곳에　　거하지 못하고 집의 쪽으로 돌아와서 아오한의　성에

jihe turgunde, beidere jurgan i jirgalang beile aliha amban duilefi,
왔기　때문에,　　　刑部의　　　지르갈랑 버일러와　承政이　　심리하여

yambulu, dungsan be wame beidefi han de wesimbuhe, han wara weile
　얌불루·　　둥산을　　죽이려 심판하고 한에게　상주했다.　한이 “죽일 죄가

mujangga, yamun de horifi emu inenggi emu moro buda emu moro
　맞지만,　　衙門에　감금하여　하루　　1사발의 밥과　　1사발의

muke bume hori, bi jai seolere seme hendufi, yambulu dungsan be
　물을　주어　가두라. 내가 숙고하겠다” 라고 말하여,　　암불루와　둥산을

horifi tofohon 30/31 inenggi oho manggi, geren beise, jakūn amban,
가두고　　15일이　　　　　되자,　　“여러 버일러들·　8대신·

ninggun jurgan i hafasa, sula hafasa, monggo nikan i hafasa, daise
　　六部의 관원들·　보직 없는 관원들· 몽고와 한인의　관원들·　대리

janggin geren be duile, banjire ba bici banjikini seme, geren duilefi,
장긴　　여럿이 심문하라.　　살 바가 있으면 살게 하라"라고 하자, 무리가 심문하여,

han i gisun be jurcehe, booi baru jihe, ujire weile waka, waci acambi
"한의　　말을 어기고 집의 쪽으로 왔습니다. 살릴 일이 아닙니다. 죽여야 마땅합니다"

seme wesimbuhe, tung yang sing efu, geren hafasa wesimbume, sain
라고　　상주했다.　　　　佟養性 駙馬와 여러 관리들이 상주하기를, "좋고

etenggi amban be werihekū, 31/32 ere asihasa mentuhun be werime
유능한　　대신을 남겨두지 않고,　　　이 젊은이들과 어리석은 자들을 남겨

ufaraha, wara giyan inu, ese be erulefi ergen i teile be han seolefi
실패했습니다. 죽일 이치가 맞지만, 이들을 벌하여도 목숨만은　　한이 생각해서

guwebuci ojoroo, juleri coohai fujiyang turusi hendume, han yamun de
구해주어도 될 것 같습니다." 앞선 군대의　부장 투루시는 말하기를, "한께서 아문에서

hūlaha gisun, dain de burulaha niyalma be wambi seme hūlaha bihe,
포고한　　말이,　　　'적에게　　패주한　　사람을　　죽인다'고 포고하셨습니다.

dain de burulaha niyalma be han, beise dergi fejergi deri gisurefi
적에게　　패주한　　사람을　　한과 버일러들이 위아래로　　의논하여

ujihe kai, yambulu, dungsan be eitereme erulefi ergen i teile banjibure
살렸습니다. 얌불루·　둥산을　　어떻게든 벌하더라도 목숨만은　　살릴

be 32/33 dele seole seme han de gisun wesimbure jakade, han hendume,
것을　　上께서 생각해주십시오"라고 한에게 말을　　올렸기 때문에,　　한이 말하기를,

turusi sain kai, yaya niyalma turusi adali gūniha gisun be iletu
"투루시가 훌륭하구나. 모든 사람이   투루시처럼   생각한   말을   분명히

gisurecina, ememu niyalma tuleri gisurembi, turusi adali tucifi
말하라.   어떤   사람은   밖에서   말한다.   투루시처럼   나와서

gisurerakū, tung yang sing efu i gisun inu werime ufaraha mujangga
말하지 않는다."   佟養性 부마의   말 역시 "(어리석은 자를) 남겨서 실패한 것이 맞다"

seme hendufi, yambulu, dungsan be tanggūta šusiha tantaha, šan oforo
라고   말하여,   얌불루와   둥산을   100대씩   채찍으로 때리고, 코와 귀를

tokofi jakūn duka de jakūn 33/34 inenggi tebuhe, boo be talafi eigen
뚫어서   여덟   門에   8일   있게 했다.   집을 몰수하고

sargan i beyei teile be tucibuhe, hafan efulefi meni meni beise de
부부의   몸만을   내보냈다. 관직을 파직하고 각각의 버일러들에게

beyebe aha obuha,,
몸을   노예로 삼았다.

○ amargi dahaha monggo i aru i aiman i ejen sun dureng se,
북쪽에서 투항한   몽고의   아루의 아이만의 수장   순 두렁 등이

orin juwe morin, ilan temen benjime han de hengkileme jihe, 34/35 han,
22마리 말· 3마리 낙타를 보내오며   한에게   고두하러   왔다.   한은

sun dureng be dahaha emu gurun i ejen seme kunduleme, hecen tucime
순 두렁을   항복한   한   나라의   주인이라며 존중하고,   성을   나가서

sunja ba i dubede okdofi, sun dureng, han de hengkileme acara de,
5里의 　　앞에서 맞이하고, 순 두렁이 　한에게 　고두하며 　만날 때,

han, inu ishun dorolome tebeliyeme acaha, acame wajiha manggi, sarin
한 　또한 서로 예를 갖추어 　포옹하며 　만났다. 만나기를 　마친 후, 　잔치를

sarilafi, han, sun dureng be emgi gajime hecen de dosika, sun dureng
베풀고, 한은 　순 두렁을 　함께 데리고 　성으로 　들어갔다. 순 두렁 등이

sei benjihe uyun morin, juwe temen be gaiha, juwan ilan morin emu
보내온 　9마리 말과 　2마리 낙타를 　취했다. 　13마리 말과 　1마리

temen be gaihakū bederebuhe, 35/36 han, sun dureng be ambula
낙타를 　취하지 않고 돌려주었다. 　한은 　순 두렁을 　크게

kunduleme boode dosimbufi amba sarin sarilafi, gūwa geren beise be
존중하며 　집으로 들어가게 하고 큰 잔치를 베풀었으며, 다른 　여러 버일러들을

idu arame sun dureng be inenggidari sarila seme sarilabuha, han, sun
당번 삼아서 　순 두렁에게 　날마다 잔치를 베풀라고 하여 잔치하도록 했다. 한은

dureng sede nadan gecuheri, ilan cekemu, orin emu suje, juwe fulgiyan
순 두렁 등에게 7필의 망단· 　3필의 왜단· 　21필의 비단· 2장의 붉은

jafu, juwe tanggū dehi mocin, tanggū boose cai, aisin dosimbuha
모직물· 　240필의 毛靑布· 　100包의 차· 　금이 상감된

menggun i tampin emke, menggun i solha emke, gu i hūntahan emke,
은 술병 1개씩· 　　은 밥그릇 1개씩· 　옥 술잔 1개씩·

foloho enggemu hadala 36/37 sunja, hilteri uksin juwe, tuktuma uksin
조각한 안장과 굴레　　　　　　5개·　　겉미늘 갑옷 2벌·　　속미늘 갑옷

duin, jebele dashūwan emke, emu giyahūn, han i beyede etuhe suwayan
4벌·　　화살통과 활집 1개씩·　　1마리 매·　　한이 직접 입던 황색

suje i ifiha sahalca sekei hayaha jibca, sekei mahala, aisin i umiyesun,
비단으로 재봉하고 흑초피로 테두른 가죽옷·　　초피 겨울모자·　　금 요대

emu juru gūlha šangnafi, amba sarin sarilafi sahaliyen beile be hecen
1쌍의 신발을 상 내리며,　　큰 잔치를　베풀고　사할리연 버일러를　성을

tucime sunja ba i dubede fudeme unggifi, sahaliyen beile geli sarilafi
나가서　5里의　　앞에서　전송하러　보냈다.　사할리연 버일러는 다시 잔치하고

unggihe,, 37/38
보냈다.

○ monggo i cahar gurun i dono cūhur gebungge niyalma, juwan juwe
몽고의　　차하르 국의　　도노 추후르　　라는　　사람이,　12명의

haha, ninggun hehe, emu tanggū ninju morin gajime ukame jihe,,
남자·　6명의　여자·　　160마리의　　말을　데리고　도망쳐 왔다.

○ uyun biyai ice duin de, coohiyan gurun i wang lii dzung,
9월의　　초 4일에,　　조선국의　왕　　李倧이

piyoo lan ing be takūrafi bolori 38/39 doroi baci tucire jaka be benjime
朴蘭英을　　보내서　가을　　　예로 땅에서　나온 것을　보내오며

hengkileme jihe,,
고두하러   왔다.

○ ice sunja de, monggo i non i birai korcin i gurun i ejen
   초 5일에,   몽고의   논 강의   코르친 국의   주인

tusiyetu efu akū oho seme alanjiha manggi, han, gulu etuku etufi
투시예투 어푸가 죽었다고   알려온   뒤,   한은   소복을   입고

dergi duka i fejergi boode tefi, yasai muke tuhebume songgome 39/40
   동문   아래의 집에서 묵으며,   눈물   흘리고   울며

hendume, koro, dain de oci emu babe aliha bihe, doro de oci inu
   말하기를,   "원통하다. 전쟁을 하면 한 곳을   받아 지켰다. 정치를 하면 또한

amba tusa, hebe gisun de inu ambula sain bihe, ainara, guculehe be
  큰 이익이었다. 의논할 때에   역시   매우 좋았었다.   어찌하겠는가? 교우했던 것에

dahame <u>ambulakan banjiha bicina</u>[2] seme jing songgoro de, ashan i
   따라   오래도록 살았으면 좋았을텐데"라며   계속   울   때에, 곁에 있는

ambasa surumbume hendume, han ambula ume gasara, tere emu gurun i
   대신들이   위로하며   말하기를, "한께서는 크게 슬퍼하지 마십시오, 그 한 나라의

ejen abka jortai ekiyembume gamahangge kai sehe manggi, 40/41 han
   주인을 하늘이 일부러 (수명을) 줄여서 데려간 것입니다."라고   하자,   한이

---

2 [簽註] gingguleme baicaci, fe manju gisun i bithede, ere ambulakan banjiha bicina sere gisun, uthai
   goidatala banjikini sere gūnin sehebi,,
   삼가 찾아보니 『舊淸語』에서 이 'ambulakan banjiha bicina'(오래 살았더라면)라는 말은 곧 'goidatala
   banjikini'(오래도록 살면 좋겠다)라는 뜻이라고 했다.

hendume, bi udu hanci niyaman sehe seme, baita tusa akū gasabure
말하기를, "나는 비록 가까운　친척이라 하더라도,　일에　쓸모가 없어 원망 받는

niyalma de mujilen efujerakū, karacin i subudi, tusiyetu efu, ere juwe
사람에게는　　상심하지 않는다.　카라친의 수부디와 투시예투 어푸,　이　둘은

be ambula sain niyalma seme gūniha bihe, tere gese sain niyalma be
매우 뛰어난 사람이라고　　생각했었다.　그 같은 뛰어난 사람을

te aibide bahafi guculembi, bi mini etuhe dobihi cabi jibca, sahaliyan
지금 어디에서 얻어서 교우할까? 나는 내가　입었던 여우의 뱃가죽 가죽옷·　검은

dobihi mahala, aisin i umiyesun, sujei gūlha unggihe bihe, mini unggihe
여우가죽 겨울모자·　금 요대·　비단 신발을　보냈었다.　내가　보낸

umiyesun be jafafi songgome, bi 41/42 han i juleri cahar i cooha de
요대를　들고 울며,　'나는　한의　앞에서 차하르의　군대로

emgeri ferguwebume dosiki sehe bihe, absi koro, han i utala
한 번 (한을)경탄시키러 진격하겠다고 했었다. 너무도 한스럽다. 한이 이토록

gosiha baili be isibuhakū seme henduhe sere, musei emu ergi asha
자애하시는 은혜에 미칠 수가 없다'라고 말했다고 한다.　우리의　한 쪽 팔이었다"

bihe seme hendume songgofi uksun i fiyanggū age, yangguri efu be
라고　말하며　울며　종실인 피양구 아거·　양구리 어푸를

ujulafi cergei, asidarhan, ušan, handai, ulai, tulai, olosecen be takūrafi
앞세우고 처르거이· 아시다르한· 우산· 한다이· 울라이· 툴라이· 올로서천을　보내어

sinagan i doroi hoošan emu tumen, suhe emu minggan deijime, ihan
喪禮로　　　　紙錢 1만장·　　　　비단 1천 필을　　　　태우고, 소를

42/43 <u>siname waliyame</u>[3] unggihe,,
놓고 제물로 바치러　　　보냈다.

○ ice jakūn de, dahame jihe urut gurun i minggan beile i jui
초 8일에,　　　항복해　온 우루트 국의　　　밍간 버일러의 아들

dorji efu be, soktofi han i juleri juwe jergi loho jafaha, aba i niyalma be
도르지 어푸를,　醉하여　한의 앞에서　두 번　　　腰刀를 쥐었고, 몰이사냥의 사람을

gana seme takūraha de, sain niyalma be gajihakū, ehe
데리러 가라고　보냈을 때　좋은　사람을　데려오지 않고 아둔한

niyalma be gajiha seme beiguwan i hergen be efulehe bihe, gurun
사람을　　데려왔다고 해서　비어관　　직을　파직(하려)했지만, 나라가

43/44 taifin i fonde baime jihe gung de nakaha, tanggū yan i weile
태평한　때에　찾아 온 공으로 중지하고,　100량의　　贖을

gaiha,,
취했다.

3　[簽註] gingguleme baicaci, jakan toktobuha fe manju gisun i bithede, ihan siname waliyame ung-
gihe sere gisun gisurere mudan, siname serengge, uthai sindame sere gisun inu, ihan dagilafi dobu-
me sindafi waliyambi sere gūnin sehebi,,
삼가 찾아보니 최근 정해진 『舊清語』에서 'ihan siname waliyame unggihe'(소를 놓고 제물로 바치러
보냈다)라고 말할 때에, 'siname'라는 것은 곧 'sindame'(놓고) 라는 말이고, '소를 제사준비로 갖추어
내려 앉혀 두고 제사에 바친다'는 뜻이라고 했다.

○ harsungga, badak be efulehe turgun, cahar i ulin be enggeder
　하르숭가·　　바닥을　　파직한　　이유.　　차하르의　재물을　엉거더르

efu i emgi deleri gaiha seme hergen efulehe, tofohon yan i weile
어푸와 함께 독단으로　취했다하여　관직을　파직했다.　　　15량의　　　　죄를

gaiha,, 44/45
취했다.

○ dahame jihe urut gurun i minggan beile, buyantai efu be olji
　항복해 온　우루트 국의　　　밍간　　버일러·부얀타이 어푸는 노획을

baha komso, baha honin be mamgiyafi bahakū seme geren de acabume
얻은 것이 적고,　얻은　羊을 낭비하고서 (노획을) 얻지 못했다고 여러 사람들과 합치러

benjihekū, olji be susai boigon ara sehengge arahakū, siden i olji
보내오지 않았다. 포로를　50戶로　　편제하라 한 것을 편제하지 않았고, 공공의 노획물인

emu ihan be minggan beile ini booi dalingho i monggo de enculeme
1마리 소를　　　밍간 버일러　그의 집의　大凌河의　몽고인에게　마음대로

buhe, aba de facuhūn encu abalaha, jai kubuhe lamun i sundai ubu de
주었다. 몰이사냥에서 혼란스럽게 따로 사냥했으며, 또　鑲藍旗의　　순다이의　몫으로

45/46 baha juwe monggo haha be yamji ini tataha gašan de ukame
　　　얻은 2명의 몽고인 남자들이　밤에 그들이 묵은　마을로　도망쳐

genehe be gidaha, erei turgunde minggan beile i dzung bing guwan be
　간 것을　은닉했다.　이 때문에　　밍간 버일러의　　　　총병관직을

efulehe bihe, gurun taifin i fonde baime jihe gung de nakaha, ninju
파직하려했지만, 나라가 태평한 때에 찾아온 공으로 중지하고 60

yan i weile šang ubu gaiha, buyantai fujiyang be efulehe bihe, gurun
량의 죄를 賞의 몫에서 취했다. 부얀타이 부장을 파직하려했지만 나라가

i taifin i fonde baime jihe gung de nakaha, dehi sunja yan i weile
태평한 때에 찾아 온 공으로 중지하고, 45량의 죄를

šang 46/47 ubu gaiha, budang taiji be enculeme abalaha, olji baha
賞의 몫에서 취했다. 부당 타이지는 멋대로 사냥했고, 노획 얻은 것이

komso, baha honin be mamgiyaha, susai boigon ara sehengge arahakū,
적고, 얻은 羊을 낭비했으며, 50호로 편제하라 한 것을 편제하지 않았다.

erei turgunde dehi sunja yan, emu morin gaiha, šang ubu be faitaha,
이 때문에 45兩과 1마리 말을 취하고 賞의 몫을 삭감했다.

bulte be emu jergi jakūn ihan hūlhaha, baha ihan honin be mamgiyaha
불터를 한 번 8마리 소를 훔쳤고, 얻은 소와 양을 낭비했다

47/48 seme beiguwan be efulehe, tofohon yan i weile šang ubu gaiha,
하여 비어관을 파직했다. 15량의 죄를 賞의 몫에서 취했다.

bobong taiji be olji baha komso, baha honin be mangiyafi geren de
보봉 타이지는 노획을 얻은 것이 적고, 얻은 羊을 낭비하여 무리와

acabume benjihekū, enculeme abalaha, emu jergi jakūn ihan, emu
합치러 보내오지 않았으며, 멋대로 사냥했다. 한 번 8마리 소와 한

jergi duin ihan hūlhaha, boigon ara sehengge arahakū seme dzung
번　　4마리 소를　훔쳤고　　호를 편제하라 한 것을 편제하지 않았다고　총병관을

bing guwan be efulefi, ama sonom i 48/49 gung ni hafan seme deo
　　　파직했으나 아버지　소놈의　　　　功으로 얻은 관직이라 하여 동생

sengge de siraha, weile ninju yan menggun, emu morin, šang ubu
　세게에게　계승했다.　죄로　　60량의 은·　　　1마리 말을　賞의 몫에서

gaiha, dahaha monggo i beise be facuhūn seme enculeme gūsa obufi
취했다.　항복한　몽고의　버일러들을　혼란스럽다고　　　따로　구사로 만들어서

yabure be nakabuha, beise i beyebe meni meni gūsai beise be dahame
행하는 것을　중지시켰다. 버일러들 자신은　각각　구사의 버일러들을　따라

yabu, jušen be unege, obondoi gūsade acabu seme acabuha,, 49/50
행하게 하며, 속민은 우너거·　오본도이　구사에　합치라고 하여　합쳤다.

○ dade g'ai jeo i babe waliyaha bihe, sure han i ningguci aniya
　처음에　蓋州　지역을　버렸었다.　　　　천총　6년

g'ai jeo hecen be dasafi irgen tebume, fujiyang ši guwe ju, iogi yasita
　蓋州城을　　수리하여 백성을 살게 하고,　副將　石國柱·　　遊擊 야시타

juwe amban, cirgešen, gembulu, jaisan, hūsicaha, dunggami, janu,
　두　대신,　치르거션·　검불루·　자이산·　후시차하·　둥가미·　자누·

sahana, torsa, haise, ere uyun amban ninggun tanggū uksin i cooha
　사나하·　토르사·　하이서,　이　9명의 대신에게　　600명의　　　甲兵을

adabufi irgen suwaliyame g'ai jeo de tebume unggihe,, 50/51
붙여서　백성과 함께　　　蓋州에서　살도록　보냈다.

○ juwan ilan de, sure han, mandarhan be takūrafi, solho i wang ni
　13일에,　　　수러 한은　만다르한을　　파견하여,　조선의 왕의

mama akū oho sinagan i doroi hoošan deijime unggihe,,
祖母가　죽은　　　喪禮로　　종이를 태우라고 보냈다.

○ juwan ninggun de, han be cooha genehe doro seme abatai taiji
　16일에,　　　　　한에게　출정한　　禮라고 하여 아바타이 타이지가

emu morin, 51/52 juwe ihan, jakūn honin wafi dehi dere dasafi sarilaha,,
1마리 말·　　　10마리 소· 8마리 양을 잡고 40개의 상을 차려 잔치했다.

○ juwan uyun de, boigon i jurgan i degelei beile, coohai jurgan i
　19일에,　　　　戶部의　　　더걸러이 버일러·　　兵部의

yoto beile be, yoo jeo i fe jase be g'ai jeo i cala neime guribu seme
요토 버일러를　"耀州의　옛 경계를　蓋州 쪽으로 넓혀서 옮기라"고

unggifi, jase be badarambume neihe,, 52/53
보내서, 경계를　넓혀서　개척했다.

○ tere inenggi, bušan, hūlhūri be hergen efulehe, bušan be
　그 날,　　부산· 훌후리를　혁직했다.　　부산을

efulehe turgun, ini ahūn deo i booi niyalma be hibsu baime unggihe
혁직한 이유. 그의 형제의　家人을　　벌꿀을 구하러 보냈다고

seme efulehe, tofohon yan i weile gaiha, hūlhūri be efulehe turgun,
하여 혁직했다.   15량의   贖을 취했다.   훌후리를   혁직한 이유.

ukanju be amcanafi bahakū turibuhe seme efulehe, tofohon yan i weile
도망자를   쫓아가서 잡지 못하고 놓쳤다고   혁직했다.   15량의   贖을

gaiha, šang ubu faitaha,, 53/54
취했다. 賞의 몫을 없앴다.

○ orin ilan de, jakūn gūsai nikan bithe tacibure šusai, gulu suwayan i
    23일에,   八旗의   漢文을   가르칠   秀才인   正黃旗의

hūwang cang, šu fang, kubuhe suwayan i dung ši wen,
   hūwang cang · šu fang,   鑲黃旗의   dung ši wen ·

meng gi cang, lio tai, gulu fulgiyan i u i ning, kubuhe fulgiyan i cen
   meng gi cang · lio tai,   正紅旗의   u i ning,   鑲紅旗의   cen

cu siyan, šoi ing jo, gulu lamun i ioi yo lung, lii du, kubuhe lamun i
   cu siyan · šoi ing jo,   正藍旗의   ioi yo lung · lii du,   鑲藍旗의

lio yang sing, wang ši siowan, gulu 54/55 šanggiyan i ci guwe jung, ho
   lio yang sing · wang ši siowan,   正白旗의   ci guwe jung · ho

ing siowan, kubuhe šanggiyan i dung ging šu, lii wei hūwan, ere juwan
   ing siowan,   鑲白旗의   dung ging šu · lii wei hūwan,   이 16명의

ninggun šusai de haha holboro jalin de inggūldai, mafuta, han de
    秀才에게는 장정(의 수를) 두배로 늘리기 위하여 잉굴다이 · 마푸타가 한에게

dacilame fonjifi juwete haha be alban guwebuhe,,
자세히 물어보고 2명씩의 장정을 세금에서 면제해 주었다.

○ orin jakūn de, sure han, beise ambasa be gaifi giyahūn maktame
  28일에,   수러 한이 버일러와 대신들을 이끌고 매를 풀어

ajige aba 55/56 tucike,,
작은 몰이사냥을 나갔다.

tongki fuka sindaha hergen i dangse
點·圈을 찍은 문자의 檔子

susai uyuci debtelin
59권

sure han i ningguci aniya juwan biya
천총 6년 10월

tongki fuka sindaha hergen i dangse,,
點·　圈을　　찍은　　문자의　　檔子

○　juwan biyai ice inenggi, keyen de isinaha manggi, aohan i
　　10월　　　초 1일,　　　開原에　　도착한　　후,　　　아오한의

jinong efu, hada i gege eigen sargan, ini boode han beise be dosimbufi,
지농 어푸와　하다 공주　　부부가　　　그의 집에　한과 버일러들을 들게 하고

sarin dagilafi sarilaha, sarilaha doroi seme han de sunja morin,
잔치를 준비하여 잔치했다.　　잔치하는　禮라고 하여　한에게　5마리 말,

manggūltai beile de juwe morin, 1/2 ajige, mergen daicing, erke cūhur
망굴타이　버일러에게 2마리 말,　　　　아지거·　머르건 다이칭·　어르커 추후르

ilan beile de emte morin jafaha bihe, emke ci gaihakū gemu bederebuhe,,
3명의 버일러에게 1마리씩 말을　바쳤다.　　하나도　취하지 않고 모두　돌려주었다.

han abalame genehei, ice sunja de ice hada de isinaha inenggi,
　한이 몰이사냥하러 가서,　初 5일에　　이처 하다에　도착한　　후,

cahar ci jakūn haha, emu hehe, gūsin morin gajime aru i
차하르에서　8명의 장정이　1명의 여자·　30마리 말을　이끌고　아루의

tūrban kekuket i sonom taiji ukame jihe,, 2/3
투르반 커쿠커트(四子部)[1]의 소놈 타이지에게 도망쳐 왔다.

1　'투르반 커쿠커트'는 '두르벤 케우케드'(dörben kegüke. 四子)를 가리킨다.

○ ice ninggun de, feideri alin be abalame jidere de, han aba i jergi ci
　초 6일에,　　　　퍼이더리 산에　몰이사냥하러　올 때,　한이 몰이사냥의 행렬에서

lakcafi juleri yabure de, han i hiya jan tusiyetu, han i juleri
벗어나　앞으로 갈　　때,　한의　侍衛　잔 투시예투가 한의　　앞으로

orin okson i dubede yabumbihe, emu tasha be holkonde ucarafi, jan
　20步　　　　앞으로　　갔었다.　　1마리의 호랑이를 갑자기 맞닥뜨려서, 잔

tusiyetu gio gabtambi seme 3/4 solbiha niru i uthai gabtara jakade,
투시예투가 사슴을　쏘려고　　　　　　매겼던　화살로　곧　　　쏘니

tasha goiha, tasha uthai latunjifi jan tusiyetu be morin ci tebeliyeme
호랑이에 명중했다. 호랑이가 곧 접근해 와서 잔 투시예투를　말에서　　껴안아

tuhebufi saire de, han amasi bederehekū julesi hūlame dosire jakade,
넘어뜨리고 물려할 때, 한이　뒤로　물러서지 않고　앞으로　소리치며 나아가니

tasha ambula saime jabduhakū uthai genehe, tere tasha be han i geren
호랑이는 크게　물　　틈이 없이　바로　갔다.　그 호랑이를　한의　여러

hiyasa gabtašame waha,, 4/5
侍衛들이 난사하여　죽였다.

○ tere inenggi gulu šanggiyan i hūwašan nirui jambai gio
　그　날,　　　　正白旗의　　　　후와샨　니루의 잠바이가 사슴을

gabtaha niru campi erke cūhur beilei yaluha morin i fejile tuheke
　쏜　화살이 날아가 어르커 추후르 버일러가 탄　말의　아래에 떨어졌다고

seme, geren duilefi jambai be susai šusiha tantaha,,
모두가 결정해서 잠바이에게   50대의 채찍을 때렸다.

○ juwan de, geren be isabufi han hendume, dain aba de yabucibe,
10일에,   여럿을   모아서 한이 말하기를, "전쟁과 몰이사냥에 가서,

musei gurun i dolo hūlhame 5/6 gaijara jalin de, hūlhaha niyalma be
우리   國人 가운데 도둑질하여   뺏은   이유로   도둑질한 사람을

wame tantame šajilaci, umai iserakū, ere mudan i aba de kemuni
죽이거나 때려서 단속해도, 전혀 두려워하지 않는다. 이번 몰이사냥에서 여전히

enggemu hadala tohoma namki longto sideri be hūlhame gaimbi sere,
안장·   굴레·   말다래· 언치· 말굴레· 지달을   훔쳐서 가진다고 한다.

ere komso de hūlharangge, geren de terei hūlhara be ai hendure, erebe
이것이 (인원)적을 때에 도둑질하는 것이니, 많을 때에 그 도둑질을 어찌 말하랴.   이를

suweleme baifi isebuki seme, beise ambasa be suweni beye kafi suwele
수색하여 찾아서 징계하겠다고,   버일러들· 대신들에게 '너희가 직접 포위하여 수색하라'

seme suwelebufi, hūlha niyalma be bahangge be ubade 6/7 weile wajici,
하며 수색하게 하고, 도둑질한 사람을   잡은 것을   여기서   죄를   처결하면

geren sarkū, šen yang hecen de gamafi geren de ejebume waki seme
여럿이 모르니,   瀋陽城에   끌고 가서 여럿에게 기억되도록 죽이겠다"고 하며

gajiha, tere inenggi, han, šen yang hecen i amargi duka be bonio erinde
끌고 갔다. 그 날,   한이   瀋陽城의   北門을   申時에

dosika,,
들어왔다.

○ manju gurun i 7/8 sure han, weijeng nangsu lama be, daiming
　　만주국의　　　　　수러 한이 워이정 낭수　라마로 하여금 대명국의

gurun i ning yuwan hecen i hafasa de doro acara jalin de gisureme
　　　寧遠城의　　　　　관원들에게　화친하는 것에 대해서　말하도록

bithe unggihe, tere bithe de henduhengge, manju gurun i han i bithe,
글을 보냈다.　그 글에서　말한 것.　　「만주국의　한의　글을

daiming gurun i hūwangdi de jafaha, meni ajige gurun i dain
　대명국의　　황제께　　바친다. 우리 小國이　전쟁을

deribuhengge, bahara banjire be elerakū amba soorin be bahaki seme
 시작한 것은　얻거나 거주하는 것에 만족하지 않고, 大位를　얻겠다고 하여

deribuhengge waka, jecen i hafasa 8/9 gidašame korsobure de, wesihun
 시작한 것은　아니다. 변경의 관원들이　업신여기고 분노케 한 것으로,　위로

habšaci hafundarakū ofi, dain deribufi utala aniya oho, te jing
 호소해도 통하지 않아서, 전쟁이 시작되어 이제까지 여러 해가 되었다. 지금 계속

dailaci, yaya gurun gemu jobombi, acaci, yaya gurun gemu jirgambi,
 전쟁을 하면, 어느 나라도 모두 고통스럽다. 화친하면 어느 나라도 모두 즐겁다.

tuttu ofi taifin banjire be buyeme, cahar be dailame genehei, siowan
 그렇기에　태평하게 사는 것을 원하여,　차하르를 토벌하러　가다가　宣府

fu i bade acara be gisurefi, abka na de šanggiyan morin sahaliyan ihan
　　지역에서 화친을 말하여,　　　天地에　　　白馬와　　　黑牛를

wame gashūre de, meni emgi gashūre niyalma udu ajigen bicibe, meni
잡아　맹세할 때,　우리와 함께 맹세한　사람이　비록　小臣일지라도,　우리의

9/10 dolo niyalmai amban ajigen de ai bi, yaya gemu hūwangdi i
　　마음에 '사람의　크고 작음이　어찌 있겠는가?　누구라도 모두 황제의

harangga gurun, yaya gashūci, gemu abka be hūlambi seme tubai
　屬下　국인이다. 누가 맹세해도 모두　하늘을　부른다'고 하며　그 곳

niyalmai emgi gashūfi, mini dolo doro acame wajiha seme gūnime, mini
　사람과　함께 맹세하고, 나의 마음으로 화친하기를　끝냈다고　여기고　나의

facuhūn yabuha niyalma be jafafi suweni hafasai juleri gamafi waha,
　문란하게 행한　사람을　잡아서 그대들의 관원들 앞으로 데려가서 죽였다.

cuwangname gaiha ulha ulin be bederebume buhe, be acaki sere
　약탈하여　빼앗은 가축과 재물을　돌려 주었다.　우리가 화친하자고 한 것은

yargiyan, akūci, meni niyalma be jafafi 10/11 suwende bufi waci, bi
사실이다.　아니라면 우리 사람을　잡아서　그대들에게 주어 죽이면 내가

abka de gelerakūn, tere gashūha ci ebsi, ududu biya otolo, suweni
하늘에　두려워하지 않겠는가? 그 맹세한 이래로　수개월이　되도록 그대들의

jecen i ba be emu majige necihengge akū, julgei kooli be tuwaci,
　변경　지역을　조금도　침범한 적이 없었다.　前例를　　보면

fejergi weile dele hafuname ohode, abkai fejergi taifin ojorakūngge
아래의 사정이 위로 통하게 될 때에 天下가 태평해지지 않은 적이

akū, fejergi weile dalibufi dele hafunarakū ohode, abkai fejergi
없고, 아래의 사정이 막혀서 위로 통하지 않게 될 때에 天下가

facuhūrarakūngge akū sehebi, muse juwe gurun dain oho turgun,
어지러워지지 않은 적이 없다고 한다. 우리 兩國이 전쟁을 하게 된 까닭은,

11/12 inu fejergi weile dalibufi dele hafunarakū turgunde kai, bi mini
역시 아래의 사정이 막혀서 위로 통하지 않게 된 까닭이다. 나는 나의

koroho gasaha turgun be wacihiyame bithe arafi wesihun alaki seci,
한스럽고 원통한 사정을 모두 글로 써서 위로 알리고자 했지만,

aikabade geli membe koro be onggorakū kemuni jombi, acara weile
만일 또한 우리를, '원한을 잊지 않고 여전히 상기하니 화친하는 일은

tašan ayoo seme akdarakū kenehunjeme gūnirahū seme bithe de
거짓 아니겠는가?' 라며 믿지 못하고 의심하여 생각할까 우려된다고 하여 글에

arahakū, te bicibe, meni koro be hūwangdi genggiyen i donjiki seme
쓰지 않았다. 지금이라도 우리의 원한을 황제의 영명하심으로 듣겠다고 하여

sain niyalma be takūrame fonjici, be meni koro be 12/13 wesihun alaki,
좋은 사람을 파견하여 물으면, 우리는 우리의 원한을 위로 고하겠다.

acara weile be gisurembime koro be jompi ainambi seci, inu hūwangdi i
화친하는 일을 말하면서 원한을 상기하여 어찌하는가 라고 하면, 역시 황제의

ciha dere, meni ajige gurun i niyalma doro acafi ulin bahara, aba
뜻이리라.　　우리　　小國의　　　사람이　　화친하여　재물을 얻고　몰이사냥

abalame giyahūn maktame banjici, dule jirgacun kai,, jai emu bithei
　하면서　　매를　　놓으며　　살면, 그야말로 안락할 것이다.」 다른 1개의 글의

gisun, aisin gurun i han i bithe, daiming gurun i ambasa de unggihe,
　말.　「金國의　　　　한의　　글.　　대명국의　　　대신들에게　　보낸다.

mini takūraha elcin de suweni henduhe gisun, cargi deri acaha 13/14
내가　　보낸　　　사신에게 너희가　　말한　　말은, "그쪽에서　　화친한

weile be, be sarkū, tubade acahangge meni ubade ai dalji seme
　일을　우리는 모른다. 그쪽에서 화친한 것이 우리　이쪽에 무슨 관계가 있는가?"라고

henduhebi, tubai niyalma mini baru gashūre de, meni baru gashūfi
　말했었다.　　그쪽　사람이　　나를 향해　맹세할 때에, "우리를 향해 맹세해서

liyoodung ni babe ume dailara sehe bihe, be inu yaya ba deri
　　遼東　　　지역을　　공격하지 말라"고 했었다. 우리도　어느　곳에서라도

acaci, gemu emu han ningge dere seme, abka na de šanggiyan morin
화친하면 모두 똑같이 황제의 소속이라고 하여,　天地에　　　白馬와

sahaliyan ihan wame gashūha bihe, te suwe encu arame gisureci, suwe
　　黑牛를　　　잡아　맹세했었다.　지금 너희가 다르다고　　말하면,　너희가

encu 14/15 dere, abka geli encuo, hafan encu dere, han geli encuo,
다른 것이지　　　하늘도　　다르겠는가? 관원이 다른 것이지 황제도　다르겠는가?

eitereci ojorakū, encu araci suweni ciha dere, jai acara doroi dalingho i
속이면　안 된다.　다르다고 하면 너희의 뜻일 것이다. 또한 "화친하는 禮로　大凌河의

emu juwe hafan majige bicibe, emu farsi ba be gebu arame buci, be
　1-2명　관원과 적을지라도　　한 조각　땅을　명목　삼아　주면 우리는

meni hūwangdi i baru gisureci ombikai seme henduhebi, tuttu oci,
　우리　황제에게　　　　말할 수 있다"고　　　말했었다.　그렇게 해서

acara weile unenggi yargiyan ofi, jai ibedeme gisurerakū 15/16 oci,
화친하는 일이 정말로　사실이　되고, 또한 나아가서 (이의를)말하지 않으면,

tere emu juwe niyalma be bi ainu hairambi, emu farsi ba i anggala,
　그　　한두　사람을　　내가 어찌 아까워하겠는가? 한 조각　땅 뿐만 아니라,

be acaci, abkai fejergi ba gemu suweni harangga ombikai, suwe
우리가 화친하면 천하의 땅이　모두　너희의　것이 되는 것이다.　너희가

aikabade gaibuha ba irgen be onggorakū kemuni gisureci, meni mafari be
만일　　빼앗긴　땅과 백성을　잊지 않고　여전히　말하면,　우리의　선조들을

umai weile akū waha, tuttu wacibe be kemuni taifin be buyeme,
전부 죄　없이 죽였다. 그렇게 죽였어도 우리는 오히려 태평을　원하면서

jase i orho bilarakū, boihon sihaburakū banjire de, jecen i hafasa
경계의 풀을 꺾지 않고, 흙을 흐트러뜨리지 않고 살　때,　변경의　관원들이

membe gidašame uheri 16/17 nadan koro araha, terei turgunde badarafi
　우리를　능욕하여　모두　　　일곱 원한을 만들었다. 그러한　까닭에 (일이) 커지고

dain ofi uttu oho, be taifin banjire be buyeme utala koro be
전쟁하여 이렇게 되었다. 우리는 태평히 사는 것을 바라며 이토록 많은 원한을

jondorakū bade, suwe ba na seme jondoro waka kai, fusi be dailaha ci
언급하지 않는 터에, 너희가 땅이라고 언급하는 것은 잘못이다. 撫順을 정벌한 후부터

ebsi, muse juwe gurun i yaya mangga budun be sahakū ai bi,
우리 두 나라 중 누가 강하고 약한 것을 모르는 사람이 누가 있는가?

lalanji sanuha bade untuhun anggai mangga arame ejen be sartabume,
잘 아는 터에 헛되이 입으로 강함을 과장하여 군주를 속이고

irgen i yali jefi ainambi, unenggi 17/18 sara mergese oci, dergi ejen i
백성의 고혈을 먹어서 어쩌겠는가? 진실로 잘 아는 현자들이라면 위로는 군주의

mujilen be elhe obume, fejergi geren irgen be taifin obume, yaya
마음을 편안케 하고, 아래로는 여러 백성을 태평케 하고, 모든

weile be tob seme jurgan i gisureme, acara weile hūdun muteci,
일을 바르게 義로써 말하고, 화친하는 일이 빠르게 이루어지면,

yaya de gemu hūturi kai, yaya doro be aliha ambasa, ucuri be
누구에게나 모두 복일 것이다. 모든 집정한 대신들은 기회를

tuwame tooselame bodome yabuci sain kai, baibi untuhun anggai amba
살피고 따지고 헤아리고 행하면 좋을 것이다. 그저 헛되이 입으로 큰

gisun gisurehei, ucuri be ufaraha manggi, ere jalan de 18/19 irgen i
말을 하다가 기회를 잃은 후 이 세대에서 백성이

joboro jirgara, amaga jalan de ambasa suweni beye maktabure toobure be,
고생할지 즐거울지, 후세에 대신들 너희 자신이 칭찬받을지 비난받을지를

ambasa suwe bodoci endembio, yaya gurun doro acambihede, emu
대신들 너희가 생각해도 틀린 것이 있는가? 어느 나라가 화친할 때에 한

gurun i niyalma neneme elcin takūraci, geli emu gurun i niyalma
나라의 사람이 먼저 사신을 파견하면, 또한 한 나라의 사람이

ishun elcin takūrame, acara weile hūdun šanggambi dere, be acara be
서로 사신을 파견하여, 화친하는 일이 빨리 이루어질 것이리라. 우리가 화친하는 것을

buyeme, abka be dele sindafi holtorakū, unenggi mujilen i elcin
원하고, 하늘을 위에 두고 속이지 않고, 진실한 마음으로 사신을

takūraci, 19/20 suwe geli akdarakū elcin unggihekū, be dailaci, iletu
파견해도, 너희는 또한 믿지 못하여 사신을 보내지 않았다. 우리는 정벌하면 당당히

dailambi dere, geodebufi dailaha doro bio, nendeme yuwan du tang
토벌하리라. 속이고 정벌할 리 있는가? 먼저 袁(崇煥) 都堂이

meni baru acaki seme gisurere de, emdubei gisurembime emdubei ibeme
우리를 향해 화친하자고 말할 때에 한편으로는 말하면서 한편으로는 나아가

hoton sahara jakade, be doro gisurembime ba ainu ibembi, suwe
성을 쌓았기 때문에, 우리는 "화친을 말하면서 어찌하여 나아가는가? 너희는

dule jalidambini, be te dailambi seme, du ming jung gebungge
역시 속이는 것인가? 우리는 지금 정벌한다"고 하며 杜明忠 이라는

niyalma de bithe jafabufi, juwe ilan biyai onggolo takūrame donjibufi
사람에게 글을 쥐여주어 두세 달 전에 파견하여 알리고

20/21 dailaha, membe akdarakū geodebumbi seci, te bicibe, du ming
정벌했다. 우리를 믿지 않고 속인다고 하면, 지금도 杜明忠

jung ni beye suwende bikai, utala acaki seci, suwe ojorakū oci,
본인이 너희에게 있다. 이토록 화친하자고 해도 너희가 안 된다면

julgei anggala, muse juwe gurun i dain deribuhe ci ebsi, joboho suilaha
옛날 뿐 아니라 우리 두 나라가 전쟁을 시작한 이래로 괴롭고 힘들었던

buleku uthai bikai, suwe jing taifin be baitalarakū dain be buyefi,
거울(본보기)이 그대로 있다. 너희가 항상 태평을 구하지 않고 전쟁을 원하여,

gurun irgen nendehe ci ambula jobome ohode, tere waka wede
나라의 백성이 예전보다 크게 괴롭게 되면, 그 잘못이 누구에게

ojoro be sara, be ere niyengniyeri cahar de 21/22 cooha genefi tuwaci,
미칠지를 알라. 우리가 이 봄에 차하르에 출정하여 살펴보니,

cahar de emu aniya tanggū tumen yan funceme ulin bumbi, baitakū
차하르에 1년에 100만 량 남짓 재화를 주었다. 쓸모없는

cahar de hairakan ulin be untuhun waliyame bure anggala, meni baru
차하르에 아까운 재화를 헛되이 버리듯 주느니, 우리에게

sain niyalma takūrame, yaya weile be kengse gisureme hūdun šanggafi,
좋은 사람을 보내어 각종 일을 단호하게 의논하여 속히 성취하고,

juwe gurun gemu taifin banjici antaka, bi meni gūnin be gidarakū
　두　　나라가　모두　평안히　살면　어떠한가? 나는 우리의 뜻을　　숨기지 않고

hafu gisurembi, akdarakū ume gūnire, emu juwe sain elcin be 22/23
거침없이 말한다. 믿지 못하겠다고 생각하지 말라. 한 두 명의 좋은　사신을

ume hairandara, ambasa suwe beyede alifi gisureme acara weile be
　아까워하지 말라.　　대신들 너희가 직접 맡아서 의논하여 화친하는 일을

mutehe ohode, gurun irgen i jirgara teilei anggala, tutala niyalmai
　이룬다면,　　　나라 백성의　　안락함뿐만　아니라,　많은　사람이

bucere ci guwehe hūturi ambula kai, tere hūturi inu alime gaifi gisurefi
죽음으로부터 면하는　복이 많은 것이다.　그　복이 또한 (일을) 맡아서 의논해서

weile mutehe amban de ombikai,, ilaci bithei gisun, aisin gurun i han i
일을　이룬　대신에게 있을 것이다.」셋째 글의　말.　　「金國의　　한의

bithe, ning yuwan i taigiyan de jafaha, mini takūraha elcin jifi
　글.　　寧遠의　　太監에게　드린다. 내가　보냈던 사신이 와서

alame, simbe han i beyei funde 23/24 gurun i banjire be tuwame
고하기를, 그대가 皇帝를　대신하여　　　　　　國事를　　　살펴

yabufi, yaya saha babe gidarakū wesihun alambi seme hendumbi,
행하고, 각종　본 것을 숨기지 않고 상부에　고한다고　한다.

tuttu ofi, udu sini gebu hala be sarkū bicibe, cohome bithe unggihe,
그러므로 비록 그대의 姓名을　모르더라도,　특별히 글을 보낸다.

meni gūnin gisun be gemu hūwangdi de jafaha bithe, ambasa de
우리의 뜻과 말이 모두 皇帝에게 바치는 글과 대신들에게

unggihe bithe de arahabi, damu sini baru bairengge mini unggihe bithe
보내는 글에 쓰여 있다. 다만 그대를 향해 구하는 것은, 내가 보낸 글과

takūraha elcin be dele donjiburakū ojorahū, si beyede alifi 24/25 mini
보낸 사신을 위에 보고하지 않을까 우려되니, 그대가 직접 맡아서 나의

bithe elcin be dele donjibufi, hūwangdi onco be gūnime doro acaci,
글과 사신을 위에 보고하여, 皇帝가 관용을 생각하여 화친하면

inu sini hūturi kai, meni jing kiceme acaki seme elcin takūrarangge,
또한 그대의 복이다. 우리가 늘 힘써 화친하자고 사신을 보내는 것은,

kemuni dailaci niyalma bucere ambula, tuttu niyalma ambula buceci,
이전처럼 전쟁하면 사람이 죽는 것이 많고, 그리하여 사람이 많이 죽으면

abka de gelecuke seme acara be buyeme elcin takūrambi kai, ere
하늘에게 두렵다고 하여 화친을 바라서 사신을 보내는 것이다. 이것을

ubabe amban niyalma si genggiyen i bodofi, mini gisun be wesihun
大臣인 그대가 밝게 파악하고, 나의 말을 위의

hūwangdi de isibufi doro acame 25/26 wajici, yaya ba i niyalma, simbe
皇帝에게 이르게 하여 화친하기를 끝내면, 각지의 사람이 그대를

ginggulere be ai hendure,,
공경하리라는 것을 어찌 말하겠는가?[2]

---

2 '어찌 말하겠는가'는 '말할 필요도 없다'는 의미이다.

han i hesei jirgalang beile, sahaliyen beile, tulergi dahaha monggo i
한의　　늡로　지르갈랑 버일러·　사할리연　버일러가　外境의　투항한　몽고의

beise i nuktere babe dendeme bume jorime, jai doro šajin be toktobume
버일러들의 유목하는 곳을　나누어　주도록　지시하고, 또　도리와 법도를　결정하도록

gisurefi jihe,, 26/27
의논하고　왔다.

○ juwan uyun de, aba genehe bade tohoma namki longto sideri
　　　19일에,　　　사냥하러　간 곳에서　말다래·　언치·　굴레·　지달을

hūlhaha ninggun niyalma be, coohai jurgan i yoto beile beidefi, jakūnju
　훔친　　　　　6명을　　　　　　兵部의　　　　요토 버일러가 심판하여,　82대

juwe šusiha tantafi darama secihe, yaki ucika uše yarfun hūlhaha ilan
　　채찍으로 때리고　허리를　자르고, 화살집·활집·가죽끈·굴레를 훔친　　3명을

niyalma be, jakūnju juwe šusiha tantafi oforo šan tokoho, jai ere gese
　　　　　　82대　　　채찍으로 때리고　코와 귀를 뚫었다. 또 이 같이

booi aha hūlhaha de, ejen be 27/28 suwaliyame weile arambi seme geren
　家奴가　훔치면,　　주인을　　　　　함께　　죄에　　처한다고　여럿에게

de fafulaha,,
엄금했다.

○ tere inenggi, jirgalang beile, sahaliyen beile weile gisureme genehe
　그 날,　　지르갈랑 버일러와 사할리연 버일러가 일을　의논하러　간

bade, monggo beise acanjime jihe doroi seme, jirgalang beile de
곳에,　몽고의 버일러들이 알현하러　온　예라고 하며,　지르갈랑 버일러에게

orin ilan morin, ilan temen, sahaliyen beile de juwan nadan morin,
　23마리 말·　　3마리 낙타를,　사할리연　버일러에게　　17마리 말·

juwe temen buhebi, ere juwe 28/29 beile cende buhe morin temen be,
2마리 낙타를　주었다.　이　　두　　　버일러가 그들에게 준　말과　낙타를

han be deji gaisu seme benjihe bihe, han gaihakū gemu bederebuhe,,
한에게　헌상품으로 취하라고　보내왔었다.　한은 취하지 않고 모두　돌려보냈다.

○ orin emu de, gulu suwayan i lio šusai, šoo šusai, cembe fulu
　　21일에,　　　　正黃의　　　lio 秀才·　šoo 秀才가　그들을 남는 사람이라고

seme hūwakiyara jakade, han de habšaha gisun, nikan bithe tacibure
하여　　내친　　까닭에　한에게　호소한　말.　　「漢文을　　가르치는

duin šusai be, 29/30 juwe gūsai juse be tacibume juwan juwe aniya
4명의　秀才가　　　두　구사의 자식들을　가르친 것이　　12년이

oho, meni tacibuha dumbai, badun, enggedei ere ilan niyalma be
되었습니다. 우리가 가르친 둠바이· 바둔·　엉거더이,　이　　3명을

gemu jurgan de baitalaha, ice dosimbuha juwe gūsai ambasai juse be
　모두　아문에 등용했습니다. 새로　들여보낸　두　구사의 대신들의　자식들을

inu uhei tacibume jai aniya oho, ihan aniya šusai sabe wara de, han
또한 함께 가르친 것이 2년이 되었습니다. 乙丑年(1625)에 秀才들을 죽일 때에, 한께서

gosifi, membe bithe tacibukini seme sonjofi ujiha,[3] waha 30/31 šusai
자애하시어, 우리를 글을 가르치라고   선택하여 살리셨습니다. 죽은   秀才

booi ai jaka be gemu mende buhe, jeku haji aniya jeku udafi jefu
집의 어떤 물건도 모두 우리에게 주셨습니다. 곡식이 흉년이면 곡식을 구매하여 먹으라고

seme menggun buhe, te han gosifi bithe tacibure šusai sade juwete
       은을 주셨습니다. 지금 한께서 자애하시어 글을 가르치는 秀才들에게 2명씩의

haha kamcibufi alban waliyabure jakade, gulu suwayan de šusai fulu
장정을 합쳐서   貢賦를 면해주신 까닭에,   正黃에   秀才가 남는다고

seme damu dung šusai, hūwang šusai, teile tacibu seme afabuha, lio
       다만   dung 秀才· hūwang 秀才 그들만 가르치라고 위임했습니다. lio

tai, šoo šusai meni 31/32 juwe nofi be nakabufi alban de dosimbuha,
tai· šoo 秀才   우리   2명을   중지시키고   貢賦에   들였습니다.

kubube suwayan i fe ice juse be menci gamafi, kubuhe suwayan de
      鑲黃의   예전과 새로운 자식들을 우리로부터 데려가서,   鑲黃에

ice šusai dosimbufi tacibumbi, meni juwan juwe aniya jobome tacibuha
새로운 秀才를 들이고   가르칩니다. 우리는   12년을   수고하며 가르쳤습니다.」

be han de alafi, juwete haha alban guwebuhe,,
라는 것을 한에게 고하니, 2명씩의 장정의 貢賦를 면해주었다.

○ tere inenggi, abalara emu nirui juwanta yafahan, 32/33 bele
  그 날,   몰이사냥할 1개 니루의 10명씩의 보병·   쌀을

---

unure sunjata niyalma, emu niru de emte janggin, emu jalan de emte
운반할   5명씩의   사람·   1개 니루에서 1명씩의 장긴·   1개 잘란에서 1명씩의

amban, emu gūsa de emte fujiyang, ere be gūsai ejen hošotu efu,
 대신·   1개 구사에서 1명씩의 副將,   이를   구사의 어전 호쇼투 어푸·

darhan efu, yecen gaifi abalaha, han hendume, ere abade beise ambasai
 다르한 어푸· 여천이 이끌고 사냥했다. 한이 이르기를, "이 사냥에서 버일러들과 대신들의

juse, nirui ejete i juse abalakini, gabtame niyamniyame tacikini seme
 자식들과 니루의 어전들의 자식들이 사냥하라. 步射하고 騎射하기를   배워라" 라고

henduhe,, 33/34
 말했다.

○ orin ilan de, han, geren beise, dehi amban, emu minggan ilan
     23일에,   한이   여러 버일러들과 40명의 대신·   1,300명의

tanggū cooha be gaifi, yehe i baru abalame muduri erinde na i tukiyehe
 병사를   이끌고, 여허를 향해 몰이사냥하러   辰時에   地載門을

duka be tucike,,
     나갔다.

○ orin ninggun de, aba sarara de, 34/35 han, geren beisei baru
     26일에,   포위망을 펼칠 때   한이 여러 버일러들을 향해

hendume, suwe jušen i gabtaha gurgu be mini gabtahangge seme ume
 이르기를, "너희   속민이   쏜   짐승을 '내가 쏜 것'이라고 하며

durime gaijara, jušen gabtaha yargiyan oci, beilengge seme ume anabure,
빼앗아 취하지 말라. 속민이 쏜 것이 사실이면 버일러의 것이라고 하며 (주기를) 미루지 말라.

gurgu be gabtaha ici yargiyan tašan be šajin de duile, beise suwe
　짐승을　　　쏜　방향의　　　진위를　　　　법도에 따라 조사하라. 버일러들 너희가

miningge seme durici, suwende gelerakū we bi, ere arsalan buku mujakū
'나의 것'이라고 빼앗으면, 너희를 두려워하지 않을 자 누가 있겠는가? 이 아르살란 부쿠는 매우

mangga kai, bi ere be tuhe seci, ere tuherakū mujanggao seme
　강하다.　　내가 이 자에게 넘어지라고 하면 이 자가 넘어지지 않겠느냐." 하며

simhun i jorime 35/36 arsalan buku be tuhe seme tuhebuhe, suwe murime
손가락으로 가리켜　　　　아르살란 부쿠를 넘어지라고 하여 넘어뜨렸다.　"너희가 무리하게

miningge seme durici, tere ai gelhun akū marambi, beise be dahara
'나의 것'이라며　　빼앗으면, 그가 어찌　감히　　거부하겠는가?" 버일러들을 수행한

olbo etuhe niyalma be wacihiyame gashū seme gashūbuha, jai, sideri
綿甲을 입은　　　사람을　　　모두　　'맹세하라'고 하며 맹세시켰다. 또　"지달·

longto tohoma hadala yaya jaka be kutule niyalma hūlhaci, ejen be
굴레·　말다래·　굴레　　여러 물건을　쿠툴러인 사람이　훔치면,　어전을

hūwakiyarakū weile arambi, meni meni kutule niyalma de saikan hendu,
(훔친 쿠툴러를) 내치지 않은 죄에 처한다. 각자　쿠툴러인 사람에게　　잘　　말하라.

jai beise i kutule jafafi aba i dorgi be 36/37 yabure niyalma be, jebele
또 버일러들의 쿠툴러로 일하며 사냥터 안을　　　　다니는　사람은　　화살통

akū dahame yabu seme fafulaha,,
없이   따라   가라" 라고   엄금했다.

○ tere inenggi, bayarai goloi hūrga, marga mafa, turga
   그 날,   바야라 지역의 후르가· 마르가 마파· 투르가가

juwan juwe niyalma be gaifi, han de hengkileme seke dobihi alban
   12명을   이끌고, 한에게   고두하며   貂皮와 여우가죽을 공물로

benjime jihe,, 37/38
보내려고 왔다.

○ gūsin de, abalara de, uksun i gūnggadai age be, nintahai nirui
   30일에,   몰이사냥에서 宗室의   궁가다이 아거를   닌타하이 니루의

arsai gabtaha manggi, han jili banjifi hendume, ereci farhūn niyalma
아르사이가 활로 쏘자   한이 화가 나서   이르기를, "이보다 우둔한 사람이

geli bio, niyalma be tuwarakū balai ainu gabtaha seme, han i galai
또 있는가? 사람을   보지 못하고 함부로 왜 쏘았는가?"라고 하며, 한이 손수

tantafi, tubade uthai jafa seme jafabuha,,
매질하고, 그곳에서 즉시 체포하라고 하여 체포했다.

tongki fuka sindaha hergen i dangse
點·圈을 찍은 문자의 檔子

ninjuci debtelin
60권

sure han i ningguci aniya omšon biyaci jorgon biyade isinahabi
천총 6년 11월부터 12월까지

tongki fuka sindaha hergen i dangse,,
　　點·　圈을　　찍은　　문자의　　檔子

○ omšon biyai ice nadan de, han amasi jime simiyan hecen i
　　11월　　　초 7일에,　　　한이　　돌아 오며　　　瀋陽城의

dorgi be dasara duka be honin erinde dosika,,
　　內治門으로　　　　　　　　　未時에　들어갔다.

○ omšon biyai ice jakūn de, ning yuwan de takūraha weijeng
　　11월　　　초 8일에,　　　　寧遠에　　　파견했던　　워이정

nangsu lama isinjiha, lama i alaha 1/2 gisun, ning yuwan i hafasa
　　낭수　라마가 도착했다.　라마가　　고한　　　말.　　　"寧遠의　　관원들이

hendume, suweni bithe be fempilehebi, meni han i gisun akū neici
　　말하기를,　'너희의　　글이　　봉인되어 있어, 우리의 皇帝의　말이 없이 열 수가

ojorakū, lama si amasi gamafi sini han de hendufi bithei fadu be
　　없다.　　　라마 너는 되돌아 가져가서 너의　한에게　말하고　글의　　겉봉을

fempilerakū unggici, suwe hūdun jio, be tuwafi meni han de wesimbure
　　봉인하지 않고　보내면,　너희는　속히　오라. 우리가 보고 우리의　황제께　상주하겠다'

seme bederebuhe,, 2/3
　　라고 하며 돌려보냈습니다."

○ juwan de, weijeng nangsu be geli takūraha, ineku neneme
10일에,　　워이정　낭수를　　재차 파견했고,　바로 그　앞서

unggihe bithei fadu i angga be fempilehekū unggihe, jai emu bithe be
보냈던　글의　겉봉의　입구를　봉인하지 않고 보냈다. 또 하나의　글을

nonggime arafi unggihe bithei gisun, aisin gurun i han i bithe, ning
더하여　지어서 보낸　글의　말.　「金國의　한의　글. 寧遠의

yuwan i ambasa de buhe, mini acaki seme kicerengge, geren ergengge
대신들에게　준다. 나의　화친하자는　玉心은　여러　생명을

be hairame niyalma ambula wara be jenderakū acaki sembikai, utala
어여삐 여겨 사람을　많이 죽이는 것을 차마 하지 못하여 화친하자는 것이다. 이토록

acaki seci, suwe ojorakū, 3/4 yala oci suwe amba gurun doro be
화친하자고 했지만 너희가 하지 않으니, 진실로 그렇다면 너희 大國이　화친을

buyere giyan kai, nememe suwe doro be baitalarakū, acaki seci
바라는 도리라고 하겠는가? 전에 너희가 화친을　하지 않고,　화친하자고 해도

ojorakū oci, bi te mini gashūha be sume dasame abka de habšafi, mini
할 수 없다면, 나는 지금 나의 맹세한 것을 해명하여 다시　하늘에　호소하고, 나의

muterei teile niyalma wame dailambi, uttu ohode hode suwe ainaha
힘을 다하여　사람을　죽여가면서 토벌하겠다. 이렇게 되면 아마도 너희가 어떻게

seme uru akū, bi ainaha seme waka akū ombi dere, waka uru be beidere
해도 옳지 않고, 내가　어떻게 해도 그르지 않을　것이다.　시비를　판가름하는

4/5 abka endembio, ere bithe be lama si somi, nenehe bithe be alime
하늘이 틀리겠는가?」 "이 글을　　　라마 너는 숨겨라. 이전의　　글을　　　받아

gaijara sain gisun gisurere oci, ere bithe be ume tuwabure, nenehe
취하여 좋은　말로　의논하면　　이　　글을　　　보이지 말라.　이전의

bithe be alime gaijarakū sain gisun akū oci, ere bithe be lama si
글을　받아 취하지 않고 좋은　말이　없으면, 이　글을　라마 너는

tucibufi bu seme unggihe,,
보여 주어라" 라고　보냈다.

○ juwan emu de, coohiyan gurun i wang lii dzung, 5/6 fujiyang
　　　11일에,　　　조선국의　　왕　李倧이　　副將

fan šu gi[1] be takūrafi doroi jaka benjime ini mama i sinagan de
文書紀를　　파견하여　禮物을　보내고 또한 祖母의　喪禮에

unggihe karu baniha arame jihe,,
보낸 것의 보답으로 감사하러　왔다.

○ juwan ilan de, han joo bithe wasimbume, ninggun jurgan i
　　　13일에,　　한이 詔書를　내리며　　六部의

beise i baru hendume, doro be toktobume ninggun jurgan banjibure de,
버일러들을 향해 말하기를, "國政을　결정하며　六部를　만들었을 때,

---

1 『朝鮮國來書簿』第1冊, 天聰 6年 11月 11日條에는 '文書紀'로, 『太宗實錄』卷12, 天聰 6年 11月 乙巳條
  에는 '溫樞紀'로 기록되어 있다. 溫樞紀는 文書紀의 음사로 보이며 본문의 'fan'은 'wen'의 誤記로 추측
  된다.

manju 6/7 nikan monggo i ambasa be meni meni jurgan de aliha amban,
만주와 　 漢人과 　 몽고의 　 대신들을 　 각자 　 아문에 　 承政과

ashan i amban seme juwe jergi banjibufi sindahabi kai, te tuwaci tere
　 參政이라는 　 두 등급으로 　 만들어 　 임명했다. 　 지금 보니 그

ilire bade jergi be tuwarakū, amba ajigan balai hūlašabume tembi, tuttu
　 位次에 　 등급이 보이지 않아 高官과 微官이 함부로 　 뒤섞여 　 있다. 그러면

oci doro be adarame toktobumbi sehe,,
　 國政을 　 어떻게 　 결정하겠는가?"라고 했다.

○ orin juwe de, kubuhe lamun i uksun i fiyanggū 7/8 age i gūsai
　 22일에, 　 鑲藍의 　 宗室의 　 피양구 　 아거의 구사의

giyasalan iogi, doolan beiguwan be dalingho hoton i duka i ulan i
　 기야살란 遊擊· 　 도올란 備禦를 　 大凌河城의 　 門의 　 壕

jakade afafi tuheke mungtan i giran be safi gajihakū turgunde,
　 옆에 　 싸우다 쓰러진 　 뭉탄의 　 시신을 알아보고도 데려오지 않은 탓으로,

tanggū šusiha tantafi hafan efulehe,,
　 100대 채찍으로 때리고 관직을 파면했다.

○ tere inenggi, yung ping, dalingho i dzung bing guwan i jergi
　 그 날, 　 永平과 　 大凌河의 　 總兵官의 　 등급의

hafasa de orin sunjata yan, fujiyang ni 8/9 jergi hafasa de orita yan,
관원들에게 　 25량씩, 　 副將의 　 등급의 관원들에게 　 20량씩,

iogi ts'anjiyang ni jergi hafasa de juwanta yan, beiguwan šeobei i jergi
遊擊과　　參將의　　등급의 관원들에게　　10량씩,　　　備禦와　　守備의 등급의

hafasa de sunjata yan šangnaha, yung ping, dalingho i dzung bing
관원들에게　5량씩을　　상 내렸다.　　永平과　　大凌河의　　總兵官·

guwan fujiyang ts'anjiyang iogi sa menggun šangnaha doroi han de
　　　　　副將·　　　參將·　遊擊들이　은을　　상 내린　　禮로　한에게

hengkilehe, han geren hafasa be dosimbufi sarilaha, yung ping, dalingho
　　고두했다. 한이 여러　관원들을 들어가게 하여 잔치했다. 永平과　　　大凌河의

i nikan hafasa be beiguwan ci fusihūn šeobei 9/10 dusy ci wesihun,
　　漢人　관원들 중　　備禦 이하　　守備와　　都司 이상은

dorolon i jurgan be sarila seme sarilabuha,,
　　　禮部에서　　　잔치하라고 하여 잔치를 베풀었다.

○ juwan nadan de, aru i dusg'ar jinung, kitat cūhur gebungge
　　　17일에,　　　아루의 두스가르 지눙·　키타트 추후르　라는

taiji sunja tanggū haha hehe juse adun ulha boigon yooni gajime
타이지가 500명의　　남자· 여자· 아이들· 목축떼· 가축· 재산을 모두　　데리고

ubašame jifi, han de morin temen benjime hengkileme jihe,, 10/11
이반하여 와서　한에게 말과　낙타를　보내며　　고두하러 왔다.

○ juwan jakūn de, manju gurun i sure han, baduri, cahara,
　　　18일에,　　　　만주국의　　수러 한이 바두리· 차하라·

dungnami be coohiyan gurun de takūrafi, aniyadari emu aniya emu
둥나미를 　　　　조선국에 　　파견하여,[2] 해마다 　1년에 　　한

jergi aisin tanggū yan, menggun minggan yan, hacin hacin i miyanceo
번[3] 　金 100兩· 　　　　　銀 1천兩· 　　　　각종 　　　명주(綿紬)

minggan, hacin hacin i jodon minggan, hacin hacin i narhūn boso tumen,
1천필· 　　　각종 　　갈포 1천필· 　　　각종 　　　　細布 1만필·

yarha sukū tanggū, hailun duin tanggū, mukei ihan i weihe emu tanggū
표범 가죽 100장· 　수달가죽 400장· 　　　　물소의 뿔 100쌍·

juru, su mu juwe tanggū gin, 11/12 amba hoošan minggan kiyan, ilhi
蘇木 200斤· 　　　　　　　　　大紙 1천帳· 　　　　　次紙

hoošan minggan kiyan, muduri noho narhūn derhi emke, hacin hacin i
1천帳·[4] 　　　　　龍紋細席 1장· 　　　　　　각종

2　본문에서는 바두리 일행이 11월 18일에 만주국을 출발했다고 기록했지만『조선인조실록』(27권, 仁祖 10년 11월 6일)에서는 11월 6일에 출발했다고 기록했다.『조선인조실록』(27권, 仁祖 10년 11월 15일)에 의하면 바두리는 15일에 禮單을 가지고 조선측과 교섭했으며『조선인조실록』(27권, 仁祖 10년 11월 20일)에 의하면 20일에 귀국했다.『만문노당』의 기록은 이 행차에서 벌어진 전말을 생략하고 중간 정도의 지점에 날짜를 표기한 것으로 추정된다.

3　『조선인조실록』에 기록된 해당 물품 내역은 다음과 같으며『만문노당』의 기록과 약간 다르다. "새로 정한 수는 金 100兩, 銀 1천 兩, 雜色綿紬 1천 匹, 白苧布·細麻布 각 1천匹, 雜色細綿布 1만匹, 豹皮 100張, 水獺皮 400張, 弓角 100副, 丹木 100斤, 霜華紙 2천卷, 雜色彩花文席 100張, 細龍席 100張, 胡椒 10斗, 青黍皮 200張, 副刀·小刀 각 20柄, 松羅茶 200包" (『조선인조실록』28권, 仁祖 11년 1월 25일). 그러나 1633년 3월에 조선이 실제로 내어준 禮單의 명단은 아래와 같이 약간 다르다. "各色綿紬 600匹, 苧布와 麻布가 모두 600匹, 各色木綿 7천匹, 豹皮 50張, 水獺皮 200張, 青黍皮 160張, 丹木 200斤, 霜華紙 500卷, 白綿紙 1천卷, 細龍席 1張, 各色綵花席 100張, 胡椒 10斗, 好刀 8柄, 小刀 8柄, 黃栗 10斗, 大棗 10斗, 乾柿 50貼, 全鰒 10貼"『조선인조실록』28권, 仁祖 11년 3월 17일.

4　'amba hoošan'과 'ilhi hoošan'에 해당하는『淸太宗實錄』이 기록은 大紙와 次紙이고, 『조선인조실록』의 기록은 好大紙와 好小紙이다.『조선인조실록』34권, 인조 15년 1월 28일.

alha derhi tanggū, hū jiyoo juwan to, šempi juwe tanggū, sain loho
花蓆 100장·　　　　　후추 10斗·　　　　綠斜皮 200장·　　좋은 腰刀

orin, seleme orin, sung lo cai juwe tanggū boose benju seme takūrafi unggihe,,
20개·　단도 20개·　　　松羅茶 200包를　　　　보내라고　　파견하여 보냈다.

○ juwan uyun de, monggo i cahar gurun ci 12/13 jakūnju duin
　　　19일에,　　　　　몽고의　　　차하르 국에서　　　　　　84명의

niyalma emu tanggū juwan juwe morin gajime ukame jihe,,
사람이　　　　　112마리의　　　　　말을　데리고　도망쳐　왔다.

○ jorgon biyai ice juwe de, han joo bithe wasimbume hendume,
　　　12월의　　초 2일에,　　　한이　詔書를　　　내려　　말하기를,

mini beye ci fusihūn jakūn gūsai beise yaya gašan i giyai de tuweri
「내 자신부터　　아래로　八旗의　　버일러들 모두는 마을의　거리에서　　겨울과

juwari gemu ergume etu, sijigiyan ume eture, bigan de 13/14 tucifi
여름　　모두　朝衣를 입어라.　　　袍를 입지 말라.　　야외에　　　　나가서

yabure de sijigiyan etu, tuweri doroi bade oci sahaliyan dobihi amba
다닐 때에　　袍를 입어라. 겨울에 예를 차릴 곳에서는　　흑색 여우가죽의 큰

mahala etu, bai bade oci moncon hadaha sekei mahala, muheliyen
겨울모자를 써라. 보통 장소에서는　菊花頂을 박은 貂皮 겨울모자·　　원형

sekei kamtu mahala yaya etu, niyengniyeri bolori doroi bade moncon
貂皮의 氈帽· 겨울모자를 모두 써라.　　봄과　　가을 예를 차릴 곳에서는 菊花頂을

hadaha sekei mahala etu, juwari oci sorson hadaha deresu boro etu,
박은 貂皮 겨울모자를   써라. 여름에는   모자술(帽纓)을 박은 玉草 여름모자를 써라.

suje gecuheri be bahara be tuwame etu, suwayan suje be ume eture,
비단· 망단을   얻는 것을   보아서 입어라. 황색   비단을 입지 말라.

sunja ošoho i muduri 14/15 ume ifire, han i buhengge oci etu, suje i
다섯 발톱의 용(五爪龍)을   수놓지 말라. 한이 하사한 것이면 입어라. 비단

gūlha be balai bade ume eture, juwari goksi be doroi bade etu, jai
신발을   열악한 곳에서 신지 말라. 여름의 無扇肩朝衣를 예를 차릴 곳에서 입어라. 또

jakūn booi fujisa boode eture jalin de neneme bithe wasimbuha bihe,
  八家의   부인들이 집에서 입는 것에 대해서 앞서 글을   내렸었다.

te bigan de tucici tuweri juwari gemu ojin teleri etu, tuweri
이제 야외에 나가면 겨울과 여름 모두 捏摺女朝褂와 捏褶女朝衣를 입어라. 겨울에는

oci moncon hadaha sekei mahala, juwari oci moncon hadaha deresu
   菊花頂을 박은 貂皮 겨울모자,   여름에는   菊花頂을 박은 玉草

boro etu, jai yaya fujisa sain 15/16 etuku be eturakū guise de asarafi
여름모자를 써라. 또한 모든 푸진들이 좋은   옷을   입지 않고 궤짝에 보관했다가

buceci gamaki serengge, ere banjire de etuhekū etuku be bucere de
죽으면 가져가겠다는 것은   이 생애에서 입지 않고 옷을   죽을 때에

etufi bucehe bade gaijarangge, ere ucaraha beise ci wesihun eigen be
입고 죽은   곳으로 가져가겠다는 것인데 이곳에서 만난 버일러들 보다 저승의 남편을

tuwafi sindahabio, hairaka jaka be weihun de etufi manabure hoilaburakū
보고 매장하는 것인가? 아까운 물건을 살아있을 때에 입어 상하거나 더러워지지 않게

ofi, baibi tuwa de fulenggi obufi ainambi, ere gisun be geren fujisa
하다가 헛되이 불에 재가 되면 어찌할 것인가? 이 말을 여러 푸진들

suwe seolefi asihan be amcame miyamici ucuri be 16/17 amcame etuci
너희는 숙고하라. 젊음을 쫓고 꾸밀 때를 쫓아서 입으면

sain kai, asihan de miyamihakū ofi sakdaka manggi ume kororo, weihun
좋은 것이다. 젊은 때에 꾸미지 않았다가 늙은 뒤에 한탄하지 말라. 살아있을

de etuhekū ofi bucere de ume nasara, ere šajilaha gisun be jorgon biyai
때 입지 않다가 죽을 때 탄식하지 말라. 이 금하는 말을 12월의

orin ci baica sehe,,
20일부터 조사하라」고 했다.

han joo bithe wasimbume hendume, gurun i manju nikan monggo i
한이 詔書를 내려 말하기를, 「나라의 만주· 漢人· 몽고의

gūsa ejelehe amban ci fusihūn, daise janggin juwan 17/18 bayara
구사를 관장하는 대신 이하, 署 장긴· 10명의 바야라·

nirui sula bayasa ci wesihun, gašan i giyai de tuweri juwari gemu
니루의 閑散 바야라들 이상은 마을의 거리에서 겨울과 여름 모두

ergume etu, sijigiyan ume eture, enteheme yadahūn baharakū niyalma
朝衣를 입어라. 袍를 입지 말라. 매우 가난해서 얻지 못하는 사람은

oci, hūhūba sijigiyan etukini, ergume bahara baharakū be meni meni
　　　無開騎袍를　　　　입어라.　朝衣를　얻거나 얻지 못하는 것을　　각각의

gūsai ejen tuwame ilga, bigan de ohode, yaya gemu sijigiyan etu,
구사의 어전이　보고 구분하라. 야외에 나갈 때에 모두　다　袍를 입어라.

jai han beise i sula hiyasa daise janggin juwan bayara ci wesihun,
또　한과 버일러들의 한산 시위들·　署 janggin·　10명의 바야라　이상은

bahara niyalma oci, suje etukini, 18/19 tereci fusihūn yaya niyalma
(비단을) 얻은 사람이면　비단을 입어라.　　　　그보다 아래의　모든　사람은

suje ume eture, mocin etu, suje ume eture mocin etu serengge, geren be
비단을 입지 말라. 毛靑布를 입어라. 비단을 입지 말고　毛靑布를 입으라는 것은 여러 사람을

nakabufi dele elgiyen okini serengge waka, hūda bodoci emu suje i
금지시켜서 윗사람을 풍족하게 하려는 것이 아니다.　가치를 헤아려보면 1필의 비단의

hūda de juwan mocin bahambi, emu suje de emu etuku, juwan mocin
가격으로　10필의 毛靑布를 얻을 수 있다. 1필의 비단에　1벌의 의복,　10필의 毛靑布에

de juwan etuku banjimbi, suje mangga bime haji, mocin i hūda ja bime
　10벌의　의복이 나온다.　비단은 비싸고　　귀하며, 毛靑布의 가치는 저렴하고

elgiyen, ubabe gūnifi geren yadara de tusa 19/20 okini seme šajilambi,
풍부하다.　이것을 생각하여 무리가 가난할 때 이롭게　　　하려고　　금지한다.

hehesi suje mocin eturengge, meni meni eigen be dahame etu, jai
여자들이 비단·　毛靑布를 입는 것은　　각각의　　남편을　　따라서 입어라. 또

mahala tuweri oci sorson hadaha muheliyen kamtu mahala, juwari oci
모자는　　겨울에는　　모자술(帽纓)을 박은 원형의 玉草 氈帽·　겨울모자를,　여름에는

deresu boro bahaci deresu boro, deresu boro baharakū oci sekiyeku boro
玉草 여름모자를 얻으면 玉草 여름모자를, 玉草 여름모자를 얻지 못할 때는　草帽를

etu, suje etukini sehe niyalma suje gecuheri be bahara be tuwame
써라.　비단을 입으라고 한　사람은　비단과　망단을　　얻는　것을　　보고

etu, suwayan haksan boco ume eture, sunja ošoho i muduri ume ifire,
입어라.　　황색과　　금색은　　　입지 말라.　다섯 발톱의 용(五爪龍)을　수놓지 말라.

dergici 20/21 buhengge oci etu, sahaliyan dobihi amba mahala be ya
위에서　　　　준 것이면　　입어라.　　검은 여우가죽의 큰　겨울모자를　어느

ambasa sini cisui enculeme arahangge oci ume eture, naka, dergici
대신들　너의　마음대로 따로　만든 것이면　　쓰지 말고 금하라. 위에서

buhengge oci etu, suje i gūlha be balai niyalma ume eture, suje etu
준 것이면　　입어라. 비단 신발을　　아무나　　신지 말라. 비단을 입으라고

sehe niyalma etukini, etumbi seme doroi bade sarin de oci etu, balai
한　사람이　신어라.　　신는다 해도　예를 차릴 곳과 잔치에서　신어라.　아무

bade ume eture, jai suwayan dobihi amba mahala seme giyai de ume
데서나　신지 말라. 또　　황색 여우가죽의 큰 겨울모자를　　거리에서

eture, bigan de 21/22 beikuwen de etu, moncon hadaha mahala, gūwa
쓰지 말고, 야외에서　　　추울　때 써라.　菊花頂을 박은 겨울모자·　다른

hacin i furdehe i mahala, kubun i mahala be umesi naka, jai onco
각종의 가죽 겨울모자·   棉花의 겨울모자를   분명히 금하라. 또 넓은

umiyesun furdehe kubun i ulhi akū dehele be gašan i giyai de ume
요대·   가죽이나 棉花의   소매 없는   조끼를   마을의 거리에서

eture, ume umiyelere, bigan de tucici etu, umiyele, ere šajilaha gisun be
입지 말고   매지 말라.   야외에   나갈 때 입고 매어라.   이 금하는   말을

jorgon biyai orin ci baica sehe,, 22/23
12월의   20일부터 조사하라」라고 했다.

han joo bithe wasimbume hendume, gurun i monggo beise i sargata
한이   詔書를   내려서   말하기를, 「나라의   몽고   버일러들의 처들,

monggo hehesi, tuweri juwari gemu ojin teleri etu, tuweri oci
몽고의   여자들은 겨울과 여름   모두 捏摺女朝褂와 捏褶女朝衣를 입어라. 겨울에는

moncon hadaha sekei mahala, juwari oci moncon hadaha boro etu,
   菊花頂을 박은 貂皮 겨울모자,   여름에는   菊花頂를 박은 여름모자를 써라.

sorson hadaha furdehe i mahala, kubun i mahala, sorson hadaha
모자술(帽纓)을 박은 가죽의 겨울모자·   棉花의 겨울모자· 모자술(帽纓)을 박은

fangkala boro be ume eture, umesi naka, sorson hadaha mahala boro be
낮은 여름모자를   쓰지 말라. 분명하게 금하라. 모자술(帽纓)을 박은 겨울모자와 여름모자를

ume eture, naka serengge, monggo hehesi suwe sorson de 23/24
쓰지 말라,   금하라 하는 것은   몽고   여자들 너희가 모자술(帽纓)을

amuran, emu amba suje be emu mahala i sorson de wacihiyara de
좋아하여   1필의 큰 비단을   1개의 겨울모자의 모자술(帽纓)에   써 버려서

akame šajilambi, ere šajilaha gisun be jorgon biyai orin ci baica sehe,,
후회할까봐 금하는 것이다. 이 금한   말을   12월의 20일부터 조사하라.」라고 했다.

○ tere inenggi, sure han i ilaci ahūn hošoi manggūltai beile juwe inenggi
   그 날,   수러 한의   셋째 형인   호쇼이 망굴타이 버일러가 2일간

ajige ajige nimehe, ilaci inenggi muduri erinde manggalafi 24/25
   조금   아팠다.   셋째 날   辰時에   위중해져서

gūwaliyakabi seme han beise gemu genefi tuwakiyame bifi, honin erinde
의식을 잃었다   하여 한과 버일러들이 모두 가서   지키고 있다가   未時에

han, amba beile boode jihe, geren beise ambasa kemuni nimere beile be
한과 大 버일러는   집으로 왔다. 여러 버일러들과 대신들은 계속   병든   버일러를

tuwakiyame bihe, bonio erinde beile i beye bederehe, ulgiyan aniya,
지키고   있었다.   申時에   버일러가 작고했다.   丁亥年(1587) 생으로

dehi ninggun se bihe, han beise geren fujisa gemu genefi jai ging de
   46歲였다.   한과 버일러들과 여러 푸진들이 모두   가서   2更에

isitala songgocome bisire de, manggūltai beile i amba fujin 25/26 dahaki
이르기까지 울고   있을 때,   망굴타이 버일러의   大 푸진이   따라가겠다고

seme han de fonjibume, bi utala banjifi beile eigen ci adarame tutambi,
하고   한에게 묻기를, "내가 이제까지 살아왔는데 버일러 남편으로부터 어찌 남겨지겠습니까?

dahambi sehe manggi, han hendume, sini juse buya, ama akū seci
따라가겠습니다"라고 하니,   한이 말하기를, "그대의 자식들은 어리다. 아버지는 없다 해도

eme geli akū oci, juse ai simen de hūwašambi seme tafulara jakade,
어머니도 없으면 아이들은 무슨 樂으로   자라겠는가"   하며   말린 까닭에

fujin jabume, bi bihe seme encu hacin i ujire ai bi, 26/27 han eshen,
푸진이 답하기를, "내가 있다 하여 다른 방법으로 기를 것이 무엇이겠습니까? 汗 叔父와

beile amji geren i ujime sambi dere seme funiyehe faitarakū ancun
버일러 伯父 모두가 보살펴 줄 것을 압니다"라고 하고, 머리칼을 자르지 않고 귀고리를

surakū ambula maraha, han hūsutuleme tafulame donggo gege be beise
풀지 않고 심하게 거부했다.   한이   힘껏   만류하며   동고 공주와 버일러들을

be takūrame funiyehe faitabuha, ancun suhe, juse be gosime fujin i
        보내어   머리칼을 자르게 하고 귀고리를 풀었다. 자식들을 생각하여 푸진이

dahara be nakabuha, jai ula i fujin dahaki sere jakade, han hendume,
따라가는 것을 그만두게 했다. 또 울라의 푸진이 따라가겠다 했기 때문에 한이 말하기를,

age sinde sain banjihakū bihe, dahaci acarakū 27/28 seme henduhe manggi,
"아거는 그대와 잘   지내지 않았었다. 따라가는 것은 마땅하지 않다" 라고 말하자,

fujin jabume dade minde sain banjiha bihe, han amha de dorolohakū
푸진이 답하기를, "원래는 나와 잘   지냈었습니다.   汗 시아버지에게 失禮했기

turgunde mimbe wasibuha, te bicibe beile eigen ci tutafi banjiha doro
때문에   나를 강등한 것입니다. 지금이라도 버일러 남편에게서 남겨져 살   理가

bio seme hendufi, gūwa boode genefi ini cisui dahaha, jai sula hehe
있습니까?"라고 말하고, 다른 집에　가서 그녀의 뜻대로 따라죽었다. 또　시녀

emke ini cisui dahaha, sinagan i doroi 28/29 han beise fujisa emu hala
1명이 그녀의 뜻대로 따라 죽었다. 喪의　예로　　　　한·버일러들·푸진들·　同姓의

i uksun i niyalma gemu mahala i sorson suhe, ini gūsai ambasa ci
宗室들은　모두 겨울모자의 모자술(帽纓)을 풀었다. 그의 구사의 대신들 이하는

fusihūn gemu sorson subuhe, hehesi be gemu sinahi hūwaitabuha,
모두 모자술(帽纓)을 풀게 했다. 여자들은 모두 喪服을 입게 했다.

singgeri erinde ilaci ging de han amba beile, eshun beise fujisa gurun de
子時　　　三更에　　　한과　大 버일러, 면역안된 버일러들과 푸진들은 나라에

mama i mejige ambula ofi boode bedereme jihe, han boode dosikakū
천연두의 소문이 파다했기 때문에 집에　돌아 갔다.　한은 집에 들어가지 않고

dulimbai ashan i dukai fejile tefi gerembuhe, 29/30 tere dobori yoto
중앙의　　　側門의　아래에 앉아서 밤새 있었다.　　　그날 밤,　요토

beile, mergen daicing beile, hooge beile, ere ilan beile i baru gasame
버일러·　머르건 다이칭 버일러·호오거 버일러,　이　세 버일러를 향해 비통해하며

hendume, emdubei banjire emdubei bedererengge, gemu daci jihe kooli
말하기를, "한편에서　살고　한편에서　죽는 것은　모두 본래부터 그래 온 이치인

kai, yaya niyalma bedereci etuku etubume aika jaka icihiyame wajiha
것이다. 어떤 사람이　죽으면　옷을　입히고 모든 물건을 처리하기를 마친

manggi, geren dosifi gasaci sain kai, umai jabdunggala geren dosici
다음에 여럿이 들어가서 비통해하면 좋을 것이다. 전혀 겨를 없이   여럿이 들어가면

facuhūn seme henduhe, jai inenggi meihe erinde beile fujin i giran be
혼란스럽다" 라고 말했다.   다음 날   巳時에   버일러와 푸진의 시신을

meni 30/31 meni encu hobo de sindafi tucibuhe, benere de juwan ilan
각각   다른   棺에   안치하고 出棺했다.   보낼 때에   13마리의

morin de enggemu hadala tohofi, juwe morin de uksin saca acifi, ilan
    말에 안장과 굴레를 얹고,   2마리 말에 갑옷과 투구를 싣고,   3마리

temen de monggo boo sektere dasire jetere ai ai jaka yooni acifi,
낙타에   몽고 천막을   펴거나   덮고   먹을 여러 가지 음식을 모두 실었으며,

suwayan sara emke, juwe amba tu, juwan kiru, yarha uncehen hūwaitaha
    황색 양산 1개·   2개의 큰 纛·   10개의 小旗·   표범 꼬리를 묶은

duin gida, tungken laba 31/32 ficakū yooni faidafi, gašan dube tucime
4자루의 槍·   북·   나팔·   퉁소를   모두   정렬하고 촌락의   끝을   나와서

benehe, ere benere de urehe beise jakūn gūsai manju nikan monggo i
전송했다. 이렇게 보낼 때 면역있는 버일러들·   팔기의 만주· 한인·   몽고의

ambasa gemu genehe bihe, mama i mejige bi seme han, eshun beise
대신들이   모두   갔다.   천연두의 소식이 있다 하여 汗과 면역안된 버일러들은

genehekū, han jai inenggi dulimbai dukai dolo monggo boo arafi
가지 않았다. 한이 다음 날   正門의   안에   몽고 천막을 설치하고

sinagalame tehe, honin erinde giran benehe beise 32/33 jihe manggi, han
상을 치르러 머물렀다.　未時에　시신을 보낸　버일러들이　오자,　한이

waliyara turgunde jompi beise i baru hendume, neneme toktobuha
弔祭로　인해　생각나서 버일러들을 향해 말하기를, "앞서　정해진

songkoi <u>nakabume emgeri, ambarame emgeri</u>[5] waliyaki, yaya niyalma
대로　初七日에　한 번,　大七日에　한 번　제사지내자. 모든 사람이

waliyara de subargan leose i ninggude fucihi arafi waliyarangge acarakū,
조문할 때　塔樓의　위에 佛像을 만들어 태워 조문하는 것은 마땅치 않다.[6]

fucihi enduri be geli waliyara de sindaci acambio, umesi nakakini seme
佛神을　또한 장사지낼 때 두면　적절한가? 확실히 그만두라"라고

henduhe, geren beise han de cai omibuki seme jombure jakade, 33/34 han
말했다.　여러　버일러가 한에게 차를 마시라 하여　상기시켰기 때문에,　한이

hendume, amba beile de neneme cai omibu seme dzung bing guwan
말하기를, "大 버일러에게 먼저 차를 마시게 하라"고　하여　總兵官

yangguri efu, hošotu efu, lenggeri, yecen fujiyang, darhan efu, ilden be
양구리 어푸·　호쇼투 어푸·　렁거리·　여천 副將·　다르한 어푸·　일던을

5　[簽註] gingguleme baicaci, jakan toktobuha fe manju gisun i bithede, nakabume emgeri ambarame
　emgeri serengge, sucungga nadan amba nadan sere gisun de adali sehebi,,
　삼가 찾아보니 최근 정해진 『舊淸語』에서 'nakabume emgeri ambarame emgeri'(初七日에 한 번, 大
　七日에 한 번)라는 것은 'sucungga nadan amba nadan'(初七日과 大七日)이라는 말과 같다고 했다.
　* 初七日은 사망한지 7일 후, 大七日은 사망한지 49일 후이다.
6　『淸太宗實錄』12권, 천총 6년 12월 병인조 기록에 의하면 世俗에서 종이로 樓塔 위에 佛像을 만들고
　그것을 태워서 망자의 명복을 빌었다.

cai gamame unggifi omibuha, amba beile omiha manggi, han geren
차를 가지고 가게 하여 마시게 했다. 大 버일러가　　마신　　후,　　　　한은 여러

beise i jombure de omiha, tere inenggi singgeri erin i ilaci ging de,
버일러들이 권유하자　　마셨다.　그　날　　　　　　子時의　　　　三更에

han teni boode dosika, geren beise meni meni boode genehe,, 34/35
한은 그의 집에 들어가고, 여러 버일러들은 각자의　　집에　 갔다.

○ [原檔殘缺] ese karacin i dorji taiji i juwe haha juwe hehe
　　〔原檔殘缺〕이들 카라친의　 도르지 타이지의 2명의 남자· 2명의 여자·

juwe jui ukame genere be bahafi gajiha,,
2명의 아이가　달아나 가는 것을 잡아서 데려왔다.

○ ice nadan de, gulu suwayan i žan se hūi jeku akū hafasai
　　초 7일에,　　　　正黃旗의　　 žan se hūi가 "곡식이 없는 관원들

jergi de menggun buhekū, booi hūwa de duka akū seme 35/36 han de
등에게　　　은을 주지 못하고, 집의　 뜰에　문이 없습니다"라고　　　　한에게

habšaha manggi, behei, kamtu, dondohoi, lošo, han de alafi siyang gung
　호소하자,　　　　버허이· 캄투· 돈도호이· 로쇼가　 한에게 고하여　　相公

sei jergi de menggun buhe, jeku buhe, hūwa de duka arabuha,,
들 등에게　　 은을　 주고 곡식을 주었으며 뜰에　 문을 만들어 주었다.

○ tere inenggi, dalingho i hoton ci ukame jihe lio keo jin etuku
　그　날,　　　　大凌河城에서　　　　도망쳐 온　lio keo jin이 의복이

akū seme habšaha manggi, behei, kamtu, dondohoi, lošo, 36/37 han de
없다고   호소한 후,   버허이· 캄투· 돈도호이· 로쇼가   한에게

alafi emu jergi etuku buhe,,
고하여   1벌의   의복을 주었다.

○ tere inenggi, ginjeo ci emu nikan i eigen sargan eihen yalufi
　 그 날,   錦州에서   한   漢人 부부가   당나귀를 타고

ukame jidere be, nio juwang de tehe hūngniyaka bahafi benjihe, tere
도망쳐   오는 것을   牛莊에   주둔한 훙니야카가 잡아서 보내왔다.   그

ukanju be yoto beile de asara seme buhe,, 37/38
　 도망자를 요토 버일러에게 구류하라고   주었다.

○ ice uyun de, manggūltai beile de nakabure doroi waliyaha,
　 초 9일에,   망굴타이 버일러에게 初七日의   禮로 제사지냈다.

waliyaha ton hūha jibca, aisin i umiyesun, mahala, gūlha, camci, fakūri,
제사지낸 (물건의) 수. 감친 가죽옷· 금 요대·   겨울모자· 신발· 短衣· 바지·

buktulin de tebuhe fe etuku, juwe sijigiyan, emu camci, emu fakūri,
　 포대에 담은 옛 의복·   2벌의 袍·   1벌의 短衣· 1벌의 바지·

sekei kamtu mahala juwe, jebele de beri niru sisihai, foloho enggemu
　 貂皮 감투와 겨울모자 2개·   화살통에 활과 화살을 꽂은 것·   조각한 안장과

hadala emke, bai enggemu hahala juwe, menggun i kukuri emke,
　 굴레 1개·   보통의 안장과 굴레 2개·   은 편병 1개·

tampin emke, dongmo emke, 38/39 hūntahan juwe, fila emke, leose juwe,
술병 1개·　　茶桶 1개·　　　　　　술잔 2개·　　접시 1개·　　누각 2개·

ku i boo emke, doohan emke, subargan juwe, tase[7] juwe, suhe ilan
창고의 집 1개·　　다리(橋) 1개·　　탑 1개·　　褡子[8] 2개·　紙錁[9] 3만·

tumen, jiha sunja tumen, fodo susai, fangse susai, yarugan fangse emke,
紙錢 5만·　　버드나무가지 50개·　　旛 50개·　　引魂旛 1개.

nadan honin wafi orin sunja dere dasafi waliyaha, waliyara de enggemu
7마리 양을 잡고　　25개의 상에　　차려 제사지냈다.　제사지낼 때　　안장과

hadala tohoho morin juwan emu, sula morin juwan emu, temen ninggun
굴레를 채운 말 11마리·　　　　맨등말 11마리·　　　낙타 6마리를

yaruha bihe, ere 39/40 waliyara de gurun de mama i mejige bifi han,
끌어 왔다.　　이　　　제사지낼 때　나라에　천연두의　소식이 있어 한·

amba beile, eshun beise genehekū, urehe beise jakūn gūsai jušen
大 버일러·　면역안된 버일러들은 가지 않았고, 면역있는 버일러들과 八旗의 주선·

monggo i ambasa nikan hafasa gemu genehe bihe,,
몽고의　　대신들·　漢人 관원들은　모두　　　　갔다.

7　[簽註] gingguleme baicaci, tase sere gisun, manju gisun i buleku bithe, fe manju gisun i bithede gemu ejehekūbi, fe dangse i songkoi sarkiyaha,,
삼가 찾아보니 'tase'라는 말은 『淸文鑑』과 『舊淸語』에 모두 쓰여 있지 않다. 舊 檔子에 쓴 대로 베껴 적었다.

8　今西春秋는 'tase'를 褡子의 음역으로 보고 '紙錢을 넣는 大袋'로 해석했다. 아래 참조. 今西春秋, 「滿文老檔乾隆付注譯解」, 『東方學紀要』 1, 1959, 204쪽.

9　'suhe'(紙錁)는 제사 때 태우는 종이돈이다. 金종이나 銀종이를 馬蹄銀 형태로 만든다.

○ juwan de, han geren beise be gaifi aba abalame tucike,
　　10일에, 　　한이 　여러 버일러들을 거느리고 몰이사냥하러 　나갔다.

fu šūn šo de isinaha manggi, aba i jakūn niyalma 40/41 irgen i niyalmai
　撫順所에 　　　도착한 　이후, 몰이사냥하는 　8명이 　　　　　　　民人들이

muhaliyaha jisiha be gajiha seme orin nadata šusiha tantafi, han jakūn
　모아둔 　개암나무를 가져왔다 하여 　27대씩 　채찍으로 때리고, 한이 八旗의

gūsai ambasa be isabufi hendume, ereci julesi yaya gašan de ume
　　　　대신들을 모이게 하여 말하기를, 　“앞으로 　어떤 　마을도

darire, muhaliyaha orho sahaha moo be ume gaire, abalara ici alin de
거치지 말라. 모아둔 　곡식과 쌓아둔 　나무를 취하지 말라. 몰이사냥하는 곳의 산에서

moo ume ganara, facuhūn yabuci jafa sehe,, 41/42
나무를 취하지 말라. 　문란하게 행동하면 체포하라”고 했다.

○ juwan juwe de, jaogiya de isinafi han hendume, jilgan ume jamarara,
　　12일에, 　　　자오기야에 이르러 　한이 말하기를, “소리를 시끄럽게 내지 말라.

beise i juleri ice fe derengge niyalma sehe seme, beise i ishun
버일러들 앞에서는 新舊의 　명망 있는 자라고 　해도, 　버일러들을 향해

gabtaha de tanggū šusiha tanta, beise sehe seme geren i feniyen de
활을 쏜다면 100대 채찍으로 쳐라. 버일러들이라 　해도 여럿의 　무리에

dosime niyamniyafi ainambi, aba be saikan kadalafi beise i beye dolo
들어가 　騎射하면 어찌하는가? 몰이사냥을 잘 　관리하고 버일러들이 직접 안에

dosifi niyamniyara be we ume seme henduhebi,, 42/43
들어가   騎射하는 것을 누구도 하지 말라" 라고 말했다.

○ tere inenggi, ujala golo de cooha genehe ubahai baturu takūraha
   그 날,   우잘라 지역에   출병했던   우바하이 바투루가 보낸

baishan, wangdari, santa, akūdu isinjiha, esei gajiha bithei gisun,
 바이스한·   왕다리·   산타·   아쿠두가 도착했다. 이들이 가져온 글의 말.

ujala golo be juwete gūsai kamcifi duin jurgan i dosika, wehe bira de
「우잘라 지역을   2개 구사씩   합쳐서   4개 부대로 진격했습니다.   워허 江에

nimaha butame genehe be donjifi, juwe gūsa dosika, uhereme ilan
물고기를 잡으러   간 것을   듣고, 2개 구사가 진격했습니다. 모두 합쳐 338명의

tanggū gūsin jakūn haha be bahafi waha, haha hehe juse 43/44 uheri
                  남자를   잡아 죽였습니다.   남녀   아이들을   합하여

baha ton nadan tanggū niyalma, morin ilan tanggū nadanju ilan, ihan
잡은 수가 700명·   말이 373마리·   소가

emu tanggū juwe, uheri ton emu minggan emu tanggū nadanju sunja,
102마리,   도합   1,175이었으며,

seke nadanju jakūn, silun tofohon, hailun gūsin jakūn, dobihi orin juwe,
 貂皮 78장·   스라소니가죽 15장·   수달가죽 38장·   여우가죽 22장·

ulhu jakūn tanggū, solohi ulhu elbihe jibca uheri gūsin duin baha seme
灰鼠皮 800장·   족제비와 灰鼠와 너구리의 가죽옷 도합 34장을 얻었습니다.」 하고

wesimbuhe,, 44/45
　상주했다.

○ juwan nadan de, eye gebungge ba be abalara de, tasha horibufi
　17일에,　　　　　어여　라는　　곳을 몰이사냥할 때에　호랑이를 포위하여

han i hiya galju baturu loho jafafi tasha be bošome gamara de, han
　한의 侍衛　갈주 바투루가 腰刀를 쥐고 호랑이를　　쫓아　　갈 때,　한이

dosifi tasha be gabtame goibuha manggi, galju baturu darifi sacire de,
　들어가 호랑이를　활 쏘아　명중시키자　　갈주 바투루가 바짝 다가가 베니,

tasha galju i yaluha morin i bethe be saiha, galju tasha be sacime
　호랑이가 갈주가 탄　　말의　　다리를　물었다. 갈주는 호랑이를　　베어

tuhebuhe, 45/46 han, galju be si baturu oci, tusangga dain de
　넘어뜨렸다.　　　　한은 갈주에게 "네가 용감하면　유익한　싸움에서

baturulacina, tusa akū tasha de ai baturu, mini jakade ume bisire
　용감하거라.　　유익하지 않은 호랑이에 무슨 용감이냐. 나의 곁에　있지 말라"

seme ambula beceme henduhe,,
　하고　크게　질책해　말했다.

○ juwan nadan de, solho de genehe baduri iogi, cahara, dungnami
　17일에,　　　　　조선에　　갔던　바두리 遊擊·차하라·　둥나미가

isinjifi gisun wesimbume, solho gurun i wang gaji sehe ton i jaka
　도착해 말을　아뢰기를,　　"조선국의　왕이, 가져오라 했던 수의 물건을

be 46/47 juwan ubu de emu ubu benjire, aisin menggun weihe, ere ilan
　　　　10分에　　　　1分을　보내고,　금·　은·　뿔,　이 세

hacin i jaka, meni gurun ci tucire jaka waka seme ojorakū seme
　종류의 물건은 '우리 나라에서　나는 물건이 아니다' 라며 주지 않습니다" 라고

wesimbuhe manggi, sure han jurgan de hese wasimbufi, solho i jidere
　　상주하니,　　수러 한은 (해당) 部에 旨를　　내려,　「조선에서　온

elcin piyoo lan ing be ume halbure, benjire doroi jaka be ume alime
　사신　　朴蘭英을　　들이지 말라.　보내온　　예물을　　받아 취하지 말라.

47/48 gaijara, amasi bošofi unggi seme solho be halbuhakū bošofi
　　　　되돌려　쫓아 보내라」 하며　조선인을　들이지 않고　쫓아

unggihe,,
보냈다.

○ juwan jakūn de, aba facuhūn yabure jalin de dasame hūlaha,
　　18일에,　　　　몰이사냥을 문란하게 행한　까닭에　다시　꾸짖고,

emu gūsai emte amban be jebele asharakū kadalabume sindaha, jalan
　1개 구사에 1명씩의 大臣을　　화살통 차지 않고 관할하게　두었다. "잘란과

niru de yaburakū niyalma amala tutafi yaburengge be gemu jafa seme
　니루에서 (몰이사냥) 하지 않은 자, 뒤에 남아서　다니는 자를　모두 체포하라" 하고

henduhe,, 48/49
　말했다.

○ tere inenggi, ineku jaru bira de deduhe,,
　그　날,　　　　같은　자루 江에서　　묵었다.

○ juwan uyun de, seheri de deduhe,,
　　19일에,　　　　　　서허리에서　묵었다.

○ orin de, ineku eye i ba be abalaha de, erke cūhur beile alin i
　　20일에,　같은　어여 지역을　사냥할 때에, 어르커 추후르 버일러는 산의

mudun ninggu ci morin i juleri be 49/50 hūsime tucire gio gaitai
능선 꼭대기로부터　말의　　앞을　　　　　지나 나오는 큰 사슴이 갑자기

dashūwan i baru dosire jakade, julesi daraha niru i amasi ashūme
　　왼쪽으로　　　들어온 까닭에, 앞을 향해 당겼던 화살을　뒤로　당겨

sindarangge, ahūn mergen daicing beile i alin i dalba ci gio arcame
　쏘았는데,　　兄 머르건 다이칭 버일러가　산 쪽으로부터 큰 사슴을 가로막으려

feksirengge daldabufi sabuhakū, suksaha goiha, amba jan niru de jan i
　달리는 것이　가려져서 알지 못하여,　허벅지에 맞았다.　　큰　　鳴鏑의　　　　鳴鏑

oforo deri daha bihe,,
　코까지　　박혔다.

○ orin sunja de, menggun i bira de deduhe,, 50/51
　　25일에,　　　　　　멍군 江에서　묵었다.

○ orin ninggun de, jurafi udelehe bade solho de genehe baduri,
　　26일에,　　출발하여 점심먹는 곳에　조선에　갔던　바두리·

cahara, dungnami beiguwan isinjiha,,
차하라·　　둥나미　　　備禦官이 이르렀다.

○ tere inenggi, han, indahūn erinde hoton de dosika,,
　그　날,　　한이　　　戌時에　　　성에　　들어왔다.

tongki fuka sindaha hergen i dangse
點·圈을 찍은 문자의 檔子

ninju emuci debtelin
61권

sure han i forgon baita ninggun hacin, aniya biya be ejehekūbi
천총 시기의 사안 6건. 正月은 기록하지 않음

61권, 천총 시기의 사안 6건.
正月은 기록하지 않음

tongki fuka sindaha hergen i dangse,,
　點· 　圈을 　　찍은 　　문자의 　檔子

○ beidere yamun i duin baksi, duin tungse, ulhai yamun i duin
　　사법 아문의 4명의 박시· 4명의 通事, 　　　　가축 아문의 4명의

baksi, jekui jurgan i jakūn baksi de juwete mocin buhe,,
　박시, 　곡식 부서의 8명의 박시에게 　　2필씩의 毛靑布를 주었다.

○ [原檔殘缺] suwe gemu hebe arafi amala tutaha niyalma be
　〔原檔殘缺〕 너희 　모두 　　의논한 　　후에 　남은 　　사람을

aliyaci, be serehe manggi, suweni dolo 1/2 ehe ombikai,,
　기다리면, 우리가 깨달은 후, 　　너희의 마음이 　나쁘게 될 것이다.

○ orin de wasimbuha, golode tehe nikan i beiguwan šeobei de
　　20일에, 　　명했다. 　「지역에 있는 　　漢人 備禦官· 　守備에게

wasimbure bithe, beiguwan šeobei suweni fe kadalaha babe suwe kemuni
　내리는 　　글. 　備禦官· 　　守備, 　너희가 옛적에 관할했던 곳을 너희가 계속

kadalambi, jušen i hafan de buhe nikan i coohai niyalma be, baha ejen
　관할한다. 　주션의 관원에게 준 　　漢人 병사는 　　　　　　얻은 주인이

kemuni dain de gaifi yabumbi, 2/3 erei dabala, baisin niyalma be
　계속 　전쟁에 이끌고 　임한다. 　　　이것만으로, 　　백성을

beiguwan šeobei si [原檔殘缺] an i kadala,,
　　備禦官・守備 너는 〔原檔殘缺〕 규정대로 관할하라.」

○ [原檔殘缺] bici, emte ihan be gajinju, jai emte ihan i acafi
　　〔原檔殘缺〕 있으면, 1마리씩 소를 가져오라. 남은 1마리씩의 소로 공동

tari, duin boode emte ihan bici, juwe ihan be gajinju, jai juwe ihan be
경작하라. 네 집에 1마리씩 소가 있으면, 2마리 소를 가져오라. 남은 2마리의 소를

duin booi niyalma acan 3/4 tari, hecen weileme jihe ihan sejen de,
　네 집의 사람이 함께 경작하라. 성에 일하러 온 牛車에

turigen emu hule doho de ilan jiha menggun bumbi, hecen sahara bade
임대료로 1石의 석회에 3錢의 은을 준다. 성을 쌓을 곳에

[原檔殘缺] gaimbi, buhe menggun be acan dendeme [原檔殘缺] takūraha
〔原檔殘缺〕 취한다. 준 은을 함께 나누어 〔原檔殘缺〕 파견한

niyalma suweni nikan i kooli [原檔殘缺] gaijara yaya ba i niyalma ulin
　자는 너희 漢人의 예로 〔原檔殘缺〕 취할 모든 곳의 사람들은 재물을

ume bure, [原檔殘缺] meni gurun de ulin bure 4/5 gaijara kooli akū,,
　주지 말라. 〔原檔殘缺〕 우리 나라에 재물을 주거나 취하는 예가 없다.

○ [原檔殘缺] ukšan si ooba ci ume hokoro, suweni dolo bahara be
　〔原檔殘缺〕 욱산 너는 오오바로부터 떨어지지 말라. 너희 마음 속에 얻을 것과

bayandara be nemšehei, suwe sibe i gese ombikai, kalka de niyaman
부유해 지는 것을 탐하여, 너희는 시버와 같이 될 것이다. 칼카에서 인척이

hūncihin doro jafaha seme ume akdara, kalka beye niyalma mujilen
정치를 장악했다고 하여 의지하지 말라. 칼카는 몸은 사람이나 마음은

gemu hutu ome wajihabi kai, 5/6 kalka i sunja beile genefi gashūme
모두 귀신이 되어 버렸다.   칼카의 다섯 버일러가 가서 맹세하고

doro jafaha kai, jarut i adun bošoro be nakabuhao, gurun i doro be
정치를 장악한 것이다. 자루트의 목축을 쫓음을 그만두게 했는가? 나라의 정치를

teng seme jafafi acinggiyarakū ejen aba, kalka i niyaman hūncihin ci
굳게 장악해서 동요하지 않는 주인이 어디있는가? 칼카의 인척보다

inu suweni ahūn deo yebe dere, hūsun de akdaha [原檔殘缺]
또한 너희 형제가 나을 것이다.   힘에 의지한 〔原檔殘缺〕

○ du tang ni bithe, ice duin de lio 6/7 fujiyang de wasimbuha, duin
都堂의 글. 초 4일에 lio 부장에게 내렸다. 「4衛의

wei i tubihe be ujihe ejen de dulin hontoholome bufi uncabu, dulin be si
과일을 기른 주인에게 반은 나누어 주어 팔게 하고, 반을 네가

bargiyafi emu bade benju, jai ulgiyan udara niyalma be si jafafi
거두어 한 곳에 보내라. 또한 돼지를 살 사람을 네가 잡아

benjihe de, simbe tondo amban sembikai, jafarakū uttu untuhun alaci,
보내올 때, 너를 공정한 대신이라 할 것이다. 잡지 않고 이렇게 헛되이 말하면,

simbe jalingga amban sembikai, simbe juleri duin wei de uhereme
너를 간사한 대신이라 할 것이다. 너를 앞의 4衛에 모두

[原檔殘缺] 7/8 sindahangge ai tusa, jakūn booi niyalma yooni [原檔殘缺]
〔原檔殘缺〕　　둔 것이　　어찌 이롭겠는가? 八家의　　사람이　　모두〔原檔殘缺〕」